새로 쓴
프랑스 혁명사

지은이 | 장 클레망 마르탱 Jean-Clément Martin

1948년생으로 1987년에 국가박사 학위를 받은 후 1988년부터 파리 13대학(소르본 파리 노르), 파리 10대학(낭테르)을 거쳐 2000년 파리 1대학(팡테옹 소르본)에서 프랑스 혁명사 교수로 재직하면서 '프랑스혁명사연구소'를 이끌다가 2008년부터 명예교수로 재직하고 있다. 『프랑스 혁명: 단계, 성과와 결과*La Révolution française: étapes, bilans et conséquences*』를 비롯해 혁명과 반혁명, 폭력에 관한 다수의 책을 왕성하게 집필해왔다.

NOUVELLE HISTOIRE DE LA REVOLUTION FRANÇAISE
by Jean-Clément MARTIN

© PERRIN, Paris, 2012, 2019

Korean Translation Copyright © Yeomunchaek Publishers, 2023
All rights reserved.
This Korean edition was published by arrangement with PERRIN (Paris)
through Bestun Korea Agency Co., Seoul.

AMBASSADE DE FRANCE EN CORÉE
Liberté Égalité Fraternité

주한 프랑스 대사관 문화과

Cet ouvrage, publié dans le cadre du Programme d'aide à la Publication Sejong, a bénéficié du soutien de l'Institut français de Corée du Sud—Service culturel de l'Ambassade de France en Coréel.

이 책은 주한 프랑스대사관 문화과의 세종 출판 번역 지원프로그램의 도움을 받아 출간되었습니다.

열린책들

장 뤼크 미를라켈 지음
최정수 옮김

세트로
완벽하게

대서양 횡단비행
나흘만에 정복하기

일러두기

— 참고문헌 목록에서 이 책을 쓸 때 이용한 저작의 목록과 함께 옛날부터 최근까지 발간된 문헌을 대략적으로 모아서 제시했다. 독자는 전통 학문의 성과와 함께 특히 미국 대학에서 프랑스 역사를 연구하는 수많은 학자의 고도로 전문적인 연구까지 만날 수 있다. 이처럼 방대하고 분명한 참고문헌 목록을 제시한 것도 독자에게 유익하리라 믿는다.

— 원주를 제외한 각주와 본문 〔 〕 안의 설명은 역자가 덧붙인 것이다.

— 독자의 이해를 돕기 위해 원서에 없는 컬러 도판 32쪽과 흑백 도판 8개를 추가했으며, 프랑스혁명사 연구소 소장 작품을 제외한 모든 도판은 프랑스국립도서관BNF 소장 작품이다. 단, 프랑스 지도 두 개와 왕의 도주로 지도는 '프랑스 혁명사 10부작'(주명철 지음, 여문책)의 1, 5권에 실린 것을 컬러로 보완한 것이다.

— 저자가 이 책을 바탕으로 쓴 『이야기와 인포그래픽으로 보는 프랑스 혁명』(주명철 옮김, 여문책, 2022)은 이 책을 더욱 쉽게 이해하도록 도와줄 것이다.

"사실, 우리는 도저히 저항할 수 없는 힘에 떠밀려
전혀 생각해본 적 없는 여기까지 왔다."

– 생쥐스트, 공화력 2년 방토즈 8일(1794년 2월 26일)

"공화국은 거역할 수 없는 힘에 조금씩 떠밀려왔다……."

– 로베스피에르, 공화력 2년 테르미도르 8일(1794년 7월 26일)

"프랑스는 사람이 아니라 사건의 힘에 이끌렸다.
사람들은 상황의 힘에 이끌렸으며,
자신들이 처할 상황에 대해 결코 계획한 적이 없다."

– 말레 뒤 팡, 비엔나 황실에 보낸 미발간 서한집, 1884, 1권, 118쪽

차 례

1부

위에서 시작된 혁명이
실패한 이유

3부
제2의 혁명:
사회혁명, 공동체의 이상향인가 또는 전쟁국가인가

4부 ————————————

몰수당한 혁명:
궁중혁명과 정변

혁명은 우리를 매료시키거나 혼란에 빠뜨린다. 윤리, 성, 경제 또는 정치의 어떤 분야에서건 혁명은 상상을 품기 마련인데, 그것은 사람을 유혹하거나 격분하게 만들지만 결코 무관심하게 놔두지 않는다. 프랑스는 아직도 인권의 발상지를 자처하고 있지만, 20세기 중엽까지도 혁명의 유산을 제대로 표방하지 못했다. 그러나 적의 피로 밭고랑을 적시겠노라는 프랑스 국가國歌는 아직도 전 세계의 경기장에서 울려 퍼지며, 마리 앙투아네트·로베스피에르·코르데·마라 같은 상징적 인물과 공포정·방데의 난 같은 유명한 주제의 토론이 활발히 일어나고 있다. 그러나 프랑스는 혁명과 관련한 국가적 가치가 쇠퇴하는 것을 걱정하고, 〔1789년 7월 14일〕 바스티유 정복이나 〔봉건적 부과금인 십일조를 폐지한 1789년〕 8월 4일 밤을 회상하면서 더 좋은 결과를 낳았을지 모른다고 아쉬워한다.

이 같은 상상의 힘은 프랑스 근대의 원년을 늘 1789년으로 여기는 데서 나타난다. 모두 이 점에 동의한다. 그들은 이상적인 절대군주정을 아쉬워하고 1789년이나 1793년이 전체주의를 향한 첫걸음이었다고 보거나, 아니면 여전히 1789년이 인류에 새로운 시대를 여는 기초를 마련했다고 확신하거나, 예상치 못한 방향으로 흘러간 혁명의 사건에서 간단히 현대의 교훈을 얻기도 한다. 그렇다고 해서 우리는 '구조들' 안에서 교육받고 온갖 방법론을 장착한 역사가들이 1789~1799년 주위를 도는 것을 보면서 전문가만이 접근할 수 있는 성배의 주위를 도는 역사가처럼 행동한다고 말하지 말아야 한다. 그 어느 때보다 더, 혁명기를 다루는 역사 서술은 접근하기도 두려울 정도로 많은 실정이다. 프랑스 혁명의 역사는 서류와 서적의 산 위에 마치 서로 경쟁하는 구역으로 나뉜 요새 도시처럼 진을 치고 있다. 그 산은 국가기록보관소Archives nationales의 F나 W의 신비로운 계열의 문서, 도립기록보관소Archives départementales의 L 계열의 미궁처럼 끝 모를 문서, 게다가 군소 기록보관소의 밑도 끝도 없는 장소에 있는 수많은 문서를 품고 있다. 신비가 모든 것을 지배하고, 온갖 논설과 회고록, 수첩과 편지들의 난공불락인 아성을 감시하지만, 우리는 아직도 로베스피에르·시에예스·마담 드 스탈·메스트르 같은 사람들의 말을 둘러싸고 되살아나는 신비를 걷어내지 못하고 있다.

* * *

나는 지난 30여 년간 사건을 중심으로 이 시기를 연구했는데, 이 책은 그 연장선에 있다. 늘 똑같은 방식에 머무른 것은 운명이나 편리함 때문이 아니다. 서로 싸우고 사랑하고 고통을 견디며, 특히 행위의 흔적을 남길 수밖에 없는 개인과 집단이 체화한 관념들을 고려하려는 뜻이다. 대체로 정치사상이란 아주 복잡한 집단행동을 마치 물질

세계를 초월한 것처럼, 어떤 경우에는 치명적인 철학적 토론으로 축소하는 수준까지 세상을 잘게 쪼갤 수 있다고 생각하기 때문에, 나는 정치사상을 우위에 두는 방법론에 동의하지 않는다. 또한 사료가 실존을 부정할 때도 역사 서술의 관습상 범주화와 엄정한 분류를 정당하게 생각하는 경향이 있지만, 나는 이것도 인정하지 않는다. 이런 경우, 특정 사상의 흐름과 관계가 있는 것이 무엇인지 아는 것보다 사람들이 투쟁하면서 정치영역으로 들어가는 방식을 이해하는 것이 더 중요하다. 다시 말해 아무런 정치관념도 없던 사람들이 위대한 정치와 민중 정치를, 합리적 분석과 예언을, 영웅주의와 추잡한 짓을 혼동하면서 복잡한 관념을 품게 만드는 것이 무엇인지 이해하는 일이 중요하다. 지난 30~40년 동안 수많은 논쟁을 벌였지만 아무런 합의를 보지 못했다. 과거 사람들이 살고 받아들이고 전수한 그대로 사실을 연구하려면 과거에 일어난 일이 겹겹이 쌓인 두꺼운 덩어리 속에서 사건들의 실마리를 찾아야 한다. 이야기는 행위자들이 가는 곳을 따라다니고, 그들이 열광하거나 멈칫하는 지점에 열중하며, 그들의 관계와 일정을 보고한다. 그러나 역풍에 관심을 가지고, 문서의 공백과 관련한 불확실성을 받아들이고, 특히 개인적 결단에서 도저히 파악할 수 없는 신비한 무엇이 작용했음을 받아들여야 한다.

나는 이미 여러 군데에서 이러한 방법론을 적용했다. '방데의 난' 연구에서 소요사태를 일으킨 농민이 공공의 적이었음에도 우연히 승리하게 해주고, 프랑스를 수없이 황폐하게 만든 군사행동 가운데 명백히 최악의 사례인 소요사태를 부추긴 동기에 대한 사실들을 논리적으로 복원할 수 있었다. '반혁명'이라는 말을 쓴 역사적 사례를 추적하면서 정치적 낙인이 모든 집단에게 영향을 끼치는 순간이 오게 마련이며, 그때 대립하는 양극단 가운데 진정한 승자로 남을 사람들을 둘러싸고 망설임의 영역이 생길 뿐 아니라 계속 지속된다는 사실을 밝혔다. 그러나 프랑스에서 '양원제 입헌군주론자monarchiens'부터 지롱드파까지 이러한 중심에 선 집단은 찾아볼 수 없었다. 시간의 흐름에 비추어서 정치적 폭력에 주목한 결과, 국가적 공포정의 책임을 혁명에, 좀 더 엄밀하게 말해서 1792년부터 1794년의 기간에 돌릴 수 없었다. 오히려 권력이 작동하는 가운데 행위자들의 기대와 달리 수많은 남용 사례가 제도화하지 못한 이유를 알 수 있었다. 요컨대 혁명기의 남녀 관계를 '성 차이'의 관점에서 연구해볼 때, 남성성을 시민 자격으로 보고 시민 자격을 사회의 군사조직화와 동일시하면서 여성을 공공영역의 밖으로 쫓아내는 단계를 수없이 추적할 수 있었다. 어떤 점에서 이 책은 복잡하게 얽힌 다양한 줄거리를 수년 전부터 추적한 결과를 종합해서 보여준다.

자주적 행동과 갈등 속에서 뜻하지 않게 발생하는 사건을 고려하는 이야기식 역사는 사회적 집단의 의견과 제도적 관계가 변하는 방식을 복원해주는 동시에 그들의 변동 결과를 명확히 밝혀준다. 이제 이 연구의 범위를 명확히 제시할 차례다. 복잡한 이야기 속에 다양한 영역의 행동을 모두 품을 수 있다 할지라도, 정신세계까지 샅샅이 조사했다고 자처할 수는 없다. 이 책에서는 특정 존재의 깊은 의도, 또는 인류까지 나아갈 것도 없이 한 집단이나 국가의 전반적인 의도라도 밝히려고 시도하는 대신 단지 사회조직의 작용을 묘사하고, 그 조직에 속한 장치들을 열거하는 데 그치려 했다. 이 책은 '신을 만드는 장치'(모스코비치)와 관련한 신비는 물론 '사회체제의 수수께끼'(르포르)를 단호히 거부한다.[1] 그 대신 존재와 사물의 불합리성을 합리적으로 고려하는 역사방법론이 특히 모든 반발과 분열에 적용된다는 사실을 존중하고, 어떠한 신성성을 추구하지 않으면서도 과거 사실을 곧이곧대로 말할 수 있다고 생각한다.

분명히 말해서 그 누구도 1791~1792년 이후의 격변을 일으킬 생각을 하지 못했고, 다수는 1789년을 환영했지만 1793년을 규탄했다. 대체로 이러한 사실을 해석하는 두 가지 방식이 대립하고 있다. 한편, 통상적으로 속박은 거역할 수 없는 것이며, 그것은 루소, 계몽주의의 이상론, 또는 사악한 인간들의 잘못이라고 생각할 수 있다.[2] 또 한편, 1794년까지 혁명의 흐름은 칭송의 대상이었지만, 테르미도르의 단절이 일어난 책임은 이상의 배반, 인간정신과 사회의 타락 때문이라고 여기는 분위기가 꾸준히 존재했다. 이 책에서는 프랑스가 1770년대부터 문화적으로 새로운 해결책을 추구하는 물결에 휩싸이고 군주가 개혁을 실시한 결과 항상 전보다 더 분란을 일으키는 길로 접어들면서 수많은 시위를 적절히 막아내지 못하는 과정에서 힘의 관계가 잇달아 바뀌는 과정을 분명히 밝히려고 노력했다. 나는 이미 이런 방

---

1   세르주 모스코비치Serge Moscovici(1925-2014)는 루마니아 출신의 프랑스 사회심리학자이며, 클로드 르포르Claude Lefort(1924-2010)는 철학자이며 정치적 행동주의자다.

2   가브로슈Gavroche는 총에 맞아 죽기 직전에 "나는 쓰러진다. 그것은 볼테르의 잘못이라네. 시궁창에 코를 박고서. 그것은 루소의 잘못이라네"라는 노래를 부른다. 빅토르 위고는 『레미제라블』15장에서 계몽주의의 이상론과 현실의 괴리를 이렇게 표현했다.

식을 적용한 적이 있다. 그것은 어쩔 수 없는 상황에 처한 사람들에게 몇 가지 선택의 여지가 있었다고 해도, 이전 상황이 결정해준 범위에서 특정 방향으로 쏠리는 대안을 찾아내게 만드는 구조적 영향을 강조한 연구다.

무게와 힘이 결합해서 '사물의 힘'이라는 명구에 포함되었다. 그런데 이 표현은 모호하다. 이 말의 영어 번역은 '온갖 상황의 무게' 또는 '온갖 사건의 필연적 성격' 사이의 불확실한 지점을 보여준다. 관찰한 내용을 불분명하게 표현한 명구는 오히려 시대적 분위기, 내적 모순, 종교적·사회적 투쟁, 예측하지 못한 정치 상황, 게다가 뜻밖의 날씨에 영향을 받은 혁명의 현상에서 한편으로 발명과 개혁의 불평등한 잠재력을, 다른 한편으로 갈등이 최고조에 달하고 국가가 새로운 모험으로 치달을 때 두드러지게 나타나는 속박을 보게 만들어준다. 행위자들은 자신들을 이끌거나 앞을 막은 것이 무엇인지 진술하기 위해 관례적 문구를 이용했다. 그들은 운동의 방향을 조정할 기회를 포착했지만, 예상치 못한, 더욱이 두렵기도 한 방향으로 끌려가면서 저항하려고 노력했다. 그렇다고 해서 개인들이 이 세상을 이끌어나가려 노력하지 않았고 책임감도 없었다고 말할 의도는 없다. 오히려 가속기와 제동기를 함께 고려하면서 그들이 특별한 맥락에서 대응하는 능력을 평가하는 편이 적절하다. 사물의 힘(또는 불가항력)을 이해하고, 잇달아 새로운 일이 발생하는 동안 한 장면씩 써내려간 연극의 등장인물 역할을 검토하는 일은 200여 년 전에 일어난 일에 전념하는 복고주의의 계획과 다르다. 수수하게 말해서 그것은 오늘날의 지적 발전과 정치적 토론에 참여하는 일이기도 하다.

* * *

혁명의 발명 과정을 이해하려면 그 과정에서 스스로 덧붙인 의미를 파악해야 한다. 1785~1787년에 유럽인과 아메리카인의 경험을 바탕으로 발생한 정치·경제·사회·종교·문화의 창의성과 함께 항상 역류를 동반하고 제자리로 돌아가려는 현상을 고려해야 한다. 이러한 관점에서 혁명은 영원히 채우지 못할 기대와 실패의 불안을 조성하면서 수많은 경험을 끊임없이 창조하고 확인해주는 과정이다. 그러므로 주체들의 책임을 면제해주지 않는다 할지라도(주체는 저마다 '공포정' 시기, 특히 서부의 방데에서 저지른 범죄에 대해 생각한다), 혁명의 '순간들'을 이해하는 것이 관건이다. 이 '순간들'은 사물을 보는 여러 가지 방식을 강요하고, 집단들이 권력을 차지하며, 개인들을 인정하고 추종하던 시기였다. 이 책의 목적은 혁명의 전체 '기간'(메스트르[3]가 말한 '시대 époque') 속에 이 '순간들'을 등록하고, 개인과 집단의 관계를 지배하는 미세한 장치들까지 고려하는 것이다.

이 책에서는 절대군주정이 개혁을 실시하면서 시작하고, 귀족과 고등법원 인사들의 반대 운동으로 연장되고, 결국 '민중'의 봉기로 완성하는 혁명의 실험 과정과 함께 군사국가가 탄생했다가 자유주의 국가로 바뀌고, 마침내 마력(카리스마) 넘치는 지도자 중심의 국가를 조직하는 과정을 다루었다. 혁명이란 멋대로 날뛰거나 궤도를 벗어난

---

[3] 메스트르Joseph de Maistre(1753-1821)는 계몽주의 철학을 비판하고 반혁명의 글을 썼다.

기계와 동일한 것이 아니라 쇄신하고 기초부터 다시 놓는 과정과 배제하고 탄압하는 과정이 나선형으로 맞물려 돌아가는 것으로 설명할 수 있었다. 복잡한 분석을 하는 동안, 모든 사건, 특히 막중한 사건이 단 한 가지 원인 때문에 발생하거나 주류主流에 의존한다고 믿는 일은 피할 수 있었다. 그러나 혁명기 역사를 '혁명'이라고 단순하게 이름을 붙인 기계처럼 여기면서, 거기에 플라톤에서 로베스피에르를 거쳐 폴 포트까지 이른바 혁명의 모든 현상의 시작부터 끝까지 밝힐 임무를 부여하는 일은 없었다. 사전에 작동한 것은 하나도 없었고, 1789년의 프랑스에 혁명가나 예언자가 없었듯이 1793년에 전체주의 국가도 없었다. 왜 이 나라는 우여곡절 끝에 혁명을 겪게 되었는지, 집단적으로 뛰어들었던 쇄신작업은 어떻게 가치를 잃었고 산산조각이 났는지, 무슨 이유로 혁명은 다시 활력을 얻었는지, 난관을 벗어나고 모순을 극복하고 어떻게든 새로운 체제를 창조하려고 고안한 해결책은 무엇이었는지를 밝히는 일이 남아 있다.

이러한 목표를 달성하기 위해 네 시기를 분명히 나누었다. 네 시기는 다른 시기와 연관이 있지만 사건과 그 여파가 일고, 수많은 경쟁 세력이 균형을 잡아가는 과정에서 다른 방향을 향했다. '위에서 시작된 혁명La révolution par le haut'은 1770년 이후 루이 15세가 시작했고, 루이 16세가 오스트리아의 처남〔요제프 2세〕을 본받았지만 서투르게 추진한 혁명이다. 사회지도층élites이 1788~1789년의 정세를 타고 반발하면서 수많은 점에서 대서양 세계의 '마지막 혁명dernière révolution'으로 나아가는 길을 열었다.[4] 그사이 대부분의 국민은 **재생**régénération과 **혁명** 사이에서 머뭇거렸다. 깨지고 있는 합의를 되살리려고 국내의 반혁명 세력과 전쟁을 치르는 동안 모든 성과를 위험하게 만드는 **제2의 혁명**deuxième révolution이 일어났다. 정통국가의 통제에서 벗어난 폭력이 난무하면서 혁명 세력에게 군사적 승리를 안겨준 대신 그들의 신용을 떨어뜨렸다. 경쟁하는 집단들이 힘을 합쳐 예전과 같은 모험을 거부하고 안정을 추구하면서 **혁명을 빼앗았고**confisquant la révolution, **궁중혁명**révolutions de palais에 의존하다가 달리 할 수 있는 것이 없게 되었을 때, 영광의 정점에 오른 장군에게 나라를 맡겼다.[5] 이 네 '시기moments'는 저마다 특징 있는 균형의 시점을 포함한다. 첫째는 왕이 독선적으로 자기 백성과 맺은 협약을 깨고 개혁을 추진하던 시기, 둘째는 모든 이의 행복을 추구할 수 있도록 왕과 인민을 통합해주는 헌정체제를 발명하는 시기, 셋째는 지지자들의 성격에 맞는 국가를 추구하는 시기, 끝으로 국가가 마치 횡재한 물건처럼 전락해서 수많은 경쟁자의 이해관계가 충돌하는 장으로 바뀐 시기다.

* * *

이 책을 쓰면서 인간의 정신이나 행위를 부추기지 말도록 권고해

---

4 대서양을 사이에 두고 1776년에 아메리카 혁명과 그 여파로 오스트리아령 페이바[벨기에 지방]와 프랑스에서 혁명이 일어났는데, 이를 대서양 혁명이라 부른다. R. R. Palmer, *The Age of Democratic Revolutions*, 2 vols. (1959), J. Godechot, *Les Révolutions, 1770–1799*, (1963).

5 전자는 테르미도르 반동을 뜻하고 후자는 지배층 안에서만 일어나는 혁명을 뜻한다. 여기서는 1795년 헌법 이후 나폴레옹이 집권할 때까지의 사정을 말한다.

서 역사를 비통한 읽을거리로 제공하려는 의도는 없었고, 오히려 역사의 관점을 바꾸는 데 이바지하고자 했다. "약속은 본질적으로 실패를 내포한다"는 블레M.-C. Blais의 인상적인 말대로, 이미 18세기 말부터 혁명의 약속을 부정적으로 보는 분위기가 나타났다. 이 책의 목표는 온갖 이야기를 넘어서서 어떻게 투쟁이 잇달아 일어나는 가운데 주요 원리들이 생성되는지, 어떻게 요구사항과 원한이 관계를 맺는지, 어떻게 온갖 오해의 한가운데서 수많은 결정을 내릴 수 있었는지를 밝히는 데 있다. 사회관계를 이해하려면 무엇보다도 적대관계에 뿌리내린 대립만큼 타협의 책략에도 주목해야 한다. 서사시의 위대함은 그것을 묵인할 수 있다. 그러나 프랑스의 가장 결정적인 시기의 역사를 쓰려면 종합적 분석과 미리 나눈 범주에 맞춰 설명하는 방식을 비판하고, 평범한 개인들이 집단이 될 때 맡는 역할과 함께 주도적 행위를 고려해야 한다. 이 경우 사실의 미로를 헤쳐 나가고 언제나 공백이 있게 마련인 문서를 끊임없이 뒤지는 대가를 치러야 한다. 그래야만 지금의 노력에 참여해서 패를 다시 섞는 소득을 기대할 수 있다.

20

1부

—

위에서 시작된 혁명이
실패한 이유

네케르

칼론

탈레랑

라파예트

루이 16세

마리 앙투아네트

왕세자 루이

마리 테레즈 공주

프로방스 백작

바이이

브리소

모푸

콩도르세

시에예스 신부

뒤바리 백작부인

다비드

1장

잇단 혁명의 시대

혁명의 문화인가?

프랑스 혁명을 '민주혁명의 시대'(파머R. Palmer), '혁명의 시대'(홉스봄E. Hobsbawm), 또는 '세계적 맥락에서 본 혁명의 시대'(아미티지D. Armitage· 수브라마니안S. Subrahmanyan)라고 보는 해석 가운데 어느 것에 찬성하든 지, 모든 역사가는 18세기에서 19세기로 넘어갈 즈음 산업·정치·사회 의 다방면에서 혁명이 일어나고 서로 영향을 끼치는 가운데 각국이 기 존의 구조 속에서 새 세상을 만들기 위해 노력했다고 보았다. 그러므 로 18세기와 19세기의 접점은 13세기부터 16세기까지 '수많은 혁명' 이 일어나 중세에서 르네상스로 넘어가면서 벌써 실제 경험의 의미를 바꿔놓던 시대와 비슷하다. '자본주의'가 그 원인이거나 결과였던가? 이 질문에 대한 정답은 없다. 15세기 이후 과학과 기술의 실험, 대규모 항해와 식민화 과정의 여파, 또는 17세기에 유럽의 수많은 전쟁과 영 국 혁명에서 교훈을 얻은 사람들이 새로운 정신자세를 형성한 일 같은 다양한 사건이 근대국가의 점진적 탄생과 분명히 관련이 있다.

　1640년대에 일어난 영국 혁명에서 19세기와 20세기처럼 혁명 투사나 활동은 없었지만, 아무튼 그것이 일어난 뒤부터 '혁명'은 유럽과 남북아메리카, 이집트와 인도에 자국을 남겼다. 이 말은 원상태로 돌아가려는 의지를 가지고 부패를 거부하는 행위와 같은 긍정적 뜻을 가지고 있었다. 또한 부정적인 뜻도 가졌는데, 영국 **수평파**levellers의 민중폭력 출현을 허용하고 크롬웰의 독재 후에 왕정복고가 오는 것을 막지 않았기 때문이다. 사상가·정치가·예술가는 하느님의 자비를 거부하고 혼돈 상태를 만드는 사회적·정치적 무질서와 원천으로 되돌아가 역사의 배반으로 잃어버린 하느님의 법을 재확인하는 행위를 명확히 구별하지 않고 망설인다. 홉스의 비난과 로크의 정당화까지 반란과 혁명은 인간의 자연권에 대한 고찰을 중심으로 토론의 주제가 되었는데, 자연권 개념은 기독교 전통에서 나왔다. **전기 반혁명론자**pré-contre-révoluitionnaire로 분류할 수 있는 보쉬에Bossuet조차 인간의 역사에서 혁명을 피할 길은 없다고 생각했으며, 불랭빌리에Boulainvillers와 생시몽Saint-Simon은 귀족혁명의 포교자가 되었다가 나중에 반혁명의 선구자로 분류되었다. 반대쪽에서는 1729년에 죽은 멜리에Meslier 신부 같은 사람들이 이상향을 그리면서 1789년 '혁명'을 예고했다. 이러한 사례들을 통해서 1770~1790년에 일어난 '혁명들'이 그 시대의 지적 풍토를 구현했음을 어느 정도 논리적으로 이해할 수 있다.

　1789년 7월의 바스티유Bastille 정복이 프랑스인들이 성공한 혁명의 상징이 된 것을 보면서 '혁명가들'이 성공했다고 해석해서는 안 된다. 그 당시에는 그들은 보기 드문 존재였기 때문이다. 오히려 당시 사람들이 믿기지 않는 사건을 목격하고 얼마나 놀랐는지 이해하는 증거로 파악해야 한다. 그 사건은 그 시대에 가장 중요한 도시에서 일련의 실패를 수없이 거듭한 뒤에 성공한 혁명이었다. 단숨에 '혁명'이라는 말은 완전히 다른 뜻으로 바뀌었다. 전에는 천체의 주기적 순환을 뜻하거나 정변이 일어날 때 사건의 반복적 성격과 해로움을 강조하는 말이었다. 1688년 영국에서 명예혁명이 일어나고 혁명이 기대의 지평을 더욱 넓힐 가능성이 있는 '보편적인universelle', '행복한heureuse' 현상이라는 개념으로 널리 쓰이게 되었다. 1751년에 다르장송 후작 marquis d'Argenson은 왕국의 정치를 통찰하면서 정신적 변화, 사회적 위기가 반란에서 혁명으로 발전하기 쉽다는 사실을 지적하면서 혁명을 정확히 평가했다. 13년 뒤 볼테르Voltaire는 모든 곳에 퍼진 '혁명의 씨앗'이 젊은 세대에게 훌륭한 일을 제공하리라고 내다보았다.

사람들이 알고 자주 인용했던 이 두 가지 사례를 넘어서 혁명은 은밀히 진행되고 있었다. 그것은 인간의 심리뿐 아니라 육체에도 영향을 끼쳤다. 마리보Marivaux는 사랑하는 마음을 갈구하는 '치명적인 혁명들'을 거론했다. 그것은 화석에 나타난 변화를 고려하기 위해 자연과학에 들어가고, 화산활동으로 일어나는 대지진에 적용되었다. 또한 뉴턴의 저술을 출판하면서 '자연계'의 과학적 법칙을 수립하는 데도 끼어들었다. 그런 과정을 거치며 '자연적' 권리를 오염시켜 기존의 권력을 당연시하는 신권에서 멀어지게 만들었다. 그것은 당연히 정치적 술어 목록도 바꾸었다. 나폴리·타히티Tahiti·포르투갈·샴 같은 곳에서 '유행하는 혁명들'은 학자와 철학자들의 관심을 끌었지만 명예혁명이 일어난 뒤 인간과 정부의 관계를 묻는 격변 앞에서 더는 쓰이지 않게 되었다. 17세기에는 제한된 범위에서만 쓰이던 '혁명'이라는 말은 사상의 모든 분야로 확산되어 다양한 의미를 갖게 되고 은유적 표현도 생기면서 세계를 이해하는 범주들을 재분류하게 만들었다. 예상치 못한 발전을 일컫기 위해 붙였던 '행복한'이라는 뜻밖의 형용사는 대서양 세계에 속한 모든 나라의 구조가 흔들리는 바로 그 순간에 전제주의와 내전의 두려움을 벗어나게 만들었다. 1770년대에도 '혁명'을 적용하는 방식이 여전히 확정되지는 않은 상태였지만 모든 관념을 새로 결합할 태세를 갖추게 만들었다. 뜻이 불분명했기 때문에 모든 의미로 해석할 여지를 남겼으며 가장 어울리지 않는 표현도 가능했다.

이러한 변화를 더 넓은 맥락에서 본다면, 유럽과 대서양 식민지가 새로운 '역사성의 체제régime d'historicité'[1]의 시대를 맞이했다고 볼 수 있다. 코젤렉이 안장 시대Sattelzeit[2]라고 부른 이러한 중간기에는 사고의 모든 범주가 미래, 세속적 세계관에 새로운 가치를 부여하고, 정치 영역부터 인간 활동의 모든 영역에 자율성을 부여한다. '혁명'은 국가가 '내전' 같은 위기에서 분열 세력을 압도하면서 모든 위기를 해결할 수 있는 방식이 되었다. '유익한 혁명révolution bienfaisante'이라는 관념

---

1   프랑수아 아르토그F. Hartog는 저서 『역사성의 체제: 현재주의와 시간의 체험Régimes d'historicité. Présentisme et expériences du temps』(Le Seuil, 2003)에서 완전히 새로운 분야를 열었다기보다는 모든 사회가 문화적 차이로 시간을 체험하는 방식이 다르다는 증거를 수많은 연구를 종합해서 제시한다.

2   1972년에 코젤렉R. Koselleck이 16세기부터 18세기까지 중세의 특성과 근대의 특성이 혼재하면서 변화하는 시기를 설명하려고 제시한 개념이다. 안장은 말과 기수를 연결하는 도구로서, '안장 시대'는 변화가 일어나는 시기를 가리킨다.

을 집단적으로 믿었다는 사실로써 우리는 프랑스인이 어떻게 혁명에 관여하게 되었는지 이해하고, 왜 프랑스 혁명의 경험이 그 시대 사람들과 후손들의 사고방식을 바꾸었는지 이해할 수 있다. 그렇다고 해서 우리가 '대서양 혁명'이나 '서구 혁명'의 명제로 되돌아가야 한다는 확실한 근거는 없다. 1950~1960년에 신랄한 논쟁거리였던 이 명제의 목적은 수많은 혁명이 서로 전염시키고 관계를 맺는 혁명의 물결을 설명하는 데 있었다. 그들이 제시한 보기를 통해서 우리는 '대서양 혁명'이 더 넓은, 그러나 더 모호한 운동의 성질을 띤다고 생각할 수 있다. 그것은 당시의 모든 상황과 작용하는 힘의 영향을 받아 조절된 감수성, 과학적 발견, 경제적 발전의 산물이었다. 이러한 관점에서 1770년대, 아니 1760년대에 시작한 일련의 혁명에서 뜻밖에 마지막으로 일어난 프랑스 혁명은 비록 진정한 구조화에 이바지하지 않으면서도 이 운동에 의미를 줄 것이다. 그러나 대서양 혁명은 거의 성공하지 못하고 대부분 실패한 경험이었으며, 프랑스의 경험을 상상할 수 있도록 만들어주었다.

이 흐름의 첫 사례는 코르시카에서 뜻밖의 사건과 함께 일어났다. 파올리Paoli는 제노바의 지배에서 코르시카를 해방시킨 후에 주권자 인민의 이름으로 새로운 체제를 수립하려 했다. 1764년 이후 장 자크 루소Jean-Jacques Rousseu는 그곳에 맞는 정치제도를 제시해달라는 주문을 받았다. 곧 유럽이 그 시도를 알게 되었고, 코르시카는 근대적 헌법의 실험실이 되었다. 파올리를 존경하는 영국인 보즈웰Boswell의 여행기가 반향을 일으키고, 1769년 프랑스 왕[루이 15세]이 그 섬을 합병하자 파올리와 그의 지지자들이 자유의 나라 영국으로 망명했을 때 대대적인 반향을 불러일으켰다. 영국에서 파올리의 지지자는 윌크스 Wilkes의 '민중당parti populaire'이었다. 윌크스는 파올리처럼 정부를 비판하면서 런던의 서민과 외부정세를 걱정하던 부유한 상인을 모았고, 나중에는 왕의 은급을 받았다. 그러나 그는 자유정신을 잊지 않고 구현했으며, 국가에 헌법이 있어야 한다고 주장하는 사람들의 희망을 명확히 표현했다. 그때 발생한 소요사태에서 런던에 살던 제네바 공화국 출신의 신문발행인 장 폴 마라Jean-Paul Marat는 사상적 자극을 받고 1774년에 영어로 『노예제의 사슬Les Chaînes de l'esclavage』을 발표했다. 그는 영국 사상가들이 고전고대에서 영감을 받고 검토한 공화주의의 이름으로 전제주의를 고발했다. 17세기 말 사상가들은 '초기 계몽주의'의 영감을 받아 '공화주의적' 성찰을 통해 **레스 푸블리카**res publica를 수많은 유럽인의 기대의 지평에 떠오르게 만들었다.

혁명, 협약과 공화국, 지중해에서 남북아메리카로

코르시카의 사례는 거의 눈길을 끌지 않는 가운데 서로 다른 정치적 세계를 뒤섞은 장점을 가진다. '근대 자연법' 이론이 18세기에 가장 두드러진 감수성 변화의 핵심이라 해도, 그것만이 의식에 깊이 작용하지는 않았다. 감수성은 로마법, 기독교의 자연법, 봉건법이 만나는 지점에서 탄생하고 통치자와 계약 당사자인 인민의 '협약' 체결에 세심하게 주목하는 다양한 전통과 만난다. 프랑스 왕국의 남부가 속한 지중해 유럽, 그리고 포르투갈과 에스파냐가 아메리카에 소유한 식민지는 토마스 아퀴나스Thomas Aquinas의 사상(토미즘thomisme)과 살라망카 학파의 사상체계가 가로지르는 영역이었다.[3] 이러한 사상은 국가의 설립을 정당화해주고, **반대추론으로**a contrario 폭군살해의 정당한 조건들까지 생각했다. 그러므로 정신세계만의 관점은 아니다. 프란치스코 데 비토리아Francisco de Vitoria 같은 살라망카의 신학자들은 왕과 황제들의 권력을 제한할 수 있다고 확고히 믿었다. 바르톨로메 데 라스 카사스Bartolomé de Las Casas는 노예가 된 인디언을 보호하기 위해 이 이론을 앞세웠다. 그곳의 가톨릭교회가 권력을 유지하고 있었기 때문에 그의 주장에도 힘이 있었다. 그러나 북유럽은 종교전쟁을 겪는 동안 정치적 근대화와 함께 갈가리 찢어졌고, 온갖 당파 위에 있는 국가를 탄생시키고 있었다. 파올리가 1769년의 프랑스 지배를 거부하기 위해 '사회계약'의 모형을 내세운 것은 코르시카를 위한 일이었다. 하지만 그는 수많은 가능성이 뒤섞이면서 세상을 뒤집어놓는 국제정세 속에서 영국 명예혁명의 영향을 받은 공화주의뿐 아니라 루소의 『사회계약론Contrat social』 이론의 지지를 받았다.

그 효과는 지구 반대편에서 나타났다. 중앙아메리카와 남아메리카에서 근대화와 전통문화가 부딪치며 충격이 발생했다. '성급하게 이상향을 그리는 근대주의'를 전하는 시대정신은 '사회계약'의 흐름과 토미즘의 이상인 '공공의 행복'에 연결시킬 수 있는 전통적 가치를 고

---

3   신학자 토마스 아퀴나스는 국가가 자연의 질서에 속한 것으로서 인간의 공동선을 달성하기 위한 목적을 가진 것이라고 생각했으며, 살라망카 학파는 아퀴나스의 사상을 계승했다.

수하는 사람들에게 반란의 기운을 불어넣었다. 자연의 질서에 속하고 모든 동업조합의 결합에 의지하는 공화주의는 방대한 영토에 널리 퍼져 살면서 정신적으로 군주와 연결된 주민들이 바라는 사상이었다. 그들은 왕과 인민이 맺은 불평등한 힘의 관계에 속했기 때문에 애당초 존재와 사물의 관리와는 상관이 없었다. 군주와 맺은 종교적·정치적 '협약'은 모든 인구가 관련된 것이지만 절대군주정이 합리화를 추구하면서 무시할 수 있다는 감정에서 불만이 생겼다. 계약론과 절대주의는 인간을 비관적으로 보았지만, 계약론은(다른 관점에서 공화주의 이론도 주장한) 폭군살해 가능성을 내포했다. 그것은 기독교의 자연권 이름으로 농촌 주민들에게 봉기가 정당할뿐더러 더욱이 필요하다는 점을 일깨웠다. 모든 공동체는 자신을 방어해야 했으므로 계약론을 앞세워 인민봉기로 나아갈 수 있었다. 방데 주민들과 생도맹그Saint-Domingue의 노예들은 그 이론에서 정당한 주장의 근거를 찾을 것이다.

아메리카의 에스파냐 식민지인들은 생활방식의 변화와 새로운 세금을 거부했고, 인디언·에스파냐인·식민지 태생 주민들 사이에 더욱 심한 갈등을 겪었다. 잉카의 황금시대를 그리워하고, 식민지 사회에서 농장주들과 더 나아가 백인들의 지나친 행동에 반대하는 청원을 받아들이는 가톨릭교회를 따르는 사람들이 있었다. 부르봉 가문의 왕〔카를로스 3세Carlos III〕이 선거제도를 도입해서 중간 단체들의 영향을 교묘히 피하고 개인들이 평등한 시민권을 누리게 만든 결과, 전통적인 미묘한 교류의 관계를 끊을 수 있었다. 기독교도들은 포교를 폐지하고 교회 안에 매장을 금지하는 세속적 시대정신과 충돌했다. 조상들과 친밀한 관계를 맺은 전체론적 사회를 건설하려는 사람들은 이러한 혁신을 받아들이지 못했다. 1780~1783년에 에스파냐 식민지 오페루Haut-Pérou〔오늘날의 볼리비아〕에서는 원주민들이 부르봉 가문의 개혁과 세금에 반대해 대대적인 반란을 일으켰고, 군소 지역에서는 추장에 대한 반란도 일어났다. 지역 간 적대감과 명사 가문의 경쟁심이 중요하게 작용했고, 사제·크레올〔식민지 태생 백인〕·혼혈인은 저마다 중요한 지점을 차지했다. 두드러진 인물 가운데 가브리엘 투팍 아마루Gabriel Túpac Amaru는 집단적 희망을 구현했다. 사람들은 그가 특히 시장市長들의 권력남용을 막고 사회를 변화시키라는 왕의 명령을 이행한다고 보았다. 그는 1781년에 붙잡혀 처형당했고, 훌리앙 투팍 카타리Julian Túpac Catari와 안드레스 투팍 아마루Andres Túpac Amaru가 반란의 제2기를 이끌었다. 크레올과 에스파냐인이 합심하고 반란자들을 고립시키면서 반란을 진압했다. 투팍 아마루는 변화하는 제국 내에서 제자리를 찾고자 노력하는 혼혈인들의 염원을 대변하는 인물이었던가, 또는 잉카의 영광을 되찾아주는 사람이었던가, 또는 독립이나 사회주의의 선구자였던가, 아니면 인디언들의 투사였던가?

지역적 응급 상황과 연결된 이러한 문제에 대답하는 일보다는 아주 중요한 반란이 당시 세계적 변화를 보여주는 복잡한 요소들이 결합한 결과로 일어났다고 이해하는 일이 좀 더 적절하다. 1778년 페루에 인접한 안데스 지방 사람들은 위협적인 인디언들의 공격을 막아내고 무능력한 총독을 바꾸려고 모였다. (공동체의 주민을 뜻하는) 베시노스vecinos는 카빌도스 아비에르토cabildos abierto(시의회)를 조직하고 '조국의 아버지'를 자처했다. 그들은 의회juntes를 세우고 중앙정부의 인정을 받았다. 애당초 전통적 정치생활을 관장하던 의회는 정통성을 가지려고 노력하면서 유약한 중앙정권과 충돌하고 혁명으로 향한 길을 열었다. 멕시코에서도 부르봉 가문의 계몽 전제정이 비슷한 결과를 가져왔다. 1767년의 개혁은 국가가 교회를 통제하게 만들고 예수회를 추방하는 과정에서 대중을 반란으로 몰아갔다. 세계가 부유해지고 도시생활이 개선되자 누에바 에스파냐Nouvelle-Espagne의 '보편적 수호자'인 테페약의 성모Vierge du Tepeyac를 중심으로 종교문학이 발전하는 데 발맞춰 집단의식이 생겼다. 멕시코인은 선민, 멕시코는 새로운 로마, 또는 새로운 이스라엘이 되었다. 적그리스도와 싸우는 사람들이 예고해준 운명에 영감을 받은 크레올은 개혁이란 에스파냐인의 교만을 반영한다고 인식했기 때문에 극렬히 거부했다. 그곳에서도 정신·경제·사회의 모든 변화가 정치적 관심과 씨족 간의 적대관계와 결합함으로써 세계의 문화라는 차원에서 혁명으로 읽을 수 있는 단절을 가져왔다.

아메리카합중국, 상징적 혁명

아메리카의 반란이 독립전쟁으로 바뀌는 것을 보면서 프랑스의 여론이 불붙기 시작했다. 식민지인과 영국 왕은 10여 년의 갈등을 겪은 후에 정식으로 전쟁을 시작했다. 영국 왕은 서부로 확장하는 것을 제한함으로써 식민지인한테서 인디언을 보호하고, 식민지인이 동의하지 않은 세금을 부과했다. 1770년에 사람이 죽는 사태가 처음 발생했지만, 결정적 사건은 1773년 보스턴 티파티Tea-Party다. 이 유명한 사건

앙시앵레짐 시기의 프랑스.

1789년 5월 5일에 개최된 전국신분회.

1789년 6월 20일 〈죄드폼의 맹세〉, 자크 루이 다비드 그림.

역적들의 머리를 창에 꿰어 들고 행진하는 모습.

1789년 7월 14일 바스티유 정복.

저울을 든 '정의'의 여신이 민중 곁에서 특권층을 날려 보낸다.

탐욕스러운 종교인을 돼지로 풍자한 그림.

파리 시청으로 몰려간 바스티유 정복자들.

성난 아낙들이 왕이 있는 베르사유 궁으로 향한다.

1789년 8월에 통과된 「인간과 시민의 권리선언」.

왼쪽의 바이이와 오른쪽의 칼을 찬 라파예트는 얼굴은 다르지만 결국 한 몸임을 꼬집는 풍자화.

혁명 초기에는 민중파였다가 1791년 이후 두둑한 돈을 받고 왕당파로 돌아선 바르나브.

에서 반란자들은 동서양식민지회사Compagnie des Indes의 독점에 저항하기 위해 차 꾸러미를 바다에 던져버렸다. 그러나 불평등한 처지의 식민지인은 2년 뒤에야 비로소 사실상 전쟁의 구실을 찾아 전쟁에 돌입했으며, 1776년에 아메리카합중국의 독립을 선언하고 최초의 헌법을 제정했다. 반란자들은 대영제국의 품에서 권리를 인정받으려고 노력했는데, 이제부터는 영국과 관계를 끊어야 했다. 〔북아메리카의 13개〕식민지는 그 시대에는 드물게 지방 민주주의를 실천하고 있었다. 소집단들이 순식간에 요구사항을 전파하고 수틀리면 폭력에 의존했지만, 그곳의 민주주의는 유럽의 여느 나라보다 앞서 있었다. 영국은 토론을 벌이고 점진적인 찬동으로 대응했지만 결코 순순히 응해준 적은 없었다. 1774년에 식민지마다 불만에 찬 주민들이 회의를 하면서 10월에는 식민지 의회를 조직하게 되었다. 충성파·급진파·온건파가 모두 참여한 식민지 의회는 영국이 소극적 태도를 보여주고 인민의 기대치가 높아지면서 급진화했다.

법적 지위를 인정받지 못한 식민지 의회가 각 지방의 사법제도를 창설하고, 우편업무에 공공업무의 비중을 높이고, 통신위원회를 가동시키고, 여성이 활발하게 참여하는 투쟁이 벌어지는 동안 국가의 존재가 사라지고 있었다. 그들은 차tea부터 시작해서 영국 상품을 배척했다. 사치와 부패를 거부하는 반란자들은 목사의 집에 모여서 개인 행동을 통제했다. 또한 성서에서 경험할 수 있는 위대한 정치적 폭력을 아주 현실적으로 조직했다. 결국 아메리카 사회는 갈라졌다. 인구의 15~20퍼센트가 여전히 영국에 충성했고, 인디언들은 1783년의 조약에서 거론되지 않았다. 이들은 여성·흑인·가난한 사람들과 함께 아메리카 혁명의 '잊힌 사람들'이 되었다. 상류 지주 계층이 혁명을 이끌었고, 인민은 정통성을 인정받지 못했다 할지라도, 소수 지배 집단만이 확고한 권력을 잡아서는 안 된다는 생각이 우세했다. 처음에는 세금이 너무 과중하다고 반발하다가 결국 전쟁으로 번지고 사회까지 변화시킨 것은, 비주류였던 공화주의의 영감을 받아 수많은 사상이 발전하고 사람들이 서로 폭력을 행사하면서 급진화했기 때문이다. 다른 곳에 있는 영국 식민지에서는 이처럼 여러 가지 사정이 동시에 일어나지 않았다. 예를 들어 원래 프랑스 가톨릭교도였던 캐나다 주민들은 반란자들의 편에 가담하지 않았다. 아메리카인들이 영국인에게 저항한 이유를 자유의 명분에서만 찾을 수는 없다. 수많은 이해관계와 기회가 아주 복잡하게 얽혀 반란의 상황을 만들고 결국 혁명으로 발전했다. 이렇게 태어난 아메리카 혁명의 신화는 상호 폭력의 사실은 물론 지도자층의 통제를 벗어난 민중의 행동을 지우면서도 적절한 때에 문화수용의 세계에 나타나 제 몫을 하고 있다.

아메리카의 명분은 1778년부터 유럽 외교의 관심사가 되었다. 이때 프랑스는 반란자들을 돕기 위해 군대를 파견한다는 동맹조약에 서명했다. 반란자들은 네덜란드 '애국자들'의 지지도 받았다. 이들은 총독에게 영국 전쟁을 지원하지 말라고 강요하고 아메리카 혁명을 대대적으로 모방했다. 반란자들은 1783년에 결정적으로 승리했다. 영국인은 패배하고, 아메리카의 충성파와 함께 그들의 명분에 가담한 흑인 노예들도 패배했다. 이러한 갈등에 모든 사람이 뒤얽혔다. 그러나 여성은 정치지도층이 가장자리로 밀어냈다. 타협안을 마련할 때까지 '충성파'를 추적하고 재산을 강탈했다. 전쟁에 휩쓸리지 않으려던 집단들도 영향을 받았고, 인디언들과 영국 왕에게 우호적인 캐나다인도 군사적 팽창의 희생자였다. 아메리카 혁명을 수행하는 동안 정치적 이유로 처형한 사례가 없음은 분명하지만, 역사 기록에 남아 있는 것처럼 '부드러운douce' 혁명은 아니었다. 특히 그곳에 있던 프랑스 병사들은 전투의 폭력성에 놀랐다. 어떤 저자들은 워싱턴G. Washington과 제퍼슨T. Jefferson이 인디언 영토를 싹 쓸어버리고 주민을 몰살하라고 명령하는 모습에 비추어 아메리카 혁명을 '민주주의의 어두운 탈'을 쓰고 적을 말살하는 모범으로 보았다. 그것은 혁명적 정치의식의 거푸집도 아니었다. 독립전쟁에 참가한 프랑스인의 3분의 1만이 혁명의 명분에 동참하고, 또 3분의 1은 반혁명에 가담했으며, 나머지 3분의 1은 정치에 별다른 흥미를 갖지 않았다. 그러나 아메리카의 사례가 보여준 위기의식은 당시 세계에 널리 퍼져 있었다.

반란자들 내부에서 끊임없이 분열이 일어났으며, 1787년에 모든 주가 헌법을 반포하고 워싱턴이 새 공화국의 대통령으로 취임할 때까지 아메리카 혁명은 안정되지 못했다. 혁명의 안정화는 모든 주와 연방주의자, 그리고 중앙정부에 극렬히 반대하는 반연방주의자의 힘이 맺는 관계로 결정되었다. 헌법은 중앙집권 공화국을 탄생시켜 군대와 조세를 통제하고, 천민을 불신하는 성격을 가졌으며, 여러 주의 헌법, 그리고 민주주의의 경계와 정의를 규정하지 않고 모호하게 남겨둔 1781년 헌법의 여러 조항을 반영했다. 혁명이 끝난 뒤에도 여전히 불만인 사람들이 남았기 때문에, 1786년에 새 나라에 실망한 병사들과 소농들의 반란을 진압하고, 1794년에는 '위스키 반란'[4], 펜실베이니아 농민의 조세 거부 운동에 워싱턴이 직접 1만 5,000명의 군대를 이끌고 중앙정부의 권력을 강화해야 했다.

아메리카 혁명이 프랑스 혁명과 다른 점은 분명하다. 특히 아메리카 혁명의 기간이 길었고, 중대한 원리에 대한 공개적 집단 토론이 없었으며, 사회지도층이 계속해서 지배권을 유지했다. 아메리카 혁명은 사법상의 공백을 드러냈고, 프랑스의 상황을 더 잘 이해하기 위해 되짚어볼 필요가 있는 세력 다툼의 사례를 보여주기도 했지만, 민중이 통제받지 않고 열광하도록 만들거나, 전통적 기대와 관련해서 즉흥적 주장을 하게 만드는 실마리를 제공하지는 않았다. 혁명의 지도자들은 세심하게 토론의 반향을 제한하고, 대의명분을 위해 동원했던 사회적 세력들을 신중하지만 원대한 통찰력 없이 계속 관리했다. 보수적 인물로서 귀족 같은 생활을 즐기는 부유한 농장주이며, 7년 전쟁 당시 프랑스 장교 한 명을 처형한 적이 있는 전쟁영웅으로서 초대 대통령이 된 워싱턴이 그들을 완벽히 대표했다. 또한 그의 후계자인 [제3대 대통령] 제퍼슨도 그들의 성향을 대표했는데, 그도 부동산 부자이고 노예 소유자였지만 의심의 여지 없이 좀 더 민주주의적이고 확실히 더 통찰력 있는 인물이었으며, 그 나라에서 자코뱅의 모습을 지속적으로 구현했다. 우리는 이 두 사람을 통해 모국의 권력에 대항해서 민중의 불만을 능숙하게 이용하고 결집시킨 부유한 식민지인의 해방운동이 혁명기 프랑스에서 잇달아 발생한 봉기와 오해에 가까울 정도

---

4 신생국가 미합중국이 국채를 갚기 위해 위스키에 세금을 매기고 업자와 개인에게 차등 적용한 것에 불만을 품은 농민들이 1791년부터 저항했는데, 1794년에 연방정부군이 개입해서 진압한 사건을 말한다.

로 큰 차이가 있음을 알 수 있다. 미합중국과 프랑스를 구별하게 해주는 '부드러운' 혁명과 '과격한' 혁명이라는 두 혁명의 차이에 더해 아메리카 혁명은 계몽주의 시대에 잇달아 일어나 국내 문제와 '신분'이나 시민 공동체의 긴장을 해결하는 '혁명들'에 속하는 것이며, 프랑스 혁명은 1789년까지 일어난 이러한 방식의 혁명들과 전혀 다를 뿐 아니라 새로운 방식으로 일어난 '혁명'이었다. 이 경우, 민중의 세력은 사회지도층의 세력만큼 중요했고, 명사들의 지도체제를 설립하는 것과 다른 정치적 해법을 요구했다.

그렇다고 해서 아메리카 혁명을 완전히 정치혁명으로 볼 수는 없다. 모든 사회적 구성요소가 제한적인 영향을 끼쳤지만 상당한 역할을 했기 때문이다. '자코뱅'이면서 노예 소유자인 제퍼슨은 무시할 정도의 인물은 아니다. 그는 토론에 전혀 개입하지 못한 채 아메리카 혁명을 '일으킨' '민중의' 운동에 결코 사라지지 않는 영향력을 증명한다. 이 혁명은 유럽과 라틴아메리카·중앙아메리카를 아우르는 '대서양' 문화공간에서 태어난 모든 경제정세의 대립의 결과로 나타났다. 그리고 강력한 식민제국이며 최강의 해군국으로서 명예혁명을 겪은 영국과 단절을 성취했던 만큼 반향도 컸다. 1770년부터 1789년까지 대서양의 양쪽에서 일어난 것에 이의를 제기할 근거는 없다. 모든 '혁명'이 똑같은 유형에 속한다. 1770년부터 1789년까지 아메리카와 프랑스 역사의 모든 차이를 고려해볼 때 비슷한 점이 있으며, 같은 경로를 따랐다. 그렇다면 1789년 이후 프랑스는 어째서 완전히 새로운 길로 들어섰는지 이해할 차례다.

대서양 혁명의 파문과 영향

'애국자들'은 아메리카의 봉기를 '인류의 새벽'으로 보면서 사상적 조류를 형성했다. 그 사건의 영향을 받은 영국인 '급진파' 가운데 나중에 프랑스 국민공회 의원이 되는 토머스 페인Thomas Paine은 1776년에 이미 '인간정신을 시험하는 시대'라고 단언했다. 그 후 미합중국은 영국의 군주정에 적대적이고, 적어도 1792년까지 프랑스 혁명의 지지자였던 '애국자들', 그 후 단두대를 피하려는 프랑스인들의 피난처가되었다. 프랑스 사람들은 독립전쟁을 저마다 다르게 보았다. 개혁가들은 정치적 논쟁거리로 삼았고, 라파예트La Fayette 같은 야심찬 젊은이들은 자기 격상의 기회로 보았으며, 왕과 특히 반란자들을 노골적으로 얕보던 왕비는 영국을 약화시키는 전쟁이라고 이해했다. 외무대신 베르젠Vergennes은 1776년부터 애국자들을 지지했다. 그는 특히 여론을 주도하기 위해 「영국과 아메리카 문제Les affaires de l'Angleterre et de l'Amérique」라는 신문을 이용했다. 루이 16세Louis XVI 왕국이 반란자들을 도운 것은 [아메리카 식민지의] 주들이 취한 외교정책과 관계가 있었다. 여기서 프랑스는 경쟁국 영국과 대립하고 군주제 국가와 이제 태어나고 있던 공화국의 이념적 차이를 최소화하는 기회를 얻었다. 미합중국과 영국이 프랑스를 빼고 평화협정에 서명하자고 협상하면서양국의 특별한 관계를 과시했기 때문에 처음부터 미합중국과 프랑스의 동맹은 수많은 부조화를 겪었다. 동맹은 프랑스 국내 역사에 중대한 영향을 끼쳤다. 10억 리브르 이상의 막대한 전비는 왕국의 재정 손실을 가중시켜 곧 해결할 수 없는 문제로 나타났다. 증세가 아니라 국채로 부족한 자금을 조달했기 때문에 발등의 불을 끄지 못하고 단 몇 년 동안 버텼을 뿐이다.

대서양 저편에서 헌법에 대해 열띤 토론을 벌인다는 소식을 프랑스에서 알고 있었고, 중농주의자와 계몽주의자들의 동인들은 절대군주정에 대해 비판적 논쟁을 벌이기 시작했다. 프랑스 일부 지도층의 입헌주의 문화는 이 시점이 아니라 나중에 실행될 것이었지만, [미국 헌법의] 영향은 직접 받지 않았다. 아메리카는 프랑스 개혁가들의 희망을 투영한 거울이었다. '애국자' 뱃사람 존스나 어진 시골사람 벤저민 프랭클린이 프랑스에 도착해 사람들의 마음을 사로잡았다는 사실에서 감수성의 변화를 알 수 있다.[5] 피뢰침을 발명한 보놈bonhomme[프랭클린]이 이를 프랑스에서 소개했을 때 수많은 사람이 열광했다. 그러나 막상 프랑스에 피뢰침을 도입했을 때 집에 설치한 피뢰침이 벼락을 끌어들일까 봐 불안했던 이웃들이 집주인에게 소송을 걸었다. 역사적 역설이라 할 수 있는 점은 집주인 측 변호인단에 젊은 변호사 로베스피에르가 포함되어 무지에 대해 과학이 승리하도록 활약했다는

5   존스John Paul Jones(1747-1792)는 스코틀랜드 해군장교로서 1778년에 벤저민 프랭클린의 도움으로 프랑스 측에서 전함을 지원받아 아메리카 독립전쟁에 참전한 뒤 러시아 해군에 복무하다가 1790년 프랑스에 정착했다. 그는 전함 이름을 지을 때 프랭클린의 저서에서 '보놈 리샤르Le Bonhomme Richard'를 땄다.
프랭클린Benjamin Franklin(1706-1790)은 가난한 인쇄공 출신의 철학자·정치인이었고, 혁명기 미국의 대사로 파리에 부임했다. 그의 저서 『가난한 리처드의 연감Poor Richard's Almanack』은 대서양을 낀 두 대륙에서 수많은 독자를 만났다. 프랑스에서는 'Poor Richard'를 'Bonhomme Richard'로 번역하고, 프랭클린의 별명으로 썼다.

사실이다.[6] 수많은 살롱에 드나드는 사람들은 프랭클린이 "신들의 번개와 폭군의 지휘봉을 빼앗았다"고 하면서 그 시대의 정신을 잘 요약했다. 이처럼 1780년대에는 계몽사상과 정치가 밀접하게 얽혔다. 프랑스인들은 "훌륭한 야만인들"이 사는 나라를 상상했다. 왕비도 예외 없이 미국에 열광하는 분위기에 휩쓸렸으며, 아메리카 독립전쟁의 일화를 되살리는 머리장식을 하고 모자를 썼다. 노르망디 지방에서 미합중국으로 망명한 뒤 프랑스 영사라는 명성을 얻은 사람은 1784년에 발간한 『아메리카 농부의 편지*Lettres d'un fermier américain*』로 이러한 관점을 보강해주었다.[7] 또한 서인도제도의 프랑스 식민지에도 결정적인 영향을 끼쳤다. 무역과 밀수업이 타격을 받았고 식민지인들이 모국의 통제에 저항할 의지를 불어넣어 생도맹그의 사회까지 변화시켰다. 유색인 자유민들도 백인 크레올과 함께 병사가 되어 반란자들 편에서 서배나Savannah 전투에 참여했다. 그때의 경험을 통해 그들은 〔생도맹그〕 섬에서 일어난 사건들에서 능동적인 역할을 맡을 수 있었다.

---

6 프랭클린은 1750년에 피뢰침을 구상했고, 1752년 6월 15일에 아들과 연을 날려 실험했다. 수많은 논란이 있었지만, 피뢰침 발명은 프랭클린의 업적으로 인정받았다. 프랑스에서도 1752년에 식물학자 달리바르Thomas-François Dalibard가 5월에 왕립식물원장 뷔퐁Georges-Louis Leclerc de Buffon의 제안을 받아 마를리 아 루아Marly-à-Roy에 피뢰침을 설치했다. 로베스피에르가 변호한 송사는 그가 변호사 자격을 얻은 1781년 이후의 일이다.

7 세인트 존 드 크레브쾨르St. John de Crèvecœur(1735-1813)는 노르망디 캉에서 미셸 기욤 장 드 크레브쾨르Michel Guillaume Jean de Crèvecoeur로 태어났다. 그는 누벨 프랑스(퀘벡)에 파견되어 아메리카 독립전쟁에 참전했다가 패배한 뒤 1782년에 미합중국에 망명했다.

런던과 아일랜드에서 성공하지 못한 혁명

아메리카 사건은 즉시, 그러나 영국과 아일랜드에서 일어난 반란이 다른 양상을 보여주듯이 복잡하게 반향을 일으켰다. 영국은 1688년의 명예혁명으로 여전히 이름을 떨쳤고, 프랑스인에게 개혁정신을 일깨우면서 다양한 영감을 주었다. 오를레앙Orléans 공작 같은 사람은 영국 혁명이 의회주의에서 종마 사육까지 모든 영역에서 성공했다고 보았다. 프랑스 신문기자 망다르Théophile Mandar(1759-1823) 같은 사람은 영국 사상가 제임스 해링턴James Harrington이나 시인 밀턴이 구현한 공화주의 전통의 표현으로 보았다. 그리고 미라보 백작comte de Mirabeau, 또는 브리소Brissot 같은 사람은 흑인 노예무역을 폐지하자고 주장하는 운동을 본떴다. 그러나 영국은 1780년대 정치개혁에 실패하고 민중운동이 일어나 모든 이의 삶을 고단하게 만들면서 심각한 위기를 겪었다.

어떤 도전을 받거나 심지어 왕가를 향해서도 전혀 뒷걸음치지 않던 윌크스 의원은 옥살이를 피해 프랑스에 머물다가 돌아가 1772년에 런던 시장이 되었다.[8] 그는 나중에 철저한 반혁명론자가 되는〔에드먼드〕버크도 포함해서 여느 휘그당원과 마찬가지로 아메리카의 반란

---

8   급진파 신문기자 출신 하원의원 윌크스John Wilkes(1725-1797)는 동료 의원인 토머스 포터Thomas Potter와 함께 『세 통의 편지로 쓴 여성론*An Essay on Woman in Three Epistles*』을 쓰고 추적을 받았다. 이 논고는 알렉산더 포프Alexander Pope의 『인간론*An Essay on Man*』을 모방한 외설적 작품이었기 때문이다.

자들에게 우호적이었지만, 분위기가 급진화할수록 혁명적 정치활동에는 참여하지 않았다. 고든 경은 영국의 가톨릭 규제 완화에 반대하는 청원서를 내놓았는데, 이 때문에 민중이 〔1780년에〕 폭동을 일으켰다. 이를 역사적으로 고든 폭동Gordon Riots이라 부른다. 1780년 6월에 런던 중심부의 가톨릭교도의 집뿐만 아니라 부유한 사람들의 집도 며칠 동안 파괴되고 불에 탔다. 군대가 300명 이상을 살해하면서 질서를 회복했다. 이러한 폭동을 어떻게 평가할 것인가? 반가톨릭 운동인가, 사회적 운동인가? 역사가들은 토론을 끝내지 못했고, 개중에는 앞으로 일어날 프랑스 혁명을 예고하는 사건으로 보는 사람도 있었다. 영국 정부는 모든 종류의 해방운동을 탄압하는 정책으로 대응했다. 온건파가 연합한 투사들은 사태에 끌려 다닐까 봐 두려워하면서 분쟁에 뛰어들기를 망설였다. 그러나 장인 계층이 다수인 정치적 투사 집단들이 특히 요크셔 지방에서 남성의 보통·비밀선거와 매년 의원선거를 실시하라고 요구했다. 흑인 노예무역에 반대하는 사상에서 급진주의가 탄생했다. 이러한 사조는 자연권을 세속적으로 해석하고 권력분립과 주권에 대해 토론을 벌이는 한편, 프랑스의 사건에 주목하기 시작했다.

두 나라에서 일어난 사건에서 직접적인 관련성을 찾을 수는 없다. 영국에서 혁명의 개념은 질서, 그리고 정치적 보수주의로 돌아가는 것이며, 따라서 프랑스에서 일어날 모험과 동떨어진 것이었기 때문이다. 그러나 1649년에 찰스 1세Charles I를 처형한 뒤에 탄생한 '공화주의' 정치문화는 특히 마라의 초기 투쟁적 간행물을 통해 프랑스로 들어갔다. 영국의 피트Pitt 정부는 몇 년 뒤에는 공포정을 실시한다는 비난을 들을 정도로 프랑스 혁명의 지지자를 계속 탄압했지만, 영국인들은 프랑스에서 공화주의 정치문화를 받아들였다고 생각해서 프랑스 혁명에 대대적인 반응을 보였다.

영국은 아일랜드를 통해 혁명에 물들었다. 1778년에 존 폴 존스John Paul Jones의 아메리카 사략선私掠船이 벨파스트를 약탈하면서 영국에 속한 이 섬도 혁명의 바람이 불었다. 영국 정부는 전쟁의 위험과 프랑스 군대의 상륙에 대비하기 위해 〔아메리카〕반란자들과 싸우러 떠난 병사들 대신 아일랜드 의용군을 모집했다. 1782년에 가톨릭교도와 개신교도가 뒤섞인 의용군 4만 8,000명에서 10만 명 사이의 병력을 모으면서 정치적 소요사태가 발생했다. 왕에 대한 충성심과 상관없이 영국과 아일랜드의 관계를 중심으로 토론을 벌이고, 아일랜드 출신 의원들에게 영국인 의원들과 평등한 자격을 부여하는 동시에 무역의 자유도 인정하라고 요구했다. 영국 상품 불매운동을 벌인 끝에 1780년에 무역의 자유를 얻었지만 아일랜드인들은 운동을 연장하고, 마침내 1782년 4월 16일 영국 의회에서 국민당 대표 그래턴 의원Henry Grattan〔1746-1820〕이 독립을 선언했다. '1782년 헌법'으로 불리는 타협안이 나와 아일랜드 의회에 스코틀랜드 의회와 동등한 지위를 인정했다. 그러나 아일랜드에 영국 왕이 파견한 장관은 권력을 그대로 유지한 반면 애국자들은 분열했기 때문에 그들의 주장도 약해졌다. 아일랜드 의원의 다수파는 어떠한 개혁도 싫어했고, 민주파의 일부는 가톨릭교도와 정치적으로 연합하는 방안을 받아들였다. 이러한 조건에서 그래턴은 점점 더 온건한 태도를 취했다. 이때 발생한 균열이 나중에 프랑스 혁명의 여파로 복잡한 결과를 가져온다.

네덜란드와 벨기에 지방의 실패

아메리카 혁명 때문에 네덜란드와 벨기에 지방은 혁명을 겪었지만 아주 참담한 실패를 경험했다. 유럽 최초의 신문인 「가제트 드 레드 Gazette de Leyde」〔라이든 신문〕에는 1780년 10월 3일에 매사추세츠 헌법을 실었다. 영국에 우호적인 **총독**stathouder에 저항하던 부유한 상인과 정치지도층, 특히 암스테르담의 시정부는 원칙과 해상무역의 자유를 위해 미합중국 편에 섰다. 영국 함대가 네덜란드 선박을 나포하자 아메리카인들의 지지를 받는 신문들이 반대 여론을 부추겼다. 총독의 권위와 (그 시대에 쓰던 말 그대로) '귀족정aristocratie'에 저항하는 '애국자들' 가운데 시정부 관료들이 분명히 의사를 표명했다. 그들 중에 요안 디르크 반 데어 카펠렌 토트 덴 폴Joan Dirk van der Capellen tot den Poll은 1781년 '네덜란드인에게' 전하는 호소문을 게시했다. 그는 미합중국과 스위스를 본받아서 행복추구권, 1572년의 자유로 복귀, 각 코뮌의 민병대 조직을 한꺼번에 주장했다. 그는 시대 분위기를 담아 과거의 영감을 받은 동시에 완전히 새로운 미래를 향한 혁명을 주장했다. 그의 호소에 대한 반응은 시큰둥하고 복잡했다. 3자가 경쟁하는 놀이에서, 나중에 프랑스에서 일어날 일을 예고하듯이, 특히 도시의 애국자들은 벽의 돌출부처럼 양쪽의 바람을 맞아야 했다. 시정부 관리들은 지위가 약화될까 봐 대변화에 별로 호감을 갖지 않았기 때문에 애국파에게 반대했다. 또한 농촌과 도시의 빈민으로서 총독을 따르는 '오라네파orangistes'[9]는 애국파의 온상인 중류 이상의 부유한 계급에 적대적이었다. 아직 완전하지는 않지만 반혁명파로 분류할 수 있는 사람들 가운데서 애국자들의 집을 약탈한 민중시위의 지도자 카아트 모셀Kaat Mossel이라는 인물이 두각을 나타냈다.

〔애국파와 오라녜파의〕 갈등이 서서히 힘을 얻어가면서 이 도시에서 다른 도시로 물에 뜬 기름처럼 번졌다. 애국파의 공동체들은 신문을 발행하고 오라녜파 이웃들과 맞섰다. 그들은 민병대를 조직하고 시민권을 얻기 위해 혁명에 가담한 가톨릭교도도 받아들였다. 이처럼 투쟁을 점차 확산해나가는 가운데 목표를 수정하게 되었다. 해전에서 영국이 승리하고 굴욕적인 평화조약을 맺게 되자 불만이 더 커졌고, 식민지를 잃으면서 국유재산까지 손실을 입었다. 그 결과, 총독의 지위도 문제 삼았을 뿐 아니라 교육받은 시민들의 민주공화제를 수립하는 헌법이 필요하다고 주장했다. 이런 와중에 과거의 공화제에서 상징·휘장徽章·영웅을 되살리며 새로운 정치문화를 탄생시켰다. 이 운동의 가장 큰 창의성은 미합중국에서 일어난 일과 비슷하며 1793년 이후 프랑스에서 보게 되는 중앙집권화와 동떨어진 모형을 채택하고 지방 혁명을 정착시켜 이른바 지방 차원의 소규모 혁명microrévolutions locales을 일으켰다는 점이다. 1785년에 애국자들이 연합한 결과, 노골적으로 투쟁이 발생하고 인명피해가 생겼다.

1786년에 애국자들은 비록 집단적 행동계획도 없이 복잡한 과정

---

9   오라녜Orange 가문은 1568년 에스파냐에 반란을 주도해서 네덜란드를 독립시켰다. 명예혁명으로 오라녜 공 윌리엄 3세Willaiam III of Orange와 메리 2세Mary II of England 부부가 영국 왕이 되었다. 이 가문은 네덜란드 총독을 배출했고, 1795년에 프랑스군이 네덜란드를 점령한 뒤 윌렘 5세는 마지막 총독으로 물러났다.

끝에 겨우 균형을 회복했지만, 나라의 중심부에서 승리한 것처럼 보였다. 그러나 이웃 나라들이 개입하면서 상황이 바뀌기 시작했다. 총독[윌렘 5세]은 그의 처남인 프로이센 왕의 도움을, 애국자들은 프랑스의 도움을 받았다. 오라녜파 군대가 작은 도시 두 개를 군사적으로 점령하고, 애국자들이 프로이센 공주인 총독 부인에게 자택에만 머무르게 조치하면서 상황이 단번에 급변했다. [애국자들의] 이 같은 행동은 1791년 바렌Varennes에서 일어난 일[루이 16세의 도주]을 생각나게 하는데, 확실히 단호했지만 존경심을 잃지 않았다. 그러나 유럽의 군주들은 그 행동을 받아들이지 않았다. 오직 애국자의 편에 가담한 루이 16세만 예외였다!

5년 뒤에 프랑스와 전쟁을 수행할 때 보게 될 브룬스비크Brunswick 공작이 이끄는 프로이센군이 네덜란드로 들어가 애국자들을 잔인하게 몰아냈다. 대부분의 애국자는 자신들이 일으킨 혁명을 지키는 일에 뛰어들 마음이 없었다. 그들의 집은 약탈당했고, 아마도 4만 명 정도가 벨기에 지방과 특히 프랑스로 망명해서 생토메르Saint-Omer를 중심으로 공동체를 건설했다. 당시 프랑스 왕은 프로이센을 상대하면서 그들을 지원할 능력이 없었기 때문에, 그들 가운데 부유한 은행가들은 프랑스 왕으로 하여금 왕국 내에서 개신교 예배를 허락하게 만드는 데 큰 역할을 했다. [네덜란드] 애국자들은 단합의 명분이 될 만한 이론체계가 전혀 없이 혼선을 빚는 상태에서 라파에트·브리소·미라보와 줄을 댔고, 튈르리 궁 총관 샹스네 후작marquis de Champcenetz의 부인은 그들을 물심양면으로 지원했다. 이 부인은 네덜란드 출신이었고, 한때는 마담 뒤바리Du Barry의 경쟁자였으며, 나중에는 아르투아 백작comte de Artois의 하수인이 된다! 애국자들은 고대 로마인들에게 저항하던 조상들의 영웅적인 시대를 기억하기 위해 스스로 '바타비아 인bataves'이라 불렀다. 이렇게 해서 그들은 고대의 영감을 받은 공화주의 신화를 강화했다. 신화는 계속해서 그 역할을 해나갔다.

이 혁명과 프랑스 혁명의 관계는 당연히 단순하지 않다. 네덜란드 인은 종교에 애착을 갖고 있고 화해에 익숙한 사람들이었기 때문에 프랑스 계몽사상가들philosophes français보다 기독교의 영감을 받은 반란을 용인하는 독일 계몽사상가들Aufklärung allemand과 더 친근했다. 이런 점에서 그들은 '대서양 혁명'을 겪은 대부분의 나라와 차이를 보여주었다. 그들은 자기 나라의 전통적 풍속과 민족적 성격을 유지하고, 특히 중앙집권에 맞서 지방의 독립과 선출제도를 지켜냈다. 전통적으로 도시 민병대는 아주 중요한 의미를 가졌다. 하지만 '바타비아'의 경험은 그 시대의 세계적 개혁의 흐름을 타고 중요한 명분이 되었다. 그리하여 장차 프랑스 혁명의 국제적 인물로 떠오르는 독일인 클로츠Cloots는 이미 제 역할을 다했다. 그는 라에La Haye[헤이그]의 아메리카 대사가 패배한 애국자들을 지원했다고 오라녜파의 비판을 받았을 때 외국의 주민으로서 최초로 대사에게 반대 의사를 표명했다는 사실을 국제적 관점에서 흥미롭게 지적할 수 있다. 몇몇 난민과 함께 유명한 '공방atelier'을 세운 미라보는 제네바에서 내쫓긴 애국자들과 합류하고, 프랑스 대신들을 공격하는 성명서로서 「총독에 대해 바타비아인들에게Aux Bataves sur le Stathoudérat」라는 제목의 소논문을 발간했다. 그는 전제주의에 맞서 무장투쟁까지 하라고 촉구하고, 모든 사람의 자유추구권을 예찬했다. 그러나 바타비아인들이 패배했다는 소식을 들은 프랑스에서는 그것을 심사숙고하고 피해야 할 실패로 받아들이기 시작했다. 그 당시 프랑스인과 네덜란드인의 오해는 깊었다. 그것은 1795년 이후 프랑스인이 자기네 방식의 갈등 해결책을 네덜란드인에게 강요했을 때 드러나게 된다. 그것은 그 후 2세기 뒤에 프랑스의 역사 서술에도 나타날 만큼 지속적인 오해가 분명하다. 프랑스 역사가들은 네덜란드가 그 시대 혁명의 문화에 참여한 의미를 과소평가했으며, 또 권력에 도전하는 자들을 용서치 않는 강력한 중앙집권국이자 계층화 국가로서 정치적 폭력을 대대적으로 인정하지 않았던 프랑스와 달리 네덜란드의 정치생활에 정착한 타협의 관행을 고려하지 않았다.

한편, 오스트리아 제국에 속한 '벨기에' 주들이 요제프 2세Joseph II의 개혁에 완강히 반대했을 때도 비슷한 종류의 오해가 있었다. 독재적이고 중앙집권적이며 근대화주의자인 황제 요제프 2세는 벨기에 지방을 세속화하는 작업을 시작했다. 그는 수도원을 쓸모없다고 폐지했으며, 결혼과 장례를 [종교가 아니라] 국가가 통제하게 하고, 각 지방의 행정과 사법제도의 자율성을 축소했다. 마침 그때 물가가 뛰면서 황제의 '전제정'에 대한 불만이 터져 나왔다. 현상유지를 바라는 사람들과 좀 더 급진적으로 정치를 변화시키기 원하는 사람들이 힘을 합쳐 반대했다. 정권 반대자들은 자기네 색깔로 만든 표식을 달고 다니며 거리와 교회에서 잇달아 시위를 벌였다. 그들은 초기에 그 조치를 철회했지만, 1787년 12월 17일 군대에 진압되었다. 지도자들은 네덜란드로 망명하거나 프랑스로 가서 비밀결사 '프로 아리스 에트 포치스Pro Aris et Focis'[단란한 가정]를 조직해서 새로운 봉기를 준비했다.

제네바와 바르샤바의 민중 없는 혁명?

역사가들은 대서양 혁명의 성격을 보여주는 유명한 사례로 지금까지 살펴본 몇 가지 혁명을 자주 인용한다. 그러나 그 혁명들을 사실상 추적할 수 없는 민중의 이름으로 일어난 불완전한 혁명뿐 아니라 계몽전제군주들이 일으킨 혁명과도 따로 떼어 생각해서는 안 된다. 위에서 시작된 혁명을 연구해보면 '민중'의 염원을 조금도 허용하지 않는 세력관계에서 새로운 방식의 균형이 그 시대 문화의 공통점으로 드러난다는 사실을 알 수 있다.

제네바 공화국의 혁명이 실패하고 애국자들이 프랑스로 망명해 활발히 활동하면서 프랑스인의 사고에 많은 영향을 끼쳤다. 1782년 제네바의 부르주아 계층 당파인 '토박이들natifs'은 불완전한 권한을 행사하는 시민들도 정부 위원회에 받아들이자고 주장했다. 곧이어 그들은 어떠한 변화도 거부하기 때문에 '부정파négatifs'라 부르는 특권층의 당파를 누르고 권력을 잡았다. 그러나 사회적으로 가장 높은 범주에 속한 '부르주아'와 그들의 당파인 '토박이들'의 생각은 완전히 일치하지 않았다. 더욱이 제네바 시에 살 수는 있어도 모든 권리를 누리지 못하는 '거주자habitants'는 혜택을 기대했지만 다른 계층 사람들은 그들에게도 혜택을 주기를 꺼렸다. 모든 진영이 제네바 공화국의 덕성과 국민의 필수적인 단결을 내세웠고, 특히 세금을 분배하는 문제로 두 번의 폭동이 일어나면서 '토박이들'의 대표성을 옹호하는 '대표자'들이 공화국의 수반이 되었으며, '배신자'들을 처벌하기 위한 안전위원회를 설치했다. 이러한 분위기에서 '부르주아'와 '토박이들'의 대립관계가 모든 승자와 패자, 게다가 진정한 유럽 십자군의 승자와 패자까지 약화시켰다.

유럽 중심에 있는 도시국가 제네바가 혼란을 겪는다면 이웃 강대국들의 재정적 균형이 깨지고 왕조의 운명도 바뀔 수 있기 때문에, 그들은 제네바의 혼란을 받아들일 수 없었다. 제네바는 사실상 프랑스의 왕을 비롯해서 유럽의 군주들에게 돈을 빌려줄 만큼 높은 수준의 재정적 창의성을 갖고 있었다. 프랑스인·사르데냐인·베른인이 개입해서 '부정파' 특권층을 제자리로 되돌리려고 노력하는 동안, 부유한 은행가 클라비에르Clavière가 속한 패배자들은 프랑스로 망명해서 당파를 조직했다. 제네바에서 위험한 민주주의자였다가 프랑스에서 브리소의 친구가 되었기 때문에 온건파로 분류된 클라비에르는 점점 구축되고 있던 '애국자'와 사업가의 조직에서 중요한 인물이 되었다. 사상적 활동과 달리 그는 상업적 관계를 정치적 행복의 조건으로 보는 흐름을 구현했다. 민간·경제의 자유는 공화국 체제에 반드시 필요한 요소다. 이러한 사상은 프랑스 혁명을 수행하는 과정에서 나타난 사회적 갈등에 정면으로 맞설 '지롱드파'의 사고에 영감을 줄 것이다.

폴란드인들은 제네바와 비슷한 경로로 민족적 민중혁명을 일으켰고, 수많은 '애국자'가 이미 폴란드를 떠나 다른 나라 '애국자'처럼 혁명의 더 큰 파도에 올라탔을 때, 그들의 혁명은 프랑스인에게 다른 혁명을 돋보이게 만드는 본보기 노릇을 했다. 폴란드는 1791년 5월 세계에서 두 번째로, 미합중국 다음이자 프랑스보다 먼저 헌법을 제정했지만 프랑스 혁명사보다 역사가들의 주목을 받지 못했다. 1780년대에 러시아·프로이센·오스트리아가 폴란드 귀족의 분열을 이용해 복잡한 방식으로 세력균형을 이루면서 폴란드 왕국의 존재에 영향을 끼쳤다. 1772년에 갑자기 왕국을 분할하고 영토가 축소되어 사실상 러시아의 지배하에 있던 폴란드는 유럽의 계몽주의 영향을 받아 개혁에 착수했다. 1773년 뒤퐁 드 느무르Dupont de Nemours나 콩디약Condillac이 쓴 지침서에 의존해 바르샤바에 설치한 국민교육위원회Commission de l'Education nationale는 교육을 대대적으로 재편하자고 제안했다. 그때부터 수많은 토론과 사건이 일어나면서 유럽 전역에서 반향을 일으켰고, 특히 프랑스에는 직접적인 영향을 끼쳤다. 장 자크 루소는 코르시카에 대해 고찰했듯이 자기 조국〔제네바〕의 혁신조건을 생각하면서 1770년『폴란드 정부 고찰Considérations sur le gouvernement de Pologne』을 썼다. 마블리Mably는 세습적 입헌군주정의 관점에서『폴란드 정부와 법률론Du gouvernement et des lois de la Pologne』을 썼고, 러시아 황제〔에카테리나 2세〕의 권력에 애정이 많았던 볼테르는 폴란드의 자율성에 반대했다. 공상적 차원에서 폴란드는 마라의 미발간 작품『젊은 포토프스키 백작의 정사Aventures du jeune comte Potowski』와 특히 지롱드파 루베 드 쿠브레Louvet de Couvray의 인기작『기사 포블라의 사랑Les Amours du chevalier de Faublas』의 소재가 되었다. 폴란드 역사는 미합중국 역사보다는 못하더라도 프랑스인의 정신에 흔적을 남겼고 정치와 철학 실험의 틀을 제공했다.

러시아와 오스만 제국이 1787년부터 전쟁을 벌일 때, 프로이센의 도움을 받은 폴란드 '개혁가들'은 1791년 5월 3일 헌법을 선포하고 왕의 지지를 받았다. 진정한 체제 이상의 개혁을 예고한 헌법을 반포하자 자유주의 귀족과 일부 급진파는 큰 기대를 걸었다. 그러나 개혁에 반대하는 귀족들은 패배를 인정하지 않았다. 그들은 1792년의 상황이 급변하는 틈을 타서 왕권을 제한하고, 러시아와 프로이센은 다시 한 번 폴란드를 나눠 가졌다. 급진파와 총사령관 코시치우슈코 généralissime Kościuszko가 빌나Vilna(오늘날의 빌니우스)와 바르샤바에서 '민족봉기insurrection nationale'를 일으켰다. 급진파는 특히 농노제 폐지 같은 정치적 주장부터 천년복지설까지 다양한 차원의 희망을 반영했으며, 군사적 어려움이 쌓일 때 추종자를 모았다. 1794년 5월에 급진파는 자신들이 통제하던 바르샤바에서 민중소요가 심화하는 것을 방지하려는 속셈으로 귀족 넷을 잔인하게 처형했다. 1794년 10월에 그들이 패배했을 때 봉기가 끝났다. 1795년에 폴란드는 역사 속으로 사라졌다. 지도자들은 프랑스 같은 나라로 망명했고 수많은 조직으로 분열되어 경쟁했다. 산산이 흩어진 투사들은 1796년에 이탈리아에 파견된 부대를 따라갔다. 그 뒤에 일부는 생도맹그로 떠났다. 폴란드 혁명은 대중의 정치적 요구사항을 정확히 반영했다기보다는 개혁의 원칙에 근거한 운동이었다.

유럽의 계몽 전제군주들이 일으킨 혁명

계몽주의의 영향을 직접 받은 '계몽 전제주의'가 이끄는 '위에서 시작된 혁명'은 개혁의 바람에 올라탔지만 대중이 부재한 채, 오히려 대중에게 불리한 방향으로 진행되었다. 아직은 여론이 충분히 조성되지 못했기 때문에 토론과 정치적 방향에 직접 개입하지 못하던 유럽에서 뜻밖의 과격한 반동에 대응하기 위해 근대국가 설립의 의지가 자주 나타났다. 그 과정에서 수많은 적대 세력이 변화를 가속화하거나 그와 반대로 전통적 균형으로 되돌아가라고 요구하면서 우위를 다투었다. 모든 것이 1789년부터 1799년 사이에 프랑스에서 보게 되는 국가와 별반 다르지 않은 국가 형태를 미워하는 감정에 불을 지폈다. 에스파냐에서 풍속의 근대화, 특히 정부가 부과한 의복의 근대화에 악의를 품고 반대했다. 덴마크에서는 1770년과 1772년 사이에 개혁가 슈트루엔제Struensee가 권력을 잡고 왕국을 뒤흔들었다. 평민 출신인 그는 왕비의 연인이 되어 권력에 다가섰다. 이는 규방과 내각의 일상적 공모관계를 보여주는 사례다. 독재적 합리화를 지지하던 슈트루엔제는 곡식의 유통을 자유화하고, 초등학교를 열고, 종교적 관용을 베풀었다. 그러나 그는 독재, 왕비와 맺은 관계 때문에 몰락의 길로 들어섰다. 덴마크 귀족이 궁중혁명에 성공하자 그를 재판한 뒤 끔찍하게 처형했다. 슈트루엔제를 참수하고 시신을 토막 내서 여러 지방에 나눠 보냈기 때문에 유럽의 다른 나라까지 발칵 뒤집어놓았다. 그러나 개혁은 멈추지 않았다.

이웃 나라 스웨덴 왕 구스타브 3세는 1772년 8월에 프랑스의 재정지원을 받아 정변을 일으켜서 사실상 권력을 행사하던 귀족 의회를 제압했다. 그는 독단적으로 군주정을 '근대화'하고, 군대·개혁 세력·민중의 힘을 등에 업고 상하원의 정치투쟁을 물리쳤다. '왕관을 쓴 민주주의자'인 그가 거둔 성과를 보고 프랑스 대사〔외무대신〕 베르젠은 피를 한 방울도 흘리지 않고 '혁명'에 성공했다고 경탄했다. 구스타브 3세는 1788~1789년에 거물급 지주들에게 그들의 특권을 낱낱이 폭로하겠다고 위협해 농노제 폐지를 받아들이게 만들었고, 〔1789년 2월 21일〕 국민통합·안보법Acte d'union et de sécurité[sûreté]을 제정해서 모든 국민의 권리가 평등함을 인정했다. 누가 봐도 친불파francophile라 인정할 만큼 프랑스를 좋아한 구스타브 3세는 근대적 간결함을 규범으로 삼아 궁중의 미적 취향을 쇄신함으로써 '구스타브 양식'을 발명했다. 그러나 역사적 역설이라 할 것은 구스타브 3세가 1790년 이후 반혁명 운동의 선두에 서서 1791년에 프랑스 왕 부부의 도주를 도왔으며, 1792년 3월 16일에 그의 절대권력을 증오하던 귀족의 손에 죽었다는 사실이다.

프랑스 '교양인들éclairés'은 계몽 전제주의의 흐름을 자세히 조사한 뒤 실제로 개혁이 필요하다는 사실, 계몽주의의 영감을 받아 혁신을 하려면 국가에 의존할 수밖에 없다는 사실에 공감하고, 프로이센 왕 프리드리히 2세Friedrich II와 마리 앙투아네트Marie-Antoienette의 오빠인 오스트리아 황제 요제프 2세야말로 계몽 전제주의의 가장 훌륭한 본보기라고 보았다. 오스트리아 황제는 국가를 위해 일하는 의무를 깊이 인식하고 성실히 수행한 가문의 전통을 물려받은 데다 인도주의 감정도 충만했지만, 철학적 비관주의에 이끌려 스스로 선을 행할 수 없는 인간을 독단적으로 개혁해야 한다고 생각했다. 1775년에 보헤미아 농민들이 반란을 일으켜 마리아 테레지아를 포함한 황실에 부역과 농노제를 폐지하라고 강요했다. 황제[마리아 테레지아]는 농노제를 폐지하지 못했지만, 반란이 극단적으로 번지지 않도록 막았고, 아들에게 조치를 취하도록 부추겼다. 1775년부터 1781년까지 요제프 2세는 계몽주의와 합리주의 사고방식을 가진 고관들의 조언을 받아 보헤미아 지방의 부역제도로 농노제를 대체하고, 검열을 제한하고, 비가톨릭교도를 위해 종교적 관용을 베풀었다. 이렇게 해서 그는 벨기에 지방도 포함해 자신의 권한이 직접 미치는 모든 영토에서 가톨릭교회의 자율성과 힘을 축소했다. 수도자 교단의 재산을 몰수하고, 신학원을 감독하고, 주교들이 교황과 직접 소통할 수 없게 했다. 결혼을 순전히 종교적 관계로 보지 않고 민간의 계약으로 보았다. 교황은 이러한 조치의 효과를 막으려고 노력했으나 허사였고, 마침내 황제의 뜻에 지고 말았다. 성직자 시민헌법은 프랑스에 똑같은 개혁을 일으켰지만, 몇 년 후 교회의 일부가 교황에게 종속되는 문제를 야기시켰다는 점에서 차이가 났다. 프랑스는 교황을 오스트리아의 통제를 받는 이탈리아 군주로 간주했기 때문에 그 문제를 심각하게 받아들였다.

마리아 테레지아는 계몽주의를 경계하는 한편 신민 다수의 정신세계와 연결된 단결이라는 기독교 가치에 바탕을 둔 정치를 유지한 데 비해, 〔아들〕 요제프는 프로이센에 매력을 느끼고 합리적인 개혁을 하기로 결심했다. 따라서 불만투성이인 백성이 당시에 일어나던 변동에 대해 알고서 애타게 기다리던 개혁을 프랑스처럼 실시하려 했지만 제대로 적용하지 못했거나 외면당하기 일쑤였고, 수많은 이유, 특히 서로 상충하는 이유 때문에 두려움과 반란을 부추기기만 했다. 보헤미아·헝가리·트란실바니아〔오늘날의 루마니아〕에서 1784년에, 그리고 특히 벨기에에서 군대를 보내 진압할 만큼 큰 소요가 발생했다. 요제프의 동생이자 토스카나 대공인 레오폴트 2세Leopold II도 계몽주의의 유산인 합리주의와 중앙집권주의를 반영해서 정치적 방향을 설정하고 인도주의적 개혁과 결합시킨 적이 있다. 그는 과학·기술을 보호하고 처음으로 사형제를 폐지한 군주에 속했다. 그는 요제프 2세가 죽은 1790년에 오스트리아 황제가 되기 위해 토스카나를 떠날 때 아메리카 헌법과 같은 수준의 헌법을 준비하고 있었다. 그때 그는 교황이나 귀족, 그 누구에게도 굴하지 않고 자신의 태도를 바꾸었다. 그 과정을 보면 왜 프랑스 망명자들이 그의 지원을 받아들이지 않았고, 왜 그가 루이 16세와 누이동생 마리 앙투아네트의 개혁정책을 승인했는지 이해할 수 있다. 우리는 그가 1790년에 제국의 질서를 회복하면서 벨기에 지방과 리에주 주교구의 반대를 탄압했다는 사실을 논리적으로 추론할 수 있다. 황제 앞에서는 자기네 이익을 유지하는 데 혈안이면서도 '공화파'를 자처하고 대체로 보수적 '혁명'을 유발할 수 있을 만큼 〔특권에 가까운〕 자유libertés를 지킨다고 느끼던 명사·수도원장·동업자 조합의 반발 세력이 있었다.

불완전하게나마 돌이켜본 사례들을 통해 세 가지 결론을 내릴 수 있다. 첫째, '전제주의despotisme'라는 부적절한 용어를 다시 고민해야 한다. 훗날 프랑스 혁명가들이 확신했던 '폭정tyrannie'과 동일하게 취급할 수 없기 때문이다. 요제프 2세는 나중에 구국위원회Comité de salut public 위원들이 실시하는 정책과 동떨어지지 않은 형식으로 '덕의 전제주의'를 실시했다. 둘째, 유럽 모든 나라의 귀족이 되찾은 중간의 위치l'entre-deux를 이해할 필요가 있다. 국회의원들만이 아니라 중간 계급들이 가장 자주 비판한 '반동'의 위치에 있던 귀족은 민중 계급들이 행복을 가져다준다는 개혁을 거부하면서 반란을 일으켰을 때 전통 국가를 보호하는 성벽 노릇을 했다. 셋째, 진보와 인류애, 또는 합리성의 이름으로 강요하는 개혁은 목적을 달성하는 경우가 드물고,

대개 격한 반동을 불러올 뿐 아니라 무력으로 진압당하기 쉽다. 모든 '혁명révolutions'은 진실로 혁신적인 계획만큼 근대화를 거부하는 데서 일어난다. 프랑스의 상황을 평가하려면 이 모든 현실을 잊지 말아야 하며, 그 특수성을 밝혀야 한다. 그것이 이 책의 목표다.

러시아, 반란의 시대

우리는 같은 문화적 뿌리를 가진 반란들을 고려하면서 〔대서양 혁명의〕 개관을 끝내야 한다. 세계적 통일성unité이 오늘날의 개념과 다를지라도 몇 세기 전부터 존재했고, 전 세계에서 감수성의 변화가 일어났다. 우리가 1789년부터 1799년 사이의 프랑스에서 보는 구조와 비슷한 구조를 가진 반란이 러시아에서 페루까지 휩쓸었고, 세계 최초의 흑인혁명으로 발전해 생도맹그 식민지가 독립해서 아이티가 되었다.

독재자라기보다 폭군이었던 계몽황제 예카테리나 2세Yekaterina II의 러시아는 황제가 디드로Diderot에게 직접 말했듯이 '사람 피부에' 닿는 정치를 하는 군주들의 극단적 전형을 구현한 나라였다. 그 나라는 1773년부터 코사크족과 종교적 분리파가 일으킨 반란에 직면했다. 반란자들은 소문을 듣자 동요하면서 더욱 가혹한 농노제를 거부했다. 천년복지론에 기대를 거는 사람들이 구세주가 올 것이라는 희망을 가지고 있던 차에 표트르 3세가 살해당한 직후 너도나도 황제계승권자를 자처하자 그들을 중심으로 모였다. 자칭 황제계승권자 푸가초프 Pougatchev가 정의에 굶주린 농민과 코사크족 수만 명의 마음을 사로

잡고 봉기를 이끌었다. 그는 대도시를 차례로 차지하고 1년 동안 볼가 강을 통제했지만, 동맹체계가 허술하고 오합지졸의 군대에 의존하다가 붙잡혀 1775년 1월에 수많은 관중 앞에서 처형되었다. 예카테리나 2세는 봉기의 희생자 2만 명에 진압 과정에서 2만~3만 명을 더 희생시킨 대가로 농노제와 자기 권력을 더욱 강화했다. 곧이어 황제는 1783년부터 1787년 사이에 교육을 개선하고, 곡식의 자유거래를 허용하고, 교회재산을 속인에게 이양하는 개혁을 단행했다. 하지만 농민의 조건은 하나도 바뀌지 않았기 때문에 1789년에 일련의 반란이 파도처럼 (우크라이나 북서부의) 볼린Volhynie을 맹렬히 휩쓸다가 역시 맹렬히 진압당했다. 이 '근대적' 반란은 정치적 계급을 재편하게 만들었다. 계몽사상가들의 친구인 황제는 반혁명 십자군을 부추겼다. 그는 프랑스와 전쟁을 했고, 이 전쟁은 그가 죽은 1796년에도 끝나지 않고 계속된다.

이것이 18세기 말 사람들이 겪은 역사적 경험이다. 당시 수많은 사람이 프랑스에서 전국신분회Etats Généraux를 개최할 즈음, 특히 바스티유 정복 이후, 자신들이 목격한 사건을 '행복한 혁명'이라고 말했다는 사실에 놀라워할 이유는 없다. 그러나 혁명을 기대할 수 있었던 마지막 나라, 스웨덴 혁명과 아메리카 식민지 혁명을 지지했지만 제네바 혁명을 비난한 절대주의 체제의 프랑스에서 혁명이 일어났다는 사실은 놀랍다. 프랑스는 아메리카인과 바타비아인 문제로 영국과 대립했지만 (오스트리아에 속한) 벨기에 지방 문제로 영국과 동맹을 맺었다. (프랑스 혁명) 사건의 충격만이 어떻게 프랑스 사례가 전반적인 차원에서 새로운 '혁명' 이론으로 발전하는지 이해하도록 도와줄 것이다. 자유화·해방·개혁의 모든 운동은 금세 프랑스의 복잡한 사정에 부딪혀 한계를 급격하게 드러낼 것이기 때문이다. 사회지도층이 짜 맞춘 완성가능성perfectibilité[10]은 환상으로 밝혀질 터였다. 의미심장하게도 요제프 2세와 토스카나 공작이며 형의 뒤를 이어 오스트리아 황제에 오르는 레오폴트는 자신들이 다스리던 나라에 사형제의 폐지를 도입했지만 1790년부터 멈추었다. 이것은 그들이 인간의 '진보'와 관련한 사상을 포기했으며, 이처럼 '반동'으로 방향을 바꿈으로써 프랑스의 변화만을 '혁명'으로 부를 수 있도록 만들었음을 보여준다.

여러 가지 사건을 이야기하면서 의도적으로 사실과 이론을 뒤섞었는데, 여기서 몇 가지 결론을 이끌어낼 수 있다. 첫째, 혁명의 모형을 도출했다고 해서 혁명을 단 하나의 원천에서 영감을 받았다고 연결할 이유는 없다. 공화주의의 자유(고대인의 자유)는 개인들의 권리를 제한하는 인민주권을 주장하는 것으로서, 국가권력과 재산권에 바탕을 둔 개인의 독립성을 존중하는 근대인들의 '영국식' 자유와 결합했다. 그것은 또 계약론의 토론이 일으킨 반응, 그리고 일부 군주들이나 주변 사람들이 원한 개혁운동과 함께 분명히 나타났다. 그러므로 우리는 1770년대부터 19세기 초반까지 긴 시간 속에서 유럽과 남북아메리카

10　18세기 계몽주의에서 가장 중요한 개념은 '자연'이다. 고대 아리스토텔레스의 개념을 본받아 루소는 '내적 자연'[본성]에도 외적 자연처럼 질서가 있다고 보았다. 씨앗이 싹트고 열매를 맺고 다시 씨앗을 퍼뜨리는 과정의 단계마다 능력을 완성해나가듯이, 인간도 아기에서 어른으로 성장하면서 본성을 완성한다는 것이다. 따라서 완성가능성은 능력의 완성을 뜻한다.

의 모든 혁명을 한꺼번에 살펴야 한다.

고드쇼J. Godechot와 파머의 '대서양 혁명'에 주목하지 말자는 것이
아니라 이처럼 장기간에 걸쳐서 겪은 모든 정치적 사건의 일부로 살
피자는 뜻이다. 관계를 맺고 제휴하는 힘의 영향을 받아 장소마다 달
라지는 이론 유형을 가려내는 일도 중요하지만, 개념들의 다양한 교
환방식을 파악하는 일도 그에 못지않게 중요하다. 캐나다는 근대의
자유와 가까운 입헌주의를 지지했음에도 미합중국을 따르지 않고 반
혁명을 추구하는 대열에 합류했음을 잊지 말자. 라틴아메리카의 나
라들은 프랑스 혁명과 나폴레옹이 끼친 세계적 영향과 대격변의 시기
인 1807~1810년 이후에 혁명을 효율적으로 수행했다. 이처럼 시간
과 공간 차원에서 다양하게 배치할 수 있는 혁명이 계속 발생했으며,
모든 혁명을 한꺼번에 토론할 수 있음에도 특수한 방식으로 개별화할
수 있다. 관념과 실천이 우연한 것이든, 부족하거나 그와 반대로 조작
된 것이든, 나는 관념과 실천의 관련성을 찾으려는 의지를 가지고 이
책을 쓰게 되었다.

2장

절대군주정,
옭매인 걸리버인가?

유럽에서 가장 인구가 많고 부유한 프랑스를 이끈 대표적인 '절대군주정'이 1787년부터 1793년 사이 단 몇 년 만에 사라진 이유를 어떻게 설명할 수 있을까? 유럽 전역에서 프랑스를 방문한 사람 가운데 베르사유 궁에서 왕과 왕비가 음식을 먹는 모습을 참관하고, 다른 나라 궁궐에서는 보지 못한 예절과 규칙에 매료된 채, 한편으로는 질린 채 궁을 나선 뒤 절대군주정이 급격히 사라지리라고 생각해본 사람이 과연 몇이나 될까? 우리는 1789년의 '바스티유 정복'이 200년 뒤 '베를린 장벽'을 허문 사건과 맞먹는 일임을 이해한다. 그만큼 생각할 수 없던 일이 일어났다.

절대주의의 현실

이를 이해하기 위해 우리는 18세기에 우파의 역사적 전통을 세운 바뤼엘Barruel 신부처럼 자코뱅파와 프리메이슨franc-maçons의 음모를 내세워야 할 것인가, 아니면 20세기 역사가 에르네 라브루스Ernest Labrousse가 마르크스주의 전통에서 설명하고 정당화한 '구체제 위기 crise de l'Ancien Régime'를 내세워야 할 것인가? 프랑스 혁명은 민중이 일으켰는가, 그 주제에 대해 강력하지만 그릇된 심상을 제공하는 위대한 역사가 미슐레J. Michelet의 말대로 몹시 가난한 읍이 일으켰는가?

그 반대로, 진정서들이 전국신분회를 소집해준 왕을 '인민의 아버지'로 칭송하면서도 수많은 차이를 드러낸다는 사실을 입증하고 그 뒤 몇 해 동안에 발생한 예상치 못한 사건의 잔인성을 주장하는 저자들처럼 혁명이 마른하늘의 날벼락이었다고 말해야 할 것인가? 또는 1789년 10월에 베르사유Versailles로 행진한 아낙네들을 군대로 해산시킬 용기가 없었다는 이유로 보나파르트Bonaparte가 루이 16세를 '멍청이couillon'라고 불렀다는 사실을 근거 삼아 혁명의 일화를 인정하고 믿어야 할 것인가? 〔사실상〕 왕의 '나약함mollesse' 때문에 혁명이 성공할 수 있었을 것이다. 따라서 그가 루이 14세나 보나파르트처럼 강한 성격이었다면 혁명을 막았을 것이다.

잠시 다른 곳으로 눈을 돌려보자. 우리는 '혁명'의 뜻을 예단하지 않고 평가해야 하는데, 당시 여론은 나라가 처한 상황과 함께 '혁명'을 어떤 맥락에 접목시켜 언급했는가? 혁명의 문턱을 넘었다는 집단의식은 분명히 1789년부터 생겼지만, 프랑스 절대군주정의 구조가 허약하고 결국 무너지리라는 생각은 30여 년 전으로 거슬러 올라간다. 따라서 1789년에는 절대군주정의 질서 파괴보다는 이미 죽음의 문턱에 선 체제의 잔재에 붙인 이름이 관건이었다.

앙시앵레짐[구체제]의 절대주의는 이미 1760~1770년부터 몰락하고 있던 건물을 가리는 벽면이었을 뿐이다. 이미 오래전부터 이렇게 생각한 사람이 있었다. 1960년대에 장 에그레Jean Egret는 '전혁명기prérévolution'를 연구하고 이론화했다. 그는 특권층과 군주가 투쟁함으로써 사실상 혁명으로 향하는 길을 여는 단계가 추가로 생겼다고 주장했다. 귀족과 종교인이 [군주정에] 이의를 제기하고, 부르주아 계층, 농민, 상퀼로트sans-culottes가 차례로 그 뒤를 이었다. 그가 공화력 2년 [1793년 9월~1794년 9월]에 혁명이 최고조에 이를 때까지 긴장이 고조되었음을 확실히 분석하고 증명했다 할지라도, 가장 완벽하고 급진적인 '반혁명contre-révolution'을 혁명의 선행조건이라고 완곡히 표현함으로써 그 역사를 쉽게 받아들일 수 없을 만큼 의미를 위태롭게 만들었다. 그러나 혁명은 그런 것이 아니었다. 분명히 말해서, 그의 분석도 여느 방법론처럼 결함이 있었다. 그것은 절대주의의 요새를 상정해놓고, 잇단 파도가 그 벽을 계속 공격했다는 가설이었다.

그렇다면 거꾸로, 겉모습이 멀쩡한 절대주의 체제는 눈속임이었을 뿐이며 통일성을 잃고 외부의 공격에 제대로 대응하지 못할 만큼 쇠락했음에도 신비의 화신이자 상징적 존재인 왕이 정점에서 그 사실을 감추고 있었다고 생각해야 할 것인가? 코장데F. Cosandey와 데시몽R. Descimon은 18세기 말 모두가 군주정의 '절대주의'를 고발한다고 해서 본질을 보지 못하고 넘어가지 말라고 권고한다. 왕이 종교전쟁을 수습하는 과정에서 긴장관계를 제어하고, 사회적 불평등을 유지하고, 모든 사람과 지방에 걸맞은 다양한 지위를 보장해주는 동시에 근대국가를 조직하고 행정·조세·정치의 통일성을 부여하는 동안 서서히 '절대주의'를 다듬었다는 사실을 망각하기 쉽기 때문이다.

그 후 최소한 2세기 동안 절대군주정은 모든 사회적 계층 속에 켜켜이 쌓인 모순을 그대로 남긴 채 구축되었다. 그것은 우선 각 지방의 특성을 보존한 채 지방신분회를 무력화했다. 또한 귀족제도를 건드리지 않고서 전통 귀족과 신흥 귀족anobli을 통제했다. 나아가 프랑스 영토로 재편된 지방에 고등법원을 존속시켰다. 그럼으로써 피보호 관계를 유지하면서 중앙집권적 행정체계를 갖추었다. 마지막으로 신분의 불평등을 보존해주면서 경제적 발전을 이루어 사회를 통합했다. 1770~1780년에 절대군주정은 모든 모순과 긴장이 동시에 노출되는 사태를 맞이했다.

이러한 구조적 이유에 더해서, 개혁을 시작해야 할 의무를 지닌 군주들과 측근들의 개인적 책임도 문제였다. 절대주의는 혁명이 세계사에 새로운 의미를 가져다준 폭력으로 사라지게 만들 수 있는 거대한 돌덩어리가 아니었다. 애당초 그것은 신민을 보호하고 평화를 사랑하는 국가를 세우는 긍정적인 조건이었다. 그러나 왕국의 행정이 발달하고 변화하면서 절대주의의 기초가 약해졌다. 18세기 말에 왕과 대신들은 절대주의의 뼈대를 변화시키려고 노력했다. 이처럼 군주정이 스스로 체질을 개선하려고 노력했지만 전통과 〔왕의〕 우유부단한 성격, 그리고 자율성에 대한 제약 때문에 뜻을 이루지 못했다. 우리는 역사를 일직선상의 확실성보다는 굽이치는 과정으로 보고 뻗다가 만 곁가지, 사실과 행위가 뜻밖에 이루어낸 흐름과 물결까지 추적해서 설명해야 한다.

실체를 드러낸 왕의 몸

신권神權을 가지고 지상에서 하느님을 대신하는 중재자이며 성유를 바르고 신성하게 된 왕은 혈통을 통해 정통성을 가진 존재다. 그의 육체는 죽을 수 있지만, 상징적인 몸은 고스란히 다음 왕에게 이어진다. 그래서 사람들은 그가 프랑스 사회를 통일하고 존재 이유를 갖게 만드는 권력의 화신이기 때문에 신성한 몸corps iconique을 가진다고 생각할 수 있었다. 앙리 4세Henri IV와 루이 14세를 거치면서 왕은 말 그대로 군사·정치·종교·감성의 모든 활동 분야에서 자신을 중심으로 왕국의 생활을 조직했다. 그는 전쟁의 왕이며 태양 왕이기도 했다. 화려하고 상징적인 축제에서 오페라·춤·음악으로 그를 신성시했다. 동시에 그에게 의존하는 행정체계, 그가 주재하거나 대표하는 회의체가 발전했다. 그가 파견하는 사람들, 특히 지사intendants, 군장관gouverneurs으로 임명한 고위 장성이 실제로 전국을 통제했다. 거기에는 지방신분회를 유지하는 지방(프로뱅스)[1], 등기권을 행사해 법의 효력을 발생하게 만드는 고등법원 소재지도 포함되었다.

　이처럼 현실적으로 수많은 합법기구와 관할권이 중첩했고, 군주정이 발달하면서 귀족을 군대나 궁정에 복무하도록 만들어 굴복시키고 고등법원 인사들을 관리했기 때문에 언제나 갈등의 불씨가 살아 있었다. 전통적으로 왕국이 수많은 단체와 지방이 왕이라는 인격체와 각각 맺은 관계를 바탕으로 이루어졌다는 설은 17세기 말까지 집중과 중앙집권화가 절대군주정의 특징이 되면서 법적 허구가 되었다. 그러나 루이 15세와 루이 16세 치세에는 절대왕권을 정당화해주는 조건들이 경쟁하고 반박하면서 절대군주정의 특징을 잃어버린다.

1660년대 이후, 신권을 가진 왕은 왕국의 제1신분인 종교인을 보호해야 했다. 그 대신 〔교황보다 왕의 권위를 우선시하는〕 프랑스국교회 Eglise gallinane를 분열시키고 일부 신민의 불복종을 초래할 위험을 감수해야 했다. 당시 왕권은 고등법원의 다수 법관뿐 아니라 서민들의 교구에서 강력히 세력을 뻗고 있던 얀센주의 가톨릭교도들과 싸우고 있었다. 루이 15세는 끊임없이 종교적 지시사항과 멀어지려고 노력했고, 〔연주창〕 치료의 직무와 관련한 의례의 양식도 바꾸었다. 매년 왕은 수천 명의 연주창 환자를 일일이 어루만졌다. 그렇게 하느님의 은혜를 전해서 임파선종창을 낫게 만들 수 있다고 여겼다. 이때 그는 "왕이 그대를 만지면, 하느님이 그대를 고쳐주신다"라고 하던 말을 "하느님이 그대를 고쳐주시기를"이라고 바꾸었다. 〔확신을 표현하는〕 직설법을 〔기대를 표현하는〕 접속법으로 바꾼 이유가 있다. 그는 고해신부들의 훈계를 들으면서도 애첩들을 곁에 두기 위해서 몇 년 동안 고

---

1   프로뱅스province는 원래 로마제국의 속주였다. 서로마제국이 멸망하면서 종교적 기능만 가지고 게르만 왕국의 지배를 받게 되었다. 중세를 거쳐 왕과 특별한 조건으로 협약을 맺고 어느 정도 자율성을 유지하면서 독특한 문화와 관습을 보존한 지방을 가리킨다. 그들은 신분회를 가지고 중앙정부가 부과하는 방식에서 벗어나 자신들의 방식으로 세금을 냈다. 지방신분회는 프로뱅스 신분회Etats provinciaux를 뜻한다. 중앙에서 파견한 지사가 징세하는 페이 델렉시옹pays d'élection과 신분회 결정으로 납세하는 페이 데타pays d'états의 차이도 신분회의 유무로 구별한다. 프로뱅스는 현실적인 행정단위로 존재하지 않았고 집단정신자세 속에 남아 일상생활의 언어로 나타났다. 혁명 전까지 사람들은 군관구gouvernement, 지사관구 intendance, 주교구évêché, 징세구généralité 등의 실제 제도가 중첩된 왕국에 살면서도 풍속·관습·정신자세·징세제도가 특별한 프로뱅스에 산다고 생각했다.

해실을 회피하는 길을 택했기 때문에 자신의 치료 능력이 약해지고 있다는 사실을 자각했다. 그는 수년간 예수회를 둘러싼 논쟁에 끌려다니다가 마침내 1764년에 예수회를 추방했는데, 실제로 유럽과 라틴아메리카의 모든 나라도 그들을 거부했다. 이러한 결정으로 얀센주의와 프랑스국교회주의의 고등법원 인사들이 승리했지만, 정작 루이 15세는 〔왕비와 왕세자의〕'경건파dévots' 편에 서서 얀센주의와 계속 싸웠다. 그러나 그는 모든 신민 앞에서 공공연히 뒤바리 백작부인과 조금도 거리낌 없이 살았다. 왕은 오직 훌륭한 가문 출신의 아녀자만 상대해야 한다는 묵시적 관행을 거스르면서 화류계와 유곽에서 성장한 젊은 매춘부를 공식적인 애첩의 지위에 올리면서 세상을 들끓게 만들었다. 게다가 그〔마담 뒤바리〕는 정치적 파벌 싸움에 깊이 끼어들었다. 특히 고등법원과 귀족 사이를 화해시키고 오스트리아와의 동맹을 지지하면서 장차 루이 16세가 될 왕세자와 마리 앙투아네트의 결혼을 성사시킨 슈아죌 공작duc de Choiseul을 권좌에서 몰아냈다.

왕국의 역사를 바꾸는 중요한 전기는 1750년과 1771년 사이였다. 왕의 역할을 중심으로 격한 갈등이 있었지만, 1757년에 다미엥 Damiens의 왕 살해 시도가 보여주듯이 표면으로 드러나지는 않고 있었다. 이 사례는 별로 중요하지 않은 것처럼 보인다. 하인 신분의 광신도가 주머니칼로 왕의 몸통을 찌르고, 대역죄인으로 능지처참형을 받았다. 예수회와 얀센주의자가 대립하는 가운데, 고등법원 인사들과 얀센주의자는 그의 행위를 이용했다. 그러나 그의 행위는 얀센주의자를 공격하는 빌미를 제공했다. 절대군주정의 기초를 흔들고 모든 중간 단체들을 위험하게 만든 위기는 이 사건을 해결하는 과정에서 읽어낼 수 있다. 왕은 관용을 베풀고 싶었지만 왕국의 헌법이 정한 대로 사법절차를 시작해야 할 의무 때문에 불가능했다. 서로 다른 신념을 가진 두 집단이 진짜로 힘겨루기에 들어갔다. 한 집단은 고등법원 인사들과 지방신분회, 그리고 똑같다고 말할 수는 없지만 아주 비슷한 배경을 가지고 왕국의 제2신분이 된 귀족을 주축으로 모든 백성이 왕과 영원히 맺은 협약에서 왕권이 발생하며 왕도 귀족 출신이라고 주장한다. 또 한 집단은 사회적 신분이 무엇이건 절대군주제 국가의 이름으로 나라를 개혁하고자 하는 모든 사람을 왕과 한편이라고 주장한다. 이처럼 서로 다른 정치적 관점과 그것을 대변하는 집단이 서로 대립하는 것을 보면서 사람들은 나중에 보게 되듯이 콩티 공prince de Conti이 왕을 대상으로 꾸민 음모라고 생각했다. 왕에 대해 애정이 식은 사람들은 사회지도층만이 아니었다. 1740~1750년대 이후 도시 서민층은 왕에 대한 애착을 잃었다. 어린이 납치 사건의 주모자로 왕을 고발하는 소문이 나돌았다. 왕의 평판이 나빠지자 경찰과 정치인들은 왕의 평판을 되살리려고 몰두했다.

모푸의 혁명

1760년대에 브르타뉴인Bretons은 왕권에 노골적으로 반발했다. 그들은 프랑스에 재합병되는 조건 가운데 렌에 고등법원을 두고 낭트에 신분회를 둔다는 조항을 준수하라고 요구하는 한편, 자신들의 동의를 받지 않고 특별세를 걷을 수 없다고 주장했다. 이러한 종류의 문제가 아메리카 혁명으로 발전했음을 기억해야 할 것인가? 왕과 지사들은 여느 곳처럼 거기서도 빠르게 법적 절차를 진행하고 강요했다. 여느 때처럼 모든 저항을 분쇄하려고 주모자들을 추방하는 방법을 동원했다. 이렇게 해서 렌 고등법원의 검찰총장 라 샬로테La Chalotais를 귀양 보냈다. 이 문제는 예상치 못하게 전국적인 반향을 일으켰다. 당연히 전통 지지자는 라 샬로테 편이 되었다. 특히 역사적으로 늦게 왕국에 합병된 지방에서 그랬다. 그들은 자신들과 왕이 합병 당시 맺은 '협약'을 거론했다. 그뿐만 아니라 검찰총장은 계몽사상가와 고등법원 얀센주의자들의 지지도 받았는데, 이들은 그를 '계몽사상가philosophes'에게 반대하는 사람들을 지칭하던 신심파와 예수회의 희생자로 보았다. 역설적으로, 게다가 위험하게도, 왕과 그의 수족들은 고등법원 인사들을 궁지로 몰아넣기 위해 보수주의자, 특권층이라고 선전하고 민중운동을 부추겨 왕에게 유리한 여론을 만들려고 노력했다. 확실히 왕의 자문회의는 근대화를 준비하면서 그러한 방편을 정당화했다. 그 책략은 부유한 평민을 정치생활에서 완전히 배제하고 권력을 독점하던 브르타뉴 귀족들에게 일시적으로 먹혀들었다. 그러나 '인민'의 수호자이며 '애국자'를 자처하는 반대파가 왕의 의지를 '절대주의', 한술 더 떠서 '전제주의' 딱지까지 붙이면서 고발했다. 이러한 낱말들의 앞길은 창창했다.

고등법원들이 왕이 "왕좌에 오르면서 국가에…… 했던 맹세"를 상기시켰을 때 갈등이 드러났다. 1766년 3월 3일, 루이 15세는 〔친림법정²을 열고〕'편달Flagellation'의 연설을 하면서 국가 근간을 '해치는 것'에 반대했다. 가장 먼저 그는 오직 자신만이 '군주의 권능'을 가졌음을 상기시켰다. 오직 자기 자신만이 모든 법원의 정통성을 부여한다는 점을 말한 뒤에, 행정과 '전반적 공공질서'는 물론 입법권도 온전히 자신에게 속했으며, 그는 '백성'과 한 몸이라고 강조했다. '편달의 연설'은 그 자리에서 생성한 의미가 조금씩 바뀌었음을 보여주고, 나중에는 역사가들의 해석으로 오염되었다. 그것에 주목해야 할 몇 가지 이유가 있다. 그것은 루이 15세가 모든 군주에게 귀속된 통상적 권력potestas, 그리고 위기 상황에 대처하기 위해 무제한 폭력을 행사할 수 있는 비상권auctoritas을 병합하는 데 성공했음을 증명한다. 21세기에 학자들이 구분하고 토론하는 말을 쓰자면, 규범적 권력 pouvoir normé과 무질서의 권력pouvoir anomique은 '인민'을 신비스러운 방식으로 대표하는 왕의 절대주의 속에서 밀접히 뒤섞였다. 왕은 순수한 폭력에 의존할 수 있는데, 물론 그는 이를 행사하기 원치 않는다. 이처럼 예외 상황은 적어도 리슐리외Richelieu 이후 프랑스 군주정의 절대적 인물에 포함되어 있었다.

매우 오랜 전통을 갖고 있는 이 연설은 150여 년 전 내란 직후와 달리 1771년에는 더는 낭독되지 않았다. 중앙집권화와 합리화를 이루면서 프랑스인과 군주의 관계가 바뀐 이래 왕국을 통일시키는 유일한 가능성으로 왕과 그의 권력을 꼽는 사람은 없었다. 프랑스 왕과 맺은 협약과 협정의 전통을 증언하는 사람들이 볼 때, 이 연설은 왕이

---

2 친림법정lit de justice은 왕이 자기 의지를 관철시키려고 고등법원에서 직접 회의를 여는 일을 가리킨다.

권한을 남용하고 일탈한 증거였다. 그것은 전제적 절대주의의 증거였다. 이처럼 말뜻이 뒤집히는 순간을 복원할 필요가 있다. 그러나 우리가 수년 뒤에 확신에 찬 혁명가들이 절대주의를 폐지하면서 강화해준 고등법원 인사들의 판단에 동조하는 역사를 쓰는 것은 바람직하지 않다. 정치적 낱말의 의미를 뒤집는 것은 훌륭한 책략이지만, 그 의미를 곧이곧대로 받아들여서는 안 된다. 어째서 힘의 관계가 바뀌었고, 어째서 군주정의 모습이 자기 의지와 상관없이, 더욱이 불리하게 바뀌었는지 이해하는 편이 더 바람직하다.

왕은 계속해서 고등법원에 임무 복귀를 촉구하고, 하느님이 자신에게 대권을 주었음을 재확인하면서 고등법원이 '국민의 대표'를 자처하지 말고, 특히 그들〔전국의 모든 고등법원〕이 동일체라고 주장하지도 말라고 촉구했다. 그런데 왕은 이렇게 주장하는 동시에 왕국을 강압적으로 근대화했다. 1771년에 대법관 모푸Maupeou는 정치·사법·행정의 조직을 근본적으로 개혁했다. 파리 고등법원과 매관제도vénalité des charges를 폐지했다. 모푸는 '신속·완벽·무료의 재판' 제도를 설립하면서, 고등법원 한 개만 남기고 권한도 축소시키는 한편, 사법체계의 정점에 상급심 법원 6개를 설치하고 왕이 임명하는 법관들로 채웠다. 개혁에 반발하는 고등법원 인사들을 귀양 보내는 대신 그들의 법관직의 매입금을 상환해주었고 그 자리를 변호사들로 채웠다. 그와 동시에 재무총감 테레Terray는 근본적인 세제개혁을 단행해서 왕국의 재정을 되살리고 대규모 사업 정책을 재개했다. 이들의 정변은 오해를 불러일으키고 심각한 결과를 가져왔다. 고등법원들은 법을 준수하는 근대적 원리의 이름으로 왕이 원하던 개혁을 근대화라고 이해하지 않았기 때문이다.

조금 시대착오적인 말을 굳이 쓰자면, 중앙집권화와 함께 사회지도층의 대의제로 일종의 민주화를 진행했다. 그 결과, 귀족제 전통은 이중으로 상처를 입었다. 왕은 당시 '혁명'이라 불렀던 것에 반대하는 세력에 대처하기 위해 조금도 망설이지 않고 자신에게 고분고분한 고등법원 인사들을 뽑아 정치적 설득에 나섰고 반대를 단호히 물리쳤다. 이 개혁이 신권에 바탕을 둔 절대군주정을 정당화하는 사상과 사실상 어느 곳에서 단절했는지 알아볼 필요가 있다. 루이 14세 치세부터 시작한 세속화는 이때 정점에 달했다. 그러나 전통적 기대를 저버리지 않는 중간 단체들과는 관계를 끊었다. 루이 15세의 성격도 이 '혁명'에서 그 나름의 역할을 담당했다. 우울한 성격의 왕은 직책의 무게를 잘 견디지 못했는데, 과연 그가 치세 말 몇 년 동안 인기를 잃는 손해를 감수하더라도 왕권을 강화해 손자가 쉽사리 왕위를 계승할 수 있는 풍토를 조성했던 것일까? 이러한 가설은 수긍할 만하다. 그것은 프랑스의 왕이 어떻게 당시 유럽의 모든 정치체제에 영향을 끼치고 있던 보편적인 운동을 대표할 수 있었는지 이해하도록 도와준다.

사실상 〔루이 14세의〕 강압정책은 그 당시 계몽 전제군주들의 개혁 방식과 별 차이가 없었다. 근대적 사법·행정·재정의 기초를 그때 마련했으며, 그렇게 해서 점차 혁명의 길로 휩쓸려 들어갔다. 그것은 사실상 절대군주정의 성격을 아주 많이 바꾸는 진정한 혁명이었다. 그는 군주보다 국가를 강화하는 길을 택했기 때문에, 신권에 바탕을 둔 성격을 지켜야 할 곳에 사실상 왕이라는 존재가 없이도 움직일 수 있는 정부제도를 수립했다. 1771년 1월 20일의 친림법정은 이 '혁명'에서 가장 눈길을 끄는 행위였는데, 그날 왕은 고등법원 개혁을 단행했으며, 밤에 장차 루이 16세가 될 왕세자가 보는 앞에서 그들을 귀양 보냈다. 왕세자는 뒤바리 백작부인에게 드러내놓고 반대했으며, 수많은 사람이 그가 왕위에 올라 군주정을 쇄신해주기를 기대했지만, 그 당시에는 할아버지의 정변을 승인했다. 파벌들이 궁정을 지속적으로 분열시키고 때로는 내각정치를 망치면서 찢어진 가문이 구현한 군주정을 약화시켰다. 당시 여론도 폭력의 과시를 느끼면서 분열되었다. 뜻밖의 기회를 맞이한 변호사들의 일부는 고등법원들이 루이 15세의 '전제주의'에 맞서 국민의 자유를 지킨다고 생각했기 때문에 계속 옹호했다. 과거에는 [루소의] 『사회계약론』을 비난했던 사람들이 그 주제를 인용해서 법을 거론하고, 절대주의의 견딜 수 없는 주장에 대응하는 논리로 발전시켰다.

1774년 왕이 죽기 전 공격과 수비의 위치가 바뀌었다. 왕은 얀센주의자들의 약삭빠른 압력을 받고 의무를 다한 왕으로 죽기 위해 애첩[뒤바리 백작부인]이 경건파와 좋은 관계를 유지하고 있었음에도 쫓아냈다. 동방 전제군주와 비교해서 왕의 사사로운 행동을 고깝게 여기던 사람들은 그가 강요한 개혁이 왕국의 모든 자유[특권]를 손상하기 때문에 도저히 받아들일 수 없다고 비난했다. 그들은 몽테스키외 Montesquieu나 루소는 물론 생시몽과 불랭빌리에처럼 가장자리로 밀려난 신세를 분하게 여기던 귀족들이 제각기 쏟아낸 비판에 영감을 받아 왕국의 헌법을 강화해야 한다고 생각하기 시작했다. 루이 15세가 죽었을 때 극도의 무례한 일이 벌어졌다. 그가 몹시 비난을 받다가 죽었기 때문에 밤에 장례를 치렀다. 아주 강력하다고 여기던 군주정이 실은 치세의 종말을 상징하는 중요한 사건이 일어났는데도 여론을 마주할 자신이 없을 만큼 허약해졌다는 증거다. 여기서 왕이 가톨릭교도로 되돌아갔다고 해서 경건파가 기대하던 승리를 거두었음을 뜻하지는 않는다. 그는 개인적으로는 끔찍한 고통을 받다가 죽은 바람둥이였고, 공적으로는 미움을 받는 폭군이었기 때문에 그의 몸은 이중으로 거부당했다.

독실한 기독교도인 루이 16세는 할아버지의 성격에 기를 펴지 못하고 지냈으며, 아내인 마리 앙투아네트도 할아버지의 애첩과 직접 경쟁하는 사이라서 할아버지를 싫어했기 때문에 즉위하자마자 루이 15세가 실시하던 모든 것을 폐기하는 결정을 내렸다. 루이 16세가 전임자의 결정을 취소하고, 아니 좀 더 정확히 말해서 전임자들의 정치 노선을 유지하는 동시에 고등법원 인사들, 고위 종교인들과 정면 대립을 피했다. 우리는 그의 정책을 이해할 수 있다. 고등법원의 복권은 예상할 수 있었다. 그러나 그들의 결정권을 금지하고 필요한 경우 그들을 교체할 수 있게 하면서 그들이 법을 검증할 권리를 제한했다. 샹브르 데 페르 역시 교체할 수 있게 했다.[3] 그 결과, 그랑 콩세이Grand Conseil[최고법정]와 전원법정cour plénière[4]을 설치해서 전적으로 왕에게

---

3 샹브르 데 페르chambre des pairs는 왕족·고위 귀족의 문제를 동급의 귀족pairs이 모여 심리하는 법정이며 이들의 권리를 코미티무스committimus라 한다. 고위 귀족이 이 권리를 남용했기 때문에 루이 15세 치세인 1771년 2월 26일, 또 루이 16세 치세인 1775년 8월 16일에 제한했다. 그러나 폐단이 남아 1789년 전국신분회의 수많은 진정서에서 폐지하라고 요구했다.

충성하도록 만들었다. 그 술책은 왕의 절대주의를 가장 완강하게 부정하던 적들을 잠잠하게 만들었지만, 왕족과 고등법원을 잇는 고리 역할을 하던 콩티 공은 방해공작에 성공했다. 고등법원은 '왕국의 기본법lois fondamentales du royaume'을 거론하면서 자기네만이 왕과 신민의 중재자이며, 고등법원 안에서 쿠르 데 페르[샹브르 데 페르]만이 '섭정직을 맡을' 자격을 가진다고 주장했다.[5]

왕의 정부는 왕의 신성성이라는 이름으로 한걸음 물러나고 [개혁에 대한] 계획을 포기했다. 이렇게 루이 16세는 즉위하자마자 헌법 논쟁에서 졌다. 그러나 고등법원 인사들이 승리한 결과, 지방의 고등법원들이 자율성을 강화하면서 여타 기관들을 거부하고 모든 개혁을 금지하는 일이 벌어졌다. 나중에 다시 한 번 검토하겠지만, 이처럼 이미 시작된 행정과 재정 개혁이 왕국을 구할 수 있었을지 모른다. 그러나 그 개혁의 조건들이 오히려 개혁을 좌절시켰다.

확실히 루이 16세는 신중한 정치와 국시raison d'Etat를 먼저 생각했다. 그 행위는 그가 다정한 인물이었음을 증명하지만, 유약한 성격도 드러낸다. 국가가 당면한 수많은 모순은 더욱 심각해져서 결국 루이 14세가 세운 건축물의 돌을 하나씩 파괴했다.

4　루이 16세는 정부와 고등법원이 다툴 때 귀족들을 동원해서 억누르려고 이 제도를 만들었다. 이것은 고대의 제도이며 중세의 왕들이 종종 소집하던 제도로, 왕국의 규모가 커지고 조정의 기능이 나뉘면서 고등법원이 생겼다는 사실을 상기시키는 의미를 가진다.

5　왕국의 기본법은 관습헌법이었다. 루이 16세는 1781년에 겨우 아들을 얻어 왕위를 물려줄 수 있다는 희망을 가졌지만, 성인의 기대수명도 낮고 유아사망률이 높은 시대였기 때문에 왕조의 미래를 걱정하던 사람들이 관습헌법을 인용해서 섭정문제를 거론했다.

실패한 근대화

루이 16세가 첫 위기를 겪은 후에도 그는 거의 모든 일에 연속적으로
실패했고, 그 결과 왕의 직분에 대한 비판이 입방아에 오르내리면서
신성성을 더 빨리 잃어갔다. 그의 성격상 [왕 수업을 제대로 받지 못한 채]
청년기 초에 즉위해서 모르파Maurepas 같은 경험 많은 조언자들에게
의존한 채 모푸 이전의 행정을 계승하기 위해 실용주의자·자유주의
자·중농주의자는 물론 오를레앙 공작 일파까지 아우르면서 안심했다
는 사실을 굳이 나열할 필요는 없다. 랭스에서 거행한 축성식[대관식][6]
은 왕을 전통과 이어주는 행사였다. 특히 새로운 왕은 신민들의 연주
창[결핵성 임파선염]을 치료해주었다. 그러나 전통적 행사에서 볼 수 있
는 다수의 미묘한 변화는 절대왕정이 돌이킬 수 없이 변했음을 보여
주었다. 하느님과 왕의 관계를 강화하고, 주교들은 '백성'이 아니라
[전적으로] 왕을 바라보고 있었는데, 이로써 이론적으로 군주와 백성이
맺은 협약, 인민의 동의를 얻은 협약의 허구가 더는 먹히지 않았다는
사실을 알 수 있다.

　군주와 백성 간의 거리는 앙리 4세 때 생기기 시작했다. 그러나 그

6　왕은 공식행사를 거쳐 지상에서 하느님을 대리하는 신성한 존재로 태어나 모든 법·전
쟁·평화의 원천이 되었다. 루이 16세가 1774년 5월에 즉위했지만 축성식/대관식을 1775년
에 거행했듯이 실제로 즉위일과 축성식, 또는 대관식 날이 일치하지 않았던 것은 절대주의가
제도로 정착했음을 뜻했다. 주명철, 프랑스 혁명사 10부작, 제1권『대서사의 서막』, "더 볼거
리: 루이 16세의 축성식과 대관식" 참조.

는 축성식을 거행할 때 맹세로써 협약이 왕과 백성의 공동통치 관계로 모든 이의 기억 속에 존재할 것임을 상기시켰다. 그런데 이 영역〔공동통치〕은 폐지되었지만 집단정신자세 속에서는 사라지지 않았다. 1789년 왕이 홀로 자기 정통성을 보증할 가능성을 잃었을 때, 그것이 '혁명적'으로 나타난다. 역설적으로 〔루이 16세의 축성식〕 행사가 끝날 때 자발적으로 터진 박수가 전통을 완전히 파괴했다. '구경꾼들'이 박수로써 감정을 표현한 것은 그들이 축성식을 승인(경우에 따라서는 반대)할 수 있는 행사로 이해했다는 뜻이었다. 〔왕은 축성식에 전념했지만〕 내각의 대신들은 전혀 다른 데 관심이 있었다는 사실을 지적하면 이 행사를 둘러싸고 문화적 차이가 생기고 있었음을 알 수 있다. 가장 중요한 대신인 재무총감 튀르고Turgot가 반대했지만, 왕은 랭스에서 축성식을 거행했다. 재정 부족을 걱정하던 그는 자신이 재정 회복에 착수하겠다고 말하고 왕의 승인을 받았다. 그러나 튀르고는 루이 16세에게 이단을 뿌리 뽑겠다는 맹세를 하지 말라고 설득하지 못했다. 절대군주정의 앞에는 논리적으로 해결해야 할 수많은 모순이 있었다. 그는 모든 제도의 근대화를 단호히 지지하고, 왕국의 행정을 강력히 중앙집권화하며, 모든 중간 단체와 세 신분, 프로뱅스들의 관계를 지배하는 관습을 존중하는 정책을 놓고 계속 망설여야 했다.

튀르고가 내각에 들어간 뒤부터 당장 혼선을 빚었다. 왕은 성심 Sacré-Coeur 숭배를 옹호하는 수준까지 기독교 신앙을 지켰지만 가장 중요한 대신은 무신앙으로 보일 만큼 계몽주의와 중농주의를 대표했다. 중농주의는 사회적 관계를 공리주의 관점에서 관리하도록 권장하는 경제·정치 이론이었다. 그러나 튀르고는 반드시 절약해야 한다는 일념으로 개인들이나 총괄징세 청부업자fermiers généraux[7] 같은 압력단체에 주는 수많은 혜택과 성직록에 반대했다. 그는 사회가 농부·임금노동자·지주로 구성되었고, 그래서 신분을 구별하지 않는 편이 좋겠으며, 모든 사람에게 농업의 순생산에 바탕을 둔 단일한 조세제도를 적용해야 한다고 굳게 믿었다. 그는 절대군주정을 확고히 지지하고 왕권만이 왕국을 개혁할 수 있다고 생각했기 때문에 루이 16세가 방금 복권시켜준 고등법원들의 정치개입에 반대했다. 고등법원들은 원한을 풀려고 노력할 것이 뻔했기 때문이다. 또 그는 왕 부부를 둘러싼 귀족들이 요직이나 심지어 한직을 기대할 것이기 때문에 그들의 정치개입에도 반대했다. 튀르고는 1774년에 곡식의 자유거래제를 실시하고 1776년에 부역을 폐지하는 대신 종교인만 빼고 모든 프랑스인이 단일한 조세제도를 따르도록 해서 재정을 건전하게 개선했다. 끝으로 그는 동업조합 간부조직jurandes과 동업자조합을 폐지하고, 사업가들을 무거운 감독의 굴레에서 벗어나게 해주었다. 그러나 이 모든 조치는 왕국에서 차지하는 지위 덕택에 수많은 의무를 면제받은 사람들의 반발을 샀다. 그들은 재정적으로 또 상징적으로 영향을 받았다. 그들이 군주와 유기적으로 맺은 관계는 이제부터 완전히 경제 또는 조세의 관계로 바뀌었기 때문이다.

---

7   왕에게 각 부문의 1년치 세금을 주고 징세권을 산 뒤 세금을 걷어 막대한 이익을 취하던 사람들을 가리킨다. 서민은 그들 때문에 물가가 오른다고 여겨서 입시세관 울타리를 공격했다. 더욱이 7월 중순에 파리 시위대가 팔레 루아얄에서 방돔 광장으로 몰려간 것은 이들의 저택이 거기에 몰려 있었기 때문이다.

작황이 나빠 곡식 값이 뛰고 불만이 늘어나자 모두가 입을 모아 튀르고의 책임이라고 비난했다. '밀가루 전쟁guerre des farines'이라는 소요가 전국에서 터졌다. 고등법원 인사들과 특권층, 그리고 궁정의 수많은 인사들이 뒤에서 소요를 지지했다. 지방 당국은 최소한 100여 개, 좀 더 확대해서 300개 이상의 소요를 그럭저럭 통제해나갔다. 화해를 시도하고 감시하고 과격하게 탄압했지만 한계가 있었다. '주모자'를 겨우 다섯 명만 추적해서 목매달았기 때문이다. 정치적 실패가 분명했다. 다른 대신들, 그리고 자신의 요구에 반대만 하는 튀르고를 어떻게 해달라는 왕비의 압력을 받은 왕은 조금씩 재무총감을 포기했고, 튀르고는 잡다한 사람들이 자신을 공격하는 세력으로 뭉치고 있다는 사실을 깨달았다. 루이 16세는 그가 식민지 무역의 독점권을 폐지하고, 프랑스를 지방자치화하며, 아메리카 혁명 지원을 거부했기 때문에 불만이었다. 튀르고가 물러나게 되는 데는 그가 런던 주재 프랑스 대사이자 왕비 측근인 귄 백작comte de Guînes의 문제에 개입했기 때문이다. 귄 백작은 런던 주식시장에 막대한 자금을 투자했다가 잃고서 물의를 빚었다. 튀르고가 대사를 소환하자 마리 앙투아네트는 격노해서 튀르고를 바스티유 감옥에 가두고 귄 백작을 공작으로 승진시키라고 요구했다. 왕은 1776년 3월에 고등법원에서 튀르고를 심리할 때 변호해주었지만 5월에 해임했다. 튀르고는 영국 왕 찰스 1세가 우유부단한 성격 때문에 단두대에 섰다는 사실을 왕에게 상기시키면서 빚을 갚으라고 독촉했지만, 왕은 궁정과 조신들의 빚을 청산해주었다. 왕은 기본적으로 돈을 아끼면서도 계속해서 파벌들에게 휘둘렸다.

튀르고는 자유주의자이면서도 권위적이며, 지주의 중요성을 확신하고 신분상의 구별을 싫어한 합리주의자이자 검약가로서 왕국의 재생 계획을 품고 있었다. 그러나 그것은 모든 집단의 기대와 왕의 교양과는 아주 먼 계획이었다. 폐지했던 동업자조합이 되살아났지만 예전의 형식도 갖추지 못했다. 하지만 경제 발전에 필요한 요구에 적응했다. 한편, 왕과 대신들의 평판은 땅에 떨어졌다. 왕국의 재정과 경제 개혁은 루이 16세가 즉위하자마자 사실상 무산되었다. 교회가 왕실 재정에 이바지하던 '기부금don gratuit'을 최대한 줄인 탓에 왕은 고등법원·특권 계급과 타협의 길을 찾아야 했고, 임시방편으로 국내외 금융 세력의 도움을 받아야 했다. 오늘날까지 거듭해서 비판받는 것과 달리 프랑스 군주정의 절대주의 계획은 사실상 1780년 이전에 실패했고, 루이 14세가 꿈꾸던 건물의 외관만 남아 있었다. 그러나 그것이 드리운 그림자만으로도 허수아비와 핑계로 삼기에 충분하리라. 이 모든 점에서 루이 16세는 자기보다 훨씬 큰 옷을 입고 있었다. 결국 그는 물려받은 모순의 총체를 제대로 제어하지 못한 책임을 지고 머리를 바칠 것이다. 그의 죽음은 그의 삶을 별로 본보기 삼을 만하지 않은 운명으로 바꾸어놓을 것이다.

지위가 바뀐 부부

사실을 말하자면, 왕은 그 시대의 모든 오해를 대표하는 존재다. 그는 대다수의 친족·동맹과 같지만, 단 한 가지만 다르다. 그의 몸은 정부제도의 균형을 이루는 중심이다. 절대주의 사상가이자 반계몽주의자인 자콥 니콜라 모로Jacob Nicolas Moreau의 말대로 그는 권위, 막중한 권리, 그리고 하느님·절대군주정·신민·조국에 대한 의무를 인식하는 교육을 받으면서 컸다. 가톨릭교의 축일과 신앙을 마음 깊이 새긴 그는 행정의 중요성은 물론, 루이 14세가 시작했던 군주정의 세속화를 실천하는 것이 국가를 위한 길임을 확신했다. 행정가 군주가 이상으로 삼는 중국 황제처럼 서열화한 관료제를 운영하는 본보기를 따르라는 말을 들었다. 같은 시기에 거의 모든 유럽 군주들처럼 그도 오늘날의 관점에서 볼 때 아주 거리가 먼 두 가지 방향인 계몽주의와 가장 전통적인 신앙을 모두 존중하라는 교육을 받았다. 그가 친척인 파르마 공의 '계몽주의' 교육을 받았다고 해서 완고한 신앙심과 무신앙을 동시에 실천할 리는 없었기 때문에 걱정할 정도는 아니었다.[8] 아무튼 루이 16세는 사생활과 양심을 지켰으며, 역설적으로 그 시대보다 아주 앞선 태도를 유지하면서 모순들을 조화시켰다. 그렇게 해서 장엄함과 예절을 유지했지만, 그 때문에 개성을 완전히 죽이지 않은 채 자

---

[8]   파르마 공Philippe Ier de Parme(1720-1765)은 에스파냐 왕 펠리페 5세의 아들로 태어나 루이 15세의 맏딸과 결혼했다. 루이 16세의 고모부인 그는 계몽주의자와 얀센주의자들과 교류했다. 그가 루이 16세에게 직접 교육했다는 자료를 확인하지 못했다. 간접적 영향을 받은 것도 교육이라 부를 수 있을 것이다.
루이 16세의 훈육담당관은 라 보기용 공작duc de La Vauguyon(Antoine de Quélen de Stuer de Caussade, 1706-1772)이었고, 루이에게 계몽사상을 멀리하도록 가르쳤다. 말년에 그는 뒤바리 부인과 힘을 합쳐 슈아죌 공작을 궁에서 몰아냈다. 왕세자빈 마리 앙투아네트는 자기 결혼을 성사시키고 지원해주던 슈아죌 공작을 잃자 뒤바리 부인을 더욱 미워했다.

신이 맡은 역할의 의미를 제한하는 모습을 보여주었다. 그의 측근이 지적한 어색함은 그의 성향을 일부분 설명해준다. 그러나 그는 사냥과 수공예에 열중하는 일꾼의 모습을 한 왕으로서 일관된 정책을 밀고 나갔다는 사실을 후세는 기억한다. 사냥은 더할 나위 없이 귀족적인 오락을 대표했다. 손노동은 왕 가문에게 반드시 필요한 것이었다. 그것은 권력을 행사하는 대신 겸손의 태도를 기르라는 뜻이었다. 이것은 3세기 후의 사람들이 생각하는 권력의 모습과 거리가 멀다. 그렇다고 해도 왕의 모습은 혼란스러웠다.

루이 16세는 노동할 힘도 없었고, 처남인 오스트리아 황제 요제프 2세나 프로이센의 프리드리히 대왕만큼의 활력도 없었다. 그는 자신을 공공연히 인정받으려 하지 않았던 만큼 세간에서는 그의 우유부단하고 급변하는 성격을 충분히 이해하지 못했다. 그는 개혁 성향의 사제, 얀센주의자, 귀족과 주교의 특권을 미워하는 중농주의자들에게 접근할 수 있었다. 그래도 언제나 궁정의 음모에 휘둘렸다. 그는 온갖 경고와 확실한 선언을 듣고서도 계속해서 과도한 지출을 지원했다. 더욱이 왕비가 [특권층을 공격하는] 보마르셰Beaumarchais의 연극을 공연하도록 지원하면서 논쟁이 일어났을 때, 왕은 그러한 논쟁을 막으려고 노력했지만 별 성과를 얻지 못했다.

관찰자들은 그의 주변에서 일어나는 일을 가장 매섭게 비평하면서 유럽 전역에 알렸다. 그들은 풍자문pamphlets이나 '수기신문nouvelles à la main'을 은밀히 발간하고 유통시키면서 왕이 항상 유약한 성격을 보여준다는 사실을 적시했다. 프랑스 군주정이 가는 길은 루이 16세가 자신의 모습을 거듭 쇄신하면서 여론을 불리하지 않게 조성하려고 노력하는 능력에 지나치게 의존했다. 그러나 왕 부부 사이에 숱한 어려움이 생기면서 수많은 실망과 실패가 왕국의 앞길을 어둡게 만들기 시작했다. 1777년에 누군가 의도적으로 무례한 내용을 경솔하게 발설했기 때문에 루이 16세와 마리 앙투아네트가 결혼한 뒤 7년간의 기다림과 예측 끝에 겨우 첫날밤을 치렀다는 사실을 천하가 알게 되었다. 1779년에 [맏딸] 마리 테레즈 샤를로트, 1781년에 세자Dauphin를 얻었지만 중상비방문과 외설적인 노래가 퍼뜨린 처참한 효과를 지울 수는 없었다. 왕은 성불구이며 오쟁이 진 남편이었고, 왕비는 자유분방하고 경박하며 낭비벽이 심하다고 가혹할 만큼 놀림을 받고 있었다.

마리 앙투아네트는 1770년에 [루이 16세가 될 왕세자와 결혼을 하기 위해 오스트리아에서 프랑스로 왔을 때] 열렬히 환영받고, 1774년에는 [왕비로] 사랑을 받았다. 그런데 이후 노름과 무도회 취향 때문에 입방아에 올랐고, 그가 만나는 남녀 친구와 종종 연인관계라는 비난을 받았으며, 급기야는 양성애자라는 비판까지 들어야 했다. 그는 보석·칠기와 사치스러운 옷을 모으고, 궁정생활에서 벗어나, 따라서 프랑스와 관계를 끊고 별궁에 틀어박히는 경우가 많았는데, 별궁을 고치는 비용으로 막대한 돈을 썼다. 가장 비난을 받은 사례가 프티 트리아농 Petit Trianon 궁이다. 그것은 곧 비평가들, 특히 그곳에 드나들 수 없었던 사람들의 표적이 되었다. 우리는 단순히 사사로운 개인을 겨냥한 험담이 아니라 국가 통합의 상징에 낸 상처로 이해해야 한다. [대를 잇는] 자손의 정통성을 문제 삼았기 때문에, [왕위계승권자들의] 야망이 드러날 수 있었다. 왕의 동생들은 미숙한 사람인 루이 16세를 자기가 계승할 수 있다고 생각했으며, 어떤 사람들은 왕의 사촌인 오를레앙 공작이 자유주의자이고 친영국파이며 미래를 열 사람이라고 여겨서 그 주위에 자발적으로 모였다. 왕비의 개성은 언제나 토론과 논쟁의 대상이다. 그는 스테판 츠바이크Stefan Zweig의 말대로 '일반 여성moyenne femme'이었을까, 또는 군주정에 해로운 천사mauvais ange였을까, 아니면 프랑스 사회의 피해자였을까? 그는 자기 신분을 의식했던 만큼 당시 상황에 적응할 능력이 없었기 때문에 온갖 속박을 거부한 '반항자insoumise'였던가?

누구나 이러한 해석 가운데 자기 마음에 드는 하나를 선택해서 정당화할 수 있다. 루이 16세와 마찬가지로 그도 수많은 모순 속에서 살았다는 사실을 지적할 수 있기 때문이다. 나라의 정치를 보호할 운명을 지고 황녀로 태어나 외교적 동맹관계로 팔려간 배腹, ventre vendu였던 그는 다른 자매와 마찬가지로 황녀 수업과 오직 연극과 음악의 즐거움을 감상하는 법을 배우면서 자랐다. 그는 프랑스로 입국할 때 프랑스가 왕실의 예의범절은 가장 엄격한 반면 풍속은 가장 자유분방한 나라라는 사실을 잘 알지 못했다. 그 뒤 수년 동안 그는 [오스트리아 대사 메르시 아르장토, 그리고 편지로] 어머니의 감독을 받고, 외교문제에서 오스트리아를 위해 개입하라는 강요를 받았다. 또 경우에 따라서 왕의 애첩에게 모든 일을 맡기고 세상과 연을 끊은 채 처소에 틀어박혀 살던 선대 왕비들의 모습을 그에게서는 조금도 찾을 수 없었다. 남편이 급에 맞지 않는 대접을 받고 결혼식 첫날밤도 몇 년 뒤에야 치렀기 때문에 그의 지위 기반도 약했다. 후사가 없어서 이론상 일방적으로 이혼당할 수 있었다. 그는 왕의 곁에 아무런 연적도 없이 막대한 돈을 펑펑 쓰고 군주제의 전통을 무시하는 공인이 되었다. 그는 사실상 왕들만 할 수 있는, 그러나 정확히 말해서 루이 16세는 결코 해보지 않은 자유로운 행실도 서슴지 않았다. 부부관계는 최소한 치세 초 몇 년 동안 분명히 어려웠다. 게다가 왕과 왕비는 선대보다 더 각자의 사적 영역을 지키려 했기 때문에 그럴수록 그들의 평판은 나빠졌다.

마리 앙투아네트는 자신을 구속하는 모든 규칙에서 벗어났고 점점 더 정치생활에 간섭하는 일이 많아졌기 때문에, 사치스럽고 과시적인 생활방식을 비판하고 질투하는 사람들의 불만만 키웠다. 궁정의 엄격함을 깨부수고 도시의 분위기를 주도하던 마리 앙투아네트는 그 시대 여성이자 자신의 내면세계를 가진 왕비이기도 했다. 그래서 그는 트리아농이나 마를리 궁처럼 제한된 장소에서 아주 친한 사람들과 모이는 생활에 급속히 빠져들었다. 그곳의 정원과 사육장은 왕 부부의 평판을 허무는 긴장을 완벽하게 설명해준다. 그들은 '변칙적인irréguliers' 대정원을 '영국-중국식' 취향으로 꾸몄다. 우수와 향수를 불러일으키도록 교묘하게 규율을 지키지 않게 조성함으로써 옛날의 조화로웠던 시절을 상기시키는 동시에 은근히 '프랑스식 정원'을 비판하고, 당시 사회지도층이 앓던 새로운 양태의 시대적 병을 치료할 수 있는 장소로 만들었다.

그러나 정원과 사육장은 태어나던 **병**spleen〔우수와 향수〕의 원인을 해결해주기는커녕 거기에 들인 막대한 비용, 왕비의 건축가 로렌 출신 미크[9]의 성격, 왕비만이 그것을 누리면서도 전혀 만족하지 못한다는 점 때문에 수많은 논쟁이 불붙었다. 마를리 궁은 트리아농에서 본의 아니게 느끼는 중압감에서 벗어나려고 지은 궁전이며, 랑부이예 궁에도 '낙농장'을 새로 지었다. 여기서 우리는 수집의 즐거움을 넘어서 실낙원을 찾으려는 강박관념을 읽을 수 있겠지만, 예상치 못하게 왕비에 대해 부정적인 여론을 불러일으켰다. 그는 힘닿는 데까지 모든 서열과 속박에서 벗어나고자 노력하면서 화가 나고 질투하는 귀족은 물론, 누군가 교묘하게 퍼뜨린 연애사와 엉뚱한 행동을 익히 알고 있는 보통 사람들과도 관계를 끊었다.

이처럼 연약한 두 사람이 만났다고 해서 프랑스 군주정의 모든 구조가 삐걱거렸다고 말하기는 어렵다. 다른 경우에도, 예컨대 1860년 되시실Deux-Siciles〔양시칠리아〕왕국처럼 주요 대표들이 사물의 흐름을 억제하거나 둑으로 막을 수 있는 권위를 갖지 못할 때도 체제는 그만큼 빨리 무너졌다. 더욱이 너무 몽상적인 해석을 하지 말아야 한다. 역사가 아니 주르당Annie Jourdan의 말대로 왕국의 '신비한 특성singularité mystérieuse'은 1790년대에 분명히 사라졌는데, 그렇다고 해서 〔논리적으로〕 한 단계를 뛰어넘어, 군주정은 실제로 보여준 것보다 더 많이 입에 올린 신성성을 잃을 운명이었다고 결론을 내려서는 안 된다. 혁명 이후 로맨티시즘의 눈으로 가혹한 현실을 잊어버리기 전의 시대 전체를 고려할 때, '왕관을 쓴 머리têtes couronnées'는 안전하지 않았다. 왕녀들은 오직 〔아기를 낳는〕 배일 뿐이고, 왕들은 언제나 국사raison d'Etat와 권력균형에 의존해야 하는 존재였다.

---

9 마리 앙투아네트의 아버지 프란츠 1세는 원래 로렌 공duc de Lorrain 프랑수아 3세 François III였기 때문에 로렌 출신 건축가 미크Claude-Nicolas Mique(1714~1796)와 인연이 있었다.

여론의 영향력

얀센주의자와 고등법원 인사들은 입헌군주정을 꿈꾸고, 경건파는 절대군주정을 간절히 바랐으며, 계몽사상가와 중농주의자는 세속적·공리적 군주정을 원했는데, 루이 16세와 측근 인사들은 개인의 왕정만을 생각했다. 그들은 루이 16세와 마리 앙투아네트의 성질을 죽이고 평판을 깎아내리는 한이 있더라도 경쟁하는 사람들의 애정을 얻어야 했기 때문에 왕의 인격이 인민의 아버지의 인격과 유기적으로 얽혀 있다는 허구를 유지하는 데 전념했다. 군주정과 군주들의 미래는 여론 통제에 달려 있었다. 왕은 신문기자들에게 돈을 주고, 인기에 영합하는 조치를 취하고, 자기와 동급인 귀족층 적들의 신용을 깎아내리려고 노력하면서 유리한 여론을 만들려고 노력했다. 왕비도 그런 목적으로 정치생활에 결연히 개입했지만, 모든 계층의 반감을 살 수 있는 위험을 감수하면서 자기와 연합한 사람들의 뜻에 따라 국가와 군주정의 재정과 조직에 부담을 주는 채무에서 벗어나게 해줄 사람들을 천거했다.

1780년대에 벌써 혁명이 일어났다고 말한다면 경솔하다. 혁명은 집단이 체제와 국가가 인류 역사와 맺은 관계를 끊는다는 의식을 갖출 때 일어난다. 아메리카에서 일어나는 사건들을 놓고 토론이 벌어졌을 때부터 사람들은 이러한 문제를 토론할 태세가 되었고, '혁명'이라는 말이 이제 이 영역에서 다른 영역으로 넘어갔음이 분명하다. 그러나 왕정을 비난하고 다른 방식의 정부로 대체하려는 의지는 아직 나타나지 않았다. 그 대신 사회지도층, 궁중, 고등법원, 파리 살롱에서는 이미 왕의 감독에서 벗어나고 프랑스 정부를 흔들리는 배처럼 만드는 파벌과 집단들이 심한 경쟁을 하고 있었다. 그것은 어제오늘의 일이 아니었다. 왕족, 귀족, 고등법원 인사들의 경쟁관계는 모든 군주들이 기분과 욕망에 따라 특정 개인이나 압력단체를 이용하면서 장식하던 바닥 천의 구성요소였기 때문이다. 새로운 점은 무엇보다도 잇달아 내각에 들어가는 대신들 사이에 지속적으로 격한 싸움이 일어났다는 데 있었다. 대부분의 대신은 당시 상황과 핵심 인사들이 화해한 결과로 임명된 사람들이며, 그들은 곧 한정된 범위에서나마 여론의 심판을 받았다.

이러한 공식을 마치 철학적 변화에 가까운 표현인 것처럼 경솔하게 받아들이거나 이해해서는 안 된다. 구체적으로 왕과 대신들은 날마다 여론 형성에 직접 개입해야 했다. 경찰 끄나풀이나 왕의 '비밀요원secret'은 새로운 쟁점에 만족하지 않았고, 신문·신문기자·선전을 활용해서 전쟁을 이끌었다. 이처럼 1774년부터 강력한 국무비서인 외무대신 베르젠은 1787년에 죽을 때까지 내각을 이끌면서 여론 조작에 전념했고, 이 작업은 빠르게 다른 의미를 갖게 되었다. 그는 궁정의 평판을 해치고자 외국에서 발행한 위험한 출판물을 들여오지 못하게 방해하는 동시에 프랑스에서 외국 외교관들의 활동을 밀착 감시하고, 프로이센 왕과 계몽사상가 달랑베르d'Alembert의 통신처럼 위험하다고 판단한 편지를 파기하는 전형적인 방법을 썼다. 그는 긴밀히 결합한 내각을 구성했지만, 쏟아부은 노력에 비해 정치적 토론의 파급효과를 막아내지는 못했다. 그는 자기가 싫어하던 옛 재무총재 네케르가 1781년에 『왕에게 올리는 보고서Compte rendu au roi』를 발간한 것이 영국을 본받는 행위라고 보았고, 결코 하지 말아야 할 일을 했다고 생각했다.[10] 왕의 허가도 받지 않고 지방의회에 대한 의견서를 유통시킨 네케르는 해임되었고, 베르젠의 지지를 받는 칼론Calonne이 그 자리를 차지했다. 베르젠은 "군주가 말한다. 모든 사람이 내 백성이고 모두가 복종한다"라고 강조한 것으로 유명하다.[11]

베르젠은 절대군주정의 이상을 위해 부지런히 일했지만, 왕의 의지가 약한 것은 어쩔 수 없었다. 베르젠은 사실상 고등법원에 정신적으로 저항하고, 경우에 따라 루이 16세의 온건한 제안을 더욱 가혹하고 돌이킬 수 없는 결정으로 바꾸어놓았다. 그러나 이처럼 강력한 대신도 돌변하는 왕비의 태도 앞에 무너졌다. 그는 1784년까지 용케 왕비와 맞서지 않고서도 유럽에서 오스트리아의 의도가 통하지 않게 했지만, 결국 왕비가 천거하는 대신들의 임용을 막지 못했다. 끝으로 그리고 특히, 베르젠은 프랑스 왕국의 일상생활의 주요 요소가 된 선전활동과 새 소식을 통제하는 일의 중심에서 지칠 줄 모르고 일했다. 그는 정부 신문 「메르퀴르Mercure」를 발행하는 서적상 팡쿠크Panckoucke를 지원하고, 「가제트 드 프랑스La Gazette de France」(프랑스 신문)를 통제했으며, 자신의 아메리카 정책을 방어하기 위해 진정한 언론운동을

---

10 절대군주정의 나라살림을 책임지는 대신을 재무총감Contrôleur général des finances이라 불렀다. 그런데 네케르Jacques Necker(1732-1804)는 같은 일을 맡았지만 외국인·평민·개신교도라는 이유로 재무총재Directeur général des finances라 불렸다. 절대군주정의 예산은 비밀이었지만, 네케르는 보고서를 발행해서 나라살림의 현실을 왕에게 알렸다.

11 이 말(Le monarque parle: tout est peuple et tout obéit)은 베르젠이 「왕에게 올리는 친서Rapport confidentiel au roi」에서 인용했다.

이끌었다. 그러나 그는 랭게Linguet를 반계몽주의자 진영에 붙잡아 두지 못하고, 이 언론인이 왕정을 공격하는 편에 선 것을 보았다. 그래서 그는 1760년대에 슈아쥘 공작이 주네와 함께 [왕정을 보호하던] 방식으로 선전정책을 실시했다.[12]

그는 1787년에 죽었다. 그가 바라던 명사회Assemblée des notables는 얼마 후 실패했다. 그가 거부했던 전국신분회 소집은 피할 수 없게 되었다. 이처럼 베르젠이 사망하면서 군주정은 이상적 절대주의의 완고한 옹호자를 잃었고, 여론의 지배를 받게 되었다. 왕과 왕비는 여론의 동향이나 위험도 이해하지 못한 채 왕의 위엄은 언제나 온전히 남을 수 있다고 믿으면서 여론의 비위를 맞추고 기만했다. 그러나 그들은 근본적으로 정치적이고 세속화된 기초 위에 수립한 '행정적 군주정'의 구속을 받았고, 사회의 지식인층과 지도자층은 이미 20년 전부터 그들을 매정하게 거부하고 있었다. 충성스러운 거물급 일꾼들이 있었지만, 아니 아마도 그들 때문에, 그리고 그들이 추진하던 일 때문에, 군주정은 수많은 모순에 얽혀서 결국 희생당했다. 이처럼 부조리한 상황을 가장 잘 보여주는 사례는 왕국에서 왕의 신체가 차지하는 자리였다. 한편으로 왕이 마치 자신의 모습과 거리를 두듯이 신민들과 거리

---

12 슈아쥘 공작Étienne François, Marquis de Stainville(1719-1785)은 외교관으로 친오스트리아 정책을 추진하고 마리 앙투아네트를 세자빈으로 만든 주역이었다. 그러나 세자 루이와 마리 앙투아네트가 결혼한 해인 1770년 말에 실각했다.
주네Edme-Jacques Genêt(1726-1781)는 영어에 능통한 외교관이었고, 왕의 큰 동생 프로방스 백작의 통역비서로도 활동했다. 그의 딸 마담 캉팡Madame Campan은 교육자이며 마리 앙투아네트의 시녀였고, 아들은 영국 대사로 활동했다.

를 둠으로써 권력의 해체 현상이 발생하고 그의 상황을 법적으로 기울게 만들었다. 또 한편으로 그는 계속해서 공동체의 화신으로 남으면서도 그를 대체할 제도적 체제를 안착시킬 수 없었다. 이러한 상황은 야릇한 균형을 창조했다. 1791년에 궁정 의사들은 날마다 군주의 건강을 검사하고 보고했으며, 국민의회는 왕의 불편한 상태를 토의했고, 의원들은 왕에게 빨리 쾌차하라는 말을 전했다. 그러나 1793년에 그를 공개적으로 처형하지 못할 이유는 없었다. 이처럼 전통문화와 사실상 새로 생긴 문화가 간극을 보여주었고, 혁명이 낳을 갈등의 공간이 생겼다.

우리는 혁명기를 종교전쟁기부터 온갖 갈등을 극복하면서 근대국가를 발명하고 절대군주정을 세우는 과정의 끝으로 읽어야 하지 않을까? 법학자들은 권력, 그리고 그것의 신성한 영역을 종교보다 위에 놓으면서 왕의 정통성을 권리로 수립했다. 국가는 모든 재산과 사람을 통합하고 보호하는 존재라는 생각은 루이 15세의 긴 치세 동안 완전히 모습을 갖추기 전에 이미 16~17세기에, 때로는 힘을 동원해서 강요한 개념이었다. 우리는 절대군주정이 왕을 행정가들의 사다리 맨 꼭대기로 올려 제1공무원으로 만드는 데 성공하면서 그의 기능에서 신비스러운 모습을 지워버리는 과정을 보았다. 그러나 루이 16세와 마리 앙투아네트는 이러한 과정을 어느 정도 외면했다. 그들은 자기네 기능을 확실하게 사유화하면서 국가의 모든 권한을 그들의 이름과 지위로 구현하는 사람들에게 제도적인 보장을 해주지 않았다. 이러한 모순은 그때까지 국가가 뒷받침해주던 교회와 귀족처럼 경쟁적 권력의 소유자들과 대립하면서 더욱 심해졌다.

3장

국가의 결점

말은 생각의 덫이다. '구체제의 종말fin de l'Ancien Régime', '프랑스 혁명의 기원origines de la Révolution française', '혁명 직전의 프랑스la France à la veille de la Révolution' 같은 여러 그림 사이에서 '혁명적 단절'의 '이유'나 '원인'을 찾지 않을 수 있을까? '혁명적 단절'이라는 말을 사건의 급작스러움과 연결시키기 위해 자본주의적 근대성으로 진입, 또는 전통 가치의 쇠퇴라는 돌이킬 수 없는 논리에 집어넣지 않을 수 있을까? 수많은 역사가는 진정한 충격이 야기한 마비가 하나의 사건을 운명으로 해석해서, 결국 피할 수 없고 더는 해결할 수 없는 수수께끼로 바뀌기 전 단계, 즉 군주정의 푸른 하늘을 어둡게 만든 폭풍우가 휘몰아치기 시작한 시점을 알아내려고 끈질기게 노력한다. 그들이 생각한 전조현상은 전국신분회의 개최나 바스티유 정복 같은 사례다. 그 결과, 1789년 5월 4일 신분회 대표들의 모임은 공포정으로 빠져드는 혁명의 묵직한 사건으로 남았다. 사실상 이러한 해석은 새 세상을 발명한 사람들을 기리거나 그들의 적으로서 명분에서 밀리고 희생당한 사람들을 기억하는 서사의 성격을 띤다. 그러나 이 책에서는 이러한 관점과 거리를 두고자 한다. 기존의 정세에 위기가 닥쳐 예상치 못한 문화 풍토를 조성하고 의미 변화를 일으킨 과정을 분석하고자 한다. 이렇게 한다면 개인들의 가치를 훼손하지 않고, 단지 그들이 알지 못하는 사이에 역사를 만들었다는 사실을 잊지 않을 수 있다.

이 시기에 군주정이 스스로 무너졌으며, '혁명'이라는 이름의 은혜가 충격을 주었고, 그 후 거의 모든 유럽 국가가 잇달아 '혁명'의 위험을 겪었기 때문에, '[프랑스] 혁명'은 (마르크스주의자의 해석대로) 사회의 '내적 모순'이나 (토크빌Tocqueville의 말대로) 국가와 사회 사이의 모순에서 어쩔 수 없이 일어날 수밖에 없었던 사건이라고 생각해서는 안 된다. 우리는 국가가 수많은 결점을 가지고 있었다는 사실을 직시하고, 돌이켜볼 때 1792년이 되어서야 군주정이 몰락했으며, 또 혁명은 1787~1788년부터 1792년까지 연장선에서 '탄생'했음을 알면서도 딱 한 가지 결점 때문에 그렇게 되었다고 주장해서는 안 된다.

구체제의 위기

혁명의 과정을 목적론의 관점으로 해석한 사례를 '구체제의 위기'에서 찾을 수 있는데, 이 개념은 라브루스E. Labrousse의 기념비적 경제 저술의 명제에 근거했다. 경제적으로 부와 교환이 지속적으로 증가하는 긍정적 맥락에서 사회는 굶주림을 피하고 인구도 활발히 증가해서, 점점 더 많은 젊은이를 시장에 내놓는다. 종교인·귀족·제3신분의 낡아빠진 신분제 구조나 동업자조합과 간부조합에 속하지 않은 젊은 이들이 늘어나면서 긴장이 생겨났다. 또한 겨울에는 너무 춥고, 여름에는 너무 습했으며, 정확히 1788년 7월 13일에 전국을 강타한 굉장한 폭풍우같이 예측하지 못한 기후변화로 더욱 고조되었다. 수십 년 동안 좋았던 기후가 몇 년 동안씩 계속 나빠지고 잇달아 대재앙이 일어나면서 곡식 수확량이 형편없거나 아주 좋거나 극심하게 요동쳤다. 게다가 1770년 이후 가축 전염병이 돌아 포도주·곡식·가축 생산을 망쳐놓았다. 어떤 해는 포도가 너무 많이 달려 가격이 폭락해서 생산자들을 망하게 만들었으며, 곡식이 귀한 해에는 빵값도 하늘 높은 줄 모르고 올랐다. 1789년 7월 14일은 역사적인 기록을 세웠는데, 이는 결코 우연히 일어날 수 없는 일이었다.

지주와 영주들이 토지세와 '봉건적' 부과금을 올렸다. 이것은 농촌의 소귀족에게는 언제나 중요한 수입이었다. 그럴수록 농민과 도시 주민들의 조건은 나빠졌다. 도시와의 교환의 중심에서 벗어난 농민들은 귀족이건 평민이건 지주들이 더 많은 이익을 찾는 데 혈안이 되어 봉건체제를 재확인하고 강화한다고 생각했다. 역사적 관점에서는 나라에서 봉건제가 사라지고 그 자리를 자유주의가 차지했다고 말할 수 있겠지만, 대도시와 제대로 교환관계를 맺지 못한 지역 농민들은 단순한 감정의 차원이 아니라 실제로 귀족이나 평민 영주들이 케케묵은 봉건적 권리와 부과금 명목으로 자신들을 압박한다고 생각했다. 튀르고가 개혁을 시도한 뒤 국가의 자유주의 정책은 더욱 긴장을 높였고, 1786년에 영국과 자유무역 조약을 맺었다. 사람들은 국내 제철업과 직물업이 경쟁력을 갖추지 못했다는 사실을 지적하면서 영국의 공산품에 국경을 선불리 개방했다고 비난했다. 국내 수요가 줄고 생활수준이 낮아지면서 실업자가 늘고 불만이 팽배했다. 1767년 이후 왕이 공동체의 재산 분배를 장려하는 명령을 자주 내렸다고 해서 군주정이 자유주의를 찬성하게 되었다고 단정하지 말아야 한다. 가장 부유한 사업가들은 상업의 발전을 위해 공동재산을 분할하는 조치를 바랐지만, 지사들은 경제 발전, 대중의 권리주장, 귀족의 요구를 고려해서 대부분의 공동재산을 보전하면서도 사회적 평화를 지키는 실용적 방안을 선택하기 일쑤였다. 그들은 이렇게 해서 공유지가 사라질까 봐 두려워하던 극빈자들의 편을 들어주었다. 이러한 조치에 대해 부자들과 사업가들은 영국처럼 공유지 분할을 기대했지만 예고했던 것과 다른 결과를 보고 아쉬워했다.

양쪽 모두에서 불만이 커졌고, 전국에서 반란의 물결이 일었다. 반란이 끊임없이 일어나고 과격해졌으며, 18세기의 마지막 4분기에는 민중이 가장 강력하게 반발했다. 전체 수를 세어보면 농촌과 도시에서 30여 년 동안 반란이 지속적으로 발생했음을 알 수 있고 1788~1789년의 대립을 혁명기의 시작으로 생각할 수 있다. 1783년부터 도적떼가 '무장복면masques armés'하고 [중남부 산악 지대의] 세벤Cévennes에서 의적 노릇을 하며 강제적 질서와 경제적 근대화를 거부하고, 상퀼로트 운동과 반혁명의 반란을 예고했다. 1789년은 맑은 하늘에 날벼락처럼 넘길 수 없는 해였다. 그러나 식량부족과 배급에 저항한 운동은 굶주림에 낙담한 사람들이 폭발했기 때문에 일어나지 않았다. 사회적인 몸은 이 시기에도 역시 잘 견뎌냈으며, 그 결과 그때 일어난 대립은 앞으로 모든 사람이 인정하는 기준에 통합될 만큼 익숙한 일이었다고 생각할 수 있다. 대립은 체계화한 역학관계의 성질을 나타냈고, 1789년 혁명 초기 대공포Grande Peur의 시기에는 고의로 불을 지르고 공증인 앞에서 반환을 청구하는 사례도 볼 수 있다. 그러므로 우리는 구체제가 번영했음을 보여주는 지표를 부인할 수 없고, 당시 공동의 생활방식을 조사할 수 있기 때문에 무엇이 '위기'였는지 논의할 필요가 있다. 50년 전에는 2,400만 명이던 인구가 1790년에 2,800만 명 이상으로 늘었다. 사망률이 여전히 높았고, 생활조건도 어려웠으며, 수많은 사회 집단이 실제로 가난했음에도 다수의 기대치는 부인할 수 없을 만큼 솟아올랐다. 사람·물자·사상의 유통이 더욱 늘어나 대부분의 북부 농촌, 또는 항구들의 **영향을 받는 지역**hinterlands 을 불안하게 만들었지만 전염성 질환은 거의 사라졌다.

17세기 말과 18세기 초 몇십 년 동안 수천 명이 굶거나 얼어 죽었어도 그러한 불행에 대처할 방도가 하나도 없었는데, 이제 위기가 왔다 해도 그에 비할 정도는 아니었다. 18세기 말의 위기는 투기성 생산품을 둘러싼 불균형에서 생겼고 소비습관 때문에 악화했다. 그러나 물자의 생산방식과 교환방식을 고치면 헤어날 수 있는 위기였다. 그렇다고 해서 좌절감까지 벗어나게 만들어주지는 못했다. 1세기 전만 하더라도 도시와 농촌의 서민층은 언론의 자유를 누리지 못했는데, 이제 그들도 문자문화를 누리면서 위기에 대해 더 많이 알게 된 만큼 더 깊은 좌절감을 느꼈다. 사람들은 공동체의 관습에 급격한 변화가 일어났음을 뚜렷이 감지했다.

1778년부터 1787년까지 불황기와 1788년부터 1789년까지 일어난 생활비 급등 현상을 과소평가하지 않고 볼 때, 1789년의 물가는

1770년의 물가와 전혀 다르지 않았다. 〔나폴레옹〕 제국 초까지 파리 건축노동자는 런던의 같은 직업인만큼 임금을 받았고, 절대군주정 시기 중 가장 호황기의 수준을 유지했다. 무역협정과 포도 파동은 전국에 똑같은 영향을 미치지 않았고, 일부 지역에서는 위기가 닥친 해에도 번성했다. 형편없는 포도 수확의 결과는 아직도 분석하기 어려운 문제로 남아 있다. 대도시의 요구부터 충족시켜주던 국내 시장은 이미 관리들의 보호와 감독을 받았기 때문이다. 곡물시장은 자유롭기도 했지만 재무총감, 지방관리, 정치적으로 비축물을 관리하고 가격을 책정하는 지사와 직무대리인들의 통제를 받기도 했다. 특히 공산품은 공장의 근로감독관 단체, 압력단체와 신분회의 영향을 받지 않는 행정가들의 감독을 받았다.

18세기 말에 프랑스 경제는 압도적으로 우세했던 장인체제를 벗어나 국제적 경쟁에 뛰어든 산업이 중요한 몫을 담당하는 상태로 넘어갔다. 그러나 시장의 성장은 무엇보다도 지주들에게 유리했고, 근대화와 교환의 합리화에 점점 더 적응하지 못하는 법조인들의 감독에서 벗어나지 못했다. 새로운 소득이 발생하고 생산의 지형이 새로워지면서 사회의 구조들이 점점 조화를 이루지 못하게 되었다. 정부가 세 가지 정책 가운데 무엇을 선택할까 망설이던 순간이 바로 혁명사의 실마리였다. 조세제도가 중요한 영향을 끼치게 될 세 가지 정책 가운데 첫째는 프랑스가 부채상환 방법을 토의할 수 있는 입헌군주국으로 남을 것인가, 둘째는 전문직이 참여하는 정부를 운영하면서 난폭할 정도의 세금을 부과하는 절대주의 국가가 될 것인가, 셋째는 전통 귀족이 왕과 백성을 중재하는 역할을 맡는 '혼합형mixte' 군주정이 될 것인가? 어떤 경우에도 프랑스 혁명은 '구체제의 위기' 때문이 아니라 일련의 상황들이 결합해서 생겼다.

매력적이고도 성가신 귀족

프랑스 혁명의 역사를 쓸 때, 혁명이 기억에 남을 만한 사건을 일으키면서 그때까지 실제로 사회를 짓누르던 '굴레'를 벗기는 과정을 파악해야 한다. 기억에 남는 사건을 열거해보자. 1789년 8월 4일, 귀족들이 특권을 포기했다. 1790년 6월 19~23일, 세습 귀족을 폐지하는 법을 제정했다. 1791년 9월, 헌법은 "이제 더는 귀족이 존재하지 않는다"라고 확언했다. 그렇긴 해도 "89년이 귀족을 죽였다"는 사실을 의심하는 동시에 '고귀하다noble'고 말하는 것이 무슨 뜻인지 자문할 필요가 있다.

　어떤 지표도 명확하지 않기 때문에 숫자를 둘러싼 논쟁에서 사실을 짐작할 뿐이다. 18세기 중엽 귀족이 36만 명이라고 말하는 쿠아예Coyer나 11만 명이라고 말하는 시에예스Sieyès 가운데 누구 말을 들을 것인가? 귀족은 한마디로 수많은 특권, 특히 타이유taille[평민세] 면제 특권을 누리는 신분이라고 말할 수 있다. 전통 귀족이나 신흥 귀족이 모두 특권을 누렸다. 또 그들을 가문의 전통, 사회적 쓸모, 또는 명예와 관련한 신분으로 정의할 수 있을까? 귀족 신분을 얻는 방법, 군대·고등법원·정부의 다양한 집단에 소속하는 방식을 제2신분을 나누는 기준으로 삼을 수 있을까? 언제나 결론을 내지 못한 채 남아 있는 토론거리다. 생시몽과 불랭빌리에는 평민이 귀족 신분을 위협한다고 고발했는데, 그 뒤에도 거의 1세기 동안 국가가 평민에게 너무 많은 자리를 인정해주었기 때문에 전국에서 토론이 끊이지 않았다. [장 자크] 루소는 귀족이 프랑크족 후예고 평민이 켈트족 후예라는 설은 그 럴듯하지만 거짓 역사라고 거부하면서 문제를 근본적으로 쇄신했고 토론을 다시 불러일으켰다. '무역에 종사하는 귀족'을 사회적으로 자 리매김할 길을 찾을 때, 1781년과 1786년에 이른바 세귀르법édits dits de Ségur에서 장교가 되려면 귀족의 순수혈통quartier을 증명해야 한다 고 규정했을 때, 토론은 정치 영역으로 들어갔다.[1] 18세기 말, 시에예 스가 귀족을 사회의 기생충으로 고발하면서 더는 '국민'의 일부로 대 접하지 않았을 때 더욱 드센 논쟁이 일어났다. 그는 귀족의 특성을 옹 호하는 사람들과 대립했고, 귀족이 분명하지만 봉토를 갖지 못하는 차남으로서 귀족 신분을 비판하던 앙트레그[2]의 지지를 받았다.

역사가는 어김없이 이렇게 복잡한 문제에 대해서 판결을 내리지 못하고 망설이는 데 비해, 18세기 말 고위 성직자와 고위직 군인사회

---

1 구체제는 무관의 전통 귀족이나 주로 문관의 신흥 귀족 모두 혈통을 중시하는 시대였다. 혈통을 표현하는 방법은 부계로 몇 대génération/degré, 몇 대의 순수혈통 따위였다. 귀족 남 성이 평민 여성과 결혼해도 자식은 귀족이지만, 귀족 여성이 평민 남성과 결혼하면 자식은 평민이었다. 그래서 부계 혈통이 무엇보다 중요했다. 더욱이 신분사회의 질서가 무너지는 현 상을 안타까워하던 절대군주정은 귀족 신분의 순수성을 지키려고 양가 순수혈통을 따지기도 했다. 부모 모두 귀족일 때 2quartiers, 조부모대의 네 명이 모두 귀족일 때 4quartiers라 했 다. 조상 여덟 명이 모두 귀족이면 8quartiers였다.

2 앙트레그 백작Louis-Alexandre de Launay, comte d'Antraigues(1753-1812)은 풍자문 작 가로서 프랑스 혁명기에 반혁명의 편에 섰으며 첩자로도 활동했다.

에서 귀족의 지위를 강화했다는 사실을 어김없이 강조한다. 절대군
주정은 귀족과 운명을 같이하면서 반혁명을 지지할 것임을 예고하고,
그 반동으로 '부르주아' 혁명의 흐름을 생기게 만들었다는 점을 뜻하
는 것일까? 이제 우리는 수많은 계열의 사실을 구분해야 한다. 절대
다수가 귀족인 최고 부자와 나머지 인구의 재산과 수입은 아주 큰 차
이를 드러냈다. 상투J. Sentou는 툴루즈에 대해 철저한 고증을 한 저서
에서 그곳 고등법원 귀족의 재산이 상상 외로 많아서 놀랐다고 털어
났다. 도시 재산의 3분의 2는 귀족 가문, 나머지 3분의 1은 부르주아
계층이 소유했다. 그러나 부르주아 계층은 귀족층과 더욱 격차가 벌
어졌음에도 귀족을 미워하지 않았다. 상투가 평가했듯이, 부르주아는
'작은mineur' 귀족이었을까, 아니면 역시 그가 말했듯이, 아주 단순히
말해서 그들은 재산권과 더 부유해지는 일에 귀족만큼 공감하지 못
했던 것일까? 부르주아 계층의 수많은 봉토 소유자는 1789년 8월 이
후의 사건을 겪으면서 손해를 본다. 19세기 프랑스 사회는 기본적으
로 이러한 귀족을 거부하지 않았다. 그와 반대로, '귀족·작위 귀족·
귀족 계급'은 혁명과 제국 시기에 부유해진 부르주아와 결합해 '명사
notables'의 범주를 이루면서 사회를 재구성하는 핵심이 되었다. 프랑
스가 귀족을 구별하고 구체제의 향수를 강하게 느끼는 데서 벗어나려
면 적어도 19세기 말까지, 아니 20세기 초까지 기다려야 한다.

재산상의 차이는 혁명기에도 더욱 심해졌고 언제나 분노의 대상이
었지만, '사회적 사다리'가 막혔다는 느낌이 사람들에게 더 충격을 주
었다. 특히 고위 종교인과 고위 행정직의 경우, 17세기 말에는 확실히
부유한 평민도 다가설 수 있었지만, 1세기 뒤에는 불가능했다. 폴리

냑 집안les Polignac, 게메네 집안les Guéméné, 그리고 왕족princes du sang 같은 궁정 신하처럼 유별나게 재산을 늘리고 제왕처럼 낭비하거나 엄청나게 파산하는 사례도 사람들을 화나게 했다. 〔신분〕 구조보다 신분들의 표상과 활동이 더 중요한 문제였다. 귀족들 사이에서도 불평등은 미약하지 않았고 지방마다 차이를 보였다. 가난한 귀족은 신분 내에서뿐 아니라 전체 사회에서도 영향을 끼치는 중요한 집단을 이루었다. 모든 귀족이 지방신분회에 참여할 수 있는 브르타뉴 지방, 오직 남작 스물세 명만 있는 랑그도크 지방, 그리고 지방신분회에 참여하려면 봉토를 소유하고 조부모대의 네 명이 순수혈통 귀족quatre quartiers de noblesse이어야 하는 부르고뉴 지방, 우리는 이들에게서 동질성을 찾을 수 없다. 동질성은 다른 데 있었다. 귀족은 국가와 특별한 관계를 맺으면서 중심과 변두리 사이의 톱니 노릇을 했을 뿐 아니라 힉스D. Higgs의 말대로 "자신들이 접촉하는 개인들과 달리 자신들만의 전통을 공유하는 집단에 속한다고 스스로 인정하는" 확신을 가졌다. 이러한 신념은 프랑스 사회 전반에 공통적인 것이었으며, 몇 년 동안 귀족제를 폐지하다가 나폴레옹 1세가 귀족제를 재창조하고 19세기 초 귀족의 특징이 체계적으로 구성되는 과정의 핵심에 자리 잡기 전까지 귀족을 박해하는 행위를 정당화해준다. 그동안에 〔귀족에 대한〕 찬미와 미움이 전국을 휩쓸었고, 사건이 체계적이라기보다 훨씬 혼란스러운 형태로 발생했을 때 수천 명의 삶을 뒤엎었다.

한 가지 예가 있다. 워싱턴이 신시내티 협회société des Cincinnati의 훈장을 발명해서 독립전쟁에 참여했던 장교들에게 수여했을 때 예상치 못한 반향이 일었다.[3] 악셀 드 페르센Axel de Fersen은 훈장을 받아 스

혁명 초기 웅변가로 이름을 떨친 제3신분 대표 미라보 백작.

웨덴 왕이 바라던 것과 달리 공공연히 달고 다녔다. 루이 16세와 그의
측근들은 훈장이 협회의 기초를 무너뜨릴까 봐 되도록 수많은 프랑스
인에게 수여하지 않도록 감독했다. 역설적으로 미라보 같은 논객들은
훈장증서가 폭력을 행사한 사람들에게 새로운 귀족 신분을 주었다고

---

3   신시내티 협회는 고대 로마정 시대의 킨티나투스Lucius Quinctius Cincinnatus(c. 519 – c.
430 BC)처럼 시민의 덕을 함양하는 목적으로 1783년 5월에 미국에서 맨 처음 조직한 애국
자 단체였으며, 1784년 7월 4일에 프랑스에도 하나 생겼다.

여겨 훈장을 비판했다. 한편, 미국인 프랭클린은 프랑스를 불평등한 나라라고 맹렬히 비판하기 위한 일화로 이용했다. 시에예스가 1788년의 논문[4]에서 '귀족'과 나머지 국민의 분열을 인기 있는 주제로 만들었지만, 그것만으로는 그 당시 문제의 복잡성을 충분히 이해하기 어렵다. 국가와 사회 사이에 중간자 역할을 맡은 사회지도층이 형성되고 있다는 사실이 중요하다. 이것은 2세기가 지난 지금까지도 여전히 현실성 있는 문제다. 당시 상당한 수의 귀족은 자신들이 국가의 중요한 간부가 될 운명을 타고났으며 실제로 국가를 위해 일한다는 자의식을 가지고 있었다. 혁명을 수행한 사람들 가운데 라파에트에서 시작해서 콩도르세Condorcet, 바라스Barras, 미라보 또는 앙토넬Antonelle, 그리고 르펠티에Le Peletier 또는 바레르Barère를 거쳐 나폴레옹까지 수많은 귀족을 꼽을 수 있다. 게다가 가장 막중한 결과를 낳은 가장 심각한 분열도 귀족 신분의 내부에서 찾아야 한다.

분열되고, 개혁되고, 폐쇄된 귀족

군주정은 제2신분이 대표성의 위기를 겪는 데 한몫했다. 17세기부터 대신들은 귀족의 특별한 지위와 상관없는 소득에 세금을 부과했고,

---

4   시에예스 신부는 『제3신분이란 무엇인가?Qu'est ce que le Tiers-état?』를 써서 1789년 5월 전국신분회 대표를 선출하는 과정에서 큰 반향을 일으켰다.

이렇게 해서 풍습을 바꿔놓았다. 그들은 사회적 이익이라는 이름으로 종교인의 재산에 부과하고자 했던 것처럼 귀족에게도 타이유세를 내게 하는 일에 실패했다. 그러나 모든 집단이 자발적이든 강제적으로든 현실을 받아들이게 만들면서 사회를 천천히 단일화해나갈 수 있었다. 이렇게 사회적 효율성을 추구하는 작업은 1762년에 슈아죌이 시작하고 1781년과 1786년에 세귀르 법[5]으로 계승한 군대개혁으로 설명할 수 있다. 앞으로는 계급을 능력 위주로 부여하며, 무관 가문 출신이 아닌 신흥 귀족이 장교직을 살 수도 없게 만들었다. 끝으로, 2대 이상의 귀족 혈통quatre quartiers de noblesse만이 고전적 군대의 장교로 임관할 수 있었다. 이로써 모든 신흥 귀족은 장교가 될 수 있는 길이 단박에 막혔다. 귀족의 피가 조금도 섞이지 않은 평민은 꿈도 꾸지 못할 일이 되었다. 공병과 포병처럼 계산 능력을 갖춘 기술 부대에는 이 조치를 적용하지 않았다. 귀족의 내부에 파괴적인 불균형을 가져오지 않으면서 점차 능력주의를 도입하려고 특정 가문의 특성과 지식을 이용하려는 목적이었다. 또한 군대를 국유화하고, 가문만큼 자질을 인정받은 장교들을 전문화하면서 국가의 중앙집권화에 더욱 노력하려는 목적도 있었다.

계몽 전제주의의 목표에서 영감을 받아 이렇게 개혁을 시도하자 복잡하고 게다가 서로 부딪치는 반향이 일어났다. 첫째, 세귀르 법은

---

5   1781년 5월 22일, 루이 16세가 승인한 세귀르 법l'édit de Ségur은 (외국인 용병 부대를 제외하고) 군대 장교가 될 수 있는 자격을 2대 이상의 순수귀족 혈통으로 제한했다. 사실상 신분제도가 문란해지는 틈을 타서 신흥 귀족이 군대를 장악하지 못하게 하려는 취지였다.

언제나 1780년대의 특징을 '귀족의 반동'으로 취급하는 근거가 되었고, 그 결과 최근의 신흥 귀족은 귀족의 단호한 태도 때문에 손해를 입었을 뿐 아니라 평민에게도 외면당했다. 둘째, 군대에서 귀족의 지위를 강화해준 결과 '부르주아 계층'의 선입견에 맞설 명예와 용기를 북돋워주었음이 분명하지만, 귀족은 집단 운명에 별로 관심이 없으며 그저 결투와 사냥에 익숙한 '살인자tueurs'일 뿐이라는 사실을 확인해주었다. 끝으로, 이러한 조치가 귀족과 국가의 관계를 더욱 긴밀하게 만들었지만 군대의 비용을 증가시켰다. 또한 장교들에게 의사결정을 포함해서 자격을 인정해달라고 요구할 권리를 주었고, 전통 귀족이 '대신들의 전제정despotisme ministériel'에 더욱 저항하게 했으며, 귀족 신분 안에도 불평등이 존재한다는 사실에 원한을 갖도록 만들었다. 우리는 '개혁-보수'의 흐름이 대부분의 귀족에게 얼마나 영향을 끼쳤는지 저울질해봐야 한다. 그것은 개혁가들을 임시로 귀족 편에 합류시키면서 군주정의 주장을 약화시켰다. 또한 모든 등급의 귀족에게 '반귀족주의antinobilisme'를 심어주었다. 반귀족주의는 "이성과 덕을 실천하는 자만이 진정한 귀족이다"라는 미라보의 바람에 수긍하는 사람들이 공유하는 정서였다.

브리엔 군사학교에 입학했지만 장래 경력에 대한 희망을 품을 수 없던 보나파르트 같은 젊은 귀족 장교와 모든 이점을 가진 고위 귀족 사이에는 큰 차이가 있었다. 후자는 산업과 상업에 투자하고, 식민지에 사탕수수 농장을 소유하고, 은 무역에 투기하면서도 거리낌 없이 성직록[6]을 간청할 수 있었다. 개신교도 은행의 역사를 쓴 에르베르 뤼티Herbert Lüthy가 도발적으로 지적한 것처럼, 18세기 말에 은 무역에 종사하는 거물급 인사들은 우리가 막대한 자금을 운용하는 자본주의의 화신이라고 생각하는 부르주아 계층이 아니라 가장 부유한 귀족 가문에 속했으며, 그들이 실패할 때 여론은 분노했다. 오를레앙 가문, 콩데 가문, 콩티 가문의 최고 귀족인 왕족과 공작들은 통상의 규칙을 벗어난 것 같았고, 왕의 가족과 직접 만나고 게다가 경쟁도 하면서 특별한 지위를 누렸다. 전혀 다른 세계에 사는 자유주의 귀족과 달리 전통 귀족인 궁중 귀족은 사회적·정치적 관계를 통제하는 전통문화를 유지하는 동시에 왕국과 자기 재산을 경영하는 방식에서 최소한의 근대화를 인정했다. 부르주아 계층도 포함한 봉토 소유자들이 합리화를 시도했을 때, 농민은 '봉건적 반동'으로 여기고 반발했다.

군대·고등법원·재정 분야의 귀족은 지역사회에서 혼인과 사업관계를 맺어 자기네에게 유리한 방향으로 힘을 조직하면서 움직이는 방대한 집단이었다. 귀족의 지위에 대한 규약보다는 가족의 역할이 더욱 불분명했다. 왕의 자문회의, 회계검사원, 재무관, 총괄징세 청부업자 같은 고관들은 전통 무관 귀족을 조심스럽게 대했지만 사회에서는 특별한 지위를 차지했다. 서열들은 나란히 놓이지 않고 틀에 꼭 끼어 있었는데, 근본부터 분열된 제2신분은 전국신분회를 소집하는 순간 파열하게 될 터였다.

---

6   성직록은 종교인에게 교회재산을 관리하게 하는 제도였지만, 속인에게도 주는 경우가 있었다.

근대성의 모순

이러한 사례는 더 있었다. 이는 프랑스 사회를 분열시킨 모순이 많았음을 증명한다. 진짜 난제를 만난 군주정은 합리적 방식으로 돈을 징수하고, 대귀족의 존재를 부정하지 않으면서도 부유한 데다 큰 공로가 있는 신민의 귀족서임권anoblissement을 잃지 않고 공직을 합리적으로 운영하는 방안을 찾았다. 신흥 귀족의 흐름은 세월이 흐르면서 끊임없이 약화되었지만, 귀족 신분의 일부를 쇄신하고 격차에 따른 긴장을 더욱 높이며 귀족증서를 발행해서 얻은 수입은 1789년에도 여전히 늘어났다. 역설적으로, 토지와 작위를 사고 시골 귀족 생활을 하는 경우 신분을 높일 수 있었음을 언제나 확인할 수 있다. 이처럼 돈이 필요한 현실은 수많은 귀족 가문이 평민 여성이 지참금을 많이 가져온다면 혼인을 승인했다는 사실로 설명할 수 있으며, 이것을 귀족의 '배타적 계급화castification'라기보다는 잠금장치를 더 많이 가지게 된 것으로 볼 수 있다. 귀족 계급과 지배 집단들은 신흥 귀족을 거부하고 왕정에 전혀 다른 의미를 부여하면서 모호하고 근본적으로 보수적인 폐쇄성을 유지했다. 군인들은 스스로 폐쇄성을 지키면서 사회적 인지도가 낮아졌다. 그들은 '부르주아 계층'을 대신해서 '특권층'과 '서민' 모두에게 폐쇄적이었다.

'멸시의 폭포cascade des mépris'는 미라보가 했다고 알려진 말인데, 자기보다 못한 사람들을 짓밟고서 승진하는 집단들이 예기치 않게 들어야 할 말이었다. 사회적 가치관이 변해서 귀족을 깔보는 데까지 나아갔기 때문이다. 전쟁·사치·자유분방함을 일삼는 인간의 방탕하고 지나친 행동이 책과 오페라 안내서의 공통 소재가 되었다. 나라는 여론의 정치화를 인정하는 방향으로 나아갔고, 제네바의 평민 출신 네케르는 착한 아버지, 착한 남성이라는 사실이 평판을 더욱 드높였지만 그와 반대로 칼론은 귀족의 낙인이 찍힌 사람이었다. 바로 이러한 이유에서, 소귀족과 영주들 가운데 칼론과 대립하던 르쿠퇴Le Coulteulx라는 은행가 가문 소속의 가톨릭계 은행의 부유한 대표들은 1789년 전국신분회 선거에서 제3신분 소속으로 인정받으려고 굳이 상업에 종사한다는 사실을 강조했던 것일까? 시에예스 신부가 『제3신분이란 무엇인가?』를 쓸 때 르쿠퇴의 지지자 집단에 속했던 것도 우연은 아니었다. 귀족과 평민을 구별하는 방법은 단순히 족보를 따지는 데서 아주 멀리 있었다. 그것은 확실히 개인 사이의, 그리고 집단 사이의 절충으로 결정할 영역이었다. 잠시 후에 보듯이, 1790년까지 지방 귀족은 이익을 추구하기 위해서라면 무조건 본성을 거스르면서까지 고위 귀족은 물론 개혁가들과 대립하는 급진적 제3신분과 연합해야 했기 때문에 상상만으로도 모든 가능성을 조합하지 못할 이유는 없다.

따라서 역사를 쓸 때 우리는 모든 범주를 세심하게 다루어야 한다. 예를 들어 전체사hitoire globale는 개인들이 무리를 지어 역학관계·계산·야망에 따라 움직인다는 사실을 잊고, 그들을 집단 속의 행위자로 취급하기 때문에 적절하지 않다. 우리는 신중한 태도로 수세기에 걸친 [중장기적] 관점을 피해야 한다. 이 관점에 대한 논쟁은 아직도 헛된 논란을 계속 낳고 있다. 예컨대 '부르주아'는 17세기에 프롱드난을 일으킨 '귀족'에 맞서 왕의 편에 섰다가, 18세기에는 궁중 귀족과 투기 세력인 '귀족'의 경쟁자이자 공모자가 되었으며, 혁명기에는 귀족을 밀어냈지만, 19세기에는 오히려 제거당해 마땅한 계급의 전형이 되었다는 관점에서 벗어나야 한다. 경제가 발전하면서 사회가 더욱 심하게 분열했음을 잊지 말아야 한다. 갈등의 복잡한 양상도 기억해야 한다. 프랑스는 옛날 종교인이나 귀족의 소수 특권층에 복종하는 농민이 인구의 대다수인 나라에서 완전히 벗어나, 특성이 다른 조각들로 찢어져서 사람들이 서로 모르고 지내는 나라가 되었다. 제3신분이 확실히 정치적 승리를 거둔 뒤에 새로운 정통성을 추구하기 위해 이러한 모습을 대중화한 이유를 이해할 수 있다. 어쨌든 이러한 모습을 틀림없는 사실로 받아들이거나 1780년대 프랑스를 이해하기 위한 역사적 토대로 생각해서는 안 된다. 1750년부터 1770년까지 신분사회에서 계급사회로 넘어갔다는 생각이 얼핏 그럴듯하게 보인다고 해서 아무런 토론도 거치지 않고 받아들여서도 안 된다. 그렇게 생각한다면, 진보를 구현할 임무를 띤 새로운 세력, 다시 말해 처음에는 부르주아 계급이었다가 나중에 필연적으로 혁명파가 된 세력이 이제는 폐지된 옛날식 계서제의 지지자들과 대립하는 역사로 파악하기 십상이기 때문이다.

혁명의 '부르주아적' 성격에 대해 지난 반세기 이상 거듭해서 토론한 사실을 새삼스럽게 요약할 필요는 없다. 코반A. Cobban에 대한 수많은 비판에서 시작해 마자S. Maza의 책과 2006년 릴 학술대회까지 수없는 주장을 주고받았지만 귀를 막고 대화하는 방식이었다. 이념의 참호전에 갇힌 프랑스 내부의 토론을 지속하기보다는 부르주아 혁명에 호소하지 않고 마르크스가 상상한 과정을 적용했던 영국의 사례를 검토할 필요가 있을 것이다. 이 나라는 영주들을 농업경영자와 투자가로 바꾸었고, 그 결과 무산자로 전락한 농민을 광산과 공장에서 착취하거나 식민지로 보냈다. 영국의 경제는 국가의 보호나 부양책도 없이 교환 중심으로 조직되었다. 그 반대로 프랑스에서 모든 생명은 자신에게 필수적인 자유와 모두에 대한, 그러나 특히 경쟁자들에 대한 국가의 통제를 동시에 요구했다. 그들은 사업의 자유와 개인주의보다 통제를 더 기대했음에도, 통제가 꼭 필요하다고 생각하는 동시에 언제나 비난했다. 영국에서는 산업자본주의의 길을 걷게 되자 논리적으로 서민 계급들의 운명을 개탄하는 문학이 태어났다. 한편, 프랑스에서는 부르주아 계층이 이론적으로 자유주의와 개인주의로 이행했을 때가 혁명의 전 단계였으며, 그렇게 해서 진보의 길로 나아가게 되었다고 평가했다.

물론 두 나라의 현실은 아주 달랐다. 영국에서는 사회지도층이 통합을 이루었다 해도, 사회적으로 계급이 서로 다르게 살고 행동하는 특성을 확인할 수 있었다. 프랑스의 경우, 언제나 사회 집단들의 경계가 모호한 상태였고, 농민 계층은 19세기 말까지 저항했으며, 모든 산업 분야는 오랫동안 고립된 상태에 머물렀다.

이익사회와 공동사회의 대립관계?

그러나 가장 큰 변동은 신분사회에서 계급사회로 이동한 것이 아니라 충성과 공동체 중심의 관계에서 상호 교환과 자유를 바탕으로 한 관계로, 사회학적 관용어를 조금 바꿔서 말하자면 '공동사회

communauté'(Gemeinschaft)에서 '이익사회société'(Gesellschaft)로 넘어가 프랑스 사회 전반이 흔들렸다는 데 있었다.

프랑스는 정복하거나 합병한 지방으로 왕령을 불리면서 수많은 관습과 언어의 모자이크를 형성했다. 수많은 규칙으로 복잡하게 조직된 모자이크였지만, 이론상 왕의 신체를 공동으로 소유하는 나라였다. 여기서 일일이 다시 거론할 필요가 없을 만큼 분류방식은 다양하다. 정부의 특성으로 분류해서 페이 데타와 페이 델렉시옹은 대체로 주교구évêché나 경제적·징세적 경계선과 중첩되었다.[7] 지역마다 세금을 부과하는 방식이 달랐기 때문에 수 킬로미터 밖에서 물건을 밀수해서 이익을 보는 지역이 존재하고 분쟁이 발생했다. 한 예로 브르타뉴에서 멘으로 넘어가면 브르타뉴 고등법원의 보호와 비교적 가벼운 세금을 포기하는 대신 소금을 더 비싸게 사고 지사intendant의 영향을 직접 받게 되었다.[8] 프랑스 중심부를 둘러싼 모든 변두리 지방은 이처럼 법과 관습이 전혀 달랐기 때문에 지속적으로 갈등을 빚었다. 복잡하게 중첩한 지방들이 동질성을 보여주지 못한 채 여러 가지로 서열화한 상태였고, 모든 구조가 경제적·사회적 변화를 겪으면서 삐걱거리고 갈라지고 있는 때에도 국가·교회·봉건성과 복잡한 관계로 얽혀 있

---

7   페이 데타는 신분회를 유지하는 특권을 누리면서 중앙정부의 통제에서 벗어날 수 있었다. 페이 델렉시옹은 중앙에서 뽑은 관리élu가 세금을 할당하고 분쟁을 해결하는 지방이었다.
8   소금은 전매사업에 속했고 일인당 강제 소비의 대상이었다. 소금세gabelle는 전국을 6개 지역으로 나눠 세율을 달리 부과했다. 소금세 면제 지방인 브르타뉴에서 소금을 자유거래하면서 450그램에 4분의 1수에서 2분의 1수로 거래했고, 브르타뉴의 동쪽에 있는 멘에서는 12~13수로 거래했다. 20배 이상의 가격 차이가 바로 목숨 걸고 밀수를 감행한 이유다.

었다. 이러한 현실의 중요성을 얕봐서는 안 된다. 여느 국가들처럼 프랑스에서도 중앙권력은 인구를 통제하고, 질서를 지키고, 경제를 조직하고, 세금을 걷고, 필요한 경우 병력을 동원할 임무까지 중간자 노릇을 하는 수많은 지방에 맡겼다. 사회 전반에 아무런 문제도 없이 징세법을 적용하는 일은 국가가 자기 존재를 확인시키기 위해 가장 많이 쓰는 강압 수단임이 분명하다. 귀족·종교인·제3신분이 아직도 지속적인 징세 요구에 서로 다른 자격을 유지하고 있었다 해도 모두가 대상이 되었다. 농촌에서는 세리나 염세리가 집을 뒤져 밀수 담배나 소금을 찾아내면서 농민들을 구체적이고 때론 잔인하게 압박했다. 예를 들어 세리들은 사기꾼 무리들을 감시하다가 소규모 전투가 벌어져 다치거나 심지어 죽기도 했으며, 밀수꾼을 붙잡아 처형하거나 군선의 도형수로 보내거나 낙인을 찍었다. 국가의 무게는 1789년에 이미 견디기 어려울 정도였다. 그러나 종교와 사회생활을 밀접하게 규제하겠다는 의도를 품고, 몇 세기 동안의 전통을 가진 종교권이나 영주권을 한 방에 쓸어버리겠다고 마음먹을수록 국가는 멸시의 대상이 되었다.

변화의 조화와 부조화

그런데 30여 년 전부터 나라는 근본적으로 경제와 문화의 변화를 겪었다. 지금까지 이러한 사실을 인정하면서도 별로 강조하지는 않았다. 지난 몇 세기 동안 왕과 맺은 협약을 바탕으로 관계를 설정했다. 대부분의 경우 그 관계를 해석해서 실천하는 사람은 지역의 지도층이었다.

당시 사람들은 바생 파리지엥Bassin parisien[파리 분지]의 프랑스어를 쓰지 않았기 때문이다. 알자스나 브르타뉴, 남부 전역, 그리고 푸아투나 피카르드, 리모주나 노르망디의 농촌 인구를 제외하고 그 지방의 지도층이 [표준어와 방언의] 2개 언어 구사자로서 국내의 관계를 확실히 이어주었다. 지방은 두말할 나위 없이 매우 중요했다. 왕국에는 관습이나 언어상의 동질성이 없었다. 브르타뉴, 바스크, 오크어[루아르 강 이남 사투리] 지방, 알자스, 로렌, 플랑드르의 '민족들'은 본래 모습을 유지하고 왕과 역사적 관계를 맺었다. 그들의 지도층은 속인이건 종교인이건 지방의 사정에 의존하는 관계를 유지하면서도 모든 면에서 중앙권력은 물론 그 대리인들과 의사소통의 창구 역할을 했다.

어쨌든 피레네 산맥의 끝자락처럼 극소수의 지역은 왕권과 별로 관계가 좋지 않았다. 나머지 모든 곳에서는 국민감정이 존재했다. 1675년 루이 14세의 군대가 폭력을 행사했던 브르타뉴 지방도 7년 전쟁 동안 조금도 망설이지 않고 영국군의 상륙을 막았다. 확실히 애국심과 민족주의가 결합했고, 의심의 여지 없이 왕국 통일의 욕망과 왕국의 운명에 대한 믿음을 뒤섞어 국민담화discours national(잉글런드 S. Englund가 중시하는 용어로는 **국민담화nation-talk**)에 담았다. 그 자체로서 국가는 사회지도층들이 중재해야만 존재할 수 있다 해도, 프랑스 군주정은 중앙집권화를 꾀하고, 국가가 모든 관계를 관리하는 체계를 수립하고, 왕과 그를 대리한 지사들에게 모든 사람과 개인을 복종하게 만들었다. 이렇게 해서 지사들은 고등법원을 무시하고 더 나아가 지방 귀족까지 무시했다. 이러한 발전에서 국가를 강화하고 개인들을 원자화했으며, 그 대신 국가의 행정망을 이용하려는 욕망과 보호체제가 사라지는 것을 거부하는 다양한 감정이 싹텄다. 사람들은 이 모든 것 덕택에 사회 집단 그 자체에 대해 자각하는 동시에 중앙권력이 다양한 요구에 부응하지 못할 때 비판할 능력도 가졌다.

18세기는 상거래와 산업 생산을 가속화하고 동질화한 시대였다. 그러나 그 시작이 언제인지는 늘 논란거리다. 있을 것 같지 않은 농업 혁명을 찾기보다는 한정된 범위나마 실질적인 차원에서 일어난 변화를 따지는 편이 낫다. 실제로 지방마다 목축업, 포도나 곡식 생산의 특색을 살리고, 게다가 파리 같은 대도시 주위에서는 원예와 채소 재배 같은 투기성 사업을 발달시켜 전문성을 갖춘 지방들의 관계가 바뀌었다. 모주Mauges처럼 나중에 반혁명에 가담한 탓에 시대에 뒤떨어졌다고 보는 지방에서도 거름을 얻으려고 기르던 짐승을 파리의 도축장에 팔아넘기면서 이러한 순환체계의 일부로 편입되었다. 물자·사람·돈의 유통은 모든 사회 집단의 구석까지 깊숙이 파고들면서 아주 새로운 방식으로 나라를 통일해나갔다. 농노제를 유지하는 마지막 공동체부터 베아른Béarn의 독립적 소농을 거쳐 신흥 농촌사업가까지 잡다한 성격의 농촌세계는 수 세기 전부터 그물에 갇힌 채 국가는 물론 영주와 종교인이 부과하는 세금을 내고 있었다. 그러나 농촌의 모든 구성원은 1780년대의 우여곡절을 넘어서 지속적인 발전과 생활조건을 실제로 개선해나갔다. 우리는 파리 북쪽 농촌사회들의 성격을 연구해서 대농장주·생산자·운수업자·은행가·투기꾼들이 임금노동자나 하청업자를 수백 명씩 부렸다는 사실을 밝혔다. 농촌을 돌이킬 수 없을 정도로 흔들어버린 사람들은 마을의 멋쟁이coq de village라기보다는 진정한 사업가들이었다. 가장 가난하거나 가장 운이 없거나 가장 무모한 사람들이

도시로 몰려들면서 인구가 뒤섞이는 현상을 바생 파리지엥[파리 분지]
전역이 다소간에 경험했다. 1789년 '파리 주민'의 3분의 2는 1780년
대 이후 갓 정착한 지방민이었다.

그 결과, 도시와 수공업 공장 지대가 발달했다. 프랑스인 500만
~600만 명이 18세기 말 주민 2,000명 이상의 도시에 살았고, 전통
적으로 중앙과 북부를 잇는 연락망과 대서양 연안 지대를 엉망으로
만들었다. 생테티엔Saint-Etienne[프랑스 중동부 루아르 주의 주도]이나 리
옹 같은 수공업 공장 도시들은 그 기회를 충분히 이용했다. 특히 낭트
와 보르도 같은 항구는 그보다 혜택을 덜 받았고, 라 로셸은 가장 적
은 혜택을 받았다. 파리는 가장 큰 발전을 경험하고 가장 많은 변화를
겪었다. 성공의 기회가 많다는 기대에 부푼 젊은이가 대거 몰려들었
는데, 수많은 하인과 매춘부도 포함되었다. 그들은 기존 생활의 틀을
깨뜨렸다. 직업인들 속에서 노동자와 고용주의 관계는 유동적이었다.
둘 사이에 끊임없이 흥정과 고용이 쉽게 일어났기 때문이다. 북부, 서
부, 또는 마시프 상트랄[프랑스 중남부의 산악 지역]의 남쪽 농촌 지대에
는 특히 직조업에 익숙한 전문 집단이 있었는데, 그들의 생산품이 사
라질 위기에 처했기 때문에 충격적으로 직종을 변경해서 새로운 전문
성을 갖춰야 할 시점을 맞이했다.[9] 튀르고의 개혁을 겪었던 동업자조
합들이 더는 생산을 통제할 수 없었기 때문에 사업가들은 도시 변두

---

9 1786년 9월 26일, 프랑스와 영국은 무역협정을 맺었고, 그 결과 전통방식을 벗어나지
못한 프랑스는 산업혁명을 시작한 영국과 경쟁 상대가 되지 못했다. 프랑스의 직조업은 큰
타격을 받았다.

리와 교외에 정착했고, 그렇게 해서 사실상 생산의 자유화와 함께 공급이 늘었으며, 상업 중심지가 여러 곳에 생겼다. 레베이용Réveillon 덕택에 벽지 제조업이 눈부시게 발전한 것은 도시의 새로운 습관의 본보기가 되었다. 높은 임금을 받는 노동자들이 결집하고, 공장 건물과 자본가들의 저택 건축이 잇달았다. 〔경제학자〕 미라보 페르Mirabeau père부터 루소에 이르기까지 언론인과 계몽사상가들은 프랑스가 소비사회로 진입했다는 사실을 분명히 받아들였다. 이들은 모든 도시에서 신흥 부자 집단들의 요구가 있었기 때문에 가발이나 부채 제조업자들이 늘어났다고 설명했다.

우리는 도식에 갇혀 좁게 생각하는 대신, 거물급 귀족이 이처럼 새로운 정세에서 얻을 수 있는 모든 이익을 이해하고, 신흥 계급에게 돌아갈 몫을 차지하기 위해 투자했다는 사실을 강조해야 한다. 예를 들어 오를레앙 공작은 팔레 루아얄을 상업과 오락의 중심으로 개축했다. 회랑passage couvert에는 부유한 손님을 위해 사치품이나 의상을 파는 상점들을 유치하고, 식사의 정식 과정을 무시하는 최초의 카페들도 받아들였다. 18세기 마지막 몇십 년 동안 낭트의 총괄징세인·도매업자이며 제조업자·중농주의자·교양인이었던 그랄랭Graslin은 다세대 셋집들maisons de rapport·극장·대형 카페·여관을 한 구역에 통합해서 지었다. 실제로건 말뿐이건 도시계획·투기욕뿐만 아니라 '애국심'과 인류애가 새로운 생활양식을 보급하려는 활동 속에 뒤섞였다. 도시의 특권층들이 '수도'의 문화적 특성을 보여주면서 새로 생기는 공간을 채웠고 모든 관계를 변화시켰다. 산업자본주의를 넘어 상업자본주의와 금융자본주의가 사회의 동맥 노릇을 하고 도시 부유층과 중산층을 실제로 이어주었다. 프랑스는 '상업의 두 가지 꿈'을 실현하기 바랐을까? 자유주의와 국가의 개입을 연결하면서 사업가들과 국가의 대표들의 사이를 조정하는 꿈, 그리고 품질을 지키는 조합주의, 사회적 긴장의 조정자인 직공제도의 관계도 유지하는 꿈. 혁명은 부르주아 계층이 일으키지 않았고, 부르주아 계층이 혁명의 산물이라는 말도 여전히 논증해야 할 일로 남아 있다.

따라서 귀족은 항상 경제와 정치에서 중요한 역할을 했고 모범을 보였지만, 생활방식에서 점점 다른 주민들과 관계를 끊었다. 그들은 평민 식자층에게 최하층민과 자신의 중간자 역할을 맡겼다. 이웃 관계는 계속 개인들을 보호했지만, 거물급 귀족이나 고등법원 인사처럼 매력 있는 보호자들은 중류 이하 계층에게 자리를 마련해주고, 여성에게 소교구의 자선과 관리의 순환체계에서 새로운 역할을 하도록 허용했다. 이러한 변화를 보여주는 예는 인류애를 바탕으로 좀 더 철학적이고 개인주의적인 원리가 자리 잡으면서 자선에 대해 무관심해졌다는 것이다. 빈자와 극한의 비참한 지경에 이른 개인들은 여전히 많았고, 사업가 집단들과 산업 귀족 집단들이 자리 잡으면서 그들을 따르는 고용인·하인과 교양인의 무리도 대등한 정도로 많았다. 그래서 프랑스 사회조직의 축들이 변화를 겪고 서로 멀어졌다. 중산층과 상류층이 지속적으로 부유해지는 동안 사치와 돈이 부패의 원인이라고 고발하는 비평가들이 나타났다. 군주정이나 고위 종교인들이 더는 '풍속'을 지킬 수 없는 현실에서 평민 지도층, 특히 얀센주의자들이 가족의 가치를 존중하고 국가를 통일하자고 권고했다. 그들은 귀족의 부도덕함과 낙오자들의 모험에서 안전하게 벗어날 수 있는 피난처가 가족이라고 보았다. 피임법이 퍼지고 가족의 개념이 바뀐 것으로도 '근대화'가 진행되고 있음을 알 수 있다.

따라서 전반적으로 조화로운 변화가 일어났다고 봐서는 안 된다. 오히려 외부 사람들이 난입하고 전통적 구역에 뒤처졌다는 불안감을 조성함으로써 도시조직에 구멍을 내면서 수많은 모순을 증가시켰다고 봐야 한다. 특히 노동계가 이러한 변화로 영향을 받았다. 동업자조합이 약해지면서 고용주와 노동자가 단시간에 새로운 양상의 경쟁관계로 들어가 대립하게 되었다. 그러나 소교구의 망상조직, 부하와 '끄나풀mouches'의 도움을 받는 치안관들의 활동, 그리고 수많은 단체와 조합 단체들이 여전히 모든 공동체의 구조를 결정했다. 그러나 농촌의 충성심과 '수직'관계를 도시사회의 '수평'관계와 대립시켜서는 안된다. 농촌에서 소요사태나 반란이 일어났을 때, 마을의 동질성을 이용할 수 있었다. 1775년의 소요사태에서 파악할 수 있듯이, 부자들은 다수가 협력해서 자신들을 공격하기 전에 마을의 단결을 외쳤다. 사회적 동일성은 맥락에 따라 구현되거나 그렇지 못한 역할들을 나란히 놓는 것으로 나타났다. 그와 동시에 도시의 구역들도 복잡하고 다양한 이해관계를 가질 수 있는 집단들을 필요한 경우 결속시켜 가까운 성격의 연대감을 낳게 만든다. 미래의 반혁명가들부터 미래의 상퀼로트까지 모든 구성원에게 똑같은 공동체 방어기제가 작동했으며, 그 시대의 대다수가 추진하던 인간관계의 자유화를 방해하고 공동체의 관습을 폐지했다. 프랑스의 사회적 관계의 유형을 함부로 해석할 수 있을까? 프랑스 서부 지역의 농촌은 수직의 충성관계에 있었고, 남부와 남동부에서는 파벌과 족벌로 분리되었으며, 북부는 화폐교환에 공을 들이는 계급의 관계를 중시했다. 고전적 족벌의 충성관계와 통상적으로 불평등한 교환관계 사이에서 집단들은 투쟁이나 의존성이 아니라 조화를 촉진했다. 그러나 사회적 관계와 갈등을 단조로운 변화로 추적하는 것은 도움이 안 된다.

단절과 폭력

프랑스는 식민지 경제를 번영의 주요 동력으로 인식하고 모든 규칙을 무시한 채 서인도제도의 설탕 산지를 이례적으로 악착같이 개발했다. 노예무역과 노예제에 바탕을 둔 삼각무역은 막대한 부를 창출했으며, 귀족도 앞 다투어 투자에 나서게 했고 낭트와 보르도 같은 대서양 항구를 발전시켰다. 제철·직조·식료품·선박·건설·운수업은 노예를 이용해서 수익을 더 많이 냈다. 계몽사상가들이 들려주는 가슴 에는 이야기는 볼테르가 수리남의 흑인을 동정하면서도 자기 돈을 맡은 은행가가 노예무역에 투자하는 것을 보아 넘겼듯이 위선의 냄새를 풍기고, 결국 아무것도 바꾸지 못한 채 여론을 움직이는 데만 성공했다. 인간과 물자를 착취하는 데서 확실히 경제적 역동성을 찾았고, 이렇게 해서 총괄적인 발전에 필요한 자본을 마련했다.

수십 년 전부터 식민지 사회에서는 사법·군사·무역의 다방면에 걸쳐 군주제가 부과한 통제에 반발하고, 교민과 노예들의 욕망과 백인의 후손·혼혈인·자유 유색인으로서 대우해달라는 주장 때문에 긴장이 고조되었다. 생도맹그와 과들루프같이 가장 인구가 많은 식민지는 수많은 물감을 섞는 조색판처럼 한편으로는 활활 타는 용광로 속에 인구를 한꺼번에 몰아넣기도 하고, 다른 한편으로는 진정한 의미의 화약통에 제각기 다른 특색을 지닌 조각들로 나눠 담기도 했다. 복잡한 구조를 가진 사회들은 분명히 인종차별·폭력·경제적 착취를 기반으로 살아갔다. 강간이나 결혼으로 혼혈인 집단들이 생기고, 또 경제와 군사 분야에서 혼혈인이나 자유 유색인이 지도층으로 떠오르면서 개인 간의 사이는 더욱 멀어졌다. 사회적 혼합이 늘어나자 그 대응책으로 인종차별법을 강화했다. 가장 잔인하고 치욕적인 정책은 법원을 설치하는 것이었다. 그 결과, 특히 미라보의 숙부인 장 앙투안Jean-Antoine Riqueti de Mirabeau 식민지 대법관bailli같이 왕이 보낸 총독들이 신법loi divine이나 자연법을 시행하려는 농장주나 대리인들과 언제나 대립했으나 성과를 얻지 못했다. 훗날 식민지의 거물급 백인들이 반혁명에 쓰러지기 전에 자율성을 허용하라고 요구했을 때, 그들에게 반대하던 군주정의 대리인들이 일시적이나마 혁명을 지지하게 되었다는 사실이 신기하다. 이처럼 차별이 늘어나고 반평등주의 감정이 고조되는 것을 보면서 우리는 모국에서 이러한 태도를 점점 용인하지 않는 때를 틈타 귀족들이 복수에 나섰다고 해석할 수 있을까?

과들루프와 마르티니크의 혼혈인·유색인 유민들도 생도맹그보다 이 상황을 더 효과적으로 이용해서 경제적으로 능동적인 집단을 이루고 실제로 노예를 소유하게 되었다. 폭력으로 열었던 길은 극단적인 불평등과 잇단 반란으로 나아갔다. 게다가 이 동안 식민지는 왕정의 영향을 전혀 받지 않은 채 헤픈 돈 씀씀이와 무제한의 폭력에 오염되었다. 그러나 생도맹그 섬을 가로질러 에스파냐 쪽의 이스파놀리

아에 가면 혼혈이긴 해도 덜 폭력적인 사회를 만날 수 있었다. 그곳에
는 1538년에 설립한 대학교에서 혼혈인을 포함한 지도층을 교육했
다. 식민지 사회지도층의 자율성을 완전히 경계하고 백인들이 자식
을 모국 땅에서 인재로 키우려고 하는 프랑스 중심주의는 무조건 이
익을 얻는 상황에서 생긴 모순들을 악화시켰다. 잇단 개혁이 장애 때
문에 실패하자 혁명은 겉돌았고, 과거의 이상향으로 되돌아가기란 불
가능해졌으며, 툭하면 반란이 일어났다. 서인도제도와 특히 아메리카
혁명의 소식을 들은 생도맹그 식민지의 긴장은 최고조에 달했다. 식
민지 인구는 반란, 탈주, 독살, 부두vaudou 의식을 포함한 다양한 저항
방법을 써서 자기네 요구를 표출하다가 아메리카 혁명 이야기를 듣고
자율성을 더욱 요구하기 시작했다. 역사가들은 이를 그 지역을 황폐
화할 반란의 전조로 이해한다.

　이는 모국에서 일어난 사건과 분명히 연관성이 있다. '밀가루 전
쟁'은 폭력의 정점이었지만, 잇단 폭동이 지방의 모든 사회 계층을 동
원하는 봉기révoltes로 번져도 여전히 그 지방의 범위를 넘지 못했고 그
들이 왕과 맺은 신성한 관계를 끊지도 못했다. 그것은 아직 정치적 운
동이 되지 못했고, 탄압방식도 대상을 콕 찍어서 잔인한 본보기로 삼
는 전통적 일벌백계였다. 봉기의 사례는 1789년과 1793년에도 나타
나지만, 지롱드파 같은 혁명가 일파는 그 이유를 이해하지 못했다. 그
러나 폭력이 '민중'의 불만을 마음껏 분출하기 전의 단계라고 믿어서
는 안 된다. 그것은 18세기 마지막 30년 동안 전반적인 분위기가 바
뀌었음을 분명히 보여준다. 혁명의 전주곡이라고 보기엔 부족한 면이
있는 봉기는 공식적으로 정치행위로 부르기 이전 단계로 넘어갈 수

있게 해주는 정신적 환경을 마련해주었다. 1770년 이후에 발생한 '반란rébellions'은 봉기의 수준을 넘어서 질서와 국가를 거부했다. 또 거기에 그치지 않고, 밀렵꾼은 영주와 지주에게 저항했으며, 신학생들은 신부나 경찰에게 저항했다. 고등법원이 상소를 자주 올린 덕에 그들은 속임수를 쓰거나 저항할 수 있었다.

근대사회의 일상적 격변을 넘어서 모든 의견이 경쟁하는 가운데 국가가 정통성을 잃었음이 드러났다. 이처럼 18세기 후반에 폭동이 늘어난 현상은 생필품을 통제했기 때문이며, 그렇게 해서 국가의 앞길에도 영향을 미쳤다. 역설적으로 이러한 사건을 정치적으로 해석하지 않고 무조건 탄압했으며, 경우에 따라서는 사제나 귀족 낙오자일 수 있는 주동자들을 추적하지 않았다. 이처럼 봉기의 전통은 새로운 의미를 띠기 시작했다. 소교구의 모든 구성원이 직접 사회문제에 참여하도록 촉구하고, 때로는 천성적으로 맡은 보호자 역할을 하지 못한 귀족을 인간 이하의 적으로 취급할 만큼 공동체가 격앙하는 사례가 지속적으로 발생했다. 그와 동시에 소문과 믿음이 함께 작용해 봉기로 이어지면서 옛날에 가졌다가 폐지된 권리, 대체로 허구의 권리를 요구하기 일쑤였다. 신법 또는 자연법에 바탕을 둔 사회적 조화를 추구하는 일이 언제나 폭도가 바라는 지평이었다. 그러나 그들은 요구사항을 적절히 조직할 줄도 알아서, 불평에서 소송으로, 시위에서 폭력으로 이행하면서 마침내 진정한 협상까지 끌어냈다. 이러한 운동은 평등주의 공동체의 지평에서 회복된 '군중의 도덕경제'를 추구하는 행위에 그치지 않았으며, 농촌이나 도시 공동체들의 내부 단결에 뿌리를 내리고 기독교의 자연권에서 나온 전통, 왕의 정의는 물론 저항에 의존하는 숙련된 실천과 결합했다. 역사가 홉스봄이 중시하는 '사회적 불한당brigands sociaux'도 그 시대 정신적 풍경의 일부였기 때문이다. 프랑스에서 망드랭Mandrin은 국가의 재판과 싸우는 민중의 재판관을 대표하는 마지막 인물이었다.

약탈, 고대 이상향, 천년복지의 희망이 복잡하게 배합되고, 억지 소송과 폭력의 폭발이 결합한 현실을 보면서 이러한 종류의 상황을 어떻게 규정할지가 항상 논란거리다. 실제로 존재하던 농촌과 도시 공동체는 소교구의 여성도 포함하는 가장들의 '총회général'를 운영하는 자율성을 가졌다. 모든 공동체는 '소교구 대리인', 교회재산 관리인 또는 지정된 명사와 같은 존재이며, 일시적인 투쟁이 일어날 때 주동자 취급을 받는 존재였다. 공동체는 영주, 사제, 왕의 대리인 또는 여러 행정기관을 마주하면서 세금과 공공요금 징수, 인원 동원, 공동재산, 구빈사업 등에 개입했다. 다시 말해 그들은 중요하지 않은 것처럼 보일 수 있고 '국가'적 관심사와는 거리가 멀지만, 가장 강력한 의미에서 마을의 역사를 구성하는 명분에 개입했으며, 역사가 폴랭A. Follain이 '작은 정치la petite politique'라고 부르는 것을 만들었다. 이렇듯 각 지방은 저마다 다른 방식으로 '작은 정치'를 실천했다. 농민들은 1788~1789년 이후 왕권과 영주권에서 다소 벗어나 모든 관행에서 자율성을 누리는 대신 중앙집권을 꾀하는 간섭주의자로서 정치적 규범을 퍼뜨리는 국가의 방향과 역행하는 위험을 무릅썼다.

민중이 이의를 제기하는 문화가 실제로 존재했고, 권력과 대립하는 봉기를 정당하게 생각했다. 이 때문에 그들은 사회적 협약을 존중하지 않고 봉기했다. 끊임없이 방편으로 앞세웠지만 쟁점이 될 정도는 아니었던 '군중의 도덕경제'를 넘어서 폭도들의 기대는 권리와 정의로 지평을 넓혔고, 그리하여 구세주 사상과 예언의 영역과 이웃한 보편적 영역으로 나아가기를 바랐다. 세상의 정치적 관점에 포함된 '아래에서 시작된 문화'는 혁명이 일어났을 때 끝나지 않았다. 민중은 오히려 수많은 봉기를 통해서 불복종행위에 익숙해지고 결국 혁명의 승인을 받게 되었다. 망드랭의 아류가 상퀼로트나 왕당파 가톨릭교도 군대에서 생겨났는데, 그들의 사례에서 두 가지 대립하는 전통이 나타나 각각 군주정이 뿌리내린 통일 국민국가와 혁명이 본보기로 고려한 통일 국민국가를 비판했다. 그래서 수많은 균열이 있음에도 국민통합에 대해 말하면서 이 장을 끝내는 편이 좋겠다. 프랑스는 이미 산업혁명으로 과두정, 젠트리gentry〔상류사회〕, 그리고 태어나는 자본주의에 적응하지 못해 어쩔 줄 모르다가 도시 변두리로 들어가 자본주의의 먹이가 된 농민으로 나뉜 영국과 달랐다. 프랑스는 최고 부자 지도층이 사무원과 공무원의 신분을 공급하는 식자층을 부리고 농촌은 무지한 농민들과 농노로 가득 찬 여느 유럽 국가와도 달랐다. 프랑스의 모든 사회 집단의 관계가 나빴다 해도, 실제로 사회 집단들이 존재했고 대다수 인구를 교류하게 만들었다.

4장

의견의 다양한 모습

나라가 정치적·재정적·사회적 위기에 직면했을 때 단지 군주가 나라를 통치할 능력이 없다는 이유만으로 군주정을 뒤엎는 문제에서 시작해 온갖 바람직한 가치로 넘어갔다가 결국 혁명에 논쟁이 붙는 것은 아니다. 군주의 무능에 더해서 문화적 구조들이 쓰러지고, 꿈쩍하지 않는 것 같은 균형을 비난하고, 군주를 언쟁의 핵심으로 등장시켜야 한다. 이러한 체제전복의 역사는 혁명의 문화적 또는 종교적 '기원'으로 잘 알려진 저술을 거쳐서 나타났다. 그러나 이러한 저술은 문화적 변화들과 혁명의 진행이 분리되었다는 점을 강조한다. 확실하게 여기는 것과 달리, 사상과 감수성의 흐름은 혁명의 주역이 된 적이 없었고 혁명의 혜택도 받지 못했다. 얀센주의자·계몽사상가·프리메이슨·여성·신비주의자·예언자 또는 기독교 '애국자'는 모두 군주정을 파괴하고 프랑스를 쇠퇴하게 만든 장본인으로 비난을 받았다. 혁명으로 나라를 되살릴 필요가 있음을 부각시키고 되살릴 수 있게 만든 것은 사고방식이 급변하고 집단신앙이 붕괴했기 때문이라고 생각하기보다는 비난의 대상을 찾는 편이 훨씬 쉽기 때문이다.

'여론opinion publique'이라는 표현의 의미도 이러한 궁지를 고려하게 만든다. '여론'은 이미 그 시대 익명의 집단인 식자층과 신문기자의 토론이나 비판에서 편견의 표현인지 아닌지 따지는 가운데 널리 퍼졌지만 여전히 불분명한 표현이었다. 그것은 개인들의 의견인가 또는 공중의 견해인가, 옛날식 믿음인가 또는 합리적 추론인가, 전제정에 대한 저항인가 또는 권력의 선전인가? 토론은 아직도 끝나지 않았지만 '여론'은 확실히 존재했다.

볼테르의 잘못

믿음직한 증거를 제시하는 연구가 수없이 나왔지만, 계몽주의가 혁명의 원인이었다는 기존 관념을 반박하는 데 조금도 이바지하지 못했다. 그러나 그러한 연구들 덕택에 혁명이 오히려 계몽주의에서 통일성을 찾아냈다는 점을 겨우 이해할 수 있었다. 계몽주의의 마지막 대표들이 1790년 이후 비판의 대상이 되고, 더욱이 국회에서도 조심스럽게 침묵하고 숨어야 했던 현실은 좀처럼 고려하지 않았다. 1791년에 볼테르와 1794년에 루소를 장엄하게 팡테옹Panthéon에 안장했다고 해서 불화가 존재했음을 잊어서는 안 된다. 역사의 다양한 현실을 이해하려면 계몽사상가와 프리메이슨이 프랑스 사회를 파탄 냈다고 비난하는 반혁명가들은 물론 생쥐스트Saint-Just처럼 18세기 전체를 팡테옹에 안장해야 한다는 혁명가들의 주장을 받아들여서는 안 된다.

여러 가지 맥락에 있으면서도 마르크스처럼 계몽주의를 봉건주의와 싸우는 부르주아 계층의 도약과 연결하거나, 카시러Cassirer처럼 계몽주의란 이성을 해방자로 믿는 행위로 보거나, 아도르노Adorno와 호르크하이머Horkheimer, 아렌트Arendt처럼 계몽주의란 모든 사회의 인간적 요소를 제거하고 전체주의의 기초를 놓는 데까지 현실세계를 지배하려는 욕망이라고 비판하는 사람들과 그들을 추종하는 사상가들과도 멀리해야 한다. 이러한 해석은 모두 자극적이긴 해도 똑같은 결점을 가졌다. 불평등하고 모순투성이며 나라마다 다른 특성을 가진 운동을 포괄하고 단일화하려는 의도. 나중에 '계몽주의Lumières'라는 명목으로 재편성한 '계몽사상가philosophes' 집단들이 국가와 유럽의 차원에서 구성되는 방식을 추적해서 '계몽주의'의 역사를 복원할 필요가 있다. 칸트는 1784년에야 '계몽주의Aufklärung'라는 말을 정식으로 처음 써서 나라마다 아주 다른 맥락에서 발전한 흐름을 지칭하게 만들었다. 계몽주의가 프랑스 혁명에 책임이 있으며, 그 자체의 야망도 파괴한 책임을 져야 한다는 비난은 19세기에 수많은 현실을 혼합해서 나온 결과다. 지난 2세기 동안 우리는 그릇된 토론에 힘을 쏟았다. '계몽주의'를 '구체제Ancien Régime'와 대립시키는 것은 역사적 신화 만들기다.

여기서 '계몽주의'와 혁명의 관계를 다른 방식으로 설정하기 위해 간단히 세 가지 명제를 제시할 수 있다. 수많은 나라에서 계몽주의는 나중에 **경험적으로**a posteriori 붙인 호칭이며, 그 때문에 세상을 개혁하는 사상은 통일성을 찾기 힘들 만큼 나라마다 미묘한 차이가 있다. 오늘날의 역사가들이 '초기 계몽주의premières Lumières' 또는 '근본적 계몽주의Lumières radicales'로 부르는 것은 17세기에 형성되기 시작했다. '계몽주의 철학'에 공통되는 원리는 관용, 이성, 공개성publicité, 행복추구다. 이러한 원리는 식민지 개발, 국가권력 강화, 전쟁의 해결같이 세상의 변화에 대해 생각하는 개념의 틀을 이룬다.

가장 많이 논의한 주제는 인간의 권리다. 식민지와 군대의 경험은 물론 스토아파와 기독교의 유산을 바탕으로 철학자, 신학자, 국가의 대법관들이 조금씩 다듬은 주제다. 유럽 여러 나라는 자연권과 자연법의 유산을 조금씩 하나로 결합하고 일상생활을 제약하면서 다소 공공연히 유럽 공통의 문화를 만들었다. 토마스 아퀴나스, 그리고 비토리아Vitoria를 중심으로 살라망카 학파의 법학자들이 기독교 자연법을 확인한 뒤, 17세기 그로티우스Grotius는 자연권을 세속화·정치화했고, 로크는 자연권을 활용해서 자유로운 인간사회를 구상할 수 있다고 보았다. 자유주의 사상은 자연 상태란 모두가 서로 싸우는 상태이기 때문에 절대권을 가진 군주가 개입해야 한다는 사상을 반박하고 정치적으로 새로운 관점을 제시해서 유럽과 식민지에서 차례로 큰 반향을 일으켰다. 이 사상과 얽힌 체제는 하나도 없으며, 군주정(일인의 정부), 귀족정(지배층의 정부) 또는 민주정(인민의 정부)이 공화제(법치국가), 전제정(일인 통치) 또는 무정부 상태와 접목했다. 정치를 풍속과 결합시킬 필요성은 몽테스키외가 널리 보급했고, 경제적 자유를 누리는 사회에서 개인의 자유를 보장할 필요성은 흄과 스미스 같은 스코틀랜드 사상가들이 알렸으며, 루소는 국가 건설에 일반의지가 중요한 위치를 차지한다고 강조했다. 수많은 사람이 루소가 혁명의 흐름에 어떤 역할을 했다는 점을 역설했다. 몽테스키외를 1795년의 보호자로 생각하기 전에 루소가 1793년과 1794년에 영감을 주었다고 생각할 수 있을까? 요컨대 아주 복잡한 루소의 사상적 요소 가운데 혁명으로 구현된 것들을 일일이 찾아낼 수 있다 할지라도, '불가항력'이 어느 정도까지 혁명의 주역들을 루소의 가르침에서 멀어지게 만들었는지, 게다가 가르침을 공공연히 거스르게 만들었는지 강조하는 편이 더 적절하다. 보편적 조세제도처럼 대의제 선거의 중요성도 루소가 물려준 독단주의에서 멀리 떨어진 실용주의 정치의 사례다.

사회지도층은 구체적 역사 경험을 정신적 자양분 삼아 효율성 높고 너그러운 국가, 국내외 평화를 보장할 능력을 갖추고 재산과 자유의 보호자 노릇을 할 국가를 건설할 수 있는 조건을 찾으려고 노력했다. 잇단 전쟁에 불안한 유럽인은 세계 정치를 통해 영구평화를 보장하려는 이상에 사로잡혔다. 모든 정치적 전통, 특히 고대 공화주의나 기독교 질서의 전통이 중국의 관리제도처럼 다른 세계에서 온 조직의 원리, 계몽사상가들의 이상향, 그리고 경제학자들의 계획, 즉 중앙집권 국가의 보호를 받으면서 함께 사는 규칙을 상상한 중농주의자들이 가장 엄정하게 다듬은 계획과 뒤섞였다. 18세기의 '혁명들'과 폴란드나 코르시카 같은 국가의 탄생은 수많은 모순을 겪으면서도 현실적으로 존재하던 교환관계를 강화했다.

북유럽 국가들에서 계몽주의와 종교는 비교적 조화롭게 공존했다. 계몽 전제군주들이 합리적이고 세속적인 교훈을 받아들이고 계몽사상가들에게 귀를 기울였기 때문인데, 프랑스의 경우 이는 언제나 받아들이기 어려운 현실이었다. 1688년 영국의 명예혁명은 정치권력과 종교적 문제를 분리하면서도 공식적으로 국교의 지위를 인정해주었고, 그 결과 다양성을 도입하게 해주었다. 남유럽에서 계몽주의에 동참한 선도적 지식인층은 1760년대의 경제적 난관을 맞은 정부에 동원되었다. 그러나 프랑스에서는 이중의 운동이 발생했다. 다른 곳처럼 '계몽사상가'는 지도자 계층에 속했으며 전혀 '혁명가'가 아니었다. 그들은 콩디야크Condillac나 파르마 공의 아들을 가르치던 케랄리오Kéralio처럼 군주들의 가정교사, 콩도르세처럼 대신의 비서나 자문, 마블리 신부처럼 식민지 정책의 준엄한 비판자로 일했다. 왕권, 전통적 기관들, '지식인들'은 두 번에 걸쳐 관계를 끊게 된다. 한편, 가톨릭교를 지킨다는 명분으로 반계몽주의자들은 볼테르와 『앙시클로페디 Encyclopédie』[백과사전]를 공격했다. 또 한편, 이들이 튀르고 내각과 가까운 사이였음에도 근대화와 개혁 과정이 대신[튀르고]의 실각과 함께 멈췄을 때 정치에서 배제당했음을 실감했다.

그러나 나라를 뚜렷이 가르는 '최전선'은 없었다. 프레롱Fréron이나 르프랑 드 퐁피냑Lefranc de Pompignan같이 당시에 영향력 있고 유명한 반계몽사상가는 [막강한 외무대신] 베르젠과 심지어 왕의 신임을 받았으며, 볼테르는 반교권주의 혐의를 받았는데도 1778년에 [사망 직전과 직후] 종교인들까지 그를 극찬했다. 그리고 계몽주의 철학, 사회개혁과 집단신앙에 사로잡힌 사람들은 루소의 시민종교에 몰려들었다. 이러한 개인들은 특정 사건에서 티격태격하는 모습이나 혁명기 투사 집단들의 성향을 미리 드러내는 듯한 개인적 경쟁심의 차이만 보여주면서도 모두 세속적이고 지적인 사교성을 공유했다. 그들의 토론이 얼마나 섬세하고 깊었는지 가늠하려면 '어릿광대bouffons' 논쟁을 살펴볼 필요가 있다. 1750년대에 희극풍bouffe의 이탈리아 가극의 노래를 프랑스 가극에 도입하는 문제로 논쟁이 일었을 때, 서정시의 지지자들과 개혁가들이 대립했는데, 가극 〈마을의 점쟁이Le Devin de village〉를 쓴 루소는 후자의 편이었다. 논쟁은 곧 제풀에 꺾였지만, 이 순간에 문화와 정치가 밀접히 연결되어 사고방식이 정치적 견해를 지지하는 이유를 이해할 수 있게 해준다는 사실을 보여주었다. '계몽사상가들'은 그들의 바람과 달리 사실상 〔개혁에〕 반대하는 편을 들었다. 또한 재력이 있는 총괄징세업자이며 나라의 거물급 부자에 속하면서도 무신론자로서 반순응주의자이기도 했던 올바크d'Holbach 남작이 공식 의견을 내놓지 않은 이유도 이해할 수 있다. 종교적 무관용과 중앙권력을 중심으로 경쟁이 심한 모습도 프랑스의 특성을 보여주었고, 계몽주의가 사실상 권력의 가장자리에 존재하는 '문학 공화국république des lettres'으로 조직된 이유, 잘 알 수 없는 방식으로 혁명과 동일시되는 이유도 설명해준다. 우리가 이 모든 경향을 더욱 총체적으로 읽는다면 정신적 구조들이 단절한다는 사실을 볼 수 있으며, 라인하르트 코젤렉Reinhart Koselleck이 '비판의 지배le règne de la critique'라고 이름을 붙인 이유를 이해할 수 있을 것이다.

　모든 계열의 인간 활동은 다시 한 번 검토해야 할 대상이다. 그러나 어떠한 통일성도 없으며 합리성과 감수성을 결합하는 검토 과정이어야 한다. 뉴턴 같은 사람이 우주를 조직하는 과학적 법칙을 발견한 뒤 1세기에 걸쳐 일어난 급격한 변화는 도덕과 정치의 영역에도 반향을 일으켰다. 몽테스키외의 『법의 정신L'Esprit des lois』은 풍속과 환경을 통일하는 논리의 변종을 확실히 거부했을 뿐 아니라 윤리적 규범의 발명과 마찬가지로 인간사회에 필요한 규칙을 추구하는 일을 정당하게 받아들였다. 뷔퐁은 자연과학 영역에서 자연법칙을 추구했다. 법칙과 자연은 프랑스와 유럽의 지식층의 사고 방향을 가리키는 핵심 용어였다. 사상가·신학자·계몽사상가를 근본적으로 구별하는 차이는 전통을 존중하느냐, 고대로 거슬러 올라가 근원을 찾느냐에 달렸다. 모든 사람이 국가의 경영을 개선할 필요와 가능성을 납득했다. 이것이 바로 1760~1780년 사이의 근본적인 혁신을 가져온 기반이었다. 이러한 사례는 코르시카나 프로이센처럼 기회가 닿을 때 여기저기서 세계주의에 물든 인물들이 꿈꾸고 실현한 개혁의 흐름에 나타났다.

불확실성과 불안

역설적으로 프랑스의 정치와 문화의 핵심은 야망과 토론의 여지를 남겼다. 왕과 측근이 지식인을 모아 행정관들을 구성하지 못했을 뿐 아니라 존경받는 흐름에 기대지도 못한 채 언제나 토론거리가 되었다. 대군들과 왕비는 경솔하게도 연극에 등장하거나 예술 논쟁에 참여함으로써 왕실이 구체적으로 정한 노선을 혼란스럽게 만들었다. 베르사유에서 보마르셰의 〈피가로의 결혼Mariage de Figaro〉을 공연했을 때 왕은 반대했고, 이탈리아 오페라와 독일 오페라의 장단점에 대한 토론에서 왕비는 후자의 편을 들었으며, 왕실의 모든 구성원도 논쟁에 깊이 참여해서 여론을 달아오르게 만들고, 결국 자기네 명성까지 위험에 빠뜨렸다. 살롱과 아카데미의 교류는 용광로처럼 모든 기대를 결합하고 변화시켰으며, 학술 활동부터 재정가 단체의 구성이나 자유주의자들의 조직을 포함한 정치적 개입에 이르는 삶의 모든 영역을 아울렀다. 그 결과, 덕과 상부상조가 필요하다는 사실을 널리 알리고 종교와 상관없는 세속적인 문제를 토론하면서 그러한 소식을 더 많이 유통시켰다. 권력자가 알아준 식자층, 귀족 낙오자, 교단과 사이가 나쁜 종교인, 고급 매춘부가 문학적 명성을 얻을 수 있는 풍조, 한마디로 **문외한**outsider도 인정하는 다양한 흐름이 생겼다. 거기서 여론은 정통성을 갖추고 되살아났으며, 모든 결정의 방향타 역할을 하게 되었다. 그와 동시에 그것은 새 풍토에 적합한 도덕적 요구를 정착시켰다. 나중에 사람들은 새로운 도덕적 요구가 오직 혁명 때문에 나왔다고 생각했지만 실은 1770~1780년대에 형성되었다. 프랑스의 중·상류층은 존재 의무를 정의하고 행동 의무를 이행하면서 집단 규칙에 따라 행동해야 했다.

예를 들어 프리메이슨은 살롱 같은 곳에서 사상을 교환하고 교류 관계를 증진시키고 집단적으로 사교생활에 전념하는 군소 지도층이 공유하는 능력인 사교성sociabilité의 한 형태를 보여준다.[1] 가장 활발한

---

1 프리메이슨franc-maçonnerie은 중세 대성당 건설 시대의 석공石工들의 결사와 맥이 닿았다고 하며, 1717년 6월 24일 하지夏至에 영국 런던에서는 이전에 잉글랜드와 스코틀랜드에 생긴 결사들을 통합해서 '영국프리메이슨중앙회United Grand Lodge of England'를 탄생시켰다. 1728년에 프랑스 파리에 위튼 공작 필리프Philippe, Duke of Wharton가 영국 지부를 설치했고 1732년에 중앙회의 승인을 받았다. 이것이 프랑스 최초의 '그랑드 로주 드 프랑스 Grande Loge de France'였다. 계몽사상가들도 단체에 많이 가입했다. 1773년에 샤르트르 공작(장차 오를레앙 공작으로 불리며 혁명기에 필리프 에갈리테Philippe-Égalité로 개명)이 프랑스 결사를 총괄하는 '프랑스중앙회le Grand Orient de France'의 총재가 되면서 더욱 전성기를 맞았다. 'sociabilité'를 사회성이라고 옮기는 사람도 있지만, 나는 선택적 친화력elective affinity을 뜻하는 사교성으로 이해한다.

참여자는 '흑인의 친구 협회Société des amis des Noirs'에 가입하겠지만, 실제로 모든 사람이 단체와 계급을 대대적으로 휩쓴 인류애 운동에 참여했다. 모든 지도층은 [1780년에 타반 자작le vicomte de Tavannes이 설립한] 박애주의 협회Société philanthropique, [1788년에 마담 드 푸즈레Madame de Fougeret가 설립한] 모성애 협회Société de charité maternelle, 또는 [1787년에 샤틀레 판사 부셰 다르지Boucher d'Argis가 설립한] 법률자선협회Association de bienfaisance judiciaire에 가입했다. 파리에서 아주 귀족적인 성격의 [혼성混性] 프리메이슨 단체인 라 캉되르La Candeur는 구빈사업을 벌이거나 국가에 선박을 기증했다. 1780년 프랑스의 모든 집회소는 다음과 같은 주제를 받았다. "업둥이들을 일곱 살까지 교육하는 가장 경제적이고 건전하며 사회에 유익한 방안은 무엇인가?" 나라의 근본을 세울 진정한 방안, 시민의 덕을 갖춘 사상의 틀에서 벗어날 사람은 아무도 없었다. 왕도 예외가 아니었다. 이러한 종류의 운동은 더 널리 퍼져나가 모든 동인同人, 가장 경박한 왕족부터 콩도르세처럼 논쟁을 일삼는 계몽사상가에게까지 영향을 끼쳤다. 박애주의에 동조한 특권층의 수가 많았다 해도 실제 상황이 닥쳤을 때 과연 몇 명이나 실천할지는 의문이었다. 당시 체제를 유지하려고 효율성을 추구하던 지배층도 공리주의적 사회에 대한 성격을 반영하는 박애주의에 관심을 가졌으며, 그렇게 해서 전통 가치의 기초를 허무는 데 이바지했다.

지배층은 어린이, 가난한 사람 또는 흑인을 보호하거나 사법제도를 개혁하고 시장의 공급을 확실히 보장하거나 재정을 혁신하기 위해 여론을 조성하는 운동을 벌이면서 프랑스를 개조하려고 노력했다. 이러한 시도는 1780년대에 제동이 걸리기 시작했고 급진화했으며, 혁명과 보조를 맞추다가 1791년과 1792년 사이에 사라졌다. 볼테르가 썼듯이, 지식이 확산하는 동시에 정부가 모든 존재와 사물을 독점하는 행위를 문제 삼는 분위기와 함께 국민이 밀에 대해 검토하기 시작했다. 경제와 사회조직에 대해 다양한 의견이 나오면서 경제학을 발명했다. 경찰은 질서를 확실히 지키는 존재가 아니라 사실상 사법적 규범과 사회적 기대를 조정하는 통제와 규제의 도구가 되었다. 국가가 솔선수범해서 경제적·사법적·군사적 장치의 중심에 학자들을 배치해 상품의 생산과 유통을 정상화·합리화하고, 새로운 무기를 개발하고, 국가의 힘과 자원을 동원할 임무를 수행하게 만들었다. 포병술을 선두로 모든 과학무기를 개발하는 공학자·감독관·장교의 정예집단, 계몽사상가들과 유사한 집단을 뽑아 국가 경쟁력을 강화하고, 중앙에서 벗어나는 전통과 관습을 더욱 강하게 통제했다.

국가의 구조가 복잡하게 작동하는 가운데 사회의 정상에 오른 '문학 공화국'은 표방하는 모습보다 더 미세한 방식으로 모든 서열과 우선권을 존중하면서도 결국 프랑스 사회 전반을 변화시켰다. 나중에 팡테옹을 설립하는 과정에서 보듯이 위대한 인물에 대한 관심은 귀족제·군주제의 서열에 대한 은밀한 비판을 드러내지 않은 채 사회의 정예들과 뚜렷한 구별의 표시를 존중하는 태도를 전달했다. 프리메이슨은 이러한 정신을 널리 퍼뜨렸다. 우리는 다수의 귀족주의자와 반혁명 사제들이 1791~1792년 이후 프리메이슨 소속이었음을 부인하고, 1792~1794년경 과격한 투사들이 모든 형태의 불평등주의를 거부하며, 끝으로 제국 시기에는 과학자보다 군인들을 우대했다는 사실을 보면서 그러한 변화의 책임을 대체로 프리메이슨에 돌리는 이유를 이해할 수 있다. 우리가 계몽주의로써 혁명을 설명한다면, 혁명기의 변화에 대해 올바른 질문을 던지지 못할 것이다.

프랑스에서 개인적인 동시에 집단적인 불안을 설명해줄 인물은 부르봉 팡티에브르 공작이다. 서자인 그는 자선과 얀세니즘 성향으로 그가 속한 사회적 분위기에서 벗어난 인물이었다. 오를레앙 공작도 똑같은 불안감을 보여주었다. 그는 자신을 인정하면서도 소외하는 군주정에서 자기 자리를 찾으려고 노력했다. 미래의 혁명가인 브리소·마라·로베스피에르Robespierre같이 가난한 평민으로서 1780년대 사회·사법 문제에 대한 주장으로 이름을 떨친 사람들도 마찬가지였다. 왕국의 검열제도가 개혁의 필요성과 비판의 유용성을 인식하고 타협했던 만큼 이 사상가들과 최상층 귀족은 아주 밀접한 관계에 있었다. 브리소가 1779~1780년에 법을 어기고 베를린에서 형사법 이론을 발간하면서 샬롱Chalons 아카데미가 검열을 받았던 만큼 검열은 더욱 중요했다. 이처럼 모든 계열의 특권과 제도적 제한에 저항하려는 의도를 가진 중·상류 계급에서 독창적인 정치·사회 분위기가 탄생했다. 다른 나라의 정치는 사회의 모든 범주나 일상생활의 모든 측면을 다루지 않았지만, 그들과 달리 프랑스는 문화적 규범을 모두 문제 삼았다.

흑인의 친구 협회는 이러한 과정을 잘 설명할 수 있게 해준다. 그것은 1788년에 브리소와 클라비에르가 세우고 이미 영국과 아메리카에 있던 협회들과 자매결연했다. 그것은 지식인들이 반노예제도 운동을 시작한 지 40년 후였고, 특히 흑인 폭동과 경제적 붕괴를 예고하는 급진적 문학이 나오는 시기를 겪은 뒤의 일이었다. 가장 귀족적인 인사부터 가장 '부르주아적'인 인사까지 사회의 모든 지도층이 관련한 인

도주의·박애주의·세계주의를 표방하는 단체들 가운데 이 협회는 노예제도와 노예무역에 국제적으로 저항했고, 이미 수십 년 전부터 혼란을 피하기 위해 식민지 경제와 사회를 재배치하는 계획을 정교하게 다듬으면서 처음부터 정치적인 위치를 차지했다. 협회에는 혁명 초부터 중요한 인사들이 다수 참여했지만 급격하게 단결력을 잃었으며, 1793년 6월 지롱드파가 정치적으로 실패하면서 주요 지도자들이 소추당하기 전에 해체되었다. 이 협회는 혁명 전에는 추적할 수 없는 어떤 것보다 더 특별한 사례로서, 모든 지도층 인사가 나중에는 타협할 줄 모르는 감성을 가지게 되었다 해도 당시에는 도덕의 재생에 기대를 걸었음을 증명한다. 수십 년 전부터 경쟁적 기관들, 형이상학적 이상을 전달하는 새로운 계층들이 합헌성·투명성·합리성을 주장했던 만큼 군주정의 상징정치는 실패했음을 잘 알 수 있다.

종교분쟁

종교와 권력, 종교인과 군주의 관계는 단 한 번도 간단하거나 평화로웠던 때가 없었다. 종교인은 이론의 여지 없이 왕국의 제1신분으로서 왕국에 종말론적 의미를 주고 군주의 영적 정통성을 보증했다. 그러나 루이 14세 이후의 왕들은 자율성을 유지하려고 애쓰면서 종교의 고위직 임명과 방향을 자기 마음대로 이끌어가려고 했다. 그래서 18세기 중엽에 중요한 흔적을 남길 만큼 심각한 위기를 잇달아 발생시켰다. 1750~1760년에 종교인들은 왕이 개신교도들을 조금씩 관용하고, 얀센주의자들을 편드는 고등법원을 지지하더니 1764년에는 예수회를 금지했다고 개탄했다. 왕은 동조하지 않는다는 이유로 파리 대주교마저 일시적으로 추방했다. 분명히 왕과 신성성의 관계가 변했고, 종교인의 소명은 빛이 바랜 나머지 국가가 개입해서 수많은 수도원을 폐쇄하고 철거하는 데까지 나아갔다. 종교인은 분열해서 군주정과 맺은 관계를 위태롭게 만들려고 '기부금', 왕에게 내는 세금을 가지고 악착같이 협상했다.[2] 그것만이 반대 의사를 표현하는 방법이었기 때문이다. 왕국을 장악한 두 세력은 조금씩 멀어져 일단 혁명이 일어난 뒤에는 돌이킬 수 없이 중대한 결과를 낳게 되었다. 그러나 아주 은밀하게 얀센주의나 교황권 지상주의 때문에 종교적 분열이 일어나면서 기독교 군주정을 위태롭게 만드는 풍토를 조성했다.

얀센주의와 얀센주의자들은 17세기 후반부터 종교인과 프랑스인을 분열하는 진정한 내전의 기회를 제공했다. 역사가들이 이 문제를 다르게 평가한다고 하더라도, 다음과 같이 간단히 요약할 수 있는 내용과 본질적으로 상관없는 차이인 것 같다. 포르루아얄의 얀센주의자들의 추억을 되살려 교황의 단죄에 복종하지 않고 공의회 소집을 요구했기 때문에 청원자appelants라고 부르는 종교인들이 프랑스 종교계를 분열시켰다. 1792년 이후 상퀼로트 운동의 중심지로 떠오른 생마르셀 문밖의 한가운데에 생메다르 교회가 있었다. 부속묘지

---

2   종교인은 십일조와 각종 명목의 수입을 올리면서도 세금을 내지 않았고, 0과 5로 끝나는 해에 회의를 열어 5년치 '기부금'을 정했다. 그동안 그들의 수입이 늘어나도 5년치를 매년 나눠서 낼 수 있으니 기부금은 그들의 특권이었다.

에는 기적의 성인으로 추앙받는 겸손한 부제 파리스Pâris의 무덤이 있었는데 1728~1732년부터 민중의 순례지가 되었다. 이렇게 해서 정치적·사회적 분쟁이 얀센주의 운동과 결합했다. 무덤을 둘러싸고 이례적인 소요사태가 발생했기 때문에 경찰은 걱정했다. 민중은 개인들의 '발작convulsions'을 집단 구원을 위한 고통으로 여기면서 정치적 혁신의 염원을 담아 소요사태를 일으켜 눈길을 끌었다. 파리에서 시작한 소요는 몇몇 지방으로 번졌고, 신도들은 모여서 '대대적인 구원'을 받았다. '구원'은 몽둥이찜질이나 칼침을 뜻했고, 게다가 십자가 고난crucifixion은 그리스도에게만 해당되기 때문에 그것을 흉내 낸 고행crucifiement을 뜻하기도 했다.

왕과 가톨릭교회가 이러한 행위를 금지했는데도 파리의 종교인 가운데 유력한 사람들은 지지했다. 집단속죄 행위는 교회의 죄를 짊어지려는 목적을 가졌다. 복음서의 말씀이 실현되고, 교황·왕·주교 같은 나쁜 지도자를 쫓아낼 수 있다고 기대했기 때문이다. '발작' 운동은 1731년경에 시작해서 18세기 말 리오네 지방까지 확산된 뒤에 사라졌다. 1787년에 리옹 근처에서 얀센주의 사제들이 십자가형을 마지막으로 두 번 실행했다. 그들에 대해 뒤에서 다시 언급할 것이다. 고대부터 내려온 지하교회를 본뜬 교회가 이처럼 영웅·순교자를 가지고 자리를 잡았다. 더욱이 그것은 연금투자로 살아가는 '페레트 상자'[3]의 부유한 기부자들의 확실한 재정지원을 받아 「종교소식Les Nouvelles Ecclésiastiques」 신문을 1803년까지 80년 가까이 발간했다. 개인들은 불굴의 선전자로 이 투쟁에 참여했다가 수년간 감옥에 갇혔고, 심지어 목숨을 잃기도 했다. 얀센주의자 공동체는 고등법원의 지

도자나 관직보유자officiers들을 중심으로 생겨나서 왕권과 고위 종교
인들에게 강력히 반대하는 집단이 되었다.

1757년에 다미엥이 루이 15세를 살해하려던 사건과 형벌, 그리고
1764년에 고등법원이 얀센주의자들을 예수회에서 축출한 것은 이러
한 대립의 정치적 성격과 종교적 성격을 함께 보여주었다. 고등법원
인사들은 프랑스국교회와 왕국의 헌법을 수호하면서 얀센주의에 아
주 깊이 관계를 맺기 일쑤였다. 원시교회를 그리워하고 프랑스국교회
에 애착을 가지면서 교구회의를 지지하는 사제와 부제들이 그들과 한
편이 되었다. 그들은 식자층뿐만 아니라 장인·촌민·서민 여성의 마음
을 움직였다. 이렇게 동원된 사람들은 그들의 평판 또는 단순히 속죄
와 천년복지론을 널리 퍼뜨렸다. 앞으로 수많은 기적이 일어날 것이
며, 성인전에 오른 '인물들'은 미래를 예언하는 존재로 해석할 수 있
다고 확신한 개인들은 자신이 느낄 수 있는 범위를 훨씬 넘어 근본부
터 파괴할 수 있는 내용을 널리 퍼뜨렸다. 그들은 일상에서 만나는 권
위가 복음에 부합하지 않는다고 판단하면 따르기를 꺼리면서 군주정
을 약화시켰다. 그들은 하느님이 감히 다가설 수 없을 만큼 위대하다
고 확신하면서도 역설적으로 인간 행동을 세속화했다. 극단적인 것에
헌신하는 그들은 은밀한 조직을 만들어 유대감을 공유했다. 가장 미
세한 징후에도 집착하면서 정치·사회의 역사를 종교적 관점으로 읽었

---

3   페레트 상자Boîte à Perrette는 1695년 얀센주의 신학자 피에르 니콜이 루이 14세에게 핍
박받아 교회와 교육기관에서 쫓겨난 얀센주의 종교인들을 돕기 위해 자기 하녀 페레트에게
맡긴 기금이었다.

다. 그들은 기독교와 인간이 함께하는 완전한 도시를 건설하고 위대한 인물과 하찮은 인물이 공존하는 사회를 만들고 싶었다.

그러나 종교적 열광만이 군주정의 기초를 허물었다고 볼 수는 없다. 왕국의 헌법을 수호하는 얀센주의의 도도한 흐름 앞에 가톨릭교가 반감을 완전히 드러내지는 않았지만 거세게 반격했다. 다수의 주교가 신학교 문을 닫고, 교리문답을 강요하고, 자기 구역 전체에 성모 신앙과 포교를 강화하면서 얀센주의자들과 지속적으로 싸웠다. 그러나 분열은 더욱 심해졌고 투쟁은 다방면으로 전선을 넓혔다. 예수회를 추방했지만, 그들이 남긴 교육과 감수성은 어느 정도 은밀한 평신도회와 영향력 있는 조직에 남아 있었다. 리옹 같은 곳에서 은밀한 단체와 신도회가 사회지도층과 관련된 학교와 종교생활을 이끌었다. 모든 계층의 아낙네는 얀센주의의 조직 활동과 병행해서 종교적 명분을 지키려고 시간을 바치고 때로는 재산까지 바쳤다. 그들은 드러나지 않는 존재로 사는 데 익숙했기 때문에 탈기독교 운동이 파리나 리옹을 휩쓸 때에도 별로 걱정하지 않았다. 가장 냉혹한 얀센주의자들은 성심Sacré-Cœur 숭배를 '신성한 푸줏간sainte boucherie'이라고 비난했지만, 가장 가난한 하층민은 화려한 성심 숭배 행위로 눈길을 끌었다. 장차 방데의 난에 가담하게 되는 일부는 이처럼 집단적 의사를 격렬하게 보여주었다. 교황은 '서민'의 성인들처럼 이러한 흐름에도 관심을 가져야 했다. 1783년 로마에서 몹시 궁핍하지만 주민들에게 '성인의 향기'를 남기면서 죽어 '하느님의 방랑자'라는 별명을 얻은 브누아 라브르Benoît Labre야말로 '서민'의 성인을 대표했다.

그 시기의 특징인 종교**부흥**revival은 프랑스만의 일이 아니었기 때문에 얀센주의를 둘러싼 갈등은 유럽 전체와 관련한 문제였다. 개혁가들이 가톨릭교도가 일으킨 소요의 뒤편에서 '예수회'의 음모를 보았지만, 보수주의자들은 권위와 가족의 가치가 약화되었다고 비난했다. 그들은 1787년 프랑스 왕국에서 개신교도의 존재를 인정한 왕령을 얀센주의자의 활약이 성공한 결과라고 보았다. 그들은 1786년부터 혁명이 불가피하다는 생각을 자기네들끼리 공유했다. 이것은 종교를 지키는 데 유리한 여론을 조성해서 앞으로 군주가 불길한 결정을 내린다면 반대할 필요가 있다고 생각했기 때문이다. 음모와 불복종 이론은 사실상 '좌파'가 될 사람의 전유물은 아니었다. 1789년 이전부터 모든 영역의 분열과 두려움 때문에 지성과 정치 풍토의 방향이 결정되었다. 그러나 그렇게 생긴 흐름은 별로 안정된 것이 아니어서 연구자들은 이를 제대로 규명하지 못했다. 앞으로 혁명과 반혁명의 방향을 결정할 대대적인 틈이 벌어지기 시작하면서 국민이나 인민의 이름으로 왕정에 반대하고, 종교·형이상학의 차원에서 사고방식을 근본적으로 선악의 구별에 뿌리내리게 함으로써 수많은 사람을 개인 희생에 익숙하게 만들기 시작해서 정치적 주장을 퍼뜨리는 결과를 낳았다. 신성하고 정치적인 성격의 종교는 이처럼 새로운 관계를 하나로 묶어주었다.

하느님 나라와 인간의 나라가 하나로 맺어지면서 직접적인 결과가 나타났다. 모든 경계가 뭉개지고, 때로는 사제의 결혼을 지지하고, 대체로 주교의 권위에 적대적이며, 언제나 계몽주의를 가까이 하고, 대중교육의 발전에 호의적인 종교인들이 나타났다. 그들은 훌륭한 기독교도는 훌륭한 시민이라는 개념을 퍼뜨렸다. 그러나 1760년 종교인회의에서 그 말을 금지했다. 그럼에도 가장 급진적인 종교인들은 지상의 행복이 종교의 목적임을 확실히 보여주는 말로 해석했다. 이처럼 '애국파' 사제들은 급진파 얀센주의자들의 지나친 행동을 지지하지 않았지만, 퇴폐적이고 낭비가 심한 궁중사회를 비판하는 데 이용했다. 또한 그들은 국민을 상대로, 게다가 고등법원을 폐지하려는 모푸를 상대로 음모를 꾸민다고 의심받는 예수회와 경건파를 물리치려고 단결했다. 그들을 대표하는 위대한 이론가이자 투사인 기욤 르 세즈Guillaume Le Saige는 1775년 『시민의 교리문답Catéchisme du citoyen』이라는 책을 발간했다. 거기서 그는 권력이 일반의지에 있고 권위가 국민에게 있다고 단언했다. 더욱이 수많은 저작에서 원시교회로 돌아가고, 사제의 결혼을 인정하고, 그들의 생활을 개선하라고 권고했다. 그러한 사례는 중요한 얀센주의자 모트로Maultrot가 1788년에 발간한 『제2신분의 자연권 옹호La Défense des droits naturels du second ordre』, 또는 사제 앙리 레이몽Henry Reymond이 종교인도 여느 시민처럼 결혼해야 한다고 주장하면서 1776년에 발간한 『사제들의 권리Les Droits des curés』에서 확인할 수 있다. 그들은 종교인의 결혼문제를 성스러움·관용·하느님과의 관계를 생각하는 방식으로 접근한 것처럼 보인다.

이렇게 혼탁한 상황에서 얀센주의·'갈리카니슴'〔프랑스국교회주의〕·'리셰리슴'〔하위직 종교인 우선주의〕과 다소 가까운 '애국자 사제들'의 중요한 집단이 나타났다. 엄밀히 말해서 그들은 가톨릭교의 위계질서가 없었다면 존재할 수 없었겠지만, 그 질서를 탐탁지 않게 여겼다. 그레구아르Grégoire 신부는 상징적 본보기였다. 그는 로렌 종교계의 개혁운동을 추진하고, 지방 아카데미 활동으로 유대인을 돕는 한편, 박애주의·농학·교육 등 다방면에 관심을 기울여 이름을 날렸다. 또한 메스 대학교에서 아드리엥 라무레트Adrien Lamourette의 강의를 듣기도 했다. 라무레트는 1788년에 인간을 행복하게 해주기 위해『종교의 즐거움 또는 복음서의 권능Délices de la religion ou le Pouvoir de l'Évangile』을 써서 지상에서 복음의 행복을 실현하려는 사상을 보여주었으며, 그레구아르처럼 장차 성직자 시민헌법을 따르는 주교가 된다. 파리의 소르본을 중심으로 여러 명이 가톨릭교의 계몽주의를 구현했다. 그중에는 게 베르농Gay-Vernon 신부와 왕의 설교자로 활동하다가 급진적 주장 때문에 해고당한 포셰Fauchet 신부가 있었다. 왕국의 제1신분인 종교인은 교황과 주교의 권위, 왕이 교회문제에 개입할 정당성뿐만 아니라 쉽사리 미신으로 취급당하는 민간신앙을 뒤죽박죽으로 문제 삼는 사상적 조류에 깊은 상처를 받았다.

16세기에 토미즘을 받아들인 에스파냐의 유명한 신학자 비토리아Vitoria가 명성을 날리게 만든 살라망카 학파의 영향을 받은 개인들이 '정치적 신학'에 공감하고 결집했다. 그들은 계몽주의 사상가들처럼 '실용주의자'이지 몽상가가 아니었고, 특히 '사회계약론자'였다. 그들도 남북아메리카 식민지를 포함한 이베리아 세계의 종교인들처럼 모든 사회가 피지배자와 지배자를 도덕과 신학적으로 '수직'이 아니라 '수평'의 관계로 묶어주는 조약으로 생겼다고 확신했다. 그들은 교회나 국가의 초월성처럼 법의 초월성도 전제주의로 나아갈 가능성이 있다는 이유로 거부했고, 설사 폭군이 사회계약을 파기할 때에도 성 토마스 아퀴나스의 종합적 가르침을 받들어 폭군을 살해하거나 폭동에 의존하는 방법도 금지했다. 하느님의 원리에 바탕을 둔 사회계약론은 수많은 종교인이 대신들의 '전제정'과 그 때문에 발생하는 민중소요에 저항하기 위해 집결한 사건의 배경을 설명해준다.

당시 사람들은 불복종의 가능성을 인식했다. 가톨릭교, 왕과 내각은 물론 고등법원의 얀센주의자들은 한결같이 토미즘 추종자의 폭군 살해 주제를 고발했다. 베르지에Bergier 신부가 가장 무겁고 영향력 있는 고발을 받았다. 그는 1763년부터 1771년까지 5판을 거듭한 『저절로 반박당한 이신론Déisme réfuté par lui-même』의 저자로 성공을 거두었고, 1788년에 『모든 권위는 어디서 오는가?Quelle est la source de toute autorité?』라는 소논문을 발간해서 정치적 신학의 지지자들을 노골적으로 공격하고 1년 뒤에 숨졌다. 그는 권위의 원천이 하느님이기 때문에 사회의 위계질서를 세울 수 있는 원천이 따로 없다고 생각했다. 그래서 모든 사회계약과 그 결과로 나오는 법의 정통성을 인정하지 않았다. 그는 민주주의의 냉혹한 결과인 무정부 상태보다 정부가 있는 편이 언제나 낫다고 주장하면서 20세기 말부터 유명해진 '민주주의=혁명=내란'이라는 명제를 최초로 제시했다. 그는 무신론이라는 낱말을 추가해서 비판을 마무리했다. 이처럼 18세기 후반에 가톨릭교의 전통주의가 확립되면서 창창한 미래를 약속했다. 그 결과, 1789년 이후 세르클 소시알[사회동인]이 가장 잘 보여준 정치적 신학의 흐름은 가톨릭교의 급진주의와 비타협의 책략 사이에 갇힌 채 자기 위치와 표현에서 일관성을 제대로 유지하지 못했다. 그것은 존재감을 증명하지 못하다가 결국 혁명기 역사를 서술하는 데서 버림받았다.

정치적 신학이 신권의 군주정에서 집단행복의 혁명으로 가는 필수적 통로였다 할지라도, 프랑스는 다른 길도 찾으려고 노력했다. 종교인들이 싸우고 분열하는 동안, 상류사회 인사들이 모여 활발히 무신론을 논의하는 것을 보면서 민중의 반교권주의가 발전하고 탈기독교 운동으로 연결되었다. 이런 점에서 볼 때 18세기 말은 정치·신학·철학의 장기적 진화를 축적해 새 시대로 들어가는 문턱이었다. 프랑스의 상황은 유럽의 여느 상황과 확실히 달랐지만, 혁명의 충격으로 그때까지 유연하고 불확실했던 진화를 운명으로 바꿔놓았다. 이처럼 유동성을 가진 덕에 프랑스는 혁명의 과정에 비교적 쉽게 들어갈 수 있었지만, 혁명을 결정하지는 않았다. 시민이 어렵게 탄생하고, 1789년 이후 여전히 시민의 정체가 모호했던 이유는 혁명이 그렇게 창조했기 때문이 아니라 복잡한 성격의 과거를 물려받았기 때문이다. 혁명이 전혀 새로운 의미를 발명하고, 그렇게 해서 나라를 불행한 모험에 허우적거리게 만들었다고 생각하면서 혁명의 '새로움'과 구체제의 '낡음'을 대립시켜서는 안 된다. 모든 사람은 은밀하고 예상치 못한 의미 변화를 공유했으며, 따라서 그렇게 새로워진 사고의 틀을 조금도 해롭게 보지 않고 익숙해질 수 있었다. 여느 영역과 마찬가지로 여기서도 기존의 관행을 재해석하고 새로운 의미를 부여했다.

모호한 힘, 우연과 섭리

그 밖의 여러 요인이 여론을 분열시키고 권위의 원리와 전통적인 가치를 약화시켰다. 역설적으로 과학적 발견도 이바지했다. 그것은 대중에게 합리성을 가르쳤고, 전기·항공·화학 등의 모든 계열의 실험을 통해서 설명할 수 있는 자연의 신비에 열광하게 만들었다. 가장 이질적인 동시에 가장 해로운 분쟁은 모두 과거의 확실성을 문제 삼는 흐름 속에 휩쓸려 들어갔다. 로맨티시즘 문학에서는 메스머Mesmer의 수조水槽, 칼리오스트로Cagliostro의 예언을 혁명 전 정신세계의 본보기로 인정하고, 대부분의 경우 즐겁거나 가슴 아픈 일화로 소개했다. 하지만 우리는 그것들을 진지하게 다루어야 한다. 전기·항공역학 같은 새로운 힘을 발명하고, 화학을 살롱의 예술로 만들었던 이 시기의 특징은 수많은 과학실험에서 가장 조잡한 수준의 시연과 심지어 사기행각이 뒤섞였다는 점이다. 생명론 같은 새로운 이론이 여성 혐오와 나란히 남성권력 상실에 대한 두려움을 동반할 위험이 있었지만, 기존의 관념을 모두 강력히 문제 삼는 시기였다. 과학·철학·미술·음악은 물론 관능주의érotisme와 예언이 뒤섞여 비판적 감수성을 퍼뜨리는 사교 공간을 만들어 예상치 못한 결과를 만들었다.

여기서 근본적인 격변이 일어나지만 여전히 실험에 제대로 통합되지 않았다. 18세기 말의 프랑스 사회는 기존의 문화적 틀을 깬 변화를 겪었고, 지도층을 훨씬 넘는 범위까지 충격을 받았다. 그뢰즈Greuze와 함께 미술, 스덴Sedaine과 함께 연극, 특히 〔장 자크 루소의〕『신 엘로이즈La Nouvelle Héloïse』 같은 서간체 소설이 '부르주아적'이고 '대중적'인 사회의 모습을 널리 퍼뜨렸다. 소박한 사람들이 주인공이 되었다. 그들의 정서에 대중이 열광하고 쉽게 동화되었다. 옷도 더욱 소박하게 바뀌었다. 영국식 옷에서 영감을 받아 몸을 자유롭게 만들고, 도시 중산층의 사회적 차이를 조금 지워주었다. 일상생활에서 흔한 것에 대한 관심이 몸과 연결되었다. 가장 불우한 사람들, 이를테면 총알받이,

욕망의 대상, 또는 단순한 상품으로 여기던 몸도 관심을 끌었다. 국가는 시골의 구석까지 보낼 산파를 양성하려고 노력했고, 자녀에게 젖을 먹이는 어머니를 중심으로 가족의 가치를 높였다.

[1784년] 다비드David가 〈오라티우스 형제들의 맹세Le Serment des Horaces〉에서 장렬하게 묘사한 '민족peuple'도 완전히 새로운 위치를 찾았다. 이러한 흐름은 전통적으로 음란한 습관과 연결되었지만 정신적으로 변화한 음란물[포르노그래피]도 확산시키는 역할을 했다. 이른바 '철학적' 작품과 뒤섞인 음란물은 서열사회에 대한 논쟁이나 책임 공방에 참여했다. 특히 왕비와 남편을 각각 메살리나와 오쟁이진 성불구자로 묘사하면서 누구의 책임이 큰지 묻는 작품이 맨 앞에 있었다. '시궁창의 루소들'[무명작가들]은 풍속과 규범의 진화한 가치를 아주 쉽게 타락시킨 책임을 무겁게 져야 했다. 검열 당국은 힘닿는 만큼 세심하게 감시를 강화했다. 모든 유럽 국가는 '수기신문'을 자유롭게 이용할 공간을 마련해주었기 때문에 온갖 추문의 소식이 퍼졌다. 은밀한 성격의 정보지인 '수기신문'은 유럽에 널리 퍼졌고, 제작자에게는 짭짤한 수입원이었다. 이 세계의 크기는 잘 알려졌지만, 유통시킨 가치의 결과를 정확하게 이해할 필요가 있다.

의사 프란츠 안톤 메스머는 1778년부터 1785년까지 파리에 있는 동안 몸과 몸 사이의 흐름과 끌림 현상, 동물의 자기磁氣라고 부른 이론으로 상류사회에서 유명했다. 그는 전국적 논쟁을 일으켰고 막대한 돈을 벌 기회를 잡았다. 장차 제헌의원이 되는 리옹의 베르가스Bergasse와 손잡고 전국에서 화제가 된 질문의 성격을 보여주는 '우주조화협회Société de l'harmonie universelle'를 세웠다. 그는 눈먼 돈을 받고 비방秘方을 팔았으며, 수조 주위에 대개 여성 환자를 모아놓고 물에 철심과 철사를 집어넣어 자기를 띠게 만든 후 병을 치료하고 조화를 회복해주겠다고 약속했다. 상황실에 감금해서 환자가 긴장한 나머지 발작을 일으키면 유리 하모니카 소리를 들려주어 치료했다. 그의 이론은 기성의 사회질서에 적대적인 사람들의 강력한 지지를 받았고, 왕은 과학자와 아카데미의 학자들로 위원회를 구성해서 그 이론을 검토하고 보고하게 했다. 장차 '혁명가'가 되는 베르가스·다비드·브리소는 메스머가 과학적 절대주의의 희생자라고 여겨 그의 편을 들었다. 왕비도 분명히 그의 고객이었다. 그러나 단 한 번이었던 것 같다.

이러한 일은 파리에서만 일어나지 않았다. 수아송 근처에서 메스머의 제자인 여단장급의 포병사령관 퓌제귀르Puységur 후작은 몸보다 말에 연관된 치료법을 개발하고 학교를 세워 최면술로 환자를 돌보았다. 리옹에서도 영적·신비주의적 실험을 여러 차례 실시했다. 1784년 장바티스트 빌레르모즈Jean-Baptiste Willermoz는 라 콩코르드[화합]라는 자기협회를 세우고, 최면술을 시행할 때 젊은 여성 두 명을 영매로 썼다. 그는 유럽의 신비주의 프리메이슨과 관계를 맺었고, 그것을 계몽사상가 루이 클로드 드 생마르탱Louis-Claude de Saint-Martin, 바이에른의 천계론자 같은 브룬스비크 공작이나 조제프 드 메스트르를 중심으로 끊임없이 재편했다. 그것은 프랑스나 유럽 사회에서 비주류가 아니라 확실히 제한된 범위에 있던 집단들의 활동이었지만, 그들은 사회적으로 크게 주목받으면서 여론을 지속적으로 형성하는 역할을 했다. 그들의 난해한 성격은 모든 의미에서 그 시대 사건에 대한 평가에 큰 영향을 미치고 있으며, 정치 이념이 천년복지설과 진실로 불가해한 관점에 뿌리를 내리고 있음을 설명해준다. 그러므로 그 뒤의 정치적 격변을 하느님이 보낸 징후로 보고 받아들였으며, 타락한 인류와 체제를 구원하기 위해 혁명이 폭력을 필요로 했다는 것은 당연한 일이었다.

지성·철학·종교의 세 영역이 뒤죽박죽 엉켜 온갖 무모한 언행이 정치와 제도적 균형을 무너뜨릴 지경이었다. '이집트' 프리메이슨을 도입한 칼리오스트로 백작, 일명 '마법사' 조제프 발사모는 군주정의 불신을 가져온 목걸이 사건의 중심인물에 속했다. 훗날 알렉상드르 뒤마 Alexandre Dumas는 그를 중심으로 역사소설을 썼다. 게다가 그의 삶 자체가 소설 같았다. 그의 보호자는 남의 말을 잘 믿고 사변적인 후원자 로앙 추기경부터 모푸의 정변을 맹렬히 반대하면서 절대주의에 저항하고 특권을 옹호한 고등법원 인사 뒤발 데프레메닐Duval d'Éprémesnil 까지 다양했는데, 그들은 서로 이질적이었다. 뒤발은 1785년의 〔다이아몬드 목걸이 사건〕 재판에서 마법사를 변호했다. 당시에는 권력자와 점쟁이가 공모하는 일이 다반사였다. 여성 예언가도 성공했다. 쉬제트 라브루스Suzette Labrousse는 제국 시기까지 활동했고, 자클린 에메 셰레 드 브로옹은 '유대인들'이 성심 신앙으로 '되돌아가는' 말세의 기대와 황홀경의 환상을 담아 '희생자들의 교단l'ordre des victiomes'을 창설했다.[4] 희생자들은 인류를 위협하는 재앙을 벗어나게 해주는 사람들이

---

4   자클린 에메 셰레 드 브로옹Jacqueline Aimée Chéret de Brohon(1731~1778)은 18세에 명성을 날리기 시작했고, 『연인 철학자들 또는 이성의 승리Amans philosophes, ou le Triomphe de la raison』(1755), 『순진함의 매력Les Charmes de l'ingénuité』을 「메르퀴르 드 프랑스」 신문에 기고했다.

며, 그들을 통해 얀센주의자들의 발작을 상기할 수 있다. 유대인들의 개종은 유럽 전역을 관통하는 종말론적 신화의 일부였다.

생마르셀 문밖에는 온갖 형태의 믿음이 살아 있었다. 카트린 테오 Catherine Théot를 숭배하는 신앙도 있었다. 장차 '하느님의 어머니'로 불린 그는 1779년부터 바스티유 감옥에 갇혔다. 모든 종류의 천년복지설, 최면술과 매체, 예언자와 추종자들을 널리 알리는 거대한 흐름이 전국을 휩쓸었다. 사물을 이렇게 제시함으로써 [구약은 신약의 상징이라는] '구약상징론figurisme'과 연결된 얀센주의적 행위와 종말의 예언을 활력[에너지]에 대한 고찰과 연결시켰다. 이처럼 가장 당치않은 종교적 경험, 프리메이슨의 명상, '과학적' 성찰이 뒤죽박죽 엉켰다. 게다가 도박과 실내놀이도 궁중에 널리 퍼졌고, 그 역시 은밀한 모임과 개인들의 희망을 부추겼다. 혁명 초기에는 도박을 근절하려고 했지만 뜻을 이루지 못했다. 결국 혁명기에는 노름꾼, 야바위꾼, 온갖 꿈을 공급하는 자들을 이용하기로 했다. '계몽주의의 종말' 이상으로 이 어두운 지대는 이 특별한 순간의 모든 불안과 반란이 이음매가 없는 조직처럼 존재했음을 보여준다.

개인과 세상

1755년에 리스본에 지진이 일어난 뒤 유럽인은 악의 의미와 묵시록을 떠올렸다. 그것은 [1746년 페루의] 리마부터 [1783년 이탈리아의] 라 칼라브리아까지 두려움에 떨게 만들고 인간사회와 자연의 관계를 바꿔놓은 자연재해의 목록에 끼어들었다. 자연재해는 격렬하게 벼락·지진·화산·홍수를 동반했지만, 사람들은 그것을 특별히 해석해야 할 징조로 생각하지 않게 되었고, 세상을 총체적으로 성찰할 때 포함시킬 위험으로 여겼다. 더욱이 프랑스에서는 제보단의 괴수la bête du Gévaudan〔세벤 국립공원이 있는 지방에서 1764년부터 몇 년 동안 사람과 가축을 공격한 괴수〕, 또는 샹파뉴에서 일어난 원인을 알 수 없는 화재와 관련한 이야기가 불안을 조성했다. 유럽 전역에서 기적이나 묵시론을 읽는 사람은 줄어드는 반면, 아름답고 과학적이고 철학적인 이야기를 읽는 풍조가 나타났다. 운명 앞에 선 인간의 자리와 정치의 중요성을 이해하려면 세간의 관심사가 바뀌었음을 알아야 한다.

리스본 참사가 일어난 뒤 볼테르는 인류의 진보를 강조하기 위해 『모든 민족의 풍속과 정신에 대한 시론L'Essai sur les mœurs et l'esprit des nations』을 썼고, 종교 당국이 쓸데없이 속죄의 화형을 부과한다고 공격하기 위해 『캉디드Candide』를 썼다는 사실은 유명하다. 진보주의자는 역경 앞에서도 굴하지 않고 의심했다. 장차 반혁명가가 되지만 아직 젊은 신문기자였던 영국인 버크Burke는 1757년에 새로 태어나고 있던 '고딕풍' 소설의 영감을 받아 「숭고함과 아름다움이라는 관념의 원천에 대한 철학적 고찰」을 써서 완전히 다른 식으로 역경에 접근했다. 그는 고전고대의 유산이며 르네상스를 거쳐 부알로Boileau가 널리 퍼뜨린 숭고함Sublime을 되살리면서, 자연의 광대함과 불가사의한 신비에 새로운 태도로 접근할 것을 제안했다. 사람은 번개나 산 또는 폭풍을 만날 때 두려우면서도 즐거운 감정을 맛보는데 그것이 숭고함이다. 이것은 우리가 안심할 때 느끼는 아름다움과는 다른 새로운 정서다. 숭고함은 변화를 겪는 주체의 취약성을 폭로한다. 그는 쾌감, 그리고 두려움의 속성인 고통을 함께 느끼기 때문이다.

18세기 후반의 개인은 세상에 혼자라고 느끼면서 걱정에 사로잡혔다. 프랑스의 디드로와 독일의 실러Schiller는 이러한 감정을 널리 퍼뜨렸다. 그러나 버크와 실러가 비타협적인 데 비해 디드로는 프랑스가 고상함에서 무엇을 배우는지 부드럽게 설명했다. 그는 동포가 난파선이나 폭풍 속에서 시련을 겪는 모습을 안전한 곳에서 지켜보며 동정심과 두려움을 함께 느끼는 것이라고 설명했다. '두려움terreur'이란 집단과 개인의 학습의 원천이며 영적 감흥인 동시에 타인의 불행을 공유하는 방식이었다. 영국은 '음울한noirs' 또는 '고딕풍' 소설로, 독일은 전기 로맨티시즘Früh-Romantismus으로 로맨티시즘의 조류에 큰 관심을 가졌지만, 프랑스는 상반된 것들을 연결하는 미학을 신중하게 대했다. 그러나 역설적으로 장래의 사건들은 온갖 모순을 품게 될 것이다. 군소 정예들은 얼음의 바다부터 영국식 정원까지 자연을 바라보면서 함께 흥분했고, 서간체 소설이나 여러 가지 감정과 두려움을 전하는 그림 앞에서 눈물을 흘리고 속내를 털어놓는 취미를 공유했다.

마담 리코보니Riccoboni, 마담 코탱Cottin, 마담 장리스Genlis 같은 작가들은 자신이 처한 사회와 시대적 제약에서 벗어나려 애쓰는 여성의 희망과 좌절을 묘사해서 유명해졌다. 작가·화가·극작가는 위대한 영혼이 죽음까지 넘어서려 애쓰는 '위대한 주제'를 추구했다. 음악·시·건축도 이러한 감성을 건드렸다. 그 분야의 결과물은 모두 개인이 공동체의 행복을 위해, 그리고 자연과 신의 질서와 경쟁하기 위해 위험을 무릅쓰고 자기 세계를 탐험하는 모습을 담았다. 그렇게 해서 글뤼크Glück의 음악, 불레Boulée의 건축설계, 위베르 로베르Hubert Robert의 그림, 지라르댕Girardin 후작의 에르므농빌 저택 정원같이 인류의 활동을 고양시키는 예술에 대해 토론했다. 여기에 종교·철학·천계론은 물론 무신론까지 시대를 관통하는 주제가 추가되었다. 레스티프 드 라 브르톤Restif de La Bretonne이나 사드Sade 같은 작가의 도발적인 글, 수많은 귀족의 애정행각이 이 흐름의 가장자리를 빼곡하게 채웠다. 개인은 절대적 운명 앞에 굴복하고 희생자가 될 때까지 세상과 맞섰다.

이 흐름에서 나온 '자연' 읽기는 순수과학자 뷔퐁부터 디드로와 루소를 거쳐 가장 수상하고 자유분방한 레스티프까지 모든 경향과 기대가 만나는 진정한 교차로였다. 가장 순진한 철학적 이상향, 또는 가장 짓궂은 비평은 황금시대를 상기시키는 '자연'의 이름으로 타히티를 실낙원인 동시에 꿈같은 매음굴의 본보기로 이용했다. 또한 '자연'의 이름으로 납 성분의 연고 대신 식물성 연지를 선택하고, 궁중의상을 입던 '몸'이 부드러운 감으로 만든 옷을 입는 것이 유행이었다. 역시 '자연'의 이름으로 아기에게 모유를 먹이라고 권장하면서 귀족사회가 유아교육을 무시하는 풍조를 문제 삼았다. 다시 한 번 '자연'의 이름으로 독자의 마음을 사로잡기 위해 '자극적인' 장면을 고집하는 음란물처럼, 윤리주의자들도 인간의 참모습을 그의 너그러운 모습에서 찾으면서 '괴물monstres'을 고발했다. '자연'은 이처럼 판단의 시금석이 되었고, 결국 1792~1793년에 왕을 정치질서의 괴물이자 인류의 적으로 생각하게 되었다.

근심, 행복추구, 지적 개인주의의 발달, 관능주의, 우울, 활력에 의존하는 태도는 프랑스 식자층과 예술가가 18세기 말의 어느 시점을 구성하는 관념들이었다. 당시 그들은 한계에 직면했고, 감각과 감정을 강화하고자 신성한 것과 위반의 경계까지 가보는 실험을 하거나 세상과 인간관계의 개혁에 몰두하는 능력을 기르고자 노력했다. 그 후 '숭고함'은 가장 급진적인 혁명기에 로베스피에르가 '인민', '혁명' 과 함께 정기적으로 쓰는 말이 되었다. 이러한 감성은 세상을 바꾸려는 선지자의 의지의 성질을 띠는 동시에, 대체로 시련의 시기에 길을 막는 장애물을 마주한 느낌이기도 했다. 장애물은 인간의 한계, 또는 좀 더 단순히 말해서 당시 여성, 가난하거나 너무 무모한 식자층과 창작가의 길을 막는 사회제약을 뜻했다. 그러나 실러의 '범죄적 숭고함' 은 프랑스에서 통하지 않았다. 같은 시기 영국의 여성 독자들이 빠져들었던 고딕풍의 소설에 득실거리는 사악한 수도자들도 프랑스는 외면했다. 그렇다면 위계질서와 편견으로 굳어버린 몸속에 다양한 모순을 품은 사회적 유동성이 흐르고 있는 것이 프랑스의 중요한 특성이라고 말할 수 있을까? 작은 나라로 이루어진 독일의 지성인과 예술가는 경쟁하는 모든 흐름의 중심인 동시에 가장자리의 존재였다. 인구의 대부분은 18세기 말에 피었지만 오래가지는 않을 문화혁명에 대체로 무관심했다.

자연권과 공화주의

왕은 새로운 재원을 마련할 필요성을 공식으로 인정하면서 전국의 주민회의를 승인하고 국가를 합리화하는 방법을 찾았다. 왕은 그 일을 하면서 개인들이 국가의 모든 형태에 대한 연구서를 철저히 수집할 만큼 정치문화 수준을 확실히 높였다. 그것은 중세 말 이후 특히 마키아벨리의 『군주론』이 충격을 안겨줄 때부터 탐구한 주제였다. 16세기와 17세기에 종교전쟁을 어렵게 끝내고 절대주의 국가를 세우면서 되살아난 주제였다. 군주정의 근간인 자연법의 원리는 신이 통치자의 권위에 정통성을 부여하지만 그의 권능에는 한계가 있으며, 신민들이 폭동에 의지할 수 없다 할지라도 폭군에 반대할 수 있음을 확인해주었다. 마키아벨리가 중계한 과학적 발견과 함께 세속화 과정이 촉진되면서, 정통성 있는 통치자는 민중의 무정부 상태와 군주의 전제정 사이의 사회적 평화를 위해 필요한 존재임이 분명해졌다. 자연권 이론은 성 아우구스티노와 토마스 아퀴나스의 이론을 넘어서 국가가 그 자체의 목적을 가진 것이라는 사상에 포함되었다.

유럽 각국은 그 나름의 긴장을 겪고 있었기 때문에 복잡해진 사고체계의 충격을 천천히 받았지만, 프랑스에서는 다양한 경향이 나타났다. 국가의 공복들이 한 가지 경향을 대표했다. 그들은 중등교육을 받아 스토아적 미덕을 중시했고 세속화한 국가를 지향했다. 이러한 바탕에서 점차 프랑스는 근대국가가 되면서 권력·법·지식의 원리를 논리적으로 발전시키고 차츰 보편성을 갖춘 정책을 채택했다. 군주정뿐 아니라 사상과 집단적 습관이 단지 이런 방향으로 발전했다고 생각해서는 안 된다. 충성심·종주권·협약의 가장 오래되고 고풍스럽기도 한 형태들이 왕의 선전 관행과 공존했다. 또 왕을 재정적으로 도와주는 대신 관직과 작위를 받고 대를 물려 이자를 받는 제도가 국가를 변화시켰다. 가장 까다로운 얀센주의자들이 믿는 신의 나라, 더욱 신비주의에 빠지고 정치에 별로 관심없는 얀센주의자들이 정치적 사건을 성경의 상징으로 해석하는 태도, 효율성을 중시하는 중농주의자들의 관심, 게다가 국민이라는 신비한 몸의 머리이자 중심인 왕에게 집착하는 태도가 공존했다.

댄 에델스타인D. Edelstein은 최근 연구에서 중세 이탈리아나 크롬웰의 영국에서 영감을 받아 고대 공화국의 본보기로 연구한 황금시대의 신화가 어떻게 기독교나 세속의 자연권에 뿌리를 둔 철학과 결합해서 18세기 말 다수의 프랑스인이 공유한 강력한 사상 중심의 정치문화를 형성했는지 밝혔다. 타히티를 발견하고 온갖 금기에서 자유로운 사회라는 공상을 발명함으로써 문명이 퇴폐하게 만든 자연의 꿈을 강화하고, 계몽 전제주의를 지지하는 중농주의자들이 신과 왕들을 적대시하는 실뱅 마레샬Sylvain Maréchal 같은 공화주의자와 공존할 수 있게 되었다. '공화주의자들'의 감수성은 이러한 토양에서 제각기 발달했다. 누구는 고대 로마 시대, 또 누구는 에스파냐·스위스·영국의 사례를 본받거나 몽테스키외처럼 트로글로디트 이야기 같은 우화[5]를 널리 알리기도 했다. 홉스Hobbes나 그로티우스, 몽테스키외나 루소의 영감을 받아 때로는 정반대로 나타난 수많은 흐름을 열렬히 추종하는 사람들이 있었고, 그들은 사회의 재생, 국민화합, 정당하고 엄격한 법의 발

---

5   몽테스키외는 익명으로 『페르시아인의 편지Lettres persanes』(1721)를 썼다. 그는 프랑스를 비판하기 위해 '동굴생활인Troglodytes'을 선량하고 정직하며 인류애를 가진 사람들로서 공동의 이익을 추구하며 협동한다고 묘사함으로써 어린 루이 15세의 섭정기에 도덕과 풍기가 문란해진 현실을 비판했다.

명을 중심으로 집단적 기대를 키워나갔다. 루소의 작품을 탐독한 사람들이 장차 혁명가와 반혁명가로 나뉜다고 해서 전혀 놀랄 일은 아니다. 그가 '공화주의' 감성을 가장 잘 표현했다고 해서 그들이 분열한 책임을 물을 수는 없다. 양측 모두는 급진적 변화를 기대하면서 프랑스가 처한 난제를 해결하려고 열심히 노력했으며, 나쁜 시민들을 제외하려고 고심했다. 그것은 가장 민감한 지진계였을 뿐이다. 그들이 생각하는 이상국가 체제가 귀족공화국이든 공리주의 사회든 또는 완전한 공산주의든 상관없이, 사실상 이상국가를 거부하는 기생충을 어떻게 대우할 것인가?

　그러나 주권의 본질에 대한 토론이 열려 있었다는 점은 분명한 사실이다. 16세기 군주정의 법학자들이 가정한 주권의 불가분성은 자율적 행정체계를 창조함으로써 사실상 흔들렸다. 그에 덧붙여 정치권력을 왕과 나눠 갖는 중간 집단들이 생겼으며, 루이 15세 이후 왕의 권력은 계속 그의 손을 벗어나게 되었다. (베이커K. M. Baker의 말대로) '여론의 법정'이 이 문제를 다루기 시작했다. 아직까지 혁명기에 보듯이 왕권의 공백이 발생하지 않았지만, 벌써 왕권의 의미를 새로 정의하기 시작했다. 왕과 왕비가 예전처럼 불가분의 절대 주권을 구현한다는 논리와 더는 일치하지 않게 되자 여러 가지 문제가 생겼으며, 자연스럽게 다른 형태의 정부를 대안으로 생각하기 시작했다. 영국이나 프로이센의 왕정, 그리고 미합중국의 사례도 다시금 탐구의 대상이 되었다. 어쨌든 루이 16세가 왕의 신비스러운 몸 중심으로 완전히 서열화한 조직을 물려받았는지는 모르겠지만, 그 조직은 1789년 이전에 이미 무너지기 시작했다. 그러므로 혁명 초기에 권력의 '환상에서

깨어나기'가 시작되었고, 나중에 또다시 그런 과정을 본다는 사실을 인정해야 한다. 지적 시장에 나타난 모든 경향을 조합해서 주권 원리를 다시 수립하려고 노력하던 새 권력도 이러한 위기를 겪게 된다.

18세기의 프랑스 문화는 만화경처럼 온갖 이질적인 요소를 보여주었다. 건축이나 장식의 취미에서 그런 성격이 오롯이 드러난다. 마리 앙투아네트의 취향대로 가구를 채운 별궁들에서도 바로크 취향과 에트루리아 예술에서 영감을 받은 엄격함이 함께 나타났다. 그리스·로마의 고전고대, 중국과 영국의 본보기에서 인간정신을 고양하고 덕을 가르치려는 욕망을 표현하는 주제를 찾아 건축에 반영했다. 반면 혁명과 특히 총재정부는 아무것도 발명하지 못했다. 오히려 혁명 이후에는 17세기 과학혁명에 뿌리를 둔 사상과 직관의 난잡한 덩어리 속에서 주제를 한 움큼씩 꺼냈다.

이 장을 끝마치면서 17세기의 격변에 대해 이야기해야 하는 이유가 바로 이것이다. 이 시기에 뉴턴의 혁명이 사람들의 세계관을 뒤바꿔놓고 사회적인 몸속에 스며들어 자연스럽게 되었다. 사회 정예 중심의 가설적 '여론'의 탄생 이상으로, 수많은 양식이 확산되고 과학기술의 흥미와 혁신들이 뒤섞이면서 프랑스인의 정신이 형성되었던 것이다. '계몽사상가'는 궁중·도시·농촌뿐 아니라 산업항구를 변화시킨 운동에서 가장 눈에 띄는 입자였을 뿐 가장 영향력 있는 입자는 아니었다. 여기서도 다시 한 번, 독일이나 이탈리아 궁중, 영국의 학술단체들, 동유럽 과두체제의 인재들이 흩어진 채 빛을 내는 현실과 달리 프랑스에서는 국민의 통일성이 한몫했다.

5장

부르봉 가문의 몰락

경이로운 재정적자

재정적자가 없었다면 혁명이 일어났을까? 리바롤Rivarol과 캉봉Cambon
은 이미 적자와 혁명이 관계있다고 확신했다. 왕비의 씀씀이가 크다
고 아우성쳤지만 사실상 국고를 어렵게 만드는 데 미미한 역할만 했
을 뿐이니 왕비를 다그칠 필요는 없으며, 프랑스 왕국의 빚도 예외적
규모는 아니었다. 영국의 적자가 더 컸지만, 정부의 적들이 그것을 이
용하지 않았다고 말하는 것이 더 적절하다. 대출금의 부담스러운 조
건, 세금을 단순화하고 표준화할 능력이 없다면 적자를 해소할 방법
을 찾지 못한다. 프랑스에서 연쇄적으로 발생한 문제를 이해하려면
정부가 7년 전쟁이 남긴 난관을 벗어나기 위해 새로운 길을 찾기 시작
한 1770년대 초로 되돌아갈 필요가 있다. 이때 군비 지출로 국고 손실
이 악화되어 1억 리브르 이상으로 늘었으며, 국고에 돈이 들어오는 족
족 빚을 갚는 데 쓰였다. 〔재무총감〕 테레Terray 신부는 국가 지출을 줄

이고 급진정책으로 되돌아가면서 새로운 재원을 마련하려고 노력했다. 나랏빚을 갚을 이자를 급격히 줄이고, 연금과 특별수당에서 일정액을 공제하고, 자치정부의 관직을 매매할 수 있는 길을 다시 열었다. 처음에는 이러한 조치를 찬성하던 사람들도 보잘것없는 연금에까지 무거운 세금을 물리자 편파적이고 부당하다고 생각했다. 지속적으로 국고 지출을 메워줄 자금을 빌려주는 재정가들은 소요사태가 일어나 각종 세금의 수입을 악화시켜 자기네 삶도 위협할까 봐 두려워했고, 왕국의 재정정책을 책임진 재무총감에게 '건의문'을 제출했다. 그러나 재무총감은 1770년 여름 금리와 무기명 어음의 상환을 제한하는 파산정책을 확인했다. 또 기존의 조세를 강화하고 국채를 발행했다. 터무니없는 이자를 약속했는데도 별 효과는 없었다.

1772년에 결과가 분명히 유리하게 나타났다. 모든 비용이 줄었고 늘어나던 정기예산이 가볍게 흑자를 기록했다. 그러나 국가 부채는 계속 늘어 1억 1,600만 리브르가 되었다. 특히 군비를 줄여야 했지만 1774년에 튀르고가 재무총감이 될 때까지 줄지 않았고 2억 3,500만 리브르의 부채 연체 상환금 1,500만 리브르는 포함시키지 않고서도 결손은 2,100만 리브르였다. 테레의 정책은 실패했고 모푸의 개혁에 대한 평판을 더욱 악화시켰으며, 군주정이 '전제정'으로 바뀌고 있음을 확인해주었다. 튀르고는 내각을 맡으면서 국채 발행, 새로운 조세와 파산을 거부하고 경제와 조세정책 혁신안을 내놓았지만, 대다수 여론의 반대에 부딪혔다. 자유주의가 교환과 생산에 끼칠 영향을 두려워했고, 국가가 공사를 설립해서 간접세를 징수하는 일을 거부했으며, 부역제도를 특권층에게도 일률적인 세금으로 바꾸는 일에 반대했다. 튀르고는 프랑스가 아메리카 반란자 문제에 개입하는 일, 궁중의 지출과 마리 앙투아네트의 요구를 거부하다가 해임되었다. 국가 예산은 그가 재무총감직을 수행하는 동안 진정한 의미로 개선되지 않았고, 실제 적자는 여전히 3,000만 리브르 이상이었으며, 국채 발행에 의존할 필요성을 외면하지 못하는 상태였다. 특히 전국의 고등법원이 복권되면서 그는 실각하게 되었다.

문화적 관습이 권력을 막다른 골목으로 내몰았다. 모든 사람은 왕이 영지 수입으로 살아가고, 모든 조세는 일정한 공공업무나 전쟁 같은 비상 상황에 써야 한다는 것을 이상적으로 생각했다. 군주정은 오랫동안 조세의 영속성을 인정하게 만들었고, 이유야 어떻든, 추가 요구를 정당하게 받아들이는 전통도 지켜나갔다. 그러므로 오작동의 원인은 중요하다. 수많은 원인은 옛날부터 존재했기 때문에 구조적 성격이라고 말할 수 있다. 지출에 맞춰 징세액을 산정하고, 개인이건 집단이건 납세자의 지위에 따라 세액을 분담시키고, 공동체 또는 재정가들의 공사를 통해 징수하는 구조였다. 필요한 액수의 협상은 규칙이었다. 이러한 규칙은 수입에 비례한 납부를 제외하고, 징수기간을 늘어나게 만들었으며, 중간에 수많은 단계를 필요하게 하는 데 그치지 않고 국채와 금리대출에 항상 의존하게 만들었다. 왕국은 언제나 빚을 지면서 지탱했다. 수입을 통제하고 조직하는 방식에 문제가 있는데도 쓸데없는 지출이 늘었으며, 재정 상태를 정확히 진단하기란 거의 불가능했기 때문이다. 모든 체제는 한편으로 왕, 또 한편으로 국가와 그 지출을 담당하는 여러 종류의 금고에 대한 믿음으로 유지되게 마련이므로, 왕과 자문회의는 추측성 해결책이나 강제조치를 실험할 수밖에 없었고, 영국의 경우처럼 회계의 투명성도 없었다.

정부가 타이유세[평민세]를 사실상 더 많이 거두어 그 중요성을 입증했을 때, 오히려 정부의 효율성에 대한 불만이 처음 나타났다. 네케르는 두 번째로 재무총재가 되었을 때 파리 제네랄리테généralité[징세구]의 지사 베르티에 드 소비니Bertier de Sauvigny가 건전한 조세행정의 잔인한 원칙을 명민하고 힘차게 적용한 사례를 본받았다. 소비니는 이런 이유로 미움을 사서 1789년에 학살당했다. 이러한 조치들은 기술적으로 타당했다. 그렇게 해서 부유한 나라였던 프랑스가 영국보다는 덜 부담스러웠던 조세에 짓눌리지 않았다 해도, 불공정한 징세제도 아래서 숨이 막힐 수밖에 없었다. 고등법원·종교인·중간기관·왕족들과 개인적인 주요 공사公社는 왕국의 헌법을 보장하기 위해 명사회건 전국신분회건 적격자의 동의를 받아야 징세할 수 있다고 주장했으며, 그것은 진심이었음이 명백했다. 그들은 모두 영국과 아주 다른 제도, 면세특권에 바탕을 둔 사회를 유지하려고 일치단결했다. 한편, 왕은 할아버지[루이 15세]의 악습을 되풀이하지 않으려고 노력했다. 그는 나라를 파산시키지 않으려고 애쓰는 동시에 백성의 동의를 받지 않고 과세하는 일을 거부했다.

신용 추구

1776년부터 1787년 사이는 분명한 경영정책이 없었고 궁중에서 왕비 지지자들과 왕의 고문들이 수없이 논쟁을 벌인 시기였다. 왕은 언제나 망설였다. 그 결과, 가장 시급해진 왕국의 재정 영역에서 유효한 성과를 낸 사람보다는 호감을 산 사람이 대신으로 지명받는 사례가 많았다. 네케르가 1776년에 왕국의 국고출납관이 된 뒤에 재정상의 변화를 피할 수 없게 되었다. 은행가인 네케르는 사실상 재무총감직과 동등한 지위에 올랐지만 외국인 개신교도였기 때문에 재무총재로 불렸다. 그는 오직 자기신용으로 2,400만~3,900만 리브르의 결손을 메우려고 노력하는 한편, 테레가 시작하고 튀르고가 이어받은 경제 합리화 정책을 폐기해버렸다. 한마디로 은행가가 '마법'을 부렸고, 왕과 왕비가 생각조차 하기 싫어하던 고난을 예고했다.

네케르는 재정조치와 함께 행정개혁을 추구해서 징세를 개선하고 지역경제를 활성화하고자 했다. 그가 추진한 정책의 결과에 대한 토론은 오늘날까지 끝나지 않았다. 그는 이어서 1760년대 재무총감 라베르디L'Averdy가 추진한 정책, 특히 1771년 이후 프랑슈 콩테처럼 일부 프로뱅스들이 자신들의 특권을 잠식하는 왕의 대리인들에게 저항하는 것을 막으려는 정책을 되살렸다. 튀르고와 그의 친구이며 지방정부에 관한 논문을 작성한 뒤퐁 드 느무르 같은 정치가와 사상가들이 관심을 가졌듯이, 왕국을 재편하는 일도 필요했다. 1789년 이전에는 소교구에서 전국에 이르기까지 다양한 차원의 의회를 끼워 맞추는 계획을 다각도로 구상하고 실험까지 하면서 장차 혁명이 시작할 다단계의 행정체계를 예고했다. 왕의 국무회의는 네케르의 제안을 받고 프로뱅스마다 의회를 창설했다. 1778년에 베리Berry 프로뱅스가 맨처음 의회를 설립했다. 구성원의 3분의 1을 임명하고, 그들이 나머지 3분의 2를 지명했다. 세 신분의 의원 수는 불평등했다. 그러나 제3신분은 나머지 두 신분만큼 대표를 보내고, 투표는 개인별로 실시했다.

　대부분 지주로 구성한 이러한 의회는 혁명기 조합주의와 개인주의 사이에서 채택한 원리들을 분명히 예고했다. 이 영역에서 1789년을 급진적인 혁신의 해로 볼 수는 없다. 의회는 정기적으로 회의를 열고, 두 회기의 중간기에는 '사무국'이나 중개위원회에 권한을 위임했다. 중개위원회는 왕 대신 발언할 대변인을 맞이했다. 1789년에도 이 원칙을 적용했다. 그리고 중개위원회는 의결사항을 집행하고 감독했다. 의회의 주요 업무는 조세·도로·자선이었다. 1779년에 오트 기옌haute Guyenne에 창설한 의회가 빌프랑슈에서 첫 회의를 열었다. 네케르가 [1781년에] 해임된 뒤에도 이 두 의회는 1787년까지 조세개혁에 힘썼으며, 특히 부역을 폐지하고, 도로·운하·농업을 개선하고, 토지대장을 작성했다. 그러나 그들의 업적에 대한 구체적 대차대조표는 매우 빈약하며, 의회제도는 보수주의자와 혁신주의자를 모두 실망시켰다. 보수주의자들은 세 신분이 뒤섞여 있었다는 점이나 왕의 권력이 줄어들었다는 점을 인정하지 않고, 혁신주의자들은 의원들을 선출하지 않았으며 여전히 세 신분을 구별했다는 사실을 안타까워한다! 고등법원들은 그러한 시도가 자기네 특권을 갉아먹는다고 평가했다. 끝으로 지사들은 중개위원회의 경쟁을 인정하지 않았다.

　1776년부터 1781년까지 네케르가 첫 번째로 대신직을 수행하면서 추진한 재정정책의 평가는 갈린다. 그는 "지출을 줄이고, 재정을 중앙집중화하고, 수입을 개선하는 조치"를 취했던가, 아니면 투기를 조장했던가? 현대 역사가들 가운데 일부는 그를 재평가하고 있다. 아메리카 독립전쟁을 지원하는 데 전부 10억 리브르라는 천문학적 액수가

들어갈 때, 그는 특히 궁중 지출까지 모든 지출을 줄였다. 이 덕에 그는 전국적으로 유명해졌지만 양날을 가진 결과를 낳았다. 그는 자기가 등에 업고 있던 몇몇 정신廷臣의 생활을 비난하고, 더 나아가 왕실의 신용을 떨어뜨려 왕에 대한 믿음까지 깎았으며, 신용의 위기를 가중시켰다. 그는 관직보유자를 해임할 수 있는 수임자commissaires로 대체해 중앙집권을 강화하고 재무행정의 관료화를 추진했다. 결과는 여전히 한계가 있었다. 사회에 큰 영향력을 가진 관직보유자들이 불만을 느꼈다. 그리하여 왕과 전통적인 중간 집단들의 관계가 틀어져 툭하면 왕을 폭군이라고 부를 만큼 나빠졌다.

한편 네케르가 수임자로 관직보유자를 대체한 결과를 다른 방식으로 해석하는 역사가도 있다. 그는 통상적으로 투자 자금을 모집하는 스위스 은행가들과 같은 관점에서 행정기관들을 가동시켜 국가 자금의 경영을 맡겼다는 해석이다. 네케르는 사실상 투기정책을 실시해서 대성공을 거두었다. 예를 들어 평생연금을 판매한 정책이 있었다. 평생연금은 전문가들이 장기간 수많은 돈을 벌다가 자격을 되파는 시늉만 하는 금융 피라미드 제도였다. 에르베르 뤼티는 부담금 목록표를 제시하면서 네케르를 위험한 금융인으로 묘사했고, 로버트 해리스Robert Harris는 모든 상황을 고려해볼 때 국채가 그리 많지 않았다고 계산했다. 이 두 결과를 보면서 우리는 4년 반 동안 왕국의 재정은 모험을 감행하는 정책을 썼지만, 간접세 수입을 중앙으로 집중해서도 결코 보완할 수 없는 상태였다는 결론을 내릴 수 있다.

네케르를 악명의 늪에서 구하려면 그의 인품을 비방할 위험을 감수해야 한다. 큰 부자이자 프리메이슨·박애주의자·계몽주의자였던

네케르의 정책에 반대하는 민심을 묘사한 풍자화.

그는 1781년 프로뱅스 의회를 설립하려고 애썼으며, 왕에게 올리는 재정보고서를 발간해서 긍정적인 대차대조표를 제시했기 때문에 쓰러졌다. 그는 성직록 2,000만 리브르만 아끼면 국고를 회복시킬 수 있다고 주장했다. 그것은 회계상의 환상일 뿐이었지만 그는 보복을 당했다. 그는 국무회의에 참석하게 해달라고 요구했지만, 단호히 거부당했기 때문이다. 그것은 분명히 지엽적인 조치였다. 그것은 어느 시대에서나 흔한 정치투쟁의 허영심과 경쟁심을 노출하고, 군주정 체제의 전통적 구조들이 모든 혁신에 저항하는 모습을 드러냈다. 투기와 인기에 영합하려는 네케르의 모험은 잠시나마 한계에 부딪혔다. 그러나 시간이 지나 유익한 결과를 낳을 모험이었다. 예측 가능한 위기를 벗어날 유일한 길은 매혹적 권위를 가진 인물 중심으로 권력의 사유화에서 열릴 것이기 때문이다. 모르파Maurepas 같은 행정가들은 왕의 자문회의, 고등법원, 왕족들의 좁은 사회에서만 하는 토론에 여론이 개입하지 못하게 막았는데, 그들이 보기에 네케르는 군주정을 약화시킨 수치스러운 전례를 남겼다.

7년 전쟁 이후 영국에 복수하려고 기회를 엿보다가 아메리카의 반란자들을 지원하는 결정을 내린 결과 유난히 적자를 키웠다. 1780년부터 아메리카 연안에 직접 개입할 수 있도록 전함을 재건하는 계획을 다시 추진해야 했다. 왕이 이 분야에 진정한 전문 역량을 가지고 있었고, 개인적으로는 분열했더라도 힘을 합쳐 돕는 대신들이 있었지만, 미숙한 협상으로 프랑스가 미합중국에 사실상 의존하는 위치에서 전쟁에 개입했다. 전쟁이 끝나면 프랑스를 세계의 외교 중심에 놓고 막대한 이익을 얻을 수 있어야 마땅했지만, 1783년에 아메리카가 승리했는데도 프랑스는 아무것도 얻지 못했다. 프랑스는 막대한 빚과 권력 약화라는 이야기만 얻었다. 왕은 특권층과 고등법원 인사들을 억누르지도, 재정을 개혁하지도, 경제적 자신감을 회복하지도 못했을 뿐 아니라 루이 14세가 확립한 군주정의 핵심 요소마저 망치고 말았다. 그는 궁중과 대신들 사이에서 자기 존재를 강화하는 일에 실패했다.

회복과 여론

네케르만큼 영향력 있는 인물은 공직을 떠나면서도 군주정의 모습을 일그러뜨릴 정도로 한 방 날렸다. 그의 뒤를 이은 앙리 도르메송Henri d'Ormesson은 영국에 대항하는 전쟁에 필요한 자금을 모으는 데 실패했다. 도르메송은 막대한 이자의 국채를 발행하고, 할인은행의 어음도 발행했다. 금리생활자들은 어음을 강제로 유통시킬까 봐 걱정했기 때문에 그 정책도 어려움을 겪었다. 그는 총괄징세 청부업을 청산해서 왕국의 재정가들을 제외하는 대신, 공사를 설립해서 이익에만 관심 있는 총재들의 지휘를 받게 하려는 계획을 추진했다. 금융시장이 후퇴하면서 공공의 적이 된 그는 해임되었고, 지사 칼론Calonne이 뒤를 이었다. 왕비와 아르투아 백작의 측근이며 궁중 모사꾼인 칼론은 일부 여론과 왕의 반대편에 있었다. 1784년 그를 재무대신인 재무총감으로 지명한 것을 놓고, 세간에서는 예전과 다른 정책을 예고하는 개인적이며 집단적인 책략의 완성으로 보았다. 그것은 살롱의 개혁가들이 권고한 것을 멀리하겠다는 뜻이었다.

지출이 치솟는 데 비해 수입은 부족한 현실에서 칼론은 총괄징세 청부업을 부활시키고 할인은행을 다시 열어 돈을 더 많이 유통시키고, 전 국민의 관심사항인 손Saône 강 운하 건설, 뫼즈Meuse 도로 건설, 크뢰조Creusot의 제철소를 지원하는 사업을 위해 국채를 발행했다. 그는 장차 케인스 정책으로 발전할 가능성이 있는 정책을 채택해서 동서양식민지회사를 부활시키고, 1786년에 영국과 무역협정을 체결하고, 경제를 활성화하기 위해 금과 은의 교환비율을 조정했다. 할인은행, 파리 수자원회사Compagnie des eaux de Paris, 에스파냐에 설립한 생샤를 은행같이 가장 중요한 금융회사의 유가증권 거래에 대해 비평가들은 칼론이 사기와 투기로 재정을 불린다고 아우성쳤다. 그는 국채의 가치가 떨어지는 것을 피하기 위해 거래를 정지하고 주식의 값을 낮추기로 결정했다.

이 때문에 그는 모험가들에게 의존하면서 군주정의 약점을 보여주는 파벌의 중심이 되었다. 제네바 '혁명'이 실패한 이후 프랑스로 망명한 팡쇼Panchaud와 클라비에르처럼 지략은 뛰어나지만 별로 꼼꼼하지 못한 은행가들은 브리소처럼 미라보의 뒤에 진을 치고 글을 팔아먹는 풍자문 작가들에게 논점을 제공했다. 미라보는 서로 경쟁하는 회사들이 주식 가치를 떨어뜨렸다고 공개적으로 비난하는 소책자를 발간했다. 심지어 그는 칼론의 조치를 당돌하다고 비판했다. 그러나 칼론은 전반적으로 투기를 분쇄하는 데 성공했다. 투기꾼과 금리생활자들은 불평했지만, 대중은 거물급 금융가와 사업가들을 파괴하는 논쟁에 열광했다. 장차 마담 탈리엥Mme Tallien으로 이름을 날리게 될 딸을 가진 카바뤼스Cabarrus, 르쿠퇴나 페리에Périer, 그리고 그들 대신 글을 쓰는 보마르셰 같은 대필작가들이 모두 논쟁거리가 되었다. 생샤를 은행과 관계있는 에스파냐 왕실조차 미라보의 행동이 터무니없다고 반발했다. 칼론은 정책을 중단하고, 소책자들을 재판에 맡겼다. 그는 미라보를 베를린에 임시특사로 파견해서 추적을 피하게 했다. 군주정은 이렇게 노골적으로 알몸을 보여주었다. 그것은 여론은 물론, 좀 더 엄밀히 말해서 정신·투기꾼·모사꾼·자유사상가·매춘부들이 꾸민 음모의 영향을 받았다.

1785년에 온갖 근심이 겹친 데다 중요한 사건이 발생했다. 왕비와 측근이 칼론 자신도 누리던 과도한 자유를 이용해서 돈을 펑펑 써대는 것을 보고 나라 전체가 충격을 받았을 때, 왕은 [1785년] 8월 15일에 추기경 로앙 公prince-cardinal de Rohan을 바스티유에 감금하라고 명령했다. 160만 리브르의 보석[목걸이]을 주문하고 대가를 지불하지 않았으며, 특히 왕비를 정복하려는 속셈으로 이렇게 터무니없는 가격의 물건을 주문했다는 혐의였다. 지금은 널리 알려진 추잡한 정치재판 사건은 이렇게 시작되었다. 로앙은 사람을 쉽게 믿는 성격이라서 교묘하게 조종당했다. 조종자는 너무 비싸서 팔지 못한 목걸이를 [왕비] 대신 사줄 어리바리한 사람을 고위 귀족층에서 찾다가 그를 골랐다. 로앙은 목걸이를 사는 데 보증을 섰고, 사기꾼 일당은 가짜 백작부인 라 모트, 남편, 그의 연인이었는데, 그들이 나중에 목걸이를 [해체해서] 팔았다. 일부 예외는 있지만, 자유분방한 왕족, 모험가들, 매춘부가 섞인 작은 사교계가 바스티유에 모였다. 그러나 이 음란한 일화의 차원을 넘어 정치적인 성격이 급격히 나타났다. 로앙은 계몽사상가들, 마술사들과 가까이하고 비엔나 대사를 지낸 인물로서 고위 귀족층과 왕 일가에 대한 세간의 경멸을 한 몸에 받았다. 사람들은 왕비가 파리의 수상한 자들과 어울리며 다이아몬드와 패물을 모으고 일회성 사랑을 즐긴다고 수군댔다.

아직 최악의 사태는 벌어지지 않았다. 왕이 왕족의 일원이며 교회의 최고 지위에 오른 왕족 추기경에게 권력을 휘둘러 체포했다는 사실은 큰 논란거리가 되었다. 로앙은 부당한 재판을 피하려고 1786년 5월에 파리 고등법원에서 재판을 받고 무죄로 풀려났다. 모든 죄는 그의 공모자들에게 돌아갔다. 명백히 여론의 지지를 받는 고등법원 인사들이 왕비의 명성과 왕의 권위를 모독한 판결이었다. 루이 16세와 마리 앙투아네트는 국민이 보기에 무력하기 짝이 없었다. 왕은 로앙을 프랑스 밖에 있는 그의 영지로 추방하는 데 그쳤다. 역설적으로 로앙은 추방당한 덕택에 혁명에서 살아남았다! 혁명이 일어날 때까지, 추잡한 비방문, 음란하거나 악의에 찬 노래가 나오고, 상아로 만든 코담뱃갑에 검은 점을 하나 찍어 '세탁한 추기경에게'라는 이름으로 팔았다. 이렇게 우스꽝스러운 물건에서 왕비가 얼마나 넓은 불신의 늪에 빠졌는지 볼 수 있다. 색녀, 씀씀이가 헤픈 여자, 독선자, 자기 조국에 매수당한 '오스트리아년'은 왕에게 나쁜 영향을 끼치고 나라를 망치는 길로 이끌었다는 비난을 받았다. 왕 부부는 반격했다. 왕비는 파리 고등법원이 차바퀴형[1]을 선고한 쇼몽의 농부 세 명을 공개적으로 옹호했다. 거짓 증언으로 처형당한 툴루즈 개신교도 칼라Calas 사건

---

1   죄인의 사지를 마차바퀴에 하늘을 향해 묶어놓고 마구 때려죽이는 형벌이다.

이후 이미 비판을 받은 이 기관이 또 심판대에 올랐다. 왕은 공사를 직접 독려하고 인기를 회복하려는 심산으로 셰르부르Cherbourg 항구로 갔다. 이처럼 왕은 적들과 같은 지역을 돌아다니면서 자기의 실제 권력을 보장해줄 것을 여론에 호소했다. 왕의 인격에 자연스럽게 따라다니는 마력은 토론의 대상이었지만 아무도 그것을 무시하지 않았다.

몇 년 전부터 시작한 과정이 끝나는 지점에서 이러한 변화가 나타났다고 볼 수 있다. 왕비가 자녀를 낳은 덕에 정통성을 위협받지 않게 되었다 해도, 왕이 마를리 궁, 랑부이예 궁, 그리고 특히 600만 리브르를 주고 생클루 궁을 샀을 때 비판을 받았다. 프랑스 왕비가 개인 자산을 형성하는 일은 관습에서 벗어나는 일이었다. 왕비는 종복에게 특별제복을 입히고, 트리아농 궁에 손님을 초대할 때 일일이 감독하면서 자신의 자율성을 표현했다. 그가 만나는 소수 친구도 그 못지않게 비난의 대상이었다. 그들은 자유분방한 행동뿐 아니라, 특히 막대한 고정수입과 혜택 때문에 비난을 받았다. 아르투아 백작은 바가텔 궁을 짓는 데 어마어마한 재산을 쏟아부었고, 왕비처럼 노름빚도 많았다. '총애를 받는' 폴리냑 가문은 엄청난 수입을 안겨주는 직책을 여러 개나 가졌고, 게메네 대공비princesse de Guémené는 1782년에 남편이 3,000만 리브르의 빚으로 파산하고 물의를 빚었을 때 왕 자녀의 수석 훈육관직에서 물러났다.

그때부터 가장 사소한 일이 정치적 의미를 가지기 시작했다. 왕비의 친구이자 화가인 엘리자베트 비제 르브룅Élisabeth Vigée Lebrun이 1783년에 '갈리아풍'으로 흰 모슬린 천의 가벼운 옷에 허리를 묶은 마리 앙투아네트 그림을 전시했을 때, 지극히 부정적인 반응이 나왔다.

사람들은 왕비가 내밀한 모습을 부주의하게 노출했을 뿐 아니라 왕실의 위엄까지 훼손했다고 보았다. 한마디로 마리 앙투아네트는 '몸종처럼' 입었다는 것이다. 끝으로 모슬린을 선택한 것은 프랑스 비단을 포기하라는 신호로 보였다. 루브르 살롱에서 그림을 내리라는 명령이 떨어졌다. 2년 후 루이 16세가 아무런 특징도 없는 평상복 차림으로 익명의 자선행위를 하는 초상화를 그렸을 때, 그에게 남은 유일한 '백성의 어버이' 역할이 강조되었다. 그러나 한 회의에 참석해서 피곤한 나머지 뚱뚱한 몸을 비틀거리는 모습을 보여주었을 때 그의 공적 모습은 훼손되었다. 그 후 또 2년이 지난 1787년에 마담 비제 르브룅은 가정의 어머니 모습으로 왕비를 다시 그려 루브르 살롱에 걸었다. 그는 그라쿠스 형제를 가장 소중한 보배라고 자랑한 코르넬리아처럼 왕비를 묘사했다. 텅 빈 공간에 빈정거리는 소리가 울렸다. 그렇게 해서 전설적인 말이 탄생했다. "여기 적자부인이 있도다!" 마리 앙투아네트의 별명은 적자부인이 되었다. 왕과 정신들이 자기네 운명을 국민의 운명과 함부로 혼동했다는 비난을 무척 효율적으로 요약한 표현이었다.

긴급한 개혁

1786년 이후 칼론은 방향을 바꿨지만 별 효과가 없었다. 그는 관직 매매, 주식과 금융 거래 같은 임시방편으로 국고를 되살리는 한편, 좀 더 안정적이고 진정으로 혁명적인 해결책을 찾았다. 그는 지방마다 의회를 선출하는 원칙을 인정했지만, 결국 지방의회 의원들이 선출할 국민의회를 조직하지는 않았다. 이것은 마리 앙투아네트의 오빠인 토스카나 대공 레오폴트가 토스카나에 도입한 제도와 같았다. 그러나 레오폴트는 장차 오스트리아 황제가 되었을 때 혁명에 반대했다. 칼론은 적자를 메우기 위해 조세제도를 개혁하려고 몇 달 동안 준비했지만 적자 규모를 정확히 파악하는 일은 어려웠다. 그 자신도 투기로 이익을 얻었거나 대금업자들을 안심시키기 위해 주가조작을 눈감아주었기 때문에 그가 추진한 정책의 성공 여부는 불확실했고, 날마다 더욱 드세지는 논란에 휩싸였다. 그는 예전의 주장을 수정하고 페리에Périer가 재정을 지원하는 수자원회사뿐 아니라 동서양식민지회사의 주식이 오르는 것을 지지하면서 클라비에르처럼 주식의 하락에 돈을 건 사람들과 척졌다. 클라비에르 대신 브리소는 정책을 비방하는 글을 발표했는데, 그중 하나는 미라보의 서명을 받은『왕과 명사회에 주가조작을 고발함Dénonciation de l'agiotage au roi et à l'assemblée des notables』이었다. 1787년에 나온 이 작품은 당시 여론과 대다수 역사가에게 칼론의 평판을 나쁘게 만드는 데 한몫했고 인기상품이 되었다.

위기를 극복하려면 궁중과 고등법원들 바깥에서 정통성을 찾아야 했던 만큼, 칼론에게는 우회로를 찾는 방법만 남아 있었다. 그래서 그는 고등법원의 압력에 대처할 수 있는 대표성을 확보하려고 세 신분 가운데 명사 144명을 소집해서 왕에게 재정개혁을 간언하도록 제안했다. 그것은 역사적 선례에 근거한 계산이었다. 2년 후에 보게 될 전국신분회의 방식을 예고하는 형태로 1787년에 소집한 명사회는 여러 분과로 회의를 진행했으며, 그중 한 분과는 칼론의 주장에 우호적이었다. 칼론은 진정한 뜻의 조세혁명을 제안했다. 균일한 비율의 세금인 '토지세subvention territoriale'를 신설해 현물로 낼 수 있게 하고, 모든 신분에게 직간접으로 부과할 수 있었다. 그리고 동산과 산업재산과 관련한 조세를 유지하고, 담배 같은 물품에 부과하는 인지세도 유지했다. 토지세는 영구적 할당세로서 예전에 보지 못한 권력을 왕에게 안겨줄 것이었다. 그것은 국가가 수입을 적절한 비례로 지출하고, 신분·지위·지방에 따라 분배하는 전통을 거스르는 제도였다. 반대자들은 통치자와 백성이 맺은 협약을 무시했다는 사실을 지적하면서 저항했다. 그들은 수입에 비례해서 지속적으로 부과하는 세금을 받아들일 수 없었다. 프랑스는 영국과 같은 나라가 될 것이라고 생각했기 때문이다. 끝으로 현물 징수는 여러모로 어려운 문제를 동반했다. 종교인의 재산도 이 세금의 대상이 될 텐데, 그렇다면 왕국의 제1신분이 국가에 납부하기로 동의한 '기부금'을 더는 낼 필요가 없어지겠지만, 왕에게는 이 세금 대신 발행한 국채를 상환해야 할 의무가 생긴다. 빚을 갚기 위해 그는 농부에게 지대地代를 상환하게 하고, 수렵권과 사법권을 매각해야 했다.

몇 년 뒤 제헌의회는 이러한 조치에서 영감을 받는다. 칼론은 튀르고와 네케르의 제안을 반영한 개혁안을 제출했다. 조세를 분배할 지방의회를 설립하고 타이유세를 깎는 한편, 부역을 대체할 세금을 신설하고, 특히 국내 세관 울타리를 폐지해서 곡식의 자유거래를 인정하고, 할인은행은 국립은행으로 전환하는 계획이었다. 결국 집정관정부Consulat[2] 시절에 프랑스국립은행Banque de France을 설치하는 데까지 차례로 적용한 수많은 해결책은 명사들이 여론의 외면을 받을까 봐 걱정하면서 포기한 대신[칼론]의 평판보다 더 보잘것없었다. 이러한 토론이 존재했다는 사실마저도 무시당하고 있기는 하지만, 여론을 준비하고 논점을 덧붙이고 해결책을 상상하게 만드는 데 이바지했음은 잊지 말아야 한다.

칼론의 계획은 기술·정치·이념의 차원에서 반대에 부딪혔다. 명사들은 자격이 불확실했기 때문에 그 계획을 선뜻 따르지 못했다. 주가 조작을 비난받아 이미 평판이 나빠질 만큼 나빠졌지만, 재무총재들, 징세관, 아르투아 백작의 출납관 같은 거물급이 잇달아 파산하면서 완전히 땅에 떨어졌다. 이들은 관직이나 재무직에 종사하며 관행에 따라 대금업자들의 조직을 중심으로 신용으로 살면서 주식거래에도 종사했다. 네케르는 예전에 재무총재직을 끝마칠 때 흑자라는 결론을 냈지만, 명사들은 적자를 설명하려면 재정보고서를 제출하라고 요구했다. 칼론은 3월에 명사회의 분과에서 나온 보고서를 모아 발간하면서 그들의 선의를 의심받게 할 만한 머리말을 붙였다. 그는 자신이 불씨를 퍼뜨린다는 사실을 잘 알았고, 서적상들은 그의 보고서를 팔았으며, 파리의 사제들이 그것을 사서 읽었다. 여론전이 벌어지고, 네케

---

2 이 말을 통령정부로 옮기기도 한다. 그러나 프랑스 혁명기 이전부터 줄곧 고대 로마 공화국을 본받으려는 풍조가 존재했음을 잊지 말아야 한다. 화가 다비드는 혁명 전에 〈호라티우스 형제들의 맹세〉를 그렸고, 조금 전에 보았듯이, 비제 르브룅은 코르넬리아의 고사를 이용해서 마리 앙투아네트를 띄웠다. 구국위원회라는 중요한 위원회의 이름도 로마 공화정 말기 키케로의 말과 가톨릭교의 구원에서 따왔고, 개인이 왕정과 기독교 전통을 지우고 로마인 이름으로 바꾸기도 했다. 이런 배경을 이해한다면, 고대 로마의 제도에서 집정관을 뜻하는 '콘술Consul'을 혁명기에 전유했다고 이해하는 것이 논리적이며 자연스럽다.

르와 로메니 드 브리엔Loménie de Brienne 같은 적들은 그를 비난하고 욕했다. 재정 상태를 걱정하던 사람들이 경고하기 시작했다.

그때까지만 해도 왕은 칼론의 계획을 지지했지만, 1787년 4월 9일에 그를 해임했다. 칼론은 물러나서 재판받을 위험을 피해 런던으로 망명했다. 그는 어떤 점에서 망명의 선구자가 되었고, 나중에 은행가가 된다. 그가 자주 말했듯이 루이 16세의 지원을 확고히 받지 못했기 때문에 희생자가 되었던가, 아니면 그 반대로 개혁을 바라는 왕에게 위험한 인물을 대신직에 놔두지 말라고 반대파가 강요했기 때문에 희생자가 되었던가? 두 가지 가능성은 상반되는 점도 있지만 서로 보완하기도 한다. 음모가들은 여론을 조작해서 권력을 복종시켰지만, 왕은 스스로 정치적 주도권을 행사했다고 생각할 수 있기 때문이다. 칼론의 업적을 따지는 일은 복잡하다. 그는 보수적 의견을 가진 사람이었지만 경제를 자극했고, 그 때문에 예전의 불균형을 한 방에 악화시켰으며, 온갖 모순의 한가운데서 해결책을 찾지 못했다. 한 가지 예를 들면, 그는 어떻게든 할인은행에 자금을 지원해주려고 다각도로 노력했다. 그런데 그보다는 투기방지 운동을 벌이거나 거물급 재정가와 투기업자들이 망하기 직전에 보호해주는 일을 먼저 해야 했다. 그들이 파산하면 공중에게 큰 타격을 주며, 그만큼 국가 통제의 필요성만 돋보일 것이 뻔했다.

혁명기에 국가가 책임지고 행정을 개편하고, 무기한의 세금을 신설하고, 최고의 위험을 무릅쓰면서 재정적 조치를 취하고, 지폐를 남발하고, 1793~1794년과 1797년에 실제로 파산을 겪고, 모든 금리생활자를 망하게 만들고, 루이 16세가 어떠한 핑계로도 군비 지출의 책임을 모면할 수 없음을 경험한 덕에 비상 지출 분야를 설정했다는 사실을 어떻게 강조하지 않을 수 있겠는가? 루이 16세는 특권을 유지해주었고, 보조세를 신설하지 않았으며, 조세행정도 개혁하지 않았다. 그 정책의 긍정적 면모는 당대인이나 역사가가 보기에 분명히 부정적인 면모와 상쇄될 만했다. 그는 왕족에게 노골적으로 지나치게 호의를 베풀어 파산을 피하게 해주고, 성관을 구입하게 도와주었다. 궁중의 경비를 줄일 능력이 없었던 그에게는 관직을 팔고, 화폐를 조작하거나 예정대로 확실히 설립된 지방의회들과 조세액을 높이는 협상을 하면서 네케르식으로 부채를 급등시키거나 칼론의 임시방편에 의존하는 일만 남았다. 어떤 경우에도 장래는 이중으로 위험하게 될 것이었다. 부채 총액은 계속 증가했으며, 네케르가 제공한 새 소식은 그것을 국가정책 문제로 만들었다. 모든 조치는 실제로 치명적 결과로 이어져 결국 6억 5,000만 리브르까지 국채를 쓰면서도 1787년의 적자는 1억 1,000만 리브르가 되었다. 국가의 신용은 가장 엄밀한 의미로 바닥으로 곤두박질쳤다. 칼론은 고등법원에서 통화조작의 사기죄로 고소당했다. 이제는 내각이 아니라 여론이 합당하게 승낙해줘야 문제를 해결할 수 있게 되었다.

위에서 시작된 혁명

바로 이런 맥락에서 로메니 드 브리엔이 [1787년] 5월 1일에 재무총감직에 임명되었다. 재무총감은 8월 26일에 총리대신이 되었다. 고위 종교인이었던 그는 음모에 능하고, 아마도 불가지론자에다 역사가들이 즐겨 묘사하듯이 불신자였다. 정신挺臣인 그는 확실히 교리보다 계몽주의에 더 관심이 많았다. 자기 교구에는 잘 가지 않았지만, 보르도 대주교 샹피옹 드 시세Champion de Cicé, 엑스 대주교 부아즐랭Boisgelin처럼 교양인이었고, 재무총감직과 개혁 성향에 적합한 인물로 인정해 줄 만큼 행정과 정치의 경험을 쌓았다. 많은 사람이 칼론을 '가짜 귀족'으로 생각한 데 비해, 그는 가장 상류 귀족이었던 덕에 군주정을 노골적으로 전제정으로, 다시 말해 헌법을 부정하는 체제로 개혁할 수 있는 지위에 무난히 오를 수 있었다. 브리엔은 나랏빚이 1억 4,500만 리브르로 즉시 파산할 왕국을 구할 수 있는 인물로 보였다.

브리엔이 직무를 맡을 때까지 한 달 동안 왕은 혼자 위기를 해결할 방안을 찾았다. 그는 우유부단했던가, 아니면 망설이고 있었던가? 아직도 결론이 나지 않은 문제이며 해석은 분분하다. 그는 편리하게 내각을 구성했다가 별 성과를 거두지 못했지만, [당시] 명사회 의장인 로메니 드 브리엔이 내놓은 제안에 동의하고, 4월 23일에 개혁안을 발표해서 표를 모았다. 그는 사실상 별로 중요하지 않은 절약정책, '뱅티엠vingtième'[5퍼센트세]의 유지, 인지세 연장을 예고했다. 명사회는 국채를 새로 발행하는 일에는 동의했지만, 세금을 신설하는 문제는 전국신분회의 결정사항으로 미루고, 왕에게 재무위원회의 감독을 받으라고 간청했다. 왕은 명사회를 해산하는 것으로 대응했다. 왕과 대신은 고등법원과 여론에 맞서야 했다. 명사회의 각부를 이끌던 왕족은 그들 편을 들지 않았다!

정부는 파산을 피하고 전국신분회를 늦추려고 조세개혁에 매달리는 동시에, 왕과 측근이 활동하기 좋은 '새 질서'를 창조하기 위해 고등법원·지방신분회·종교인의 견제 세력을 제한하면서 왕국의 기본적 기구들과 싸워야 했다. 브리엔은 지방의회와 관련해서 네케르와 칼론이 세운 계획을 채택하고 적용했다. 국새경 라무아뇽 드 바빌Lamoignon de Basville은 그의 편에 서서 사법절차를 통일하고, 형벌을 완화하고, 서슴지 않고 "야만적인 봉건 시대의 유물"이라고 부르던 고문을 포함한 신문의 방법들을 폐지하려고 노력했다. 그도 여느 정부 인사처럼 정치적으로 경솔한 운동에 참여해 '특권층'을 공격했다. 막강한 권력을 가진 고등법원 인사들과 이익을 고수하는 고위 귀족들은 국가개혁을 방해하는 존재라고 '인민le peuple'에게 고발당했다. 끝으로 장교승진법이 적용되었을 때, 전통 귀족은 족쇄로 생각했고, 신흥 귀족은 자신들 앞에 더 높은 장벽을 쌓았다고 생각했다.

그러므로 뒤퐁 드 느무르가 구상하고 네케르가 설립했으며, 칼론이 또다시 소집했던 '프로뱅스 의회assemblées provinciales'가 일련의 왕령으로 1787년 6월에 자리를 잡았다. 애당초 '국민'의 의회를 설립한다는 구상은 포기했다. 그러나 '시 자치정부', '도 의회' 또는 중간 수준의 디스트릭트 의회, 그리고 프로뱅스 의회는 모두 세금을 할당하는 임무를 수행할 예정이었다. 할당체계에 등장하는 '도département'라는 말은 1790년에 행정조직을 짤 때 다시 쓰일 것이다. 다양한 의회의 구성원들은 처음에는 임명했다가 그다음부터 투표로 뽑기로 했다. 각급 의회는 고유 권한을 가졌지만 의장을 지명하고 지사의 감독을 받게 했으며, 기존의 체계 안에서 비록 좁지만 필수적인 지위를 차지할 것이었다. 그러므로 실제로 의회를 설치하기 3년 전부터 지속가능성을 염두에 두고 국가를 분할한다는 원칙을 세웠음을 알 수 있다. 선거제를 도입하고, 시민과 행정기관의 관계를 수립하며, 가능한 한 프로뱅스 전통의 틀을 유지하면서 합리화를 추구한다는 원칙이었다. 그러나 그 계획에서는 1790년에 조직한 행정의 마지막 단계에 있는 소교구와 지역 공동체를 '자치단체'로 취급하지 않았고, 1796년에 비로소 캉통을 '자치단체'로 나누려고 했음을 잊지 말아야 한다. 1787년에는 행정체계에 지역 공동체 조직을 넣을 생각이 없었다.

루앙·브장송·보르도의 3개 고등법원은 이렇게 지방의회를 설립하는 것이 위헌이라고 비판하면서 전국신분회를 소집하라고 주장했다. 대중은 그들이 왕과 지사에 맞서 자유를 위해 싸운다고 생각하면서 지지했다. 하지만 1787년에 19개 제네랄리테[징세구]의 세 신분 대표들이 주교가 주재한 회의에서 프로뱅스 의회를 설립한다고 결정했다. 역사가들은 이를 대체로 부정적으로 평가했다. 프로뱅스 의회는 별로 한 일이 없었고, 대부분의 제네랄리테에서 설립하지 않았으며, 게다가 페이 데타[납세구, 신분회 지방]는 이러한 형태의 의회가 신분회를 대체할까 봐 위협을 느끼고 반대했기 때문이다. 왕은 고등법원보다 더 유연한 상대와 대화하고 싶었으며, 프로뱅스 의회에 진정한 권력을 줄 생각이 없었음이 분명했다. 왕의 계획은 일부 성공했다. 브르타뉴 귀족이 완강히 거부했지만 다른 지역까지 영향을 끼치지는 못했기 때문이다. 전통의 이름으로 무조건 반대하는 사람들 다음으로 라파예트 같은 사람들은 새로운 제도가 왕국의 헌법을 침해할 것이며, 회계 보고를 할 의무도 없이 기금을 마련하려는 왕의 술책이라고 여겨서 반대했던 만큼 제2신분은 분열한 모습을 보여주었다.

그러나 프로뱅스 의회는 정치적 풍경을 바꾸었다. 그들이 인정하는 사회적 구별의 핵심 기준으로 볼 때 구성원은 대부분 지주였기 때문이다. 그것은 왕국의 '자연스러운' 질서를 검토하게 만들었다. 그다음으로 왕령의 적용 범위에 속하지 않은 프로뱅스까지 포함해서 전국적인 토론의 핵심 주제가 되어 복잡한 갈등을 빚었다. 프로뱅스 의회를 설립하라는 요구, 전통적 사회지도층이 장악한 지방신분회를 활성화하라는 요구가 편 가르기에 불을 붙였기 때문이다. 개혁을 거부하는 고등법원은 '특권층'에게 유리한 현상을 유지하자는 쪽이었다. 지방신분회 대표들이 프로뱅스를 경영하고, 왕과 자문기관, 지사나 군장관gouverneur같이 왕의 대리인들과 협상하는 일을 도맡았는데, 이제 프로뱅스 의회를 설립한 곳에서는 귀족이건 평민이건 새로운 지도층에게 정치와 경영의 학습기회를 제공했다. 새로운 주역들은 베리 지방의 샤로 공작duc de Charost 같은 '자유주의' 귀족이었다. 그들은 적어도 1792~1793년까지 망설이지 않고 혁명에 헌신했다.

전국신분회의 대표 가운데 최소한 207명이 프로뱅스 의회에서 경험을 쌓았다. 기본적으로 농촌지도층이 1787년 이후 지방자치단체에 뽑혔다. 이들은 변화의 길을 연 사람들의 마지막 집단에 속했으며, 장차 갑자기 상황이 변했을 때 문자 그대로 속았다고 느낄 부류였다. 끝으로 지사들이 여전히 막강한 권력을 휘둘렀다 할지라도, 결국 1789년 이후 그것을 잃게 만드는 변화가 나타나기 시작했다. 사람들은 프로뱅스 의회에 많은 기대를 걸었고, 지방자치단체의 의회들이 지방의 이익을 도모하는 동시에 왕국의 질서를 지방에도 적용할 수 있는 중간단계로 생각했으며, 1790년에 나타날 지방분권화와 중앙집권화의 혼합을 예고한다고 보았다. 우리가 어찌 생각하든, 이 일화에서 프랑스인의 정치교육의 성격을 볼 수 있다.

프로뱅스 의회는 설사 왕이 요구한 세금에 반대할 때에도, 사실상 왕이 1787년에 왕국을 다시 태어나게 할 '새 질서'를 말하면서 분명히 원하던 개혁의 성격을 보여주었다. 나라를 되살리는 일은 조세제도와 실용주의의 관점만 고려했다 할지라도, 행정의 합리화 운동을 위태롭게 만들었고, 군주와 백성을 통합하는 관계에도 영향을 미쳤다. 그래서 그것은 그 자체로 군주정의 급격한 돌연변이를 대표했다. 1787년 7월 16일, 루이 16세의 선언을 진지하게 살펴볼 필요가 있다. "과인은 백성의 자유와 행복을 영원히 확보하고, 왕국을 되살리고 질서를 회복하는 위대한 과업을 전국신분회와 함께 완수하기를 바란다." 이 말에서 왕과 국민의 관계가 바뀌었다는 사실을 확인할 수 있다. 왕은 전통적으로 귀족의 지위를 정당화해주던 '봉건적' 관계가 벌써 무너졌음을 정당화하면서 신민과 직접 소통한다는 사실을 강조했다. 그때까지 왕국의 역사는 귀족에게 달려 있었다. 그중에서 고등법원은 그러한 관계의 상징·증인·수호자였다.

그러므로 1년 후 콩도르세가 『헌법 그리고 프로뱅스 의회의 기능에 대한 논고』에서 국가와 교회의 분리, 선거의 보편화를 고려하는 동시에 정치의 기본 원칙을 논의할 기술적 방법으로 조세의 형평성을 수정하는 데 꼭 필요한 토지 등기부를 설치하는 방안까지 고려한 이유를 이해할 수 있다. 그는 장차 바람직한 정치문화를 창달하는 방안도 제시했다. '프랑스 혁명' 이전의 프랑스인을 정치에 무지하다고 본다면, 바로 앞 장에서 살폈던 것처럼 18세기 전체의 문학작품과 사회적 관행이 물려준 정치문화를 무시하고, 이 짧은 시기가 얼마나 풍요롭고 창조적이었는지 잊게 될 것이다. 모든 원리와 사실에서 발생한 문제가 결합되어 그 자체로 '혁명'이라 할 수 있는 것이 위에서 시작된 혁명과 아래에서 시작된 혁명을 경험한 시기에 일어났고, 앞으로 수많은 사건의 영향을 받아 태어날 프랑스 혁명으로 원활하게 이행하도록 도와주었다.

프로뱅스 의회와 관련한 실질적 조치 때문에 보이지 않는 가공할 함정이 본의 아니게 이러한 이행을 도와주었다. 일정액 납세자들로 구성한 의회에서 귀족의 자격을 아주 예민하게 정의했다. 신분회 지방 의회에서는 관행을 전통에 맞춰 체계화했다. 가문의 전통이 100년이고 2대 조상 네 명이 모두 귀족이어야 장교가 될 수 있는 군사적 요건을 갖춰야만 새로운 의회의 귀족으로 대접받았다. 무관 귀족임을 자처하지 않는 한 아직도 귀족이라고 말할 수 있는 신흥 귀족은 단 하나의 요건 때문에 새 의회에서 제3신분과 함께했다. 지역의 수많은 영주가 이런 상황이었고, 그들도 경멸의 폭포 아래 놓였다. 로메니 드 브리엔이 나라를 크게 귀족과 제3신분의 두 집단으로 나누고, 영국을 본받아 상·하원을 구성하려는 시도는 '특권층'을 분열 세력일 뿐 아니라 국가와 인민의 적으로 돌리는 풍토에서 다른 의미를 가졌다. 몇 년 전 전혀 다른 상황에서 비슷한 전환점을 찾을 수 있으며 자유주의를 향한 행보로 이해할 수 있다. 그런데 수많은 갈등이 겹쳐서 일어났기 때문에 그것을 아주 간단히 좌절시켰다.

왕은 영국식 의회제도의 길, 또는 계몽 전제주의의 길, 또는 오스트리아와 프로이센 군주들이 실현한 '위에서 시작된' 혁명의 길로 프랑스를 이끌려고 노력했던 것인가? 당시에는 프랑스가 '공화국'이 되었는지, 아니면 영국식 군주정[의회군주정]이 되었는지 의문이었다. 대신 브리엔은 필라델피아 제헌회의가 여론으로 구현했듯이 공화국에만 어울린다는 이유로 평등을 증오하고, 콘스탄티노플이 대표하는 전제주의도 증오한다는 뜻을 확고히 보여주려 했지만, 그가 제안한 합리화는 설득력이 없었다. 그는 적어도 프로뱅스 의회와 도 의회에서 귀족 대표와 나머지 국민을 대표하는 평민 대표의 표를 동등하게 허용했다. 왕국을 두 덩어리로 나누면서 절대군주정의 모습이 흐려졌다. 행정가들의 '전제주의'와 행정개혁을 거부한 고등법원 인사들이나 지사들처럼 가장 보수적인 사람들은 영국식 구별과 비슷하게 둘로 구분하는 것을 못마땅하게 생각했다.

반면에 이런 식으로 구성한 의회에서 전에는 생각지도 못한 자유를 발견한 지방 귀족의 일부는 만족했다. 자유주의자들은 전반적으로 그것을 고마워했지만, 브르타뉴나 프로방스처럼 신분회가 있는 지방까지 연장하라고 요구했다. 신분회 지방은 개혁을 피하고, 전통적으로 불평등한 의회를 유지했기 때문이다. 그러나 그들의 요구는 왕국의 '헌법Constitutions'이라는 이름으로 분명히 거절당했다. 여기서 우리는 2년 뒤 전국신분회가 열릴 때 브르타뉴와 프로방스의 귀족들을 반혁명의 길로 들어서게 만든 대립의 예고편을 본다.

네덜란드에서 혁명을 진압할 때 국가가 개입하지 않았다는 사실로 유럽에서 그 나라의 명성을 땅에 떨어뜨렸던 만큼, 왕의 고립은 더욱 심해지고, 그의 위치도 더욱 불안해졌다. 네덜란드 총독은 프로이센의 지원을 받고 영국이 중립을 지키면서 지지해준 덕에 '애국자들'을 상대로 권력을 되찾을 수 있었다. 그 결과, 수만 명의 애국자가 프랑스 북부 생토메르 근처에 정착했다. 프랑스 '애국자들'은 네덜란드 애국자들의 실패 사례에서 왕이 개혁을 이끌 능력에 걸었던 희망이 사라지는 것을 보았다. 그런데 이 기회에 개신교도가 시민 자격을 얻은 일은 프랑스가 처음으로 종교적 관용을 베푼 사례였다. 우리는 네덜란드 '애국자들'이 프랑스 북부에 정착했고, 그들의 일부가 재정 위기를 겪는 시기와 관련 있는 은행가들이었기 때문에 종교적 관용을 베풀었을 가능성을 생각해본다. 좀 더 단순히 프랑스인에 한정해서 볼 때, 특히 종교전쟁으로 평판이 나쁜 툴루즈 고등법원은 이 혁신에 완강히 반발했다. 이렇게 뿌리 깊은 분열의 경계선은 때로 놀라울 만큼 되살아났으며, 그 선을 따라 진영이 심하게 갈라졌다. 예를 들어 아르투아 백작은 왕이 국민에게 보고할 의무는 없지만 자기 지출에 맞춰 수입을 조정할 수 있다고 선언했다. 여기서 그는 역설적으로 절대군주정의 이름으로 아주 근대적인 태도를 취했다. 고등법원은 그들 나름대로 왕국의 역사적 근본으로 되돌아가기 위해 객관적으로 볼 때 '반동'이라는 말을 들으면서도 전국신분회를 소집하라는 요구를 계속했다.

왕은 '앙시앵레짐'의 뻣뻣하고 효과 없는 근간을 부수면서 몇 년 이내에 실현할 가능성이 없는 개혁을 실시했다. 그는 시대에 뒤떨어진 권위의 절차들을 존중하기 위해 결코 타협할 수 없는 난관에 부딪혔다. 프랑스는 개혁의 문을 열었고, 관련자들의 태도가 예상치 못한 방향으로 흔들리면서 혁명의 길로 들어섰다. 누구도 예상하지 못했고 통제할 수 없는 놀음에서 바스티유의 돌발사가 역사의 의미를 바꾸고, 새로운 의미를 안겨줄 터였다.

2부

—

마지막 혁명:
재생인가, 혁명인가

당통 페티옹 뒤무리에 탈리엥

라메트 바라스 테루아뉴 드 메리쿠르 올랭프 드 구즈

클로리비에르 르샤플리에 뒤포르 말루에

타르제 카잘레스 프레롱 모리 신부

1장

절대군주정의 혁명에서 국민국가 혁명까지

프랑스 혁명은 언제 시작했는가? 절대군주제의 종말과 혁명의 시작을 강조한 퓌레F. Furet의 표현을 빌린다면 언제 '기복이 발생dénivellation' 했던 것일까? 이것은 의미 있는 질문인가? 너무 다양한 방면을 포괄하는 질문은 아닐까? 그리고 칼론 내각과 함께 고려해볼 때, 그것은 정부가 절대군주정을 이미 많이 수정했다는 사실을 소홀히 취급한 질문이 아닐까? 절대군주정의 끝, '봉건'체제의 끝, 앙시앵레짐의 끝, 그리고 왕권의 끝을 분리해서 고려해야 비로소 혁명이 1787년에 행정에서 시작되어 1789년 고등법원과 왕정이 똑같은 수준이 되는 과정을 단계별로 이해할 수 있으며, 또 그 뒤에 나타나는 수많은 형태를 찾을 수 있지 않을까?

모든 권력은 당대인의 '위대한 서사'로 각색되기 마련이므로 우리는 그것을 순진하게 믿어서도 안 되고, 또 어떤 결론을 섣불리 내려서도 안 된다. 두 가지 이유가 있다. 전국신분회 대표들은 당대 이야기를 그런 식으로 읽지 않았다. 그들은 자기가 겪은 사건을 해석하면서 절대군주정을 단지 '앙시앵레짐'이라고 규탄하는 데는 성공했지만, 절대군주정 시기에 시작한 변화와 단절의 의미를 파악하는 데 필요한 단위로 조직하지는 못했다. 혁명이 무엇인지 밝히는 연구는 혁명의 다른 모습을 밝히는 새로운 연구가 나오면 재검토의 대상이 되고, 그동안의 노력이 실패로 돌아갈 수도 있다. 앞으로 우리는 이러한 시도와 실패를 자세히 다루려 한다.

불평분자들의 혁명

왕권을 회복하기 위해 빚을 내서 겨우 수지균형을 맞춰본들, 명사회가 해산하고, 브리엔이 칼론의 정책으로 되돌아간 후에는 적자를 메우는 일이 불가능했다. 이렇게 해서 고등법원과 왕은 다시 대립하게 되었다. 1787년 8월 6일, 당연히 파리 고등법원은 왕이 반포한 명령을 등기부에 기록하지 않고 회계 보고를 요구했다. 왕은 고등법원 인사들을 트루아로 귀양 보냈다. 그들은 단번에 희생자가 되었고, 고등법원의 가장 젊은 인사들은 과격해졌다. 그 결과, 브리엔은 뒤로 물러섰고 9월에 그들을 복권했다. 파산 거부는 앞으로 나아갈 길을 보여준다. 빚에 의존해야, 따라서 국가에 대한 믿음에 의존해야 왕정을 존속시킬 수 있기 때문에 마땅히 협상해야 하고 전국신분회를 소집하겠다고 약속할 수밖에 없었다. 이제는 어떤 형태로 전국신분회를 구성하는지 결정하는 문제가 남았다. 프로뱅스 의회[지방의회]처럼 제3신분이 전보다 훨씬 큰 규모로 모일 것인가, 아니면 옛날 방식으로 전통적 사회지도층과 고등법원 인사들과 가까운 집단들에게 우월한 지위를 부여할 것인가? 이 문제로 군주제에 반대하는 세력들의 전선이 새로 편성되었다.

'혁명'이 세금문제에서 시작했다는 것은 놀랄 만한 일이 아니다. 화폐 유통과 신용이 일상생활의 중심이었음을 잊지 말아야 한다. 빵 가게에서 빵을 외상으로 살 수 있었고, 주인은 손님 이름의 막대기에 '표시'를 새기는 방식으로 외상장부를 만들었다. 장인들끼리는 푼돈으로 거래했다. 아주 많은 절약가가 국채를 보유하고 수입을 보장받았다. 사치품 거래에 의존하는 노동자가 점점 늘어났다. 노동자를 고용한 사람들은 대체로 유력자들에게 돈을 빌려주고 제때 잘 받아내지 못했다. 파리의 모든 주민이 전당포[1]를 드나들었다. 장인들은 전당포를 은행처럼 이용했다. 세탁부들은 돈을 얻으려고 손님의 빨랫감까지 저당 잡혔다. 1789년 초에 전당포에는 돈이 넘쳤다. 1780년대의 프랑스는 거래가 느리고 관습에 얽매이던 예전의 농촌 국가가 아니었다. 농촌의 모든 주민이 영수증, 대출, 공증서류를 마련할 때, 게다가 수습공이 될 때도 인지를 붙여야 했다. 사회의 위에서 아래까지 사다리로 이루어진 체계 안에서 국가의 파산은 진짜 두려운 일이었다. 왕은 그런 일이 없도록 하겠다고 거듭 약속했지만, 대귀족들과 재무관

---

1   전당포Monts-de-piété는 15세기 말 이탈리아 파두아에 먼저 생겼다. 고리대금업자에게 빚을 지고 허덕이는 서민의 짐을 덜어주기 위한 제도였다. 프랑스에는 17세기 초에 들어왔고, 파리의 전당포는 1777년 12월 9일 네케르가 왕령을 받아 설치했으며 파리 치안총감의 감독을 받게 했다.

들이 파산하면서 큰 반향을 일으키고 두려움을 안겨주었다. 그러나 왕이 궁을 계속 사들이는 것을 본 사람들은 충격을 받았고, 국가의 재원, 국고, 왕의 재산이 뒤섞여 있는 것을 본 사람들은 고뇌를 드러냈다. 할인은행이 국고에 제공한 대출금의 지불정지를 예고할 가능성이 있다고 생각한 사람들이 할인은행 앞에 줄을 섰다는 사실이 그들의 고뇌를 말해준다.

모든 사회 집단이 세제개혁에 직접 관계를 맺었듯이, 세제개혁은 집단의 유대감과 사회의 작동 원리에 관한 토론의 계기가 되었다. 그 영향을 받아 집단의 사회적 자격은 물론 개인이 국가와 국민과 맺은 관계를 다시 문제 삼게 되었다. 교류가 가장 활발한 지역에서 최근에 일어난 변화는 도시와 농촌의 유대를 끊거나 바꾸었기 때문에, 가장 기술적인 토론이 현저하게 정치적인 토론이 되었다. 세금의 분배 기반을 재검토하고, 아직 존재하지 않던 토지 등기부를 작성해야 했다. 따라서 전통적이건 새로운 것이건 중간 단체들이 건전한 정치를 더는 보장하지 않고 이제는 고려할 가치가 없는 집단들에 의존하게 된 정부를 상대로 자기 역할을 할 수 없게 되었을 때, '국민'은 토론을 하기 시작했다.

칼론은 세금을 (수입에 대해) 할당하고, (신분과 상관없이) 균일하며, (기간을 정하지 않고) 영구히 부과하는 제도를 도입하려는 의도를 가지고, 왕령의 수입으로 살고 신민을 보호하면서 세금을 내지 않는 왕이라는 전통적인 허상을 깨버렸다. 가장 정치적인 사람들은 이렇게 왕국의 '헌법'을 포기한 것을 이용할 줄 알았고, 브리엔은 더 좋은 방법이 없으므로 이 같은 '근대적' 정책을 다시 채택하는 데 반대했다. 그래서 혁명기에 목소리를 내게 되는 대다수는 낙심했지만, 과세가 더는 존속하지 않게 될 황금시대를 기대하면서 한껏 용기를 얻었다.

인지세 개혁이 뇌관이었다. 저가의 전표에 뚜렷하게 요금을 더 많이 부과하는 조치는 도시민들에게 먼저 영향을 끼쳤다. 1787년 8월 말, 파리에서 개혁, 경찰 끄나풀, 타락한 궁중에 화난 군중의 폭동이 일어났고, 젊은이들은 프랑스 수비대와 맞붙어 싸웠다. '전통적'인 소요사태는 동질성 있는 집단들이 하나로 뭉치게 했지만, 이번에는 정치적 목적으로 단호한 의지를 보여주는 행동이라는 점에서 달라졌다. 이제부터 혁명에 비할 만한 봉기, 권력 자체를 반대하고, 권력을 대행하는 자들에게 반대하는 봉기가 잇달아 일어나 1789년 7월에 정점을 찍을 것이다. 예전의 '반란'과 이번의 사건들 사이에는 공통점이 하나도 없었다. 또한 불만투성이 농촌에서 우연히 같은 시기에 일어난 봉기와도 아무 연관이 없었다. 이러한 시위는 나랏돈을 횡령하는 자와 '특권층', 게다가 '역적'에 대해 '국민'의 이름으로 나라를 지킨다는 명분으로 널리 퍼졌다. 시간이 흐를수록 더 많은 사람이 시위에 가담하고, 노인들까지 가담하면서 시위가 더욱 정치화했다. 1787년 10월 1일, 파리 주민 수천 명은 '국민의 법원'을 열고 국고를 횡령한 죄로 칼론을 심판했다.

이처럼 팽팽한 긴장 속에서 왕은 1792년에 전국신분회를 개최하는 조건으로 국채를 발행하고자 했다. 11월 18~19일의 회의는 고등법원과 합의를 승인해야 했지만 전국신분회 형식을 존중하는 문제에서 벽에 부딪혔다. 일부 고등법원 인사들과 근본적으로 의견 차이는 없었지만, 왕은 방금 합의한 내용을 등기하기를 원했다. 왕은 친림법정이 아니라 어전회의를 열었기 때문에 그의 요구는 법적 효력이 없었다. 왕은 이 형식을 고집하면서 자기 권력을 표시하려는 의지를 분명히 보여주었다. 오를레앙 공작은 왕이 뜻밖의 절차를 주장하자 조금 분명치 않은 방식으로 항의했다고 한다. 그러자 왕은 아주 확실히 "내가 원하기 때문에 합법이오"라고 대답했다. 이는 절대군주정의 성격을 입증할 필요가 있을 때마다 인용하는 말이지만, 오히려 왕이 중요하지 않은 문제에 자제력이 부족했음을 보여준다. 하지만 명사들의 지도자를 향해 날린 이 한마디는 과녁을 정확히 맞혔다. 수많은 사람이 보기에 공작은 무난히 왕과 그 가계를 이어받을 만한 재목이었다. 왕조의 정통성을 은밀히 비판하는 풍조는 두 사람의 대립을 크게 부각시켰고, 게다가 예상치 못한 전환점이 되었다. 공작을 귀양 보내고 그를 지지한 두 명을 당장 투옥한 결과 여론이 출렁거렸으며, 중심인물들을 둘러싼 언쟁이 더욱 고조되었다.

고등법원 인사들의 혁명

여론이 들끓으며 몇 달을 보낸 뒤, 다시 적대감이 고조되었다. 1788년 1월, 고등법원은 봉인장에 반대하고 개인의 자유를 요구했다. 이로써 나라가 정치적으로 새로운 정치체제로 바뀌고 있음을 증명했다. 블루아 법원의 어떤 판사는 조카에게 쓴 편지에서 절대군주정에 대해 '앙시앵레짐'이라고 표현했다. 고등법원이 왕에게 상주上奏할 때는 의도하지 않았지만 고등법원이 대표하는 국민과 왕의 관계를 급격히 끊어놓았고, 그 결과 1791년의 〔입헌군주제〕 헌법으로 가는 길을 열었다. 1788년 초에 왕과 고등법원의 대립은 모든 기관의 차단을 불러왔다. 권력의 정통성을 두고 서로 화해할 수 없는 세력들이 언쟁을 벌였다. 징세조치, 특히 뱅티엠〔5퍼센트세〕의 증세는 수많은 지방의회에서 논란거리가 되었고 거부당했다. 전국의 고등법원은 11월 19일에 받은 타격을 결코 잊지 못했다.

선거인 단체나 국민을 대표하는 의회처럼 제3의 권력에 의존할 길이 없는 상황에서 양측의 갈등은 규모가 달라졌다. 각자 식자층의 의견이나 보통 사람의 의견이라 할 여론을 자기편으로 만들어 상대방의 신용을 돌이킬 수 없을 만큼 땅에 떨어뜨리려고 노력했다. 왕국의 예산·결산 보고서를 공식적으로 발행해 1억 6,000만 리브르의 적자를 밝히는 동시에 경제의 전망이 밝다는 고무적인 말을 덧붙였지만, 프랑스는 거의 10여 년 동안 지속될 위기 국면으로 들어갔다. 정부의 실권자인 국새경 라무아뇽은 자신이 옳다고 확신해서 이렇게 말했을 것이다. "나는 심지어 내전까지 모든 것을 계획했다." 라무아뇽은 내전을 겪었고, 졌으며, 나라를 파산 상태로 몰아넣었다. 그리고 1797년 아니 1799년까지 모든 세력의 경쟁을 그치지 않게 만들었다.

앞으로 일어날 일은 대신들과 왕 앞에서 나라가 큰 변화를 겪는 모습을 보여줄 것이다. 브리엔과 파리 고등법원 인사들이 새로운 갈등을 피하려고 협상하는 동안, 라무아뇽은 비밀리에 개혁을 단행해서 고등법원의 권한을 제한하려 했다. 이 계획에 화들짝 놀란 판사 뒤발 데프레메닐은 1788년 5월 3일에 회의를 소집해서 왕국의 기본법을 선언하고 왕의 요청에 굴복하지 않겠다는 결의를 통과시켰다. 이틀 뒤, 데

프레메닐과 구알라르 드 몽사베르Goislard de Montsabert를 체포하라는 명령이 떨어졌다. 두 사람은 고등법원 안으로 숨었고, 고등법원은 외부와 차단한 채 열네 시간 동안 그들을 보호했다. 1788년 5월 8일, 라무아뇽은 후속책으로 왕이 참석한 회의에서 사법부의 근본적인 개혁을 단행했다. 그는 고문拷問은 물론 수많은 중간 절차도 폐지하는 동시에, 특히 고등법원의 기능을 45개 '그랑 바이아주grands baillages'에 나눠주기로 했다. 파리 고등법원 대신 그랑 바이아주들의 꼭대기에는 최고 귀족들과 파리 고등법원 대법정 판사들의 전원법정이 있었다. 이로써 고등법원은 정치적 기능을 잃었고 곧 휴정했다. 잔인한 개혁이었다.[2] 여러 가지 맥락에서 일부 여론이 개혁을 지지할 만했다. 1788년 5월, 개혁으로 말미암아 몇몇 공작이나 왕의 동류급 귀족들이 공개적으로 왕과 대립하면서 나라 안에 불복종 풍조가 쉽게 퍼졌다. 사법상의 통제가 줄어들었다. 고등법원이 더는 활동하지 못하게 되어 사형선고가 불가능해지니, 특히 고분고분하지 않은 고등법원 덕에 '생업industrie'을 유지하던 루앙의 망나니가 살 길이 막막하다고 걱정할 지경이었다.

　　1788년 5월 5일, 프랑스 종교인 대표들은 이미 자발적으로 왕에게

2　1788년 5월 8일, 라무아뇽은 친림법정에서 (45개가 아니라) 47개의 그랑 바이아주를 설치해 고등법원의 정치적 기능, 사법적 기능을 약화시켰다. 고등법원의 정치적 기능은 등기권과 상주권을 뜻한다. 고등법원은 왕령이 부당하다고 생각하면 등기를 미루고 그 이유를 왕에게 상주할 권리를 가지고 있었다. 왕령은 고등법원 등기부에 올려야만 효력이 발생했기 때문에 고등법원은 이 권리로 왕을 견제했다.

내는 '기부금'을 줄였는데도 또 한 번 수백만 리브르를 줄이고, 전원 법정을 거부하면서 "세 신분의 동의를 받지 않은 과세는 없다"는 혁명적 원칙을 주장했다. 그들은 전원법정에서 '전통 헌법'이 사라졌다고 보았다. 전국의 고등법원은 군대와 맞서기를 각오하고 왕령을 등기하지 않은 채 버텼다. 제3신분을 받아들인 지방의회와 차별을 고집하던 지방신분회들이 그들 편이 되었다. 렌, 포, 또는 디종에서 폭동이 일어나 왕의 군대를 물러나게 했다. 브르타뉴 고등법원은 아메리카 전쟁에 참여했고, 장차 슈앙파 지도자가 되는 라 루어리La Rouërie를 포함해서 귀족 열두 명을 파리로 보내 귀족의 지위를 우습게 만들었다고 항의했다. 그들은 1788년 7월 14일 옥에 갇혔다. 6월 7일에 그르노블에서 가장 극적인 사건이 일어났다. 주민들은 도피네 지방을 왕국에서 독립시키겠다고 위협하면서 버티던 고등법원 인사들을 추방하러 간 병사들에게 기왓장을 던졌다. 폭동의 결과, 고등법원 인사들은 법원으로 되돌아갔다. 그러나 그들은 대중의 자발적 행동에 고마워하지 않았다.

한편, 고등법원 인사들은 점점 더 전통 질서와 귀족의 특권을 지키는 모습을 보였기 때문에 변화의 주도권을 잃기 시작했다. 6월 14일에 그르노블Grenoble 시청에서, 또 7월 21일에 부유한 사업가 페리에가 소유한 비질 성관에서 [도피네 지방의] 세 신분 대표들이 모였다. 그들은 도피네 지방신분회의 회복을 요구하는 한편, 제3신분의 대표를 나머지 두 신분 대표만큼 뽑을 수 있도록 하고, 국민이 세금에 관한 법을 제정해야 한다고 주장했다. 이 제안의 범위에 주목해야 한다. 진정한 혁명의 관점에서 볼 때, 기존의 제도 바깥에서 완전히 새로운 여론이 형성되어 왕이 바라는 근대화와 전통적인 구조들을 결합했다. 사람들은 나라가 '왕당파', '고등법원파', '국민파'로 분열한 모습을 보면서, 이 당시에는 왕당파를 뺀 두 파의 명분이 같았음을 알 수 있다. 그들은 이처럼 기존의 분열 상황을 전반적으로 재편성하면서 새로 태어나는 경향에 합당한 평가를 하려고 노력했다. 정치적 위상은 발명의 열기에 휩싸였다. 10년 동안 집단들과 망상조직에 수많은 명칭을 붙이고 배척하는 가운데 항상 유동적인 관계를 만들면서 열기가 식을 줄 몰랐다. 르페주Le Paige처럼 영향력 있는 얀센주의자들은 '국민'을 고등법원이 아니라 전국신분회와 같다고 볼 만큼 의견의 변화를 보여주었다. 이렇게 해서 애국자들이 왕과 '특권층' 앞에서 자율적으로 행동할 수 있게 되었다. 그 시기에 얀센주의와 절대군주정의 갈등관계의 역사를 전부 재검토해야 한다.

그러므로 왕은 대립에서 패배했다. 그는 자신이 지명한 전원법정 구성원도 설득하지 못했으며, 자유주의자인 말제르브Malesherbes는 대신직을 떠나야 했다. 왕이 임명한 관리들과 군대도 그의 결정을 강요하지 못했고, 그 결과 장교들은 시위자 앞에서 뒷걸음쳤다. 예를 들어 렌에서 장교 몇 명이 불평분자와 부하 병사 사이에서 국민의 통일이라는 명분을 지키려고 애썼다. 따라서 항상 파산의 위협을 받는 시기에 왕의 명령이 존중받을 리 없었다. 정부는 직접 나라를 통제할 수 없게 되자 7월 5일에 명령을 내려 전국신분회의 형식에 대한 의견을 듣겠다고 했다. 그 술책은 그럴듯하게 보였지만 여러 집단의 의견을 충돌하게 만들려는 속셈을 가졌기 때문에 위험했다. 전국신분회 소집은 없던 일로 할 수 없게 되었고, 언론의 자유가 사실상 확립되었다.

그 결과, 모든 프랑스인이 마음대로 의견을 제출할 수 있었고 파리 고등법원도 감히 막을 수 없을 만큼 중상비방문과 소논문이 쏟아졌다. 그들 역시 압도당하는 느낌이 들었다. 1788년 8월 8일, 전국신분회 개최를 1789년 5월 1일로 확정했다. 그렇게 발표한 뒤에도 정부는 한숨을 돌릴 겨를이 없었다. 정부는 전국신분회 대표들이 국민의 염원을 전달할 수 있다는 사실을 강조하면서, 고등법원이나 대중의 반대 표명을 미리 차단했다. 그러나 국채의 일부를 지폐로 갚는다는 계획에 항의가 빗발치듯 했고, 그 결과 8월 25일에 브리엔을 해임하고 네케르를 앉혔다. 급박한 상황은 여전히 끝날 줄 몰랐다.

브리엔의 해임 소식을 듣고 파리는 즉시 잔치 분위기에 휩싸였고, 폭동으로 번졌다가 8월 29일에 격렬하게 진압당했다. 정부는 졌다고 승복하지 않았다. 라무아뇽의 호전성이 여전히 살아 있었다. 그는 왕을 위해 볼네Volney 같은 선전가를 동원해서 '특권층'과 '귀족층'을 고발했다. 그러나 라무아뇽 때문에 봉기가 일어날 듯한 분위기에 휩싸이자 9월 17일에 그를 해임했고, 또다시 잔치 분위기에서 대립으로 흐름이 바뀐 뒤 9월 24일에는 아주 격렬한 봉기가 일어나 50~80명이 사망했다. 이 결과는 [이듬해인 1789년] 7월 14일의 바스티유 요새 정복에서 생긴 사망자의 수와 큰 차이가 없다. '애국자' 변호사 오자르Augeard가 라무아뇽을 '국민 모독죄lèse-nation'로 기소해야 한다고 말한 것은 큰 의미를 갖는다. '군주 모독죄lèse-majesté'만큼 큰 범죄인 '국민 모독죄'는 처음 등장한 죄목이었으며, 1788년부터 왕의 권력이 국민에게 넘어가고 있는 상황을 고스란히 보여주었다. 그 말은 먼 길을 갈 운명이었다.

이처럼 이 시기에 왕의 의지와 실수가 뒤섞인 결과, 아무것도 기존의 제도를 대신하지 못한 상태에서 전통적인 군주정은 사라졌다. 전국신분회 소집에 관한 문제가 하나도 결정되지 않은 상황에서 체제의 형태는 전국신분회에 의존하고 있었다. 국민의 신뢰를 받는 재무대신의 손에 정부의 목숨이 달려 있었다. 프랑스는 1789년 이전에 '혁명'을 겪기 시작했다. 그 증거를 제시하라고 한다면, 비록 내키지 않지만 지나고 보니 1791년 9월 30일에 왕이 받아들인 헌법과 프랑스인이 하나가 되었음을 확인하고, 1788년 5월 1일 이후에 자행한 난폭한 행위를 모두 사면한 것을 그 증거로 제시할 수 있다. 브리엔과 라무아뇽을 상대로 싸우던 순간에 체제의 변화가 시작되었지만, 국민은 당시를 그렇게 기억하지 않았다.

"제3신분과 나머지 두 신분의 전쟁이다"(말루에)

네케르는 권력이 뒷걸음친 것을 받아들였다. 그는 정치클럽의 활동을 놔둔 채 여론의 힘을 인정했다. 정치적으로 완전히 새로운 사교성이 생겼다. 카페는 당시의 주요 문제를 대중에게 널리 알린 수천 가지 소책자를 근거로 활발히 토론하는 장소가 되었다. 1771년에 모푸와 고등법원들의 대립문제를 다룬 중상비방문을 당시 상황과 접목하려는 의도로 재발간하기도 했다. '애국자' 또는 '귀족'의 투사들이 진정한 선거운동을 시작하고 독려했다. 오를레앙 공작 소유인 팔레 루아얄에는 [과격파] '앙라제 클럽'을 받아들여 비난을 받았는데, 고등법원 판사

아드리엥 뒤포르Adrien Duport가 조직한 협회도 1788년 1월부터 거기에 모였다. 곧 '30인 협회Société des trente'로 알려진 이 단체에는 자유주의 귀족, 오를레앙 공작의 측근, 예전 대신들의 지지자, 특히 미라보와 콩도르세처럼 대조적인 인물로 통하는 사람들이 모였고, 제3신분 대표의 수를 두 배로 늘려야 한다고 주장한 법학자 타르제Target의 논점을 지지했다. 대부분 귀족인 반대자들도 결집했는데, 브르타뉴·프랑슈 콩테·부르고뉴 출신이 많았고, 자신들의 주장을 관철시키려는 목적의 압력단체 노릇을 했다.

1788년 9월 21일, 파리 고등법원은 1614년의 방식대로 제3신분 대표를 두 배로 늘리지 않고 모여야 한다는 의사를 밝혔다. 프로방스 백작comte de Provence과 오를레앙 공작을 제외한 왕족과 일부 귀족은 왕권 강화에 반대하면서 '귀족주의자' 편에 가담했다. 궁중이 반격하기가 더 쉬워졌다. 마리 앙투아네트는 실제로 자신을 '제3신분의 왕비'라고 선언했다. 네케르는 제3신분 대표의 두 배 증원을 결정하게 만들고, 종교인의 경우 사제·보좌신부·고위직을 동등한 비중으로 뽑도록 선거를 조직했다. 곧 나타난 결과는 주교가 전국신분회 대표로 뽑힐 가능성이 낮아지고, 대성당 참사회원이 배제되고 대표가 될 수 없게 되었다는 것이다. 국고 지원을 받는 풍자문 작가들은 '특권층'의 이기주의를 고발했다. '현실'의 나라는 한 줌의 귀족주의자가 이끄는 과두정에 반대한다는 개념을 퍼뜨렸다. 이렇게 해서 1788년 12월에서 1789년 1월 사이, 왕과 네케르는 주도권을 잃을 염려가 없게 되었다. 그들은 전국신분회 선거를 규제하는 글을 네 편 작성하고, 전국신분회의 입법 활동을 계획했다.

앞으로 몇 년 동안 나라를 운영할 정치적 틀이 자리 잡았다. 정치문화에 담긴 여러 원리가 책략과 계산을 만나 술책과 야망을 낳았다. 변화와 수구주의, 전체 이익과 개별 이익의 대립, 덕과 특권의 흑백 논리로 무장한 양측이 토론을 벌이면서, 몇 년 전부터 물려받은 공동재산을 즐겁게 파헤치고, 아직 분명히 정의를 내리지도 않은 '인민', '국민nation', '주권자/통치자souverain' 같은 낱말을 함부로 썼다. 대립하는 사람들은 자신은 그렇게 하지 못하면서도 낱말의 의미를 명확히 하고 범위를 한정해보라고 상대를 다그쳤다. 사회지도층은 물론 '자연스러운' 지도자라는 여론도 약점을 드러냈다. 그들은 분열을 극복하고 분명한 해결책을 내놓지 못했기 때문에 추종자들을 실망시켰으며, 경쟁자를 등장시켜 경쟁에 불을 붙였다. 당시 역사를 이렇게 설명한다고 해서 사건의 중요성을 깎거나 역사적 과정을 폄훼할 뜻은 없다. 프랑스는 정치적 무중력의 첫 순간을 지나고 있었으니, '혁명의 진행'을 제아무리 직선적이고 구체적으로 설명한다 해도 별 소용이 없다. 고대, 르네상스, 또는 계몽주의의 산물이 될 만한 정치, 또는 이념의 '기구'가 먼저 존재한 적도 없으며, 사건을 통제할 수 있는 조직도 없었다. 모든 프랑스인은 지난 1세기 동안 단련한 사상을 혼합하고, 집단기억과 케케묵은 증오심으로 격해지고, 중등학교와 수도원의 교육으로 형성된 정치문화의 거대한 국솥에서 헤엄쳤다.

두 가지 논문이 이처럼 불확실한 상황을 증언했으며, 굉장한 반향을 불러일으켰다. 애국파에 확실히 발을 디딘 시에예스 신부는 오를레앙 공의 측근이었고, 『제3신분이란 무엇인가?』를 써서 귀족이 국민의 대표성을 가로챘다고 고발했다. 그는 귀족을 원래대로 "프랑코니아의 숲으로" 되돌려 보내자고 제안했다. 그는 귀족의 '프랑크족' 피가 평민의 '켈트족' 피와 다르다는 케케묵은 논쟁을 다시 끄집어냈다. 그는 제3신분의 요구를 정당화하면서도 '인민'과 혼동할 의도는 없었다. 시에예스가 귀족의 합법성을 부인하듯이, 그들의 자격을 인정하지 않는다면, 그 결과는 아주 위험할 것이다. 귀족 가문에서 상속권이 없는 차남 이하로 태어난 앙트레그가 쓴 『전국신분회의 권리와 소집 방안』은 전통 귀족, 절대군주의 신권神權을 공격하고 헌법과 국민의 역사를 옹호하는 불쏘시개였다. 기존의 단체와 동업자조합을 옹호한다는 명분의 급진적 비판은 확실히 '애국적' 계획의 성격이지만, 마지막에는 옛날부터 [어떤 지위의 사람들이 누리는 특권에 가까운] 자유들 libertés을 옹호하는 반혁명의 길을 예고했으며, 훗날 앙트레그는 거기서 중요한 역할을 맡는다. 난봉꾼, 부패한 이기주의자뿐인 귀족을 '기생충 집단'으로 비난하는 운동이 이렇게 발달했다. 브르타뉴·푸아투·프로방스 같은 지방에서 논쟁은 잔인한 양상을 띠었다.

지사들은 왕의 정책 변화를 어렵게 따라가고, 전국 대다수 고등법원이 투쟁을 하고 있을 때, 단일 구호를 중심으로 나라를 통합하는 정치화가 발판을 다져나갔다. 귀족과 평민, 아니 차라리 '귀족주의자'와 '애국자', 다시 말해 사회와 제도의 변화에 대한 계획을 조금씩 자기 것이라고 생각하는 집단들이 더욱 대립했다. 이처럼 사태가 급진 전하는 대표적 사례를 브르타뉴에서 찾을 수 있다. 1789년 1월 27일, 브르타뉴의 세 신분이 모였을 때 격렬하게 대립했다. 신분 간의 불평등이 아주 컸다. 모든 귀족은 신분회 참가 자격이 있었는데, 평민은 최대 마흔세 명만 참가할 수 있었다. 브르타뉴에서 전국신분회 제3신분 대표의 두 배 증원을 지지하는 사람들은 지방신분회가 솔선수범해야 한다고 주장했다. 의견 충돌로 싸움이 벌어져 세 명이 죽었는데, 그중 두 명이 귀족이었다. 그들의 싸움은 이내 크게 번졌다. 전통 귀족은 짐꾼과 서민들의 도움을 받았고, 반대편은 법학부 학생, '부르주아' 계층, 안락한 중산층이었다. 이들의 일부는 신흥 귀족이었다가 얼마 전에 잔인하게 평민으로 되돌아간 사람들이었다.

이처럼 단순히 귀족이나 특권층이 평민과 대립했다고 볼 수는 없다. 한편에 최고 권력자부터 극빈자까지 상하 위계질서의 유기체 사회의 성격을 보여주는 사람들, 다른 편에 중간 성격의 집단들에 속한 사람들이 나뉘어 전보다 더 유동적이고 '민주적'인, 지식과 돈의 경쟁에 개방적인 사회를 만들었다. 수구주의를 대표하는 귀족은 현실적으로 증오의 대상이었다. 엑스 앙 프로방스에서도 미라보를 둘러싸고 비슷한 종류의 갈등이 있었다. 미라보는 진정한 폭동을 통제할 인물이라는 이유로 전국신분회 제3신분 대표로 뽑혔다. 앙토넬·당드레 d'André·코탱 같은 사람들이 이러저러한 이유로 제2신분 대표가 되지 못했다는 것도 전혀 놀라운 일이 아니다. 르샤플리에Le Chapelier와 미라보는 제2신분에 과격하게 등을 돌렸지만, 적어도 초기에는 혁명에 우호적이었다.

마르세유는 1789년 초에 프랑스를 휩쓴 봉기의 대표적 사례였다. 곡물 폭동과 반란이 기승을 부렸다. 1월에 적어도 11회, 2월에 16회, 3월에 99회, 급기야 4월에는 500회나 일어났다. 민중봉기의 성격은 바뀌었다. 군중은 명사들의 인신과 재산을 직접 공격하면서 사회적 조치를 취하라고 다그쳤다. 특히 생필품 가격을 올바로 매기고, 지방세를 폐지하고 사치품에 세금을 매기거나 정치적 조치를 할 것이며, 지방자치 회의에 동업자조합과 장인의 대표를 참석시키는 조치를 내리라고 종용했다. 군사력으로 도저히 질서를 바로잡지 못하자, 마르세유에서는 미라보같이 인정받은 지도자들이 나서거나 몽펠리에·렌·마르세유 같은 곳에서는 최후 순간에 민병대를 조직해서 질서를 잡았다. 마르세유에서는 5월 14일에 무력으로 겨우 왕권을 회복했다.

4월 27일과 28일, 파리에서 엄청난 폭동이 일어나 앙리오Henriot와 레베이용의 목숨까지 위협하고 공장과 집을 파괴했다. 단지 레베이용의 말실수 때문에 일어난 일이었을까? 이 명민한 자수성가형 사업가는 벽지 제조 기술의 정점에 오르고 사회적으로도 성공했지만, 노동자의 임금을 삭감할 가능성을 언급했다는 소문이 있었다. 또는 전통적 공방의 노동 관습과 생활을 파괴한 산업자본가를 반대하는 민중봉기였던가? 또는 오를레앙 공작의 일파가 정치적으로 조장한 폭발이었던가? 모든 벽보에서 '제3신분'에게 도와달라고 호소하는 문구를 어떻게 이해해야 좋을까? 이 봉기에서 적어도 150명, 아마 300명까지 사망했으므로 이러한 질문에 정확히 답하기란 앞으로도 어려울 것이다. 가혹하게 진압했지만, 프랑스 수비대는 임무를 정확히 수행하지 않았다는 당국의 비난에 거부감을 느꼈다. 몇 사람을 감옥에 가두었고, 파리의 공공질서는 더욱 심하게 붕괴하면서 마치 프랑스 전체의 질서가 무너진 것 같았다. 왕과 소수의 대리인들은 정규군만 믿고 시위대를 진압하는 일을 맡길 수밖에 없었고, 그사이 새로 떠올라 정통성을 인정받는 권력의 편에 다른 세력들이 집결했다.

5월 4일 전국신분회가 베르사유에 모였을 때, 오드의 리무에서 봉기가 일어났다. 지방자치단체 사무실에 폭도가 들이닥쳐 법의 정통성을 부정하면서 공정가격제를 요구했다. 이 사례는 나라가 전혀 생소한 길로 들어섰음을 보여준다. 일상의 틀을 더는 존중하지 않고, 공권력은 질서를 회복할 힘을 잃은 채 전국신분회 대표들, 또는 투사들의 집단에 속한 '선거인단'의 새로운 주역들에게 도움을 청하는 지경에 이르렀으니 가히 혁명에 견줄 만한 사태라 할 수 있다. 선거인 회의에 참여한 개인들은 사실상 이러한 책임에 자부심을 느꼈고, 전국신분회를 어느 정도 새로운 정치체제로 받아들이는 태도를 보여주었다. 르페브르G. Lefebvre의 『대공포la Grande Peur』에서 출발해서, 우리는 이 운동이 근본적으로 1787년부터 시작했으며, 프로방스에서 피카르디와 에노까지 퍼지고, 파리 인근 지방과 베르사유로 번지고 나서 7월 7일경 리옹에서 군중이 입시세와 공정가격제에 항의할 때까지 어떻게 전파되었는지 쉽게 알 수 있다. 예를 들어 오른에서는 촌민이 수백 명씩 무리를 지어 불복종과 납세 거부 운동을 벌였는데, 때로는 지방의 명사가 그들을 이끌기도 했다.

그러나 대다수 프랑스인은 시에예스가 쓴 유명한 소논문의 논지와는 달리 세 신분을 확실히 결합하려고 노력했다. 폭동의 표적들은 국민의 통일을 거부했기 때문에 낙인찍혔다. 오를레앙 공작을 위시해서 전통 귀족과 신흥 귀족 가운데 앞으로 정치경력을 쌓는 길로 들어설 사람들이 '애국자' 편에 섰다. 불화의 불덩이가 논란의 여지 없이 존재했고 갈등을 일으켰으나, 1789년과 1790년을 넘어서 1791년까지 국민의 가족이라면 항상 화합을 추구해야 했다. 따라서 운명론자나 마르크스주의자처럼 가난과 피할 수 없는 긴장을 강조하는 가르침과

거리를 유지하는 대신, 루소의 이념에서 전체주의의 낌새를 찾아내는 정치클럽이 선동한 소요를 비판하는 사람들의 말에 귀를 기울여야 한다. 1789년의 프랑스는 화목한 가족을 고상하게 재생하려는 사람들의 희망에 심각한 위기를 안긴 해였다. 사건을 하나씩 짚으면서 이상향을 건설하는 일이 실패한 이유를 설명해야 한다. 프랑스인의 모든 집단이 다소 '혁명적'인 수단을 써서라도 다른 집단보다 더 빨리 이상향을 회복하려는 기대의 차이 때문에 실패했던 것인가? 여론은 결코 멈춘 적이 없었고, 재생의 길은 큰 흐름을 탔으며, 잇달아 일어난 사건이 잔인하게 발달하고 사람들의 주장이 예상치 못하게 급진화하면서 난관에 부딪혔다는 것은 확실하다.

정치와 조세의 혁명

진정서 작성은 국민을 추구하는 모습을 보여주었다. 왕은 전국신분회 대표를 지명하는 조건을 확정하면서 진정서를 요구했다. 진정서는 왕국의 가장 오래된 제도에 속한 것이지만, 우리는 앙시앵레짐 정치문화의 마지막 증거이자 혁명을 예고하는 문서로 받아들인다. 그런데 진정서를 작성할 필수적인 모임을 혁명기 최초 '민주적' 선거로 구성했다고 이해하는 경우가 있다. 이 두 가지 해석을 조화시킬 수 있을까? 무엇보다도 진정서는 전통문화의 전달자로서 완전한 권리를 상징했다. 전국에서 세금, 곡식 유통, 영주의 압제, 종교갈등의 일상적인 문제와 함께 국경 지대에 병사들이 주둔하면서 일으키는 문제도 언급했다. 진정서를 작성한 사람은 주로 지방의 중간자로서 영주들의 하수인이거나 투표권을 얻으려고 나선 마을 사람이었다. 다수의 진정서는 그 지방에서 본보기로 삼는 표준 진정서를 단순히 베끼고 필요한 경우 특수한 감수성을 담아 작성했다. 단 한 가지 예만 든다면, 오를레앙 공작의 주위에서 쇼데를로 드 라클로Choderlos de Laclos와 시에예스가 활동하던 집단이 나라 안에서 가장 많이 참조한 진정서를 작성했다. 어떤 경우에도 진정서에서 앞으로 일어날 사건의 실마리를 찾으려는 것은 별로 합리적이라 할 수 없다. 단지 진정서를 작성할 때의 조건에 먼저 관심을 가져야 할 것이다.

진정서는 선거인 회의가 아니라 소교구 지역사회 주민들의 모임, 즉 일상생활의 긴급 현안을 다룰 때 반드시 필요한 '총회généraux'에서 채택했다. 총회에는 25세 이상의 납세자 주민이 모였고, 여성도 가장으로 인정받으면 참석할 수 있었다. 참석률은 30~75퍼센트였고, 가장 작은 지역사회의 경우에는 전원이 참석했다. 바이아주에서 남성 후보를 뽑은 뒤 그들 중에서 또 한 번 투표로 베르사유에 갈 대표를 뽑았다. 엄밀한 의미로 그들은 당선인élus이라 부를 수 없으며, 위임자들의 믿음을 얻은 대리인représentants이었다. 수많은 지역사회는 아주 '정치적'인 틈이 생기면서 단박에 갈라졌다. '귀족주의자'나 '애국자'를 선택하면서 이제부터 정치문화가 영향을 끼치기 시작했음을 보여주었다. 새로운 발언 공간이 열렸고, 아무도 주목하지 않았지만, 여태까지 한 번도 듣지 못한 주장이 나오기 시작했다. 발언자들은 지역과 나라를 위해 어떤 역할을 해야 한다고 느꼈고, 몇 년 뒤에는 그 역할을 빼앗길 수 있다고 상상도 하지 못했다. 귀족과 평민이 함께 조직한

30인 협회의 '애국자들'은 제3신분 말고도 다른 신분들의 지지를 받기로 결심하고 국민통합을 적극적으로 앞세웠다. 지도층 '애국자들'은 이미 인간의 평등과 자유사상을 깊이 연구하고 있었다. 대립이 활발히 일어날 수 있는 분위기였다. 파리에서 도시와 직능별 대표를 뽑는 유세가 벌어졌을 때, 귀족은 대다수가 신분별 투표를 고집했기 때문에 대표단 선출이 늦어졌다. 그 바람에 전국신분회 개최일이 3주나 지난 뒤에야 선출을 끝마칠 수 있었다. 한편 '자유주의파' 귀족과 '귀족주의파' 귀족은 여러 차례 대립하고 거의 결투로 해결책을 찾아야 하는 지경까지 갔다. 브르타뉴와 푸아투의 귀족은 이미 모든 변화에 반대했고, 전국신분회에 대표를 보내는 일을 간단히 거부하면서 반혁명의 길을 열었다.

왕이 상황을 정리할 마지막 해결책으로 여기던 전국신분회의 소집 절차는 분명히 전통을 따랐다. 1789년 5월 2일, 왕은 신분별로 아주 다른 절차에 따라 종교인·귀족·제3신분 대표를 맞이했다. 종교인을 맞이할 때는 문을 닫았고, 귀족은 문을 열어놓고 맞이했으며, 제3신분은 왕 앞에서 열을 지어 행진하게 했다. 더욱이 제3신분은 일제히 검은 옷을 입었다. 제아무리 부자라 할지라도 고위 종교인이나 귀족의 의상과 아주 거리가 먼 소박한 옷을 입었기 때문에 전통적 서열사회의 시선으로는 보이지 않는 존재가 되었다. 5월 4일, 전국신분회 개최를 기념하는 미사에서 낭시 주교 라 파르La Fare는 지나친 사치와 계몽사상가의 비판정신을 지적했지만, 대표들은 고위 귀족이 가장 좋은 좌석을 차지하느니 마느니 따질 때, 제3신분은 또다시 정신적 상처를 입었다. 5일, 정치적인 개최일에도 행진과 자리 배치에서 차별은 또 나타났다. 왕이 대신들을 거느리고 행진하면서 전국신분회가 단지 조세 규정을 정하는 역할만 할 것임을 상기시켰기 때문이다. 대표들은 막중한 역할을 맡을 것이라고 기대했고, 의원들이 베르사유에서 자기 고장으로 정기적으로 보내주는 소식에 유권자들의 기대도 한껏 부풀어 있었는데 왕은 그들에게 최소한의 역할만 주려고 했으니, 양측의 생각은 상당한 거리가 있었다. 왕·궁중·정부는 정치화가 나라를 얼마나 바꾸었는지, 그래서 인민이 자신들에게 몇 달 전과 다른 태도를 요구하고 있다는 사실을 제대로 알아채지 못했다. 미국 대사 거버너 모리스Gouverneur Morris는 1789년 4월에 이미 "자기네가 한 일에 놀란 몇몇 사람이" 시작한 혁명이 진행 중이라는 사실을 알아차렸다.

투사들의 조직은 분명히 이러한 변화와 관계가 있지만, 1789년 9월이나 10월이 되어서야 비로소 국민의회 안에서 원칙을 둘러싸고 정치적 분열이 일어나 진정한 파벌이 생겼다. 애당초 예상했던 대표 1,177명이 전부 전국신분회에 참석하지는 않았지만, 전국신분회가 자리 잡을 때까지 오래 걸렸다. 수많은 사람이 조금씩 도착했고, 레위니옹 섬에서 파견한 대표처럼 바다에 빠져 죽고 다른 대표로 대체되는 경우도 있었다. 당장 5월 5일에 자기 임무가 막중하다는 사실을 잘 아는 대표들은 왕이 그날의 현안에 대해 언급하지 않는 것에 충격을 받았다. 특히 왕이 제3신분 대표를 두 배로 늘리고, 하위직 사제들이 주교와 수도원장을 대체하도록 조직했는데도 투표방식을 결정하지 않았기 때문이다. 신분별 투표인가, 개인 투표인가? 또 다른 문제도 아직 결정 나지 않았다. 대표들의 자격심사를 신분별로 할 것인가, 한꺼번에 할 것인가? 자기 견해를 강요할 계책을 찾고 있던 정부는 분명히 기술적인 문제임에도 대답을 하지 않았다. 그것은 걸림돌이 되었다. 신분별 모임과 회의장을 구별해서 나눠주는 일도 제대로 준비하지 않았다. 제3신분 대표들은 충분히 넓은 장소가 없었기 때문에 므뉘 플레지르Menus-Plaisirs 궁의 회의실을 썼다. 그곳은 전체가 결정할 일이 있을 때 다른 신분 대표들도 합석할 수 있을 만한 장소였다. 이처럼 기대하지 않던 곳에 자리 잡은 제3신분은 모든 제도의 미래를 토론할 때 핵심 역할을 맡았으니, 이 또한 역사의 장난이었다.

대표의 자격을 심사한 후에 토론을 시작할 수 있었기 때문에 총회만이 문제의 해결책을 내놓을 수 있었다. 단박에 그것은 명사회와 심지어 고등법원보다 훨씬 더 중요하고 정통성을 갖추었다는 사실을 보여주었다. 거꾸로 추론해서 6월 4일, 왕세자가 죽었을 때 공식적인 장례식을 하지 않았다는 사실을 왕국의 상징적인 균형이 이미 바뀌었다는 증거로 내세울 수 있다. 따라서 국가의 인품인 루이 16세를 계승해야 할 사람을 위해 어떠한 의식도 거행하지 않았다. 게다가 왕과 가족은 주교와 대귀족의 조문 인사를 받았지만 제3신분의 대표단은 거부했다. 전국신분회는 이처럼 단순하지만 협상하기 어려운 대결 국면으로 끌려들어갔다.

6월 10일, 제3신분이 영국을 본받아 '하원Communes'을 자처하면서 다른 두 신분에게 의원들의 자격심사를 함께하자고 '초청'했을 때 막판 대결이 시작되었다. 12일부터 출석조사를 시작하고, 이튿날부터 몇몇 사제가 합세하기 시작해서 16일에 점호가 끝날 때까지 모두 열다섯 명 정도가 제3신분과 함께했다. 17일, 제3신분은 시에예스의 표현을 빌려 "최소한 국민의 96퍼센트"를 대표해서 국민의회를 선포했다. 이는 찬성 491표, 반대 90표로 결정한 일이며, 귀족은 소수파 자유주의자를 빼고 투표를 거부했다. 국민의회〔국회〕를 설립하는 순간, 〔신분회 대표들은 국회의원이 되었고〕, 의원들은 반역자나 모험가가 하나도 없는 상태에서 의회정치를 시작하는 정치혁명에 성공했다. 사건들의 압력 또는 사태가 시에예스, 그리고 귀족에게 아주 적대적인 브르타뉴 의원들의 주장에 힘을 실어주는 방향으로 여론을 변화시켰다. 이렇게 초기에는 정치적 급진성이 보였지만, 전반적인 풍토에는 영향을 끼치지 못했다. 그 결과, 반대자들도 대거 결정에 동참하고 모두가 다른 신분들과 통합을 기대할 수 있었다. 국회는 〔뤼티의 말대로〕 "지금부터 국가의 채권자들은 프랑스 국민의 명예와 충성의 보호를" 받을 수 있다고 엄숙히 선언하면서 제도적 영역을 전부 차지했음을 확언한 것도 사실이다. 1789년 6월 17일, 실패한 왕을 국민이 대신하면서 재정 위기의 해결책을 찾았다.

부주의로 일어난 혁명

이틀 뒤, 중구난방으로 토론을 마치고 나서 종교인들이 149대 137로 국회에 합류하기로 결정했다. 그러나 귀족 대다수와 특히 왕은 저항했기 때문에, 적대 세력을 '애국자'와 '귀족주의자'의 양극으로 재편했다. 방금 무슨 일이 벌어졌는지 이해하지도 못한 왕은 6월 20일에 므뉘 플레지르 궁을 잠그라는 명령을 내려 본의 아니게 의원들을 반발하게 만들었다. 거기서 멀지 않은 죄드폼Jeu de paume 실내운동장에 의원들이 모여 프랑스 헌법을 제정하겠다고 맹세하면서 통치자에게 더는 충성하지 않겠다는 의지를 보여주었다. 역사적으로 이 맹세는 국민과 지도자를 하나로 만드는 협약을 체결하는 행위로 남아 있다. 그러나 이 상황을 볼 때, 맹세는 전통으로 되돌아가는 행위가 아니라 국민의 대표인 의원들이 왕과 별도로, 심지어 왕에게 대립하면서 자기네끼리 연계하는 행위의 시작이었다. 의원들은 "〔우리가〕 모이는 곳은 어디건 국회다"라고 다짐했기 때문이다. 그러나 그들은 순순히 맹세하지 않았다. 마르탱 도시Martin Dauch 의원 단 한 명이 압력에 굴복하고 맹세하지 않았기 때문에 모든 이의 비난을 받았다. 의장 바이이Bailly는 폭행당할 그를 보호해주었다. 반대자를 배척하는 일이 흔해졌다.

6월 23일, 왕이 의원 총회에서 군주정의 질서를 회복하고, 조세개혁과 사회개혁의 요구를 모두 수용하면서 국회를 해산하고자 했을 때, 화해할 수 없을 만큼 사이가 벌어졌다. 왕국의 '옛 헌법'을 인정하면서 귀족주의자들에게 양보하고, 그 사실을 입헌군주정에 집착하는 반혁명 '헌장'으로 삼는다고 해도 이미 늦었기에 소용없는 일이 되었다. 고등법원을 길들일 때 쓰던 관행을 본받아 일종의 '친림법정'을 의원 총회로 위장했지만, 그날도 제3신분 의원들의 회의장 입장을 늦춰 모욕한 뒤에야 회의를 열었으니 완전한 실패였다. 의원들은 의전 담당관이 요구한 사항에 복종하기를 거부하고 해산하지도 않았다. 미라보가 의원들은 총칼로 위협해도 자리를 지키겠다고 말한 것에서 볼 수 있듯이 갈등이 불거졌다. 이튿날 귀족 신분이 분열했다. 소수파 자유주의자 귀족은 격렬한 욕설을 듣고, 몇몇 의원이 칼을 뽑으려 하는데도 국회에 합류했다. 26일, 파리 '선거인단'은 전국신분회 대표 선출을 끝마친 직후에도 계속 모였다. 이것은 불법이었지만 다른 지역의 선거인단도 다수 그렇게 하면서 역시 불법행위임에도 정치에 개입해서 국회의 활동을 공식 승인했다. 따라서 국민이 국회를 승인한 격이었다. 27일, 왕은 뒤로 물러나고 모든 의원이 국회에 참석하라고 명령했다. 제3신분의 승리인가, 아니면 왕의 계산인가? 28일과 29일, 파리와 베르사유 주민은 "프랑스 제국이 경험한 가장 위대한 혁명"을 축하했다. 그러나 귀족은 모멸감을 안고 저항하기 시작했다. 그들은 지속적으로 더욱 강하게 저항했다.

비록 구체적인 정치적 계획표를 가지지 못했지만 풍토가 점차 바뀌면서 사회적 경쟁관계와 요구사항이 새로운 사고방식에 속하게 되었다. 6월 30일, 리옹에서 신분회 소집을 기리는 축제가 열렸을 때, 제3신분의 승리를 강조하려는 사람은 물론 입시세와 간접세 폐지를 기다리는 사람들이 반대했다. 그들은 서로 싸우고 폭동을 일으키고 입시세관 울타리에 불을 지르면서 닷새 동안 리옹을 뒤흔들었고, 결국 용기병과 스위스 용병들에게 진압당했다. 정치적 변화가 저항을 불렀다. 제3신분의 이름이건 또는 왕의 이름이건, 모든 집단이 세금·소작료·부과금은 물론 비둘기 사육장 소유권을 견딜 수 없다면서 거부했다. 그리하여 노르망디·프랑슈 콩테·부르고뉴 같은 지역에서 반란의 물결이 일었다. 아주 막연한 희망이 음모의 두려움과 뒤섞이면서 더 큰 근심을 낳았다. 의원을 선출하려고 모였던 '선거인단'은 해산하지 않고 위원회별 집단으로 남아 있으면서 모든 일에 무장 세력을 동원했다. 정치적 공백이 생길 때마다 반란이 일어났는데, 이제부터는 나라 안에 돌아다니는 정치적 담론에 물들었다. 정치적으로 나

파드칼레
아라스 두애
솜
노르
아미엥
센 앵페리외르
엔 아르덴
루앙 랑 메지에르
우아즈
모젤
보베 메스
외르 센 에 우아즈 마른 뫼즈
바랭
망슈 에브뢰 파리 살롱 바르르뒤크 라 뫼르트
스트라스부르
캉 베르사유 센 에 낭시
칼바도시 샤르트르 마른
오른 믈룅 보주
피니스테르 생브리외 일랑송 오브 에피날 콜마르
콩페르 코트 뒤 노르 욘 트루아 오트마른 쇼몽 오랭
모르비앙 메옌 외르 에 루아르 오세르 오트손
렌 라발 루아레 디종 브줄 브장송
반 르망 오를레앙 코트 도르
일 에 빌렌 앙제 블루아 셰르 니에브르 두
루아르 앵페리외르 투르 루아르 에 셰르 느베르 쥐라
낭트 앵드르 에 루아르 샤토루 부르주 물랭 손 에 루아르 롱르소니에
방데 비엔 앵드르 알리에 마콩 앵
되세브르 푸아티에 부르
퐁트네 르콩트 오트 크뢰즈 론 에 루아르
니오르 비엔 게레 클레르몽 페랑 리옹
샤랑트 리모주 퓌드돔
앵페리외르 샤랑트 코레즈 이제르
생트 앙굴렘 페리괴 튈 캉탈 그르노블
도르도뉴 생플루르 오트 루아르 로망
르퓌 프리바 가프
보르도 로 로제르 아르데슈 드롬
지롱드 로 에 가론 카오르 로데즈 망드 디뉴
아장 아베롱 가르 바스잘프
랑드 제르 타른 님
몽 드 마르상 오슈 카스트르 몽펠리에 부슈 뒤 론
나바랑스 툴루즈 에로 마르세유 바르
바스피레네 오트가론 카르카손 툴롱
타르브 푸아 오드
오트피레네 아리에주 페르피냥
피레네조리앙탈

코르시카

아작시오

1789년의 국경
도 경계
• 중심도시

1790년 프랑스의 83개 도.

귀족주의자들을 사냥하다.

온건파의 눈에 비친 부이예 장군은 왕 측근의 악당이므로 그 모습도 몹시 흉측하게 묘사되었다.

귀족 작위 폐지, 허영을 불태우자.

세 신분이 모두 힘을 합쳐 열심히 만들고 있는 1791년의 새 헌법.

몽둥이찜질을 당하는 고리대금업자.

바렌의 촌장 소스의 집으로 몰려든 애국자들이 왕을 알아본다.

바렌 주민들이 왕의 마차를 붙잡고 있는 사이에 국민방위군이 도착한다.

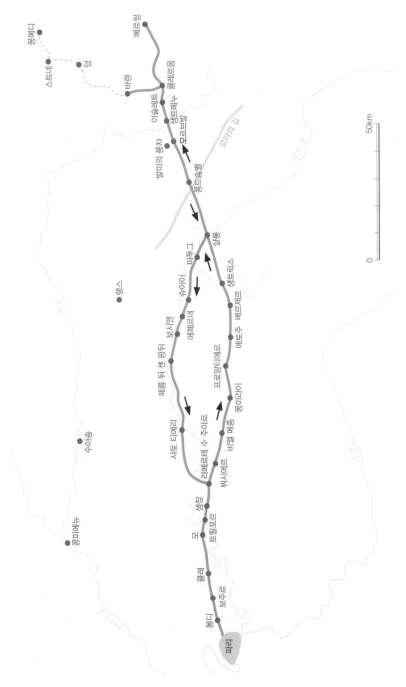

루이 16세의 도주로: 파리에서 바렌, 바렌에서 다시 파리로.

궁에서 몰래 도망친 왕을 배반자로 성토하는 사람들.

국회의원들이 왕의 도주에 대해 쑥덕거리는 모습을 묘사한 영국인 제임스 길레이James Gillray의 희화.

아갈 길을 정해야 했기 때문이다.

국회는 헌법위원회를 설치한 뒤 7월 9일부터 '제헌의회'라는 이름을 썼다. 이러한 이름을 추가한 것은 1788년 말부터 '헌법제정 constituants'의 권한과 '헌법상constitués'의 권한을 구별하자고 주장하던 시에예스가 마침내 승리했음을 뜻했다. '헌법상'의 권한을 가질 경우, 단지 기존 법률의 틀 속에서 법률을 제정할 뿐이다. 그러나 전자의 경우는 주권의 이름으로, 다시 말해 국민한테 헌법을 개정할 수 있는 정통성을 부여받았다. 이렇게 방금 생긴 단절의 성격은 무엇이었던가? 일부 의원들은 그것을 진정한 '혁명'으로 보았지만, 훨씬 다수는 6월 17일부터 결정한 사항의 논리적 연장이며, 특히 국회에 무력으로 개입하는 위협에 저항할 수 있는 필수적 보호장치로 생각했다. 그때 의원 수백 명이 파리를 떠나 선거인들에게 돌아가 있었는데,[3] 그들은 절대군주정 대신 추천하던 헌법을 제정할 가능성이 마침내 열렸다고 생각했다. 불을 가지고 놀던 우파 의원들은 왕이 국회를 소집했기 때문에 혁명적 성격의 위협을 대표할 수 있는 처지가 아니라는 사실을 상기시켰다. 새로운 사회적 규칙을 만들려는 정치적 의도가 개인과 재산의 보호를 제쳤고, 종교나 관습상의 합법성에서 완전히 해방되었다. 세간의 말처럼 프랑스는 '헌법제정권'과 관련해서 '사회의 자율적 설립auto-institution de la société'을 추진하려고 했던 것인가?

---

3   국회는 10월 6일 이후에 파리로 옮기기 때문에, 그들은 파리에서 자기 고장으로 돌아간 것이 아니라 베르사유를 떠났던 것이다.

1789년과 1790년 사이에 일어난 일만 봐도, 국내의 갈등과 바렌 사건[1791년 루이 16세의 도주]이 정세를 바꿀 것이라는 말을 충분히 의심할 만하다. 온갖 토론의 방향은 이미 수십 년 전부터 이어온 토론을 분명히 계승했고, '애국자', '입헌군주제 지지자', '귀족정 지지자', 일부 궁중 인사들까지 아주 이질적인 집단들의 지지를 받았다. 절대군주정의 원칙이 끊임없이 사회를 조직하고 있었기 때문에 국회는 '혁명'을 한다기보다 '재생'하는 일을 했다. 반대 세력이 왕정을 비난하고 일부 '애국자'가 그 구조를 바꾸려 했지만, 왕정을 폐지하기 바라는 사람은 거의 없었다. 그러므로 차라리 권력 앞에서 프랑스인이 합리적 태도를 보이고 가능한 한 동질성과 자율성을 더욱 강화했다는 논리를 앞세우는 편이 낫겠다. 정확히 이 순간 권력의 진공 상태가 발생했고, 국민통합만이 나라가 겪는 위기에 대처할 유일한 해결책이라고 생각하는 사람들이 자신들의 논점을 주장할 수 있었다.

당장 의원들이 이제는 별 의미가 없어진 신분과 상관없이 일상생활을 관리할 임무를 띠고 30개 위원회를 구성했을 때, 왕과 궁중 인사들을 포함한 반대 세력이 완전히 등을 돌렸다. 그들에게 새로운 규칙을 받아들이게 만들려면 [파리의 생선장수 아낙네들이 베르사유 궁으로 몰려가 왕 일가를 파리로 데려가는] 10월 사태까지 기다려야 했다. 그 당시에는 군대가 베르사유로 집결하고 있었는데, 특히 스위스 용병 부대가 1만 4,000명이나 되었다. 이렇게 엄청난 병력 이동을 사람들이 알아차리지 못할 리 없었다. 곧바로 불안해진 민심이 동요했다. 거의 설득할 수 없는 외국인 병사들은 절대군주정의 최후의 보루인 프랑스 수비대보다 우수했다. 그들은 프랑스 군주가 그때까지 네덜란드나 제네바에서 일어난 혁명을 진압하던 외국 통치자들과 관계를 맺고 있다는 사실을 잊지 않게 해주었다.

진압의 두려움은 마치 귀족이 제3자의 '허세prétentaille'를 창문으로 내동댕이쳐서 숨통을 끊었다고 자랑하는 것보다 작은 환상에 지나지 않았다. 푸아투 출신 귀족 의원이 동향의 제3신분 티보도[4]에게 교수형을 당할 염려가 없다고 안심시켰다고 해서 각별한 위로의 말이었다고 보기는 어렵다. 아르투아 백작을 포함한 몇몇은 에스파냐 같은 외국으로 갔다가 군대를 끌고 되돌아오겠다는 말을 남기고 떠났다. 언어 폭력과 물리적 폭력은 모두 특정 진영의 전유물이 아니었다. 개혁의 반대자를 위협하고 공격하는 경우가 많았다. 한 예로 6월 23일에 왕의 편을 들었던 파리 대주교에게 군중이 야유한 사건을 들 수 있다. 이처럼 긴장한 상황에서 7월 11일에 왕이 네케르를 해임했다는 소식을 들은 사람들은 왕이 진짜로 정변을 일으켰다고 괴로워했다.

재무대신은 1년 전에 왕국을 구원할 사람으로 임명받았다. 이론의 여지 없이 그는 특히 채권자뿐 아니라 납세자까지 모든 백성에게 이행할 군주의 약속을 존중하는 정책의 보증인이었다. 처음에는 네케르의 해임 사실을 감췄지만, 사람들이 알게 되면서 왕이 주도권을 되찾았다고 이해했다. 파리 주민은 두려움에 사로잡혔다. 군대가 몽마르트르까지 파리를 폭격하고 약탈한다는 소문이 시내에 퍼졌다. 지난가

---

[4] 티보도René Hyacinthe Thibaudeau(1737-1813)는 푸아티에의 변호사로 일하다가 푸아투 제3신분 대표로 전국신분회에 갔다. 그의 아들(앙투안 클레르Antoine-Claire, 1765-1854)은 1792년에 국민공회 의원이 되었다.

을부터 거의 그치지 않고 병력을 보강하는 일이 일어나고 있었다. 6월 28일부터 파리의 '선거인단'은 법을 어기면서까지 시청에서 모였고, 파리 시장[5] 플레셀Flesselles의 감독을 받는 '집행위원회'를 발족했다. 그들은 거의 전 지역에 셀 수 없을 정도로 존재하는 것과 비슷한 권력 기구를 출범시켰다. 이들 대부분은 1794~1795년까지 존속했다. 확고한 의지를 가진 제3신분 지도자들은 팔레 루아얄로 피신해서 소유자 오를레앙 공작의 특수한 지위 덕에 신변의 안전을 보장받고 있었다. 마침내 레베이용 사건 이후 동요하고, 빵값이 계속 치솟아 여론이 나빠졌음을 민감하게 느끼고 있던 프랑스 수비대 병사들은 왕의 대리인들이 내리는 명령에 불복했다.

쌍방이 서로 겁내는 상황에서 랑베스크Lambesc 공작의 기병대가 7월 12일 튈르리 정원에서 산책하는 사람들에게 돌격했다. 시위대가 네케르와 오를레앙 공의 흉상을 들고 그곳에 나타났기 때문이다. 한 명이 다쳤는데 끝내 사망했다고 한다. 이 소식을 들은 사람들이 밤에 시위를 벌였다. 이 같은 반란의 양상은 1830년과 1848년의 '혁명'에서도 나타난다. 미래와 신용 붕괴를 걱정하는 도매상들은 종업원을 계약에서 해방시켰다. 그렇게 해서 불만과 시름이 가득한 개인들의 집단이 생겼다. 13일부터 파리에서 왕권의 상징에 적대적인 시위가 빈번히 일어났다. 사람들이 떼로 몰려다니면서 입시세관과 야경대 건

---

5   파리 시장의 정식 명칭은 상인대표prévôt des marchands인데, 명사들이 뽑은 후보자 세 명의 명단에서 왕이 한 명을 임명하며 임기는 6년이었다. 플레셀은 마지막 관선시장이었고, 7월에 파리 주민들은 국회의장을 지낸 천문학자 바이이를 초대 민선시장으로 뽑았다.

물에 불을 질렀다.

그 결과, 사기꾼과 밀수꾼들만 더 좋아졌다. 그들은 공사 중인 입시세관 울타리 벽을 허물고, 감옥도 강제로 부수고 들어가 민병대가 무장할 무기를 뒤졌다. 이 사건은 다음 날의 사건보다 덜 주목받았다. 그러나 파리의 상거래를 통제하는 입시세관 울타리 53개 중에서 40개를 파괴했다는 사실에 주목해야 한다. 이러한 파괴행위는 전례를 찾을 수 없을 만큼 권력을 맹렬히 거부했음을 증명한다. 13일의 사건은 정치적 성격을 띠지 못했다. 그것은 이튿날 바스티유 요새 정복 사건 이후에 생긴다. 시위대의 기대와 요구가 집권자의 정책 방향과 일치하지 않을 때 오해가 발생하고 바스티유 사건처럼 돌발적인 충돌을 일으킨다는 사실을 알 수 있다.

반란인가, 혁명인가?

중세부터 생탕투안Saint-Antoine 문밖을 위협하는 요새 이야기는 잘 알려진 대로다. 그것은 왕의 전제권과 옛날 봉건성의 상징이었지만, 저항하는 지식인을 주로 가두는 감옥이기도 했다. 1789년 7월에 죄수는 여드레 전에 사드 후작을 다른 감옥으로 옮긴 후 단 일곱 명만 남아 있었다. 퇴역군인들의 막사와 전쟁에 익숙한 스위스 병사들이 요새를 지켰다. 역사가들이 이러한 특성을 강조한 이유는 바스티유 요새 정복의 의미를 축소하고, 요새 사령관의 살해를 강조하려는 데 있었다. 사령관은 급변하는 상황에 적응하지 못했으며, 자신들이 정통성과 확실한 목표를 가지고 있는지도 확신하지 못하는 반란자들에게 간단한 약속조차 하지 못했기 때문에 학살당했다. 자신의 정통성과 목표를 확신하지 못한 시위대를 맞아 단지 병력만 지원했더라면 분명히 사령관 학살을 막을 수 있었을 것이다. 14일, 방화와 약탈로 밤을 지새운 뒤, 병력이 망설이고 개입하지 않을 때, 반란자들은 앵발리드Invalides[군원호원]를 뒤져 소총 4만 정을 나눠 들고 바스티유 요새로 달려갔다. 상황이 급변하고, 협상이 제대로 진행되지 않은 채 오해가 쌓였으며, 서로 총격을 벌이고 대립하면서 공격자가 100여 명을 잃었지만 유리한 상황을 맞았다.

사령관 로네는 반란자들에게 떼밀리다가 목숨을 잃었다. 공격자들은 이미 몇 달 전부터 폭력을 행사하던 예를 좇아 그의 머리를 잘라 창끝에 꿰었다. 플레셀도 사람들을 속였다는 혐의를 받고 비슷한 조건으로 살해당했다. 이때 필시 10만 명 정도가 무장한 채 '선거인단'의 통제를 받았다. 이들에게는 군사위원회가 있었기 때문에 2만 4,000명의 민병대를 조직할 수 있었다. 그중 6,000명은 프랑스 수비대 출신으로 봉급을 받았다. 한 달 전부터 지방자치단체나 '위원회'의 감독 아래 군사조직을 갖추는 일이 전국으로 퍼지고 있었다. 이제 대공포, 또는 평민과 귀족 사이의 긴장 때문에 군사조직을 갖추었다. 정규군과 비슷한 군사적 성격의 조직이 연계해서 프랑스를 덮었다. 그중에서 가장 유명한 조직은 '바스티유 정복자 부대compagnie des Vainqueurs de la Bastille'였는데, 생긴 즉시 정치적으로 중요한 역할을 맡았고 승진의 도구가 되었다.

바스티유 요새 정복은 전국에서 감지할 수 있는 긴장의 시기를 마감한 사건이다. 그것은 궁중과 귀족이 정변을 일으킬까 봐 두려워했기 때문에 발생한 사건이며, 그 대신 오를레앙 공작에게 특별히 유리한 정치적 음모의 소문도 퍼뜨렸다. 귀족주의자들은 이러한 폭동을 도저히 받아들일 수 없었고, 일신상의 안전을 보장받기 어렵다고 생각해서 이미 외국 망명을 준비했다. 며칠 전부터 조국의 적이라는 비난을 받고 있던 아르투아 백작, 콩데Condé와 콩티 같은 왕족은 사건이 일어난 직후 나라를 떴다. 당시 유럽은 프랑스를 주시했고, 바스티유 요새 정복을 보면서 계몽사상가들의 희망이 실현되었다고 생각하고 있었기 때문에, 그들의 망명은 〔소렐A. Sorel의 말대로〕 "1789년의 프랑스에서 가장 말도 안 되고 가장 치명적인 시대착오의 정치적이고 봉건적인 행위"였다.

그 후 몇 달 동안 파리의 사건을 본받아 피에몬테의 사부아와 심지어 러시아의 카렐리아에서도 폭동이 일어났다는 것이 그 증거다. 루이 16세는 군대가 주둔한 도시로 옮기라는 제안을 들었지만 가족끼리 토론한 뒤에 베르사유에 남기로 결정했다. 우유부단한 그는 내전과 무력 대결을 피하고 싶었다. 그는 명령을 내려 파리와 베르사유 주변의 병력을 뒤로 물러나게 하고 네케르를 다시 불러들였다. 끝으로 그는 7월 17일에 파리를 방문하고 바이이의 환영을 받았다. 유명한 천문학자로서 누구나 인정하는 과학자인 바이이는 전국신분회 대표로 뽑히고 '애국자' 편에서 이름을 날렸다. 그는 정치적 신념을 과시하려는 듯이 제3신분에게 강요한 검은 옷을 입었고, 왕이 도착했을 때 그 옷 덕에 영광을 차지했다. 7월 14일 사건이 일어난 다음 날, 그는 파리 '선거인단'이 구성한 코뮌의회에 참석해서 만장일치로 파리 시장이 되었다. 왕은 파리의 열쇠와 함께 그 상황에 맞게 파리의 색깔에 왕의 색깔을 합쳐 만든 삼색 표식을 받으면서 사실상 반란이 승리했음을 인정했다. 그 대신 루이 16세의 인기는 그 순간 무시해서는 안될 만큼 치솟았다. 군주정의 모든 희망이 되살아났다.

'적'은 궤멸하고 왕과 제헌의회가 합법성을 되찾았기 때문에, 당시 사람들이 말하듯이, 프랑스는 소수의 사망자 덕택에 국내외에서 '혁명'에 성공했던 것인가? 1789년 7월은 1771년에 시작하고 1787년 이후 되살아난 긴장이 끝나는 시점이었다. 통치자와 국민의 대표들의 통합이 위기의 해결책이 될 수 있었다. 그 반대로, 실제 일어난 일과 상관없이 비슷한 사건이 수없이 일어났다고 해서 이 사건을 신비스럽다거나, 게다가 스스로 신비화하는 힘을 가진 이야기라고 말해야 하는가? 바스티유 요새 정복은 나라의 쇠락을 막으려는 첫 번째 시도였다는 사실만은 부인할 수 없다. 권력 집단이 재정위기, 정통성의 상실, 폭력의 확산을 해결하는 데 실패할 때마다 새로운 지도층이 대신 들어섰다. '인민'은 6월 17일의 국회를 적극적으로 인정해주었다. 지지는 한 번으로 그치지 않았다.

6월 20일 이후, 각지의 '선거인단', 그리고 베르사유에 있는 의원들과 연계한 시민 집단들이 왕과 맞서는 국회를 지지하는 편지를 보냈다. 공식적인 순환계통과 나란히 소식의 유통망이 생겨나자 전국신분회 소집 이후 모여서 새로운 권위를 가졌다고 생각하는 투사들은 정통성을 확립했다. 6월 28일부터 퐁티비의 주민은 국회를 견제하려고 보낸 왕의 군대에 맞서고, '조국의 전당'[국회]에 들어가지 못하게 막았으며, 7월에 파리에서 일어난 사건의 소식을 듣기도 전에 민병대들끼리 연맹협약을 맺었다. 바스티유 요새 정복은 전국의 관심을 끌고 국민국가를 만드는 분쟁의 흐름 속에 한자리를 차지했다. '바스티유 정복' 사건은 이처럼 전국 규모로 반향을 일으켰고, 저항에 주목하고 확고한 의지로 움직이는 여론이 존재한다는 사실을 증명했다.

'헌법제정권'을 발명한 '추상적'이고 '근대적'인 프랑스 혁명과 '보수적'인 아메리카 혁명의 차이를 믿는 사람들을 실망시킬지도 모르겠지만, 프랑스 혁명은 미리 계획한 개혁이 아니라 타협과 우발적 사건이었다는 것이 역사적 사실이다. 왕국의 헌법을 요구한다고 분명히 말하지 못한 상황이 진짜 혁명적인 목표보다 더 큰 역할을 했다. 이렇게 말한다고 해서, 특정 정치 집단이 헌법제정권을 장악한 벼락같은 사건을 뒤늦게 정당화하는 혁명적인 결과가 나타나지 않을 것이라는 뜻은 아니다. 그러나 혁명이 일어나려면 벌어진 틈을 이용할 수 있는 상황이 와야 한다. 1789년에, 심지어 7월에, 아직도 대부분이 '동업자 조합의 전근대적'인 상황에 머물러 있었고, 거의 전체 의원이 바로 그 순간 정치적 절대자를 수립하는 '원칙적' 의지를 가지지 못했다. 끝으로 '무리들'이 바스티유 요새 정복으로 생긴 단절을 합법적인 것으로 승인했다고 생각하기는 어렵다. 아직 '상퀼로트'가 존재하지 않았고, 시위대들은 몇 년 동안의 대결 국면을 거쳤다. 그들은 파산을 두려워하는 파리의 가장 부유한 사람들의 불만이나 오를레앙 공작 지지자들의 농간으로 모인 사람들이다.

분명히 말해서 프랑스 혁명가들은 아메리카 반란자들보다 덜 "지방색을 띠었고"(B. 베일린Baylin), 더 정치적 성찰을 많이 한 사람들이 분명했지만, 1789년에 일어난 프랑스 혁명이 근대적 혁명의 시작이었다고 평가할 근거로는 충분치 않다. 1792년 8월 10일에 역사의 흐름을 잔인하게 끊은 것은 어떤 의문의 여지도 남겨놓지 않는다. 그러나 1789년에는 파리 군중이 개입하고, '인민'과 국가 재생의 이상을 전달하는 의원들이 신성하게 하나가 됨으로써 사건을 일으켜 전례 없는 규모로 발전시키고, 다른 곳에서 이미 일어났던 혁명들과 아주 다른 전망 속에서 미래 역사를 써나갔다. 우리는 도시의 군중이 네덜란드의 오라녜파, 또는 벨기에의 가장 온건한 파를 편드는 모습을 보지 않았던가? 프랑스의 군중이 혁명의 편이었나, 아니면 국가재생의 편이었나, 지금은 대답하기 어렵다. 그러나 그들은 둘 다 거부하는 편은 아니었다. 프랑스의 정세는 충격을 여러 번 받았고, 그렇게 해서 사상과 행동의 구조들을 정착시키는 쪽으로 나아갔다.

역사를 쓸 때 그 어느 때보다 정치철학의 체계적 분석에 솔깃해져 굴복하는 일을 반드시 피해야 한다. 자칫하면 1970~1980년대 이후 실패했던 이야기를 대체할 만한 '대서사'를 새로 제시할 가능성이 있기 때문이다. 전체사적 해석은 이념적으로 야릇한 지름길을 부추기는 요약에 의존한다. 1789년의 제헌의회가 '단절'을 만들었다는 사실을 퍼뜨리면, 정변(쿠데타)을 지지하는 사람들이 극좌파는 물론 극우파에서도 달려들 것이다. 그들은 집단적 정서에 권력이 깃든다고 믿기 때문이다. 혁명가들에게 우호적인 역사 서술은 이러한 유형의 결론을 퍼뜨린다. 그것은 7월 14일의 '혁명 군중'에 합류한 '혁명가들'의 결심을 강조하는 한편, 제3공화국의 정통성을 정당화해주는 에피날의 그림에서 확증하지 않는 것을 모두 무시했다.[6] 반대편의 역사 서술도 똑같은 도식을 유지했지만, 혁명가들이 나라를 '공포정'으로 이끌어갔다는 사실을 부각시키면서 그들의 비현실주의를 고발했다. 시에예스의 고립, 절대주의를 거부하는 반혁명가들의 계산, 왕과 궁중의 지속적인 실수, 반란의 전통, 이 모든 것 때문에 전환점이 발생하고, 몇 달 동안에 '혁명'과 진정한 의미의 '헌법제정'으로 가는 길로 들어서게 된다. 우리는 군중을 형성하고 역사적으로 새로운 체제를 등장하게 만드는 '흥분l'effervescence'을 강조하기 위해 뒤르켐[7]의 논증을 선입견 없이 받아들일 수 있다.

---

6 에피날의 그림image de l'Epinal은 혁명기 동부 보주의 중심도시 에피날에서 찍어내는 그림 카드를 뜻한다. 장 샤를 펠르랭Jean-Charles Pellerin은 에피날의 생산품인 종교 판화가 잘 팔리지 않자 1796년부터 혁명가를 그리기 시작했고, 1800년경에 인쇄소 허가를 낸 뒤 본격적으로 판화를 인쇄해서 팔았다. 1850년까지 행상인이 전국에 팔러 다닌 판화는 나폴레옹의 선전도구로 한몫했다. 따라서 저자는 혁명사가들이 혁명의 성공만 강조함으로써 제3공화국의 정통성을 증명했다고 비판한다.

7 사회학자 에밀 뒤르켐Émile Durkheim(1858~1917)은 『종교생활의 기초 형태Les formes élémentaires de la vie religieuse』(1912)에서 종교적 의식이 개인에게 축제의 관념을 자연스럽게 일으키고, 흥분과 심지어 정신착란까지 불러와 단체로 행동하게 만들며, 순전히 세속적 기원을 가진 축제도 종교적 축제의 성격을 띠게 된다고 말한다. 547쪽 참조.

2장

혁명을 주도하기

젊은 독일인 캄페[1]가 파리에서 느낀 감정은 방금 일어난 격변을 더 잘 파악할 수 있게 도와준다. 1789년 8월 4일자 편지를 보면, 그는 혼돈 상태에 어안이 벙벙했지만, 닷새 뒤 9일에는 모든 사람이 계급, 범주, 나이를 뛰어넘어 한데 어울려 행복하게 우애를 나누는 모습을 보고 유럽이 본받을 만한 사례라고 경탄했다. 〔역사가〕 미슐레는 1년 뒤 1790년 7월 14일에 열린 전국연맹제에서 조국의 통일, 모든 것을 가능하게 만들 합심을 축하했다고 전했다. 그러나 그는 신중하게도 저항과 위기를 먼저 언급했고, 사건을 가혹한 현실로 묘사하지 않고 시적으로 암시하려고 꾸물댔다. 사실상 〔연맹제의〕 열광은 더는 가식이 아니었고, 연맹제는 프랑스인의 느슨해진 관계를 다시 조직하는 일을 보

1　캄페(Joachim Heinrich Campe(1746~1818)는 독일의 작가·언어학자·교육자이며 1792년 8월 26일에 입법의회에서 프랑스 시민 자격을 얻었다.

호하려는 시도였다. 사드는 이미 1789년을 "망상과 정신착란의 해"라고 보았지만, '혁명'의 초기 몇 년을 그 후 몇 년과 비교해서 행복한 시기였다고 생각하는 사람이 많았다. 어느 해 7월 14일부터 1년이 흐를 때마다 이렇게 혁명의 의미를 바꿀 만큼 정치의 속도가 빨라졌다.

질서와 국회

7월 17일, 루이 16세는 파리를 방문하기 전에 모든 권한을 동생과 왕비에게 맡겨, 자신에게 불행한 일이 생기거나 인질로 잡혀도 군주정을 이어나갈 수 있게 했다. 그의 걱정을 진지하게 받아들여야 한다. 파리 군중은 왕이 자기들 편이기보다 자기들에게 굴복한다고 생각했기 때문에 그를 보고서도 열광하지 않았다. 바이이와 라파예트는 자신들의 권위뿐 아니라 왕의 안전을 보장하기 위해 병력을 배치했다. 실제로 정치적 소득은 있었지만, 각자의 위치가 허약하다는 사실은 변함없었다. 국회의 비서 랄리 톨랑달Lally-Tollendal은 7월 15일에 "평화의 회복"을 촉구하는 선언문을 발표했다. 그는 왕이 나쁜 간언에 "홀렸다", "인민은 목소리를 냈고" "나쁜 시민들을" 추방했다고 주장했다. 왕과 국회가 하나로 뭉친 덕택에 합법성이 되살아났다. 17일, 푸아시 시장이 무질서를 바로잡아달라고 호소했지만 국회는 개입하지 않았다. 제헌의원들은 권위의 혼동을 거부하고, 오직 헌법 기초 활동에 전념할 생각이었다.

〔7월〕 20일, 랄리 톨랑달은 혼란이 끊이지 않으면 헌법제정을 방해

할 것이라면서 반대했다. 그는 국회를 사실상 정치의 중심에 놓으면서, 개혁에 저항할 '불량 시민mauvais citoyens'을 법원에 넘겨야 한다고 사전에 고발했다. 그는 필요하다면 그들을 이미 합법화한 '부르주아 민병대'의 손에 맡겨야 한다고 생각했다. '불량 시민'이란 더는 귀족의 저항을 지칭하지 않고, 오히려 혁명의 과격함을 뜻하는 말이 되었는데, 어원은 프랑스 말이 아니라는 사실에 주목해야 한다. 다른 나라에서 일어난 혁명은 모두 실제건 가상이건 반체제 인사에 대한 불신을 드러냈다. 모든 혁명이 처음에 '애국자' 진영을 동원하고 승리자로 만들고 나면, 경쟁을 부추겨 분위기를 고조시키고 분열시키는 단계를 보여주었다. '영장 없는 수사관'이 활기를 띠게 만드는 민병대와 '상설위원회'는 강박관념에 휩싸여 전국에 촘촘한 조직을 갖추어, 통행을 (르페브르의 말대로) "마치 공화력 2년에 감시위원회의 눈밖에 벗어나는 것만큼 힘들게" 만들었다. 모든 곳에서 정치적 분열과 결산 때문에 해결책을 협상하기 어려웠고, 다양한 방법으로 정치구조를 결정했다. 제3신분에 반대하면 위험을 감수해야 했다.

네케르가 업무에 복귀한 7월 22일에 가장 눈여겨볼 만한 일이 일어났다. 재무총감 풀롱[2]은 7월 12일부터 14일까지 브르퇴이 내각에 합류했다. 그는 도망치다가 붙잡혀 파리로 끌려가서 목을 매달린 뒤

---

2 풀롱Joseph Foullon de Doué(1715-1789)은 일찍부터 육군·해군·재무 분야에서 요직을 거쳤고, 오를레앙 공작의 개혁 성향에 반대했다. 그는 네케르를 해임한 다음 날 7월 12일부터 재무총감직을 맡았다가 도망자가 되었다. 사람들은 그를 잡아 입에 꿀을 물리고 신도 신기지 않은 채 파리까지 데리고 가서 죽였다.

에 머리를 잘렸다. 그는 서민의 가난을 멸시하고, 왕에게 파산 선고를 하라고 간언했다는 혐의 때문에 벌을 받았다. 사람들은 그가 "먹을 것이 없으면 풀이라도 뜯으라지"라고 말했다고 믿었고, 강제로 꼴을 목구멍까지 처넣었다. 한편, 그의 사위이자 한때 파리 지사였던 베르티에 드 소비니는 소작인을 마구 부렸다고 알려져 파리까지 강제로 끌려갔다. 폭도들은 그에게 창끝에 꿴 장인의 머리를 들이밀면서 "아빠께 입 맞춰라, 아빠께 입 맞춰라"라고 외쳤다. 그를 즉결재판에 부쳤는데, 재판장 바이이는 그를 보호하려고 아베이 감옥으로 보내는 판결을 내렸지만, 그레브 광장에서 학살당한 뒤 목이 잘렸다. 라파예트, 바이이, 파리 선거인단은 폭력행위를 막으려고 노력했지만 뜻을 이루지 못했다. 성난 군중은 두 사람의 시신을 절단하고, 거세하고, 내장을 꺼낸 뒤 끌고 다녔다. 그들은 사회적 관계를 구축하는 일이나 정치 영역과 아무런 상관없는 원한과 충동, 가장 기초적인 정념의 배출구로 시신을 활용했다. 이러한 행위를 보고 수많은 사람이 겁을 먹었다. 특히 의원들은 생명의 위협을 느꼈다.

이러한 맥락에서 폭력을 동원하는 일은 당혹스러운 문제다. 1789년에는 무명의 애국자였던 바뵈프Babeuf는 인민이 자신에게 정의를 행사할 수 있었다면 앙시앵레짐의 관행을 피했어야 마땅하다고 평가하면서 다수의 의견을 대변했다. 과연 머리를 절단하는 행위는 절대군주정이 지난 몇 세기 동안 본보기 처벌로 백성을 두렵게 하던 시절을 되살렸다. 1788년 이후, 군중은 폭력을 습관처럼 휘둘렀고, 왕과 대신들의 폭력과 균형을 이루었다. 7월 14일 이후 아무도 그것을 비난하지 못했다. 그러나 1789년부터 일어난 정치적 변화와 폭력의 관계는 문제가 있다. '인민'은 수백 년 동안 이어온 반란과 불복종의 관습이라는 맥락에서 힘에 의존한다고 주장하기 때문이다.

7월 20일부터 랄리 톨랑달은 로베스피에르와 뷔조Buzot를 상대로 공공질서에 대해 토론을 벌였다. 랄리 톨랑달은 허락받지 않은 폭력을 금지하고 사법절차를 존중하게 만들어 폭력을 통제해야 한다고 주장했다. 다른 두 사람은 7월 14일을 예로 들면서 혁명에 어떤 식으로든 제동을 걸어서는 안 된다고 말했다. 23일, 바르나브Barnave는 "얼마 전에 흘린 피는 과연 순수한 피였던가?"라는 말로 살육을 정당화했고, 다수 의원이 그를 지지했다. 그는 유명한 말을 남겼지만, 정작 그가 단두대에 갈 때 돌려받았다. 그러나 그의 말을 조명해볼 필요가 있다. 바르나브는 처형을 정당화할 수 없으며, 자치정부, 부르주아 방위군, 법원들을 조직해서 이와 유사한 살육으로 돌아가는 길을 피하자고 제안했기 때문이다. 그는 뒤포르와 합세해서 이렇게 선언했다.

"예상치 못한 사건이 일어나, 우리는 본의 아니게 가장 큰 불행을 낳는 혁명으로 급격히 휩쓸려 들어갔다. 만일 우리가 혁명을 절제하고 한정시키려고 서두르지 않는다면 모든 사람을 불행한 상태로 이끌 것이다. (중략) 그런데 우리가 혁명의 앞에 서서 혁명을 통제하려면 오직 공포의 수단을 이용해야 한다. 따라서 우리는 썩 내키지는 않지만, 저명 인사 몇 명을 희생시켜야 한다."

사실상 수많은 폭력이 발생하는 상황에서 오직 국회만이 정통성을 가지고 있었다. 전국에서 들어오는 청원과 보고서가 그 사실을 증명했다. 왕의 정부는 사라지고, 지사들은 피신하거나 외국으로 망명했다. 수많은 군장관[3]과 고등법원 인사도 권력을 잃었다. 그들 중 다수는 영지로 물러났고, 혁명에 반대하는 음모를 꾸미려는 생각을 실제로 퍼뜨리거나 퍼뜨렸으리라는 혐의를 받았다. 그와는 반대로 최근 사건, 폭동이나 선거 덕택에 등장한 사람들은 어떻게든 합법성을 부여받고 싶었지만 불법 상태에서 권력의 자리를 거의 전부 차지하고 지방자치정부를 통제했다. 7월 25일, 파리의 '선거인단'은 자기네끼리 120명을 뽑아서 코뮌 대표자 회의를 설립할 위원회를 구성했다. 그것은 이미 영향력을 행사하던 사람, 특히 오를레앙 공작 지지자들의 조직이었다. 이 위원회는 왕과 반혁명 분자들과 대립하고, 3일 전에 죽은 베르티에와 풀롱 같은 일이 더는 일어나지 않도록, 민중의 요구와 폭력을 억제하면서 정치발전에 중요한 역할을 맡았다. 비록 절대군주정이 상처를 입었지만 그 시절을 그리워하는 사람들이 3분의 1 이상이나 의석을 차지하고 있는 국회 앞에서, 불확실한 균형에 의존하는 지방권력은 먼지 같은 존재였다.

이렇게 급박하고 불투명한 상황에서 국회는 7월 28일에 보고위원회Comité des rapports를 설립해서 모든 정보를 모아 고된 작업을 하는 의원들에게 나눠주도록 하는 한편, 12인으로 구성된 위원회를 설립하고 곧바로 조사위원회Comité des recherches로 부르면서 수상한 사람

---

3 1776년 3월 18일, 39개 군관구gouvernements를 두고 군장관 39명에게 맡겼다. 이 말을 총독으로 옮기는 사례가 있는데, 프랑스 왕국에 총독이 39명이나 된다는 뜻이니 선뜻 받아들이기 어려운 번역이다. 더욱이 총독은 관할지역의 모든 분야를 감독할 수 있는 존재지만, 실제로는 서열상 주교 다음이었으며, 그들 중에서도 18명이 나머지 21명보다 훨씬 지위가 높았다. 그들은 군대를 지휘하고, 때로는 왕의 사법권을 대리했다. 통상적으로 그들에게는 사법권과 재정권이 없었다. 이 정도만 가지고도 총독이라 부르기 어려운 이유는 충분하다.

을 감시하도록 하고 필요한 경우 편지까지 검열할 수 있는 권한을 주었다. 음모가 발생할까 봐 두렵고, 브레스트 항구 바깥에 영국 함대가 나타난 이유를 알 수 없는 상황에서 국회가 진정한 정부 역할을 할 수밖에 없었다. 8월 9일, 재무소송위원회를 본받아 각부 소송위원회를 설립해서 군주정의 사법행정을 쇄신했다. 보고위원회와 조사위원회가 가장 열심히 일했다. 두 위원회는 자율적으로 활동해야 했음에도, 국회 내 우파는 두 위원회가 왕의 대권을 침해한다고 생각해서 위원들을 비판했다. 로베스피에르를 포함한 좌파는 그들이 수상한 사람을 감시하는 데는 동의했지만, 권력을 빼앗고 투사들을 의심한다고 겁냈다. 개인들의 적대감이 이러한 의견 대립의 배경이었다. 친구 라메트 Lameth와 바르나브와 국회를 이끌던 뒤포르는 미라보의 공격을 받았다. 미라보는 그가 위협을 과장하고 '독재정'을 수립하려는 의도를 가졌다고 생각했다. 그 당시 미라보는 왕과 왕비에게 접근하고 있었다. 파리 시정부가 10월에 설립한 조사위원회와 국회의 조사위원회가 연계해서 혁명의 적과 혐의자를 조사할 때부터 고발이 강화되었다.

정치가들은 그때부터 토론을 그치지 않았고, 역사가들이 이어나갔다. 한편에서는 두 위원회가 공포정의 출발점이라고 주장했기 때문이다. 그러나 두 위원회는 절대군주정이 이미 갖고 있던 독단적인 정치 문화를 반영했으며, 혁신을 예고하기보다는 확고한 기반을 가진 관행을 실천했다. 그들은 정부가 힘을 발휘하지 못하게 된 상황에서 질서를 회복하기 위해 통상적으로 마련할 수 있는 방편이었다. 수많은 연구자가 온갖 수사를 동원해서 혁명이 질서를 찾는 독창적인 방법을 서술했지만, 프랑스 혁명은 아직 '질서'와 '무질서'를 화해하게 만드는 뾰족한 방법을 찾아내지 못하고 있었다. 타협도 책략도 아니고 아직 '공포정'에 미치지 못하는 상태, 그것은 그 시기에 본질적인 문제 가운데 하나인 '대중'의 폭력에 대해 정치가들이 내놓은 한 가지 대답이었다.

합의 유지

농촌에서 전례 없는 봉기가 물결처럼 일어나 프랑스를 휩쓸면서 심각한 아노미 상태가 되었다. 비관용과 주체할 수 없는 분노가 폭발한 풍토는 앙시앵레짐과 특권층 때문에 생겼다고 말하는 대신, 1788년부터 국가권력이 붕괴하면서 분노와 복수가 폭발하고 혁명운동에 더해 알자스 지방의 유대인 학살까지 일어났다고 봐야 한다. 그리고 이 혼란을 설명하기 위해 연계·조직·담론, 그 어느 것도 동원할 수 없음을 알아야 한다.

1789년 7월 이후, 폭동이 복잡한 양상으로 일어났다. 확실히 전에는 평온하던 지역, 그리고 지역민의 공동체 의식이 아주 강한 지대에서 더욱 많이 일어났다. 이러한 봉기를 한꺼번에 '대공포'라 불렀는데, 그들은 어느 때는 왕, 또 어느 때는 제3신분의 주장을 표방한다고 자처했다. 그들은 실체가 분명치 않은 '도적떼'를 막고, 옛날처럼 곡식을 요구하고, 봉건적 부과금의 근거로 쓰이는 토지대장을 파기하고, 원초적 평등주의를 회복하기 바랐기 때문에 정확히 무엇을 요구하는지 분명치 않았다. 어떤 이는 서열과 세금도 없고, 최초 공동체의 법만 지키면 충분한 황금시대를 꿈꿨다. 귀족주의자의 음모라는 공상의 두려움보다 실질적인 걱정과 요구사항이 더 중요했다. 폭도들은 귀족과 지주에게 우애를 가지고 자신들을 대해달라고 요구했다. 그 요구에 응하지 않으면 그들을 격렬히 적대시할 수 있었다. 영주가 모든 부과금, 세금과 빚을 포기한다는 사실을 공증인 앞에서 약속하면 케케묵은 논쟁을 끝낼 수 있었다. 사람들이 흥분 상태에 있었다 할지라도 분명한 목표를 추구하지 못할 바는 없었다.

시위는 사건과 결합해서 기름얼룩처럼 번졌다. 7월 19일, 프랑슈콩테의 캥세 성에서 영주가 네케르의 귀환을 축하하는 잔치에 농민을 초대했을 때 화약이 터지는 사고가 발생했다는 소식을 듣고 전국이 술렁댔다. 숨을 헐떡이는 몸을 소름 끼치게 묘사하는 얘기를 듣고 즉시 복수심이 불타지 않는 사람은 없었다. 그들은 영주가 필시 배반했기 때문에 참사가 일어났다고 생각했다. 당장 농민은 스물여덟 개의 성에 불을 질러 복수했다. 마코네의 농민은 무리를 지어 평소 심하게 다투던 귀족이나 종교인 지주들을 공격했다. 농촌사회가 경종 소리에 모여 파괴와 방화를 저지르다가 도시 젊은이들의 민병대와 진짜 전투를 벌인 뒤 진압당했다. 투르뉘스와 클뤼니의 농민은 지방법원의 긴급재판을 받고 본보기로 교수형을 당했다. 지방법원은 전부 서른두 명에게 사형을 내렸다. 도시마다 생필품 공급이 어려워지는 것을 걱정했고, 그 결과 도시마다 자기 판단대로 움직였다. 옛날의 적대관계는 사라지지 않았다. 당연히 1789년 초의 갈등에 이어서 렌과 퐁투아즈 같은 도시 폭동은 입시세나 빵값 폭등에 반대해서 일어났다. 캉에서 폭동이 일어났을 때 젊은 소령 벨전스Belzunce는 학살당한 뒤 머리를 잘렸다(이 일로 샤를로트 코르데가 약혼자 벨전스를 잃고 복수하기 위해 마라를 죽였다는 전설이 생겼다).

전례 없는 균형을 찾은 곳에서는 새로 창설한 민병대가 협상에 나서서 질서를 유지했고, 푸아시에서는 주민들의 위임장이 위력을 발휘해서 마침 그곳에 들른 국회의원들이 목숨의 위협을 받던 사재기꾼을 구해주었다. 〔농촌보다〕도시가 받은 충격이 정치 영역에 더 잘 각인되었음이 분명하다. 낭트·보르도·루앙·캉·스트라스부르·몽토방 같은 주요 도시에서 '지방자치 혁명'이라는 이름으로 사람들이 봉기했다. 지방의 '애국자들'은 '의용군'으로 '애국' 민병대를 조직했고, 곧 '국민방위군'이 되어 지역의 '요새bastilles'를 점령했다. 작전의 목표로 정규군이 주둔한 성관을 주로 노렸고, 거기에 '귀족주의자'에게 적대적인 반대 세력을 배치했다. 국가 전체를 비추는 빛이 분광기를 통과하듯이 지방마다 다른 빛깔의 원한과 주장을 보여주었다. 지역사회가 군주정 때문에 자율성을 잃었던 보르도나 낭트 같은 곳에서는 활발한 세력들이 권력을 되찾았다. 지방정부도 자율성을 강화하고, 더욱 늘어나는 소요사태를 막는 보루 역할을 했다.

1789년 이전에 거론했던 대단위 코뮌을 설립하려던 계획은 이처럼 급박한 정세 때문에 폐기되었다. 그 대신 공백을 두려워하는 마음에서 전국에 4만 개의 코뮌이 탄생했는데, 후세는 이를 혁명의 유산으로 평가한다. 예전에 이미 이러한 문제를 토론했다고 해서, 노골적으로 정도를 벗어난 현실 앞에서 "절망적인 행정의 즉흥 작품"이라는 결론으로 연결하기는 어렵다. 이후 수십 년 동안 기본적 성향의 하나를 예고하는 정치생활은 지역의 유력 인사들, 명사 가문, 지역 공동체들,

종교적 소속과 다양한 사회 활동이 복잡하게 결합한 결과였다. 7월 이후 몽펠리에와 세트가 연합해서 중앙정부는 물론 반대 세력에도 대처했다. 8월 2일, 앵드르 에 루아르의 뢴에서 애국자들이 단합해 파리의 중앙집권주의와 자기들 앞에 있는 적들에 대처하려고 힘을 모으는 행사를 열었는데, 이것이 분명 최초의 연맹제fête de la Fédération였다.

요컨대 영주들에게 폭력을 휘두르고 죽이는 행위는 전통적으로 역사가 기록한 사례보다 훨씬 많았다. 강요, 위협, 성관 방화와 약탈, 지주의 심각한 부상으로 이어지는 박해, 일부 도시에서 기계 파괴, 가장 오래된 전통과 새로운 형태의 저항이 결합한 폭력행위를 동반한 분노의 격랑이 프랑스를 휩쓸었다. 애국의 부르주아 민병대가 생겼고 정통성의 보증인이 된 '선거인단'의 지지를 받았다는 것이 역설적이며 우리가 잘 기억하지 않는 결과다. '새 체제'의 미래 축들이 이 순간에 나타났다. 특히 노르망디에서 왕정의 권위가 땅에 떨어지거나 간접세 징수자들이 매 맞고 쫓겨날 때, 중소 도시들이 질서를 유지하려고 연대했다. 이렇게 해서 국가가 사라진 자리를 지키려고 각지에서 연맹이 탄생했다. 그것은 국민이 한시라도 빨리 권리를 인정받으려는 의지를 표현한 것으로도 볼 수 있다.

살로몽Salomon 의원은 8월 3일 저녁에 이러한 사태를 보고했고, 분열한 의원들은 왕과 귀족이 무력 탄압을 통제하는 데 대처하는 논의를 시작했다. 그들은 이튿날 사태를 인정하고 성격을 규정하는 방안을 해결책으로 채택했다. 30인 협회가 준비한 8월 4일 밤에는 왕국의 가장 큰 부자인 에기용 공작이 모든 권리를 포기하겠다고 선언함으로써 '특권의 끝'을 확고히 만들었다. 그 뒤를 이어 개인과 단체들이 조세 특권, 관직 매매제도, 명예의 차별을 포기하고 개인적인 예속제도를 폐지했다. 끝으로 토지에 부과하는 현물세를 상환할 수 있는 길을 열었다. 이 사건의 본질을 이해하는 일은 여전히 논란거리다. 열광, 애국자들의 공작, '관리들의 합의', 박애주의 염원의 구현, 전혀 기대하지 않았던 일이 벌어진 것을 정당화하는 주장에서 빠지지 않는 요소다. 그러나 그날 밤은 1787년 조세에 관해 토론하기 시작할 때부터 나타난 단일한 충동의 연장선에 있었다. 극단주의자를 제외하고 모든 집단이 군주제 국가의 틀 속에서 공동의 이익 앞에 개별 이익을 희생하는 타협점을 받아들였다. 그 결과, 신분제를 유지하되 비판의 대상이던 조세 특권을 포기했다.

희생은 현저히 상징적인 수준에 그쳤지만, 국내 사정을 크게 바꿔놓았다. 국민통합이 확실하게 보였고, 사회 집단들의 유대가 강화되었다. 결과는 여전히 불확실했고, 중대하고 지속적인 반향을 일으키기 바라는 기대를 안겨주었다. 폐지한 권리는 인신에 관한 것으로 별로 중요하지 않았고, 농민들이 '현물세'를 상환할 수 있다는 희망을 품었다가 곧 실망했기 때문이다. 거기서 생긴 좌절감이 1793년 현물세를 폐지할 때까지 지속적인 봉기의 원인이 되었다. '귀족주의자'도 그들 못지않게 좌절했고, 왕도 국회 결정을 승인하려 들지 않는 것으로 봐서 분명히 좌절했다. 종교인은 당황했다. 십일조를 폐지하면 재산 관리가 흔들리고, 국가 살림에 이바지할 돈도 마련하기 어려워질 뿐 아니라 구빈사업에도 영향을 끼칠 것이며, 지주들의 십일조는 대상이 아니었기 때문이다. 십일조는 근본적 논리에 근거해서 차별했다. 사유재산은 권력이 함부로 할 수 없는 자유로 보호받는 것이었지만, 종교인의 권리는 국민의 권리에 종속되었다. 종교인의 운명에 관한 사회적 정관은 그해 말에 그렇게 결정 나게 된다.

8월 4일 밤은 혁명을 도약하게 했지만, 국회의 모순도 드러냈다. 국회가 개혁·관용··기동성과 함께 일관성 없는 태도를 보여주었기 때문이다. 의원 대다수의 선의는 조금도 의심의 여지가 없었다. 그들은 지난 몇 년 동안 불거진 문제의 답을 8월 4일에 제시했다. 그러나 맥락이 바뀌었다. 국회는 사건의 정확한 방향을 정하는 데 그치지 않고 그 사건들과 함께 나아갔다. 국회는 군주정의 구조를 유지하면서 통제하기를 바랐다. 그러나 국민의 불복종을 무마할 긴급 상황에서 끝내 사회질서를 깨뜨리고 말았다. 옛 질서의 유지자들은 불만이었고, 국회가 했던 말을 더는 믿지 않게 되었다. 국회는 전보다 더 큰 희망을 주면서 난관에서 벗어났고, 새로운 난관을 만나면 결국 무력으로 해결했다.

권리선언

8월 10일부터 국회는 「인간과 시민의 권리선언」을 기초하는 데 많은 공을 들였다. 기본 사상은 이미 진정서에 담겼다. 5월에 계획을 세우고, 6월 19일에 발표하고, 7월 1일과 6일 사이에 헌법을 기초할 준비위원회를 발족했다. 인권선언에 관한 토론을 7월 13일부터 시작했다. 그 뒤 여러 차례 확인할 수 있듯이, 날짜가 겹치는 일에서 의미를 찾을 수 있다. 무니에Mounier처럼 오랜 절차가 필요한 전체 헌법과 함께 선언문을 작성하자고 주장하는 온건파의 안은 바스티유 요새 정복 이후 정치가 재편되면서 사실상 신용을 잃었다. 8월 4일 밤에는 반교권주의 정서가 널리 퍼진 국회에서 교회의 십일조를 무상 폐지하도록 의결하면서 급진화를 촉진한 날이었다. 8월 10일, 군대 장교들이 국민에게 〔충성을〕 맹세한 것은 과도한 행위와 불복종을 두려워했기 때문임을 알 수 있다.

이러한 배경에서 정치적 파벌 싸움이 일어났고, 국회는 다음과 같은 결정을 잇달아 내렸다. 헌법을 기초하기 전에 권리선언문을 작성한다는 원칙, 그레구아르 신부가 강력히 주장했지만 어떤 형식의 의무선언도 거부하기, 자유를 자연권으로 규정하기, 최고존재 언급, 가톨릭을 왕국의 공식 종교로 제한하기. 이로써 군주국가의 사회와 확실히 단절했다. 이러한 선택에서 개인의 경쟁심이 무시하지 못할 만큼 작용했다. 미라보나 시에예스 같은 특정 지도자에게 이롭지 않게 하려는 목적에서, 정치적으로 지명도가 낮은 위원회가 여러 위원회 사이에 대립하는 흐름을 온건하게 종합해서 작성된 문서를 가지고 최종 문안을 다듬었다. 물론 우파에 속한 적들은 이론상 조리가 없다는 사실을 손쉽게 지적했고, 좌파 비평가들은 시야가 좁다고 언급했지만, 이렇게 말한다고 해서 인권선언에 흠집을 낼 의도는 없다. 두 달 반 동안 국회와 외부 관찰자들은 정치철학의 흔치 않은 토론을 공개적으로 벌였다. 그들은 아메리카의 경험을 아주 빈약한 도식으로 바꾸었다 할지라도 그 경험과 최근 사건을 바탕으로 로크, 루소, 교부들의 사상체계를 총동원해서 토론했다. 따라서 그들 중 다수가 시간이 흐른 뒤 처음과는 아주 다른 주장을 하게 된다는 핑계로 그들 사이에 주고받은 토론의 중요성을 위선적이거나 계산적인 웅변가들의 발언으로 축소할 수는 없다. 또한 개인들이 당대 현안의 중대성을 고려하지 않고 현학적인 내용만 다룬다고 정치적인 경험이 없었다고 비판할 수도 없다. 그리고 그들이 공포정을 예고하는 체제의 독특한 모형이나 그것의 기본 원리를 추구하는 데 집착했다고 보기도 어렵다.

그보다는 사회적 투쟁에서 나온 인권선언의 실용주의적 면모와 대립하는 사람들이 정치혁명을 창조했다는 사실을 강조하는 편이 낫겠다. 여기서 원칙과 우연이 만나기 때문에 역사적 접근이 무엇보다 중요하다. 그렇게 해야 우리는 명석하고 용감한 이 사람들이 사회적 관계의 기초를 날마다 솔직히 토론하며 주고받는 말을 추적하면서 진실로 놀라운 경험을 할 수 있다. 왕정복고 시기에는 당시 의원들이 환상을 가졌다고 평가하는 전통이 생겼는데, 우리는 이 전통을 거부해야 한다. 그들의 책략이나 계략에 눈멀지 않고서도 그들의 이상향을 존중해줄 만하다. 그들이 내린 결정에 과거가 무겁게 작용했음도 잊지 말아야 한다. 봉인장과 독단적 사법체계는 개인의 자유를 보호하는 문제에서 부챗살처럼 차이를 보여주었다. 우리가 종교문제에 접근하는 순간, 100년간의 개신교도 박해도 그런 역할을 했다. 이러한 면에서 인권선언은 아주 흔히 비난받는 것과 달리 조금도 추상적이지 않으며, 1792년에 1791년 헌법에서 벗어날 때 그것의 보편적 차원이 더욱 두드러진다. 상황이 급박했다. 사건의 흐름에 반대하는 사람들은 정치적 긴장 때문에 의견을 마음대로 내놓을 수 없었다. 그들은 자신을 방어하기 위해 토론을 복잡하게 꼬이게 만드는 일 외에 아무것도 할 수 없었다. 그들은 특히 인권선언보다 헌법을 먼저 제정하자고 요구하거나 의무선언도 함께 작성하자고 요구했다. 그들이 개입한 뒤, 여론의 지지를 받는 국회는 선악으로 나뉘었고, 온건파라고 부를 수 있는 것은 비정치적인 요소가 되었다. 인권선언을 판단하려면 이러한 실제적인 차원을 모두 고려해야 한다.

인권선언의 제목도 검토해볼 만하다. 권리가 무엇인지 확인하거나 선포하거나 요구하지 않고, 이미 존재한다고 판단했기 때문에 그냥 선언했을 뿐이다. 1776년의 아메리카인처럼 제헌의원들은 인권선언이 인권의 존재를 인정해주는 것으로 만들기 위해 혁명적 방식보다는 철학을 더 많이 고려하는 쪽에 섰다. 토론의 수준에 맞춰서 볼 때, 마지막 문안은 이론의 여지 없이 빈약하고 모호하다는 사실을 알 수 있다. (4조와 5조처럼) 다른 사람에게 해를 끼치지 않는 것을 자유로 제한하는 말을 어떻게 이해할 것인가? 가톨릭의 언어로 개신교도와 이신론자에게 아주 적합한 표현을 찾아 최고존재를 거론한 뒤, 의견의 자유를 보장하는 조항(10조)에서 부수적으로 종교를 언급하는 것을 어떻게 정당화할 것인가? 어느 줄에서 인간과 시민을 구별하는가? 왜 여성과 노예의 운명에 대해서는 언급하지 않는가?

문안 작성의 조건을 보면 한계가 생긴 이유를 설명할 수 있다. 주요 작성자들은 국회의 '온건파'로서 2년 동안의 권력투쟁과 동맹관계의 급변을 겪고 얻은 승리를 안정시키려고 노력했다. 그들은 잠재적인 적 앞에서 국회가 확고한 정통성을 가져야 한다고 생각했다. 인권선언 첫머리에서 "인민의 대표les représentants du peuple"가 정확히 누구인지 아무도 모른다 해도, 그들은 국회가 왕과 주권을 공유하도록 만들었다. 이렇게 보장한 권력의 이원론은 사전단계를 하나도 거치지 않고, 어떠한 합의도 없는 상태에서 태어났다. 좀 더 깊이 파보자. 미라보가 다른 곳에서 언급한 '인민'의 성격이 모호하긴 해도, 다양한 지평에서 왔지만 어떤 상황에서든 국민통합의 단 한 가지를 바라는 모든 흐름을 하나로 용해해주었다. 바스티유 요새 정복 이후, 합법적인 통치자가 없다는 이유로, '인민'은 그들의 대표라고 자처한 사람들이 제정한 법률을 신성하게 만드는 존재가 되었다. '인민'의 정의가 미정인 상태는 영원히 사라지지 않을 것이다. 그것은 단지 '대중populaire', '공중public', '하층민populace', '평민plèbe', '천민canaille'같이 진정한 '금기'가 될 만한 낱말과 구별했을 뿐이다. 현실의 '인민'은 권력이 없는 존재이므로, 그의 '대표들'은 지난 50년 동안 수많은 형태를 추구하던 '국민'이라는 호칭으로 그들을 통합하고자 했다. 그때까지 수많은 전통이 주권을 왕의 몸으로 구현된 형식으로만 이해했지만, 완전한 단절이 일어나 아직도 우리가 느낄 만큼 전혀 새로운 개념이 생겼다. 이제 정치적 경쟁 세력들은 저마다 법을 제정하고 '인민'을 구현하기 위해 '국민'의 자격을 얻으려고 노력했다. 이러한 필요성은 총재정부 시절에 실제 인민이 하위의 지위에 놓이고, 나폴레옹이라는 예외적인 인물이 황제로 체현할 때까지 지속되었다.

그래도 '인민'은 정치생활의 지평이 되었다. 1789년 이후 정치노선이 아무리 바뀐다 할지라도 대개 일상적 장면에 존재하지 않던 '인민'은 꼭 필요한 환상의 주역이 되었다. 그들은 별로 계몽되지 못하고 정치에 개입할 능력도 없다는 평가를 받았다. 이런 이유에서 헌법은 오직 전제정의 경우 이외에는 반란권을 인정하지 않았다. 당장 아주 소수 의원이 종교적이건 세속적이건 자연권을 앞세우면서 인민의 편을 들었다. 모든 위원회와 행정부 구성원들도 실용주의적 법칙을 수립하려고 노력했고, 의원들은 대개 긍정적인 법을 좋아했다. 파리의 조사위원회 소속으로 '좌파'를 대표한 브리소는 1789년 10월 8일에 재판을 하지 않은 채 사형을 내릴 수 없고, 판사들을 신뢰할 수 있게 만들어주면 인민을 자유롭고 책임지는 존재로 만들 수 있다고 주장했다. 좀 더 '우파'의 주장을 대변한 뒤포르는 "모든 사회에서 통상적으로 가장 소중한…… 중산층"이 국가에 투사와 공무원 같은 요원들을 제공하고 모든 것을 좌우한다고 말했다.

모리Maury 신부가 "바이아주의 단순한 대표들이" 어떻게 국민의 대표로 바뀔 수 있는지 물었을 때 미라보가 한 대답은 제도 안에서 있을 법하지 않은 인민의 자리를 잘 설명했다. 그의 주장은 인용할 가치가 있을 만큼 아주 교묘했다.

"우리가 모이던 회의장에 가보니 잠겨 있었고, 빽빽하게 늘어선 총검이 부딪히는 소리가 들렸다. 우리는 근처에 우리 모두를 수용할 만한 장소를 찾아 들어가서 이러한 상황을 받아들이느니 차라리 죽기로 맹세했다. 우리가 그때까지 국민공회를 이루지 못했다 해도, 그날 우리는 국민공회가 되었다. 전제주의가 진짜 신성모독의 미친 짓을 벌여 인민의 대표들이 신성한 임무를 수행하지 못하게 막으려고 했지만, 인민의 대표들은 국민공회를 구성했다. 우리는 독재권을 파괴하고, 총력으로 국민의 권리를 지키겠다는 국민공회가 되었다."

국회의 정통성은 1789년 6월 의원들의 봉기에서 나왔고 왕의 전제권에 맞서 국민을 지킬 필요성을 정당화했다.

아주 중요한 결과가 즉시 나타났다. 합법과 불법의 경계가 이제 모호해지기 시작했다. 그것이 더는 정통성과 비정통성의 구분에 바탕을 두지 않았기 때문이다. 언론의 자유에 관해 구체적으로 법을 제정하기가 어려워졌다. 온건파는 선동적인 글을 검열하고 탄압하기를 권장했지만, 가장 현실 참여적인 미래의 자코뱅파, 1789~1790년의 로베스피에르 같은 사람들은 비록 반대파의 정치논평을 조사위원회와 보고위원회가 고발해주기를 바랐음에도 자유주의를 표방했다. 원칙의 이름으로 자유를 인정했고, 확고한 애국자들은 가장 급진적인 신문기자들을 보호할 수 있는 길을 찾았다. 당통Danton은 마라의 체포명령을 독재라고 비난하며 마라를 보호했다. 혁명의 탄생을 주재하던 '건전한 무정부 상태'가 애국 진영을 나누는 기준이 되었다.

법, 최후의 수단

법은 왕과 국민의 관계를 관장하고, 모든 규칙을 객관적인 것으로 만들었다. 법이란 모든 시민이 의존할 수 있으며 반드시 제정해야 하는 것임을 강조할 때, 대의제 의회의 유용성을 잊지 말자는 뜻이다. 다시 말해 감정과 복수심을 피할 수 있는 정치체제가 필요하다는 말이다. 국회가 이러한 허구의 뼈대를 만들려면 주권을 재정립해야 한다. 라보 생테티엔Rabaut Saint-Étienne의 말대로 "모든 것을 대표하는 대표들이" 비록 합법성을 지켜주는 '인민'을 "조금도 대체하지 못하겠지만" 그들만이 합법성의 유일한 기반으로 남는다. 준법정신은 지난 몇 달간의 사건으로 약해졌다. 그동안 신성한 권위는 표리부동하게 행동한

죄를 짓고 여론의 지지를 얻지 못했기 때문이다.

1788년에 라보 생테티엔이 쓴 103쪽의 『제3신분의 이익에 관한 고찰』[4]에서 진정한 혁명적 감수성을 보면, 더욱 근본적인 질문이 필요하다는 사실을 알 수 있다. 그는 "우리의 역사는 우리의 법전이 아니다"라고 주장하면서 귀족 중심, 또는 실용주의, 또는 대중 중심의 다양한 사관을 지지하는 사람들의 어느 편도 들지 않았고, 『사회계약론』을 쓴 루소처럼 사실적 역사를 버렸다. 그는 역사적 잘못으로 꽉 막힌 상황에서는 원칙에 의존하는 편이 낫다고 주장했다. 제헌의원이나 국민공회 시기에 무심히 그렇게 주장해도 무방할 정도로 라보 생테티엔의 주장은 혁명의 상징이라고 인정할 만했는데도 오늘날까지 모든 비평가가 그 사실을 받아들이지 않는다. 그러나 1789년에 일어난 모든 사건은 당시 대다수 의원이 그의 판단을 지지했음을 확인해준다. 그것은 [구체제를] 백지 상태tabula rasa로 만든 것을 일반적으로 혁명가들의 탓으로 돌리려는 의지의 표현이었던 것일까? 절대 그렇지 않다. 라보 자신도 국가의 모든 법률에 그 말을 적용할 수 있다고 주장하지 않았으며, 군주정을 문제 삼을 뜻도 없었다. 그러므로 맥락과 상관없이 주장만 추출해서 과도하게 해석하면 안 된다.

따라서 인권선언은 '극단주의자'가 다수파를 이루지 못한 국회가 채택했음을 잊지 말아야 한다. 엄격한 뜻으로 '혁명가들'은 3년 뒤에

---

4   *Considérations sur les intérêts du tiers états adressées aux peuples des provinces par un propriétaire foncier*.

야 권력을 잡는다. 그때 나라를 이끄는 바로 그들은 도저히 나라를 통제할 능력이 없음을 보여줄 것이다. 역사의 교훈을 거스르는 라보 생테티엔의 급진적인 주장은 1788년보다 그때 더 효력을 드러낼 것이다. 1788년에 그의 주장은 헌법의 정통성을 확보해주는 다양한 역사성을 생각하게 만드는 잠재적 큰불의 요인들을 아주 은밀하게 소개했을 뿐이다. 국회의 '좌파'만 루소의 사상을 참조했다고 생각하지 말아야 한다. 절대 그렇지 않다. '우파' 의원들도 절대군주정을 싫어하고 널리 인정받은 '일반의지'를 구현하기를 바라면서 '루소'의 주장을 받아들였다. [장 바티스트Jean-Baptiste] 크레니에르Crénière는 1789년 8월 1일, 인권선언이 일반의지를 구체화하는 문서가 될 것이라는 사실을 강조하면서 대대적인 지지를 받았다. 나중에 그가 가톨릭교회를 폐쇄하자고 주장했을 때는 그만큼의 지지는 받지 못했다. 1789년, 프랑스에서 가장 널리 받아들인 것은 재생이었다.

중대한 원리에 바탕을 둔 통일을 추구하는 일은 사상의 관습을 반영하는 일이 분명하지만, 특히 1789년에는 조각나고 있던 나라를 통합할 기초를 달리 찾을 방법이 없었음을 고려해야 한다. 당시 상황은 위태로웠고, 결국 위험한 결과를 가져왔으며, 아직 확실한 정통성을 갖지 못한 국회가 법적·전통적 구조가 모두 붕괴하던 나라를 홀로 책임져야 한다는 잔인한 사실에 부합했다. 그것이 1789년 9월 22일에 헌법 22조를 작성한 배경이었다.[5] 2년 뒤에 채택할 내용은 다음과 같다. "프랑스에서 법보다 우월한 권위는 없다. 왕은 오직 법으로 통치하고, 법에 따라 복종을 요구할 수 있다." [1790년] 9월 12일, 제헌의회의 문서를 국가기록물로 전환할 때부터 법의 공표는 전문 영역에 속하게 되었다.[6] 이제부터 법률은 공중에게 공개하는 기록물이 되었다. 입법부에서 이미 분류한 법률은 불확실하고 기억할 수 없는 전통과 아무런 상관이 없게 되었다. 이러한 결정은 라보 생테티엔의 승리를 확실히 보여주었다. 이제 국회에 모인 사람들이 법전을 발명할 수 있게 되었다.

군주정은 아마 1,000년의 전통을 가진 것이었겠지만, 사실상 이미 존재하던 도덕·정치·문화·재정의 위기에 덧붙여 오늘날에는 예외적인 상태라 부를 수 있는 위기의 논리에 사로잡혀 있었다. 왕의 권위는 1789년 초반 제3신분과 제헌의회를 향해 휘두를 수 있는 무기를 잃어버릴 때 이미 사라졌다. 초기의 망명자들은 앙시앵레짐의 지지자와 새 체제 옹호자 사이에 화해할 수 없는 적대감이 생겼다는 사실을 증명했다. 가장 과격한 '앙라제enragés'라는 말은 1793년에 과격파와 상관없이 벌써 쓰이기 시작했는데, 그들은 '온건파'가 혁명에 성공할 수 있는 기회를 허용해주었으나, 모든 사람은 이미 국가를 관리하는 권한이 반혁명으로 발전할 존재의 손에 넘어갔다고 생각했다. 인권선언으로 원칙을 세우는 일은 철학적 꿈을 자극하려는 목적이 아니라 국회의 '정치가들'이 왕을 차단하면서 자신들이 잡은 권력을 안정화하

---

5   헌법 22조가 아니라 1조였다. 원문은 "프랑스의 정부는 군주정이다Le gouvernement français est monarchique"로 시작한다.

6   국가기록보관소 설립은 1789년 8월에 카뮈Armand-Gaston Camus 의원을 제헌의회 기록 관리인으로 선임하고 1790년 9월 4~7일에 법을 제정한 후 12일에 왕의 승인을 받아 결정되었다.

는 유일한 방법이었다. 법에 의존하게 된 뒤에는 곧 '인민'의 지지에 반대할 수 있는 의원들의 정통성을 확보해주었다.

10월 혁명

당장 1789년 9~10월에 국민의 비인격적 주권과 왕의 인격적 주권이 갈등을 빚었는데, 이러한 관계는 1792년에 가서야 끝났다. 게다가 중앙집권적 군주정의 신용은 더욱 땅에 떨어졌다. 네케르는 1789년 이전의 관행으로 되돌아가 3,000만 리브르를 기대하고 국채를 발행했지만 겨우 250만 리브르를 모았을 뿐이다. 그만큼 왕국의 신용은 전보다 더 추락했다. 국민의 애국성금이 국회에 몰려들었고, 전국이 동참했다. 그것은 실질적인 효과보다 상징적인 효과가 더 큰 일이었지만, 1792년 여름과 1794년 여름에 위기가 닥쳤을 때도 같은 일이 벌어졌다. 여성 화가들이 가장 먼저 자발적으로 참여했고, 그와 거의 같은 시기에 선거인 의회의 지원을 받아 자선위원회가 여기저기에 생겼으며, 전국적으로 도시의 빈민을 구제하면서 제도적으로 필요한 기구가 되었다.

국회는 권력의 조직을 격렬하게 토론했고, 대다수는 영국의 상원 같은 기구를 설치하는 데 반대했으며, 왕의 권한을 법률의 통과를 거부하는 데 한정시켰다. 입법부가 두 번 임기를 마치는 동안 일반적인 법률에 한시적인 '거부권'을 행사할 수 있게 했다. 헌법은 왕의 승인을 받지 않아도 효력을 발생하게 했다. 왕의 상징적 인격은 사라지지 않았고, 예외적인 권한을 계속 구현했다. 그 흔적은 1793년에도 볼 수 있지만, 국회와 주권을 함께 행사하도록 한정되었고, 새 체제의 지지자들로 구성된 행정부가 발전하는 동시에 수많은 위원회가 생기면서 그들의 영향을 받았다. 뒤포르와 친구들은 이러한 합의에 동조했고, 무니에처럼 왕권의 지지자들은 특히 평가절하의 대상이 되었다. 〔영국식 양원제 왕정주의자였던〕 그들은 좀 더 불명예스러운 '모나르시외 monarchieux'를 완곡하게 표현한 '모나르시엥monarchiens'으로 불렸다.

이 토론을 계기로 우파와 좌파를 구별하기 시작했다. 뒤부아 크랑세Dubois-Crancé는 "노골적 귀족주의자, 완전한 검은자, 또는 내각제 귀족주의자, 완전한 백색파, 또는 내각제 애국자"와 '앙라제'〔과격파〕라 불리는 '가짜 민중파'로 의원들을 나눴다고 말했다. 국회에서 귀족주의자 또는 검은자들이 맨 오른쪽, 의회제 왕정주의자가 중앙에 앉았고, '애국자'는 나뉘었으며, 브르타뉴 클럽 회원들은 아직 기를 펴지 못했다. 그리고 팔레 루아얄은 무니에와 동지들을 공격하는 곳이 되었다. 오를레앙 공을 중심으로 활동하면서 위기가 닥칠 때마다 해결책을 제시하던 집단의 활동에 맞서려고 미라보와 그 측근들은 옛날 프랑스 수비대 병사들과 구빈작업장 노동자들을 사로잡으려고 노력했다. 수비대 병사들은 폭동에 가담해서 7월 14일의 승리를 거두는 데 한몫했지만, 자원자로 구성된 국민방위군에 편입되는 현실에 불만을 품었고, 구빈작업장 노동자들은 필시 오를레앙 공을 위해 동원된 적이 있는 사람들이었다. 파리 시정부는 운신의 폭이 좁았음에도 대표단이 왕과 의원들에게 영향을 끼치겠다고 베르사유로 가고자 할 때 그럭저럭 막아냈다. 8월 31일, 왕이 파리에 정착하고 왕비는 수녀원으로 들어간다는 소문이 돌 때 생튀뤼주는 팔레 루아얄에서 수백 명을 선동해 베르사유로 향하다가 국민방위군에게 저지당했다.[7]

국회 밖에서 정치적 불안은 사회 전반에 영향을 미쳤다. 우선 정치 신문이 늘어났다. 브리소는 「프랑스 애국자Le Patriote français」, 마라는 「인민의 친구L'Ami du peuple」를 발간했다. 기근이 올까 봐 두려워하는 가운데 왕이 「인간과 시민의 권리선언」을 승인하지 않고 망설이는 것을 보면서 잇달아 시위가 일어났다. 노동자와 고용인이 대립했다. 고용인은 자유롭게 창업할 수 있는 세상을 원하는 노동자가 혁명을 입에 담지 못하게 했다. 라파예트와 오를레앙 공의 지지자들이 양편으로 나뉘어 레 알 중앙시장 생선장수 아낙네들과 그들의 '억척스러운poissard' 말투를 쓰는 대중적인 인사들을 자기편으로 만들려고 선전전을 벌였다. 생선장수 아낙네 집단은 다른 부류의 여성들과 달리 중앙권력과 동떨어져 독자적으로 활동할 수 있었지만, 풍자문과 중상비방문은 그들을 신비화하고 도구화했다. 이처럼 너도나도 그들을 찬미하는 풍조는 '민중'의 자율성에 유리한 조건이 되었다. 그러나 주동자들에게는 예상치 못한 결과를 안겨주었다.

9월 말, 플랑드르 연대가 베르사유에 도착하고, 국회를 수아송이나 콩피에뉴로 옮긴다는 소문이 돌면서 상황이 급박해졌다. 왕과 조신들은 당장 발등의 불만 끄면 군주정의 대권을 회복할 수 있다고 생각했

---

7 생튀뤼주Saint-Huruge 후작(Victor-Amédée de La Fage, 1738-1801)은 군인 출신이었고, 정치적인 이유로 뱅센 감옥과 샤랑통에 갇혔다가 영국에 망명한 적이 있다. 1789년 이후 자칭 '상퀼로트의 총사령관'이라고 하면서 정치투사로 활동했다.

을까? 사람들은 7월처럼 다시 정변이 일어날까 봐 겁을 먹었고, 흥분하면 할수록 두려움만 커졌다. 9월 말 파리에서 극빈자의 고통을 외면하는 사제들에게 반감을 가진 민중은 식량난까지 두려워하기 시작했다. 분위기가 이런데 한 가지 사건이 불을 질렀다. 국민방위대와 플랑드르 연대 병사들이 어울리고 연대하는 데 그치지 않고, 왕의 가족까지 참석한 연회에서 장교들이 왕비와 세자가 보는 앞에서 삼색 표식을 짓밟고 검은 표식을 달았다는 소문이 퍼졌다. 그 소문을 듣고 시위대가 10월 5일에 베르사유를 향해 출발했다. 그들은 빵값을 낮추고, 왕은 인권선언을 승인하라고 요구했다. 레 알 시장과 파리 문밖의 아낙네들이 합세하고 남자들도 동참했다. 그들은 바스티유 요새의 정복자거나 팔레 루아얄의 정치클럽 회원들이었으며, 이런 종류의 시위를 막는 병력의 매질을 피하려고 여장을 한 사람까지 있었다.

베르사유에 도착한 군중은 국회를 포위했고, 다수 의원에게 충격을 주었다. 이튿날 아침, 시위대가 궁으로 난입해 수비대를 죽이고, 〔궁전 앞〕대리석 마당〔쿠르 드 마르브르Cour de Marbre〕에 몰려온 사람들이 왕 부부와 특히 왕비에게 발코니로 나오라고 강요해도 라파예트나 국민방위군은 저지하지 못했다. 왕은 파리에 밀가루 보급을 늘리겠다고 약속하고, 잠시 망설인 뒤 인권선언을 승인했다. 마지막에 시위대는 막중한 결과를 가져올 요구를 했고, 결국 그는 굴복해서 파리의 튈르리 궁으로 가기로 했다. 당연히 국회도 왕을 따라 튈르리 궁 근처에서 회의장을 찾아야 했다. 그렇게 해서 정치생활은 파리 투사들의 감시를 받기 시작했다.

10월에 격변이 일어났음에도 저평가받았다. 10월 8일의 법으로 프랑스의 왕은 프랑스인의 왕이 되었고, 앞으로 국회가 제정한 법과 명령에 정면으로 대립할 수 없을 것이며, 이렇게 해서 국회는 우위를 확인했다. 바야흐로 나라가 혁명기에 들어섰다는 사실을 의식하기 시작했다. 정치적 구조들이 분명히 바뀌고, 이제부터 여러 진영이 대립하면서 여론이 다극화했다. 왕과 왕비를 지지하는 사람들이 보기에 두 사람은 파리의 포로였다. 왕에게 여성 대표단을 인도한 일이 있는 국회의장 무니에는 의원직을 사퇴하고 반대 진영으로 넘어가 도피네로 갔다가 얼마 후 외국으로 망명했다. 왕의 은밀한 저항은 또 한 번 '온건파', 이 경우에는 모나르시엥[양원제 왕정주의자]의 명예를 떨어뜨렸다. 이들은 애국자와 군주제 지지자를 이간질하려다 실패했다. 그 반대로 극단적인 파벌들은 왕과 혁명이 조화를 이룰 수 없다고 확실히 판단했다.

한편, 모나르시엥 그리고 좀 더 넓은 뜻으로 의회제 왕정주의자들은 사실상 권력을 유지했고, 질서를 회복하기 위해 노력했다. 이미 움직이기 시작한 여성들은 집단들의 적대감, 주요 기관의 수장들의 어정쩡한 태도로 행동의 자유를 얻어야만 행동할 수 있었다. 당국은 그들이 10월 6일에 잔인한 행위를 했기 때문에 기소했지만, 당시 사람들은 그들이 그 전날의 정치적 행동과는 직접적인 관계가 없다고 생각했다. 여성의 폭력은 아무래도 시위에 참가한 남성들이 저지른 것이라고 판단했기 때문이다. 폭력은 혁명을 지지했건 아니건 사람들을 두렵게 만들었다. 사람들은 폭력을 보면서 권력의 중심인 파리 코뮌이나 국회에 반대해서 일으킨 폭동의 표현이라고 생각했다. 그 사건에 관한 전설이 생겼고, 특히 자유로운 여성인 안 조제프 테르와뉴

Anne-Josèphe Terwagne, 일명 테루아뉴 드 메리쿠르Théroigne de Méricourt
가 남장을 하고 군중을 이끌었다고 낙인을 찍었다. 질서와 무질서의
경계는 10월 20일에 급격히 무너져 여느 때처럼 빵집 앞에서 폭동이
일어나 젊은 제빵사 프랑수아를 죽이는 일까지 벌어졌다. 국회와 조
정은 그의 죽음을 애통하게 여겼고, 왕비는 임신한 청상과부를 접견
했다. 폭동의 주동자를 특정하고 기소해서 벌했다. 남자 두 명에게 교
수형을 내리고, 여성 한 명은 임신한 덕에 벌을 받지 않았다.

　10월 21일, 국회는 즉시 계엄법을 반포해 모든 지방자치단체가 붉
은 기를 걸어 군사력을 동원해서 질서를 잡겠다고 예고할 수 있게 했
다. 국회의 좌파 의원들은 반란권을 제한하는 문제에 반대했다. 그 시
기에 국민모독죄를 법제화하고, 1789년 7월의 위기를 불러온 책임자,
특히 랑베스크와 베즈발Bésenval에게 법적 조치를 내렸다. 이 두 사람
은 어떤 벌도 받지 않았다. 둘 다 외국인이라서 자기 나라의 법으로
유무죄를 판단해야 했으며, 아무도 몇 달이 지난 일을 돌아보려 하지
않았다. 샤틀레 법원이 재판을 맡았고, 파리 조사위원회의 자문을 받
았다. 이 위원회는 '혁명'의 언어로 말하자면 라파예트 추종자의 '좌
익'으로 알려진 데 비해, 샤틀레 법원은 그 관할권에 속한 우익이 움
직였다. 재판장 아지에Agier는 '귀족주의자'와 10월 사건의 책임자들
을 제재할 의사가 있음을 처음부터 명확히 밝혔다. 이 말은 몇몇 여성
시위자를 기소하겠다는 뜻이었고, '오뒤 여왕'은 붙잡혀 1년 동안 감
옥에 갇혔다.[8] '정치가들'은 아직 불안정한 국가의 앞길과 권력을 안
전하게 확보하기 위해 우파와 좌파를 동시에 때렸다.

'수준의 격차' 위에서

퓌레F. Furet는 혁명기에 '언술의 형태와 정치적 실천의 형태'가 발명되었고 그 후 2세기의 조건을 결정했다고 지적했는데, 과연 그의 말대로 1789년 봄의 진정서와 마라가 10월의 춘분l'équinoxe d'octobre[9]을 연상시킨 「인민의 친구」 사이에 '수준의 변화'가 있었던가? 우리가 사건들의 추이를 불가피하다고 생각하지 않는 한 확실히 그렇다고 말하기 어렵다. 앙시앵레짐과 돌이킬 수 없을 만큼 관계를 끊은 시발점은 1787~1788년이었다. 절대군주정이 의회제 군주정으로 방향을 틀었고 〔1789년〕 바스티유 요새 정복과 8월 4일 밤에 승인을 받았지만, 그 원칙은 살아남았다. 사회의 모든 구조는 뿌리까지 흔들렸고, 모든 명령은 제대로 통하지 않았지만, 분명한 흐름의 영향을 받았으며, 결국 서로 모순을 일으켰다. 소불A. Soboul이 분석했듯이, 결국 반혁명으로 태도를 바꾸기 전에 영주들의 성관에 불을 지르던 농민층도 장차 상퀼로트가 될 도시 주민들처럼 케케묵은 냄새를 풍기는 막연한 평등주의 방식으로 살고 싶다는 염원을 공유했다. 그 대신 의원들은 8월 4일 밤 이후 재산권과 재산 취득을 중심으로 프랑스 사회를 건설하려는

---

8   레 알 중앙시장의 과일장수인 루이즈 르네 르뒤크Louise-Renée Leduc의 별명이며, 그는 1792년 튈르리 궁의 공격에도 참여했다.

9   추분은 9월 22일이나 23일인데, 10월의 춘분은 시대착오를 뜻하는 말일까? 10월 5일, 파리 아낙네들이 왕 일가를 파리로 데려가면서 진정한 혁명이 시작되었다는 뜻으로 해석할 수 있다.

의지를 가지고 개혁을 추진했으며, 영국의 영향을 받아 사회지배층 명사 중심의 관점에서 사회적 이상향을 구현하고자 했다. 그러나 서로 엇갈리는 해석에서 수많은 오해가 생겼다.

프랑스는 어떻게 혁명을 시작했는가? 정치지형이 근본적으로 재편되었기 때문이라는 사실은 이론의 여지가 없다. 종교적 관용이 가톨릭교의 우월한 지위를 흔들었다. 아직 완성하지 못한 헌법에서 정의하듯이, 왕이 사실상 신성하고 '불가침'의 존재로 남아 있었다 해도, 왕국은 더는 왕의 물리적 존재를 중심으로 조직되지 않았다. 그러나 프랑스의 왕은 프랑스인의 왕이 되어 국민과 불확실하지만 뗄 수 없이 결합하고 주권을 공유했다. 인권선언을 반포할 때 생긴 사건이 그 증거다. 11월 3일, 앙시앵레짐의 규범을 좇아 왕이 면허장으로 반포한 인권선언은 전통적인 형식으로 끝맺었다. "이것이 과인의 뜻이니라." 그때까지 의전에 별로 신경 쓰지 않았던 국회는 격분해서 4일에 "왕이 헌법을 승인하고 집행하도록 허락하노라"라는 형식으로 바꾸었다. 1789년 7월 이후, 왕도 개입했던 왕국의 재생은 이렇게 공동주권을 창조했다.

나라의 미래와 관련된 문제가 공식적으로 제기되었고, 그 문제들은 합법이건 불법이건 마구 생긴 수많은 의회에서 나타난 힘의 관계에 따라 처리되었다. 수십 년 동안 천천히 생성된 여론은 나라 안에서 가장 하찮은 평가를 받는 사람들의 말까지 모두 포함하게 되었다. 이처럼 정치는 급격히 사람들의 의견이나 불만과 같은 것이 되었다. 사회 집단 사이의 울타리는 파편이 되어 날아갔다. 예를 들어 망명의 의심을 산 여행자들을 통제한 데서 그 증거를 찾을 수 있다. 그 결과, 모든 프랑스인은 이분법을 적용해서 '귀족주의자' 아니면 '애국자'로 분류되었다. 그때까지 군주정에는 적이 없었다. 왕은 백성의 어버이였고, 사법적 관례와 풍습을 넘어서 반대하면 불경죄로 다스렸다. 그런데 단숨에 국가의 적을 지목할 수 있게 되었다. 왕이 헌법의 잠재적인 적으로 보였고, 1789년 7월부터 망명한 사람들과 연락한다는 의심을 샀다. 그러나 민중도 전통적으로 폭동이 보여주던 위험 수준을 넘어서는 위협적 존재가 되었다. 이러한 변화에 정치문화는 적응하지 못했다. '자연적' 공동체의 이상향뿐 아니라 '하나의 인민'이라는 유명한 관념을 바탕으로 하는 절대주의의 이상에서도, 설령 절대주의 국가가 자연적 중간자(귀족, 종교인)를 매개로 연결된 집단들(신분, 프로뱅스)이 상호 의존하고 조화를 이루고 있다 할지라도, 모든 분열과 파편은 결점으로 여겨졌다. 정치개혁과 관련한 파벌의 분열이 고뇌를 낳았고, 감시와 감독을 강화해야 할 조치가 필요하게 만들었다. 이처럼 예상치 못한 상황에서 즉흥적인 반응이 나타났으며, 이것을 공포정을 예고하는 전조로 생각하게 될 것이다.

바뤼엘Barruel 같은 그 시대 사람이나 코생A. Cochin 같은 역사가는 나중에 이처럼 공격적인 정치화의 이유를 음모론으로 설명하려고 했다. 그들은 프리메이슨이나 '자코뱅'의 조직이 연계해서 1789년부터 군주정이 붕괴하는 틈에 프랑스 사회에 그물을 던졌다고 해석했다. 비록 1789년의 중간쯤부터 자코뱅파가 전국의 자매협회들에게 국회에 청원서를 보내라고 촉구할 능력을 갖고 있었다 해도 결코 동질성이나 효율성을 갖추지는 못했다. 사실은 그보다 단순했다. 지방의 긴장관계가 늘 중요한 역할을 했고 국가의 통일성은 아직 존재하지 않았다. 이상향과 천년복지설을 믿는 기독교부터 중등학교에서 되풀이해서 강조하는 고전고대를 본받은 교육, 과거 수십 년 동안 문학 토론에서 나온 사상과 당시 유행하던 감성을 거쳐 가장 세속적인 철학에 이르기까지 온갖 상충하는 염원이 뒤섞인 상태에서 혁명은 당분간 불확실한 운동으로 남아 있었다.

코르시카는 이처럼 여러 가지 경향이 뒤섞인 모습을 잘 보여주는 사례다. 파올리의 지지자들은 자신들이 프랑스 '제국'의 품에서 기대하는 자유를 혁명이 인정해준다고 보았기 때문에 가담했다. 11월, 애국자들은 소규모 전투에서 코르시카를 프랑스에 합병하라고 요구할 구실을 찾았다. 그들은 인민의 이름으로 합병을 요구했지만, 1768년에 제노바가 코르시카의 주인임을 인정하는 외교조약을 거슬렀다. 시민들이 이렇게 의지를 표현하자 내각, 왕, 제노바는 허를 찔렸다. 그 결과, 합병이 있었지만 모호한 점이 없지 않았다. 코르시카인들은 풍속과 자율성을 존중해주기를 기대했지만 프랑스 정부는 무시했고, 코르시카와 프랑스 합병에 가장 우호적인 유럽인들도 그들의 바람을 거절했다. 혁명의 보편정신을 선포했음에도 그것은 국제적 균형을 상당히 바꿨고, 프랑스 혁명을 팽창주의 혁명의 뜸씨라고 생각하는 사람이 1789~1790년에는 거의 없었지만, 이제부터 빠르게 늘어났다.

프랑스 혁명은 기본적으로 승리했다. 1789년 10월, '바스티유 정복자들'이 영웅 대접을 받으려면 아직 몇 달을 기다려야 했으며, 사람들은 7월 14일의 희생자를 전통적 신앙심으로 추모했다. 새로운 정치 지배층은 질서를 존중했기 때문에 1789년 7월 13일 입시세관 사무실 방화범들의 재판을 1790년 2월에 활발히 진행해서 1790년 6월에는 관련자 검거로 나아갔다. 이제 뒤로 되돌아갈 수 없는 상황이 되었다. 기소된 사람들은 전국연맹제 전날 사면을 받았다. 그러나 1789년 말에 오직 역사의 시선으로 볼 때만 혁명이 일어나고 있었다. 퓌레가 말한 '수준의 차이'를 모든 사람이 똑같이 겪은 것은 아니었다. 이러한 단계와 단절을 고려하지 않고 '1789년의 사람들'을 말하는 것은 논쟁만 일으킬 뿐이다.

당시 외국인 관찰자들의 판단이 1789년의 신화에 이바지했음은 사실이다. 유럽 역사에 중요한 역할을 한『프랑스 혁명에 관한 고찰 Reflections on the Revolution in France』을 쓴 버크가 보기에 혁명계획은 철학적으로 보나 정치적으로 보나 하나였다. 그것은 전통적 균형을 깨면서 계몽사상과 사회계약의 정신을 연장했다. 프랑스에 있던 캄퍼나 〔게오르크Georg〕 포르스터Forster, 또는 독일에 살고 있던 칸트, 헤겔, 횔덜린 같은 유럽인들이 대단히 흥분한 상태에서 그러한 점을 강조한 탓이다. 노쇠한 국가에서 정치적 격변이 급격히 일어날 수 있다는 생각은 국회와 바스티유 요새 정복이라는 기정사실로 입증되었고 더욱 신용을 얻었다. 모든 사람은 혁명의 '수준의 변화'가 성공했고, 벨기에의 프로뱅스들도 혁명을 성취했다고 보았다. 이들은 1789년 7월에 봉기해서 1789년 10월 27일 투른하우트 전투 이후 오스트리아 군대를 쫓아냈다. 리에주 근처 주교구에서 바스티유 요새 정복 소식에 자극을 받아 폭동이 일어나자 대공 주교는 1789년 10월 7일에 도주했다. 프랑스에서 일어난 혁명은 이처럼 유럽인이 보기에 생각해보고 따라 해볼 만한 본보기가 되었다.

그러나 모든 사람은 맹렬하게 불붙은 운동의 여파를 두려워했다.

프랑스와 혁명의 결점 때문에 역사의 '의미'와 폭력행위, 저항과 부패의 관계가 계속 바뀌고 틈이 벌어졌다. 혁명을 경멸한 버크, 또는 역사의 보편적 철학을 추론한 헤겔, 아니면 꿈과 현실의 차이를 분명하게 인정하지 않은 횔덜린, 끝으로 기어코 혁명을 도운 포르스터, 이들 중 누가 옳고 누가 그른지 굳이 알려고 노력할 필요는 없다. 사건들이 계몽주의의 잇단 검증을 받은 결과, 역사를 이해하는 방식도 바뀌었음을 부인할 수 없다. 혁명은 장애물을 넘어서 튀어나온 시대적 돌출부에 기록되었다. 혁명이 난폭한 전복을 뜻하는 것이라면 프랑스인들은 '혁명적'이 아니었다. 좀 더 세심히 본다면 그들은 사고의 틀을 바꿨다는 점에서 혁명적이었다. '수준의 격차'는 아직 정치적 균형 속에 반영되지 않았지만, 그것을 경감하거나 반대하는 일은 생각할 수 없다. 이 격변에 저항하는 사람은 누구든 반혁명자에 속했다.

3장

통일성의 추구

1789년 말의 권력자들은 왕의 정부, 지사, 프로뱅스 의회가 추구한 근대화를 계속 추진했다. 혁명과 '재생'은 어느 정도 뒤섞였고, '검은자들'과 급진파 애국자들이 상반된 주장을 하기 때문에 대립하는 관계에 놓이는 때도 있었지만, 절대주의와 단절하고 새 프랑스의 '근대적' 틀을 창조했다. 사람들은 아직 '재생'을 정확히 규정하지 못한 상태에서 정치적·종교적 희망으로 새 인간의 탄생을 반드시 볼 수 있다고 믿으며 초조히 기다렸고, 새로운 모습의 나라를 경영할 조치를 즉시 마련하려고 노력했다. 우리는 분명히 '자유주의'나 '독재'로 규정할 수 있는 경향을 구분하면서 구국위원회를 설치하고, 게다가 전체주의 국가로 나아갈 것을 예고할 수 있겠지만, 이전투구의 혼란 속에서 기대의 열기와 질서유지의 필요성을 부각해준 상황을 너무 성급히 해석하려 해서는 안 된다. 그 반대로 1789년에 태어난 프랑스의 정치·행정의 틀을 짜는 과정을 한 단계씩 따라갈 필요가 있다. 사건의 추이는 이념적 전제보다 갈등의 해결에서 더 많은 영향을 받았다.

왕과 국회

국회의 승리는 분명한 사실이다. 10월 10일 이후, "하느님의 은총과 프랑스인의 헌법에 따라 프랑스인의 왕 루이"는 세습하지만 헌법에 복종하는 왕이 되었다. 그는 헌법에 충성하겠다고 맹세하고, 왕실비 2,500만 리브르를 받았다. 이렇게 해서 국가 재정과 왕의 금고를 분리했다. 행정부 수장인 왕은 입법권의 일부를 간직하고, 국회가 대표하는 인민과 공동주권을 행사했지만, 사실상 국회의 부수적인 지위를 누리게 되었다. 그는 6부 대신을 임명할 권한을 되찾았지만, 대신들은 국회에 책임을 져야 하고, 그들의 결정도 국회의 서명을 받아야 유효했다.

국회의 중요성은 1791년 3월 대신들을 국회의원 가운데서 뽑을 수 있다는 안을 거부할 때 확연히 드러났다. 국회는 미라보의 힘을 두려워했기 때문에 그를 견제하려는 책략으로 거부조치를 내렸으나, 뜻밖에 왕과 측근을 고립시키고 인민과 국회를 하나로 연결하는 결과까지 가져왔다. 왕은 교묘하게 모든 힘을 잃었다. 그는 국회가 제정한 법과 명령에 '동의'하거나 왕의 '거부권'을 표현하는 형식에 따라 '검토' 의견을 붙여 거부하면서도 국회를 해산할 수 없었다. 더욱이 거부권은 역사학에서 인정한 표현으로 '중지시키는suspensif' 권한일 뿐이었다. 왕과 국회의 대립은 해결할 수 없게 되었다. 각자 국민의 대표였지만, 하나는 투표에 의존하기 때문에 인민에게 호소해서 분쟁을 해결할 수 있었다.

따라서 즉시 화해의 방안을 찾는 모습을 1791년 헌법 3장 1·2조에서 읽을 수 있다. 주권은 인민의 일부나 개인이 아니라 국민에게 속한다. 국민은 대표·국회의원·왕을 통해서만 의사를 표현한다. 이 점에서 사실상 모든 의원이 일치했다. 혁명은 민족들의 화신인 왕의 신비로운 인격을 중심으로 응집한 왕국의 파탄을 승인했다. 그러나 헌법이 신성시하는 삼권분립은 실제로 구현되기보다는 형식적으로 남았다. 그 결과, 자주 다투는 기관이나 졸속하게 조직한 기구가 결정을 내렸다. 헌법이 정한 행정부와 입법부라는 구별은 존중받지 못했다. 국회가 대신들을 감독하는 동시에 행정부를 구속하는 정부의 위원회를 가동한 데서 그러한 사례를 찾을 수 있다. 제헌의원들은 행정권이 수많은 사무실과 위원회의 활동과 군사적 조직으로 나라 전체를 바둑판처럼 다스리는 체제를 발전시킨다는 사실도 충분히 알고 있었다. 또한 그들은 루브르 인쇄소였다가 국립인쇄소가 된 곳은 물론 '회의실 감독관inspecteurs de la salle'[1]의 관할권에 속한 인쇄소들을 국회의 공식 인쇄업자 보두앵Baudouin이 통제하면서 법률을 인쇄하는 업무를 가로챘다. 이것은 결정적인 행위였다. 법률을 인쇄하는 순간에 집행할 수 있기 때문이었다. 제헌의원들은 정부와 '관리들'을 경계했는데, "정부는 인간의 도덕과 부패의 진정한 원천"이기 때문에 위험하지만 반드시 해야 할 일이었다.

그들은 개인들이 권력을 독점하지 못하게 만드는 틀도 발명했다. "개인들은 습관적 행동을 결정하는 규칙을 공공의 윤리와 제도에서

---

1   1792년 10월 1일, 국민공회는 수많은 위원회를 설치했다. 그중에 위원 18명의 '회의실 감독관, 비서, 인쇄위원회comité des inspecteurs de la salle, du secrétariat et de l'imprimerie'가 있다.

받는다."(아드리엥 뒤포르) 왕과 그 대리인들을 선험적으로 '전제주의'의 지지자들로 의심한 것도 역시 가장 급진적인 판단이었다. 그때는 앞으로 건설할 나라의 두 기둥이 균형을 이룬 상태라기보다 힘겨루기를 하는 상태였지만, 아무튼 모나르시엥파나 온건파 애국자 의원들이 사실상 국회를 이끌면서 적대감을 제한하던 때였음을 잊지 말아야 한다. 그러나 절대군주정이 물려준 유산이 아직도 영향을 끼치고 있었다. 왕과 신민이 하나라는 꿈은 아직 실현되지 않았다. 1789년의 개혁가들은 평판이 나빴음에도 여전히 두려움의 대상인 왕의 하수인들을 경멸했다.

거기서 표리부동한 행위가 나왔는데, 특히 외교정책에서 사실로 드러났다. 10월 7일에 루이 16세는 에스파냐의 카를로스 5세에게, 그리고 그의 중개로 유럽의 모든 군주에게 "왕권을 거스르는 모든 행위는…… 7월 15일 이후 왕에게 강요한 것"임을 알렸다. 왕과 왕비는 괜찮은 척하면서도 국회에서 자기편을 찾으려고 노력했으며, 이익을 생각한 만큼 신념도 갖춘 미라보를 포섭했다. 따라서 모든 토론은 언제나 권력자들의 경쟁심을 담고 있었고, 1790년 7월 14일의 전국연맹제에서 가장 좋은 사례를 찾을 수 있다. 전국에서 온 국민방위군의 대표들이 애국자들의 자발적 참여를 구현하면서 행진하는 샹드마르스Champ de Mars는 아주 넓은 장소였기 때문에, 연맹제를 준비할 때 모든 계층의 사람이 힘을 합쳤다. 왕이 연맹제를 주관했고, 미사를 드린 〔오툉의〕 주교 탈레랑Talleyrand과 전국 국민방위군 지휘관 라파예트가 왕을 도왔다. 왕은 초연한 척하고, 탈레랑과 라파예트는 맡은 일을 경망스럽게 수행하고, 샹드마르스의 준비공사 때 민중의 아낙네들과 수녀들, 귀족과 평민, 군인과 부르주아가 모두 모여 깊은 긴장관계를 표현했다는 일화를 역사는 낱낱이 기록했다. 파리에서 통일이란 겉모습일 뿐이었다. 사실, 그 뒤에 곧 보게 되듯이 파리의 연맹제는 의원들이 왕뿐 아니라 그들을 지지하는 민중을 상대로 한 도박이었다.

왕과 측근의 망설임과 상황을 조종하려는 시도는 마음속의 계획이 아니었다. 루이 16세는 조금 모호한 태도로 상황을 인정하면서 정치적 수단만 생긴다면 운동의 방향을 조종하겠다는 희망을 품을 수 있었다. 그는 끊임없이 왕의 가족을 존중하고, 질서를 지키고, 강력한 행정부가 필요하다는 원칙을 상기시켰다. 1790년 7월 14일까지 그는 어떻게든 맹세를 피하려고 노력했다. 그날 그가 맹세했다는 사실이 아니라 아주 부주의하게 맹세했기 때문에 관객들은 충격을 받았다. 따라서 한편에는 열광하는 분위기, 다른 한편에는 반혁명의 우파가 실재한다는 사실에 예민한 왕과 측근이 존재하면서 현실적인 간극이 초래되었다.

연맹과 모호한 성격

파리인들의 불확실한 태도를 보면서 미슐레는 차라리 프랑스 방방곡곡에서 온 열광의 분위기를 묘사하기를 선택했다. 그는 국민통합의 표면 아래 어디서나 파열이 있었다는 사실을 잊고 있었다. 1790년 2월 4일, 왕은 국회에 나가 업적을 치하하고 자신과 국회가 하나임을 강조하는 연설을 했다. 국회의 의도는 무의미하지 않았다. 국토를 도로 나누고, 행정체계를 서열화하고, 선거로 인원을 충당하며, 종교인의 재산을 국가를 위해 활용하기로 의결했기 때문이다. 왕이 열광적인 환호 속에서 국회를 나선 뒤, 국회의원들과 대중은 법·왕·국가에 충성하는 맹세를 했다. 며칠 동안 파리 코뮌 구성원들과 수많은 공무원 단체를 시작으로 맹세의 물결이 나라를 휩쓸었다. 사실상 그 행동은 '혁명'의 산물이 아니었다. 절대군주정 시대에도 수백 년 동안 실시하다가 이제 더는 하지 않게 된 관행이었다. 통일성을 갖추었음을 알리는 행위로 그것을 되살렸으며, 그렇게 해서 이 행위가 반대파까지 포용하는 모든 사람의 통일을 뜻하게 되었다.

1789년 봄에 귀족의 음모와 대공포에 대응하기 위해 연맹체제를 조직하기 시작한 뒤부터 이 운동이 나타났다고 볼 수 있다. 10월 이후 가을에 특히 지역사회들이 공공연히 대립하는 지역에서 이 운동이 늘었다. 도피네 지방에서, 그 후 브르타뉴 지방의 퐁티비, 론 강 골짜기의 발랑스Valence, 그리고 4월에 그르노블에서 국민방위군이 수천 명씩 모였고, 전국의 국민방위군이 이 운동에 참여했다. 어떤 연맹은 국민 '가족'을 단합하려는 열정을 모으기 위한 목적으로 출발했지만, 그보다 더 많은 연맹은 반대파 또는 '도적떼'의 위협에 맞서려는 정통성을 확고히 인정받으려는 목적으로 출발했다. 모든 연맹의 성격은 정치적 '급진파'이며 사회적 '온건파'로 규정할 수 있는데, 혁명의 승리와 곡식의 자유로운 유통을 보장하려는 목적을 가지고 있었다. 이렇게 국가 이전에 국민이 탄생했고, 혁명에 들어서면서 국민의 형태와 어휘가 생겨났다.

그러나 서부나 남동부의 몇몇 연맹은 국가에 맞서 지역사회의 가치를 지키려는 목적을 가지고 출발했으며, 국회와 겨룰 만한 권력의 탄생을 예고했다. 이처럼 자율적이고 위험하게 발달하던 흐름 앞에서 국회는 6월 4일에 병사들이 연맹협약에 참여하기를 바란다면 참여하라고 허용했다. 6월 5일, 파리 코뮌이 대대적인 연맹제를 조직하는 계획을 세울 때, 의원들은 1790년 7월 14일에 연맹제를 개최한다고 의결하면서 주도권을 쥐었다. 그들은 맹세의 형식을 하나로 규정했다. "나는 국민·법·왕에게 충성하고, 국회가 제정하고 왕이 승인한 헌법을 온힘을 다해 지킬 것을 맹세합니다." 전국연맹제는 왕과 의원들이 모두 참여하도록 하고 이를 어길 시에는 제물로 삼는다는 내용도 포함시켰다. 1789~1790년에는 열광하던 연맹들을 1793년에는 '연방주의'로 거부했다는 것을 본다 해서 놀랄 일은 아니다. 연맹은 중앙집권 국가에 대적할 수 있는 자율성을 갖춘 조직이었기 때문이다.

〔파리의 전국연맹제와〕 같은 형식으로 전국에서 일제히 연맹제를 거행하도록 했다. 국민방위군 대표단과 군중 앞에서 미사·맹세·연설을 하면서 축제의 분위기를 한껏 끌어올렸다. 연맹군이 각자 복잡한 경로를 거쳐 거주지로 돌아가는 과정에서 전보다 더 많은 사람이 모이는 맹세와 축제의 다양한 행사를 치르는 동안 신성한 감정을 자아낼 정도로 우애를 다짐하며 국민통합을 완수했다. 그러한 의사표시 방법은 가끔 순진하게 보이는 것을 부인할 수 없다. 그러나 우리는 이처럼 크고 작은 행동이 수없이 모인 데서 새로운 상징적 의미를 발견할 수 있다. 시민정신은 국민방위군을 혁명과 국민의 무장호위대로 변화시킨 상무적인 군사계약에서도 나타났다.

여기서 국민이라는 말이 18세기 후반에 확보한 범위가 드러난다.

그것은 프랑스인을 외국인, 아니 차라리 적과 구별하는 말이었다. 그러나 혁명은 모호한 상태에 놓였고, 그 때문에 나중에 약화한다. '국민', 다시 말해 맹세를 중심으로 조직된 '인민'은 서로 평등한 존재임을 받아들이고 '귀족정'과 '무정부 상태'를 거부하는 '투사들'의 동맹체로 등장했다. 민주주의를 제대로 정의하지 못하고 애매한 상태로 실시했기 때문에 '미완성'이었음은 확실한 사실이다. 이미 밝혔듯이 민주주의를 완수하지 못한 것은 루소의 원리와 좌우명에 흠뻑 젖은 이상주의자라 할 의원들이 일관성 없이 생각했고, 게다가 프랑스의 문화적 특성의 영향을 받았기 때문인가? 혁명이 일어났다고 믿는 사람들은 모든 일이 혁명을 겪어야 한다고 생각했지만, 그들의 기대와 달리 단절은 깊이나 명확함을 보여주지 못했다. 모든 체제는 필요한 경우에는 권력을 행사해 일상의 현실 속에서 어울리지 않는 사람들을 뒤섞고 융합하지만, 혁명은 이런 점에서도 개혁을 하지 못했다. 그러나 이처럼 애매한 상태를 조정하려면 아직 여러 달이나 필요했다. 혁명의 목적은 '추적할 수 없는' 인민을 찾는 것이 아니라 공동의 계획으로 연결된 개인들로부터 오는 정통성을 찾는 것이다. 다시 말해 '인민'에게 의미를 부여하는 '국가'를 만들려는 것이다.

국민 또는 균형의 추구

전국을 누비고 우애를 다지는 연맹의 폭발적 충동은 그 시대 사고의 틀을 이용하면서도 다양한 방식으로 프랑스를 형성해온 전통적 관계를 끊지 않으려고 애쓴 사회지배층이 품고 있던 염원에 화답했다. 그러나 귀족정·독재정·민주정으로 주권의 형식과 공화정이냐 전제정이냐는 정부의 형태를 구분하던 유럽의 정치문화는 "엄밀히 따진다면 아직까지 진정한 민주정이 존재하지 않았고, 앞으로도 존재하지 않을 것이다"라고 하면서 민주정은 오직 "신들의 민족"에게 적합한 것이라는 루소의 말을 따랐다. 칸트는 이 주장을 연장해서 민주주의는 원칙적으로 공화국의 반대이며 전제주의의 성격을 띤다고 평가했다. 1790년에 국회의원들은 인민의 주권을 왕의 주권과 접목하고, 둘 중 하나가 무제한의 권력을 행사하지 못하는 나라를 실현하려고 노력했다. 이것이 당시에 영향력을 행사하던 뒤포르가 헌법의 섭정 관련 조항을 논의할 때 국회의 중요성을 강조하면서 설명한 내용이었다. 시에예스가 말했듯이 "이 두 말[인민과 국민]이 동의어라면", 이것은 주권을 특권층과 나눠 가질 수 없다는 신념, 그리고 대표들이 구현하는 국민이 주권자 인민과 분리될지 모른다는 두려움을 반영하는 말이었다.

게다가 프랑스는 전통적인 의미로 이해할 때 다수의 '국민'과 다수의 '민족'이 서로 느슨한 관계를 맺고 하나가 된 나라였다. 국내 접경, 징세와 관습법의 격차, 다양한 언어의 관행이 언제고 파열할까 봐 두려워할 만한 수준의 조각보 같은 나라를 만들었다. 카탈로니아나 바스크의 문화적 영향을 받고, 마르세유나 툴롱의 정치와 경제적 욕망을 품은 남부 프랑스가 이탈할까 봐 계속 두려워했다. 또 브르타뉴부터 알자스까지 왕국에 가장 늦게 합병된 지역은 고유한 방언을 쓰고 있었고, 그들이 왕국에서 분리될까 봐 두렵기도 했다. '국민'이라는 강박관

넘은 왕의 통치권이 약해진 뒤의 체제를 세울 확고한 기초를 찾으려는 희망, 그리고 반란을 일으킨 '인민'의 요구를 두려워한 마음 때문에 생겼다. 국민은 국내 수많은 의회에서 뽑은 대표들이 구현한 조국을 대표하며, 충성맹세로 정당성을 확보한 상징적인 실체가 되었다.

그 계획의 모호한 성격을 부인하기 어렵다. 그것은 무한히 연장할 수 있다. 거기에 합류하고자 하는 모든 민족을 환영하며, 경우에 따라서 우랄산맥까지 연장할 수 있겠지만, 배타적인 집단을 만든다면 자신들에게 동조하지 않는 사람들을 격하게 거부할 수 있는 계획이기도 하다. 그러므로 희망을 품는 만큼 위험한 계획이 될 수 있다. 이러한 정치적 계획이 이상향을 추구하는 것보다 훨씬 많은 면에서 기대하지 못한 암초가 여기저기 도사린 바다를 둘러본 결과로 생긴 것임을 상기할 필요가 있다. 벨기에가 좋은 본보기를 제공한다. 1790년 초에 일어난 벨기에 혁명은 '인민'의 혁명임이 분명하지만, 인민은 가톨릭교도였으며, 계몽사상가와 볼테르의 철학을 미워했다. 그래서 그들은 오스트리아인들을 몰아내면서 시작했지만, 나중에는 혁명에 가담했던 봉크Vonck가 이끄는 '민주적' 분자들을 몰아냈다. 그 결과, 혁명 세력은 약해지고, 오스트리아 제국이 다시 손을 뻗칠 수 있었으며, 프랑스인이 다른 '애국자들'에게 관심을 두게 되었다. 주동자들은 여론이 등을 돌리자 곧 패배했기 때문에 그들이 집단적 충동을 부추겨도 국민을 형성하지 못했다. 모든 결정은 철학적 역사로 해석할 수 있는 '슬기로운 철학 토론' 과정이 아니라 소문을 듣고 분노하거나 상황이 반전할 때 내렸다. 국민국가는 백지 상태에서 또는 역사적 유산으로 태어나지 않았고, 수년 동안 일반 이론, 정치가의 책략과 정치적 타협이 복잡하게 뒤섞이고 대립하면서 태어났다. 우리는 아직 불확실한 국민이 맥락이 바뀔 때 모범적 정복자 '위대한 국민'으로 변모하고 진정한 국민주의의 틀이 되는 과정을 쉽게 이해할 수 있다.

원칙과 타협

1790년에 프랑스 국외의 정치문제로 복잡한 토론이 일어났을 때 이러한 모호성이 드러났다. 세 가지 중요한 사례가 국민을 정의할 필요성을 제기했다. 오늘날 캐나다 서해안의 누트카 섬에서 에스파냐 군함이 영국 상선을 검사했을 때, 두 나라가 위협적인 언쟁을 벌이다가 결국 전쟁을 일으켰다. 프랑스와 에스파냐의 군주들을 결합하는 〔부르봉〕 '가문협약'을 존중해서 프랑스는 에스파냐를 지원해야 했다. 왕의 지지자들은 행정부가 국회보다 우월한 지위를 차지한다는 사실을 확인할 기회가 왔다고 생각했고, 특히 '검은자들'은 왕권을 행사하는 신비스러운 본성을 보존할 필요가 있음을 강변했다. 좌익은 곧바로 반발했고, 영국 편을 들면서 국민이 전쟁을 통제할 권한을 갖기를 바랐다. '진보적' 애국자들은 외교를 인권 위에 놓고 자유로운 인민들의 연맹을 목표로 외교의 규칙을 바꾸기 원했다. 방대한 문제를 앞에 놓고 미라보가 좌우하는 우파 내각과 뒤포르가 대표하는 '정부'의 좌파는 5월 20일과 22일에 격론을 벌이고 왕에게 전쟁과 평화의 권리를 주고 입법의회의 통제를 받도록 하자는 데 합의했다. 합의문은 세계를 향한 엄숙한 평화선언과 정복전쟁의 포기선언을 함께 담았다. 미라보와 측근은 이 약속을 별로 중요하게 여기지 않았지만, 프랑스와 유럽의 '진보적' 여론은 대대적으로 지지했다. 프랑스 혁명의 보편성은 이렇게 관심을 집중시키면서 확인받았고, 전에는 볼 수 없던 전망을 다양하게 열었다.

　이러한 프랑스의 모습은 8월 4일 밤에 국회가 결정한 데 대해 알자스에 영지를 가진 독일의 대공들이 소송을 걸었기 때문에 더욱 강화되었고, 국회는 1790년 2~5월에 이 소송에 대해 토론했다. 그들이 독일 땅으로 남아 있던 곳에서 행사한 '봉건적' 권리는 아무런 보상도 없이 폐지되었다. 우파 의원들은 〔대공들의 소송이〕 1648년 뮌스터 조약을 위반했다고 주장했으며, 좌파 의원들은 자연권에 바탕을 둔 인민주권 원칙을 옹호하면서 맞섰다.[2] 메를랭 드 두애Merlin de Douai는 인민들의 권리를 훼손하지 않는 한 대공들의 책임을 면해주면서 조약을 보장해야 한다고 제안했다. 같은 시기에 아비뇽의 교황령에서 프랑스 혁명을 본받아 반란이 일어났고, 거의 같은 문제를 제기했다. 아비뇽 주민들은 지역 행정의 민주화를 요구했고, 1790년 3월 프랑스 헌법의 원칙을 받아들이는 문제로 교황과 대립했다. 교황이 거부한 뒤, 1790년 6월 10~11일에 진정한 혁명이 일어나 아비뇽의 '애국자들'에게 권력을 안겨주면서 지역 귀족 네 명의 목숨을 앗아갔다. 6월

2　뮌스터 조약은 1648년 1월 30일에 한 개, 10월 24일에 두 개인데, 뒤의 두 개를 베스트팔리아 조약이라고 부르기도 한다. 10월 24일, 신성로마제국 황제 페르디난트 3세와 제후들은 루이 14세에게 3주교구(메스·베르뫙·툴)와 알자스·브리자크·피뉴롤을 넘긴다는 조약을 체결했다.

12일, 프랑스의 지배를 받는 이웃 도시들의 국민방위군이 개입한 후, 아비뇽을 프랑스에 합병하자는 공식요청을 투표로 결정하고 당장 국회로 보냈다.

여기서도 국회는 혁명적 개혁과 관련한 원칙을 수용하기 위해 실정법을 거부했다. 국회는 법을 빨리 제정하라는 독촉을 받았다. 좌익은 우호적이었지만, 다수 의원은 이러한 형태의 결정을 승인하려고 선뜻 나서지 않았다. 아비뇽 주민 투표는 필요한 형식을 따르지 않았으며, 다수파의 의견도 대변하지 못했고, 폭력으로 끌어낸 것이라는 이유에서였다. 게다가 그들은 사회적으로 다양한 이유 때문에 분열했다. 주민의 일부는 교황이 허용한 이익을 잃고 싶지 않았고, 아비뇽 도매업자들의 상업적 이익과 카르팡트라Carpentras 주민의 보호주의적 이해관계가 경제적 대립의 주요인으로 작용했다. 결국 아비뇽과 카르팡트라, 그리고 아비뇽의 가문들끼리 전쟁을 벌였다.

국회는 이 두 가지 문제에 대해 아무런 합의도 이끌어내지 못했다. 실용주의적 타협에 이르기 위해 현실적 권리와 자연권을 언급하면서 다양한 의견이 대립했다. 그러나 로베스피에르가 자연권을 바탕으로 주장을 펼친 덕택에 의원들은 정치적 세계주의에 주목하는 데까지 토론의 범위를 고정할 수 있었다. 그러나 정치적 해석은 여전히 모호한 채로 남았다. 1790년 5월, 마르산 드 퐁쥘리안Marsanne de Fontjuliane 백작이 제출한 외국인 재산 몰수권을 폐지하는 법, 다시 말해 귀화인의 재산에 부과하는 세금을 폐지한 사례가 그 증거다. 귀족이며 분명히 온건파였다가 나중에 망명한 그는 국경과 나라를 고려하지 않고 모든 사람의 '대가족'을 구성하겠다는 '혁명적' 사상을 지지했다. 그는 이

렇게 너그러운 법 외에도 종교적 박해를 피해 도주한 위그노 가문에
서 압류한 재산을 돌려주는 법도 통과시켰다. 아나샤르시스Anacharsis
로 이름을 바꾼 클로츠는 좀 더 정치적인 세계주의를 추천했다. 클로
츠는 전국연맹제가 열릴 때 '인류의 대표단'을 이끌었으며, 모든 국경
을 없애고 모든 나라 국민을 하나로 합쳐 위대한 상업 대국을 건설하
자고 제안했다. 대단히 진보적인 이 남작은 식민지나 노예제도의 존
재를 방해물로 받아들이지 않았고, 그 때문에 로베스피에르와 명백히
가까운 사람들의 주장과는 거리를 두었다. 세계주의 아래 부챗살처
럼 다양한 주장이 숨어 있었기 때문에, 비록 자연권을 아직 규정하지
못했음에도 거기에서 나온 이상보다 더 순수한 모습에서 차이를 찾는
것은 부질없는 일이다. 로베스피에르는 국회의 균형점이 아니라 오히
려 수많은 모순을 가진 극단적인 지점을 대표했다.

　이러한 종류의 토론에 공통된 요소가 본질을 보여준다. '국민'과
'인민'의 의미가 불확실하고, 전국의 모든 정치적 모임을 지배하는 이
론적인 전제조건보다 덜 중요했다는 점이다. 이 때문에 모든 나라에
서 권력을 휘두르는 다수파의 규범과 일치하지 않을 인민과 국민이
그 대가를 치르는 것을 볼 위험이 있다. 그러나 다른 관점에서 보면
이러한 긴장이 새로운 행정조치를 취하게 만든다.

국가의 뼈대들

프랑스가 1790년 1월 15일에 법으로 전국을 83개 도로 나누었던 것

은 국가조직의 혁명을 상징했다. 행정·징세·정치·선거의 이유뿐 아니라 정치철학적 성찰로 시작한 국토 분할의 목적은 권력을 지방으로 분산시키고, 행정가와 주민들을 가까이 만들고, 국가의 통일에 유리한 조건을 가져와 지방신분회를 중심으로 중앙에서 분리하려는 운동을 막고, 지방주의를 분쇄하는 데 있었다. 1789년 7월 이후 시작한 토론은 군주정 시대의 업적에서 영감을 받았지만, 시에예스와 투레Thouret 같은 주요 연설가들은 급진적인 방향으로 나아갔다. 그들은 혁명이 혁신을 가져왔음을 언급하면서, 프랑스 본토를 기하학적으로 384제곱리외[6,144제곱킬로미터]의 도 81개로 나누고, 도를 9개 '코뮌', '코뮌'을 9개 '캉통'으로 나누자고 제안했다. 역사학자들은 혁명가들의 기하학적 공상을 우스꽝스럽게 생각한다. 같은 시기에 국회는 무게와 길이를 통일하고 규격화하기로 결정했다. 이러한 결정이 습관으로 정착하려면 시간이 걸리겠지만, 오늘날에는 그것이 성공했음을 인정한다.

국토 분할 계획은 존재하는 현실과 전통 속에 기록되었다. 의원들, 수많은 청원과 대표단들은 국토를 바둑판처럼 분할하는 데 반대하면서 프로뱅스마다 지역적 특성이 있으며, 특히 신분회를 보유한 프로뱅스의 특성을 고려하라고 요구했다. 그 결과, 대개 강·산·연안의 자연적 특성을 살려 이름을 지은 도의 경계는 거의 모두 예전처럼 '자연적'이거나 '문화적'인 범위 안에서 결정되었다. 그래서 브르타뉴·프로방스·도피네는 지도에서 쉽게 알아볼 수 있었다. 따라서 도를 기억을 거스르는 장소로 생각하는 것은 확실히 과장된 면이 있고 완전히 논쟁거리다.

도를 9개로 나누는 문제를 한때 검토했지만 포기하고, 행정기관과 주민의 밀접한 관계를 고려해서 디스트릭트·캉통·코뮌의 하위 단위로 나누는 안을 채택했다. 이러한 행정구역 안에서 행정을 도 지도부, 정규 선출직의 사무국, 중앙권력을 대표하는 선출직 검사의 세 부분이 나누어 맡았다. 가장 작은 단위인 코뮌은 현지 주민인 선거인들이 뽑은 평의회가 다스렸다. 코뮌들을 거느린 캉통은 행정권을 가졌다. 그곳은 특히 '능동'시민인 선거인들이 있는 장소였다. 이들은 '기초의회'에서 '2차 선거인단'을 뽑았다. 2차 선거인단은 디스트릭트와 도의 중심지에서 각급 단위의 행정관, 법원 구성원, 역참장, 종교인, 그리고 국회의원까지 뽑았다. 이러한 서열사회는 공식 선거인을 거의 50만 명이나 만들었다. 성인 남성 400만~500만 명이 전국의 행정에 참여할 가능성이 있었기 때문에 선거인의 수도 이렇게 많았다. 주민이 200명 미만인 코뮌이 다수였고, 거기서 식자층을 골라 곧 열의를 꺾어버리는 행정에 배치하려니 그들의 임무는 특히 막중했다.

행정관과 의원들의 참여는 두 가지 이유에서 강조해야 한다. 한편, 그들 덕택에 나라 안의 불평등한 현실을 다소 덜 겪을 수 있었다. 세금은 계속 덜 걷혀도 공공사업은 계속해야 하고 금리도 지불했다. 또 한편, 옛날의 권력자들과 행정관에서 새로운 사람으로 교체하는 일은 1790년부터 1791년까지 특히 국회가 파견한 위원들이 감독해서 실현했다. 이를 이행하는 과정에서 마찰과 충돌이 있었지만, 전임자들을 점점 배제하고 새 인물을 뽑으면서 서열화한 행정구조를 더욱 빨리 정치화할 수 있었다. 이렇게 국회가 주목하는 가운데 도에서 임무를 맡은 사람들은 진정한 의미로 새 체제를 구현했다.

지방의 혁명

따라서 국토 분할은 '위'에서 내려가지 않고 '아래'의 이익을 존중하는 방식이었다. 각 지방이 미세한 경계나 행정 관할권을 두고 다투었다는 사실이 그 증거다. 도시와 읍성bourg은 대표를 보내거나 청원서를 제출하고, 경우에 따라서 특정 대도시가 권력을 너무 많이 행사할까 봐 두려울 경우 단결했다. 제헌의원 일부가 예상하던 대로 지방과 지역의 특성을 앞세워 힘의 관계를 바탕으로 내리는 결정에 영향력을 행사하거나 저항했다. 공간을 단일한 방식으로 경영하고 역사적 차이를 지울 수 있었기 때문에 프랑스의 통일성을 확실히 다질 수 있었지만, 옛날식 구분의 흔적이 집단정신자세mentalités의 틀을 유지했다. 옛날에 누리던 특권의 기억과 사법권의 상실은 오늘날까지 앙시앵레짐과 관련한 향수를 불러오고, 새 체제 때문에 이웃이 더 행복해진 것을 보면서 원한을 가지게 된 원인으로 작용했다. 정치적 긴장은 이렇게 경계를 나눈 지대에서 혁명에 대한 찬반 갈등과 함께 발생했다. 브르타뉴·앙주·푸아투·멘의 '겹치는 접경지역'이 가장 잘 알려진 사례였다.[3] 이러한 지역은 전국을 도로 나눌 때 어느 정도 평준화되었다. 그

---

3   19세기의 전문가 에밀 셰농은 '나누는 접경지역Marches séparantes'을 두 지방 사이의 넓은 지역이며 때에 따라 이쪽과 저쪽의 관습을 적용할 수 있는 곳이라 정의했다. 따라서 '겹치는 접경지역'으로 이해할 수도 있다. Émile Chénon, "Les marches séparantes d'Anjou, Bretagne, et Poitou," *Nouvelle revue historique de droit français et étranger*, 1892, Vol. 16, p. 16.

리고 징세·군사·사법의 이익뿐 아니라 조세상 불평등한 지위를 가진 프로뱅스 사이에서 성행하는 부정행위에 바탕을 둔 농촌 경제를 단번에 무너뜨렸다.[4] 이것이 슈앙파 반란과 방데 전쟁의 이유 중 하나였다. 남부 지방에서 도청 소재지 문제로 경쟁하다가 결국 온건파 도시 엑스가 선정되고, 마르세유가 아주 급진적인 성향 때문에 탈락하자 정치적 분열로 이어졌다.

이러한 조직에 대해 수많은 사람이 논평했다. 그러나 도 분할이 진짜 성공하고 지속한 것은 지방에 뿌리를 내린 덕택이었다. 코뮌·캉통·도는 기존의 조직 위에 덧붙인 것이 아니라 그것들의 유산을 포용해서 만든 조직이었다. 그것들은 중심지 파리와 균형을 이루는 권력 거점지가 되었으며, 국가의 역할을 지방에서 대변하고 지역사회에 정치적 자율성을 주었다. 지역사회들은 선거를 실시해서 '공무원'의 지배층을 지명했다. 선거로 뽑힌 사람들은 한시적으로 의회에서 활동하거나 정규직을 차지했다. 모든 경우 그들은 지방의 선택, 그리고 제도적으로 왕의 권위 또는 중앙권력을 대표하는 사람들에게 의존했다. 그들이 맡은 임무를 수행할 때 오늘날 선출직과 구별하기 위해 공무원이라 부르는 정규 직원들의 도움을 받았다. 의사결정권이 없는 지방 행정직들이 중앙권력이 내린 결정을 적용했지만, 사실상 '지방분권화'가 진행되고 있었다. 국회와 여타 기관은 어떠한 연계도 없었고, 법의 출판이 곧 공표

---

4 예를 들면 밀매업자는 목숨을 걸고 면세지역인 브르타뉴에 붙어 있으면서 가장 비싼 소금세를 매기는 멘으로 소금을 가져다 팔았다.

를 뜻했기 때문에 도·캉통·코뮌 당국들은 상당한 권력을 행사할 수 있었다. 그 때문에 1793년 2월에 파견의원 제도가 일반화하기 전부터 파견의원들은 그 권한을 조금씩 줄여나갔다. 혁명계획의 성공은 국회가 제안한 사상과 원칙을 지방의 명사들이 특별한 균형감각을 가지고 지방에 적용하는 데 달려 있었다. 코뮌과 도 기관을 탄생시킨 실용적 조건들은 지방권력과 중앙권력의 관계를 엮는 데 이바지했고, 혁명의 특성을 보여주거나 현실을 무시한 떠버리들의 특성을 결정한 추상적 원리나 이상적 담론만 보는 것을 금지했다.

파리의 걱정거리

우리는 파리에서 이러한 면을 설명해줄 만한 본보기를 찾을 수 있다. 유명한 민중의 정치투사들은 국회의원이자 과학자인 파리 시장 바이이, 국민방위군 사령관 라파예트, 효율적인 전문 자문단을 거느린 오를레앙 공작 같은 저명한 정치인들의 명성 덕택에 덩달아 존재감을 과시했다. 파리 시정부 기관들은 국회를 보좌하는 동시에 경쟁자 노릇을 했다. 파리 코뮌은 최소 6,000명을 직접 거느리고, '부르주아'로 구성한 국민방위군 2만 4,000명의 규모가 큰 병력을 동원하는 동시에 권한을 집중해서 재조직하고 간부와 수사관, 시내 섹시옹의 간부들과 치안판사들의 도움을 받는 경찰력도 활용할 수 있었다. 1789년 10월에 시정부의 지휘를 받는 조사위원회가 탄생해서 국회의 조사위원회와 공조하고 혐의자 체포권까지 휘둘렀다. 브리소는 가장 영향력 있는 위원이었다. 1789년 8월부터 파리 시정부는 질서를 회복하겠다는 의지를 분명히 밝히고, 팔레 루아얄 주변에서 발생하는 불법집회뿐 아니라 불만투성이 노동자와 고용인들의 불법집회도 엄벌하겠다고 고지했다. 그리고 수많은 신문과 중상비방문을 퍼뜨리는 행상인과 유포자를 추적하고 입시세관을 되살렸다. 10월에 레 알 중앙시장의 아낙네들이 베르사유로 행진하는 것을 막지는 못했지만, 나중에 몇 명을 붙잡아 샤틀레 법원에서 재판을 받게 했다.

선거에서 뽑힌 관리들은 기근과 싸우고, 특히 빵과 고기의 물가를 공정하게 유지하면서 시장에 가격표를 붙이라는 민중의 요구에 맞춰야 했다. 권력자인 시청 간부와 국회의원들은 민중 집단뿐 아니라 선서 거부 사제들, 망명 귀족, 어느 정도 눈에 띄는 반혁명 분자들을 포함한 압력단체들이 자신들을 괴롭히고 공격한다고 느꼈다. 그래서 그들은 노동자들이 왕정주의자들과 힘을 합쳐 모든 제도를 공격한다는 사실을 계속 두려워했기 때문에 민중과 화해할 수밖에 없었고, 이러한 사례는 전국에서 흔히 볼 수 있었다. 1791년 1월 24일, 라 샤펠부터 생드니까지 세관 울타리에서는 밀수군을 벌하는 '세관 추적자들'과 코뮌 국민방위군이 대립했다. 혼란 속에서 몇 명이 살해되었다. 곧 자코뱅파는 그들 중 '애국자' 두 명을 지지하는 한편, 추적자들이 왕당파 클럽과 연관된 자들이라고 비난했다.

2월 28일, 파리 당국은 왕을 도주시키려는 자들이라는 혐의를 받는 '단도의 기사들chevaliers du poignard', 그리고 생탕투안 문밖의 노동자들과 대치했다. 이들은 파리 시정부가 복원하던 뱅센 성의 아성을 무너뜨리겠다고 몰려갔기 때문이다. 이 투사들은 그것이 제2의 바스티유라고 비난하고, 시정부의 공사를 왕당파의 공작이라고 보았다. '도적'이라는 평가를 받고, 필시 자코뱅파·코르들리에파와 협력해서 라파예트를 공격하는 오를레앙 공 지지자들과 연계된 생탕투안 문밖이 투쟁에 나섰다. 하지만 라파예트에게는 다행스럽게도 파리 우안의 생마르셀 문밖은 동참하지 않기로 했다. 1789년에 잇달아 사건이 일어나면서 생긴 '민중' 세력을 다시 장악한 것은 약간 어려운 일이긴 해도 1만 명 정도의 직업군인에게 봉급을 지급하고, 다른 병력도 그렇지만 라파예트와 가장 가까운 지원병 2만 명을 합쳐 국민방위군을 재편성한 결과다. 바스티유 요새 정복자들은 옛 프랑스 수비대에게 적개심을 품었기 때문에 따로 부대를 창설했다. 그러나 이러한 내부 갈등은 1791년 9월에 직업군인을 전선과 군사경찰 부대로 보내면서 해소되었고, 국민방위군이 파리의 유일한 시민군대가 되었다.

코뮌은 시간이 흐르면서 서로 모순된 제약을 받았고, 파리의 '인민'과 국회의원들 사이에서 어정쩡한 자리를 차지하게 되었다. 한편, 국회의원들은 군대를 갖지 못한 채 그들이 질서를 유지하고 혁명을 지켜주리라는 기대를 품고 의존하는 사이에 그들의 중요성만 더욱 부각되었기 때문에 고통을 받았다. 또 한편, 코뮌도 산하 구역들과 갈등을 빚었다. 파리의 선거구인 [60개] 디스트릭트가 1790년에 [48개] 섹시옹으로 바뀐 뒤에도 자율성을 유지하고, 스스로 체제의 정통성을 보장하는 존재를 자처하고, 행정과 치안을 책임지고, 상품의 자유 유통을 지키는 데까지 나아갔기 때문이다. 그래서 라파예트가 통제하는 국민방위군과 입시세관 수비대는 섹시옹의 투사들과 자주 부딪쳤다. 이 투사들은 코르들리에파와 가깝거나 단지 혁명의 당연한 결과처럼 보이는 직접민주주의를 실현하려는 사람들이었다. 코뮌은 치안권을 지키고 전문 단체들의 지원을 받으면서도 점점 더 기능에 대한 반대에 부딪히고, 혁명의 이름으로 본래 정치적 방향에서 벗어났다. 우리는 이렇게 수많은 마찰을 관찰하면서, 옴짝달싹못하는 상태에 놓인 파리의 조사위원회가 샤틀레 법원이 1790년 봄부터 더욱 심한 탄압으로 방향을 바꾸었을 때 관계를 멀리했던 이유를 이해할 수 있다. 두 가지 상반된 역사에 등장하는 가까이 있으면서 경쟁하는 기관들의 간격은 애국자들이 '인민'과 관계를 어떻게 맺느냐에 따라 그들 사이에 생기는 단절을 보여준다. 이처럼 전방위 타격이 가능한 상황에서 로베스피에르는 1790년 12월에 기마경찰대 장교직을 '특권층'에게 주고, 경찰이 동행명령을 남발할 가능성을 가지고 앙시앵레짐 시대의 탄압으로 되돌아갈 수 있다는 점을 쉽게 고발할 수 있었다.

거듭난 국민

주권과 최고 권위의 이중성은 혁명기 전체를 관통하는 쟁점이었다. 그것을 단순히 계급투쟁으로 이해하거나 혁명기에 전체주의 국가가 탄생했다고 보는 것은 위험하다. 모든 정치인은 권력이 언술, 제도의 작용, 정치활동, 정치인의 행동이 결합하는 것과 관련이 있음을 알았다. '온건한' 애국자들이 민중의 요구를 수용하고자 했다면, '진보적' 애국자들은 상업의 자유나 재산권을 건드리는 것을 원치 않았다. 그들이 살육을 부르는 이상주의에 빠졌다고 비난하는 것은 부질없는 일이다. 새롭고 복합적이며 심지어 모순에 찬 사회가 원칙, 제약, 정치적 투쟁과 경쟁심을 부딪치게 만드는 사건들의 도가니에서 태어났다. 그러나 몇 가지 방향이 정해졌고 수많은 기대와 만났다. 유기적 관계, 공동체의 관습, 심지어 혁명의 진행과 관계에서 개인과 집단들의 관리는 자율적이 되었다. 치안과 정의는 말세의 모습을 벗어난 새로운 생활환경을 조성하면서 두각을 나타냈다.

맨 처음 제기할 수 있는 질문은 인민의 교육에 관한 것이었다. 국회는 1790년 1월 14일부터 체계적 정치의 하나로 모든 명령과 법을 각지 언어로 번역하기 시작했다.[5] 브르타뉴어·바스크어·알자스어·플라망어는 물론 방언[6]을 번역할 때 '2개 국어를 쓰는' 애국자와 다수의 사제가 참여했다. 그들은 반혁명 세력이 쓰는 방언을 일시적으로 거부하지 않고 진심으로 참여했으며, 이로써 혁명의 본질적 경향을 상징적으로 보여주었다. 언어로 국민통합을 이루는 방식으로 왕의 몸으로 구현했던 옛날의 통일성을 대체할 수 있었다. 1789년 이전부터 라 샬로테[7]가 쓰기 시작한 '국민교육'의 계획이 더욱 많이 나왔다. 1789년 10월

---

5 제헌의원들은 1789년 8월 26일, 프랑스어가 인권선언의 언어로 세계적 지위를 얻었다고 생각했다. 그들은 국민통합을 위해 프랑스어를 보급하는 동시에 혁명의 성과를 번역해서 시급히 알리고자 노력했다. 1790년 1월 14일, 메스 출신의 부쇼트Pierre-Paul-Alexandre Bouchotte(1754~1821)의 발의로 국회의 지방정부 조직에 관한 지침을 플라망어와 독일어로 번역하기로 의결했다.

6 방언은 '파투아patois'와 '디알렉트dialecte'의 두 가지로 나눌 수 있다. 간단한 예로 전자가 비교적 좁은 지역에서 국어와 함께 쓰는 말이라면, 후자는 벨기에의 왈롱에서 쓰는 프랑스어를 가리킨다.

에 도누Daunou를 비롯해서 탈레랑·미라보·고생은 잇달아 애국심을 기르는 교육안을 제시했다. 당연히 제헌의원의 범위를 넘어서 세르클 소시알Cercles Socials〔사회동인〕의 포셰 신부·콩도르세·니콜라 본빌Nicolas Bonneville 같은 투사들은 미신을 타파하고 진리를 추구하는 데 가장 힘썼다. 그들의 기관지인 「철의 입La Bouche de fer」[8]에는 국민교육위원회 설립안을 제시했고, 책임편집자 세루티[9]가 발행한 「마을소식La Feuille villageoise」은 인민을 대상으로 교육안내서 노릇을 하고자 했다. 각 지역 당국은 즉시 이러한 계획에 호의적인 태도를 보이기 시작했다.

걸인을 줄이려는 목적으로 자선행위의 개혁도 힘차게 시작했지만 물론 한계도 있었다. 1789년 8월 4일 이후 종교인이 구호의 요구를 들어줄 자금줄을 잃으면서 상황이 더욱 급박해졌다. 1790년 1월,

---

7 라 샬로테Louis-René de Caradeuc de La Chalotais(1701-1785)는 브르타뉴 고등법원 검찰총장으로서 왕의 대리인들이 브르타뉴의 이익을 해치는 데 강력히 반발하고, 이른바 브르타뉴 사태의 중심에 선 인물이다. 교육에 한정해서 소개하자면, 그는 뒤클로·달랑베르·마블리 신부, 18세기 문인들과 연결되어 예수회 교단 해체를 위해 힘썼고, 예수회가 맡았던 교육에 대해서도 당연히 한마디 했다. 1763년 3월 24일, 브르타뉴 고등법원에 제출한『국민교육론 또는 청소년을 위한 연구계획Essai d'éducation nationale, ou plan d'étude pour la jeunesse』에서 그는 예수회의 교육이 소학교에 적합할 정도로 수준이 낮기 때문에, 국가에 필요한 신민sujet를 기르는 교육으로 대체해야 한다고 주장했다. 그의 교육론은 디드로와 루소의 교육론과 비슷했다. 참고로 루소는『사회계약론』에서 "신민은 법에 복종만 하는 사람이고, 시민은 직접 또는 대리인을 뽑아서 법을 제정하는 사람"이라고 말했다.

8 세르클 소시알 사무실 앞의 철제 제보함은 입 벌린 사자 모양이었고, 제보자들이 쪽지를 넣으면 주로 본빌과 포셰 신부가 심사해서 일주일에 세 번 발행하는 신문에 실었다. 1790년부터 1791년 사이에 발행한 기관지였다.

9 세루티Joseph-Antoine-Joachim Cerutti(1738-1792)는 이탈리아 출신의 언론인으로 이 신문을 1790년 9월부터 발행했다.

국회는 구빈위원회Comité de mendicité를 설치한 뒤 50여 개 도에서 걸인 200만 명을 집계하고, 전국 모든 도에서 두 배를 예상했다. 도처에서 구빈사업장[10]과 구빈계획을 세웠다. 그것은 옛날 정책을 되살리는 일이었지만, 헌법이 공공교육과 사회적 원조를 받을 권리라는 원칙을 채택함에 따라 새로운 전망에서 시작한 사업이었다. 그러나 전통적인 사업은 실패했고, 이제 걸인문제의 해결을 맡은 코뮌에는 돈이 부족했다. 프랑스는 '부르주아' 혁명이라 부를 수 있는 자유주의의 길로 들어섰던 것인가? 1792년 이후 이러한 개혁을 단행하고서도 시대착오적인 복지국가를 창조할 길을 더는 찾지 못했을 때 이 질문이 다시 한 번 나왔다. 재산권 옹호는 외따로 존재한 급진파 이외에는 결코 흔들려고 시도하지 않는 것이 정설이었다. 윤리주의 관점에서 사회의 기초를 다시 놓는 작업을 시작했는데, 개인이 혁명계획에 자발적으로 참여하기 위해 이기주의와 집단적 관습까지 버릴 만큼 변화해야 성공할 수 있는 작업이었다. 품행이 바른 사람의 지도를 받아 실용적으로 이 모든 일을 수행했지만, 권력을 잡은 모든 집단은 싫건 좋건 늘 같은 어려움을 겪었다. 사회적 관계, 생필품의 유통, 국가의 재정을 보장하는 일은 언제나 어려웠다.

이러한 관점에서 1790년 초에 절대주의와 관계를 끊고 여론의 지지를 받으면서 사법개혁을 다시 생각했다. 당장 국회는 옛날에 전혀

---

10   구빈사업장ateliers de charité은 구체제 시대에도 존재했다. 남성은 주로 공공근로사업으로 강변에 둑을 쌓거나 도로를 정비하고 다리를 놓는 일을 하고, 여성은 방적 공장에서 실을 뽑도록 했다.

겪어보지 못한 최초의 형법전을 기초하기 시작했다. 그들은 새로 창조할 사회에서 죄가 될 만한 행동을 정의했다. 사법조직은 동료 판사들이 판결의 원칙을 지키는 동시에 행정권의 화신인 왕이 국가적 사법판단에 개입할 수 없게 하기 위해 판사를 선거로 뽑는 원칙을 체계화했다. 국회의 '귀족들'도 확실히 왕에게 최고 권위를 부여하지만 직접적인 권위를 부여하지 않는다는 점에 만족하고, 자신들이 선거를 이용해 사법제도를 통제할 수 있다고 확신했기 때문에 민주주의 원칙을 지지했다. 그러나 그들은 오판했고, 왕과 마찬가지로 선거로 뽑힌 법관도 그들을 비난했다.

사람들은 거의 끝날 것 같지 않고 비용도 많이 드는 재판보다 타협과 자의적 판결을 더 좋아했고 대중의 판결도 생겼다. 일반 시민으로 가정법원을 꾸리고 부부나 동기 간의 분쟁을 조정했다. 상급심에서 치안판사들은 전문 법원에서 사건을 다루기 전에 〔가정법원에서 올라온〕 조정의 의도를 연장 적용했다. 범죄 사건에서 대중 배심원들은 기소배심단과 판결배심단을 구성해 인민의 이름으로 재판하는 임무를 수행했다. 사법체계의 꼭대기에 있는 파기법원은 법률과 헌법을 존중하는지 감시하고, 사법제도의 희생자가 원고로 제기하는 판결을 검토했다. 입법부는 최고법원Haute Cour을 소집해 국가의 안보를 위태롭게 하는 사건을 재판하도록 했다. 비록 계산 착오의 조치를 취하는 일이 있었다 해도 이러한 개혁은 혁명이 이룬 성공 사례에 속했다. 1790년부터 변호인단 제도를 폐지했고, 개인이 스스로 자기 변호사를 선택할 수 있게 되었다. 사실상 모든 변호사는 비공식 변호인이라는 이름으로 재편되었고, 전보다 더 정치적인 압박을 받는 처지가 되었다.

그 대신 왕국의 재정조직을 개편하는 조치는 완전히 실패했고 적자만 더 늘어났다. 19세기 내내 추진한 원리들은 칭찬할 만했고 지속했다. 국고는 왕과 입법부에서 독립해 예산과 지출을 책임졌다. 부동산, 동산, 상거래에서 생기는 모든 형태의 수입을 사정해서 직접세를 징수하는 방법을 중시했다. 이러한 세금은 전국의 도와 코뮌마다 일정한 액수를 분배해서 거두었고, 납세자의 능력을 고려해 징수했다. 이렇게 하려면 복잡한 계산이 필요했지만 부동산 등기부와 유능한 관리들이 없었고 수많은 공제의 가능성 때문에 상황이 악화되었기 때문에 당장 실시할 수는 없었다. 간접세를 대부분 폐지한 결과, 도시의 수입도 단박에 줄었다. 전국적으로 지출할 돈이 1억 리브르나 부족해 군주정이 물려준 적자를 가속화했다. 8월에 국채를 발행했지만 필요한 액수를 채우지 못했기 때문에 적자를 메울 길은 멀고도 멀었다.

선거인과 시민

새 제도는 비록 불확실성과 불만을 키웠지만 수백 만 명의 프랑스인에게 새로운 역량과 능력을 주어 그들의 충성심을 자아냈다. 정치적 시민성을 정의하는 것은 사실상 예민한 문제였다. 1791년까지 25세 이상 백인 남성, 1년 이상 해당 코뮌에 거주하고 3일치 임금만큼 세금을 내면 선거권을 가질 수 있었으며, 10일치 액수를 내면 2차 선거인이 될 수 있었다. 2차 선거인은 은 1마르크와 동등한 50리브르를 세금으로 내는 사람, 또는 150일치 임금에 해당하는 부동산 소유자를 의원으로 뽑을 수 있었다. 그러나 좌파 의원들이 반발했기 때문에 사실상 은 1마르크의 기준은 지켜지지 않았다. 역사가들은 아직도 시민권 배제의 성격과 현실에 대해 합의를 보지 못했다.

1792년에 선거권의 나이 기준을 21세로 낮추었는데, 이러한 장벽과 함께 성별, 피부색, 재정문제가 절대적 기준이었다. 가장 역할을 하는 부인과 딸들은 전국신분회의 준비 모임에 참여할 수 있었는데, 실제로는 주목할 만한 예외를 두었고, 1793년에 공동재산 분배에 투표권을 행사한 여성도 있었지만, 정치생활에서 완전히 배제되었다. 앙시앵레짐과 비교하면 후퇴가 분명하다. 노예와 심지어 자유 유색인까지 정치생활 밖으로 쫓겨났다. 하인, 부랑자, '극빈자'와 자유 유색인은 최소 1791년까지 정치에 참여할 길이 없었다. 이러한 사람들을 모두 '비활성non-actifs'으로 이해했다. 이처럼 3일치 임금을 납부할 수 없는 사람 100만~200만 명을 제외하는 '납세자 투표'로 귀결하는 것인가? 아니면 투표권에서 제외된 사람들은 사실상 안정적인 생활을 하지 못해서 이미 공동체 밖에 놓였기 때문에 '능동'시민이 전 국민을 대표하는 것인가? 대체로 '능동'시민을 430만 명으로 보지만 당연히 정확하지 않다.

종종 빠지는 이념적인 역사 논쟁에서 벗어나 이 제도를 평가하자면, 최소한 기초선거의 가장 낮은 등급에서 '납세자 투표'보다는 '제한 투표'라는 말이 더 적합하다. 임금 책정은 자치단체의 손에 달렸기 때문에 투표권 제한 규정은 힘의 관계에 따라 지방마다 다르게 나타날 수 있었다. 일반화해서 말하자면 투표권을 얻지 못하는 사람이 도시보다 농촌에서 더 적었다. 도시에는 가난한 떠돌이 노동자가 조건을 충족시키기 어려웠기 때문이다. 배제된 사람을 어떻게 부를 것인가? 나중에 생긴 '수동'시민이라는 말은 1792년 8월 이후 남성들 사이에서 사라질 때까지 끊임없이 논란거리였던 틈을 고정시킨 진정한 모순을 담은 표현이었다. 그러나 실제로 국민의 거의 전부가 투표에 참여했다고 평가할 수 있다. 선거는 여러 날 동안 심사숙고해서 구성한 집단들이 치르는 집단행위이기 때문이다. 당시 제도는 20세기 초부터 투표인이 홀로 기표소에 들어가 한 표를 행사하는 선거제도와 아주 달랐다. 표현은 추상적이 아니라 구체적이었는데, 가족과 사회 조직 속에 포함되고 잘 알려진 개인을 통해 나타나기 때문이다. 선거인들은 그들끼리 조직했고, 맹세를 한 후 후보자 명단이나 행동지침도 없는 상태에서 개인들을 선택해서 투표했다.

이러한 절차는 공적인 것에 대한 덜 '정치적'인 관점을 나타낸다. 투표는 권리가 아니라 기능이었다. 가장 훌륭한 사람을 지명하는 일이었다. 지역사회의 무게, 관습, 외부에 대한 개폐성, 서열, 틈이 투표에 영향을 끼쳤다. 수많은 코뮌에서 '혁명'클럽에 가입하는 문제도 포함해 모든 결정은 어떠한 분열도 생기지 않게 거의 만장일치로 내렸다. 그 반대로 가족이나 종교의 분열, 특히 가톨릭교도와 개신교도의 분열은 남부 지방의 기초의회까지 모든 의회에서 늘 존재했고, 자치단체에도 지속적으로 영향을 끼쳤다. 프랑스인은 개인주의적 선거인이 되었다고 생각하기 전에, 그들이 가족을 닮은 국가의 통일에 애착을 가졌다는 사실을 인식해야 한다. 아직 정치적 근대화를 이루려면 멀었고 우유부단한 점이 많이 남아 있었기 때문에, 완전히 새로운 정치질서가 사회를 바꾸었다고 생각해서는 안 된다. 모든 사건이 가장

'혁명적'으로 보이는 사람도 전통의 영향을 받았음을 증명한다.

그렇다면 혁신은 어디서 찾을 것인가? '능동'시민이 아니라는 사실에 대도시의 여성과 서민 계층이 항의한 데서 찾을 수 있다. 1792년 8월까지 국민방위군이 되려면 능동시민의 자격을 갖춰야 했고, 국민방위군과 정치투사들의 적대감은 1790년 말과 1791년 한 해 동안 파리에서 두드러졌던 만큼 그들의 목소리는 정치공간의 구조를 결정했다. 캉통의 중심지에 기초의회를 신설한 것도 새로운 점이었다. 회합의 새로운 관습이 특히 파리를 중심으로 생겼고, 이러한 회의체가 상설화했다는 것은 인민주권을 인정했다는 표현이 되었다. 이 수준에서 대표를 지명하는 일이 중요했고, '수동'시민까지 포함해서 최대한 성인 남성이 모였다는 사실은 인민주권을 인정한다는 확신을 심어주기에 충분했다.

중앙권력뿐 아니라 도 지도부와 모든 의회라는 중간권력 앞에서 예상치 못했던 일이 정기적이지 않아도 자주 일어났다. 그것은 '인민'의 대표를 확실하게 뽑는 '선거인들'의 모임이었다. 그들은 혁명 때문에 생긴 공백을 이용해서 자기 존재를 인식시키고, 군주정 시대 소교구 의회들이 물려주고 전국신분회 대표들을 소집할 때 확인해준 심의권을 지켰다. 여기에 덧붙여 정치교육에 전념하는 '우애'협회들이 생겼다. 파리의 세르클 소시알은 주로 코뮌의 요원들을 환영한 단체로서 중요한 사안에 개입하고 이의를 제기할 능력을 갖춘 토론장이었다. 지역과 도의 행정관들도(파리에 반대하지 않는 경우 파리 바깥에서도) 서로 연락망을 통해 행정과 정치의 통신문을 주고받았다(부샤르A. Bouchard). 부샤르는 이러한 혁신을 진정한 '신뢰와 우애의 협약'이라고 불렀다. '연맹'에 가담하는 시도는 19세기에 극좌파가 군주정이건 공화정이건 중앙집권주의를 거부한 정치문화 속에서 '연합체'를 구성하려는 영감을 불러일으켰다. 그러나 1830년과 1848년 혁명에서 그들은 실패했고, 마르크스주의 비평가들뿐만 아니라 '과학 이전'의 사회주의라고 비판한 반대자들까지 그들을 의심했다.

혁명계획 속에서 하나가 되고 코뮌·캉통·도의 의회에서 정기적으로 모이는 지역사회들의 살아 있는 몸이 군주제 국가의 신비스러운 몸을 대체했다. 입법부와 거기서 오간 논쟁만 고려한 분석은 이러한 현실을 올바로 파악하지 못했다. 국회가 1789년과 1790년에 시민, 선거인단, 행정관들에게 사실상 주도권을 넘겨주었기 때문에 모든 공동체의 온갖 기대를 공통의 계획 안에서 녹일 수 있었다. 다시 사방에서 반대가 일어났을 때, 국회는 이처럼 너그러운 태도로 되돌아갔다. 기초의회나 2차 의회와 그들이 선출한 의원들을 통해 연결된 국회가 옥좌에서 백성의 힘으로 빛을 발하던 왕을 대체했다. 혁명은 아무런 희망도 없이 빈 옥좌 주위를 돌지 않았으며, 비록 의도하지 않았고 또 불완전하지만 '인민' 속에서 서로의 존재를 인정하는 개인들에게 더불어 살아갈 이유를 주었다. 프랑스 혁명에서 반복해서 나타나는 이러한 차원을 잊어버리고, 오직 말로만 유일하고 진공 상태의 권력을 중심으로 하나가 된 인민이 탄생했다고 본다면, 그들의 염원이 얼마나 힘차고 실제 어떻게 적용되었는지 제대로 파악할 수 없으며, 오직 역사적 상상 속에서만 존재했던 전체주의적 혁명을 발명하는 결과만 얻을 것이다.

그렇다고 해서 혁명이 하찮은 결과만 낳았다는 뜻은 아니다. 사람들은 세속적이고 합리적인 토론으로 세계관을 형성했고, 거기서 나온 기준을 가지고 모든 차원의 집단과 개인의 생활을 판단하게 되었다. 정치가 그 당시까지 존중하던 종교·인류애·공동체의 가치를 손상시키면서까지 인간관계를 새로 정립하려면 여론의 토론을 먼저 거쳐야 한다. 그럴 경우, 불확실성은 물론 의심까지 일으킬 뿐 아니라 여론 조작의 두려움, 분열과 파벌이 생겨 그렇게 바라던 국민통합을 해칠까 봐 겁내는 마음까지 생기게 만들 것이다. 다른 나라에 비해 프랑스는 이러한 변화를 겪을 준비가 어느 정도 되어 있는 나라였다. '계몽사상가들'과 행정가들은 이 주제에 대해 할 말이 많았다. 어쨌든 다른 곳에서 일어난 일과 달리 [프랑스] 혁명은 인구 전체가 수행한 것이었고, 예전 아메리카 혁명가들이 성공했던 것처럼 사회지배층에게 정치의 발명을 맡기지 않고 '민중'의 개입으로 가능하게 되었다.

그 결과, 역설적인 반응이 수없이 나타났다. '반정치적'이라고 자처하는 소집단들은 정치가 장중함 속에서 사소한 것을, 이상 속에서 부패한 것을 허용하면 안 된다고 주장했다. 그들의 시도는 헛되었고, 초연하게 사는 일을 불가능하다고 생각하는 사람들에게 높은 수준의 관점을 강요하면서 건방지게 보였던 만큼 위험했다. 반정치주의는 개인들에게 덕성이 없다고 비난했다. 위대함과 약점을 함께 보여준 정치화의 승리는 순진한 사회로 돌아가는 길을 완전히 막았기 때문이다. 그래서 사람들은 잃어버린 행복이나 기대에 어긋난 희망이라는 상반된 요소를 그리워하면서 정신적 고통을 받게 되었다. 이러한 요소들이 어떻게 얽히고설켰는지 이해하려면 사건이 연쇄적으로 발생하는 과정을 추적할 필요가 있다.

4장

국민, 국가, 종교

혁명의 과정은 종교문제 때문에 급격히 방향이 바뀌었다. 비록 종교
적 신념이 모든 희망과 분석에 영향을 끼치고 사고의 틀을 결정했다
할지라도, 그것이 1789년 초까지 정치적 급진화에 중요한 역할을 하
지는 않았다. 가톨릭교가 국교로 누리던 지위는 조금도 흔들리지 않
았다. 모리 신부를 중심으로 교황권 지상주의자, 일부 무신앙의 계몽
사상가와 아주 소수만이 다른 방식의 균형을 상상했다. 그러나 군주
정은 가톨릭교 내부 분열로 실패하기 시작했다. 얀센주의자와 개신교
도들의 원한, 또는 특정 사상적 조류의 일반적인 주장과 이상세계 추
구가 중요한 요인이었고, 전국신분회 선거에서 주교보다 하위 성직자
를 더 많이 뽑을 수 있게 조작한 결과도 잊지 말아야 한다. 종교문제
는 혁명이 일어날 토양을 준비했다. 모든 사건이 종교적 지평에 속했
고, 특히 긴장이 화해할 수 없을 정도의 대립을 조성하는 데서 종교가
한몫했다.

　이러한 언쟁이 재생을 실패하게 만드는 데 중요한 역할을 했음을

지붕 위에서 민중을 향해 총을 들고 있는 모리 신부는
반혁명파의 웅변가로 많은 물의를 빚었다.

역사는 잘 알고 있지만, 정치생활의 방향에서 종교가 차지한 자리는 비교적 소홀히 했다는 사실을 강조할 필요가 있다. 19세기의 역사학 전통은 혁명을 가톨릭교의 보수주의·자유주의·반교권주의, 또는 뒤르켐의 사회학의 영향을 받은 관점에서 다루었지만, 20세기에는 혁명을 분야별로 기술했다. 혁명의 보편적 역사에서 종교사를 완전히 분리하지 않았음에도, 혁명의 종교사는 그 자체로 하나의 분야로 남아 있다. 이처럼 19세기 중엽 이후 종교는 기껏해야 혁명사의 부록이 되었다. 대대적으로 연구를 종합한 혁명사는 대개 사회적 투쟁이나 이념 갈등으로 요약되었기 때문이다. 1990년대부터 역사 서술은 베르나르 플롱즈롱Bernard Plongeron의 저작과 함께 쇄신했고, 종교와 혁명이 오직 대립만 한 것처럼 강조하는 데서 벗어나 종교적 관점에서 시작해 전체 시기의 역사를 깊이 있게 다루게 되었다. 이제는 프랑스 역사를 하나의 시각으로만 읽을 수 없게 되었고, 특히 혁명 대 종교의 갈등만이 이 시기의 관계를 설정하는 요소라고 생각할 수 없게 되었다.

국민의 종교

1789년 7월 14일 저녁, 인기 있는 포셰 신부는 국가재생에 관한 가톨릭교의 종교적 기대와 철학적 희망을 통합한 '애국자 사제'의 전형이 되었다. 19세기 자유주의 가톨릭교도 역사가들은 이 사실을 잘 파악했다. 1788년까지 궁중 설교자였다가 과감한 개혁 성향으로 해임당한 그는 바스티유 요새 정복에 참여했고, 그 후 틈만 나면 사람들에게

7월 14일에 탄환이 자기 법복을 뚫고 지나갔다는 사실을 기억하게 만들었다. 8월 4일, 바스티유 정복자들을 엄숙히 추모하는 미사에서 그는 프랑스의 자유에 관한 연설을 통해 가톨릭교도 혁명가 또는 기독교도 시민으로 인정받았다. 그는 얼마 후『국민의 종교에 관하여』를 발간해서 대부분의 종교인이 갖고 있던 신념을 지지했다.[1] 그것은 시민이 아니면서 기독교도가 될 수 없고, 기독교도가 아니면서 시민이 될 수 없다는 신념이었다. 포셰처럼 수많은 종교인, 특히 종교계의 서열에 저항하고 사제들의 권력을 강화해야 한다는 리셰리슴 신봉자, 얀센주의자, 부자인 고위 성직자와 수도회 교단들을 비판하는 사람들은 혁명과 함께 초기 교회로 되돌아가야 한다는 욕망도 드러냈다. 그들은 도덕과 종교적 통일을 이루어야 왕국을 위기에서 구할 수 있다고 믿었다. 또한 교회재산을 재분배하고, 언론의 자유를 보장하고, 심지어 다른 종교도 인정해야 한다고 생각하면서, 1770년대부터 종교적 가치에 바탕을 두고 국민을 재생하는 문제의식을 물려받았다. 이것은 얀센주의자 지도층의 일부가 적어도 몇 달 동안 혁명에 가담한 이유를 설명해준다. 그들은 자신들이 절대왕정을 비판하면서 기대했던 답을 혁명에서 찾았고, 또 혁명이 종교적 가치에 따라 국민을 재생한다고 믿었던 것이다.

---

1   포셰Claude Fauchet(1744-1793) 신부는『국민의 종교에 관하여Discours sur la religion nationale』,『자유론Discours sur la liberté』,『종교와 자유의 합의론Discours sur l'accord de la religion』을 잇달아 발표했고, 세르클 소시알의 기관지「철의 입」의 편집인으로 활약했다. 합헌 주교가 되었다가 1793년 10월에 지롱드파 지도자들과 함께 단두대에 섰다.

혁명적이고 종교적인 흐름은 좀 더 정치적인 '투사들'의 범위를 넘어서 더 많은 군중의 지지를 받았다. 추모 미사, 종교행렬, 깃발의 축복 행사가 늘어났다. 나중에 리옹에서 지칠 줄 모르고 반혁명 활동을 선동하게 될 랭솔라스Linsolas 신부조차 파리에서 일어난 사건을 섭리로 보고 그 운동에 참여했다. 나중에 혁명 반대자로 돌아서는 보날Bonal·샹피옹 드 시세·부아즐랭 같은 주교들이 지지하던 종교인들이 순진했다거나 어리석었다고 말하는 것은 부당하다. 그들은 자신들이 정치적 각축장 위에 있다는 사실을 잘 알았다. 급진파와 거리를 두고, '천한 인간'을 멸시하면서 모든 변화를 단번에 거부하던 '귀족주의자'와도 다르게 행동했다. 1790년까지 팔루아Palloy가 유능하게 바스티유 정복자들을 선전해주었지만, 그들이 분위기를 더 잘 이끌었다. 그들은 싸우다 죽은 사람들의 희생을 강조하면서 수많은 청중에게 정치적 사건을 영적으로 해석해주었고, 결코 시들지 않겠지만 곧 다른 배출구를 찾을 염원에 답했다. 포셰는 1789년 7월 14일에 죽은 시민들을 기리는 추모사를 성 바울로의 말로 시작했다. "여러분은 자유를 위하여 부르심을 입었다."〔갈라디아서 5장 13절〕 그것은 방금 일어난 사건을 거의 전체의 프랑스인이 기독교적으로 해석한 것과 완전히 일치했다.

그러나 가톨릭교 종교인은 모호한 태도로 혁명을 대했다. 포셰는 국회에서 불경건한 의원들을 문제 삼지 말고 종교와 국가를 통일해야 한다고 주장했다. 보날은 종교 없이는 공화국도 없다, 종교적 관용을 베풀 수 있다는 사상을 받아들였으나, 그의 의도는 개인들에 관한 문제에서 관용을 베풀 수 있으며 가톨릭교와 경쟁하는 종교를 허용하지 않는다는 뜻을 함축했다. 그레구아르 신부는 사회의 '재생' 계획에 관한 야망만큼 정치적 주장에서도 이러한 흐름을 대표하는 인물이었다. 하지만 보편주의 관점과 종교적 신념에서 모순을 빚어 약점을 노출했다. 가장 맹렬한 프랑스국교회주의자들gallicans은 국가와 종교의 통합을 좋게 보지 않았고, 둘을 구별하기 위해 여전히 싸웠다. 그러나 모두가 혁명이 구체제의 잘못과 귀족정의 폐단을 휩쓸었다는 섭리주의적 해석에 공감했다. 시민 각자의 가슴에 자유, 애국심, 종교적 윤리가 함께 깃들었기 때문에 재생은 성취할 수 있을 것이라는 신념을 가장 확고하게 가진 애국자 사제들은 국민이 재생할 수 있는 것은 국가나 교황 덕택이 아니라 국민 종교의 덕택이라고 생각했다. 이러한 신념은 교회 편에 충실히 남으려는 사람들, 거기서 좀 더 정치적으로 국가재생의 관점으로 나아간 사람들이 처음에는 혁명에 가담했다가 점점 열의가 식어간 이유를 설명해준다. 가톨릭교도 '애국자들'은 다수가 쉽사리 반교권주의자가 되었음에도 대체로 신념을 지켜나갔다.

이러한 상황은 왕이 「인간과 시민의 권리선언」을 승인할 때까지 겪은 어려움을 잘 보여준다. 최고존재의 가호 아래 놓은 전문前文은 계몽주의의 영향을 받은 가톨릭교도, 심지어 베륄의 독자들까지 포함하고, 이신론자와 개신교도까지 호감을 갖게 만들 수 있었다.[2] 그 대

---

2 피에르 드 베륄Pierre de Bérulle(1575-1629)은 추기경이자 정치가로서 오라토리오회를 설립하고 종교계의 개혁을 추진했다. 이신론자는 18세기 계몽주의의 영향을 받아 합리적인 신, 이성의 신을 믿고 가톨릭교의 '미신'을 추방하려는 운동을 벌였다. 그는 1629년에 『이루 말할 수 없는 신성과 인간성의 통합에 의한 예수의 나라와 위대함에 관한 논고Discours de l'estat et des grandeurs de Jésus par l'union ineffable de la divinité avec l'humanité』를 썼다.

신 조목별 토론은 긴장을 높였고, 국가 개념에서 종교가 중요했다는 증거이며, 이때 '우파'와 '좌파'가 나뉘었음이 분명하다. 그레구아르는 인권선언의 핵심에 하느님과 관련한 '의무'를 놓아야 한다는 생각에 '의무'선언을 하자고 제안했는데, 카뮈와 그레구아르는 이 제안을 지지했지만, 절대다수는 우파에게 조금도 양보하기를 원치 않았기 때문에 거부했다. "법이 정한 공공질서를 해치지 않는 한 아무도 자신의 의견, 심지어 종교적 의견에 관해 걱정할 이유가 없다"는 10조를 심의할 때 의원들은 예배와 종교적 관용의 정책을 중심으로 대립했다. 가톨릭 신앙을 모든 영적 의견에 포함시키면서 혼란을 주려는 의도는 왕국에서 가톨릭교의 지위를 낮추려고 논쟁거리로 만들려는 함정이었다. 미라보는 화려하고 역설적인 연설로 국회의원들의 합의를 이끌어냈다. 그는 자유국가에서는 관용의 개념이 바람직하지 않으니 인권선언에 넣지 말자고 제안했다. 그는 말재주를 부려 비록 불만을 잠재우지는 못했지만 대립만은 피할 수 있게 했다.

가장 애국적인 사람들은 관용이 개인적인 문제일 수 있지만 국가에서 가톨릭교의 중심 위치를 흔들어서는 안 된다고 생각했다. 유대인들은 가족 '속에' 있을 수 있지만, 가족'의 밖에서'는 있을 수 없었다. (플롱즈롱의 말대로) 좀 더 우파에 가까운 의원들은 국회가 가톨릭교도를 "모세의 완강한 추종자, 마호메트 분파, 도발적인 무신론자"와 동화하려 하지 않는지 의심했다. 제헌의원의 거의 전체는 종교가 사회적으로 쓸모가 있다고 생각했지만, 인권선언으로써 종교적 자유를 개인의 가슴속에 한정시키고, 그렇게 해서 사실상 가톨릭교에서 국교의 지위를 제거했다. 의원들은 국교의 지위에 관한 제안을 8월 28일에 분명히 거부했다. 개인적 자유에 속한 문제냐, 아니면 공공질서에 속한 문제냐의 대립 속에서 공직에 출마하는 사람들에게 어떠한 종교적 소속을 강제하지 않는다는 6조에 반대하는 의원들이 속출했다. 따라서 프랑스 국가는 그에 대해 말하지 않고 발효를 멈추었다.

여론의 구체화

여름날 파리의 아낙네들은 7월 14일을 성모에게 감사하기 위해 생트 준비에브에서 노트르담 대성당까지 신성한 빵과 꽃다발을 들고 행진했다. 어쨌든 종교와 국민의 통일성에 금이 갔다. 8월 4일에 십일조를 폐지할 때, 10월에 파리 대주교 쥐네 예하Mgr de Juigné처럼 혁명에 망설이는 고위 성직자는 물론, 심지어 애국자 종교인에게도 적대감을 드러내는 사건들이 발생하면서 틈은 더 벌어졌고, 얼마 뒤 쥐네는 망명했다. 방청석에서 종교인 반대의 목소리가 울려 퍼질 때, 1789년 11월 2일 국회는 종교위원회, 그리고 보르도 대주교이자 국새경이던 샹피옹 드 시세의 동의를 받아 교회재산을 국가가 처분하도록 의결했다. 초기 교회로 돌아갈 수 있다는 전망과 재정 결손을 메울 수 있다는 생각이 지지를 받았다. 사실, 이것은 예상치 못한 급변이 아니었다. 1788년의 토론이 벌써 이러한 가능성을 예고했다. 리셰리슴 신봉자 사제들의 생각에 종교인이 국민의 일부라고 인정하는 일은 국민의 어려움을 함께 나누고, 국민의 제도에 뿌리를 내린다는 뜻이었다. 9월에 교회는 은제 제기들을 이미 국가에 양도했다.

의원들은 사제들에게 재산을 보장해주는 일을 망설이다가 의미 있는 소수파가 거부했는데도 교회의 모든 재산을 양도하도록 의결했다. 그들은 20억 리브르의 가치를 가진 교회재산을 담보로 아시냐assignat 채권을 발행할 수 있다고 생각했다. 채권은 나랏빚을 청산하게 만들어줄 것이며, 국가의 채권자들이 교회 땅을 사들여 활용할 때마다 회수해서 파기할 예정이었다. 이 정책으로 나라에는 화폐가 생기고, 적자를 없애고 빚을 줄이는 동시에 지주들을 따르게 만들 터였다. 먼저 고액권으로 4억 리브르 상당의 아시냐를 발행했고, 이자만 갚을 예정이었다. 나중의 평가와 달리 토지의 특성을 전문적으로 파악하고 분류해서 묶음으로 팔아야 했고, 게다가 지방자치단체에 모든 비용을 떠넘기는 무겁고 복잡한 조치를 시행했지만 알자스를 제외하고 반대하는 곳은 없었다. 종교인의 빚을 탕감해주고, 사제들의 수입을 실질적으로 인상해준 효과는 논란의 여지가 없이 컸지만, 수많은 프랑스인은 자신들의 부담이라고 보았다. 특히 귀족, 그리고 페르센을 앞세워 왕비도 교회재산을 사들였다.

그러나 시행 속도는 느렸고, 매각은 수년이 걸렸다. 매수인들은 대부분 대금을 분할로 지불하면서 통화 팽창과 아시냐 가치의 하락을 통해 이익을 보았다. 이 정책에서 오툉의 주교이자 예전에 종교인 대표로도 활동한 탈레랑이 중요한 역할을 맡았다는 사실은 조금도 놀랍지 않고, 물의를 빚지도 않았다. 대영주, 계몽주의 지지자, 확실한 자유사상가였던 탈레랑은 개혁을 확실히 지지했다. 그는 국가의 기초가 되고, 다른 나라와 공동의 세속적 원리로 국민을 통합한 복잡한 흐름의 화신이었다. 1787년에 아메리카합중국은 교회와 국가를 분리했다. 1750~1770년 이후 에스파냐와 포르투갈의 가톨릭교도 왕들은 예수회를 추방하고, 특히 교황의 동의를 받지 않고 주교들을 추방하면서 교회를 확실히 장악했다. 오스트리아 황제도 우리가 알다시피 실패했지만 벨기에 영토에서 똑같은 계획을 실행했다.

국회는 정확히 똑같은 형태로 실패하겠지만, 벨기에 속주가 황제에게 등을 돌리는 것과 달리 프랑스의 반체제 인사들은 왕과 연합하고 반혁명으로 가는 길로 들어섰다. 국회의 조치에 반대한 사람은 모리 신부와 카잘레스Cazalès를 주축으로 우파에 한정되었으나 1790년부터 범위가 넓어지고 성격도 바뀌었다. 1766년부터 절대군주정은 수도성 직자 위원회와 함께 종교 교단을 철저히 재검토하고, 1780년 이후에는 교회의 성직록까지 포함해서 조사 범위를 넓혔다.[3] 이 위원회는 오직 종교인으로만 구성했지만 전권을 휘둘렀고, 교황이 직접 내리는 명령을 거스르기도 했다. 수많은 명상 수도회가 관심을 잃었고, 악명 높은 성직록 보유자들에 대해 재속성직자들도 비판했기 때문에 30여 년 동안 위원회는 1766년에 존재한 종교시설 2,966개 가운데 366개의 문을 닫도록 조치했다. 혁명은 특히 재산과 사치를 추구하는 취향 때문에 비난받는 수도자들을 향해 반교권주의를 자유롭게 표출할 수 있는 분위기를 조성하는 한편, 국민을 통합하려면 어떠한 단체도 국가와 경쟁하지 못하게 만들어야 한다는 대다수 의원의 신념을 강화해주

3　수도원 같은 수도성직록과 주교구나 대성당의 재속성직록은 각각의 재산을 관리하는 책임자에게 수입의 일부를 나눠주는 제도였다. 왕은 명백한 특혜로 수도성직록을 재속성직자에게 맡기기도 했다.

었다. 예를 들어 브르타뉴의 르샤플리에 의원은 1789년 8월 이후 종교인 신분은 국민과 분리된 신분으로 존재할 뿐이고, 수도사들은 국민의 통일성을 해치는 위험한 존재라고 평가했다. 따라서 군주정이 제시하고 수많은 종교인이 지지한 논리는 사건들이 전환하면서 더욱 정치적인 의미를 띠게 되었다. 1789년 8월 12일에 개혁 성향의 국회파 고위 성직자들로 구성한 종교위원회는 다양한 의견을 수렴했지만 사실상 전혀 새로운 길을 모색했고, 이듬해 2월 7일에 그러한 쇄신을 승인받았다.

개혁에서 혁명으로

1789년 10월 28일, 국회는 인권선언의 이름으로 수도원 서약을 중지시켰다. 31일, 라로슈푸코La Rochefoucauld 공작은 모든 교단을 '끊임없이 폐지'하라고 촉구했다. 11월 8일, 위원회 소속 마르티노Martineau는 신입 수도사 모집을 금지하라고 요청했다. 결국 1789년 12월 17일, 위원회의 보고자로 나선 트렐라르Treilhard는 엄숙한 서원을 폐지해서 수도원을 떠나고자 하는 종교인을 떠나기 쉽게 해주고, 그대로 수도 생활을 하겠다는 사람들을 한데 모으고, 폐지한 시설의 재산을 몰수하자고 제안했다. 나라가 이 문제로 들썩이고, 국회가 모든 장서와 숲을 보호하는 절차를 시작했을 때, 2월 12일과 13일에 의원들은 모든 교단의 수도원을 폐지했다. 그러나 '계몽된' 지배층에 널리 퍼진 실용주의적이고 세속적인 개념에 따라 교육과 치료에 헌신하는 교단들은 아직 포함되지 않았다. 1790년 2월 7일, 위원회의 구성원을 두 배로 늘리고 우파에 적대적인 속인 의원들도 참여시키는 쇄신을 단행한 뒤에야 그러한 조치를 제안했다. 긴장된 분위기 속에서 일부 사제와 수도사들은 폐지에 찬성했고, 분명히 반대하는 의원들도 있었다. 2월 13일, 낭시 주교 라 파르는 '로마 사도의 가톨릭교'를 국교로 인정하는 문제를 국회에 제안했다. 국회는 안건으로 다루고 라파르의 요구를 검토하지 않기로 의결했다. 그 대신 의원들은 성목요일과 성금요일을 국가 축일로 유지하기로 했다.

정치적 술책과 개인적 신념이 섞이고, 그것은 종종 지방을 휩쓸던 집단적 반발에 부딪혔다. 교단과 장소마다 상당한 차이가 있었기 때문에 어림잡아 계산해서 수도사 40퍼센트와 수녀 70퍼센트 이상이 교단에 남기로 결심했을 때, 국가에는 대리인이 더는 없는 상태였으므로 새로 뽑힌 자치정부만이 법을 시행할 의무를 가지고 있었다. 수도원의 재산 목록을 작성하기 위해 지방정부는 국민방위군의 힘을 빌려야 했다. 그래서 대체로 신분을 그대로 유지하기로 결심한 수도사와 특히 수녀들과 종종 대립하게 되었다. 시책의 지지 여론을 확산시키는 운동이 일어나고 혁명에 찬성하거나 거부하는 시위도 발생했다. 전통적인 종교기관들이 사라지는 것을 보고 반발이 있었고, 남녀 종교인에게 지급하는 보조금이 여러 달 밀렸기 때문에 소요사태가 발생하기 쉬웠다.

한 무더기의 개혁은 민간 업무의 성격과 종교인의 위치를 중심으로 1790년 4월에 뜻하지 않게 집중해서 나왔다. 대다수 의원이 시행 중인 국유재산 매각의 결과에 관심을 집중하고 있을 때, 공무원에 준하는 일부 종교인들은 국가의 선의에 복종했다. 교회재산의 경영과 사제의 독립을 보장하는 방안을 놓고 또다시 시작한 토론은 4월 12일에 수사 제를이 로마 가톨릭교를 '언제나 국교'로 유지하자는 안을 발의하면서 예상치 못한 방향으로 번졌다.[4] 이 수도사는 사실상 죄드폼의 맹세에 참가하지 않았지만 참가한 것처럼 알려질 만큼 확고한 애국자로 인정받은 덕에 얼마 전 종교위원회에 합류했는데, 국회에서 정반대로 행동하면서 우파의 반응을 끌어냈다. 파리에서 소요사태가 발생했을 때 좌파는 토론을 무력화시켰다. 그들은 예수 그리스도를 언급했지만, 국회가 개인의 양심과 의견에 개입해서는 안 된다는 안을 지지했다. 애국자들이 학살당할 수 있다는 위협이 연설에서 드러났고, 그만큼 의원들이 불안한 상태임을 증명했다.

4월 19일, 주교 33명을 포함해 모두 307명의 의원이 가톨릭교를 국교로 유지하자는 안에 찬성했다. 이것은 위제스 주교가 작성해서 여느 주교처럼 자기 주교구에 배포한 항의문의 주장이었다. 같은 순간 배우 탈마Talma는 자신을 종교적으로 결혼시켜주기를 거절한 생쇨피스 성당 사제와 충돌했다. 사제가 그에게 포기하기를 원한 것은 배우라는 직업이 아니라 결혼식에 필요한 시간이었다. 그는 〈샤를 9세 또는 성 바르톨로메오〉, 나중에 〈샤를 9세 또는 왕들의 학교〉에 출연했기 때문이다.[5] 마리 조제프 셰니에Marie-Joseph Chénier의 작품으로 오

---

4 수사 제를Dom Gerle은 11세기에 브루노Bruno가 창설한 봉쇄수도원 카르투지오회 수도사였으며, 1779년부터 1789년까지 수도원장이었다가 전국신분회의 대표가 되었다.

랫동안 검열을 받은 연극은 개신교도의 학살에 왕과 교회의 책임이 있다는 사실을 상기시켰고, 작품은 논쟁거리였지만 성공을 거두면서 전기를 마련했다.

틈은 깊었지만, 분열의 선은 역사가가 말했던 만큼 분명히 보이지 않았다. 종교인의 일부가 반대파에 들어갔지만, 애국자 사제들은 변함없었다. 1790년 7월 14일, 사제 300명이 탈레랑의 주재로 열린 전국연맹제를 봉축했기 때문이다. 소수의 반교권주의자를 제외하고 모든 사람이 어디서나 종교, 무엇보다도 가톨릭교가 존재하고 있음을 분명히 보았다. 1790년 5월 30일, 리옹에서 새로운 동맹의 축제를 열었을 때, 애국자들과 검은자들이 서로 해를 입히려고 노력했지만 전반적으로 수많은 종교행사를 열었다. 교황을 적대시하는 아비뇽의 애국자들은 1791년 2월에 연맹의 미사를 시작으로 카르팡트라와 전투를 벌였고 부활절에 휴전했다.

그동안 우파에서는 가장 극단적인 파벌이 여럿 생겼고, 그중 인기 있는 투쟁적 웅변가 모리 신부는 인권선언을 거론하면서 국회의 결정에 반대했으며, 아직 혁명과업에 참여하는 다수의 종교인은 거기서 파생되는 결과를 우려했다. 장차 합헌 사제가 되는 좌파 의원들은 법이 종교의 자유를 허락해주리라고 믿었고, 가톨릭교만이 공공의 예배 대상이어야 한다고 생각해서 4월 19일 청원서에 서명하지 않았다.[6]

---

5   샤를 9세는 여동생 마르그리트 공주를 나바라 공국의 왕자인 개신교도 앙리와 결혼시켰다. 며칠 후 1572년 8월 24일 성 바르톨로메오 축일에 루브르 궁 앞의 생제르맹 오세루아 교회의 종이 자정을 알릴 때 결혼식에 참가하기 위해 모인 개신교도들을 학살했다.

그들은 혁명이 고대의 완전성을 회복한 가톨릭교를 국민과 통합하게 만들어 사회를 재생할 기회를 제공한다고 생각했다. 가장 확고한 신비주의자들은 아주 격렬한 변화가 일어난 것이 하느님의 사업일 수밖에 없다고 생각했다. 반혁명가들도 이처럼 종말론, 섭리주의의 역설적 개념을 공유했다. 예를 들어 피코 드 라 클로리비에르Picot de La Clorivière는 '중대한 시험의 세계로' 들어간다고 생각했으며, 나중에 조제프 드 메스트르도 마찬가지였다. '우파'와 '좌파'의 틈은 1789년의 혁명을 승인하느냐 마느냐로 갈라지지 않았다. 세계를 종교적으로 해석하는 태도가 정치적 개입을 결정했다.

단절

포세 신부의 사례에 주목할 만하다. 그는 니콜라 본빌과 함께 전통적 정치클럽과 파리 구의회들 밖에서 순전히 정치적으로는 맞지 않는 다양한 정서의 '애국자들'에게 토론의 장을 마련해주려는 목적으로 세르클 소시알[사회동인], 진리의 친구 협회Société des amis de la vérité를 세웠다. 세르클 소시알은 프리메이슨 집회소이며 문학살롱인 동시에 선전의 중심으로서, 때로는 팔레 루아얄 정원에 모인 5,000~6,000명 앞에서 정치적·도덕적·종교적 지혜를 모아 국가가 당면한 과제를 해

---

6 정확히 무슨 청원인지 파악하기 어렵다.

결하기 위해 토론회를 열었다. 가톨릭교도 애국자, 좀 더 전통적인 정치클럽에서는 불편한 계몽주의 개혁가들, 그리고 비싼 회비를 내야 하는 조직에는 가입할 수 없는 '수동시민들'은 개인과 집단의 발전 가능성을 믿었고, 결국 연방의회를 결성할 수 있으리라고 생각했다. 세르클 소시알의 지도자들은 세상을 바꿀 수 있다는 개인적 신념의 힘에 의지하면서 베네치아 공화국에서 영감을 받아[7] 통신원들이 활용할 수 있는 철제 제보함을 설치해놓고 의견이나 고발을 접수했다. 그들은 「철의 입」을 발간했다. 유명한 선전가 본빌은 반교권 성향으로 신심이 깊은 탁월한 편집인이었다. 이 복합적 사회운동은 순전히 정치적인 길 밖에서 정신적인 접근도 옹호했다. 종종 지롱드파로 분류되는 본빌은 정서와 사랑으로 사회를 되살리려는 푸리에의 이상향을 기대했다.[8] 확고한 가톨릭교도들은 당연히 그의 제안을 거부했다. 그들은 인간의 능력으로는 도저히 이해할 수 없는 하느님의 질서에 무조건 복종해야 한다고 믿었고, 과연 지상에서 행복을 실현할 수 있을지 의심했으며, 〔인간을 믿는〕 프로메테우스의 시도를 불안하게 여겼다. 그러나 반혁명적이건 세속적이건 역사 서술은 종교적 신념을 정치적

---

7   베네치아 공화국의 도제 궁전의 문에 익명의 고발을 접수할 수 있는 제보함을 설치한 일을 뜻한다.

8   푸리에Charles Fourier(1772~1837)는 19세기 사회주의의 출현에 이바지한 사상가로서 노동의 즐거움을 강조하기 위해 나비가 꽃을 찾아다니듯 노동자가 자신이 바라는 일을 골라서 할 수 있는 사회를 만들고 싶어 했다. 인간의 정념과 조화를 이루는 우주를 추구하고 공동생활체(팔랑스테르)를 건설하자고 주장했다. 여성을 좀 더 자유롭게 만들기 위해 탁아소를 설치하자는 제안도 했다.

으로 실현하려는 사람들을 편안히 다루지 못했고, 그들을 올바로 평가하기보다는 그들이 구렁을 팠다고 비난받다가 거기에 빠지는 모습을 보는 편을 좋아했다. 극단적 양극화는 언제나 화해와 발명보다는 더 이해하기 쉬운 법이다.

국민통합, 그리고 비가톨릭교도를 공직에 받아들이는 일이 개신교도와 유대교도의 문제를 정면으로 끌어냈다. 개신교도는 1787년의 법이 나온 뒤에 만족했지만, 국교문제에 관해 앞에서 보았듯이 수많은 반대에 부딪힌 상황에서 유대교도들의 문제는 복잡한 이유로 선뜻 해결되지 않았다. 프랑스 남부의 유대인은 쉽사리 통합될 수 있었지만, 지역사회의 특성을 인정받지 못한 채 개인 자격으로 가능했다. 당연히 정치적 갈등이 여론을 분열시켰다. 아비뇽 주민은 그 조치를 좋아했지만, 카르팡트라의 주민은 반대했다. 그러나 로베스피에르 같은 소수를 제외한 거의 모든 의원이 동부의 유대인을 프랑스인과 너무 '다르게' 생각했고, 그들을 개인적으로 국민으로 받아들이는 문제는 알자스 지방에서 반유대인 정서를 부추겼으며, 뢰벨Reubell 의원은 국회에 그 정서를 전해주었다. 국회에서 남서부 유대인의 지위를 '특권이나 면제 조건 없이' 프랑스인으로 인정한다고 의결하고, 동부 유대인 문제의 토론을 예고했을 때 유대인 박해가 발생했다.

개신교도와 가톨릭교도의 갈등이 더 많은 결과를 초래했다. 국회는 종교위원회가 제출한 안을 토론에 부쳤고, 파리에서 수많은 편지를 받은 의원들의 적대관계가 절정에 달했다. 개신교도는 전부터 혁명에 우호적이었다. 그들은 특히 남서부와 남동부 수공업 공장 도시의 주민이었으며, 자신들의 집권을 고깝게 보는 농촌의 가톨릭교도들과 충돌했다. 가톨릭교도인 서민과 지도층 인사들은 개신교도 노동자와 부르주아 계층과 대립했다. 가족적·종교적·정치적·경제적 경쟁이 뒤섞여 긴장을 고조시켰고, 마침내 1790년 5월 10일에 몽토방에서, 그리고 6월 13~15일에 님에서 무장충돌을 빚었다. 폭동은 몽토방에서 다섯 명의 사망자를 냈고 그 지방 전역으로 번졌다. 국민방위군의 대표단이 사방에서 그곳으로 달려갔다. 특히 보르도의 대표단은 질서를 회복하는 데 힘썼다. 님에서는 아르투아 백작과 연결된 젊은이 프로망Froment이 가톨릭교도 병력을 이끌었고, 며칠 동안 진정한 내전을 벌여 300명 이상의 목숨을 앗아갔다. 이는 당시 가장 많은 사망자를 낸 사건에 속했다. 그것은 가톨릭교도 중심의 농촌 인구 속에 개신교도 공동체들이 강력한 조직을 갖춘 존재가 되면서 잇달아 일어난 '싸움bagarres'에 속했고 남부 전역에 영향을 끼쳤다.

주로 종교위원회의 안을 검토하기 바쁜 국회에서 의원들이 분명히 분열하기 시작했다. 위원회의 마르티노와 트렐라르는 자신들이 종교에 충성하며, 초기 교회의 순수성을 회복하거나 로마보다는 왕의 종교적 권한과 주교들의 독립을 지키기 위해 노력하고 있음을 알아달라고 호소하면서 상당히 많은 개혁을 제안했다. 토론은 활발했지만 충격적인 말투로 얼룩졌다. 6월 1일[실은 5월 31일], 얀센주의 성향의 변호사 출신 카뮈 의원은 국회가 교회에 개입할 권한을 갖고 있다는 점을 지적한 뒤 국회는 그렇게 하지 않을 것이라고 덧붙였다. 제헌의원들이 종교에 간섭하는 행태를 비난하려는 사람은 카뮈가 "우리는 국민공의회입니다. 우리에게는 분명히 종교를 바꿀 권한이 있습니다. 그러나 그렇게 하지 않을 것입니다"라고 말했음을 상기시켰다. 그러나 그들은 카뮈의 진의를 왜곡했다. 군주정의 관행을 잘 아는 카뮈는 왕과 수많은 종교위원이 자발적으로 개입하는 일이 잦았으며, 따라서 국회는 프랑스 사회의 정통성을 부여하는 주권과 종교라는 두 가지 힘의 관계를 조정하기 위해 이미 널리 알려진 길로 들어설 수 있다는 사실을 일깨워주었던 것이다.

이러한 은유는 확실히 〔대주교〕 부아즐랭에 대한 위협을 감추고 있었다. 부아즐랭은 종교문제를 해결할 수 있는 유일한 방법을 찾으려면 공의회를 소집해야 한다고 믿었기 때문이다. 결국 프랑스국교회의 논리, 실용주의의 목표, 다수 의원의 복수심이 뒤섞여 특정 단체에 어떤 형태로든 가입하지 않은 개인들 앞에서 국민을 구체화한 인민주권에 바탕을 둔 나라의 존재를 확인하게 되었다. 이러한 논리를 적용할 때, 신분, 따라서 종교인이 더는 존재할 곳이 없었다. 좌파를 포함한 다수 의원은 이렇게 급진적인 사상을 공유하지 않았다. 우파는 가장 격렬하게 공격했지만, 국교회주의에 충성하는 사람들은 모두 왕이 항상 의지할 만한 존재이며, 제자리에 놓인 그대로의 권력과 타협해야 한다고 믿었다.

성직자 시민헌법과 정치

재생의 모든 원칙이 단절의 원칙을 누르는 불확실한 상황에서 국회는 성직자 시민헌법을 1790년 7월 12일에 상정해서 통과시켰다. 가톨릭교와 국가의 모든 관계를 재조직하고, 종교인을 국가 공무원에 포함시켜 봉급을 주고, 선거로 뽑아 헌법에 충성맹세를 시켰다. 주교구와 소교구의 지도를 그럭저럭 도의 지도와 겹치게 만들었다. 거의 60개 주교구를 폐지해서 주교들의 원성을 샀고, 주교의 봉급은 예전의 수입에 비해 대체로 빈약해졌으며, 대성당 참사회원들은 일시에 간단히 사라졌다. 이러한 결정을 내릴 때까지 1780년대에 고위 성직자의 탁월한 지위에 대한 토론이 소환되지 않을 리 없었다. 이렇게 초기 교회를 복원하려는 전망에서 부아즐랭 같은 고위 성직자는 7월 22일에 루이 16세에게 성직자 시민헌법을 승인하라고 설득했다. 맹세한 종교인들은 교황과 타협점을 찾을 수 있다고 확신했다. 양쪽의 극단주의자들이 국가와 종교의 운명을 갈라놓거나 한데 섞으려고 노력했지만, 아무튼 국가의 건립은 다시 한 번 종교와 함께 실현되었다.

사실, 종교적 언쟁은 신학자나 정치가에게만 한정된 문제가 아니었다. 지방 차원에서 셀 수 없이 언쟁을 벌이고 더욱 심하게 대립했다. 이 문제는 언제나 주민 전체를 동원했다. 신심이 두텁기로 유명한 농촌이건, 은밀히 개신교 예배를 보던 농촌이건, 아니면 얀센주의에 물든 여성이나 예수회에 호의적인 여성들의 조직을 갖춘 도시에서도 주민들이 이 문제 때문에 아옹다옹했다. 종교는 정치개혁과 겹쳤기 때문에 총체적으로 해석해야 한다. 그것은 다양한 신앙과 공동체들이 서로 반목하게 만들었다. 반혁명가들의 영향을 받아 풍자문과 오크어로 부르는 노래가 널리 퍼지면서 더욱 쉽게 싸움이 일어났다. 1790년 8월, 잘레스Jalès 근처에서 국민방위군들이 혁명의 반대자와 동조자를 아우르는 모호한 이유로 연맹을 맺었는데, 활발한 가톨릭교도 집단들이 참여했다는 사실만 가지고도 그들이 단호히 반혁명 활동을 하지나

않을까 하는 두려움을 안겨주기에 충분했다. 물론 그런 일이 벌어지기 전이었지만, 가장 확고한 혁명가들은 신문에 그 모임을 고발했다. 그들은 개신교도에 해로운 주제를 보도하면서 서로 겁먹게 만들었다.

단절의 조건도 없지 않았다. 이미 혁명에 반대 의사를 밝힌 교황이 침묵하는 동안 교황청에서는 성직자 시민헌법을 계속 검토했으며, 모리 신부가 이끄는 가장 과격한 반대자들이 왕과 가까이했다. 살라몽Salamon 신부와 크레삭Cressac 신부같이 진정한 반혁명가의 작은 집단이 로마와 관계를 맺고 온건파의 우유부단한 태도를 이용해서 정치를 최악의 상태로 만들려고 노력했다. 이러한 맥락에서 아비뇽의 일부 주민이 혁명파 프랑스의 일부가 되겠다는 의사 표현이 화약에 불을 붙였다. 이 작은 교황령에서 혁명으로 의견이 나뉘었다. 아비뇽 주민은 혁명에 가담하는데, 특히 이웃 카르팡트라의 주민들은 반대했다. 그들의 이웃 '프랑스인들'이 휩쓸렸고, 아를이 친혁명 세력에게 했듯이 필요한 경우 군사적 원조도 했다. 국회에서 우파는 가톨릭교와 교황의 권위를 의도적으로 파괴하는 사건으로 보았다. 종교인 의원들은 대다수가 아비뇽을 프랑스에 합병하는 데 반대했다. 그러나 로베스피에르 같은 '애국자들'은 혁명의 보편성을 선포하고 국민의 본모습을 바꿀 기회로 보았다. 국회는 아비뇽과 콩타 브네생을 프랑스에 통합하는 문제를 1791년 6월 14일 투표로 가결했다.

종교인의 맹세를 의무로 규정했을 때 전국에 긴장이 고조되었다. [1790년] 10월 30일, 부아즐랭은 탈레랑과 고벨을 제외하고 33명의 고위 성직자 국회의원의 [공동저자] 서명을 받아 『성직자 시민헌법의 원리 설명Exposition des principes sur la Constitution civile du clergé』[9]을 발간했다. 그는 성직자 시민헌법을 완전히 거부하지 않고, 맹세의 형식과 영적 차원에서 행정적 간섭을 떼어내는 문제 따위의 몇 가지 협상안을 찾으려 했으나, 로마 가톨릭교의 전통을 우위에 둬야 한다고 확신했다. 국회에서 종교인의 3분의 1만이 맹세했는데 주교가 네 명 포함되었으며, 나머지 종교인들은 잠자코 있거나 거부했다. 카뮈와 포셰 같은 '애국자' 사제들은 교황의 권위를 부인하고, 세례를 주면 자유도 주는 것이라고 강력히 주장했다. 그들의 적들은 모리 신부의 인도를 받아 혁명이 훼손한 교회의 신비스러운 몸은 결코 나눌 수 없는 성질을 가졌다고 선언했다. 클레르몽의 주교인 보날 예하처럼 제3자는 '영적인 일'과 세속 의무를 분리하려고 노력했다. 가장 혁명적인 사람들은 반교권주의로 물든 과격한 의도를 유지했다. 1790년 10월 27일, 페티옹-Pétion은 "분규가 사법의 문제이듯, 신학은 종교의 문제다"라고 주장했다. 이처럼 급진적인 태도가 성직자 시민헌법의 반대 진영을 사실상 강화했고, 향후의 반목과 희생을 예고했다. 11월 26일과 27일, 국회는 모든 공무원에게 몇 주 안으로 반드시 맹세하라고 촉구했다.

교황이 이미 1787년에 벨기에에서 요제프 2세가 단행한 개혁을 인정했다는 사실을 언급한 이유는 로마 가톨릭교 지지자들이 이제 세간에 나돌기 시작한 새로운 말인 반혁명가가 되고 있지 않은지 의심이 들었기 때문이다. 우유부단한 왕은 이 명령을 승인하지 않고 한 달을

---

9 발들랑쿠르Valdelancourt의 사제 출신 오트마른의 모네 의원이 이에 대한 반박문을 발간했다. Simon E. Monnel, Réponse à "L'exposition des principes sur la constitution civile du clergé, par les évêques députés à l'Assemblée nationale", 1790.

버티며 긴장을 고조시켰다. 국회는 수많은 제약을 강화했다. 1월에는 맹세를 할 때 어떠한 유보조항도 표현할 수 없도록 했다. 비선서 사제들은 공공질서를 어지럽히는 자로 기소할 수 있었다. '애국자들'은 맹세가 언제나 국가 통일을 증진할 책임이 있으며, 혁명의 적들의 가면을 벗기는 효과를 발휘한다고 생각했다. 리옹에서 옛 시장 앵베르 콜로메Imbert-Colomès가 성당참사회원들과 대주교의 지원을 받아 반혁명 음모를 꾸민다는 고발이 있었는데, 그것은 때맞춰 '애국자들'의 우려를 정당화해주었고, 개혁파 사제인 라무레트가 리옹의 주교직에 올랐기 때문에 그들은 즉시 승리했다.

교황(비오 6세)은 3월과 4월이 되어서야 잇달아 교서 「절대적 자유Quod aliquantum」와 「사랑하는 아들들에게Caritas」를 반포해서 성직자 시민헌법을 공개적으로 비난했다.[10] 프랑스 대사인 베르니스Bernis 추기경 같은 국교회파 고위 성직자는 실제로 타협방안을 찾기 시작했고, 성직자 시민헌법의 영향을 제한하려고 노력했다. 로마 교황청은 혁명의 혁신을 세밀하게 조사했으며, 이탈리아 피스토이아의 종교회의에서 표현된 얀센주의자의 항의와 프랑스의 경우를 연결시켜 검토했다. 또한 얀센주의 쪽으로 일탈하거나 루터교 쪽으로 일탈하는 경향, 그리고 인권선언 10조가 '고삐 풀린' 자유를 주장한다는 점을 주로 비판했다. 4월에는 충성맹세를 한 '가짜 주교'들을 소환하는 신학적 비판이 두 배나 증가했다. 비록 파문한다고 위협하지는 않았지만, 40일 안

---

10 여느 교서처럼 3월 10일과 4월 13일 교서의 라틴어 제목도 교서의 첫 문장에서 나왔다.

으로 맹세를 철회하라고 으름장을 놓았다. 선서 사제들은 프랑스 법을 존중하고 앞으로 공의회가 열리기 바란다고 주장하면서 로마와 연결된 다리를 끊지 않았다. 언쟁이 더욱 다양한 차원에서 벌어졌다. 근대의 자연법과 기독교 자연법의 차이를 중심으로 토론이 다시 시작되었다. 교황이 각별히 프랑스 교회의 자율성에 이의를 제기했기 때문에 제도적인 적대감도 토론을 부추겼다.

선택을 앞두고

여론과 역사 서술은 흑백논리가 무성한 상황이라고 말하지만, 사실상 상황은 그보다 훨씬 복잡했다. 교황은 왕의 인격을 존중한다는 선언을 했지만, 루이 16세와 전혀 관련이 없는 내용이라는 것은 1814년 로마 교황청이 단두대에서 처형당한 왕을 시성하지 않았던 사실에서 알 수 있다. 루이 16세와 대신들은 교황의 주장을 즉시 발간하지 않았다. 그들은 타협점을 찾아내려고 끝까지 노력했고, 그 결과 「절대적 자유」를 5월 4일에야 비로소 발간했다. 파리처럼 로마에서도 좀처럼 타협점을 찾지 못했다. 망명객들도 국교회파와 교황권 지상주의자가 계속 대립했다. 교황과 다수의 군주는 망명한 종교인들이 혁명의 씨앗을 뿌리지 않는지 의심했다. 가장 반혁명적인 망명자들조차 무한정 지지를 받지는 못했다. 한 가지 예를 들자면, 모리 신부는 확실히 추기경이 되었지만 로마에서 먼 곳에 있어야 했다.

그러나 교황의 비난이 사태를 빠르게 몰아갔다. 파리의 국회에서 비선서 주교들은 교황의 간섭을 받는 일도 맹세를 하는 일도 모두 프랑스 교회의 자유에 해롭다고 생각했다. 그들의 적이 보기에 동맹은 스스로 자기 성격을 말했다. 1791년 2월에 프랑스를 떠난 왕의 고모들은 로마에서 환대를 받았고, 왕은 성직자 시민헌법을 떳떳하지 못하게 거부했다는 비난을 받았는데, 그 비난은 정당했다. 루이 16세는 일부러 모호한 태도를 취했고, 교회의 새 조직을 탐탁지 않게 여긴다는 뜻을 내비쳤다. 1791년 4월 17일, 부활절 주간에 그는 비선서 사제이자 얼마 후에 망명할 몽모랑시 추기경이 올리는 미사에서 영성체하지 않았다. 이튿날인 18일에 왕이 가족과 함께 부활절을 쇠기 위해 생클루로 떠나려 할 때 군중은 왕이 튈르리 궁에서 나가지 못하게 막았을 뿐 아니라 욕설까지 퍼부었다. 심지어 영국에서 갓 돌아온 오를레앙 공작을 그 대신 왕위에 앉히자고 외치는 사람도 있었다. 왕이 문자 그대로 적들을 시험했기 때문에, 군중은 그가 프랑스를 떠나 망명자들의 군대를 지휘하게 될까 봐 두렵다는 감정을 그렇게 드러냈으니, 정당한 동시에 정당하다고 인정해줄 만한 표현이었다. 선서 사제들은 대체로 교서의 진의를 의심하는 데 그쳤지만, 급진파 혁명 집단들은 반교권주의 운동을 시작했다. 5월 4일 저녁, 팔레 루아얄에서 시위가 일어나 교황의 묘형을 불태웠다.

이 맥락에서 사제들이 성직자 시민헌법에 충성맹세를 하는 문제가 혁명에 대한 국민투표의 성격을 띠게 되었다. 사제들은 개인적으로 결정을 내리지 않았고, 종교인의 조직을 통해서 그리고 지방의 세력관계에 따라 내려야 했으므로, 선서 사제와 비선서 사제의 분포는 정치적 참여도와 일치했다. 전체로 봐서 사제의 절반 조금 넘는 52~55퍼센트가 맹세했다. 정확히 계산하기란 여전히 어렵다. 즉시 유보하거나 맹세 후 곧 철회한 사람이 1791년 여름에만 확실히 6퍼센트나 되었기 때문이다. 지역으로 볼 때 선서 사제는 대도시, 국가의 중부, 북부에 몰려 있었고 서부와 베아른, 마시프 상트랄 이남의 변두리, 론 강 계곡과 알자스에서는 소수만이 참여했다.

국회의원들이 노력하고, 특히 1791년 5월 7일 법을 제정해서 미사를 조직하기 위해 관용을 권장했지만, 사실상 둘로 나뉜 교회가 공존하기란 불가능하다는 사실이 곧 드러났다. 이론상 같은 건물에서 시간을 엄격히 조정하고, 비선서 사제를 선서 사제로 교체하면 두 종류의 예배를 잇달아 올릴 수 있었다. 이러한 조치는 적용하기 어려운 것으로 판명이 났는데도, 비선서 사제를 어떠한 행정직에서도 배제하고 이를 어길 경우 처벌한다는 법을 제정했다. 세부사항도 부족한 상황에서 지역 주민들에게 의존했던 행정관들의 선의에 모든 조치를 맡겼기 때문에 관용을 베푸는 일은 불가능했다. 더욱이 국회는 계속해서 맹세 불복종자를 엄격하게 대했다. 맹세는 9월 13일과 14일에 모든 공무원으로 확대되었고, 11월 29일에 성직자 시민헌법을 프랑스 공법에 포함시키면서 통일시켰다. 비선서 사제들은 거주지에서 멀리 가야 했고, 공공질서를 어지럽힐 경우 투옥할 수 있었다.

정치적 시간이 멈춘 것 같았다. 1791년 4월, 국회는 생트준비에브 교회를 혁명의 기념건축물로 전환하면서 미라보를 안장했다. 이렇게 해서 팡테옹이 국가적 명예의 전당으로 출범했다. 볼테르의 재를 같은 해 7월에 그곳에 안장했다. 이 두 번의 안장식은 장엄한 행렬을 동반했지만 나라가 망설이는 상태에 놓였음을 보여주었다. 팡테옹이 근본적으로 혁명사업이라는 사실에 논란의 여지는 없다. 그것은 보통 사람을 명예롭게 기리며, 국민의 기억을 신성성을 배제한 기초 위에 놓고, 민간의 종교성을 창조한 사업이었다. 수많은 장소에서 몇 주 동안 미라보에게 보여준 것처럼 본질적으로 종교적인 숭배는 대부분의 프랑스인이 가톨릭교와 혁명의 조화를 계속 믿었다는 사실을 증명한다. 7월 11일, 볼테르의 팡테옹 안장은 혁명정치의 또 다른 측면을 보여주었다. 특히 가톨릭교를 비판한 저자의 재를 이장하면서 국회는 「절대적 자유」 교서에 대답했고, 바렌 사건 이후, 그리고 17일 샹드마르스에서 충돌이 일어나기 전에 불만을 품은 자들에게 시위를 허용했다. 주동자들이 책략적 동맹을 추구하던 파리 이외의 지역에서 이미 분열이 일어나고 내전이 발생했다.

'광신주의와 내전'

파리 주민들은 5월 4일 교황에게 이 두 가지의 책임을 물었다. 정말로 성직자 시민헌법과 관련한 충돌의 책임을 누가 져야 하는지 묻는 것은 아주 약삭빠른 행위였다. 지난 수십 년 동안 종교문제는 사람들을 움직였고, 지방과 지역마다 다른 감수성은 종교전쟁의 추억이나 얀센주의자와 예수회의 박해와 관련해서 생긴 정서에 바탕을 두었을 뿐이다. 교황을 상징하는 허수아비를 공개적으로 불태우고, 1791년 봄에 파리나 낭트에서 '애국자' 여성들이 수녀들의 볼기를 때리는 등 가장 불경한 표현도 볼 수 있었다. 이처럼 민중의 정서적 뿌리에서 법을 실제로 적용할 때부터 공존이 불가능하다는 사실을 예상할 수 있다. 특히 교회를 재조직하기 위해 주교와 사제를 뽑는 선거를 시작했을 때 비선서 사제들의 결함을 고려하지 않을 수 없었기 때문이다. 선거인들이 며칠 동안 모여 토론을 시작했을 때 긴장이 다시 고조되고 각자의 태도가 분명해졌다. 그들은 대원칙을 확실히 언급하면서 태도를 분명히 했다. 성직자 시민헌법에 반대하는 사람들은 종종 1789년에 도입한 자유를 들먹이면서 사제들을 그대로 유지하거나 교구민들이 자신들의 사제를 자유롭게 선택할 수 있게 해야 한다고 주장했다. 모주의 디스트릭트의 촌장들은 2년 후에 반혁명파로 태도를 바꿀 테지만 아직은 애국심을 앞세우면서 도 당국이 비선서 사제들의 자리를 메울 선서 사제들의 선거를 연기하라고 정중히 요구했다. 그들은 국민에게 충성하기 때문에 교황과 관계를 끊는 맹세를 앞두고 가슴이 찢어지는 현실을 널리 알리는 글을 쓴다고 주장했다.

그들이 선의를 표현했다고 해서 속아서는 안 된다. 그때 똑같은 장소에서 '반혁명'의 국민방위군이 애국자를 자처하는 귀족들의 지휘를 받아 종교와 사회의 전통을 지키는 활동을 시작했기 때문이다. 이미 폭동과 반란이 서부 전역을 휩쓸기 시작했다. 한 가지 일화를 소개하자면, 방데 전쟁의 '첫 사망자'는 바리용Barillon이라는 사람이었다. 그는 1791년 5월 1일 마슈쿨에서 멀지 않은 생크리스토프 뒤 리뷰롱에서 충돌이 벌어졌을 때, 이렇게 외치면서 죽었다. "내게 하느님을 돌려달라." 2년 뒤에 반란이 일어날 때까지 성직자 시민헌법을 거부하면서 지방에서 수없이 발생한 봉기, 아주 격렬한 폭동을 아직도 완전히 파악하지 못했다. 브르타뉴의 상황은 재앙이었다. 불만에 찬 농민들이 비선서 사제들과 반혁명의 귀족들 편에 모였다. 거기서 일어난 모든 충돌 중에서 1791년 2월 13일에 1,000여 명의 농민이 성직자 시민헌법에 적대적인 주교를 지원하기 위해 반Vannes을 공격했다. 그들은 격퇴당하고, 주동자 몇 명이 붙잡혀 벌을 받았으며, 프랑스어와 브르타뉴어로 맹세를 이행했고, 망설이는 자들에게 어떠한 폭력도 행사하지 않았다는 내용의 포고문을 발표하면서 질서를 분명히 회복했다. 종교적 위기로 긴장이 더욱 팽팽해진 코Caux 지방에서 몇몇 코뮌만이 분열된 상태였다가 결국 제한적인 범위이긴 해도 갈등이 물리적 폭력 사태로 번졌다.

이처럼 현저한 무장시위는 보편적인 반대 운동의 한 부분에 불과했을 뿐이다. 맹세를 하지 않았기 때문에 사제를 잃어버린 소교구에 선서 사제가 부임해서 국민방위군이나 정규군의 도움을 받으면서도 임무를 올바로 수행하지 못했다. 개인적으로 모욕을 당하거나, 사제관의 열쇠를 감춘 곳을 찾아내거나, 여러 벌을 하나로 꿰매서 감춰놓은 법복을 찾아내면 그나마 다행이었다. 그는 공격의 대상이 되는 경우가 많았고, 세례식이나 장례식에서 싸움에 휩쓸려 치명상을 입는 경우도 있었다. 결혼식은 늦추거나 비밀리에 축복받았다. 성직자 시민헌법의 반대자들은 교회를 떠났지만 개인 예배당, 우물 또는 기적의 동굴에서 모였고, 세벤에서는 여성 예언자들을 지원했다. 그들의 일부는 라 사제스 교단frères de la Sagesse[11] 수도원 출신 수사들, 방데의

---

11   남녀 혼성 수도회다.

밀로 추종자들[12], 또는 '하늘의 편지'를 나눠주는 수녀와 성심회 수녀들에게 도움과 지도를 받았다. 밤은 더욱 공격적인 종교행사를 허용했다. 그들을 뒤쫓고, 기적을 일으키는 상을 깨뜨리고, 수녀와 주동자들을 추적하는 국민방위군과 대립하는 일이 잦았다. 도와 국가의 당국에 경고성 보고서가 날아들었다. 1791년 10월에 국회에서 파견한 갈루아Gallois와 장소네Gensonné는 전쟁이 임박한 지방을 부지런히 조사했다. 2년 뒤 서부 전역이 전쟁에 휩쓸렸을 때, 군사행동의 요구가 넘칠 정도였다는 사실에 아무도 놀라지 않았다.

1790년 봄부터 애국자 개신교도와 반혁명 가톨릭교도의 폭력이 시작되었던 론 강 계곡과 마시프 상트랄의 남동쪽에서도 비슷한 일이 일어날 분위기가 무르익었다. 두 공동체의 긴장은 해소되지 않았고, 1791년 2월 13일과 14일에 위제스에서 '싸움'이 벌어져 가톨릭교도들이 다른 데로 이동하는 원인이 되었다. 가톨릭교도 국민방위군이 이웃 마을의 개신교도 국민방위군을 예방 차원에서 무장해제했을 때 위제스에서 새 병력이 도착하면서 걱정거리가 늘었다. 2월 18일과 19일에 잘레스 근처에 거의 1만 명이 새로 왔으며, 종교적 표어를 외치면서 자기네 자유를 유지하려는 의지를 표현했다. 그들은 노골적으로 대결을 시작하기 전에 해산했다. 그러나 '잘레스 진영'은 사람들을 몹시 흥분시켰고 파리까지 반향이 퍼졌다.[13]

---

12 밀로René Mulot(1683-1749) 신부를 따르는 사람들을 가리킨다.

13 잘레스 진영camp de Jalès은 반혁명파 가톨릭교도들의 진영이었다.

가톨릭교도와 개신교도는 서로 무서워했고, 지방권력과 도 지도부들만이 질서를 유지할 자격이 있었으므로 믿음직한 개인들, 다시 말해 지지자들에게 자연스레 의지했다. 지방의 세력과 관계없이 전국적인 통제 수단이 없는 양측은 각자 안전하다는 평가를 받는 병력을 모아서 정적들을 누르고자 했다. 권력을 반드시 손에 넣어야 했는데, 그것은 투표로 가능했다. 그렇게 해야 투사들의 조직, 정치단체, 신문들, 게다가 귀족 가문들의 관계를 조절하고, 전국을 누비며 다니는 수많은 대표를 동원하고, 특히 정통성을 가진 파리 쪽에 영향을 끼칠 수 있었다. 론 강 계곡이나 오베르뉴와 리옹에서 출발해 〔토리노에 있던〕 아르투아 백작을 중심으로 모인 소수의 반혁명 세력을 무시하긴 어렵지만, 아직 중요한 역할을 할 정도는 아니었다. 내전으로 가느냐, 암암리에 타협하느냐의 문제에서 영향력을 행사하던 인물들이 각각의 지역사회 안에서, 이웃 코뮌들 사이에서 세력균형을 이루게 만들었다. 남부는 여차하면 분쟁이 발생할 불안정한 상태에서 정치와 종교적으로 형형색색의 조각을 이어놓은 형국이었다.

종교와 공동체의 가치를 중시하는 농촌 사람들은 여느 민중 집단들처럼 1793년에 마침내 거부할 수 없는 정치적 폭력에 개입하기 전까지 '오랫동안 참고' 있었다. 이념의 문제와 상관없이, 종교적이고 사회적인 문제로 '인민'이 더는 견딜 수 없는 것을 가장 격렬한 수단을 동원해서 고치려 들 때부터 둘로 갈라졌다고 보는 연구가 있었다. 이러한 관점은 아주 복잡한 사물을 단순화해서 설명해주고, 사건과 상황이 복잡해지는 데 따라 여론도 변화한다는 사실을 고려하지 않았다. 주민들이 정치적 운동을 벌이고 한 수 더 앞서려고 노력하기 때문에 정치적 통제와 정통성이 약해진 지대에서 충돌이 일어난 것은 운명 때문이 아니다. 종교적 긴장 때문에 불씨가 생긴 것이지만 어디서나 화약이 터지지는 않았다. 방데나 론 강 계곡 지대의 가장 극단적인 경우는 [종교문제에] 정치문제까지 겹쳤기 때문에 발생했다. 그러나 농촌의 일부 지역사회가 사제들과 강력히 연결되어 있었기 때문에 리무쟁에서는 농촌에서만 폭동이 일어났고, 나머지 지역은 대부분 종교적 투쟁과 상관없었다. 이미 1787년에 왕이 사제를 교체할 때 교구민들은 저항했다. 1793~1794년에도 그들은 예배소를 세속화하는 조치에 반대하지만 전체가 폭동을 일으키지는 않았다. 지방 당국들은 국가의 표어를 걸러내고 파리 투사들의 개입을 제한하면서 사회적 문제가 종교문제로 급선회되지 않도록 관리했다.

지방의 모든 상황이 사건의 방향을 결정했음이 분명하지만, 그것들을 해석하기란 언제나 쉽지 않았다. 코스 드 빌뇌브 같은 특정 지역사회에서 이룬 타협과 브레 지방 같은 곳에서 힘의 관계가 바뀌자 깨져버린 균형에서는 똑같이 적대감이 중요한 요인으로 작용했지만, 정치적으로 다른 방식으로 취급받았다. 코르시카에서 파올리는 반혁명으로 돌아서기 전까지 질서를 지키려고 명백히 신념을 저버리면서까지 비선서 사제들을 거부하는 태도에 이끌렸다. 알자스나 오트 가론에서는 다수가 성직자 시민헌법에 맹세하기를 분명히 거부했지만, 전자는 1793년까지, 후자는 1799년까지 용케도 지나친 관심을 끌지 않고 넘어갔다. 생도맹그에서 1791년 8월에 흑인 노예가 백인에게 폭동을 일으킨 중요한 이유는 부두교 행사가 끝날 때 혁명과 반혁명의 갈림길에서 망설이는 반란의 길이 열렸다는 데서 찾을 수 있다.

국가정책과 집단들의 책동은 종교적인 동원보다 영향을 덜 끼쳤다. 어디서나 정치적 변화가 낳은 격변과 종교가 관계를 맺으면서 사람들을 동원하는 역할을 했다. 인권선언, 지역사회 행정관 선거, 그리고 [국민방위군의] 연맹 결성은 개인이 자유롭게 신념을 표현할 수 있다는 관념을 심어주었다. 왕이 1791년 4월 18일에 생클루로 가려고 나섰을 때 [파리 민중이 앞길을 가로막은 행위에 관해] 자신의 자유를 앞세워 항변한 일도 국민에게 부여된 자유의 이름 덕택이었다. 그러나 혁명이라는 관념도 완전히 바뀌게 된다. 왕이 1791년 6월 20일 파리에서 도주할 때, 그는 성직자 시민헌법의 반대자들이 자기 뒤에서 한데 뭉칠 가능성이 있었음에도 그들의 편에 서지 않았다. 그는 국민을 체화하려는 의도를 가진 국회와 국교회파 가톨릭교도들을 기피하면서 사실상 시대에 뒤떨어진 태도를 취했다. 앙리 4세는 [1593년] 가톨릭교를 받아들였고, 그도 역시 정치적인 틀보다 가톨릭교와 절대군주정의 종교적 관계를 앞에 내세웠다. 그럼에도 앙리 4세는 프랑스인의 다수에게 공개적인 지지를 받았다. 그러나 1791년에는 종교와 국민이 완전히 갈라섰다.

5장

모순의 정치화

1789년 이후 재생해서 자리 잡은 군주정은 이상했다. 끊임없이 통일을 선언했고, 기어코 통일을 이루었다 할지라도, 수많은 원칙·습관·확신·전통이 사방에서 근본적인 분열을 가져왔다. 체제는 왕과 국회가 권력을 나누고, 아니 정치를 주도하려고 다투는 이두정치였다. 그러나 왕과 인민이 주권을 공유하고, 왕과 인민의 이름으로 수많은 흐름과 집단이 우위를 차지하려고 대립했기 때문에 본질적으로 이원적 체제였다. 종교문제 때문에 빠르게 틈새가 벌어지고, 결국 단순히 양쪽 진영으로 갈라졌다. 끝으로 폭동과 반란이 일어나 나라를 조각냈다. 적대적인 집단들은 '혁명'과 '반혁명'이라는 명분을 중심으로 두 진영을 형성하는 가운데 정치화의 실현이라는 문제를 제기했다. 아무것도 해결되지 않았기 때문이다. 1789년에 새로운 시기가 시작되었다고 해도, 군주정과 맺은 관계는 하나도 폐지되지 않았다. 새 체제의 행정은 안정되지 않다가 1791년이 되어서야 규칙을 만들고, 지방 행정에 관심을 쏟으며 인원을 구성할 수 있었다. 이러한 이행기에 옛날의 권력과 명성의 금자탑이 무너졌고, 모든 단위의 사회와 공동체 안에서 새로운 방향을 추구하며 수많은 변화와 단절을 가져온 조직들로 대체되었다.

정치와 지역사회

1789년은 완전히 새로운 정치적 방향과 강압적인 관행을 뜻밖의 방식으로 연결했다. 재생한 프랑스는 사실상 여러 관직에 뽑힌 50만 명을 중심으로 움직였다. 선출직이 늘어나면서 특히 작은 코뮌이 영향을 받았다. 코뮌의 공무원들은 매달 40~90개 법을 이해하고 적용해야 했다. 혁명이 '시민의 축성식'을 실행한 것은 투표보다는 법을 적용한 덕택이었다. 그렇긴 해도 공동체는 언제나 정치적 균형을 찾지 못했다. 수많은 혁명의 초기에서 보듯이 지방의 서열화한 사회들은 조금도 흔들리지 않았기 때문이다. 게다가 1789년에 뽑힌 사람들은 이미 수년 전, 때로는 수십 년 전부터 지역사회의 유명인들이었다. 우아즈Oise에서 모주나 콩타Comtat까지, 혁명의 지지자나 적들의 일상생활은 똑같은 결을 유지했으며, 정치는 그것을 물들이거나 변화시킬 수는 있어도 제거하지는 못했다. 지방마다 고유한 방식으로 여러 가지 '기질'이 함께 작용해서 일상생활을 변화시켰다.

　희화한다는 인상을 줄 수도 있겠지만, 남동부는 수많은 파벌 중심으로 계속해서 갈가리 찢어진 관습에 머물렀고, 서부는 상하관계로 엮인 공동체들을 중심으로 움직였으며, 북부의 부르주아 지도자 계층은 경제적인 힘을 가지고 정치적 지도력을 확보했다. 모든 것이 정치적으로 바뀌었다는 점이 본질이다. 혈족과 가문의 경쟁관계, 코뮌과 디스트릭트의 세력관계, 도시와 단조로운 촌락의 관계는 변화를 수용하느냐 거부하느냐의 조건을 결정했다. 따라서 지방이 구조를 근본적으로 바꿀 새로운 상황을 받아들이느냐 변화를 거부하느냐를 기본적으로 결정했다. 지역사회가 도나 국가의 개입을 바라지 않고, 또 법률로 주민들을 돌보는 당국들을 긴장시키지 않으면서 자체적으로 적대관계를 조정할 능력을 갖추는 것이 중요했다. 평등한 상속권이 이러한 사실을 설명해주는 사례다. 피레네 지방의 수많은 코뮌은 초기에는 이 법에 반대하지 않으면서도 적용하지 않는 편에 섰다. 그들의 집단적 관행은 엄밀한 의미로 불법이 되었지만, 그들이 혁명에 실제로 가담한 덕택에 국가가 간섭하지 않는 한 그것을 유지할 수 있었다. 그들은 혁명기 이후에도 그러한 상태를 지속했다.

시민과 대표들 사이에 장막을 드리울 수 있는 '단체들'의 시대로 돌아가는 듯 보일 수 있는 사례 중 연방주의fédéralisme 형태를 주장하는 사람들이야말로 가장 크게 두려워할 만한 대상이었다. 1790년 5월 18일, 브리뇰Brignoles에서 프로방스 지방의 대표들이 모여 1789년 8월 4일에 자기네 프로뱅스를 인정했다고 주장했다는 사실을 보면 당시 사람들이 아무런 근거도 없이 두려움에 떤 것은 아니었음을 알 수 있다. 그들의 모임은 혁명의 신념, 애향심, 까다로운 독립을 묶어주는 연방의 모호한 연속선 위에 있었다. 어떠한 형태의 대의정치 제도로도 바꿀 수 없는 인민주권에 뿌리를 둔 믿음이 전국신분회가 제헌의회로 변화하면서 태어났다. 1789년 봄의 선거인 의회도 지속적으로 그러한 믿음의 영향을 받았고, 자신이 주권자의 조각이므로 정통성을 가진 집단이라고 확신했다. 선거인 의회의 투사들이 코뮌의 권력을 잡았고, '도적떼'와 '귀족주의자'에 맞서기 위해 훗날 국민방위군이 되는 민병대를 조직했으며, 서로 이념적 조직을 결성해 파리와 다른 곳에서 내린 결정을 판단할 수 있는 확고한 권한을 행사했다.

어떤 경우, 이러한 관행은 1789년 3월이나 4월부터 시작해서 〔7월 하순부터 8월 초의〕 대공포기에 강화되었다. 아주 많은 지역의 선거인 의회는 사라지지 않았고, 수많은 모임이 그들을 계승해서 일상생활을 조직했다. 그리고 그들은 부르주아 민병대이자 국민방위군에게 의존하는 지방의 대의기관들과 공생하거나 경쟁하면서 인민의 이름으로 지방의 생활을 통제했다. 파리 센 강 좌안의 코르들리에 구의회는 분명히 가장 유명한 사례였다. 그것은 최초의 코르들리에 클럽과 혼동되었다. 이 클럽은 제헌의원이든 파리 시정부 요원이든 자신들이 뽑은 사람들을 감독하기 바라는 '애국자들'의 모임이었다.

스스로 정통성을 갖추었다고 생각하는 권력, 완전히 새로운 합법성을 확보한 권력, 게다가 언제나 합법성의 경계선에 걸쳐 있는 권력들은 빈번히 대립했다. 파리에서는 1789년에 태어난 선거구〔디스트릭트〕 60개가 사실상 시장 바이이, 코뮌과 갈등을 빚었다. 1790년 5월 21일, 이 디스트릭트를 48개 섹시옹으로 재편했지만, 실제로 제도를 적용하는 데 시간이 걸렸고, 여러 가지 선거를 치를 자격을 갖춘 능동 시민을 찾기가 어려웠기 때문에 세력균형에 변화를 가져올 수 없었다. 당통 같은 부르주아들이 살던 코르들리에 섹시옹은 시정부나 국민방위군이 어떤 식으로든 자기 영역에 들어오는 데 반대했다. 이렇게 직접민주주의의 실천은 파리의 섹시옹 투사들과 확실히 부유한 만큼 온건한 성향의 파리 도 선출직들의 대립에 영향을 끼쳤다.

이 같은 풍토는 1791년 봄에 수많은 우애협회를 탄생시켰다. 그들의 중심에서 코르들리에 클럽이 연결고리 역할을 했고, 기독교와의 관계에서 언급한 세르클 소시알도 있었다. 이러한 집단들 사이를 잇는 모든 다리는 끊어지지 않았다. 그러나 근본적인 반대에 부딪히고, 혁명이 태어나게 만든 자유의 이름으로 개인이 자기 의견을 굽히지 않으려 할 때는 사정이 달라졌다. 론 강 유역에서 가톨릭교도의 국민방위군은 1791년 2월에 잘레스에 모여 비선서 사제들을 지지하면서 반혁명의 편에 선 것이 좋은 사례다. 이웃의 '애국파' 국민방위군이 그들에 맞서 합법성 문제를 따지지도 않고 맹렬한 진압을 시도해서 잘레스의 제2진영의 지도자 말보스크Malbosc를 붙잡으러 갔다. 말보스크는 론 강가에서 죽어 있었다. 반혁명의 위협이 이 모든 시위를 조종했다.

반란과 불복종

당시 사람들이나 역사가들이나 1789년 말부터 농촌에서 발생한 사건을 반란révolute, 소요émotion, 폭동sédition 가운데 무엇으로 정의할지 망설인다.[1] 사건에 반대한 사람들도 사건 속에서 자신들의 신념이 확실히 나타나고 있음을 발견했다 할지라도, 당대인들조차 그 문제에 관해서는 의견이 분분했다. 가장 애국적인 사람들은 소요자들의 편에 섰다. 대다수의 행정관은 질서의 회복을 택했다. 역사가들은 이념적인 설명을 중시했다. 탠Taine은 자크리[농민반란]가 잇달아 일어나는 과정을 묘사했고, 조르주 르페브르는 거기서 농민들이 1793년까지 혁명에서 배운 방식에 주목했다. 그렇게 해서 농민은 토지에 대한 모든 규제를 무조건 폐지하고, 토지를 구매하거나 공동체의 재산 일부를 취득할 수 있었다. 지방을 다각도로 분석한 아나톨리 아도Anatoli Ado가 종합적인 연구 성과를 내놓으면서 문제가 해결되기보다 오히려 토론이 다시 시작되었다. 성관의 방화, 위협적인 시위행진, 또는 샘물 차지하기, 피 튀기는 대립까지 다양한 사건이 수없이 일어날 때, 소요 사태의 물결이 잇달아 퍼지는 과정을 일일이 추적하기도 어렵고, 정확한 동기를 밝히기도 어렵다. 반봉건적 투쟁, 공정가격제의 의지와 연결된 것인가, 아니면 사회적이고 정치적인 주장을 표출한 것인가?

농촌 인구는 크게 두 가지 축, 그것도 상반된 축으로 나뉘었다. 한편, 수많은 지역에서 포도원이나 밭을 소유한 소지주들이 차지하는 비중은 컸다. 그들이 반란을 일으켰다면, 신비스러운 평등의 이름으로, 그리고 옛날의 봉건적 잔재이며 욕을 하면서도 견뎌야 했던 부과금을 거부했기 때문이다. 다른 한편, 대규모 경작 지대를 제외하고 거의 모든 지역에서 사회적 응집력은 반타작 소작인과 하인의 복잡한 관계, 또는 지주와 임차인의 복잡한 관계 위에서 발생했다. 그리하여

---

1 révolte는 변화하다, 뒤집다retourner라는 뜻을 가진 révolter에서, émotion은 움직이게 하다라는 뜻의 émouvoire에서, sédition은 분열을 일으키는 행위를 뜻하는 라틴어 seditio에서 각각 유래했다. 세 낱말 모두 질서에 저항한다는 점에서 비슷한 의미를 갖고 있다.

상호 보완성의 바탕에서 생성된 개인적 충성의 수직관계가 수평관계보다 지배자부터 피지배자에 이르기까지 더 결정적인 역할을 했다. 귀족을 거부하는 시위가 발생했을 때, 모든 지주의 명예를 짓밟는 것이 분쟁의 관습이었으며, 그만큼 모든 시위를 혁명과 반혁명의 이분법으로 볼 이유는 없었다. 종교가 주춧돌이 되고, 그 위에서 온갖 적대감이 부딪칠 때, 농민층은 귀족보다 도시 부르주아 계층과 더 심한 갈등을 빚었다. 이들이 토지재산과 지방의 정치권력을 장악하고 종교를 통제했기 때문이다. 성직자 시민헌법을 다수가 거부함으로써 모든 것을 통합하고 더 큰 의미를 주었다. 이에 더해 지방에서 전통적으로 볼 수 있는 귀족과 중앙권력의 대립이 이제 정치적 분열로 바뀐 것도 살펴야 한다.

1789년과 1791년 사이에 브르타뉴에서 일어난 봉기와 마시프 상트랄에서 일어난 봉기를 비교할 때, 이처럼 복잡하게 얽히고설킨 상황을 알 수 있다. 분명히 모든 것이 똑같지는 않지만 비슷했다. 무장한 농민이 영주와 지주들의 권한 침해와 요구에 저항하기 위해 성관과 장원을 공격했다. 그들 앞에 당국은 도시의 국민방위군을 보내 평민이나 귀족의 재산을 모두 보호해주었다. 브르타뉴에서 대립이 발생하면서 뜻밖의 결과가 나왔는데, 농민, 사제, 심지어 농촌의 지도층 가운데 대부분의 지방권력을 잃은 명사들이 연합해서 국가를 대신해 디스트릭트와 도에서 파견한 의용군과 싸웠다. 게다가 이 지방에 있는 위탁 가능한 영지, 서부에서 임차인을 재정적으로 구속하는 특별한 임대방식 때문에, 농민은 반타작 소작농과 지주의 중간 위치에 놓였다. 게다가 1789년 8월에 국회가 그 제도를 유지한 결과, 농민들의 분노가 폭발했다. 제헌의원들은 함부로 로마 시대까지 거슬러 올라가 이러한 관행이 봉건성과 상관없고, 따라서 재산권의 이름을 들먹이면서 이 제도를 위태롭게 해서는 안 된다고 평가했다. 실망한 농민들은 종교인과 명사들의 반대자들과 쉽게 협력할 수 있었다.

그러나 마시프 상트랄에서는 이러한 종류의 협력이 이루어지지 않았다. 종교적 반대와 사회적 반대가 결합하는 일이 가톨릭교도건 개신교도건 동질성을 유지하는 주민들 사이에서는 발생하지 않았고, 종교적 경쟁의 영향을 받아 오직 개신교도와 가톨릭교도가 결대로 나눈 지역에서만 발생했다. 평민이건 명사들이건 지방의 지도층 인사들은 가능한 한 농민들이 열어젖힌 정치적 불확실성을 이용하는 대신 차라리 당시에 발생하기 시작한 폭력의 영향을 받지 않으려고 노력했다. 게다가 전통이 시위의 형식을 결정해준 것처럼 보였다. 항의는 가을과 겨울에 시작했다. 그때가 세금을 내고 하인들이 자유롭게 이동할 수 있는 기간이었기 때문이다. 그들은 옛날의 자크리 방식을 따라 경종을 울려 자발적으로 집단을 동원했는데, 말을 잘 듣지 않는 사람들에게는 보복한다고 위협해서 강제로 동원했다.

소요 가담자들은 진짜 인명을 해치기보다 위협하는 용도로 별로 쓸모없는 무기와 농기구를 썼다. 그들은 지주부터 마을의 멋쟁이까지 모든 신분의 '나리들'에 맞서 농촌 공동체의 독립을 주장하는 표어를 외쳤다. 그들은 왕만큼 제3신분의 권리를 주장했으며, 봉기한 집단들 속에서는 나막신을 신고 농부의 옷을 입은 왕이 귀족들을 고발하는 그림이 돌아다녔다. 여기저기서 일어난 반란이 반봉건적 투쟁에 참여한 경험이 있는 농민 출신인 지방 공무원들의 지원을 받을 때 더 큰 성과를 냈다. 제헌의원들은 이러한 상황을 통제하기 어렵다는 사실을 잘 알았다. 그들은 1791년 왕이 도주하기에 앞서 코뮌들을 동원해 제도적인 현상유지를 합법화하는 결과가 나오기 전에 코뮌들을 좀 더 포괄적인 제도 속에 포함시키려고 노력했다.

소요 참가자들은 이처럼 전통적인 유래를 가진 방식을 잔뜩 끌어 냈는데, 혹자는 케케묵은 방식이라 말할지 모르고, 또 혹자는 자칫하면 폭력으로 번지기 쉬운 분란행위를 마을 사육제의 반전 같다고 말할지 모른다. 소요 참가자들은 '5월의 나무les mais'[2]를 심고, 거기에 각종 도구를 걸었으며, 심지어 고양이를 가둔 초롱뿐 아니라 십일조를 강요하는 자와 십일조를 내는 자를 목매달겠다고 위협하는 표시판도 걸었다. 농촌사회의 강력한 상징인 '5월의 나무'는 도시에서 파견한 국민방위군이 농민의 의사를 무시하고 잘라버렸기 때문에 중요한 문제로 떠올랐다. 국민방위군은 풍향계, 비둘기 집, 교회의 의자, 때로는 비석은 물론 토지에 관한 권리를 증명하는 공증문서까지 파괴하면서 사회적 관심뿐 아니라 영주와 세금이 없는 황금시대에 대한 희망을 드러냈다. 어디서는 귀족을 죽이고 600리브르를 보상했다는 소문이, 또 다른 곳에서는 계엄법으로 귀족이나 사제를 3분의 1씩 줄이도록 했다는 소문이 돌았다. 분명히 성관이 주요 표적이 되었지만, 부르주아의 집도 언제 공격받을지 몰랐다. 그러한 장소는 그들의 신비와 지배를 고발하는 소문의 진원지가 되었다. 가상과 환상의 지하감

---

2   새잎이 돋는 5월을 기념하고 풍년을 기원하기 위해 심는 나무.

옥을 찾기 위해 건물을 초토화했다. 특히 지하창고의 포도주 저장실은 완전히 파괴되었고, 지붕의 납도 모조리 벗겨갔다.

혁명의 기회

수많은 봉기의 동기는 농민의 반봉건주의와 경제적 요구였다. 환상, 복수심, 가장 깊은 분노와 가장 기본적인 염원이 함께 작용했다. '인민의 정치'라는 개념이 의미를 가질 수 있다면, 이처럼 비합리적인 집단 운동을 지칭하기에 적합한 말일 것이며, 정치사보다 역사 인류학이 훨씬 더 잘 연구할 수 있는 분야가 될 것이다. 톰슨E. P. Thompson이 인민의 자율적 정치문화를 연구하기 위해 널리 퍼뜨린 표현을 빌린다면 '인민의 도덕경제'가 이러한 시위의 기저에서 존속한 것으로 볼 수 있을까? 실제로 1789년 봄과 여름에 일어난 사건에서 연속성을 찾을 수 있다. 그것은 대공포라고 불렸지만, 민중소요가 전국에 파급될 정도로 규모가 컸기 때문에 의미가 바뀌었다. 혁명은 수세기 동안이 아니라 해도 적어도 수십 년 동안 강한 집단의식을 갖춘 지역사회에서 잠들어 있던 (베르세Y.-M. Bercé의 말처럼) '봉기의 창고'를 흔들어 깨워 반란으로 바꿔놓았다. 그 대가로 (리구D. Ligou의 말처럼) '역사적 반란들'은 예상치 못한 정신적 상처를 안겨주었다. 귀족과 유력자들이 그 어떤 것도 예전으로 돌아갈 수 없다는 사실을 인정했기 때문이다. 영주들, 지방과 국가의 당국들은 끝없이 폭발하는 소요사태에 아무 대책도 없는 상태였다. 인근의 농촌에서 소요사태를 피하기 위해 몽토방으로 도주한 귀족들이 좋은 예다.

몇 가지 개별적인 경우에서 이러한 변화가 비록 미완의 상태이긴 해도 여전히 남아 있음을 볼 수 있다. 1790년 1월, 리무쟁 남부의 튈 Tulle 근처에서 며칠 동안 소요사태가 발생하더니 집과 성관에 불을 지르는 실력행사로 번졌다. 당국은 봉기한 사람들 가운데 여남은 명이 죽고 55명을 감옥에 넣었다고 공식적으로 발표했다. 한 달 뒤 판결을 내려 두 명에게 교수형을 언도했다. 혹독한 탄압이 문제가 되었다. 일부 지도층 인사들은 자신들 주변의 선량하고 성실한 농민들이 위험한 반란을 일으켰음을 인정하고 구별했다. 브리브Brive 같은 곳에서는 시 행정관들이 인권선언의 영감을 받아 정치적 논리를 발전시켜 부당함과 흉년 때문에 반란이 일어났으니 정당한 행위였다고 주장했다. 그들은 특사와 "리무쟁 남부의 가난한 농부들의 호소"를 담은 청원서를 제헌의회에 보냈고, 의원들은 토론에서 쉽사리 합의에 이르지 못했다. 모리 신부와 미라보 자작은 내전을 고발하고 질서를 회복하자고 촉구했다. 신문발행인으로 유명한 모를레Morellet 신부가 지지한 좌파 의원들은 소추를 중지시키고 농민의 권리를 인정하도록 만드는 데 성공했다. 현지에서 브리브의 인근 도시들은 보복에 대한 확신이나 두려움 때문에 화해 방법을 찾으라고 촉구했다. 이곳의 농민반란은 지난 수십 년 동안 일어난 모든 반란과 유사했지만, 전국에 반향을 일으키면서 정치적 의미를 띠었다. 이 사건을 기회로 경력을 쌓는 사람도 있었다. 장차 국민공회 의원이 되는 변호사 베르니오Vergniaud는 11월에 보르도에서 열린 재판에서 두각을 나타냈다.

그 뒤 몇 달 동안, 1790~1791년 겨울에 새로운 봉기의 불길이 솟

형 미라보 백작과 달리 평소 폭음과 폭언을 일삼아 '술통 미라보'로 불린 미라보 자작.

을 때까지 지방의 분위기가 완전히 바뀌어 지주들의 지위가 약해졌으며, 음모와 반혁명의 혐의를 받는 귀족들은 불안에 떨었다. 샤랑트 도에서 케르시 도까지 수십 개의 성관을 공격해 파괴했고, 지방 당국이나 특사를 두 명 급파한 국가 당국은 질서를 회복하지 못했다. 1791년 여름에 못의 물을 강제로 비우게 했는데, 그러한 못들을 놓고 일어난 전쟁은 오베르뉴·보르도·오드·발 드 다뉴 지방으로 번졌다. 시행정관들이 농촌운동과 단절되기를 바라지 않으면서 그럭저럭 돌려놓은 상황을 통제하기 위해 정규군을 신중하게 투입했다. 우리는 농촌의 혁명에 대해 말할 수 있을까? 아니면 이 운동을 새로운 정치적 틀 속에서 농촌의 기대가 변모하는 과정으로 이해하는 것이 좋을까? 농민의 가장 공통된 희망이 토지의 취득과 부담의 경감이라고 추정한다면, 진정한 정치변화가 일어나지 않고서도 옛날의 주장에 정치적 목표가 추가되었다고 볼 수 있다. 농민이 대규모 경작자나 도시 임금노동자에게 의존하는 지방에서는 농장주나 일꾼들이 더욱 분명히 정치화했음을 알 수 있다. 농장주는 정치적 개방을 재산과 지방권력을 독점하기 좋은 기회로 삼았다. 일꾼들은 임금을 올리고 공동재산을 분배하고 공정가격제를 실시하라고 요구하며 투쟁을 벌였다. 사실상 모든 과정은 느리고, 균일하지도 않았으며, 통일성도 없었고, 지방의 맥락에 의존하는 상태에 머물렀다.

지주들은 1790년 3월 15~28일의 법을 적용해서 토지 이용료를 받고 싶어 했지만, 농촌사회는 한결같이 그 법에 대해 불평했다는 데서 국가의 통일성을 찾아야 할 것이다. 국회가 임차인과 지주, 농민과 영주의 관계를 조정하려고 시도한 결과, 영주권에 대한 이의만 되풀이해서 나오고 농민들은 또다시 실망했다. 농민들이 영주권 상환을 받아들이려 하지 않았기 때문에, 영주권은 대부분 1792년까지 요구할 수 있었다. 교회에 속했다가 국가로 넘어간 권리를 상환하는 경우는 좀 더 잘 받아들였다. 그래서 1792년 이전에 농민들이 국가에 상환한 금액은 2,400만 리브르에 달했을 것이다. 큰 액수였지만 2억~6억 사이의 추정 가치에 비하면 여전히 아주 부족했다. 정기수입을 얻기 위해 영주들이 반격하고, 게다가 법원도 그들 편에서 결정하자, 농민들은 새로운 자치단체의 지지를 받을 경우 재판 절차의 지연과 과격한 거부의 불순한 의지로 맞섰다. 당국은 입법부의 우유부단한 태도, 그때까지 불법의 행위를 뻔뻔하게 저지를 가능성 때문에 더욱 실패했다. 전통적으로 농민들은 함부로 숲에 출입하지 말고 사냥도 하지 말라는 명령을 거부했으며, 따라서 농촌 지역사회가 숲을 파괴하지 못하게 법으로 금지했다. 하지만 수많은 코뮌이 법을 준수하게 만들 능력이 없었기 때문에 숲과 동물이 가장 먼저 피해를 입었다.

그러나 이러한 불만이 농촌운동을 부추기거나 농민을 자율적으로 만들어주지는 않았다. 더욱 나쁜 일은 나중에 일어나는 투쟁이 농촌 세계를 산산조각 냈다는 점이다. 평야 지대의 날품팔이 노동자들은 그들 나름대로 '바쿠스 축제baccaneles'[3] 같은 사육제의 반전의 영향을 받아 다른 형태의 시위를 시작했다. 그들은 어떠한 정치적 통제도 받지 않고, 종종 '빨갱이 사제curés rouges'를 포함한 극단적 투사들의 지

3　술의 신 바쿠스 축제, 여기서는 노동자들이 술을 진탕 마시고 파업했다는 뜻이다.

지를 받으면서 자신들을 고용한 대농장주들에게 임금을 후하게 달라고 요구했다. 이에 따라 대농장주들은 조금씩 정치적으로는 혁명을 지지하지만 사회적으로는 보수적 성향이 되었다. 1790~1791년에 사회적·경제적 세계를 뒤흔든 것은 아직 정확한 행동지침과 조직적인 집단과 연결되지 않았다. 종교문제 때문에 진영이 나뉜 곳을 제외하고는 모든 선택의 가능성이 열려 있었다.

1789년이 귀족을 탄생시켰는가?

1789년 7월과 8월의 사태 이후 농민들이 흥분한 상태에서 1789년 8월 4일에 봉건적 부과금을 폐지했다고 생각했다면, 국민의 일부는 귀족이 자기 자리와 기능을 잃었다는 결론을 얻었다. 시에예스가 소논문에서 귀족을 프랑코니아의 숲으로 보내자고 주장한 시점부터 1794년의 반귀족법이 나올 때까지, 1790년 3월 4일에 장자상속법을 폐지하고, 5월 3일에 봉건적 부과금의 상환을 규정하고, 1790년 6월 19일에 귀족 신분을 폐지하는 단계를 거쳐 마침내 귀족이 사라지는 모습을 볼 수 있다.

같은 날 클로즈와 라메트의 부추김을 받아 모든 권리를 포기한 1789년 8월 4일을 재현하듯이, 제헌의회는 세습귀족제와 함께 모든 칭호·구별·가문家紋·제복을 단번에 폐지하고, 시민들이 "가문의 진짜 이름을 써야 한다"라고 의결했다. 그 조치는 서로 어울리지 않는 다양한 결정 가운데 하나였다. 국회는 '바스티유 정복자들'에게 명예의 문장紋章을 착용하고, 증명서를 발행해서 제복에 [성벽을 닮은] 왕관couronne murale 장식을 달 수 있고, 국민방위군에 입대할 자격을 주었기 때문이다. 또한 클로츠가 이끄는 '외국인' 대표단이 앞으로 7월 14일의 전국연맹제에 참석할 수 있도록 허락했다. 게다가 빅투아르 광장의 루이 14세 동상 아래 피정복국의 인민들이 사슬에 묶인 모습으로 새긴 부조도 파괴해서 그런 식으로 상처를 입힌 국민들의 명예를 되살려주기로 의결했다. 루에르그의 랑벨Lambel 의원이 그날을 허영의 무덤으로 만들고, 귀족의 '자격'을 모두 폐지하자고 제안한 뒤의 일이었다. 샤를 드 라메트·라파예트·구피 드 프레펠른Goupil de Préfeln은 특히 모리 신부 같은 사람들이 다양한 반대 의견을 내놓았음에도 의원들의 의견을 하나로 이끄는 데 성공했다.

이 이야기는 유명하지만 제대로 알려지지 않았다. 의원들이 준비한 대로 결정한 일이었던가, 아니면 클로츠가 개입해서 국회가 예상하지 못한 만큼 먼 곳까지 이끌어간 덕택에 이룬 성과였던가? 충분한 자격을 갖춘 시민을 높이고, 오직 출생만으로 행세한 사람들을 낮춘 운동을 목격한 것인가? 아마 아메리카 혁명을 본받아 프랑스에서도 명예를 포함한 모든 구별을 1794년 이전에 거부했다 할지라도 방금 보았던 사례는 더욱 복잡했다. 극우파는 이러한 결정에 몹시 반발했지만, 6월 25일 파리의 구민들과 옛 프랑스 수비대 병사들은 바스티유 정복자들에게 부여한 혜택에 거칠게 항의했다. 그래서 이들은 주장을 포기하고 국민방위군에 편입되었다. 마라 같은 혁명가들은 귀족 신분을 폐지하는 일보다 빈부 격차를 없애는 일이 더 급하다고 보았다. 정규군의 귀족 장교들은 최소한 왕이 도주해 바렌에서 잡힐 때까지, 그리고 전쟁 초기에 계속 패배했을 때, 게다가 성관들이 불타고 군대에서 불복종행위가 증가하는 때에도 왜 그대로 있었는지 이해할 필요가 있다.

귀족 의원인 라메트와 르펠티에 드 생파르조Le Peletier de Saint-Fargeau 가 법안을 지지했을 때, 그들도 아를 출신 앙토넬 의원처럼 귀족을 강압적 존재로 느꼈기 때문일까? 아니면 그 조치가 개인의 장점을 중심으로 사회를 재생해줄 것으로 생각했기 때문인가? 라파예트의 사례에서 보듯이, 그들은 사실상 군대건 행정이건 경제건 국가에 충성하는 귀족과 부르주아 사이에 동질성이 존재했음을 증명했다. 이처럼 복잡한 흐름이 대다수 귀족 장교들이 1790년에도 여전히 군대에 남은 이유를 보여주는 것 같다. 대개 빈곤하거나 불행한 귀족 출신인 그들은 군 생활을 명예와 충성심에 근거한 생활양식으로 알고 복무했다. 그들은 국회가 낭비와 허영을 타파하고 재능과 덕성에 가치를 두는 사업에 힘을 합쳐 싸웠다. 사회를 재생하려는 이상을 가진 그들이 조정의 신하들과 신흥 귀족들이 보여주는 그릇된 가치를 비판하고, 돈에 무관심한 태도를 보인 것은 혁명의 전반적인 방향과 일치했다. 그들은 1790년 6월 19일의 성급한 조치에 불안해했지만, 단지 아무런 성과도 없는 지나친 조치라고 생각하고 싶어 했다. 그들은 국회를 중심으로 군사위원회가 존재한다는 사실에 안도했다. 위원회에는 구체제의 장교들이 활동했고, 그중에서 두드러진 윔펜Wimpffen은 1793년에 '연방주의' 운동의 지도자가 되는 인물로 사실상 정규군의 조직과 진급제도를 마련했다. 그들은 자신들의 '자연적' 구별에 연연했다. 돈에 관심이 없고 그저 나라를 섬기는 일에 충실한 그들은 죽음을 두려워하지 않고 '부르주아' 윤리를 멀리했다.

지배층에는 구체제부터 활약한 인사들의 집단이 상당히 많았는데, 그중에는 마담 드 장리스의 남편이자 오를레앙 공작의 측근인 시여리〔실르리〕후작이 있었다. 그는 1793년에 미합중국의 대사가 되는 주네 Genêt의 측근이기도 했다. 그처럼 진정한 궁중의 산물이라 할 사람으로는 비롱 로죙Biron-Lauzun이나 퀴스틴Custine도 있었다. 나중에는 '귀족 죽이기'라는 상투어가 등장하게 되는데, 1789년은 그 수준을 넘어서 그들을 숙청하는 분위기를 조성하고, 전에는 불리한 경쟁 상대였던 다양한 계층의 귀족들과 분쟁을 해결한 무관 귀족을 지원한 한 해였던 것 같다. 1789년 혁명을 사회의 재생으로 생각하면서 지지했던 귀족들은 이 시기에 그들을 편드는 여론이나 적어도 그들을 이해해주는 여론에 의존할 수 있었다. 그들과 혁명은 1792년 이후 단절된다. 1970~1980년의 어느 역사학파가 보았던 사회지도층의 융합 이론은 근거가 없다. 19세기 프랑스의 사회와 정치의 균형은 대부분 귀족이 정치 영역의 구성요소라고 보는 새로운 관점에 바탕을 둔다. 구성이 불분명한 귀족은 1789년을 좋아했다. 그에 못지않게 역설적으로 1789년은 새로운, 그러나 오래갈 귀족을 다시 태어나게 만들었다.

거절의 확인

이 같은 '발명'의 이유는 귀족의 일부가 저항하고, 여론이 그들을 끈질기게 반대했다는 데서 찾을 수 있다. 귀족의 풍조는 확실히 한 덩어리가 아니었다. 개인적이건 집단적이건 그들의 명예의식이야말로 그들을 가장 단단히 묶어주는 힘이었다. 명예의식 때문에 그들은 의무를 받아들여야 했다. 그들이 각자 사정에 따라 의무를 주장하거나 회피하는 경우는 있었지만 무시할 수는 없었다. 모든 귀족이 1789년 6월에 샹클로Chanclos 백작의 거만한 말이 곧 자기 말임을 알 수 있었다. "인간의 어떠한 권력도 내가 이름과 문장紋章을 가진 귀족의 아들로 태어나지 못하게 막을 수는 없다." 혁명가의 동생인 미라보 자작처럼 타협할 줄 모르는 귀족은 신분사회를 인정하지 않는 이상 혁명과 관계를 끊어야 한다는 결론을 끌어냈다.

그러나 수백 명의 귀족은 망명하기 전까지 왕정의 헌법을 공격하는 행위가 과거에 뿌리를 내린 균형과 동맹관계를 해친다고 규탄했다. 이러한 비판은 핵심을 찔렀다. 그들은 '인민'의 폭력이 늘어나고 모든 것을 양보해야 할 위험이 있다고 강력히 주장했다. 그들은 라파예트 같은 귀족을 포함한 국회의원 일부가 프랑스 사회를 근본적으로 바꾸려 한다고 판단했다. 분명히 귀족과 모리 신부 같은 종교인뿐만 아니라 전국 각지 평민들의 의견을 반영한 일부 여론은 자신들이 '수직적' 사회에 애착을 갖고 있으며, 그러한 사회의 기반은 보충적 요소인 불평등한 집단들이 서로 지키는 성실성이라고 선언했다. 그래서 귀족은 그 자체로 돈에 따른 이익과 불평등 사회에 저항하는 보루가 되면서 새로운 상징적 가치를 갖게 되었다. 그들은 가치 있는 유물이나 단순한 잔재와 거리가 멀었고, 수많은 사건이 퍼붓는 포화 속에서, 또 수많은 반대에 대응하면서, 한 가지 원칙을 확인하는 개인들이 공유하는 모습을 갖추게 되었다. 모주의 사제 마르셰Marchais는 1789년

9월부터 혁명이 전파한 믿음, 인간의 평등, 선택의 자유, 재산의 공유, 한마디로 하느님의 법을 거스르는 모든 것을 고발했다.

거꾸로 군대 질서에 적대적인 의사를 표하는 사례처럼 농촌에서 일어난 소요에서 귀족을 거부하는 경향이 두드러졌다. 불복종의 물결이 툴롱에서 릴까지, 브레스트에서 낭시까지 전국을 휩쓸었고, 마르티니크와 군대 전체, 모든 연대는 물론 스위스 병사들에게도 퍼졌다. 1790년 8월에 낭시에서 일어난 군사반란이 가장 좋은 예다. 이는 스위스 병사들이 서로 적대행위를 한 사건이며, 동료들의 말대로 "군대에 퍼진 역병에 걸린" 병사들의 일부가 봉급을 인상해달라고 요구하면서 일으켰다. 라파예트가 파견한 부이예Bouillé 장군은 갈등을 줄이려고 노력했지만, 스위스 병사와 국민방위군이 모두 수백 명이나 연루되고 뒤섞여 싸우는 일을 막지는 못했다. 양측에서 모두 110명 정도의 사망자가 나왔고, 그중 55명이 반란자를 진압하라고 보낸 부대원들이었다. 반란자 22명에게 교수형을 내리고, 41명을 군선의 도형수로 보냈다.

자코뱅파, 그리고 나중에는 미슐레 같은 역사가들은 스위스 병사들의 불복종을 혁명의 선전이 성공한 사례라고 설명했는데, 그들은 분명히 과장했다. 옛날의 주장에 관한 불만이 사실상 남아 있었지만, 새로운 상황에서 다른 의미를 가진 주장이었다. 이 사건은 큰 반향을 일으켰지만, 젊은 소위 데질Desilles의 영웅적인 죽음에 가려 일시적으로 희미해졌다. 데질은 반란군과 진압군을 중재하려고 나섰다가 양편의 집중사격을 받았다. 그의 개입은 즉시 전국에 널리 퍼졌다. 그는 국민에게 해로운 분열의 희생자로 알려졌다. 그는 다른 젊은 장교들이 한번쯤 권장했지만 실효를 거두지 못한 중재역을 맡았으며, 이제 막 꿈틀대기 시작한 이해 부족의 상황을 설명해준다. 젊은 장교들은 도피네, 브르타뉴, 또는 베아른에서 군중에게 발포하라는 명령에 불복하고, '국민'의 이름으로 새로운 관계를 발명하기 위해 엄격한 명령체계에서 벗어났다.

이때부터 군사적 단결은 완전히 깨졌다. 병사와 귀족이 서로 대립하면서 국가재생을 구현하기 위해 시민병사가 되고자 했던 의용군 부대 조직으로 더 깊어진 단절을 돌이킬 수 없는 상태로 몰아갔다. 바스티아Bastia에서 군중이 대령을 학살할 때 병사들은 보고만 있었고, 툴롱에서는 장교들이 살해당할 때 시 당국은 아무런 조치도 취하지 않았다. 사람들은 '귀족들'을 괴물이나 미친개로 불렀다. 그들은 다양한 화폐를 유지하고 프랑스를 해체하려고 노력한다는 의심을 샀다. 반혁명이라는 말이 일상언어로 정착했을 때, 귀족의 풍조는 반혁명 음모에서 뚜렷이 나타났다.

방데에서 레자르디에르Lézardière 가문을 중심으로 생겨난 모임이 아직도 핵심이 되지는 못했다 해도 좋은 본보기가 되었듯이, 브르타뉴 귀족 라 루어리의 조직도 마찬가지였다. 그러나 사건이 쌓이면서 귀족과 혁명의 불화가 두드러지게 나타났다. 1790년 2월, 파브라Favras 후작은 분명히 프로방스 백작의 지시를 받고 왕을 위한 음모를 꾸몄다는 혐의를 받고서도 귀족의 자질을 보여주는 본보기처럼 위엄과 침묵을 지키면서 교수형을 당했다.[4] 1년 뒤인 1791년 1월, 파리의 조사위원회는 왕을 빼돌려 메스로 데려가려는 목적으로 사람들을 모았다는 혐의를 받고 있던 뷔시Bussy 백작을 풀어주었다. 뷔시는

1789년에 마코네 지방의 농민 방화에 저항해서 이름을 날렸고, 그 일이 있은 뒤에 더욱 완고해졌다. 조사위원회는 자제하면서 너무 깊이 조사하지 않기로 했다.

1791년 2월, 왕의 고모들이 프랑스를 떠난 일을 두고 나라가 분열했다. 파리 주민들과 부르고뉴의 마을 사람들이 그들의 여행에 저항했지만, 국회의원들이 허락했다. 고모들은 여권을 가지고 있었지만 부르고뉴의 작은 코뮌 아르네 르 뒤크의 주민들에게 한 달이나 억류되었다가 국회가 국외 여행을 허가해준 뒤 다시 여행길에 올랐다. 고르사스Gorsas는 파리에서 왕의 고모들의 속옷도 사실상 국민의 것이라고 빈정대면서 반대 운동에 앞장섰다. 민중의 사고방식으로는 국난에 처할 때 귀족의 '배반'을 도저히 견딜 수 없었기 때문에 격렬한 시위를 벌였다. 이처럼 조금 우스꽝스러운 '국가적 사건'은 이른바 '단도의 기사들'의 음모가 발각되고 고발되면서 더욱 물의를 빚었다. 이 음모 역시 일화와 조작 사이의 모호한 성격을 띠었으며, 뱅센에서 민중 소요가 일어난 때에 튈르리 궁에 200~400명의 귀족이 모인 사건이었다. 두 사건이 함께 작용해서 파리 코뮌과 국민방위군의 약점을 보여준 것일까? 권력을 잡은 혁명가들은 귀족과 민중 계급이 구체적으로 연결되었다고 믿고 불안해했다. 그들은 반대파인 왕정주의자들의 클럽이 파리 빈민층의 지지를 얻기 위해 빵을 나눠준다고 의심했

---

4 구체제에서 귀족은 참수형, 평민은 교수형이 법칙이었다. 그런데 이미 국회에서 기요탱 Guillotin이 사형수의 사회적 신분을 고려하지 말고 고통을 가장 줄이는 방법을 적용하자고 발의한 뒤에, 파브라 후작을 굳이 목매달아 죽였다는 사실에 주목할 필요가 있다.

다. 그리하여 보복에 나선 그들은 클럽의 주요 활동가인 클레르몽 토네르Clermont Tonnerre의 저택을 약탈했다.

전방에서 체제를 위협하는 사례가 쌓일수록 프랑스인들은 일화처럼 보이는 이러한 사실들을 진지하게 받아들였다. 망명자들이 수만 명이 넘었음이 분명하지만 사람들은 별로 중시하지 않았고, 오히려 외국 군주들의 반응을 두려워했다. 그 시대의 관행대로 유럽의 강대국들은 네덜란드 개입이 끝난 후 벨기에에 개입하자고 합의했다. 1790년 12월, 오스트리아 황제는 영국과 프로이센의 지지를 받고 프랑스 왕의 승인을 받아 혁명을 진압했다. 그 작전은 반 데어 노트Van der Noot를 중심으로 한 보수파와 봉크Vonck를 중심으로 한 진보파가 갑자기 분열한 덕택에 성공했다.[5] 또한 제국을 그리워하는 주민들도 있었기 때문에 가능했다. 프랑스 애국자들은 이러한 사례를 거울삼아 반대파의 활동에 대응했다.

그러므로 귀족 신분은 그들의 사회적 지위 향상에서 제외되거나 그들에게 내는 돈이 과도하다고 판단하면서도 낼 수밖에 없는 인구의 일부가 갖는 증오와 원한을 구체적으로 만들어주었다. 시에예스 같은 사람들은 국민통합의 기초가 덕이며 귀족의 명예가 아니라고 생각했기 때문에 귀족 신분이 늘 국민통합을 방해한다고 보았다. 1790년 12월에 로베스피에르는 기마순찰대 장교로 일하는 특권층을 (뒤포르의

---

5 두 사람 모두 요제프 2세의 오스트리아에 저항한 가톨릭 지도자였지만, 전자는 외국의 도움을 받아서라도 독립해야 한다고 믿었고, 후자는 벨기에 사람들만의 힘으로 독립해야 한다고 믿었다.

말처럼) "통상적으로 사회에서 가장 소중한 중간 계급"의 구성원으로 교체하고 싶어 했다는 사실에서 알 수 있듯이, 사람들이 싫어한 것은 단순히 그들의 지위가 아니라 그들의 사회적 행위양태[아비투스habitus]였다. 제2신분이 불화로 분열한 와중에도 그들을 집단적으로 재생할 수 있다고 믿었던 사람들이 여러모로 화합을 시도했지만, 귀족은 국가적 환상이 되었다. 코 지방의 사례를 보면, (르마르샹G. Lemarchand)의 말처럼 "이곳의 특권 신분도 혁명의 위협에 직면해서 한 덩어리로 뭉치지 못했지만", 1789년에는 패를 잘못 섞어 1770~1780년의 발전 가능성을 모두 실패로 돌려버렸다. 평민은 대대로 우월한 지위를 가졌다고 확신한 귀족의 무지함에 치를 떨었다. 그 결과, 한편으로는 귀족의 원칙을 재확인했고, 다른 한편으로는 국민통합을 위해서는 어떠한 개별성도 거부하게 되었다. 사회지도층을 혼합하려는 시도와 능력주의 사회를 이룩하려는 시도는 모두 이 두 가지 신념에 부딪혀 실패했다. 다른 형식의 사회를 합성하는 꿈을 실현하려면 나폴레옹이 귀족을 창조할 때까지 기다려야 했다.

식민지의 열기

1780년대부터 모든 식민지에서는 아메리카의 사례와 노예제 폐지론의 지적 흐름에 영향을 받아 흑인 노예무역에 대한 논란이 일어나고, 피부색과 관련한 특권뿐 아니라 식민지와 모국의 무역에 관한 '독점적' 원칙에 대해서도 이의를 제기하기 시작했다. 1787년 이후 여론의 덕택으로 프로뱅스 의회와 영국 제국의 식민지 의회에서 영감을 받아 교민들만 식민지 의회를 설립할 수 있게 되었다. 전국신분회 대표를 뽑을 때 교민들은 파리에 파견할 대표단을 구성했다. 일부 대표는 수많은 섬을 대표하고 식민지 제도를 위험하게 만들 일을 막으려고 노력했다. 삼각무역과 노예제에 이해관계가 걸려 있고, 자유 유색인의 요구뿐 아니라 '흑인의 친구 협회'에 반대한 사람들이 모여 파리의 마시악 클럽club de Massiac을 조직했다. 8월 4일, 재산권을 보호하는 인권선언의 17조는 노골적으로 인간의 재산권 문제, 따라서 노예제 문제를 제기했다. 이 점에서 노예제 폐지론자들은 점진적인 폐지를 권고할 정도로 신중했다. 아무것도 변하지 않았고, 당장에 노예제를 토론 주제로 삼지도 않았다.

교민들은 정보가 통제 없이 유통되지 않도록 몹시 주의했다. 안틸레스 섬들과 모국 사이에 노예의 이동은 규칙을 따르게 했다. '흑인의 친구 협회' 지지자들은 예방 차원에서 옥에 가두었다. 노예와 자유 유색인들에게 삼색 표식을 달지 못하게 했다. 그러나 신문과 소책자는 노예제 폐지론을 퍼뜨렸고, 그 결과 모든 주민이 지난 수십 년 동안 카리브 해 일대에 돌아다니던 소식과 정보를 중계하는 토론이 한창 벌어지고 있다는 사실을 알게 되었다. 마르티니크의 노예들은 왕이 노예제도를 폐지했다고 믿고 1789년 8월부터 봉기했다. 11월에 무역업자들이 무역 금지의 소문 때문에 불안에 떨고 있을 때, 봉기의 소식까지 프랑스에 전달되어 혼혈과 자유 유색인이 정치무대에 발을 들였다는 것이 중요한 사건이었다. 그들은 상당한 경제적 지위를 누렸고, 뱅상 오제Vincent Ogé, 또는 쥘리엥 레이몽Julien Raimond같이 파리에서 이미 전면에 나서서 활동하는 사람도 있었다. 부유한 지주였던 쥘리엥 레이몽은 식민지 장관을 만나 혼혈인의 권리를 인정받으려고 노력했다. 변호사 졸리Joly를 중심으로 모인 그들은 '흑인의 친구 협회'의 지원을 받으면서 국회에서 권리의 평등을 인정해달라고 요구했다. 바르나브가 이끌던 식민지 위원회는 그들의 시도를 막는 데 성공했고, 1790년 3월 8일과 28일의 법으로 식민지에 특별제도를 마련하는 법을 통과시켰다.

이로써 모든 지방의 의회는 대농장주들의 통제하에 국내법을 채택할 수 있었다. 노예제를 고발하지 못하게 했고, 인권선언을 잠재적인 위험으로 간주했다. 이들 의회의 의원들을 지명하는 일은 25세 이상의 '지주들' 몫이었다. 자유 유색인은 잠재적 시민이었지만, 사실상 안틸레스, 귀얀, 인도양 식민지 모든 곳에서 정치생활에 참여할 수 없었다. 1790년 봄부터 모든 일이 갑작스럽게 일어나기 시작했다. 그러나 교민들은 법에 만족하지 않았다. 모든 상업관계가 고스란히 동결되었기 때문이다. 그들은 내각의 통제, 식민지 자원에 관심 있는 국회에 매달리던 본국의 도매업자들과 이해관계가 달랐다. 가끔 대농장주들은 '작은 백인들'(가난한 백인들)과 관계가 악화되기도 했다. 이들은 지방의 '민주화'가 더 이롭다고 생각했기 때문이다.

특히 생도맹그에서 전국신분회에 대표를 보낸 위원회들은 자신들에게 지속적인 주권이 있다고 생각했고, 섬을 대표하는 세 개의 프로뱅스 의회를 구성했다. 북부 의회는 스스로 전권을 행사하고, 왕이 폐쇄했던 카프 최고회의Conseil supérieur du Cap를 다시 열었다. 파리에서 내린 결정에 따라 1790년 2월에 선거를 통해 임시 자문회의를 구성했지만, 그것은 스스로 상설기구이며 총의를 반영한다고 선포했다. 생마르크에 정착한 회의체는 가장 반동적인 교민들의 지휘를 받았다. 그들에게 맞서 북부의 카프 최고회의에는 본국 행정에 가장 밀접한 관계를 맺은 농장주들이 자리를 잡았다. 이 집단들은 대립했고, 좀 더 법률을 존중하는 카프의 교민들은 흑인 퇴역병들의 지지를 받아 생마르크 의회를 공격했으며, 공격에 밀린 반대파 교민들은 식민지에서 프랑스로 피신했다.

한편, '작은 백인들'은 애국자이자 자치주의자였으므로 대농장주들은 왕권과 총독을 지지하는 쪽으로 기울었다. 1790년 10월에 오제가 몰래 생도맹그에 들어오면서 자유 유색인의 권리를 인정하는 문제가 몹시 어려워졌다. 그는 지지자 수백 명과 함께 제3신분에 동화된 모든 자유민에게 시민권을 주라고 요구하며 반란을 일으켰다. 패배한 오제는 에스파냐 식민지로 피신했다가 붙잡혀 프랑스 식민지 당국에 넘겨진 뒤 1791년 2월에 부관 한 명과 함께 차형을 받고 머리가 잘렸으며, 부하 스물세 명은 교수형, 열세 명은 군선의 도형徒刑을 받았다. 이 일로 혼혈인·자유 유색인·백인의 분열은 사라진 것 같았고, 노예의 봉기에 대한 두려움을 더욱 부추겼다. 과들루프의 '작은 백인들'은 '애국자'임을 증명했고, 대개 장인이나 상인으로서 총독의 지지를 받는 자유 유색인들과 대립했다. 1790년 4월, '애국자들'은 자유 유색인의 음모를 잔인하게 진압했고, 1790년 9월 25일에는 자유 유색인이 합세한 대농장주들과 진짜로 전투를 벌였다. 그 결과, 애국자들이 패배해 470명이 죽고 70명이 붙잡혔다!

엇갈림과 혼돈

파리에서는 물리적 폭력의 강도는 낮았지만, 어쨌든 과격하고 복잡한 사건이 발생했다. 흑인의 친구 협회는 식민지의 정치적 변화를 바라는 측과 순전히 인류애를 실천하려는 측으로 나뉘었으며, 후자에는 마시악 클럽과 관계를 맺은 바르나브와 라메트가 있었다. 흑인의 친구들은 노예반란을 부추긴다는 비난을 받았다. 1789년 미라보가 협회를 창설하면서 패를 더욱 복잡하게 섞어놓았다. 협회 회원들은 금세 자코뱅 클럽으로 알려진 헌법의 친구 협회[헌우회]에도 가입하고, 흑인의 친구들의 일부뿐 아니라 모로 드 생메리Moreau de Saint-Méry, 바이이Bailly, 또는 르샤플리에같이 식민지를 그대로 유지하고 사실상 노예제를 찬성하는 사람들도 가입시켰다. 따라서 바이이가 올랭프 드 구즈Olympe de Gouges의 〈흑인 노예제도에 관하여〉 공연을 인간관계를 평화적으로 묘사했음에도 금지한 이유를 이해할 수 있다. 또한 미라보가 식민지 개척자들에게 유리한 1790년 3월 8일의 법을 묵묵히 지지하지 않았을까 짐작해볼 수도 있다.

생도맹그 프로뱅스 의회가 파견한 군대와 대립하던 교민들이 서둘러 섬을 떠나 프랑스에 도착했을 때, 협력관계를 더 복잡하게 만들었다. 그들은 국가의 통제를 받아야 한다고 생각하는 바르나브와 숙원을 해결할 일이 있었기 때문이다. 쥘리엥 레이몽의 궤적도 흔히 생각하듯이 일직선은 아니었다. 그는 혼혈을 보호하려는 목적으로 공동의 이익을 앞세워 마시악 클럽에서 지지를 얻으려고 노력하다가, 결국 노예제 폐지를 주장하지 않은 채 완고한 태도를 고수하게 되었다.

이 문제로 모든 진영이 당황했다. 그 결과, 어떤 정치 진영도 분명히 그것을 검토하려고 하지 않았다. 우파 의원들은 사회조직을 어떤 식으로든 변화시키기를 원치 않았지만, 그들 가운데 가장 완고한 의원들은 군주정에 맞서는 식민지 의회들의 자치주의를 지지했다. 흑인의 친구들은 점진적 폐지를 호소하는 주장을 채택했는데, 당시 사람들은 대개 그들의 주장을 잘 이해하지 못했고, 후대 역사가들도 왜곡했다. 그들은 폭력사태를 방지하기 위해 과도기를 두고 사회적 지위를 바꿔야 한다고 생각했으며, 사실상 혼혈이나 해방노예보다 자유유색인의 권리를 더 많이 배려했다. 자코뱅파와 세르클 소시알은 분명히 1791년까지 식민지 문제에 별로 관심을 기울이지 않았다.

또한 1791년 5월 12~15일에 국회에서는 식민지 문제를 토론하고, 식민지 의회들의 자치문제, 자유 유색인이나 해방노예에게도 시민권을 주는 문제와 함께 은근히 노예제도까지 거론했다. 의원들은 3일 동안 격론을 벌인 끝에 식민지 의회 대신 '비자유인'에 관한 명령을 내리지 않겠다고 의결했다. 자유인 부모의 자식인 자유 유색인만이 시민으로 인정받았다. 그로써 노예제를 간접적으로 합헌으로 인정하고, 해방노예와 혼혈인에게는 어느 것도 허용하지 않았다! 이 조치가 단지 몇백 명에 해당했음에도, 조금도 양보하지 않으려는 생도맹그 대농장주들의 냉대를 받았다는 점이 최악의 결과다. 이로써 노예제 폐지는 후대가 해결해야 할 문제가 되었다. 9월 24일, 식민지 의회들은 모든 개인에 관한 완전한 통제권을 얻고, 전에 얻은 통제권을 폐지했다.

의원들은 복잡한 투쟁 양상을 보고 포기했는데, 실은 식민지의 진정한 '배후공작'[로비]이 먹힌 덕이다. 모국의 경제가 무너지고 노예를 소유한 자유 유색인도 포함해서 자기네 운명이 급변할지 모른다는 두려움이 작용했다. 모리 신부 같은 사람들이 노예를 부정적으로 보는 관점도 한몫했다. 이러한 두려움으로 다양한 반응이 나왔다. 특히 자코뱅파는 해방노예에게 시민권을 주는 일을 꺼렸다. 개인들의 행위를 근거로 인류의 보편적 자유를 줄 수 있다는 생각을 불러일으켜 프랑스 국가의 본성을 거스르는 원칙이 생긴다고 봤기 때문이다. 브리소는 자유 유색인을 제3신분과 동일시하면서 정치투쟁에 노예문제를 개입시키지 말라고 했다. 그레구아르 신부는 의견을 밝히는 것이 아직 이르고, 격변이 너무 빨리 일어나면 폭력사태를 피할 길이 없다고 판단해서 때를 기다렸다. 비록 자코뱅파가 위선보다는 책략적으로 노예문제를 정면으로 제기하지 않으려고 '비자유민'이라는 말을 썼다 할지라도 좌파는 법적 싸움에서 졌다. 1789년 9월 28일, 프랑스의 유대인은 시민권을 얻을 수 있었다는 사실을 돌이켜보자. 우리는 원칙이 역학관계보다 더 중요하다고 생각하기 어렵다. 이렇게 상반된 상황에서 국회는 타협안을 채택했다.

이 일화는 인권선언을 어긴 것인가, 아니면 지나가는 과정의 한 단계인가? 예전의 역사 서술에서 이 주제를 주목하지 않은 것은 유감이다. 그러나 혁명기 사람들이 "땅에 발을 디디고 살았고" "아주 복잡한 상황"을 해결할 능력이 없었다는 결론을 내렸기 때문에 진보적인 주장을 한 에메 세제르Aimé Césaire처럼 우리도 혁명의 "거짓 보편주의"를 고발해야 마땅한가? 그래서 세제르는 혁명의 "신화를 깰" 필요가 있으되 전혀 비난할 필요는 없다고 평가했다.

내전

현장의 대처 능력 부족이 분명히 드러났다. 1791년 5~7월, 과들루프의 대농장주와 자유 유색인은 혁명을 지지하고 국회와 총독의 조치에 우호적인 애국자, 그리고 식민지 의회를 지지하는 귀족주의자로 분열했다. 이렇게 아주 혼란스러운 상황에서 전혀 새로운 장면을 볼 수 있었다. 예를 들어 어떤 백인이 길에서 자유 유색인에게 매를 맞았는데, 가해자를 처벌하지 않았다! 곧 대농장주들의 통제를 받는 '연방주의' 운동이 세력을 얻었고, 자유 유색인도 가담했다. 그러나 왕이 파견한 위원들이 '선량한 시민들'의 연방에 관한 명령을 파기하자, 자유 유색인은 애국자 편으로 돌아섰다. 거의 내전 수준의 싸움이 일어났지만, 생도맹그의 노예가 반란을 일으켰다는 소식에 그 싸움은 급히 종결되었다. 노예들을 '복속'시키기 위해 싫든 좋든 단일 전선을 형성했다. 엄밀히 말해서 노예들은 무엇이 관건인지 잘 이해했고, 대다수는 자신들의 기대에 부응할 능력이 없는 국회에 반대했다.

1791년 8월 22~23일 사이의 밤에 생도맹그에서 종종 왕의 이름으로 반란을 일으켰다는 사실은 놀라운 일이 아니다. 게다가 교민들이 확실히 원치 않는 일이긴 해도 왕이 노예에게 일주일에 3일씩 자유를 허용한다고 약속했다는 소문까지 돌았다. 더욱이 루이 16세는 노예 소유주에게 매질도 할 수 있다고 덧붙였다. 노예가 반란을 일으킨 상황은 아직도 여러 면에서 정확히 파악하지 못했다. 부두교가 어떤 역할을 했는지 판단하기 어렵지만, 가톨릭 사제들이 대농장주의 반동을 부추길 만큼 지원했음은 증명할 수 있다. 교민들이 배신자로 취급한 사제들 가운데 필레몽Philémon 신부가 가장 심하게 모욕을 당했다. 교민들은 그를 붙잡아 처형한 뒤 머리를 잘라 흑인 두목 부크망Boukman의 머리와 나란히 걸었다. 반란의 목표는 책략보다는 덜 정치적이었지만, 점점 양측이 조금도 양보할 의사가 없이 대립하면서 과격해졌다. 특히 지도자들 사이의 적대감, 자유 유색인과 노예의 경쟁이 심해지고, 반란군 내부에서 지도자를 죽이면서 반란 세력이 약해질 때까지 반란은 착착 준비되었다. 또한 사건이 진행됨에 따라 형식을 갖추고 목적을 생각하게 되었다. 인권을 기원하면서도 왕정의 상징을 보란 듯이 함께 내걸었다. 봉기의 지도자들은 생루이 십자가, "루이 16세 만세"를 적은 깃발, 죽음을 막아준다는 부적을 들고 다녔다.

　이러한 반란은 1793년의 방데의 난에서도 1789년 8월에 선포한 인권을 소환한다는 점에서 크게 다른 점을 찾을 수 없다. 결코 비꼬려는 의도는 아니다. 어쨌든 카리브 해 식민지 섬들에서 폭력으로 넘을 수 없는 골이 파이면서 백인사회가 분열했고, 본국에서도 노예제 폐지론자들이 갈등의 책임을 교민들에게 전가했다. 교민들은 라 로슈자클렝La Rochejaquelein 후작을 통해 공공연히 반혁명의 편에 가담했다. 라 로슈자클렝 후작은 이후 1793년에 방데 반군 총사령관의 아버지가 되었다. 이웃의 과들루프에서 백인의 단합은 이미 돌이킬 수 없이 깨진 상태였다. 그래서 왕당파와 애국자들이 무장한 노예를 동원한 내전이 일어났다!

새로운 사회문제인가?

경기가 회복되자 역설적으로 고용을 더 늘리고 임금을 인상할 수 있게 되면서, 이렇게 새롭고 복잡한 긴장의 풍토는 아시냐의 가치 하락으로 더 심각해졌다. 이러한 상황에서 클럽, 평등과 우애의 협회들이 번성했고 모든 결정에 개입하려고 노력했으며, 직공들이 곧장 정치적 운동에 뛰어들지 않고 행동할 수 있었다. 가장 좋은 사례가 전성기에 노동자 1,200명이 가담한 파리의 식자공 철학 클럽이었다. 이 모임은 정치적 변화가 마련해준 기회를 이용해서 외국의 경쟁을 배제하고 고용주들에게 반대하면서 임금을 올리고 자기 직업을 폐쇄적으로 지키려 했다. 파리의 장인들은 특히 이 점을 잘 이해했다. 노동자들은 그들을 '폭군'으로 불렀고, 그들은 노동자들을 '도적떼'라 부르지 않았던가? 대장장이들은 특히 이 갈등의 첨단에 있었다. 그들은 1791년 4월과 5월에 직공들이 아주 드세게 요구할 때 파리 시장 바이이가 '유약'하게 대처한다고 비난했다. 그러나 노동자라는 말이 공장에 고용된 노동자보다 훨씬 많은 수의 일꾼·짐꾼·직공·심부름꾼의 무리들까지 지칭하기 때문에 대도시의 노동자들은 조금도 통일된 집단을 이루지 못했음을 짚고 넘어가야 한다.

앙제나 낭트의 점판암 '채굴노동자perrayeurs'들이 1790년과 1791년 9월에 일으킨 폭동도 국내 정치문제와 미약하게나마 관련이 있었다. 그러나 민중은 기껏해야 자신들을 굶기려는 자들의 음모를 막아달라거나 다른 체제를 마련해달라고 요구했을 뿐이다. 그 결과, 당국은 반혁명가들의 조정을 받는 도당들이 공작해서 일으킨 운동으로 생각하기 일쑤였다.

1791년 초 노동자 2만 명 이상을 모은 근로사업장ateliers de charité 문제가 긴급안건으로 떠올라 격렬하고 혼미한 토론을 일으켰다. 노동자들은 국회가 이미 15년 전에 튀르고가 사업의 자유를 보장했던 방식을 좇아 열다섯 군데에 사업장을 설치하자고 논의하던 순간에 규제조치를 요구했던 것이다. 1791년 3월 2일, 국회는 동업자조합과 장인 자격의 규제를 폐지하는 알라르드 법loi d'Allarde을 통과시켜 누구나 면허장을 얻어 사업을 할 수 있게 했다. 또한 국회는 5월 22일에 집단청원 금지법, 6월 14일에 동맹파업 금지법도 통과시켰다. 5월 4일, 파리 당국이 노동자의 집회를 금지한 뒤 법안 발의자의 이름을 따서 르샤플리에 법으로 불렀다. 르샤플리에 법은 가장 대담한 사업가들이 담합해서 노동자들의 임금을 낮추는 행위를 규제했지만, 가장 흔한 동시에 정치적으로 가장 결정적인 문제는 거기에 있지 않았다. 점점 드세지는 노동자 봉기는 집단적 요구가 사라지지 않았는데도 멈췄다.

개인주의를 우선시하고, 중간 단체들의 개입을 거부하고, 상품의 생산과 유통의 자유를 보장하면 물가를 확실히 낮출 수 있다는 신념들이 뒤섞여 나타났다. 한편에 중농주의자와 경제적 자유주의자, 다른 한편에 '공정가격제 지지자'가 지난 20년 동안 줄기차게 싸웠는데, 1788~1789년에 다시 불붙었고 후자의 승리로 끝났다. 2년 후, 점차 물자의 공급이 되살아나면서 '하층민'의 규제 욕구를 제도에 대한 위협으로 받아들이기 시작했다. 1789년을 본받아 폭동을 일으킨 집단들이 투표권을 확대해달라고 주장하고, 수동시민도 국민방위군에 입대하게 해달라고 요구할까 봐 다수가 두려워했다. 경제적 요구가 변모하면서 제도들의 틈을 파고들었고, 특히 정치를 압박했다. 이렇게 동종 노동자의 조합은 민중협회로 이동하거나 특히 평신도조합confréries으로 이동하지 않고 동업자조합으로 이동한 경우에는 1791년 9~10월에 목수나 리본 제조공처럼 시위를 일으켰다.

로베스피에르처럼 가장 '진보적'인 자코뱅 인사를 '민주적'이라고 평가할 수 있는 흐름에 합류시키자 코르들리에 클럽, 세르클 소시알, 애국단체들의 중앙위원회, 우애협회들도 전국적으로 합세했다. 도시에 거주하는 모든 서민의 전통적인 태도가 정치적인 색채를 띠게 되었다. 그 결과, 1792년에 권좌에 있던 사람들을 쓸어내고, 다른 방식의 주권 개념을 옹호하는 좌파로 대체하는 제2의 혁명이 일어났으며, 상퀼로트 계층이 혁명의 지지 세력으로 등장했다. 이 운동은 시작할 때부터 지역 공동체 수호, 주민들의 정치화, 자치정부를 상대할 중간 단체들을 발견할 필요성이 뒤섞였기 때문에 복잡할 수밖에 없었다. 1789년의 이상에 충실하고, 더는 조합에 가입할 수 없게 된 업주들은 동맹마저 금지되었기 때문에 정치적 발전으로 망명을 떠나거나 권위를 잃고 옛날식 서열이 해체된 구역에서 노동자들과 더불어 살 수 있는 수단을 보장해달라고 요구하게 되었다.

모든 사람이 반드시 규제가 필요했던 때로 되돌아가기를 바랐다. 특히 건설 분야에서 보듯이 자유주의의 한계가 금세 나타났기 때문이다. 형편없는 기술자와 사기가 판을 치는 바람에 당국은 건물의 완성도를 회복시킬 능력을 갖춘 전문가들에게 의존했다. 상퀼로트 운동이 사회적 지위나 경제적 수준 이상의 감수성과 도시의 뿌리를 포함한 시발점을 여기서 찾았다. 상퀼로트라는 말은 즉시 실체를 지목하는 데까지 도달하지는 못했으며, 아직은 세르클 소시알과 코르들리에 클럽의 투사들이 고전문화의 원리에서 영감을 받아 '공화주의적' 문화를 얼마나 널리 퍼뜨리느냐에 달려 있었다.

따라서 사건들이 일어남에 따라 정치화가 진행되었고, 〔반혁명을 뜻하는〕콩트르 레볼뤼시옹contre-révolution이라는 말을 일상생활에서도 쓰기 시작했다 할지라도, 아직 프랑스는 덩어리로 크게 분열하지 않았다. 이 말은 1790년부터 쓰였지만, 사실상 불분명하게 정치발전에 선뜻 가담하지 않고 반대하는 사람들을 지목하기 위해 '앙티 레볼뤼시옹anti-révolution'보다 더 많이 썼다.[6] 불화를 기록하거나 낙인을 찍는 일 사이에서 망설이기나 하듯이, 이 낱말은 아르투아같이 가장 단호한 반혁명 분자부터 혁명가로 부를 수 없는 사람들, 그리고 무니에처럼 이런저런 이유로 혁명에서 거부당한 사람들까지 모두 아우르는 말이었다. '혁명'이라는 말도 아직은 고정된 의미를 갖지 못했고, 새 체제의 지지자들은 스스로 '혁명가'라거나 '공화주의자'라기보다는 '애국자'라고 생각했음에 주목해야 할 만큼, 반혁명이라는 말도 확실하게 입에 올리지는 못했다. 혁명/반혁명의 양극화는 재산, 사회적 구

---

[6]   1790년부터 반혁명을 뜻하는 콩트르 레볼뤼시옹과 앙티 레볼뤼시옹이 함께 쓰였지만, 전자가 일상생활에서 더 많이 쓰였다. 그런데 1985년경부터 마조릭C. Mazauric, 루카스C. Lucas 같은 학자들이 혁명에 저항한다는 뜻으로 앙티 레볼뤼시옹을 쓰기 시작했다. 장 클레망 마르탱 지음, 쥘리엥 펠티에 데이터 디자인, 주명철 옮김, 『이야기와 인포그래픽으로 보는 프랑스 혁명』(2022, 여문책), 102쪽.

별, 피부색, 종교와 관련한 적대감의 표현이었고, 일련의 사건과 수많은 신화가 접합시킨 덩어리들을 만들어냈음이 분명하다. 그러나 프랑스나 인류의 역사를 총체적으로 그리기 위해 이처럼 이분법적 방식을 적용한다면, 모든 이의 기대, 투쟁, 추억을 결코 담아내지 못한 채 놓쳐버릴 수도 있다는 사실을 명심해야 한다.

역사학에 '앙티 레볼뤼시옹'이라는 술어가 1985년경에 다시 나타났지만 그 의미는 조금도 변하지 않았다. 이러한 관점은 경우에 따라 사건의 영향을 받고, 특히 확고한 정치의식을 표출하면서 반혁명의 성격을 띠게 되는 저항운동을 구별한다는 명분으로 특정 이념을 지지하는 사람들이 관련되었을 때 그들이 통합된 이념적 진영에 소속하는 현상을 구별할 수 있다고 전제한다. '혁명'에서 '반혁명'까지 연결하는 축은 존재하지 않으며, 오히려 사람들은 논쟁하거나 힘을 합쳐 어떤 상황, 개인 또는 원리를 중심으로 그럭저럭 모이고 점점 분명한 태도를 보여준다. 혁명과 반혁명이라는 두 낱말에는 저마다 장소와 집단, 순간과 상황에 따라 다양한 현실이 살아 있다. 그리고 각 '진영'은 대개 두 가지 거대 세력이 갖게 마련이라고 예상하는 적대감보다 더욱 확고하게 여러 파로 분열되어 있다는 사실을 설명해준다. 곧이어 그들을 지지하던 논리가 파괴되고 그 시기에 생긴 전통이 뿔뿔이 흩어진다고 예고하며, 거대한 벽화에서 신화를 표현하는 것보다 작은 파편과 돌발 사건에도 주목하는 설명이 더 정당하다고 증명해줄 것이다.

6장

헛된 승리

프랑스를 새로 태어나게 만든 중요한 날 가운데 1791년 6월 21일은 1789년 7월 14일이나 10월 5~6일만큼 중요하다. 그날 왕과 가족은 몽메디와 메스에 주둔한 부이예 장군의 부대와 만나려고 애쓰다 아르곤의 작은 마을 바렌에서 붙잡혔다. 아슬아슬하던 균형이 단박에 깨졌고, 수많은 동맹관계의 약점이 드러났으며, 모든 역할을 수행하던 사람들이 예상치 못한 길로 빠졌다.

그러나 국회는 그때까지 극우파와 왕정주의자들의 반대를 무릅쓰고 국사를 이끌어나갈 수밖에 없었다. 국회는 반혁명가 귀족, 비선서 사제, 여전히 길을 잃은 신도를 상대로 싸우고, 혼미한 상황에서 혼혈인과 노예에 관한 문제에 대응했다. 국유재산이 그럭저럭 아시냐 채권의 가치를 지켜주고 조세에 의존하는 일에만 매달리지 않도록 현금을 국고에 채워준 덕택에, 국회는 그럭저럭 농민의 대다수를 자기편으로 끌어들이고, 군주정을 방해하던 재정문제를 국가 차원에서 재조직하는 데 성공했다. 파리의 정치적 환경의 제약을 받으면서 집중 토론을 한 끝에 1791년에 제도적 발판을 만들었으며, 아주 효율적이었기 때문에 혁명기에 계속 활용할 정도였다. 재무부가 군주정 시대의 재무총감을 대체했다. 재무부는 위원 여섯 명이 국회의원 세 명의 감독을 받으면서 운영하는 기구였는데, 사실상 왕권에서 벗어났고 국회와 거리를 두었다. 재무부는 세금을 걷고 능력과 효율성을 갖춘 사무실 덕택에 국가의 지출을 산정할 수 있었다. 주요 일꾼은 콩도르세와 라부아지에Lavoisier 두 사람이었고 1794년에 목숨을 잃지만, 대다수의 직원은 직무를 계속 수행하면서 국가의 물질생활을 보장해줄 기관의 생존 가능성을 증명했다. 나중에 몇 년 동안 아시냐 가치가 폭락하고 금리생활자들이 몰락했지만, 국가와 지도자들이 교환을 보장해주었다. 따라서 혁명을 지켜주리라는 믿음은 흔들리지 않았다.

권력을 휘두르는 국회의원들이 잇달아 발생한 소요에 제대로 대처하지 못한 데서 체제가 붕괴한 이유를 찾아야 할 것인가? 사실의 연쇄를 이해하기 어렵다고 가볍게 봐 넘기면 안 된다. 역사가 아니 주르당은 1791년의 살롱을 연구한 뒤, 당시에 진행 중이던 '혁명'의 영감을 받은 작품과 예술가를 일일이 파악할 수 없었다고 고백했다. 그리고 "나는 당대인들 때문에 그 작업이 어려웠다"고 덧붙였다. 그들은 다른 사람들의 정치적 의지에 영향을 받은 작품인지, 관습적인 작품인지 구별하지 않았고, 그래서 어려운 작업이었다고 설명했다. 공감할 수 있는 말이긴 해도 혼동을 준다. 어째서 역사가들은 1791년의 프랑스인들이 혁명에 사로잡혔으리라고 평가했듯이, 그들도 그렇게 생각했기를 바라는 것일까? 인구의 다수가 보기에는 명확히 진영으로 나뉘지 않았고, 변화와 개혁의 기대가 이념적 방향의 단절을 감추고 있었으며, 혁명을 지지하는 논쟁적인 역사가들이 보기에 어수선한 상황이긴 해도, 엄밀히 말해 바로 그 상황에서 1791년에 단절이 생겼다는 사실을 근거로 우리는 당시 예술가들이 우유부단한 태도로 작품을 재현한 이유를 찾을 수 있다.

사라진 중심

1790년 이후, 지방의 의원들은 파리에서 빌린 숙소를 동향인과 나눠 쓰는 대신 정치적 성향이 비슷한 사람을 찾았다. 관행의 변화는 중요한 결과를 낳았다. 그들은 정당을 구성한 적이 없고, 따라서 일정 기간 정당이 존재하지 않았다. 하지만 그들은 동질감, 주동자, 좌우명을 공유하고, 심지어 국회에서 앉는 자리까지 지정하는 정치적 성운을 형성했다. 수많은 사람이 자신을 분류하는 일을 달갑게 여기지 않아 정기적으로 회의실에서 좌석을 바꾸었지만, 이제 자코뱅 클럽으로 부르기 시작한 헌우회에 가입한 진보적 '애국자들'은 의장의 왼쪽에 앉았다. 요동치는 중심에 '단 한 명의 당파'인 미라보가 헌정파 애국자 라파예트·뒤포르·라메트 형제·바르나브와 나란히 앉았다. 의장의 오른쪽에는 소수파 의원이 확고한 왕정주의자를 자처했다. 그중에서 모리 신부는 7월의 '혁명'을 너그럽게 용서했지만 10월의 '범죄'는 규탄했다. 이들은 공평파impartiaux 입헌군주정 지지자들과 가까웠으며, 그중에서 유명한 웅변가인 카잘레스와 말루에Malouet는 법률이 일관성도 없고 모호하다고 끊임없이 비판했다.

아주 상당한 틈이 있었지만 그것을 넘어서 모두가 국가를 조직하고, 정치적 공간을 구획하고, 부적절하다고 생각하는 폐단을 방지하려고 노력했다. 무엇보다도 1789년이 물려준 민중의 즉흥적 행동을 뿌리 뽑고, '동업자조합'을 분쇄하고, 왕정의 몰락을 촉발한 신분제를 폐지하는 일이 급했다. 모든 사람은 특권층이 만들어놓은 장애물, 왕정 시대에 개혁을 불가능하게 만든 모든 종류의 면제를 기억하면서 사회와 경제의 자유주의 관점을 공유했다. 필요성만큼 원칙에서도 그들은 가능한 한 경쟁을 제거하는 정책에 몰두했다. 법원도 '귀족'의 심부름꾼들이 거들먹거리면서 다닐 때에도 서슴지 않고 '귀족'에게 요란하게 개입했다. 1790년 11월, 카스트리Castries 공작이 혁명에 가담한 뒤 군주정을 옹호하면서 샤를 드 라메트Charles de Lameth와 결투를 벌여 라메트에게 상처를 입혔을 때, 군중이 그의 저택을 공격하고 약탈했으며, 공작을 망명길로 몰아냈다. 파리 코뮌은 곧바로 귀족에게 적대적인 시사평론에서 주장하듯이 '주권자 1만 명'의 행위라고 옹호했다.

정치적 감수성을 도식화하려면 미세한 차이도 고려해서 정확하게 파악해야 한다. 모든 집단에는 반혁명 분자들의 단단한 핵도 들어 있어 긴장이 감돌았기 때문이다. 아르투아와 콩데처럼 망명한 왕족은 재생한 왕정과 어떠한 타협도 거부하면서 궁중의 부지런한 검열관을 자처했다. 콩데는 역사와 사회적 관계에 관해 아주 반동적이고 일관된 개념에 뿌리를 둔 확고한 이념의 주장을 옹호했다. 그는 마음속에 그리던 대로 망명길에 올랐다. 왕이 "어떤 괴로움도 견뎌낼 것"이라고 예견한 뒤, 그는 바스티유 요새가 정복당한 이튿날 칼 한 자루만

지니고 아주 조심조심 프랑스를 떴다. 그는 사실상 프랑스 바깥에서 귀족의 단합에 힘쓰고, 충직한 대리인들에게 재산 관리를 맡겨 반혁명의 자금을 대줄 수 있었다.

망명자 가운데 다수는 아르투아 백작의 주장에 선뜻 동조하지 못했고, 유럽의 군주들도 그를 별로 지지하지 않았다. 궁중에서는 오직 루이 16세와 그의 누이동생 마담 엘리자베트만 그를 지지했고, 마리 앙투아네트는 그의 야심에 도전했다. 프로방스 백작은 동생(아르투아)의 주장을 공개적으로 거부하지 않으면서 자기 역할을 수행했다. 왕정주의자들은 이렇게 분열한 상태를 거의 극복하지 못했다. 아르투아 백작을 비롯해서 1787년 이전의 프랑스를 그리워하던 사람들은 프로방스 백작 같은 사람들이 왕국의 정통성을 위험에 빠뜨린 1789년을 인정했다는 이유로 두고두고 용서하지 않았다.

파리에서 과거를 그리워하던 집단은 1790년 이후 그랑 조귀스탱 Grands-Augustins 수도원에서 모이다가, 생토노레 수도원으로 옮겨 '군주제 헌법의 친구 협회Société des amis de la Constitution monarchique'를 결성했다. 그러나 이 모임은 1791년 3월에 금지당했다. 이처럼 복잡한 경향으로 분열한 '검은자들'은 앞으로도 적들보다 나은 조직을 갖추지 못하겠지만, 리바롤Rivarol이나 루아유Royou같이 활동적이고 명민한 필진을 갖춘 '반혁명' 신문을 이용했다. 반혁명 신문은 일관성이 없고 종종 악의적인 데다 가끔 선동적이기도 했지만, 「왕의 친구L'Ami du roi」와 「사도행전les Actes des apôtres」 같은 주요 신문은 두터운 독자층을 가졌다. 이처럼 '대중주의적populiste'인 경향은 '귀족주의'의 주장이 왕과 귀족의 균형을 되살리려는 욕망만 대변한다고 요약할 수 없음을 보여주었다. 그것은 반혁명의 약점뿐 아니라 복잡한 성격도 설명해준다.

보수주의자들이 정치적 표류를 비난하면서 의회군주정 지지자들에게 책임을 물어야 한다고 생각했다 할지라도, 양편을 명확히 구별하기란 쉽지 않다. 1789년 10월 사태 이후, 일부 '모나르시엥'〔영국식 군주정 지지자〕은 투쟁적인 반혁명에 가담했고, 무니에 같은 사람은 망명했으며, '귀족정 지지자'에 더욱 가까운 성향의 사람들은 여러 기관에서 계속 활동하고 국회에도 출석했다. 그들은 '공평한 사람들 클럽club des Impartiaux'이나 식민지 교민들과 주교들의 강력한 조직처럼 일관성 있는 조직에 의존했고, 랄리 톨랑달·샹피옹 드 시세·클레르몽 토네르Clermont-Tonnerre 또는 말루에처럼 영향력 있는 인물을 대변자로 두었다. 비리외Virieu를 중심으로 모인 그들은 국회의 토론을 효과적으로 통제하면서 자기편 의원들을 의장으로 앉히는 데 성공했다. 1790년 1~2월, 그들이 국회에서 내린 조치를 왕이 동의하게 만들었을 때가 전성기였다. 그러나 곧 모든 방면에서 충돌이 격해지면서 왕이 그들에게 내린 은총을 쓸어버렸다.

현실적으로 '애국자들'도 역시 분열했다. 그들은 1789년 10월을 넘기면서 분열했고, 브르타뉴 클럽도 빠르게 통일성을 잃었다. 이처럼 후퇴하는 일에 대응하려는 목적에서 그들은 11월에 '헌법의 친구 협회', 즉 자코뱅 클럽을 결성했다. 더욱이 그들은 존재하는 모든 클럽을 하나로 묶는 통신망을 조직해서 가장 효율적으로 활동했다. 자코뱅 클럽의 행동강령은 무엇보다도 '재생'의 명분에 얽매여 여전히 분명치 않았지만, 통신망을 조직한 덕에 전국에 영향을 끼칠 수 있었다. 사건이 잇달아 일어나면서 진정한 정치적 선택을 해야 할 상황에서 뒤포르·라메트 형제·바르나브를 중심으로 폭력을 거부하는 온건한 일파가 모습을 드러내고, 결국 자신들이 나라를 이끌겠다고 떨어져나갔다. 이 지점에서 특히 라파예트와 미라보 같은 인물의 경쟁심이 갈등을 일으켰다. 이들은 이념의 문제로, 게다가 미라보 백작의 경우에는 돈 때문에 권력을 휘두르는 지위를 원했다. 그들은 대립하면서 다수가 권력투쟁을 거부한 '애국자들'을 분열시켰고 급진화하게 만들었다.

강력한 '1789년 협회Société de 1789'는 바로 이러한 맥락에서 콩도르세·시에예스·미라보·라파예트·르샤플리에를 중심으로 [1790년 5월 12일에] 결성되었다. 막강한 이들은 '입헌파'라고 불릴 만큼 헌법을 지지했으며, 자코뱅파와 어느 정도 관계를 맺었고, 일부는 두 클럽의 회원 자격을 유지했다. 특히 자기 조직의 지원을 받는 라파예트, 그리고 진정한 자문단brain-trust의 충동을 받은 오를레앙 공작은 슬슬 멀어졌다. 1789년 협회원들은 1790년 5월 [15~22일]에 전쟁과 평화에 관해 토론하고, 샤틀레 법원[1]의 탄압의 성격이 변화한 덕택에 국회에서 영향력을 잃은 자코뱅파와 멀어질 수 있었다. 요컨대 뒤포르·라메트 형제·바르나브는 자코뱅파를 이용해서 정치생활을 통제했는데, 1789년 협회의 저명한 인물들을 중심으로 모든 것을 고려했다. 끝으로 좌파에서 로베스피에르는 투표방식을 비판하고 호전성을 드러내면서 존재를

---

1   1790년 8월 25일에 샤틀레 법원을 폐지하기로 했지만, 감옥은 존속시켰다.

과시했다.

국회 밖에서는 세르클 소시알이 중요한 역할을 했다. 그들은 계속해서 토론을 활발히 부추기고, 사회문제로 정치를 부각시킬 필요가 있다고 믿는 개인들을 끌어들였다. 포셰처럼 아주 개혁적이거나 생마르탱 같은 '계시주의자'에 가까운 가톨릭교도, 콩도르세 같은 급진파 사상가, 본빌이나 당통 같은 투사와 신문기자들이 뒤섞여서 문제를 성찰하고 공적으로 개입하기도 했다. '여성해방주의' 투사 에타 팔름 다엘더스Etta Palm d'Aelders는 여성에게도 시민권을 달라고 요구했다. 이렇게 아주 복합적인 집단은 온갖 개념을 활성화시켰다. 1791년 5월에 신문기자 로베르Robert는 애국협회 중앙위원회Comité central des sociétés patriotiques를 설립했다. 이 위원회는 바렌 사건 이후 여론을 동원하는 중심 역할을 맡는다. 그의 아내이며 최초의 여성해방주의 신문기자인 루이즈 드 케랄리오는 이 시기에 희귀한 공화주의 시사평론인 「프랑스에 적합한 공화주의Le Républicanisme adapté à la France」를 지어 논란을 일으켰다. 세르클 소시알은 신문 「장 바르Jean Bart」를 통해서 라파예트 지지자들과 연결되었음이 확실하다.[2]

그러나 세르클 소시알을 중심으로 희미하게 형성된 무리 속에서 코르들리에 클럽이 자율성을 갖추고 있었다. 코르들리에 클럽은 센 강 좌안의 섹시옹에서 시작해 헌법과 국회를 비판하는 운동을 벌인

2　「장 바르」는 노골적으로 자코뱅파를 싫어했고, 세르클 소시알도 자코뱅파보다는 코르들리에파의 지지를 받았다.

'행동과 전투' 집단이었다. 이 클럽은 확실히 민주공화 사상을 발전시켰으며, 수많은 우애협회와 자선협회의 열광적 지지를 받았다. 이러한 단체들은 '수동'시민들에게 클럽을 조직하지 못하게 한 조치를 교묘히 피하면서 태어났다. 그 덕에 바스티유 요새 정복으로 탄생한 민중 동원이 연장될 수 있었다. 바스티유 정복자들은 특히 전제주의 적들의 클럽을 탄생시키면서 모든 클럽의 가입비와 회비를 낮추라고 요구했다. 이러한 요구를 하는 한편, 생탕투안 문밖 주민들에게 5월 1일에 예정대로 입시세관 울타리를 없앨 때까지 방화를 하지 말라고 설득하기도 했다. 이 투사들은 민주주의를 마땅히 존중해야 한다고 생각했다. 그래서 선동가들의 말을 따르지 말아야 하고, 민중의회들의 신용을 보장할 필요가 있었다.

거물급 인사들과 의원들, 모든 부류의 투사들은 이런 식으로 정치생활을 해나갔다. 이것은 수많은 이론·행동방침·선전·여론조작이 아주 복잡하게 교환관계를 형성했음을 뜻한다. 신문기자 집단과 홍보집단들의 영향을 받고, 종종 말다툼과 회계문제에 얽힌 대중 신문들이 강력한 권력의 수호자인 라파예트 지지자들, 기꺼이 대중의 인기를 추구하는 권력기관을 비판하는 오를레앙 공작 지지자들 사이에 놓여 있었다. 우리는 마라가 홀로 예언자 같은 자세로 신문을 발행하고, 다소간 코르들리에파의 지지를 받으면서 중요한 자리를 유지할 수 있었던 까닭을 이처럼 복잡한 환경 덕택이었다고 이해한다. 그는 「인민의 친구」를 수천 부씩 발행했다. 프뤼돔Prudhomme이 발행하는 「파리의 혁명Révolutions de Paris」에 의존하던 '진리의 친구 협회'[일명 세르클 소시알, 사회동인]도 마찬가지였고, 포셰와 샹포르Chamfort의 글을 소개하는 『프랑스 혁명의 그림』[3]도 빼놓지 말아야 한다. 따라서 1789년의 '애국자들'은 승리했지만, 개인적이고 이념적인 이유로 분열했다. 가장 강력한 위기가 1791년 1월에 발생했다. 그때 국회의원들은 미라보의 야심을 막기 위해 의원은 대신직에 취임할 수 없다고 의결했다. 의원들은 강력한 인물이 출현하는 것을 두려워한 나머지 대신들의 위신과 결정권을 없애서 완전히 약한 존재로 만들었고, 그렇게 해서 입법권과 행정권을 국회가 독점하면서 토론을 더욱 극적으로 부풀렸다.

왕을 궁지에 몰아넣기

1790년 여름 이후 왕 부부가 더는 정치무대의 전면을 차지하지 못했다 해도 전혀 활동하지 않았다는 뜻은 아니다. 왕은 망명자들과 복잡한 경쟁에 휩싸인 채 외국 군주들 주위에 파견한 대사들을 이용하는 반혁명 조직을 이끌었는데, 특히 브르퇴이Breteuil 남작은 (스위스 솔뢰르 대사관으로 도피한 뒤, 왕비가 힘쓴 덕에 망명정부의 총리대신이 되어) 진정한 의미의 외무대신 노릇을 했다. 왕은 유럽의 대다수 군주의 지지를 받았지만, 처남인 오스트리아 황제의 지원은 시원치 않았다. 황제는 프로이센 왕과 러시아 황제와 함께 주로 폴란드 분할에 정신이 팔렸고,

---

3   Claude Fauchet & Sébastien-Roch-Nicolas de Chamfort, *Collection complete des Tableaux historiques de la Révolution Française*(『프랑스 혁명의 역사화 전집』). 1798. 원래 1791년부터 네 권으로 나온 전집을 1798년에 세 권으로 묶어서 냈다.

적절한 보상이 없는 한 프랑스 문제에 개입할 의사가 없었다. 그러나 스웨덴 왕 구스타브 3세는 페르센과 함께 루이 16세와 마리 앙투아네트의 도주 준비를 하면서 엑스 라 샤펠에서 활동하는 반혁명 첩보망을 조직했다. 사실 스웨덴 왕의 활동은 별로 주목받지 못했지만, 그 대신 루이 16세의 출발은 사람들의 머릿속에서 떠나지 않았다. 그것은 나라를 내전에 빠뜨리는 계기를 뜻하기 때문에 두려움의 대상이었으며, 왕이 진짜로 도주 준비를 하는 동안에도 얼토당토않은 소문이 뒤섞이면서 지속적으로 예고되고 고발당한 사건이었다.

왕은 철저히 계획을 세웠다. 나중에 마리 앙투아네트의 탓으로 돌리겠지만, 외교 통로를 은밀하고 부지런히 활용하는 한편, 왕의 부부는 항상 수입과 권력을 갈구하던 미라보를 매수했다. 미라보는 화해 정책으로 보답하고, 국회를 조종하면서 왕과 정부의 권위를 강화해주려고 노력했다. 1791년 4월 2일, 그가 갑자기 죽는 바람에 정치적으로 상당히 큰 공간이 생기고, 긴장과 적대감이 되살아나면서 튈르리 궁과 국회의 타협의 길이 끊어졌다. 도주 준비는 착착 진행되었다. 왕은 사냥하기 위해 튈르리 궁을 종종 나갔지만, 왕비와 왕세자는 파리 주민들의 저지로 정원을 나서지 못했다. 이처럼 평범한 외출로는 왕 부부의 선의를 설득할 수 없었다. 4월 18일, 부활절을 봉축하기 위해 왕 가족이 생클루로 가려고 나설 때 시위대가 그들을 막은 사건이 좋은 예다. 그날 사회적 성격의 큰 소요가 일어났고, 파리 시장 바이이는 왕을 감시하는 정치협회들, 그리고 아주 조직적인 목수들의 파업에 대응해야 했다.

왕 가족은 몇 번의 시도 끝에 페르센이 이끄는 대로 6월 20~21일 밤에 도주를 감행했다. 왕 가족과 측근들은 큰 여행마차에 타고 부이예Bouillé 장군이 길목마다 병력을 배치해놓은 여정을 따라갔다. 왕은 파리의 투사들만 군주정을 미워한다고 믿었기 때문에 직감적으로 모든 위험이 사라졌다고 생각했는데, 예상치 못한 요인들이 함께 작용한 탓에 목적지 가까운 곳에서 실패했다. 여행마차는 느린 데다 눈에 아주 잘 띄었으며 예정보다 일정이 계속 늦어졌기 때문에, 왕의 여정에 포함된 도시와 마을 주민들은 왕의 안전을 책임질 병사들을 수상하게 여겼다. 군사적 연계가 무너졌고, 생트메느우의 역참장 장 바티스트 드루에Jean-Baptiste Drouet가 왕을 알아보았다. 그는 시정부에서 체포명령을 받아냈다. 이제 바렌에서 벌어진 일을 살펴볼 단계다. 드루에는 바렌의 촌장 소스Sauce에게 여행자들의 여권을 검사하도록 종용하고, 루이 16세를 꼼짝 못 하게 한 뒤, 국회가 그를 추격하도록 파견한 특사들이 도착할 때까지 기다리게 했다.

병사들은 작은 도시에 모인 군중과 감히 맞서지 못했고, 왕도 더는 대응하지 않았다. 그는 파리에서 출발할 때부터 곧 다른 사람, '안장 위의 궁둥이' 처지가 될 것이라는 사실을 확신했다. 유약, 우유부단, 가족을 지켜야 한다는 걱정. 이 모든 가설을 동원해야 그의 무기력을 설명할 수 있다. 파리로 돌아가는 길에는 대조적인 일화들이 생겼다. 왕에게 우호적인 시위가 조심스럽게 일어났고, 가끔 격렬한 반동도 발생했다. 가장 두드러진 사례는 사실상 농민의 미움을 받던 당피에르Dampierre 백작이 당당하게 왕에게 다가가 충성맹세를 하다가 살해당한 일이다.

국회는 곧장 루이 16세의 자격을 정지했고 그가 파리에 도착하는 과정을 통제했다. 또한 시위를 금지하고, 모든 사람에게 침묵하라고 명령했으며, 왕이 납치당했다고 단언했다. 그러나 루이 16세가 6월 20일에 남긴 "왕이 파리를 떠나면서 모든 프랑스인에게 선언함"은 분명히 그 반대의 사실을 말하면서 혁명의 과정과 정치클럽들의 역할을 비난했다. 브리소의 신문 「프랑스 애국자」는 선언문을 잘 요약하고 며칠 동안 발췌문을 실었기 때문에 여론도 그 사실을 잘 알았다. 그래서 이 사건은 중대한 결과를 낳았다.

왕당파 의원 290명이 왕은 아무런 법도 어긴 적이 없다면서 그의 자격정지에 항의하며 왕의 편을 들었다. 그들이 최악의 정치적 논리를 동원하면서 항의했기 때문에 온건파가 귀족주의자와 관계를 끊고 우파의 세력이 약해졌다. 보복의 두려움과 신념 때문에 귀족 장교들이 앞 다퉈서 망명하기 시작했다. 라파예트의 측근 부이예 장군이 왕의 도주가 모두 자기 책임이라고 주장하며 앞장서서 망명길에 올랐다. 귀족 장교들을 짓누르던 의심은 이미 현실로 나타나 국회는 1791년 6월 13~15일에 장교들에게 충성맹세를 하지 않으면 "무기를 들거나 프랑스 시민이 될 자격이 없는 파렴치한 사람"으로 취급하겠다는 법을 통과시켰다. 이 법은 장교를 부하들에게 감시받도록 만들기 때문에 강압적인 조치였으며, 이렇게 해서 왕의 친구들을 사임하게 만들려는 의도를 드러냈다. 이 법이 통과되자 맹세를 하라고 조언하던 우파는 방호벽을 세우기 시작했다. 왕이 아직 그 법을 승인하지 않고 도주했기 때문에 6월 22일에 수정했다. 군인은 적을 물리쳐 조국을 지키고 국회에 복종한다고 맹세하도록 했다. 명예에 관한 구절을 빼서 법안을 완화했다. 그러나 이 두 번째 문구도 정치적 성향을 강요했기 때문에 예상했던 대로 위기를 불러왔으며 군대를 더욱 빠르게 분열시켰다.

혁명에 반대한다는 의미가 바뀌었다. 왕국을 떠나고 싶어 한 왕은 프랑스에 정통성이 없으며, 오히려 아르투아 백작·콩데·미라보 토노 〔술통 미라보〕가 지휘하는 부대의 사병들에게 정통성이 있다는 사실을 보여주었다. 반혁명은 더는 의견이 아니라 범법행위가 되었으며, 더 나아가 범죄였다. 〔루이 16세의 큰 동생〕 프로방스 백작이 6월 20일에 벨기에로 도주하는 데 성공했고, 왕당파가 다시 권력을 잡기를 바란다는 사실을 보여주었기 때문이다. 그러나 반혁명은 통일성을 보여주지 못했다. 왕의 이름으로 행동하던 브르퇴이는 아르투아·콩티·콩데 같은 왕족의 고문 노릇을 하던 칼론에게 사사건건 반대했다. 이들은 프로방스 백작을 복권시켜야 했다. 그는 비록 지난 2년 동안 프랑스에서 의회군주정을 사실상 옹호했지만 아르투아 백작보다 우선권을 갖고 태어났기 때문이다. 그러나 황제 레오폴트는 망명객들에게 의지하지 않고 오직 왕 부부의 운명에 집중해서 제국의 모든 군주를 선동했다.

왕이 없는 프랑스?

국회는 파리 코뮌과 국민방위군의 도움을 받으며 3주 이상의 공위空位기간에 자발적이고 또 공개적으로 행정권과 입법권이 뒤섞인 상태에서 실제로 권력을 휘둘렀다. 의원들은 왕이 납치당했다고 선언하면서 아무런 견제도 받지 않고 정치를 해나갔으며, 특사들을 전국에 파견해 조직적으로 의용군을 소집했다. 그러나 국회는 헌법상의 한계를 존중해서 행정부를 침해하지 않으려고 대신들로 집행위원회를 구성하는 일을 거부했다. 혁명의 원칙을 법치주의 틀에 뿌리내리게 하려는 의지는 오해를 받았으며, 격렬하고 통제할 수 없는 반발에 부딪혔다. 왕의 도주로 걱정과 두려움에 휩싸인 나머지, 전보다 더 국경을 감시하고, 민병대를 소집하고, 드러난 반혁명 분자뿐 아니라 '혐의자'까지도 강력히 통제했다.

거의 어디서나 자코뱅파는 자기 고장의 서신을 감시하고, 왕당파 신문의 배부를 검열하고, 통신 비밀의 원칙을 무시했다. 1789년처럼 대공포의 반사적 행동이 서부에서 다시 발생했으며 영주들이 그 대가를 치렀다. 도시에서, 특히 파리에서 왕정의 상징물들이 자발적으로 모인 군중의 손에 파괴되었는데, 중상비방문·풍자문·희화는 왕과 가족을 고발했고, 종종 외설과 지저분한 내용을 담았다. 바이이는 그 운동을 저지하는 데 성공했지만, 그것은 왕이 파리에 다시 들어오는 순간 압도적인 민중시위와 함께 다른 형식으로 나타났다. 모든 정치클럽에 편지와 탄원서가 돌고 국회에도 대량 발송되었다. 예를 들어 발랑스에서 22개 자코뱅 클럽 대표들이 모여 왕을 재판에 부치라고 요구했다. 여론은 체제의 성격까지 문제 삼았고, 절대적으로 루이 16세에게 불리한 쪽으로 넘어갔다. 한편, 코르들리에파의 일부가 '공화주의' 운동을 이끌었을 때, 다른 민중협회들이 동조하지 않자 주도권 싸움에서 코르들리에 클럽은 분열하고 물의를 빚었다.

자코뱅파는 공화국 문제로 분열했다. 그들은 대부분 루소의 영감을 받은 정치문화에 뿌리를 내렸기 때문에 공화국은 덩치가 큰 나라에 적합하지 않다고 생각했다. 큰 나라는 직접민주주의로 통치할 수 없기 때문이다. 더욱이 좀 더 옛날의 전통에서 '공화국'이 인민이 권력을 행사하는 정치체제라면, 군주정과 관련한 여느 체제와 달리 '민주적'이든 '압제적'이든 구별하지 않고 '공공의 것res publica'으로 간주되었다.[4] 이처럼 '공화국'은 그것을 주장하는 주역들뿐 아니라 거의 금기시하는 국회에도 모호한 성격을 지닌 말이었다. 그러나 수많은 낱말처럼 이 말의 의미도 끊임없이 바뀌었으니, 그것은 코르들리에파의 투사들을 몰아세우고 봉급을 받는 국민방위군을 동원해서 파리 구민들의 운동을 탄압하던 권력자들의 정치적 가혹행위에 대한 반동이었을 것이다.

1789년 7월 이후의 정치체제는 본빌·라비콩트리Lavicomterie·망다르·페인 같은 세르클 소시알 소속 평론가들이 던진 '공화주의적' 비판에 입도 뻥끗하지 못하면서 한계를 드러냈다. 이들은 제임스 해링턴이 1656년 소설 『오세아니아Oceania』에서 상상했던 고대의 이상향을 본보기로 삼고 영감을 받아 공화국이라는 관념을 발전시켰다. 특히 프리스틀리와 프라이스의 사상에 정통한 콩도르세와 페인은 아메리카 공화국이 열어놓은 노선을 좇아 '공화국'을 덕망 있고 예의범절 교육을 받은 시민들이 연대한 체제와 같은 뜻을 가진 개념으로 발전시켰다.[5] 로베스피에르는 사실상 이에 가담하지 않았고, 시에예스는 과연 이로운 체제인지 의문을 제기했다. 그 체제는 세계주의자이자 민

---

4   1792년 8월 10일 '제2의 혁명'이 일어나기 전부터 사람들은 "조국이 위험하다la patrie en danger", "공공의 것을 구하자sauver la chose publique"라고 외쳤다. 그들은 조국과 공공의 것을 동일시했고, 거기서 '구국salut public'이라는 개념으로 발전했다.

주주의자인 투사들이 잡다하게 모인 무리의 지지를 받고 있었지만, 결과적으로 정화되었다.

사회적 지위가 어떻든 평등한 시민들이 지키는 나라와 동일한 공화국이라는 개념이 보급된 결과, 자기네 생활의 틀을 고수하면서 자코뱅파가 다듬은 정치적 행동방침을 따르지 않는 도시 집단들이 이에 호응하는 말을 창조했다. 자기 구에서 일종의 직접민주주의를 통해 '주권'을 대표한다고 생각하는 남녀 주민들은 파리 코뮌에서 활동하는 사람까지 포함해 모든 선출직의 비판자를 자처하는 투사들에게 둘러싸여 생활하는 동안 구민의회에서 표현된 정치생활의 가장자리에 놓인 관행을 경험했다. 그들은 무엇보다도 '민주적'이거나 '공화적'인 원리를 거론하면서 중간자를 자처하는 다양한 대변자의 주장에 동조했다. 이렇게 해서 루이 14세가 정착시킨 '절대'군주정의 논리, 그 후 루이 16세의 '행정적' 군주정의 논리, 끝으로 1750년대 이후 중농주의자·경제학자, 그리고 개인적 자유에 바탕을 둔 나라를 세우고자 하는 사람들이 발전시킨 사회적·세속적·개인주의적·공리적인 논리와 대립하는 정치적 논리가 완전히 새로 나타났다.

세르클 소시알, 코르들리에 클럽, 모든 우애협회, 파리 문밖 주민들의 운동은 이러한 상황에서 밀접한 관계를 맺었다. 어떤 사람들은 성난 군중의 잠재적 폭력을 받아들이지 않으면서 원한을 정치화했다.

---

5 프리스틀리Joseph Priestley(1733-1804)는 자연과학자·정치사상가로서 종교적 자유와 시민의 자유를 옹호하는 공화주의자였다. 프라이스Richard Price(1723-1791)는 비국교도 종교인·철학자·정치평론가이자 급진파 공화주의자였다.

또 어떤 사람들은 열린 정치공간을 찾아 공정가격제와 지역사회 중심의 주장을 강제할 수 있었다. 모든 협회는 최근 파리의 공간을 섹시옹으로 나누었지만 대대적으로 발전했고, 확실히 이때 절정에 이른 정치신문의 생명력에 의존했다. 콩도르세·마라·랑트나Lanthenas·본빌 같은 사람들은 가능한 한 직접민주주의를 추구한다는 점을 빼면 다른 사상을 가졌기 때문에 어떠한 통일성도 보여주지 못했다. 신문기자 로베르가 주도한 우애협회의 연맹은 다양한 요소가 결합한 흐름을 강화하는 경향을 추구한 까닭에 권력자든 아니든 자코뱅파를 불안하게 만들었다. 두 세력은 정확히 1791년 7월에 결별했다. 그때 세르클 소시알의 지식인들은 지롱드파의 편에 서거나 정치무대에서 멀어진 한편, 우애협회들은 감동적인 정치담화에 부적합하다는 약점을 드러내고 사회적인 주장에만 집중했다. 이후 민중투사들은 의원들과 '부르주아' 클럽의 비판자인 코르들리에 클럽을 통제하게 된다.

모든 사람이 더욱더 정확하고 공격적인 방식으로 감정을 드러냈다. 한편에서 군에 입대한 의용군은 조국을 지킨다는 이름으로 그렇게 했다. 당시 사람들은 조국이 외적뿐 아니라 내부에서도 위협을 받는다고 느꼈다. 또 한편, 수많은 개인이 왕에게 속았다는 생각에 왕과 자신들을 하나로 묶는 협약을 깼다고 그를 비난했다. 기독교·대중주의·유기체론에 바탕을 둔 군주정의 '협약' 전통이 오직 이베리아 반도, 라틴아메리카의 해외 식민지를 제외하면 거의 남아 있지 않았다 할지라도, 프랑스에서는 군주제 국가가 추진하던 경제적 변화, 산업혁명 초에 일어난 미약한 변화의 얇은 막 아래서 그 전통이 존속하는 것을 볼 수 있었다. 바렌 사건, 더 넓게는 혁명의 충격으로 말미암아 국민에게 두 가지 형태의 적대감이 서로 연결된 상태로 존재한다는 사실을 볼 수 있었다. 입헌군주제는 형식적으로 존중받고 있음이 분명했지만, 왕 부부가 완전히 신용을 잃었다는 사실로 보아 전통적 왕정은 확실하게 사라진 것이 분명했다. 왕은 폭식하는 큰 돼지, 왕비는 외국인 반역자 메살리나[6]로 표현되었다.

우리는 당시의 일부 사람들이 왕 부부의 운명에 조금도 놀라지 않는 이유를 이해할 수 있다. 그러나 반혁명 분자든, 단순히 특별한 권력을 구현하고 보호와 정의를 실현하면서 국민통합을 보여주는 인물에게 애착을 가진 사람이든 여전히 다수가 군주제 원칙에 집착했다. 네케르와 미라보는 이러한 역할에 대한 의중을 내비친 인물이다. 다른 사람들은 왕이 황제가 되거나 왕정복고를 하기 전에 그 역할을 맡으려고 노력하게 된다. 특히 1789년 이후 수년 동안 프랑스에는 왕좌가 비는 것을 두려워하는 풍조가 맴돌았는데, 이는 갑자기 온갖 고뇌와 폭력사태를 가져올 만큼 팽배했다. 1791년 7월에는 예외적으로 사람들에게 정치적 자유를 가장 폭넓게 허용했다. 그 덕에 반혁명 신문들의 활동도 덩달아 분주해지면서 인기를 끌었다. 그리고 나서 잇달아 극적인 사건이 발생하는 바람에 수많은 방식으로 정치적 자유를 제한했다. '인민'을 정의하는 어려움이 언제나 존재했고, 그 후 200년 이상 흘렀는데도 이 문제는 여전히 해결해야 할 과제로 남아 있다.

---

6   메살리나Messaline는 로마제국의 아우구스투스 황제의 자손이며 네로 황제의 4촌으로 서기 38년에 클라우디우스 황제의 비가 되었다. 그 후 남편을 죽이려는 음모가 발각나서 사형당했으며, 서양 문학에서 음탕한 여성의 상징이 되었다.

최초의 공포정?

이러한 두려움과 그 때문에 발생한 반란은 7월 중순 국회가 바렌 사건을 공식적으로 판단하고 제도를 개혁하려고 노력할 때 세르클 소시알과 코르들리에파가 일으킨 민중시위에 '공화주의적' 시위라는 의미를 부여했다. 자코뱅파 제헌의원들은 혁명을 끝내고 어떠한 형식의 급진화를 막는다는 분명한 목표를 가지고 있었다. 이러한 관점에서 바르나브는 왕비를 중개했지만, 사람들이 왕비의 이중성, 그리고 미라보가 왕 부부에게 받은 만큼의 지원 이상을 얻어내지 못한 바르나브의 순진함을 파악할 수 없을 만큼 그의 역할은 모호했다. 3개월 후 왕이 헌법에 맹세한 9월 14일, 실세인 뒤포르·라메트·바르나브는 바렌 사건에서 왕의 측근들을 비난하고 왕에게 전혀 책임이 없다고 하면서 공식적으로 이 사건을 종결하고 자신들이 권력을 잡는 데 성공하게 된다. 그러나 이러한 결과를 얻기 위해 그들은 진정한 혁명적 공세를 극복해야 했다.

국회에서는 1791년 7월 13~16일에 토론을 시작했다. 정치적 위기가 혁명의 방향까지 문제 삼도록 만들었다. 국가 부도 위기를 감수하느냐, 사회적 평등을 추구하느냐의 갈림길에 섰다. 국가 부도를 피하려면 공공연한 반혁명 분자들을 가려내면서 가진 자들을 안심시키는 동시에 혁명으로 자리와 재산을 잃은 모든 사람이 진 빚을 탕감해줘야 했다. 사회적 평등을 확립하려면 오히려 민주주의자들이 옛 특권층, 관직이나 특별한 권리를 보유한 사람들에게 보상하는 일을 멈추는 방향으로 추진해야 했다. 쇼데를로 드 라클로 같은 오를레앙 공

일파를 포함한 자코뱅파의 소수만 왕을 법정에 세우고, 섭정이나 집행위원회를 선출해서 왕의 자리를 메우자고 주장했다. 한편, 코르들리에파 일부는 공화국을 수립하기 바라면서 왕을 폐위하라고 요구했다. 따라서 '공화주의적 순간'은 국회의원들이 아니라 파리 주민들이 국민방위군에 관한 단골문제를 다시 논의하자는 구실로 거리로 나서서 압력을 넣었기 때문에 찾아온 것이다. 국민방위군에게 봉급을 지불할지, 아니면 '부르주아' 국민방위군을 유지할지가 관건이었다. 그런데 후자는 국민방위군에 들어갈 수 없는 수동시민들, 그리고 오직 사령관 라파예트에게 충성하는 부대라고 비난하는 투사들과 관계가 좋지 않았다. 혁명을 실현하기 위한 선택은 이처럼 제복을 입은 '애국자들'과 정치클럽 '민주주의자들'의 까칠한 대립에 좌우되었다.

따라서 중요한 문제가 한꺼번에 쏟아졌다. 특히 혁명의 의미, 루이 16세의 운명, 사회적 조치가 가져올 미래가 중요했다. 혁명의 주역들은 아직 이들 문제에 대해 분명한 의식을 가지지 못했지만, 날마다 더욱 드세지는 대립이 마침내 폭발하는 상황을 맞이했다. 정화正貨가 부족한 상태에서 어음이 증가하자 물가가 치솟았으며, 국립작업장의 노동자들이 사회문제를 제기하기에 이르렀던 것이다. 그들은 운명에 모든 것을 맡기는 가운데 혁명의 영웅과 희생자라고 자처할 수 있었고, 7월 14일을 기념할 때 시위를 조직하는 계획을 세웠다. 민중은 임시로 대포와 국민방위군을 장악했기 때문에 당국은 민중운동을 금지할 수 없다면 한 방향으로 모으기를 원했다. 모든 파벌이 루이 16세 문제를 결정하는 과정에서 분열했기 때문에 정치문제는 더욱 갈피를 잡기 어려워졌다. 왕을 소추하라고 군중이 압력을 넣는 동안 당통 같은 자

코뱅파, 그리고 본빌과 로베르가 이끄는 코르들리에파에서 청원서가
나돌았다. 15일, 본빌은 대대적인 시위를 주동했다. 시위대는 코르들
리에 클럽에서 출발해 "자유가 아니면 죽음이다"라고 쓴 깃발을 들고
파리를 누볐다. 이 충격적인 주장은 공포정의 전조가 아니었다. 단지
아메리카 혁명 이후 유행한 자유와 죽음에 관한 주장을 담았을 뿐이
다. 엄밀히 말해서 이 말은 장래 버지니아 주지사가 되는 아메리카 정
치인 패트릭 헨리Patrick Henry가 1775년에 처음 쓴 뒤 유명해졌다.

국회는 왕의 운명에 대한 토론에 전적으로 매달리면서 어떠한 시
위도 반대했다. 이렇게 해서 좌파의 소수 자코뱅파가 그들과 경쟁자
이자 동맹인 코르들리에파보다 불쑥 앞으로 나섰다. 7월 17일, 자코
뱅파는 합법성을 따지면서 민중시위를 추종하는 일을 피하려고 청원
에 동참하지 않았다. 그 결과, 청원자들만 파리 시장 바이이, 국민방
위군 사령관 라파예트 앞에 남겨지게 되었다. 당국이 비록 희생을 최
소화하려고 노력한다 해도 반드시 진압하려는 의지를 가지고 공격을
할 것이라고 예상할 수 있는 상황에서 당통·마라·로베르는 피신하라
는 충고를 받고 파리 밖으로 도피해서 숨어버렸다.

7월 17일 오전, 샹드마르스에 시위자들이 모이기 시작했을 때, [조
국의 제단에 설치한] 단상으로 청원서에 서명하러 오는 여성의 [치마 밑
을] 훔쳐보려는 사람 두 명이 단 아래에 숨어 있다가 발각되어 몰매를
맞았다. 음모의 두려움이 계속되었음은 즉시 폭력으로 대응하는 데
서 나타났다. 현장에서 사람들이 더욱 흥분할수록 구호는 점점 더 단
호해졌지만, 국회와 지역 당국에서도 완고한 의지를 드러냈고, 폭동
을 일으키려는 낌새만 있으면 군대를 보냈다. 대공포와 바스티유 요

새 정복 이전에 발생한 사건을 돌아보게 만드는 분위기 속에서 수없이 협상을 시도하고, 경각심을 일깨우는 소문이 퍼지고, 권력 당국들이 당황해서 냉정한 태도를 잃는 일이 마구 일어났다. 이 모든 것이 결국 몇 주 동안 적대적인 대접을 받던 국민방위군, 그리고 진정한 지도자도 없이 온종일 흥분과 좌절을 맛보며 기진맥진한 다양한 군중이 긴장하면서 마주치는 장면을 연출했다. 급기야 총격이 시작되었고 공포가 엄습했다. 최소 여남은 명이 숨졌고, 곧 50명이나 죽었다는 소문이 돌았다.

총을 쏜 측은 '부르주아' 국민방위군이었고, 혁명 전의 프랑스 수비대 출신으로 봉급을 받는 국민방위군이 규율을 지켰다는 것은 역설이 분명했다. 어떠한 정치적 거래로도 완화할 수 없을 만큼 몇 주 동안 긴장이 고조된 상황에서 전문성이 부족한 병사들이 정통성 없는 사람들과 대치하면서 그들이 달려들까 봐 겁을 냈기 때문에 총격을 시작했다. 비전문적인 병사 집단이 겁을 먹으면 비슷하게 행동하기 마련이다. 1848년 6월에도 이와 똑같이 국민방위군에 막 입대한 젊은이들이 방책 위에 올라선 옛 동무들에게 발포했다. 정치적으로 말하자면 잠재적 폭력이 국가의 폭력으로 뚜렷이 나타났다. 국회의 조사위원회가 민주파의 주모자들을 소추한 25일까지 계엄령을 유지했다. 바렌 사건의 파문이 지나간 뒤에 이 총격 사건으로 정치판은 완전히 뒤집혔다.

비록 민중의 폭력과 국가의 폭력을 명확히 가리기는 어려웠지만, 두 폭력이 결합하는 시기에 좌파와 우파가 재편되었다. '인민'과 국민방위군을 대립관계로 보면 안 된다. 7월 17일에 실패로 끝난 청원의 서명자 3분의 1 가까이가 국민방위군이었기 때문이다. 엄격히 정치적 성향보다는 사교성과 감수성 때문에 틈이 생겼다. 우애협회, 코르들리에파, 세르클 소시알의 '민주공화파'는 급격하게 지도부를 잃었고, 「철의 입」 같은 신문들도 사라졌다. 그러나 다수의 자코뱅파도 몹시 놀란 나머지 순전히, 그리고 단순히 이 위험한 '공화파'와 다르다는 점을 보여주려고 클럽을 떠났다. 그들 가운데 덩치 큰 소수파는 파리의 자코뱅 클럽 이웃에 있는 푀이양 수도원에 둥지를 틀었다. 그리하여 그들은 푀이양 클럽이 되었고, 50여 지방 클럽의 지원을 받았다. 한편, 그대로 남은 자코뱅파 핵심은 대다수 지방의 지부와 연계하고 국회의 좌파와 한편이 되었다. 권력을 지원하는 푀이양파는 이렇게 궁지로 몰렸다. 그들은 사실상 주요 기관을 통제하고, 국민통합의 판별부터 조국의 안녕까지 모든 책임을 졌다. 그러나 그들은 극우부터 민주적 좌파까지 모든 정치 세력과 관계를 끊었다. 더욱이 왕이 그들을 적대시했고, 그들이 종교와 사회의 개혁문제로 수많은 반감을 샀다는 사실도 잊지 말아야 한다. 그들은 오직 형제들에게만 의존할 수 있었는데, 앞으로 적이 될 형제들은 확고한 자코뱅파였으며, 사실상 이들만이 국회에 민중의 희망을 전달할 수 있었다.

인민·국민·혁명이 하나라는 가정은 산산조각 났다. 샹드마르스 학살 사건으로 마법의 주문이 깨졌다. 책임자들은 혁명을 완수했다고 주장하면서 '상퀼로트'를 고립시켰다. 지난 몇 달 동안 폭력을 휘두른 '서민'을 멸시하는 뜻을 담은 이 말이 이때부터 퍼지기 시작했다. 한편, 1791년 7월과 12월 사이, 코르들리에파와 연결된 신문기자 고르사스Gorsas의 영향을 받아 이 말의 뜻이 뒤집혔다. 이때부터 '상퀼로트'는 귀족정·반혁명·푀이양파 같은 혁명파 부르주아에 맞서는 사람들이 주장하는 상징이 되었다. 그들의 기원에 관한 논쟁을 바탕으로 볼 때 (레나르M. Reinhard의 말처럼) '골족 양식의 풍자적' 명칭은 어떠한 경제적 상황과 정확히 일치하지는 않지만, 그 명칭 덕에 '제4신분'은 〔상퀼로트라는〕 상징을 얻었고, 자코뱅파로 넘어간 코르들리에파, 중류 계급의 권력을 지지하는 사람들의 정치적 지지도 받았다. 그러나 낙인을 찍고 정체를 밝히는 논리가 빠르게 발달하면서 자코뱅파가 표적이 되었다. 곧 자코뱅파 속에서 국가가 설정한 정치적 방향을 거부하려고 폭력을 동원한다면 합법적인 반응이라고 옹호하는 사람들이 등장하는데, 장차 그들은 '지롱드파'의 성향으로 분류된다.

바렌과 샹드마르스는 공포정의 첫걸음이었고, '1793년의 공포정'을 예고하는 사건이었을까? 최근에 이 질문을 한 사람은 일석이조의 효과를 노렸을 것이다. 그것은 무엇보다도 혁명의 폭력은 대립이 격화하면서 조금씩 발생할 수밖에 없었고, 자코뱅파만이 아니라 모든 역사가가 온건파로 생각한 푀이양파도 폭력을 동원했다는 사실을 증명하려고 했다. 이 문제에 대답하려다 보면 1794년 8월 이후 테르미도르 반동파가 발명한 '공포정'이라는 개념에 빠지게 될 것임을 다시 한 번 강조한다. 1793~1794년까지 정부의 어떤 위원회도 명시적으로 이러한 체제를 말하고 수립하기를 원하지 않았다. 지역사회의 수호, 신속한 법적 처벌, 정치적 폭력의 관행들이 1789년 이전의 군주정 시기에도 있었음을 다시 짚고 넘어가자. 더욱이 옛 군주정은 민중의 폭동을 막을 적절한 수단이 없었기 때문에 폭동이 일어날 때까지 방치했다가, 결국 주동자 몇 명을 본보기로 벌하고 나서야 평온한 상태로 되돌아갔다. 공개처형, 군대나 경찰을 파견하는 것이 모든 세계가 공유하는 가장 훌륭한 수단이었다. 지사, 군장관, 지방자치단체들은 그러한 수단을 활용할 만큼 충분한 힘을 갖추었다고 자신할 때 비로소 그 힘을 발휘했다. 퓌이양파는 정치적으로 다른 세계에 속했고, 딱 그만큼만 개혁했다.

혁명을 끝내는 것인가?

무엇보다도 그들이 추구한 방향을 이해해야 한다. 왕의 도주로 말미암아 연기했던 볼테르의 팡테옹 안장식을 7월 11일에 거행하기로 했다. 그것은 좌파와 권력자를 한편으로 만들어주고 루이 16세를 비판하게 만드는 반교권주의 감정과 혁명의 이상이 혼합되었음을 보여주었다. 그러나 샹드마르스 학살 사건이 일어나고 며칠 뒤에 국회는 다시 우파 쪽으로 기울었다. 국회가 자코뱅파의 요구를 묵살하고 통신의 비밀을 존중할 필요가 있다고 주장한 것은 의미심장하다. 여론이 움직일 공간이 충분히 열린 덕에 「가제트 드 프랑스」〔프랑스 신문〕는 전국의 귀족들에게 자발적인 인질이 되어 그리스도에 비할 수 있는 존재인 왕의 자유를 보장해주자고 호소했다. 그 신문은 7월 14일 기념식에 즈음해서 민주파가 퍼뜨린 청원에 대응하기 위해 왕과 신민을 통합하는 '가문협약'을 옹호했다. 8월 24일, "가문의 질서를 지키는 형제들frères de l'ordre de la famille"을 표방하는 인질들의 첫 번째 명단이 국회의장 앞에 엄숙히 제출되었다. 모두 4,000명이 그 명단에 이름을 올렸다.

그러나 아직 반혁명 분자들은 통일체를 이루지 못했다. 그들은 여론의 강력한 지지를 받으면서도 분열했고, 왕권을 약화시킨 책임을 지라고 상호 비방했으며, 군사적 망명과 정치적 소요 중 어느 길을 택해야 할지 망설였다. 그들의 일부는 푀이양파의 조치를 좌파의 대중주의적 논점과 비슷한 주장으로 비판하면서 최악의 정치를 계속했다. 8월 27일, 작센의 필니츠에서 프로이센 왕과 오스트리아 황제의 공식 선언이 나오자 혼란이 가중되었다. 그들은 필요한 경우 군대에 "합당한 명령"을 내려 "모든 통치자의 권리와 프랑스인의 행복에 적합한 군주제 정부의 기초를" 보장할 준비가 되어 있다고 말했다. 말이 그렇다는 선언이었다. 왕과 황제는 늘 폴란드 문제에 몰두하면서 프랑스 망명자들과 거리를 두었고, 프랑스와 갈등을 일으키는 일에 끼어들지 않으려 했다. 그러나 프랑스 입장에서 이 선언은 폭탄 같았다. 혁명가들은 반혁명 음모가들 이상으로 두려워하면서 걱정했고, 왕뿐 아니라 국회가 두 얼굴을 가졌다고 비난했다. 이렇게 쌍방이 겁을 먹으면서 상황이 또 급변했다.

1791년 9월 3일에 국회가 헌법을 통과시키고 9월 13일과 14일에 왕이 승인한 뒤, 모든 패를 뒤죽박죽 섞으면서 사슬을 끊어달라는 '검둥이들noirs'의 주장을 외면하려는 유혹을 받았다. 체제의 성격을 놓고 벌인 토론은 1788년에 시작한 과정을 끝내면서 마지막 순간까지 전혀 예상치 못한 방향과 수많은 모호성을 두드러지게 보여주었다. 이렇게 해서 근본 원칙들이 재확인되었고, 사회질서를 유지하려는 목적이 모든 것에 영향을 끼쳤다. 「인간과 시민의 권리선언」도 고치면서 마치 혁명을 다시 시작하는 것 같았다. 자유를 타인의 자유로 제한하는 유명한 조항은 앞으로 '공공의 안전sûreté publique'까지 존중해야 한다는 내용도 포함했다. 반면 성직자 시민헌법은 헌법에 포함시키지 않았다. 그리고 1791년 9월 14일의 토론에서 검토할 〔합헌교회와 비선서 사제의 교회라는〕 두 교회의 화해 가능성을 열어놓았다. 혁명은 완수되지 않았다.

그러나 1789년 이후 줄곧 국민만이 주권의 원천이었고, 국회·왕·인민이 뽑은 판사들은 국민의 권력을 대신 행사했다. 왕은 "여성과 여성을 통한 후손을 영구히 배제하는" 남성의 장자상속법에 따라 '통치 가문race régnante'에서 뽑았다(이때마다 언급하는 유명한 살리카 법은 전에는 결코 그렇지 못했음에도 결국 최종적으로 문서 기록으로 남았다). 그러나 왕의 지위에 관한 토론을 시작할 때부터 예상했듯이, 왕은 이제 '프랑스인의 왕', '제1공무원'이 되었다.[7] 왕은 오직 자기에게만 의존하는 대신들을 지명하고, 국회에 어떤 권한도 행사하지 못했다. 오히려 일부 관리들을 임명하거나 외교 같은 중요한 권한을 국회와 공유했다. 왕은 모든 일에 책임을 지지 않는 동시에 '신성불가침의 존재'였으며, 국민의 대표자로서 왕실비를 받아 마음대로 쓸 수 있었고, 민중의 압력에 저항하기 위해 근위대를 거느렸다 할지라도 법에 복종해야 했다. 따

---

7   프랑크족은 왕을 선출했고 '프랑스인의 왕'이라 불렀는데, 987년에 위그 카페가 '프랑크족의 왕Rex Francorum'으로 뽑힌 뒤에 그는 아들에게 왕위를 물려주었고, 프랑스 왕국의 제3의 통치 가문은 장자상속법으로 왕위를 물려주었다. 그리고 필리프 2세 오귀스트(재위 1180-1208)는 처음으로 '프랑스의 왕Rex Francia'이라고 서명했다고 한다. 1789년 10월 10일, 제헌의회는 절대군주제를 폐지하는 헌법을 제정하는 과정에서 왕의 호칭을 '프랑스의 왕'에서 '프랑스인의 왕'이라고 고쳤다.

라서 국회와의 관계에서 '난쟁이nain'에 지나지 않았다.

사실상 국회는 모든 방면의 중요한 권력을 가지고 있었다. 법을 발의하고, 왕의 거부권이 효력을 잃을 때 법을 최종 처리하며, 예산과 지출을 실제로 감독하고, 대신들을 감시하고, 파기원에서 해결하지 못한 사법분쟁을 조정할 수 있었다. 행정과 사법의 모든 권한이 사실상 직간접으로 국회와 연결되었다. 선출직 행정가들은 '대의적 성격을 하나도' 주장할 수 없었고, 국회가 통과시킨 법을 왕의 이름으로 적용해야 했다. 따라서 국회만이 국민을 대표하는 기관이었기 때문에 3권 분립은 엄격한 현실인 동시에 명목에 지나지 않았다. 국회가 왕보다 우위를 차지했다는 점은 구성방식 덕택이었다. 의원들은 단 한 명을 뽑는 파리를 제외하고 모든 도가 세 명씩 뽑도록 하는 동시에 도마다 직접세를 납부하는 인구에 비례해서 산출한 수만큼 대표를 뽑는 제도에 의거했기 때문이다.

따라서 국회의원은 이론상 국회의 완전무결한 정통성을 보장해주는 영역·인구·경제의 세 기준을 적용해서 뽑았다. 제도적으로 25세 이상 남성 납세자만이 입후보 자격을 가졌다 할지라도, 엄밀히 말해 납세자 의회assemblée censitaire는 아니었다. 더욱이 치열한 토론을 거쳐 결정한 두 가지 장벽도 넘어야만 의원이 될 수 있었다. 능동시민으로서 기초의회의 선거인이 되려면, 도시 노동자를 제외하고는 비교적 넘기 쉬운 첫 번째 장벽을 넘어야 했다. 바로 3일치 임금에 해당하는 세금을 내야 했던 것이다. 피선거권을 가지려면 코뮌에 따라 150~400일치 임금에 해당하는 직접세를 납부하는 두 번째 장벽이 있었다. 처음에는 은 1마르크〔약 50일치 임금〕에 해당하는 세금을 낼 수 있는 지주여야 피선거권을 가질 수 있었는데, 1791년 8월에 이처럼 새 제도를 도입했다. 이 경우 로베스피에르가 대표한 민주적 파벌은 주로 법조인인 '능력자들capacités'이 가장 부유한 사람들과 함께 투표할 수 있는 조치라면서 거부하게 만들었다. 이 제도는 당시 영국의 의회정치처럼 금권정치가 아니었지만, 무산자들이 정치에 개입하는 길도 피하려고 노력했다. 헌법의 성격을 보면서 우리는 두 가지 의문이 든다. 의원들이 주장하듯이 과연 헌법은 1789~1791년에 일어난 혁명의 성격을 표현하고 있는 것인가? 또는 1780년대부터 시작한 재생을 혁명이 가능하게 만들었는데도 헌법은 혁명의 공을 최소한도만 인정하면서 결국 재생의 원리들을 멈추게 만들지 않았는가?

불가능한 안정화

[1791년] 9월 14일에 일어난 일의 성격은 아주 모호하기 때문에 생각할 거리를 준다. 그날 왕이 맹세를 하러 갔을 때, 국회는 의전에 대한 규칙을 명확히 정하지 않은 채 영접했다. 왕이 짧은 연설을 시작하자, 의원들은 자리에 앉아 모자를 쓰고 1789년 5월 5일의 행동을 상기시켰다. 왕은 잠시 머뭇거리다가 연설을 마치고 국회의장의 의자와 똑같은 규격의 의자에 앉았고, 의장은 답사를 하려고 일어섰다. 의전에 관한 규칙을 정확히 마련하는 데 보름 정도 걸렸고, 왕은 의사당 중앙 국회의장의 왼쪽에 백합꽃으로 장식한 팔걸이의자에 앉도록 했다. 현재의 상식으로 보면 충분히 사소하거나 우스꽝스럽다고 생각할 수 있

는 의전상의 흠집은 양측이 미숙했을 뿐 아니라 그들의 술책이 달랐기 때문에 생겼다. 푀이양파는 혁명을 통제하는 데 전념하면서도 혁명 덕에 생긴 특권에 더욱 매달렸다. 왕은 이중성을 감추고 언제나 밝은 표정을 지었다. 그는 동생들도 포함해서 망명자들과 거리를 두었고, 자신보다 더 급진적으로 제도를 거부한 왕비나 여동생과도 거리를 두었다. 그 시기에 그는 언제나 뒤포르·바르나브·라메트 형제들의 의견을 따랐다. 이들은 지난 몇 년 동안 소추의 대상이었던 사람들을 모두 사면하고 속임수를 써서 왕의 도주를 비자발적 '출발'로 탈바꿈시키는 데 성공했다.

귀족 의원 브리우아 드 보메스Briois de Beaumetz의 발언은 [여론]조작opération이라는 말의 뜻을 부각시켰다. 「르모니퇴르」 신문에서 국회의 헌법위원회와 개정위원회의 이름으로 보메스가 발언한 내용을 보면, 그는 사면을 거론하면서 이렇게 기대했다. "국회는 프랑스 혁명의 목적이 제국의 헌법을 부여하는 데 있으며, 헌법을 완성하고 왕이 승인하는 순간 혁명이 끝나야 한다고 생각한다. 또한 헌법을 제정한 이후 모든 합법적 권위와 법률에 저항하는 것은 범죄이며, 프랑스 국민은 헌법을 통해 비로소 널리 인정받거나 엄숙히 선포될 국민 의지를 거스르는 모든 표시를 잊어야 마땅하다고 생각한다. 끝으로 모든 사람이 애국심과 우애로 뭉쳤으며, 또 솔선수범해서 모든 반대 표시를 너그럽게 잊어버린 왕에 대한 애정으로 하나가 되어 대립의 시간을 끝냈다고 생각한다." 바꿔 말하자면, 혁명이 끝났으니 대립을 묻어버려야 한다는 뜻이다. 1789년 6~7월 이후 혁명의 주역들이 끊임없이 거론했던 이러한 표현에 대해 토론하기보다 차라리 그들의 합의가 모습을 갖출 때부터 그 뜻을 분명히 밝히는 편이 낫다고 주장했다.

9월 14일 국회가 왕을 영접한 날, 의장 투레Thouret는 마지막으로 다음과 같이 선언하면서 회의를 끝냈다. "전하, 우리가 보기에 헌법은 얼마나 위대하고, 우리에게 얼마나 소중하며, 우리 역사에서 얼마나 숭고한 것인가요. 이 재생의 시기에 프랑스에는 시민이 생겼고, 프랑스인에게는 조국이 생겼으며, 새로 왕이 되신 전하께는 위대하고 영광스러운 호칭이 생겼습니다. 그리하여 인간으로서 전하께는 새로운 즐거움의 원천과 행복의 새로운 감정이 생겼습니다!" 이 말을 듣고 로베스피에르가 나섰다. 그는 체제의 적이 살아남아 있다 할지라도 조금도 걱정하지 않는다고 강변했다. 아르투아 백작도 장문의 편지에서 한마디 했다. 나중에 「르모니퇴르」에 실린 내용을 보면, 그는 필니츠 선언에 의지해서 자기 형에게 해명을 요구하고, 자신이 형을 거역하는 한이 있더라도 왕국의 행복을 위해 행동하겠다고 경고했다.

국가를 제도화하거나 결국 프랑스에 헌법을 제정해주려는 푀이양파의 욕망은 1789년부터 다수 의원의 목표였으며, 마침내 달성되었다. 재생은 성공했다. 그러나 그 성공은 순전히 혁명의 폭력 덕이었다. 폭력을 휘두른 사람들은 당시에는 부수적인 일에 지나지 않을 문제를 덮으려고 폭력을 잊게 만드는 일 빼고는 어찌할 바를 몰랐다. 그들은 폭력을 막으려고 노력했지만 방법과 이론의 약점 때문에 틈만 나면 고개를 내밀려던 폭력에 제대로 대처하지 못했고, 오히려 좌파와 우파의 경쟁자들에게 유리한 위치를 넘겨주고 말았다. 예를 들어 「르모니퇴르」는 생도맹그 반란의 소식으로 지면을 도배했다.

권력자들이 심상치 않은 긴장에 대처하지 못한다는 사실이 제헌의회 말기에 있었던 두 번의 토론에서 분명히 나타났다. 몇 주 안에 사면법이 진정한 의미로 혁명적인 방향에서 근본적인 변화를 겪고 대체되었다. 1789년 6월 1일 이후의 범죄행위에 연루된 군인들을 사면하는 법이 9월 14일에 통과되었다. 그 범위를 넓혀 1788년 5월 1일 이후 반란에 가담한 사람들까지 포함시켰고, 마침내 1791년 12월 31일에는 입법의회에서 [낭시 군사반란에 가담한] 샤토비외 연대 병사들까지 포함시켰다. 사면의 대상을 [사법개혁을 주도한] 라무아뇽에게 대립하는 사건이 발생하는 1788년 5월까지 거슬러 확대했다 할지라도, 관심의 대상은 재생이 아니라 혁명의 행위였다.

그와 동시에 나온 형법은 뒤포르가 직접 9월 23일에 발의한 대로 시민의 자격을 강등하는 불명예 법을 창조했다. 헌법에 반대하는 확고한 의지를 글로 표현하고 결코 철회하지 않는 사람은 모두 민간이나 군대에서 일자리를 유지하거나 새로 얻을 수 없도록 만들었다. 특히 9월 14일에 비선서 사제와 타협을 고려했지만 실패했고, 따라서 국회는 혁명적 단절을 지지했다. (소피 바니슈S. Wahnich의 말처럼) 사면은 긴장의 해소, '비정상적 감정'의 해소인가? 아마 그럴지도 모르겠지만, 이 역시 혁명과 재생, 새로운 역사의 한 장을 넘기려는 의지, 완전히 새로운 제도적 규칙을 혁명적으로 추구하는 일을 모두 근본적으로 같다고 강조하면서 뒤늦게 혁명의 시작으로 인식하는 행위이기도 하다. 푀이양파가 국가의 통제력을 유지하기 위해 주의를 기울인 결과, 이처럼 어정쩡한 태도를 취하게 되었다.

따라서 르샤플리에와 로베스피에르가 제헌의회 임기 말에 언론의 자유, 정치클럽과 민중협회들이 개입하는 문제에서 대립한 이유를 이러한 관점에서 해석할 필요가 있다. 민중협회들에 관한 보고서는 문제를 노골적으로 드러냈다. "혁명이 끝날 때, 헌법이 완성될 때, 모든 것이 가장 완전한 질서로 되돌아가야 할 때, 합법적 권력의 행위를 그 무엇도 방해하지 못하고, 의결권과 지배력은 헌법이 마련해준 범위에 합당하게만 적용해야 한다." 1789년과 1790년에 이미 공적인 문제에 민중이 개입하지 못하게 제한했지만, 이제 그들의 개입 가능성에 대해 결정해야 할 때가 되었다. 로베스피에르는 사상의 자유와 정치적 개입을 허용하자고 호소했지만, 르샤플리에는 청원자와 신문기자들의 제재조치를 발의해서 통과시켰다.

역사가들이 개인적으로 이 문제를 어떻게 판단하든지, 제도적 분권화가 진행 중인 체제 안에서 정치단체들 사이에 존재하는 연계망이 문제를 제기했다. 정치단체들은 망상조직을 통해 정부와 국회보다 더 우월한 권력을 가졌다. 모든 도의 투사연합과 국민이 뽑은 행정기관의 '공무원'이 경쟁하면서 투사들이 유리한 쪽으로 상황이 바뀌었다. 르샤플리에는 1795년에 상퀼로트와 왕당파가 궤멸하기 전까지 해결하지 못한 난제를 이렇게 제기했다. 그것은 투사들이 심판하고 재판하는 자가 되어 합법적으로 선출하거나 지명한 권력 당국을 자처할 수 있는 가능성이었다. 1791년 르샤플리에가 자기가 속한 집단의 지원도 받지 못한 채 왕과 화해하거나 대가를 거의 치르지 않고 재생하거나 혁명을 수행하는 일을 놓고 망설이는 와중에, 좌파는 법령을 완화해 투사들이 자율성을 유지하도록 허용했다. 2년 뒤 1793~1794년 겨울에 로베스피에르는 상퀼로트와 에베르파hébertistes를 맞아 그사이에 처형당한 르샤플리에의 역할을 떠맡았다.

따라서 헌법의 채택은 피로스의 승리와 맞먹는 일이었다.[8] 그러나 헌법이 근본적으로 혁명을 승인하는 운동을 제재했다고 해서 그 의미를 과소평가해서는 안 된다. 또한 그것을 '애국자들'이 1788년에 꾸었던 꿈의 표현으로 보아야 한다. 그로써 한 시대의 막을 내리고 국가의 기초를 세웠지만 해결책을 모르는 위기가 잇달을 것임을 예고했다. 이처럼 혁명으로 탄생한 나라는 유약한 상태에 있었기 때문에 곧 사람들의 믿음을 잃게 된다. 그 나라의 추억은 언제나 혁명을 매력적으로 만드는 동시에 국가의 안정화를 항상 의심스럽게 보도록 만들었다. 1791년의 제헌의원들은 위대한 동시에 약점도 지니고 있었다. 그들은 혁명을 제도화하는 위업을 달성하기 위해 1780년대 아메리카인들을 비롯해서 수많은 나라 사람들보다 덜도 더도 잘못을 저지르지 않았다. 그러나 그들은 결코 냉혹한 힘의 관계를 극복하지 못한 채 수많은 모순에 빠져 허우적거리고 약해졌다. 그 결과, 그들은 폭력에 대적하지 못한 채 곧 휩쓸려 사라졌으며, 나라를 진짜 혁명의 모험으로 밀어 넣고 말았다.

---

8 '빨간 머리' 피로스Pyrrhus(기원전 319-272) 왕은 로마 공화국과 기원전 280년에 이탈리아의 에라클레아, 279년에 아우스쿨룸 전투에서 승리한 뒤 "이처럼 우리는 또 이겼노라, 그러나 나는 졌노라!"라고 말했다. 큰 대가를 치르고 얻은 승리라는 뜻이다.

7장

분열된 국민

새로운 정치지형

[1791년] 바렌 사건이 일어났다고 해서 공포정에 한걸음 다가섰거나 군주정이 끝났다고 볼 수는 없다. 그러나 그것은 1789년 이후 왕과 국회가 아슬아슬하게나마 균형을 이루고 있다는 자신감을 더욱 흔들었다. 왕은 말을 뒤집고 지지자들을 실망시켰다. 결과는 뻔했다. 파리의 공공건축물 건립안에 왕의 모습을 빼고 자유의 모습을 넣었다. 의원들도 더는 편안하게 지내기 어려워졌다. 그들은 반혁명 분자들뿐아니라 진보적 애국자들의 놀림감이 되었으며, 감시받고 비판받으면서 한때 스스로 정지시켰던 공동주권의 허구를 그럭저럭 복구했다. 곧 그들은 왕국의 헌법이 확고히 자리 잡았고, 새로 뽑은 대표들이 헌법을 적용하게 될 것임을 보장하면서 해산했다. 1791년 10월 4일, 입법의회 의원들이 "헌법을 유지하고", "국민·법·왕에게 충성하겠노라고" 맹세했지만, 그러한 약속을 깨뜨릴 때 즉시 고발할 태세를 갖

춘 여론을 설득하지는 못했다. 앞에서 보았듯이, 종교인과 군대 장교들에게도 똑같은 맹세를 시키는 데 성공했다. 입법의회는 제헌의회와 달리 헌법으로 탄생했기 때문에 특별조치를 절대로 내리지 못하는 기관이었으며, 그것이 개원했을 때부터 나라가 또다시 후끈 달아오르는 시기를 맞이했다.

1791년 여름부터 정치는 언제나 각급 의회와 살롱, 그리고 시간이 지날수록 카페·거리·시장에서 하는 일이 되었으며, 이렇게 해서 낮은 투표율을 보완했다. 근대 정치적 언어에서 지역사회의 이익을 대변하고 예전의 균열을 새로 해석해주는 표현방식이 다양하게 발달했다. 게다가 정책은 수많은 중간 수준에서 나왔다. 얼마 전에 선거를 치른 기초의회들은 자신들만이 '주권자' 인민의 의견을 반영한다고 자부했다. 구체적으로 그들은 문서상으로는 분명히 평등하지만 현실적으로 언어 구사 능력과 사회적 범주를 빼고서도 재산·인간관계·가족관계에서 불평등한 시민들 사이의 우선순위 문제를 해결해야 했다. 결과적으로 법이 금지했음에도 그들은 현실에 개입할 능력이 있다고 이해했다.

정치클럽들도 주권을 행사할 수 있다고 자처했다. 파리에서 그들은 정치생활에 직접 개입하고 있었다. 가장 작은 코뮌의 정치클럽조차 전국 조직에 연결되어 아주 새로운 형식의 정치활동을 했으며, 아낙네들도 전국을 한데 묶는 우애협회나 정치클럽에 참여했다. 여성은 대체로 남성에게 계속 의존하는 존재였지만 도처에서 축제와 행진을 조직하고 때로는 무장하겠다고 주장했다. 이처럼 새로운 연락망에서 일명 자코뱅 클럽인 헌우회는 푀이양파가 떨어져나간 뒤 전국에서 가장 많은 클럽을 연결하면서 앞길을 인도하는 핵심 역할을 담당했다.

그들의 경쟁자들은 왕당파건 좀 더 민중적이건 그들만큼 효율적으로 활동하지 못했다. 바이이의 후임 선거에서 페티옹Pétion이 라파예트를 누르고 시장으로 뽑힌 것이 그 증거다. 그러나 겨우 10퍼센트가 넘는 빈약한 투표율은 인구의 대다수가 수많은 사건에 신중하게 대처했음을 잘 보여준다.

활발한 소수가 '민주 정부'를 세우는 일이 일어나고 있었다. 그러나 1789년에 '혁명가'가 존재하지 않았듯이, 1791년에 국가를 주무르는 조종자도 없었다. 의원들은 대다수가 출신 지역에서 행정 경험을 쌓았으며, [법을 다루는] '능력자들'로서 완전히 그 환경에 동화된 명사들이었기 때문에 뽑혔다. 투사들의 조직은 이질적인 지역 상황의 영향을 받아 지방마다 다른 정치생활의 관행이나 오래된 사교성과 대립했고, 신속한 정의를 계산하고 기대하는 관행과 흥정할 수밖에 없었다. 기본적인 관행을 고집하는 것을 제외하고 '인민의 정책'이나 통일된 항의운동을 거론하는 것은 쓸모없다. 자코뱅의 '장치'는 이론적 통일성이 없는 상태에서 단지 클럽들을 모으는 것에 지나지 않았고, 정치적 역할과 우정의 관계가 가장 중요했다. 교조적 선택을 반드시 해야 한다면, 자코뱅파는 '브리소파brissotins', 로베스피에르의 측근인 '뷔조파buzotins'로 나뉠 것이다.

그러나 1789년보다 더 많은 개인이 외부자인 척하면서도 대변인이나 주동자로서 적어도 1795년까지 중요한 역할을 했다. 정치지도층은 대공포와 농민반란을 재빨리 수습할 수 있었고, 더욱이 1791년 말과 1792년 초에 이러한 일은 더는 일어나지 않았다. 망명한 왕족이 보낸 특사나 지방의 선동가들로서 민중을 반혁명 운동으로 이끄는 사람들도 이러한 기회를 이용했다. 이들의 결합은 사람들에게 충격을 안겨주겠지만, 민중의 기대는 특정 집단의 기대와 일치할 수 없으며, 정치는 이성이나 숫자의 두 축 가운데 어느 한쪽에서, 그리고 정확한 이념적 성향을 중심으로 이루어지지 않는다. 정치란 지방의 차이에 따라 아주 복잡하게 반응하기 마련이다. 모든 성향, 모든 계급의 프랑스인들은 정치가 나쁜 사람들의 손에 들어갔다고 생각했기 때문에 정치생활에 직접 참여하려고 노력했다. 예술가들의 성향도 국민이 배출하고 인류를 소중히 여기는 위대한 인물들을 찬양하면서 민주주의적 감성을 중시했다.

폭발

지방마다 아주 큰 차이가 있는 데다 행정적인 구속을 거의 받지 않던 프랑스 사회는 마치 한구석에 쐐기를 박은 통나무처럼 말 그대로 1791년 말에 쪼개졌으며, 그 시대 여느 '혁명'과 비교해서 프랑스 혁명의 독창성을 드러냈다. 더 많은 자율성을 요구하는 아일랜드인들은 주요 정치지도자들의 버림을 받았고, 결국 1798년 이후 영국에 대한 적개심 때문에 격렬한 탄압을 받았다. 아메리카의 소농과 병사들은 1783년 이후 독립전쟁의 결과에 실망한 나머지 자기네 운명에 저항했지만 연방군에게 진압되었다. 두 사례에서 중앙정부는 만족하지 못한 자들을 상대할 때 대다수 사회지도층의 지지를 받았다. 프랑스의 경우 국가를 대표하는 수많은 집단이 통일성을 갖추지 못했고 그들의 중요도도 달랐기 때문에, 오히려 마음대로 혁명 또는 반혁명의 주장을 선택하면서 아주 다양한 방식으로 정치에 개입했다.

1791년 8월 21일 밤에 생도맹그의 부아 카이망Bois-Caïman에서 노예 부크망이 일으킨 반란이 가장 과격했다. 그는 들키지 않고 반란을 잘 준비했다. 원래 카프에서 식민지 의회가 모이는 25일에 일으킬 예정이었다. 그는 의원들을 제거하려는 계획을 세웠다. 백인들은 자신들의 문제, 그리고 혼혈인과 자유 유색인의 요구에 답변할 일에만 전념했기 때문에 그만큼 당황했다. 식민지의 보이지 않는 부분, (쿤데라 M. Kundera의 말대로) 이 '밤의 세계'는 단박에 전면에 나섰다. 수천 명의 노예가 무리를 지어 다니면서 농장에 불을 지르고, 농장주와 관리자들의 가족들을 가두고 죽이고 강간했다.

노예반란의 종교적 측면을 부인할 수 없는 이유는 부두교와 가톨릭교에 뿌리를 두고 각 무리의 우두머리들이 종교지도자를 가까이했기 때문이다. 기독교의 이상사회와 융합한 종교적 관점은 라틴아메리카에서 일어난 반란의 공통 요소였으며, 종말론과 토착이나 외래의 종교가 결합했음을 보여주었다. 정치적 지향성도 역시 복잡했다. 노예들은 1789년 이후 왕이 노예제도를 폐지하고 주인들에게서 자신들을 보호해주리라는 희망을 품고 있었다. 수년 전부터 백인·흑백 혼혈인·자유 유색인 사이에 존재하던 분열이 혼란을 가중시켰다. 거물급 백인들은 다른 부류의 주민들이 평등의 구호를 외칠 때 노예들을 무장시켜 맞서기도 했다. 그러나 일부 지도자들이 생루이 십자가를 달고 '왕에게 충성'한다고 말하거나 적어도 1793년까지 산토도밍고의 에스파냐인들과 동맹을 맺었을지라도, 그들이 일으킨 반란을 반혁명으로 분류할 수는 없다.

1791년 말, 백인들은 아직 몇몇 지대를 통제하고 있었지만, 그들도 본국의 정치 상황에 따라 분열했다. 장 프랑수아Jean-François와 비아수Biassou 같은 지도자들이 이끄는 반란군이 섬의 나머지를 나눠서 통제하고 때로는 서로 경쟁도 했다. 반군이 아이를 꼬챙이로 꿰고, 여성을 강간하고, 남성을 톱으로 썰거나 문에 못으로 박아놓았다는 끔찍한 얘기를 들은 모국 사람들은 대부분 역겨워했다. 마라 같은 사람들은 살인행위를 옹호했고, 브리소 같은 사람들은 노예제도를 폐지하지 않더라도 질서를 회복하려면 자유 유색인들에게 평등한 권리를 주어야 한다고 주장했다. 1792년 4월 4일, 입법의회는 그 주장을 받아들였다. 이웃의 과들루프 섬에서는 다른 방식으로 진영이 나뉘었다. 오히려 반혁명 세력인 농장주들과 '애국자들'인 백인들이 대립했다. 그러나 자유 유색인은 대부분 파리에서 나온 법령에 실망한 나머지 농장주들의 편을 들었다. 과들루프 섬에는 애국파 자치단체들이 병사들의 지지를 받고 있었지만, 왕에게 우호적인 행정부가 전체를 통제했다. 이렇게 폭발한 폭력은 10년 이상 존속한다.

계급투쟁

프랑스에서 아시냐의 가치가 계속 떨어지고 소액권을 발행한 덕에 사람들이 도시 시장에 계속 드나들 때, 19세기에 유행하는 사회적 소요는 낭트 같은 수공업 공장 도시 몇 군데서만 일어났다. 그러나 1791년

9월 5일에 노동자들이 일으킨 폭동은 전혀 정치적 차원의 폭동이라고 말하기 어려웠다. 파리를 시작으로 모든 도시는 곡식과 설탕 부족을 두려워한 사람들이 끊임없이 동요했다. 주민들은 사재기를 감시하는 동시에 판매자를 감시했고, 과격한 행동으로 곡식을 빼앗아 즉시 공정가격에 팔았다. 국민방위군과 지방 당국은 질서를 유지할 수 있는 한 민중의 요구를 들어주려고 노력했다. 국회와 도와 도시의 책임자들은 군주정 시대부터 내려온 관행대로 질서를 유지하려고 노력할 때도 있었다.

농민이 계속해서 국회의 조치에 반대한 이유는 파악하기 어렵지만, 그들의 반대는 중요한 역할을 했다. 1791년 여름에 국회가 부동산에 관한 지주들의 권리를 다시 인정해주고, 10월 6일에 삼림법을 채택하면서 적대감이 더욱 높아졌다. 이미 수년 전부터 케르시와 마시프 상트랄의 농민은 무리를 지어 성관들에 불을 놓고, 영주들을 목매달고, 그들을 진압하러 온 국민방위군과 맞서 싸웠다. 이러한 운동에 지역사회의 모든 주민이 일제히 가담했다. 때로는 촌장과 사제가 앞장서고, 지방의 국민방위군도 가담했다.

이러한 소요사태는 1785년[1]에 일어난 '밀가루 전쟁'처럼 프랑스가 혁명 전부터 경험한 소요와 다르지 않았다. 그러나 참여자들은 전국신분회가 자신들에게 인정해준 합법적 권리를 수호한다고 확신했다는 점에서 새로웠다. 그들은 전국신분회가 간접세를 거부할 수 있

---

1   실은 1775년에 일어난 일이다.

게 해주고, 심지어 밀수도 인정해주었다고 생각했다. 물가가 오른다는 걱정, 망명자들의 도움을 받아 영주들이 되돌아온다는 두려움이 소요의 그림을 완성하는 데 한몫했다. 1791년 말부터 1792년 2~3월까지 영주들을 상대로 다시 전쟁이 일어났으며, 3월 11일에 오리야크Aurillac에서 노셀Naucelles의 검사 콜리네Collinet를 죽이고 머리를 창끝에 꿰어 들고 다녔다. 봉기는 4월까지 아베롱과 코레즈에서, 그리고 대체로 손 에 루아르부터 알리에와 푸아투를 거쳐 카탈로뉴까지 잇달아 일어났다.

그러나 1789년의 상황은 되풀이하지 않았다. '하층민'은 바렌 사건에 화가 났다. 그들은 지역사회의 이해관계 때문에 개입하는 데 그치지 않고, 당시 사람들이 쓰던 말로 반혁명 혐의자, 반혁명가, 광신자, 귀족주의자뿐만 아니라 점차 양 진영에서 생기는 사재기꾼들과 싸우기 시작했다. 코 지방에서는 6,000명의 시위대가 소총으로 무장하고 심지어 대포까지 앞세워 곡식을 통제하라고 요구했다. 프랑스 중부의 대규모 경작 지대의 노동자들은 임금을 올려달라고 주장하고, '바쿠스 축제'를 벌였다. 공권력은 무력을 동원해서 이들의 진정한 파업을 진압했다. 1791년 여름부터 1792년 봄까지 때로는 수만 명이나 되는 '공정가격제 요구자들taxateurs'의 무리가 바생 파리지앵〔파리 주변 곡창지대〕의 벌판을 누비고 다녔다. 에브뢰 근처에서 이들이 대공포를 조장한다는 정보를 받고 국민방위군이나 심지어 정규군 병사들이 출동했지만, 현장에서 오합지졸의 불만자들만 만났다. 그러나 됭케르크에서 곡식을 호송할 때는 출동한 국민방위군이 폭동을 일으킨 사람들과 격렬하게 충돌했다. 생필품 폭동은 이제 정치적 성격을 띠기 시작했고, 더욱 분명히 재산가들을 공격하는 경향을 보였다. 그러한 위협 때문에 선출직은 책임을 지고 사임하기도 했다.

모든 시대에 일어난 모든 형태의 소요가 이 시기에도 나타났다. 홉스봄이 1786~1787년의 아메리카 시위자들이 극단적 혁명과 반혁명 사이에서 망설인 '조정자들régulateurs'이라고 상기하면서 말했던 것처럼, 이 시기의 소요는 반란의 '원시적' 형태를 띠었고, 또한 가장 케케묵은 환상을 해방시켰다. 엥Ain에서 폴레미외의 영주가 1791년 6월 26일에 살해당한 것이 좋은 예다. 폭도들은 그의 몸을 절단하고 불에 태웠으며, 신체 일부를 삼켜버리기도 했다. 영주는 노예상인, 식민지 총독을 거쳐 최근에 폴레미외 성을 사들인 반혁명 분자였으며, 소유지 안에 있는 공동묘지를 파헤치고 거기에 거름을 쌓아둘 만큼 탐욕스러웠다. 잠시 후, 젊은이들이 손과 심장으로 추측되는 부위를 잘라 사람들에게 보여주고 나서 씹더니 결국 삼켰다. 국회는 시신을 먹었다는 소식에 몹시 놀랐다. 그러나 국회는 그 사건을 고소하지 않고 3개월 뒤에 사면령을 내렸다.

혁명권력은 악명 높은 혐오의 대상자를 공격한 농민운동을 진압할 수 없었다. 그러나 그 운동이 통제할 수 없는 폭력을 행사했기 때문에 지지할 수도 없었다. 바렌 사건과 샹드마르스 학살 사건이 시선을 집중시키는 가운데 별다른 반응은 나오지 않았지만, 단호한 정치적 급진성을 주장한 마라만이 그 행위를 옹호했다. 정치적 침묵이 그 사건을 덮었다. 그 행위 자체는 말로 표현할 수 없는 공간으로 내던져졌으며, 역사가들이 별로 거론하지 않은 장기적 인류사에 등록되었다. 이 사례에서 우리는 가장 근본적인 시원성始原性[아르카이슴archaïsm]이 사회의 핵심에 존재하면서 허점이 생길 때마다 모습을 드러낸다는 사실을 깨닫는다.

애국자들은 계속 분열했고, 1792년 1월에 다시 봉기의 위협이 나타났을 때 결국 파열했다. 2월과 3월에 서민이 국민방위군의 지지를 받아 정치지배층과 대립할 때, 온건파 의원으로 유명한 당드레의 식료품 상점이 약탈당하고, 도매상인들의 창고에서 가끔 충돌이 일어났다. 브리소의 친구들은 자코뱅 클럽의 품에서 권력을 잡아가는 중이었고, 사실상 대부분의 소요, 특히 파리에서 식료품 '독점'에 반대하는 소요를 지원했다. 민중혁명을 대표하는 사람들을 지목하는 '상퀼로트'라는 말이 유행하면서 힘의 관계와 정치의 내용까지 바꿨다. 푀이양파의 비판이 더욱 드세졌다.

1791년 11월 25일, 〔브리소의 신문〕「프랑스 애국자」가 랑트나 Lanthenas의 글을 실었다. "부르주아의 귀족정이 아마도 우리 헌법의 기초와 전혀 맞지 않는 법령을 만들어낸 가장 큰 폐단이라 할 수 있으며, 이러한 악덕이 어느 날 헌법을 뒤집을 수 있다. 부르주아는 귀족의 자리를 차지하면서도 수공업자artisan를 제자리에 내버려두고자 한다. 그러나 수공업자야말로 혁명의 진정한 수호자이며 진실한 친구다. (중략) 인민이 자기 자유를 스스로 지켜야 할 때가 온다면, 그들이 자기 이익을 책임지도록 맡긴 자들에게 불행한 일이 벌어지리라." 이튿날 「아르귀스 파트리오트L'Argus patriote」[2]는 그가 재산권을 폐지하는 '농지법'을 옹호한다고 비난했다. 사실상 그 법은 혁명기 내내 사람들을 위협하는 공갈 수단이었다. 그 신문은 진정한 애국자들이 모여서 거짓과 싸우자고 제안했다. 국내외의 위험이 불안한 국면으로 전환하는 순간, 상인들은 아시냐 지폐를 내는 손님에게 싫은 표정을 지었고, 헌법기관들은 혁명의 질서를 확고히 유지하려고 애썼다. 그러는 동안 '애국적' 흐름을 대표하는 사람들이 다양한 감성을 표출하면서 대립하기 시작했다. 로베스피에르는 민중의 요구를 많이 수용하고 정부의 결정에 영향력을 행사하려고 노력했으며, 그를 중심으로 '몽타뉴파'가 형성되고 있었다.

프랑스의 북부에서만 사회적 문제를 중시했던 것인가? 바생 파리지엥 전역에서 민중폭도는 봉건적 권리뿐 아니라 새로운 토지법을 공격했다. 엔Aisne과 우아즈 사이에서 한꺼번에 40여 소교구민을 동원할 때도 있었다. '빨갱이 사제들'이 여기저기서 그들을 도와주었는데, 장 프랑수아 카리옹Jean-François Carion 사제가 가장 유명했다. 한때 손 에 루아르의 이시 레베크 시정을 책임졌을 때, 그는 노골적으로 평등주의 정책을 추진했고, 그 때문에 재판을 받고 1791년 3월까지 아홉 달 동안 샤틀레 감옥에 갇혔다. '군중의 도덕경제'[3]라는 표현으로 나타

<hr />

2   샤를 테브노 드 모랑드Charles Théveneau de Morande(1741-1805)가 1791년 6월 9일부터 1792년 5월 31일까지 매주 2회 발간한 신문이다. 모랑드는 영국에서 「쿠리에 드 뢰롭」을 발간하면서 프랑스를 위해 정보를 수집하다가 급히 귀국해서 이 신문을 발간했다. 한때 영국에서 함께 신문을 발간한 브리소가 「프랑스 애국자」를 발간하면서 독자들에게 영향을 끼치고 정치지도자로 떠오르면서 모랑드는 위협을 느꼈을 것이다.

3   영국 역사가 톰슨이 『영국 노동계급의 형성The Making of the English Working Class』 (1963)에서 쓴 말이다. "The Moral Economy of the English crowd in the Eighteenth Century", in Past & Present, 50(1971), pp. 76~136. 이 논문에서 그는 "빈자의 도덕경제"를 "공동체에 속한 여러 당사자의 적절한 경제적 기능에 대한 사회적 규범과 의무로 구성된다"라고 정의했다. 그들은 실제로 물건을 빼앗기지 않더라도 이러한 도덕적 가설을 침해당하면 들고일어난다(79쪽).

난 공동체 대표, 지역이나 가족의 연대, 정치와 종말론적 기대라는 말은 이처럼 국가의 논리와 갈등을 빚었다. 1792년 3월 3일, 군중이 에탕프 촌장 시모노Simoneau가 혁명의 합법성을 유지하면서 곡물 가격을 공정하게 매기라는 요구를 거부했다고 거세게 비난하며 학살한 사건이 가장 상징적이다. 비슷한 일이 이욘Yonne에서도 일어났듯이, 현장에 있던 국민방위군은 그를 지켜주지 않았다. 나라가 분열했다. '공무원'인 시모노는 의무를 이행하던 희생자인가, 아니면 혁명의 배반자인가? 그레구아르 신부는 그를 그리스도와 비교했다. 로베스피에르는 봉기한 사람들의 편을 들었다. 학살의 책임을 물어 두 명에게 사형을 내렸다. 대다수 의원은 시모노를 법을 지키려는 숭고한 희생자로 보고, 그를 추모하는 기념물을 건립하고 팡테옹에 안장하자고 의결했다. 우리는 단지 정치적 의견의 차이뿐만 아니라 좀 더 넓은 맥락에서 세계와 정서적 관계를 읽는 방식의 차이까지 볼 수 있다. 그동안 전쟁은 이념적 분열을 심화했다.

국내의 전쟁

남부와 남동부에서 종교적 적대감, 족벌투쟁, 공동체 싸움이 정치적 대립과 뒤섞여 아주 격렬한 풍토를 조성했다. 권력을 가진 수많은 대리인·대표들과 분쟁을 겪으면서 무단 벌목, 성관 방화, 복수가 잇달아 일어났다. 지방의 국민방위군에도 노골적으로 반혁명 성향의 가톨릭교도가 존재한 것은 부인할 수 없는 현실이었다. 알리에Allier 신부

같은 활동가가 모든 지방에서 활동했으며, 1791년 10월에 '잘레스 기지camp de Jalès'[4]에 관한 두려움이 또다시 사람들을 괴롭혔다. 1792년 2월, 빌 뇌브 드 베르Villeneuve-de-Berg의 주민들은 반혁명 성향의 시장과 반대자들에게 합헌 사제의 미사에 참여하지 않는 자들을 매달아 죽이겠다고 위협하면서 싸웠다. 루에르그의 개신교도와 가톨릭교도의 대립도 아주 격렬한 충돌로 나타났다.

이렇듯 다양한 대립에서 겹치는 부분은 국가기관들을 무력하게 만들었다. 양측의 충돌은 특히 아비뇽과 콩타Comtat에서 최고조에 달했다. 주민들이 프랑스와 합병하는 문제를 놓고 분열하면서 1791년 1월에 아비뇽에서 출발한 '애국자' 군대가 카바용Cavaillon을 말 그대로 침공했다. 이 사건으로 애국자들에게 적대적인 지방민이 두려워하면서 움직이기 시작했고, 직접 위협을 받는 카르팡트라에는 애국자들의 공격을 막기 위해 인근의 국민방위군이 도착했다. 2월 7일에 프랑스와 합병하는 것이 정당하다고 인정한 보클뤼즈 연맹군, 그리고 3월에 엑스Aix의 주민 일부까지 포함한 반대자들의 생트세실Sainte-Cécile 연합군, 이렇게 두 개 군대가 마주쳤다. 두 진영은 오직 싸우기를 원했기 때문에 힘이나 평화적 해결은 모두 질서회복에 아무런 도움도 주지 못했다.

4월에 분견대가 사리앙Sarrians을 점령하고 카르팡트라를 공격했다.

---

4   잘레스는 아를 근처 아르데슈Ardèche와 가르의 접경에 있는 벌판이며, 남프랑스에서 전통적으로 가톨릭교도와 개신교도가 충돌한 사건의 상징적인 장소였다.

자칭 '보클뤼즈군'은 주르당Jourdan이라는 인물의 지휘를 받았는데, '쿠프 테트'〔망나니/도수〕라는 별명은 그가 1789년 7월 14일에 파리에서 사람들의 머리를 잘랐다고 말했기 때문에 생겼다. 그 부대는 카르팡트라 주민들을 정복하지는 못했지만 가는 곳마다 약탈을 일삼았기 때문에 '도적떼'라는 흔하지만 들어 마땅한 별명을 얻었다. 특정 도시가 이웃에게 공략당할 상황이 이미 일어날 법하지 않은 일이 되자 애국자 진영은 무너지기 시작했다. 주르당의 부대는 아비뇽의 부자들에게 자기네 봉급을 내게 만들어야 한다고 주장했다. 시정부는 반대했지만, 나머지 애국자들은 반반으로 나뉘었다. 제헌의회가 파견한 중재자들이 휴전을 성사시켰는데, 역설적으로 아비뇽을 프랑스에 합병하는 데 반대하는 사람들에게 유리했고, 보클뤼즈 부대의 '도적떼'를 무장해제시켰다. 그들 중 일부는 각자 마을로 돌아가는 도중에 사살되었기 때문에 가장 결연한 '애국자들'만이 진정한 애국자로 통했다. 따라서 완전한 결렬이 이루어졌고, 혁명과 반혁명 사이에 선다는 것은 아주 어렵게 되었다.

수개월 동안 혁명에 노골적으로 적대적인 지방정부들, 프랑스에 합병을 하겠다고 했지만 이제는 온건파와 심지어 역적으로 통하는 애국자들이 맞서서 토론을 벌였다. 그 후 파리에서는 모든 갈등을 '도적떼'에게 우호적으로 해석했다. 이들은 과격하게 행동했지만 좌파 의원, 특히 장래 지롱드파 의원들의 지지를 받았다. 1791년 8월에 이 '도적떼'가 기존의 권력을 몰아내면서 아비뇽의 시정을 장악했고 반종교 정책을 실시했다. 9월 14일에 국회가 아비뇽 합병을 비준하자 그들은 더욱 힘을 얻었다. 그러나 1791년 10월 16일, 교회에 모인 아낙네들이 성모상이 눈물을 흘리는 것을 봤다고 주장한 후, '도적때'의 한 명인 레퀴예Lescuyer가 약탈 혐의로 집단폭행을 당하는 일이 일어났다. 그 보복으로 아낙네들도 포함해 예순 명을 학살한 뒤 교황청의 글라시에르 탑에서 시신을 던져버렸다.

희생자들은 진정한 반혁명 분자들 이상으로 권력에서 밀려난 온건파 명사 가문에 속한 사람들이었다. '도적때'는 두 달 후에 붙잡혀 감옥에 갇혔다. 이에 충격을 받은 입법의회는 학살을 혁명의 피할 수 없고 '자연스러운' 사고로 해석하고, 주르당의 친구들이 1792년 3월에 시정부를 다시 장악하기 전에 사면했다. 그 후 그들은 기소되어 재판을 받았으며, 일부는 테러 분자로 처형되었다.

아비뇽은 수많은 공동체뿐 아니라 족벌들이 정치적으로 늘 대립하는 지역에서 흔히 볼 수 있는 사례일 뿐이다. 공동체들의 경쟁이 선거, 기관, 클럽, 의용군 집단들에 영향을 끼쳤다. 1791년 8월 23일, 툴롱의 여러 구역에 속한 적대적인 클럽들의 싸움이 좋은 예다. 아를의 시장 앙토넬은 1791년 초부터 '시퐁파'와 싸우는 '모네디에파'의 자코뱅 클럽에 의존했으며, 두 파는 각자 구역에 뿌리를 내린 파벌이었다.[5] 이 경우, 1791년 말까지 시퐁파는 님의 가톨릭교도와 사실상 제헌의

---

5   모네디에파monaidiers는 로케트Roquette 구의 옛 이름 모네Monnaie 구의 주민들이고, 시퐁파chiffonistes는 대성당참사회원인 지퐁Giffon의 집에 모이던 사람들이며, 은제銀製 사이펀siphon(기압과 중력의 차를 이용해 물이 높은 곳에서 낮은 곳으로 흐르게 만든 기구)을 상징으로 채택해서 '시퐁파'가 되었다(http://www.patrimoine.ville-arles.fr/document/hist_Arles.pdf). 그러나 아마도 적들은 누더기를 뜻하는 시퐁chiffon으로 부르고 싶었을 것이다.

회의 지지를 받았기 때문에 앙토넬은 내전의 덕을 보지 못했다. 그에 따른 혼란은 살육의 복수를 불렀으며, 자코뱅파는 '귀족주의자들'을 무찌르기 위해 '검劍 위원회comité des Sabres'까지 조직했다. 1792년 1월 이후 균형이 조금씩 깨지고 3월에 마르세유의 군대가 아를에 자코뱅식 질서를 정착시켰다. 수많은 신도회가 혁명의 지지자와 반대자를 공급하던 오바뉴Aubagne에서도 비슷한 일이 일어났다. 1792년 봄, 거기서도 역시 마르세유 군대가 '왕당파'를 진압하고, 입법의회의 승인까지 받으면서 혼란을 끝냈다.

이러한 정치적 그림판의 중심축은 애국자들이 미라보의 지원을 받아 합법성을 무시하고 권력을 독점한 마르세유가 차지했다. 그들은 도시를 둘러싼 요새들을 통제하고, 거기에 수비대를 세운 덕에 선거에서 승리했다. 그들은 이렇게 거점을 확보하고 엑스에 힘을 모으더니 1792년 2월에 도 행정을 순식간에 장악하고 론 강 유역을 통제했다. 아주 단호한 애국자들과 맞설 수단이나 의지도 없는 국회는 마르세유의 정변을 승인했다. '혁명의 방패'로 승격한 마르세유에서 1792년 3월에 '애국자들의 특사들'이 인근 도시로 가서 자코뱅파들의 고발에 의지해 자치정부를 숙청했다. 이처럼 애국자 소집단들이 징벌적 원정을 떠나 귀족주의자들과 비선서 사제들을 박해했다. 그들은 프로방스와 바스 알프 지방에 난폭하게 개입했지만, 예상치 못한 상황에 휩쓸려 오랫동안 헤어나지 못했으며, 완전히 무지했던 그 지방의 갈등의 희생자가 되었다. 활동가들은 정치를 토론의 장으로 인정하지 않을 권리가 있다는 사실을 잘 알았으며, 이것은 마르세유 사람들처럼 엑스의 애국투사들도 스스로 '반정치적'이라고 설명하던 태도와 같았다. 종말론적 공포, 사회적 원한, 이념투쟁이 1792년 초의 살육과 함께 격앙의 풍토를 조성했다. 1792년 4월 16~17일, 마르세유 항구에서 배 한 척이 불탄 사건은 사람들을 격분시키기에 충분했고, 아낙네들은 거리로 나가 기적이 일어날 것이라고 예언하면서 종교를 잃어버렸다고 한탄했다.

혁명/반혁명의 아주 분명한 정면 대립보다 사회적 연계, 우정의 흐름, 또는 개인의 책략들이 세분된 현상이 더 중요했다. 중앙정부는 조정자만을 내세우고 처방만 내리는 데 그쳤지만, 지방과 도의 모든 기관들이 뚜렷하지 않은 힘의 관계들의 도구가 되었기 때문에 앞으로 몇 년 동안 모든 오해의 원인을 제공했다. 생활공간의 사회적·지형적 한계는 마치 바이올린과 탬버린의 관계와 비슷한 정치적 연합의 조건을 논리적으로 규정했다. 계급이나 종교의 틈이 서로 겹치며 수많은 주장을 모자이크처럼 이어 붙이면서, 특히 사건이 발생할 때마다 반응하는 정치적 풍경을 만들었다.

여기서 정치투쟁의 '열기'를 설명하기 위해 당대인들처럼 '남부'의 감성을 거론할 뜻은 없다. 이웃 마을이나 구역과 공모하거나 시샘하는 행위 같은 집단 관리의 전통을 가진 중세의 '도시'에서 물려받은 도시생활의 관습이 더 많은 내용을 설명해줄 것이다. 우선 시에나 같은 이탈리아 도시의 '콘트라다contrades'〔행정구〕와 비슷한 신도조합으로 식별할 수 있다. 또한 소속 지방의 일상어에서 새로운 정치적 기호로 변화한 19세기 '공동침실chambrées'의 출현을 예고하는 집단들은 독특한 사교성을 가지고 모였다. 수십 년, 때로는 수백 년의 관계에서 나온 연합과 갈등이 서민과 지배층의 의존관계를 결정하는 역할을 했으며, 지배층이 서민층의 감사 인사를 받을 중개자 노릇을 많이 할수록 그들의 의존관계는 긴밀했다. 이 모든 것이 지방생활에 특별한 모습을 주어 국가 차원의 시간과 조직과 차이를 만들었다.

코르시카가 특별히 상징적인 사례라 할 수 있다. 이 섬은 영국으로 망명한 파올리의 주도로 1790년까지 프랑스 왕에게 저항한 사실과 '헌법'으로 유명한데, [혁명기에 결국] 프랑스 '제국'에 합병되었다. 그러나 지배층은 코르시카와 왕이건 국회건 주권자 사이에 맺은 '협약'의 이름으로 '자유'를 보호할 심산이었다. 1791년 종교문제가 소요를 일으키고 간접적으로 가문들의 경쟁과 코르시카의 정체正體를 장악한 뒤로 애국자들의 분열은 뻔한 현실이 되었다. 진정한 내전이 일어나고 프랑스식 혁명을 지지하는 사람들을 섬에서 몰아낼 때 보나파르트 가문도 쫓겨났으며, 파올리의 지지자들은 1793년부터 반혁명에 동화된 길로 내몰렸다. 코르비에르Corbières에서 그와 비슷한 방식의 정치를 볼 수 있었다. 새로운 자유가 옛날의 관습을 거부할 수 있는 가능성을 열어주었지만, 1791년 6월의 법으로 공동재산과 관련한 농민들의 요구를 무시하는 재산권을 유지했다. 카탈로뉴의 관행에 집착하고 이미 성직자 시민헌법에 적대적인 농민들은 세금을 더 걷고 행정적 통제를 강화하는 혁명에서 멀어졌다.

아주 북쪽의 작은 마을 부르생탕데올Bourg-Saint-Andéol이 마지막 사례가 될 것이다. 그곳의 입헌군주제 지지자들은 나중에 푀이양파가 되어 정치의 가장자리로 밀려났고 지방정부를 통제하던 권력도 잃었다. 그들은 전국 조직과 관계를 맺은 투사들에게 보고하지 않고서는 그곳의 정치적 불안이나 경제적 관심사항에 대처할 수 없는 처지가 되었다. 그곳의 주민 가운데 다수가 혁명을 스스로 지키고 특권을 행사하는 것이 정당한 권리이며, 심지어 의무이기도 하다고 생각했다. 그들의 정치의식은 이익과 결합했다. 그들은 나무를 베서 땔감과 무두질에 쓸 껍질을 얻었기 때문이다. 지방정부는 임금을 보장하기 위해 어음을 발행하고, 곡식 보급을 통제하고, 무기와 화약의 재고를 파악하고, 사제와 신학생들까지 포함해서 잠재적 적들을 감시하는 일도 잊지 말아야 했다. 게다가 그들은 자신들이 생각하는 질서를 유지하고, 1792년 4월의 2주 동안 온건파·부자·성관을 공격하는 폭동을 진압하는 데 성공했다. 몇 달 후에 상퀼로트가 그들의 자리를 차지했다. 전반적으로 애국자들이 1792년 봄에 적들에게 승리했지만, 반혁명 분자들에게 대응하려고 일시적으로 모여 투쟁한 무리들이 사람들을 무참히 죽이고 강간까지 일삼으면서 얻은 승리가 많았다.

'전선 지대'

지리적인 분류를 너무 확고하게 하려는 마음은 없지만, 혁명의 지지자와 반대자가 정면충돌하는 양상을 보여주는 지역도 있었다. 마시프 상트랄의 남쪽, 론 강 유역의 언덕 지대에서는 1791~1792년 겨울 내내 국민방위군과 가톨릭교도가 망드·미요·생타프리크 사이에서 끊임없이 서로 공격하면서 무력으로 도시들을 뺏고 빼앗겼다. 소토카자V. Sottocasa의 말대로 '전선前線'의 모습은 그랑 투에스트Grand Ouest(브르타뉴와 페이 드 라 루아르 지방)에서 더 잘 볼 수 있다. 그곳 종교인의 절대다수는 성직자 시민헌법에 반대했다. 한편, 전통 귀족이 1788년 이후의 갑작스러운 변화를 근본적으로 받아들이지 않았다면, 귀족은 평민에 대해 큰 편견을 가지고 있었을 것이다. 그래서 적어도 1794년까지, 아니면 1797년까지 기다려야 그들은 비로소 반혁명의 반란을 주도하는 역할을 맡게 된다.

확실히 농촌세계는 대부분 혁명에 적대적이었지만 일관성 없이 반응했다. 피니스테르 남쪽, 렌 평야, 마이예의 일부 지대 농민들은 앙주나 소뮈르의 포도 경작자들처럼 '푸른색'〔혁명파〕성향이었지만, 낭트 지방의 농민들은 '흰색' 편에 섰다. 일 에 빌렌의 소작농과 지주의 관계가 정치적 선택을 결정하는 조건이었고, 이 고장만의 특별한 경우였다. 사르트의 직조공은 '푸른색'인 데 비해 '방데'의 직조공은 '흰색'이었다. 우리는 서부에서 볼 수 있는 특성을 잘 안다. 그러나 20세기 초, 앙드레 시그프리드André Siegfried는 그 특성을 설명하려고 노력했지만, 민족적 특성의 신비함 때문에 실패했다고 고백했다.

민족적 특성이란 정치적 의견에 석회암이나 화강암이 영향을 끼친다는 가설에 바탕을 둔 '종족의 성격'을 뜻한다. 여기서도 우리는 이웃과의 관계가 특정 선택에 영향을 끼친다는 원리를 찾을 수 있는 것인가? 사르트의 서쪽 주민들은 1789년 이전에 종교인의 재산 수용에 불만이 많았다. 그래서 그들은 종교를 지키고, 1791~1792년에 반혁명에 돌입했다. 그들은 자신의 종교적 본모습을 충실히 지키고, 더 나아가 국유재산을 매각한다 해도 자신들이 혜택을 볼 수 없다는 사실을 알고 실망했기 때문이다. 남동부처럼 지역사회들이 분열하고, 가깝지만 경쟁하는 집단들이 적대적인 관계로 들어갔다. 이러한 사례는 마슈쿨과 인근의 평야 지방, 모주의 코뮌들, 또는 에브뢰와 베르네의 관계에서도 볼 수 있다. 한편, 1791년 초부터 서부에서 볼 수 있는 단층선은 남동부의 복잡한 동맹관계가 아니라 단순히 쌍방의 적대관계로 나타났다. 이것은 도시와 농촌의 문화적 차이, 한편으로 남부의 작은 도시를 중심으로 양극화한 풍경과 다른 한편으로 북부의 교환과 거래의 독특한 구조의 차이와 관련이 있는 것인가? 농촌/도시의 대립 관계를 베낀 것 같은 종교적 불화, 얀센주의와 민간종교, 또는 현세성과 전통성의 불화가 의식을 지배했던 것인가?

어쨌든 1791년 10월에 입법의회가 파견한 갈루아와 장소네가 루아르 강 이남에서 보고 들은 일을 보고서에 썼을 때 이미 종교적 대립이 있었음을 알 수 있다. 성직자 시민헌법으로 프랑스가 둘로 나뉘어 대립했다. 혁명을 지지하는 관리들, 디스트릭트와 도의 관리들은 전체의 혁명가에서 '온건파'에 속했는데, 사제들이 민중을 독자적으로 행동하게 만든다고 비난하면서 급진적 반교권주의 성향을 자주 보여주었다. 1791년과 1792년에 그들은 대신들의 명령을 이행하면서 종교탄압의 최전선에 섰으며, 심지어 자코뱅파 롤랑Roland도 명령을 내렸다. 성직자 시민헌법을 적용했을 때 곳곳에서 수많은 분쟁이 일어났다. 그것은 주로 도시와 부르bourg의 특성과 관련해서 계몽주의에 물든 가톨릭교도나 얀센주의자들의 혁명, 그리고 비선서 사제들과 조금씩 농촌 귀족들의 도움을 받으면서 종교행렬과 집단신앙에 정통한 가톨릭교도들이 구현한 농촌 마을의 반혁명적 성격을 고스란히 보여주었다.

1793년에 서부 애국자들은 남동부 지롱드파와 마찬가지로 파리 자코뱅파에 대해 선뜻 나서려 하지 않았지만, 자신들이 갈 길이 반혁명에 있다는 사실을 알면서도 공개적인 반란에 돌입하지 않는 전선을 형성할 것이다. 다른 곳보다 이 지대에서 민중의 반혁명을 구별하는 것은 별로 유익하게 보이지 않는다. 이념투쟁의 반혁명을 위한 토양을 준비할 정도는 아니었기 때문이다. 사회·경제·혈족의 정체가 종교적 소속감과 함께 끼어들었던 곳과 달리, 이곳에서는 종교적 신념과 관행을 중심으로 동일한 구조들이 형성되었기 때문에 단번에 정면충돌이 일어났다.

배제의 정치

1788년에 시에예스의 정치논문과 제헌의회의 초기 조치가 나온 이후 모든 것이 작동했다고 주장하는 정치학자들의 견해와 달리, 국민의 정의, 국민에 속하지 못한 사람들을 배제하고 내린 정의는 1791년 이전에는 검증받은 적이 없었다. 바렌 사건은 불화를 일으키는 데 단단히 한몫했다. 9월 14일, 〔헌법에 충성하겠다는〕 맹세와 관련한 왕의 사면이 있었는데도 귀족 장교들은 대거 망명길에 올랐다. 그들의 일부가 진정한 반혁명 분자였다 해도, 다수는 그때까지 개혁을 인정했고 '재생'을 지지했다. 물론 그들은 왕에게 충성하는 것이 가장 중요하고, 루이 16세에게 부여한 '제1공무원'의 지위와 모순되지 않는 가치라고 생각했다.

그들의 망명은 반혁명이 무기를 들었고, 모든 제도를 뒤엎을 기회만 기다린다는 증거가 되었기 때문에 전보다 빠른 속도로 예상치 못한 불화를 일으켰다. 당시에 프랑스인의 자유로운 통행을 막는 것은 하나도 없었으므로 망명이 완전무결한 국가에 흠을 내고 시민의 자격을 해친다고 보았다. 망명은 더는 개인의 태도라고 비난받지 않았고, 귀족 그 자체가 반혁명 혐의의 동기가 되면서 진정한 분노를 불러일으켰다. 망명 장교들은 여행에 익숙하고, 친척관계와 동료 간 우애관계를 이용하면서 살았기 때문에 귀족의 집단적인 관행을 영속적으로 유지했지만, 이제 그러한 관행은 반역과 위협으로 보였다. 농촌 공동체들은 의무를 저버린 영주들에게 버림받은 느낌이 들 때가 가끔 있었고, 그래서 실망과 두려움을 표현했다. 신분으로서 귀족은 이미 법적으로 폐지되었기에 사회가 위험에 처한 귀족과 맺은 관계는 환상일 뿐이었다. 시에예스, '인류의 적들'을 배제하기 바라는 자연권 지지자들, 게다가 '인민들의 총체'에서 왕들과 철학자들을 분리하기 바라는 루소가 주장했듯이, 귀족을 국민에서 배제하는 것도 예상 가능한 해결책이 되었다.

그때 국회에서는 망명기간에 관한 복잡한 토론을 벌이고 있었다. 국민의 두 가지 개념이 생겨나 서로 대립했다. 자유주의와 '입헌주의'에 바탕을 둔 제도적 복잡성을 가장 존중하던 혁명가들은 오직 군무이탈죄만 처벌하기를 바랐다. 그들은 프랑스인이 되기를 바라고 자발적인 가입으로 국민이 될 수 있다는 개념에 동의하는 사람만 프랑스인으로 인정해야 하며, 영토나 인구가 과거나 자연에 따라 결정되는 일은 받아들이지 말아야 한다고 주장했다. 1789년의 원칙을 존중하려는 의도에서 콩도르세는 망명객들이 시민의 맹세를 한다면 2년 동안 외국에서 살 수 있도록 허락해주자고 제안했다. 그러나 맹세를 했음에도 프랑스를 향해 총부리를 겨누는 자들은 역적으로 간주하고 기존의 법으로 처벌하자고 했다. 이로써 맹세를 거부하는 자는 국민의 적이 될 것이다. 이 제안은 망명객에게 시민 자격과 재산권을 보전할 수 있는 특별한 지위를 마련해주지는 못했지만, 그 여파로 모든 시민에게 시민의 맹세를 하도록 만들었다. 국회는 국가가 맹세를 존중하게 만들고 심지어 맹세를 강요하게 만들기 어렵다는 이유로 [콩도르세의] 안을 거부했다.

가장 강경한 급진파는 자유를 제한하고 '비겁한 자'와 '역적'을 벌하는 '구국의 조치'를 거론하면서 벌써 망명죄를 입에 올렸다. 그들은 아주 전통적인 공동체 정신에 바탕을 둔 공통의 계획을 국민통합과 같은 것으로 보았고, 온건파가 조국을 위험하게 만들었다고 비난했다. 그들은 사회적 복수심도 이용했다. 망명객 속에는 예전의 특권층이 다수를 차지했기 때문이다. 1791년 10월 말, 자코뱅파가 가장 강경한 주장을 했는데, 장차 지롱드파로 분류되는 베르니오와 브리소가 있었다. 그동안 역사가들은 이 사실을 너무 쉽게 지나쳤다. 베르니오는 '군무이탈자'에게 호적상의 사망을 선고하자고 주장했다. 그것은 능동시민을 수동시민으로 강등하는 동시에 법을 반포한 지 6주 안에 귀국하지 않은 망명객에게 세금을 세 배로 부과하자고 요구했다. 이로써 공적 자유를 분명히 제한하는 결과가 나타났다. 가장 먼저 시작한 것은 반혁명적 소책자의 검열이었다.

사법 정의의 요구를 만족시키기 위해 왕의 동생들 같은 '거물급 범죄자'는 물론이고 망명한 사제와 장교를 시작으로 말단 '공직자'까지 모두 처벌하는 것으로 신중하게 타협했다. 통행의 자유를 침해하는 법을 피하기 위해 그들을 망명객이 아니라 '도망자'로 간주했다. 그들이 1792년 1월 1일에도 돌아오지 않을 경우 음모죄를 적용하기로 했다. 그러나 나라를 떠난 '단순한 시민'은 '약자'로 취급해서 용서하기로 했다. 피고인의 선의를 평가하지 않고 구체제로 돌아가자는 사람들을 엄격히 제재하려는 의지와 함께 모든 원칙을 보전했다. 이 피고인들은 능동시민의 자격을 잃는다는 사실을 짚고 넘어갈 필요가 있다. '수동시민'으로 사실상 강등해놓고서도 그때까지 정확히 규정하지 않았던 귀족의 지위가 역설적으로 이 구절 덕에 명확해졌다.

각 진영은 불만도 있었지만 그만큼 만족할 만한 동기를 찾았다. 왕은 이러한 토론을 형성한 11월 8일의 법을 승인하지 않았지만, 자기 동생으로 추정상 왕위계승권자인 프로방스 백작에 관한 것은 받아들였다. 왕의 거부와 반격은 왕과 망명객의 관계를 확인해주었지만, 국회는 다시금 해결 불가능한 상황에 놓였다.

1791년 6월 13~15일의 법을 추인한 이 법도 맹세를 거부하면 국민의 자격이 없다고 규정했고, 국민과 능동시민의 자격을 일치시켰지만 역시 적용되지 않았다. '위험한 사람들'을 제외하는 것으로 반대에 대한 두려움을 표출하면서 내린 이러한 조치는 모두 가장 좁은 범위의 공동체 정신을 향해 정치적 퇴행을 촉발했던 것인가? 콩데 공만 특별히 대우한 것은 문제를 제기할 가치가 있다. 1791년 6월 13~15일에 나오고 10월 31일에 다시 나온 법은 이 왕족을 반도로 선언하고 모든 권리를 박탈했다. 만일 그가 프랑스로 돌아올 경우 모든 시민이 그에게 '달려들어' 죽여도 된다고 했다. 이처럼 근본적으로 아주 구식의 재판절차인 추방자 처형은 완전히 새로운 의미를 띠게 되었으니, 프랑스인의 자격은 정치공동체 소속 여부에 달렸던 것이다. 11월 29일의 법령은 이러한 경향을 반영해서 모든 종교인에게 아무런 구별 없이 시민의 맹세를 부과했다. 왕은 이 법도 승인하지 않았다. 성직자 시민헌법에 관한 맹세는 여전히 유효했지만, 순전히 정치적인 문제가 우선인 상황이 되었다. 망명자들에 관한 입법의 맥락에서 선서 거부 사제는 반혁명 혐의자 취급을 받았고, 약속했던 연금을 받을 수 없게 되었다. 더욱이 왕이 그 법을 승인하지 않았음에도 일부 도에서는 수도성직자에게도 맹세하게 만드는 구실로 이용했다.

쥐라Jura의 오르줄레Orgelet 디스트릭트 지도부의 반응에서 우리는 수많은 프랑스인, 혁명을 지지하는 '온건파'까지도 비슷한 생각을 공유했음을 분명히 볼 수 있다. 1791년 9월, 오르줄레 지도부는 선언문을 발표하면서 '구국salut public'을 언급했다. "위험에 처한 조국이 품 속의 자식을 떼어내는 대신 안전한 곳에 가두는 정도의 희생을 요구한다면, 그것은 당국이 마땅히 덕성을 가르쳐야 할 신분인 종교인들이 (눈으로는 천국을 보면서 가슴에는 지옥을 품고) 그릇된 길을 방황하면서 법을 뒤집으려고 단합하는 모습을 봐야 하는 불행한 시기이기 때문일 것이다." 그들은 1792년 1월에도 국경 너머에 주둔한 '헌법의 적들'과 손을 잡은 선서 거부 사제들을 대상으로 조치를 취했다. 그러나 이 지방의 종교적 저항은 여전히 소규모였음에도 망명자, 왕, 그리고 전반적으로 반혁명 분자들의 위협에 화답했다.

내전인가, 내란인가?

1792년 4월 20일, 프랑스가 '보헤미아와 헝가리의 왕'˙ 프란츠 2세
에게 선전포고를 했을 때, 이는 국가들États과 국민들nations의 관계보
다는 국내 투쟁을 더 많이 고려한 결정이었다. 국내 적들의 비중이 점
점 더 커지는 과정에서 적들과 싸워야 할 필요가 끊임없이 발생하고
국가의 행동에 직접 간섭했다. 국회가 군대에 간섭하는 일을 최소화
하려고 노력할 때, 1791년 6월 국민방위군의 일부는 전방 원정에 참
여하는 의용군으로 정규군이 될 수 있는 권한을 얻었다. 1792년에 이
기회를 이용해서 젊은이들이 정규군 병사의 강력한 핵을 이루고, 정
치적인 영향력을 행사해 자기네 사람으로 장교를 뽑을 지경에 이르자
군 전체가 혼란에 빠졌다. 이미 [18세기 중엽의] 7년 전쟁에서 드러난 국
민감정이 널리 퍼져 국민과 혁명을 동일시하고, 열광적으로 혁명에만
매진하는 국민을 만들었다. 혁명의 반대자들은 확실히 자숙하고 있었
다. 몇 달 후 그들이 징집을 거부했을 때, 그들은 국민이 되기를 거부
한 것이므로 당연히 반역자였다. 이렇게 태어난 모습은 금세 사라지
지 않았다. 어머니 조국에 적대적인 반혁명 분자들은 금세 미슐레 같
은 역사가들의 말대로, '이상한 사람들peuple étrange'의 모습으로 나타
날 터였다.

˙   레오폴트 2세가 죽고 그를 계승한 프란츠 2세는 신성로마제국의 선제후들한테 정식으
로 오스트리아 황제로 인정받기 전이었기 때문에 그를 '보헤미아와 헝가리의 왕'이라 불렀다
(원주).

반혁명 분자들이 노골적으로 전쟁에 대비했음은 사실이다. 아르투아 백작, 진정한 조직의 달인인 콩데 공, 일명 미라보 토노[술통]로 불린 미라보 자작을 중심으로 망명자들의 군대가 국경을 따라 생겨났다. 미라보는 프랑스에 선전포고하고 여러 차례 침입하면서 도발했다. 그들은 1791년 6월부터 애국자를 공격하는 십자군, 다시 말해 귀족 반역자들의 행위를 판단해서 계급과 직책을 나눠주었다. 그들의 정신자세는 중세 봉건적인 색채에 물들었으며 교만했으며 부대별 격차 때문에 사실상 전력도 약했지만, 국내의 왕당파 신문들은 그들이 군주정을 회복시켜주기를 기대하는 속내를 감추지 않았다. 궁중에서 왕의 누이동생은 망명자들을 지지했고, 왕비와 왕은 아르투아와 프로방스의 경쟁관계를 확실히 인식했지만 오스트리아 황제와 공모해서 왕의 대권을 완전히 회복하기 위한 최악의 정책에 몰두했다. 바르나브의 말을 따르는 듯하던 왕비는 사실상 페르센과 다른 정책을 몰래 추진하고, 심지어 전쟁 비용을 외국 군주들에게 받아내려는 계획을 세웠다. 왕비의 친오빠인 오스트리아 황제 레오폴트는 전쟁에 개입하기를 꺼렸지만, 프랑스 사람들에게 오스트리아 음모에 대한 두려움을 안겨주는 존재였다.

이러한 상황은 프랑스의 권력자들이 얼마나 복잡한 계산을 했는지 보여준다. 모든 권력자는 궁중과 자코뱅파의 적대관계를 직시했다. 자코뱅파는 전략적 동맹을 맺어 자코뱅 클럽 소속인 페티옹을 파리 시장으로 뽑고 바르나브에게 접근하던 라파예트를 떨어뜨렸다. 논란의 여지가 많은 장군[라파예트]과 옛 제헌의원[바르나브]은 이제부터 자코뱅파와 공공연히 투쟁하고 각별히 군대를 통제하면서 행정권, 다시 말해 왕권을 강화하고자 노력했다. 또 다른 권력자 뒤포르는 영국식 군주제를 수립하기 위해 양원제 헌법에 우호적이었다. 이 집단은 1791년 12월에 전쟁대신으로 나르본Narbonne을 앉히는 데 성공했다. 이 장군은 당시까지 마담 드 스탈Mme de Staël의 연인으로 더 잘 알려졌고, 게다가 루이 15세의 사생아로도 알려졌다. 이들은 질서를 확실히 회복하려는 야망을 품었는데, 1791년 12월 말에 나온 신문 「아미데 파트리오트L'Ami des Patriotes」[애국자들의 친구]가 그것을 대변했다. "혁명은 끝났다. (중략) 전쟁은 극단파의 희망을 파괴할 것이다. (중략) 대신들은 무정부 상태를 없앨 것이다." 이러한 분석의 근거는 나르본이 보고서에서 밝힌 확신에 있었다. "사회의 아주 중요한 계급이 왕의 편에 서야 하며, 그들은 바로 부르주아 유산 계급이다. 그들은 정부의 형태에 별로 관심이 없다. 그들은 단지 자신이 소유한 것을 보전하기를 바란다." 사회적 동맹관계의 유약함이 당시 상황의 핵심에 놓여 있었다.

대중의 감성과 지도층의 관행은 여전히 충격적으로 틈을 벌리고 있었다. 푀이양파, 라파예트, 탈레랑은 여론을 지배하면서 유럽의 군주들과 복잡하고 모순된 거래를 시도했다. 그들은 타협안을 찾고 프로이센을 오스트리아와 떼어놓거나 전쟁을 피하기를 바랐다. 1792년 1월에 전쟁을 선포했을 때, 퀴스틴 장군의 아들이 밀사로 브라운슈바이크[브룬스비크] 공을 찾아가 프랑스군을 지휘해달라고 요구했다. 그것은 전혀 부조리한 요구가 아니었다. 작센 원수는 루이 15세를 섬겼고, 바바리아 출신의 루크네Luckner 남작은 1791년에도 여전히 프랑스 장군이자 총사령관이었다. 그런데 브라운슈바이크는 오스트리아군의 지휘관이 되어 1년 이내에 발미Valmy 전투에서 패배했고, 프랑스군은 국민감정과 애국심을 보여주었다. 이들은 궁중은 물론 수많은 정치 클럽과 군대, 그리고 지배적인 여론에서도 그다지 친근한 대접을 받지 못했다. 군대는 처참한 상황이었다. 뒤무리에Dumouriez는 보고서에서 이를 경고하며 대신들의 책임에 관심을 모았고, 나르본은 얼마 전에 창설한 전쟁위원회Comité de la guerre와 대립했다. 이 위원회의 개혁 의지 때문에 군대에서 폭동이 일어나기도 했다. 그사이 서민과 부르주아의 사이는 더욱 두드러지게 벌어졌고, 국회는 시모노의 죽음이나 글라시에르Glacière 학살 사건을 놓고 분열했다.[6]

브리소가 이끄는 자코뱅파는 격앙된 상황의 수혜자였다. 이러한 흐름을 타고 국경 너머로 혁명을 수출하는 길이 혁명의 계획 속에 포함되어 있었다. 브리소, 그리고 1782년 제네바 혁명을 경험한 클라비에르는 무역을 중시하는 공화국들이 자유로운 관계를 수립하려면 반드시 왕들과 싸워야 한다는 생각을 구체화했다. 역설적으로 그 투쟁은 1790년 5월의 세계평화선언과 결합했다. 이 선언은 모든 국가의 경계선을 허물고 프랑스 혁명을 중심으로 모든 '애국자'가 하나 되는 기대를 보여주었을 뿐이다. 갈등과 그에 따른 두려움은 의용군의 열정에

---

6   1791년 10월 16~17일 밤, 아비뇽 교황청의 글라시에르 탑에서 교황파가 60여 명의 반대파를 죽인 사건을 가리킨다. 며칠 전, 코뮌의 서기관 니콜라 장 바티스트 레쿼예Lescuyer가 코르들리에 수도원에서 패물함을 훔쳤다는 혐의로 흠씬 두들겨 맞고 숨졌고, 그 일을 계기로 학살 사건이 일어났다. 에탕프 시장 자크 기욤 시모노는 1792년 3월 3일 시장에서 공정가격제를 요구하던 사람들 손에 죽었다.

화답하듯이 군사적이고 피비린내 나는 선언으로 이어졌고, 대표적 좌파들은 코르들리에파의 흐름부터 지우고 나서 이 선언에 찬성했다.

이때 민중협회들이 새로워졌다는 사실에 주목해야 한다. 새로워진 협회들이 말 그대로 대형 클럽을 따라잡고 여론의 흐름을 대표했다. 뤽상부르 협회는 브리소와 롤랑을 지지했고, 자유인Hommes libres 협회는 더욱 급진적이었다. 구역의 의회가 된 협회가 다수였으나, 브리소의 주장에 동조하면서 전쟁문제에 개입했다. 브리소는 수동시민을 창으로 무장시키자는 안을 넌지시 비추었다. 무기는 혁명의 상징이 되었다. 여성들도 무기를 지니게 해달라고 요구했다. 심지어 군의 고적대장은 5월 27일에 얻은 딸의 이름을 '피크Pique'〔창〕라고 지었다. 무기의 보급은 모든 당국의 관심사항이 되었다. 브리소는 그 대신 영향력 있는 에베셰Évêché 구 중앙클럽과 수많은 우애협회의 지지를 받았다. 이 지지자들은 시민들의 평등에 관심이 많았다. 마라와 로베스피에르 같은 소수파만 병사들이 새로운 카이사르의 선동을 받거나 왕에게 복종하는 일이 생길까 봐 두려워했기 때문에 이러한 경향에 반대했다. 그러나 혁명의 지지자를 포함해서 프랑스의 대다수가 전쟁 상태로 들어가는 것을 분명히 달가워하지 않았다.

국회를 압박한 결과, 3월 8일에 나르본이 물러났다. 그의 해임은 계산인가, 약점인가, 아니면 사직인가? 왕은 내각을 구성하려고 자코뱅파에게 호소했다. 그중에서 롤랑, 클라비에르, 그리고 외무대신직을 맡은 뒤무리에가 돋보였다. 브리소는 정확히 무슨 역할을 했던가? 그는 프랑스 국민의 명예를 보장해주고, 라인 강변에 있는 망명자들의 위협에서 벗어나려면 전쟁이 필요하다고 생각했다. 그러나 그는 이미 알려졌듯이 뒤무리에와 장소네가 벨기에를 점령하고 혁명을 수출하려고 세운 계획을 놓고 망설였다. 그들은 좌파와 우파를 가리지 않고 적에게 반대하기 위해 일시적으로 힘을 합쳐야 했다. 종래의 역사적 평가와 달리 지롱드파는 포탄의 심지가 아니었고, 특히 브리소는 경솔한 전쟁광이 아니었다. 뒤무리에, 그의 친구이자 후임 외무대신인 르브룅Lebrun은 프랑스가 군사적 모험에 뛰어드는 데 결정적인 역할을 했다.

선전포고의 구실은 11월 27일에 의결하고 12월 14일에 왕이 승인한 법령이었다. 그것은 독일 군주들, 특히 트레브〔트리어〕 선제후에게 그들 영토에 결집한 망명자들을 해산시키라고 명령했다. 그렇게 해서 그들의 감정을 상하게 만들고 적대감만 키워 결국 오스트리아와 프로이센이 개입했다. 레오폴트는 선제후에게 군사행동을 하지 말고 복종하라고 명령했다. 한 달 후에 황제는 프랑스인들이 구체제로 되돌아가는 것을 생각한 적이 없다는 사실을 다시 세상에 알렸다. 정치적 승인문제는 아니었지만, 그는 프로이센이 유럽 동부로 영토를 확장하고 프랑스에서 대중을 동원할 위험을 두려워했다. 〔오스트리아의 정치인이자 외교관인〕 카우니츠Kaunitz는 평화를 유지하려는 의지가 확고했으므로 그만큼 자코뱅파에게 적대감을 드러냈다. 레오폴트 황제가 죽고 그보다 더욱 완강한 아들 프란츠가 〔피렌체에서〕 귀국하면서 이 균형이 깨졌다. 4월 20일에 전쟁을 선포하기로 의결했을 때, 바지르Basire, 메를랭 드 티옹빌Merlin de Thionville, 그리고 라메트파 의원인 위아Hua와 베케Becquey가 반대표를 던졌다. 당시에 마라와 로베스피에르는 전쟁에 반대했지만 입법의회 의원 신분이 아니었다.

그 후의 병력 동원은 당국의 손에서 벗어났다. 우파인 가톨릭교도들은 여성 예언자, 또는 기적의 나무와 샘을 중심으로 모여 방데와 세벤Cévennes에서 위협적인 세를 과시했다. 1792년 2월, 망드Mende는 아르투아 백작과 연관된 사이양Saillans 백작이 부추기는 반혁명 세력의 통제를 받았다. 좌파로서 언제나 혁명의 맨 앞에 선 마르세유 자코뱅파는 내각이 자신들을 확실히 보호해주지 않는다고 선언하고, 그곳에 주둔한 정규군이 소유한 무기를 회수하는 동시에 코르시카의 온건파, 각 지방의 반혁명 세력을 공격할 원정대를 조직했다. 브르타뉴와 방데의 의용군이 제아무리 확고한 의지를 갖고 있었다 할지라도, 마르세유의 의용군은 프랑스의 모든 혁명가보다 자신들이 우월하다고 확신했고, 필요하다면 남부를 프랑스에서 분리할 수도 있다고 생각했다. 그들은 인민들이 의회에 모여 모든 결정을 내려야 한다고 믿었기 때문에 파리의 상퀼로트와 마라에게 적대적이었다.

그래서 일부는 '자코뱅'으로 규정된 '연방주의'로 나아갔다. 그들은 라인군을 위한 전쟁 노래를 널리 보급해서 전국에 이름을 날렸고, 이 노래는 [프랑스 국가] 〈라 마르세예즈La Marseillaise〉가 되었다. 상퀼로트의 〈잘될 거야Ça ira〉에 맞서기 위해 4월 25~26일 밤에 이 노래를 짓고, 4월 29일 스트라스부르에서 처음 부른 뒤 6월 17일 몽플리에에서 다시 불렀다. 22일 남부의 연맹군 모임에서 공식노래가 되었으며, 마르세유 의용군은 국민을 위하고 왕에게 대항하는 정치적 전투에 참가하기 위해 7월 30일에 이 노래를 부르면서 파리에 도착했다. 9월에 발미 전투의 승리를 기릴 때도 '테 데움' 대신 이 노래를 불렀다. 그동안 이 노래는 국내 분열과 적군의 위협을 받고 있던 국민의 전투적 단결을 구현했다.

　1792년 봄, 현실을 이해하기 위해 혁명/반혁명의 지지자들이 양편으로 갈리기 시작했고, 하나 된 모습을 볼 수 있는 곳은 어디에도 없었다. 왕족들과 측근 사이에서 왕과 가족, 그리고 외국의 군주들은 모두 각자 자기 길을 찾았다. 선서 거부 사제와 로마 교황청은 적대적인 족벌로 나뉘었다. 혁명의 진화에 반대하는 사람들, 왕정주의자, 푀이양파는 단순히 모든 기관이나 반혁명적 단체에서 제외되었다. 자코뱅파는 내부 분열이 일어나 결국 단두대까지 가게 될 표류를 시작했고, 여러 지방의 상퀼로트와 투사들이 자율적으로 활동하기 시작했지만 서로 대립할 위험을 안고 있었다. 한편으로 국민에 관한 논의, 또 한편으로 내란의 이념적 분열이 앞으로 시련을 겪으면서 태어나겠지만, 그 밑그림은 벌써 나타났고 활성화되어 충분히 식별할 수 있었다. 그러나 그 모습들은 단일한 용광로를 거치지 않고 나왔기 때문에 일정한 표준에 맞게 변모하지 못했다. 1792년 4월과 5월의 한순간에 프랑스 본국과 식민지는 규범이 사라진 상태로 떠돌았다. 여느 시대와 마찬가지로 지방에 속한 문화나 사회적인 논리보다는 사건들이 지배하게 되었다. 전쟁은 역사를 가속화했고, 예상치 못한 반동이 일어나 나라가 제2의 혁명, 혁명가들이 정의했듯이 결정적으로 '진정한' 혁명의 길로 나아갔다.

3부

제2의 혁명:
사회혁명, 공동체의 이상향인가
또는 전쟁국가인가

푸셰 　 카르노 　 데물랭 　 카리에

비요 바렌 　 에베르 　 뱅상 　 롱생

콜로 데르부아 　 자크 루 　 쿠통 　 라 로슈자클랭

스토플레 　 오슈 　 바라 　 마라

1장

인민과 혁명가들

엇갈린 상황

1789년의 혁명은 혁명가를 탄생시켰다. 그들이 1792년에 제2의 혁명을 촉발했다. 전쟁과 정치적·종교적·사회적 갈등은 새로운 규칙을 만들려는 집단들을 조직하는 데 이바지했다. 이제 태어날 혁명은 단일한 운동의 산물은 아니었고, 오히려 개인적이고 집단적인 경쟁, 다양한 방법과 목표에서 태어났다.

그 결과, 내부 분열은 더욱 심해졌다. 4월 15일, 샤토비외 연대의 스위스 병사들은 1790년에 받은 도형徒刑에서 풀려나 고대 로마의 해방노예를 상기시키는 붉은 모자를 쓰고 나타났다.[1] 그들의 사면은 상

---

1 이들은 1790년 8월 말에 낭시 군사반란에 참여했다가 31일 부이예 장군에게 잔인하게 진압당한 뒤 겨우 살아남아 군선의 노를 젓는 형벌을 받았다. 자세한 내용은 주명철, 『1790—군대에 부는 혁명의 바람, 낭시 군사반란』, 프랑스 혁명사 10부작 4권(여문책, 2016) 참조.

퀼로트와 몽타뉴파가 힘을 합쳐 대대적인 민중축제를 조직하는 기회를 제공했다. 몽타뉴파는 로베스피에르의 제안을 중심으로 모이는 자코뱅파를 지칭하기 시작했다. 그러나 두 집단은 하나로 단결하지 못했다. 상퀼로트는 창과 빵을 요구했고, 몽타뉴파는 정부의 행위를 검열해야 한다고 주장했다. 그러나 그들의 견해 차이가 존재한다 할지라도, 왕과 왕비는 물론 라파예트에 반대하고 내각의 행위를 참지 못하는 데서 더 많이 일치했다. 자코뱅파는 아직 제한된 집단이었기 때문에 거의 모두가 붉은 모자를 썼다. 이것은 민중협회들 사이에 유행이 되었다. 여론은 분명히 분열되었다. 국회는 혁명으로 힘을 얻은 '새로운 폭군들'이 마치 구체제에서 볼 수 있었던 것처럼 주권자 인민들의 권리를 제한하도록 만들 것인가? 스위스 병사의 해방을 기념하는 축제에 화답하는 뜻으로, 대다수 국회의원이 1792년 6월 3일에 축하행사를 조직하고 수많은 군중과 함께 참여했으며, 그날 팡테옹에는 시모노가 둘렀던 현장懸章을 걸어놓았다. 이 '법의 축제fête de la loi'는 진짜로 질서회복을 이루었다는 뜻이었고, 프랑스 전역에서 반향을 불러일으켰다. 혁명의 합법성을 대표하는 사람, 상업의 자유와 재산권의 수호자, 또는 인민의 이름으로 공정가격제를 요구하는 집단, 이들 중 누가 정통성을 가졌는가?

이 문제는 힘의 관계가 진화하는 과정에서 해결될 것이다. 국내외 전쟁은 전체 인구의 힘을 동원하게 만들었고, 그와 동시에 반대 의견은 반역이 되었다. 저절로 억압이 발생했다. 전방에서 치명적인 소식이 들어오기 시작했다. 그러나 적군의 부대마다 전력 수준이 달랐다. 망명자들은 오스트리아의 지휘를 받았고, 불같은 미라보는 반대 명령을 받고서도 라인 강을 건널 정도로 공격에서 별로 단합된 모습을 보여주지 못했다. 또한 그들도 여느 군인들처럼 프랑스로 진격해서 지나는 곳마다 황폐하게 만들었기 때문에 그들이 주장한 이상에 동조하는 주민이 별로 없었다. 게다가 그들은 무기를 소지한 사람을 잔인하게 탄압했다. 프로이센은 혁명의 재판보다 훨씬 가혹한 판결을 내렸다. 혁명군은 마라가 격렬히 비난했던 반역자 장교들을 두려워하면서 고통을 받았기 때문에, 원정에 참여한 '애국자들'이 더할 나위 없이 훌륭하게 행동했음은 사실이다.

1792년 4월 28일, 릴Lille에서 아일랜드 출신 장군으로 아메리카 독립전쟁에 참가했던 테오발드 드 딜롱이 병사들에게 목숨을 잃고 신체를 절단당했다. 그들은 공병연대장 베르투아Berthois, 오스트리아 포로 네 명, 선서 거부 사제 한 명도 살해했다. 그들은 적들 앞에서 궤주하고 나서 딜롱을 잔인하게 학살함으로써 그의 무능력을 응징했다. 딜롱이 패배에 책임이 있다는 사실이 밝혀졌는데도 그를 살해한 사람들을 조사해서 사형을 내렸고, 마지막에 국회는 카르노Carnot의 주도로 그에게 팡테옹에 안장할 영광과 함께 과부에게 연금을 지급하기로 했다. 딜롱 부부의 막내아들도 이 사건에서 학살당했다.

이 사건은 두 가지 이유로 물의를 빚었다. 첫째, 국회는 사실상 베르투아의 과부와 같은 지위를 〔딜롱의〕 동거녀에게 인정해주면서 연금을 지급했다. 둘째, 국회는 엄밀히 샤토비외 스위스 병사들을 사면해준 흐름과 단절하고 반란 병사들을 기소했다. 카르노는 적을 앞에 두고 지휘체계를 존중하게 만들고 싶었다. 지롱드파는 뒷걸음쳤고, 모든 국회의원과 힘을 합쳐 군 지휘관들을 고발하러 온 코르들리에파에게 반대했다. 로베스피에르는 학살자들을 옹호하고, 지롱드파가 인민을 배반했다고 비난했을 때, 군 장성의 권한을 강화하면서 군대 기강을 재확립했다. 그러나 로샹보Rochambeau, 뤼크네르Luckner, 라파예트의 세 지휘관들은 어쨌든 [내무대신] 롤랑의 내각에 아주 적대적이었고, 이로써 자코뱅파와 명망 높은 지휘관들에게 충성하는 일부 군대가 분열했음을 확실히 드러냈다.

새로운 사람들이 권력을 잡았을 뿐 아니라, 특히 여러 집단 간의 새로운 관계 설정이 필요했기 때문에 제2의 혁명이 일어날 상황이 다가왔다. 지롱드파는 왕과 비선서 사제들에게 반대하도록 여론을 주도했다. 1792년 5월 27일, 국회는 능동시민 스무 명이 요구하면 비선서 사제를 귀얀Guyane[프랑스령 기아나]으로 유배하거나 투옥할 수 있는 롤랑의 법안을 가결했다. 이 조치는 40여 개 도의 관행을 합법화하려는 의도를 가졌다. 그러나 왕은 거부권을 행사했고, 자신이 [3월에] 임명한 대신과 정면으로 부딪쳤다. 이에 반발한 국회는 5월 29일에 왕이 거느린 호위대를 해산하라고 의결했다. 왕은 그 명령을 따르면서도 병사들의 봉급을 그대로 지급해서 표리부동한 모습을 보여주었다.

이렇게 국가의 가장 높은 수준에서 다투는 상황이 되자 투사들이 혁명과 국민을 구하기 위해 주도권을 확실히 행사하기 시작했다. 자코뱅파 지도자들이 왕의 책략 때문에, 그리고 급진적 조치를 정당하게 만들어주는 군사적·정치적 영역에 간섭하려다 자체 분열을 일으켰기 때문에 세력을 잃는 사이, 정치클럽과 우애협회, 디스트릭트가 사실상 유리한 상황을 맞이했다. 마르세유 같은 다수의 도시가 국회에 국가비상사태를 선포하고 자신들이 직접 적들과 싸우게 해달라고 요구했다. 파리 코뮌과 생탕투안 문밖의 상퀼로트 남녀, 어린이들은 지롱드파 내각을 추월해서 5월 30일에 무장한 채 집단행동으로 모든 원칙을 무시하면서 국회에 청원서를 제출했다. 파리 상퀼로트의 첨병인 포병들은 6월 2일에 다시 시위를 하면서 자코뱅파 내각에게 민중을 동원한다는 확약을 강요했다. 자코뱅파 내각은 대응조치로 전국의 국민방위군에게 '연맹군'을 파견해 파리에서 국회의 자율성을 보장하고 나라를 단결시키라고 명령했다. 왕·라파예트·푀이양파는 내각의 정책에 반대했고, 파리 국민방위군도 역시 그 명령을 자신들을 불신하는 표시로 받아들였다. 몽타뉴파 또한 연맹군을 친위대로 세우는 것으로 보고 두려워하면서 선뜻 결단을 내리지 못했다. 각 지방에서 출발한 연맹군은 혁명의 전설을 이루었다. 특히 그들 중에 마르세유 연맹군은 8월 10일에 왕정을 몰락시킨 사건에서 주역을 맡았다.

지롱드파와 가까이 지내던 피니스테르의 브르타뉴인들은 도 행정관들이 망설였고 내무장관이 경고를 했지만 파리를 향해 출발했다. 이들의 사례는 애국자들이 전방의 상황에 흥분하고 왕의 표리부동한 모습에 격분한 나머지 파리에 가기로 결정하고, 상퀼로트 투사들을 만나기만 해도 얼마나 쉽사리 과격해지는지를 여실히 보여주었다. 진정 상퀼로트 투사들만이 그들을 우애로 맞이했고, 그 결과 4월부터 브르타뉴 사람들이 외치던 "자유가 아니면 죽음"이라는 표어의 급진성은 자연히 확고한 태도로 나타났다. 파리 왕당파의 적대감, 그들을 공격하는 여론 조성 운동, 그들이 전방으로 떠날지, 파리에 남을지 결정할 필요성이 연맹군에 대한 견해를 수정하는 요소로 작용했다. 그들은 헌법과 심지어 군주정도 존중하는 데서 출발해 '혁명가'와 '왕당파'의 대립에서 중요한 요소가 되었다. 그것은 아마도 그들의 사회적 소속 때문이며, 특히 투쟁하는 집단들이 그들을 자기편으로 만들려 했기 때문이다. 게다가 1792년 봄을 지나면서 정치적 분류가 더욱더 분명해졌기 때문이다.

국회의원 일부가 종교에 타협하지 않으면서 이러한 일이 가속화했다. 관습을 거스르면서 일부 의원과 국민방위군이 성체첨례에 참여하지 않자 사달이 났다. 이때 로베스피에르와 브리소의 갈등이 불거졌다. 로베스피에르는 일반 신자에 대해 관용을 저버리지 않는 입장이어서 성체첨례를 반대하지 않았지만, 브리소는 회의적인 계몽주의 편에 섰다. 6월 13일, 왕은 뒤포르와 라파예트의 측근들로 내각을 교체하고, 분열하기 직전의 자코뱅 진영을 단박에 재결합시키면서 모든 것을 쓸어버렸다. 비자발적인 단결은 라파예트의 주도로 강화되었다. 그는 오스트리아군과 타협을 시도했고, 국회는 그가 보낸 고발장을 18일에 낭독하면서 그가 경솔하게도 나라의 구원자가 되고자 한다는 사실을 알았다.

6월 20일, 왕의 저항

롤랑 내각을 해산한 뒤, 파리 주민들은 며칠 동안 부글대다가 새로운 규모로 끓어 넘쳤다. 〔6월〕 19일에 생탕드레 데 자르 섹시옹 〔국민방위군〕 대대는 국회 앞에서 북을 치며 자유의 나무를 심었다. 이러한 행위는 위협과 찬성의 뜻을 한꺼번에 표현했다. 이튿날 새로운 시위가 일어났다. 파리 섹시옹이나 국민방위군의 간부들은 그저 손을 놓고 있었다. 6월 20일, 파리 시장 페티옹부터 모든 당국자는 될 대로 되라는 식이었고, 그래서 라파예트와 왕의 지지자처럼 보였다. 정치적이고 상징적인 시위가 벌어져 남녀와 어린이까지 모이고 일부는 무장한 채 국회에 난입했다. 의심의 여지 없이 8,000명이나 음악 소리에 맞춰 깃발과 무기를 들고 송아지 심장을 꽂은 창을 앞세워 행진했다. 의원들이 일제히 인민과 그 대표들의 단결을 선포한 뒤, 시위대는 의사당을 떠나 튈르리 궁에 침입했다. 그들은 특사를 보내 왕과 명예로운 타협을 시도했다. 루이 16세와 그 가족은 상퀼로트에게 직접 공격을 받았고, 특히 왕비가 야유를 받았다. 그들은 롤랑 내각을 다시 부르고 거부권을 취소하라고 왕에게 요구했다. 루이 16세는 단지 프리기아 모자를 쓰고 국민의 건강을 위해 술을 마시라는 요구만 받아들였다. 이처럼 바스티유 정복처럼 피를 흘리지 않고 '주권자 인민'이 다시 힘을 과시했지만, 거기서도 한계는 드러났다.

3년간의 토론과 대립으로 형성된 6월 20일 사태에서 파리 섹시옹들이 자율적으로 행동했음은 부인할 수 없는 사실이다. 유명 인사들은 싫건 좋건 그 운동에 들러리가 되어 끌려갔다. 파리의 절반 정도 섹시옹들이 그 사태를 승인했고, 몇몇 섹시옹은 심지어 상설회의로 전환할 권한과 '조국의 위험'〔국가비상사태〕에 맞서기 위해 시민들이 무장할 권한까지 요구했기 때문에 며칠이 지나면서 어렵사리 모든 요구를 잠재웠다. 그렇다고 그 운동을 막후공작으로 축소해서는 안 된다. 엄밀히 말해 푀이양파와 라파예트가 질서를 회복하기 위해 위협하고 게다가 군대를 부르면 된다고 생각하면서 실수를 저질렀다고 봐야 한

다. 고지문告知文과 청원, 예를 들어 '2만 명의 청원', 상퀼로트와 연맹
군을 상대로 들고일어난 파리 국민방위군 2만 명의 청원은 이들의 관
계가 끝났음을 확인해주었다.

역설적으로 왕은 민중의 공감을 얻으려고 노력하면서 답을 얻었
다. 그는 왕세자에게 국민방위군복을 입히고, 말을 타고 국민방위군
열병식을 열었다. 그가 테르시에 드 몽시엘Tercier de Montciel을 내무대
신으로 임명하려는 동시에 6월 20일 사태의 책임자들을 제재하고 도
지도부들에 힘을 합쳐 연맹군을 막으라고 선언하면서 이미 보여준 개
방적 태도를 거슬렀다. 이는 나라 안의 모든 당국과 분명히 일치하지
않는 행보였다. 도의회는 대체로 '온건파'로서 정변을 승인하지 않았
지만, 자치단체와 특히 정치클럽은 승인하는 편이었다. 파리 시장 페
티옹과 대변인 뢰데레Roederer가 아무런 행동을 하지 않았다는 이유로
권한을 정지하려던 센Seine 도가 좋은 예다. 두 사람은 자신들에게 반
대로 돌아설지 모를 섹시옹을 통제하기 위해 자율성을 제한했다. 그
들은 이제 무장하고 청원을 하는 행위를 금지하고 헌법을 존중하라고
강조했다. 이 상징적인 조치의 유일한 결과는 두 가지 사항을 둘러싸
고 투쟁만 낳았다는 것이다.

그러나 라파예트가 강력한 권력을 회복시켜 '재생'한 나라를 이끌
게 만들려고 생각하면서 가장 심각한 단절이 생겼다. 그는 이렇게 하
려고 백방으로 노력했다. 오스트리아 측과 정전협정을 맺으려고 비밀
협상을 하면서 군사적 공격에 참여하지 않았다. 자코뱅파와 '정치클
럽의 지배'는 물론 자신과 경쟁하던 뒤무리에에게 맞서기 위해 자기
군대에 라메트 형제를 데려가고 푀이양파와 동맹관계를 맺었다. 또한

자신을 1789년의 상징으로 유지하기 위해 국민방위군을 동원하려고 노력했다. 그에게 대항해서 왕비는 페티옹과 연합했다. 그가 군대의 통제권을 독점하지 못하게 막으려는 의도였다. 한편, 국회는 그를 중심으로 거의 반반으로 나뉘었다. 그의 야심이 너무 큰 데다 〔그가 자기〕 군대를 적 앞에 놔두고 〔파리로 왔기 때문에〕 군사적 위험을 초래할지 몰라 몹시 걱정하는 사람들이 있었다. 그의 활동은 용두사미로 끝났다. 라파예트는 푀이양파를 약화시키고 1789년 클럽 인사들의 신용을 떨어뜨린 것 외에 아무런 성과도 거두지 못한 채 〔6월〕 30일 〔자기 부대로〕 돌아갔다. 그는 정치적으로 사망했고, '지롱드파'와 '몽타뉴파'의 자코뱅 연합은 그를 상대로 재편되었다.

혁명이 어떤 식으로든 '가속화'해서 개인을 차례로 짓밟았을 가능성을 굳이 찾을 필요는 없다. 혁명의 진화에 어떠한 운명도 관련이 없다. 수많은 원인이 작용했다. 첫째, 사회지배층이 일련의 사건에서 발생한 수많은 요구와 이의에 제대로 대처하지 못했다. 바르나브는 정계를 떠나면서 여러 가지 분석 결과를 내놓았는데, 특히 롤랑 내각의 해산이 잘못되었다고 보고했다. 그 반대로 뒤포르는 프로이센의 약탈과 자코뱅파의 무정부 상태를 예언하면서 경고했다. 1788~1789년에 시작한 정치화는 집단의 반응을 끊임없이 수정했다. 생필품 문제와 상관없는 정치적 시위에 무장한 아낙네들이 참여하고, 각별히 라파예트 같은 사람이 반대했지만 국민방위군에 '수동'시민이 입대한 사례가 그 증거다. '보통'의 파리인들이 어떻게 정치생활을 시작했는지, 그리고 사회지배층이 서로 싸우는 가운데 어떻게 권력을 잃었는지 그 현실을 쉽게 이해할 수 있다.

'조국이 위험하다'와 내전

〔1792년〕 7월 7일, 의원들이 양원제로 가자는 편과 공화제로 가자는 편으로 나뉘어 싸우는 모습을 보고 리옹의 주교 라무레트가 적 앞에서 단합하자고 권고했을 만큼 국회는 스스로 무력함을 드러냈다. 모든 국회의원이 감정에 북받쳐서 서로 얼싸안았고, 왕도 급히 그 자리에 참석해서 모두를 축복했다. 1789년 6월의 정신이 최종적으로 분출한 것을 두고 후세에 '라무레트의 포옹baiser Lamourette'이라고 하지만, 공개적인 싸움을 제대로 감추지는 못했다. 같은 날, 센 도 행정관들은 페티옹의 시장직을 정지시켰다. 13일에 이러한 조치에 관한 보고를 했지만, 라파예트와 뤼크네는 지휘권을 서로 바꾸어 라파예트가 북부군Armée du Nord을 이끌고 파리로 진격할 수 있게 되었고, 두 장군은 왕에게 수도를 떠나 콩피에뉴로 가서 자신들의 보호를 받으라고 권유했던 만큼 〔라무레트의 포옹으로 이룬〕 7일의 단합을 의심스럽게 만들었다. 루이 16세는 자신이 오스트리아인과 합세하려 한다는 오해를 부추길까 봐 이 계획을 거절했다. 자코뱅파는 서로 화해하고 아주 은밀하게 힘을 합쳐 나라를 손아귀에 넣을 가능성을 찾았다. 왕의 자격을 정지하는 동시에 국민방위군을 더 뽑고, 국유재산을 잘게 나눠서 매각하고, 시민들의 감시를 강화하는 방안을 궁리했다. 브리소가 "모두 인민이 됩시다! 더는 유산자와 무산자를 구별하지 말고, 창을 깔보지 맙시다"라고 외치면서 '수동시민'을 단번에 정치공동체에 동화시켰을 때 상황이 급변했다.

왕은 정변이 두려워서 반대했지만, 국회를 압박해 7월 14일 축제에 연맹군을 참가하도록 만들었다. 그러나 연맹군은 파리에 오래 머물수 없었다. 전쟁이 지배하는 상황에서 나라를 구해야 한다는 절박함으로 국회는 7월 11일에 '조국이 위험하다'고 선포하고 국회의 영도 아래 국민의 통합을 외쳤다. 국회는 이미 모든 도·디스트릭트·코뮌의 회의체에 자리를 뜨지 말라고 명령했다. 브리소와 베르니오가 이끄는 자코뱅파는 '조국'이라는 새로운 개념을 독점했다. 실제로 발등에 불이 떨어졌다. 예를 들어 에로 도 지도부는 집행부가 너무 온건하다는 이유로 수장으로 받아들이지 않았고, 7월 23일에 마르세유는 왕의 폐위를 요구했다. 전국신분회 대표들이 1789년 7월에 민중반란을 지지했듯이, 1792년의 자코뱅파도 상퀼로트와 정치클럽에 의지하면서 혁명적 국민국가를 만들라는 요구를 받아들였으며, 코르들리에 클럽은 뱅상이나 모모로Momoro 같은 젊은 활동가와 함께 다시 태어났다.

〔코르들리에 클럽은〕 국회의 우파, 라파예트 추종자, 더욱이 궁중은 물론 반혁명가들과도 관계를 완전히 단절했다. 반혁명 성향의 신문들은 특히 '헐벗은 임금노동자', 당연히 정치적 의견을 가질 수 없다는 평가를 받는 '비루한 종자들'에게 악의를 드러냈다. 이처럼 1792년 7월 16일자「전선의 마부Le Postillon de la guerre」는 "곧 내전이 일어나고, 마치 무서운 화산처럼 모든 재산을 삼킬 것이다. (중략) 사람들은 먼저 국유림에서 시작해 곧 망명자들의 재산과, 미움이나 야망이 귀족주의자로 지목한 사람들을 포함해서 모든 이의 재산까지 팔아치울 것이다. 수많은 지주와 귀족주의자가 발생할 것이며, 조그만 밭 한 뙈기만 가져도 귀족이 될 것이다"라고 확신했다. 따라서 온갖 위험이 더 커지고 힘을 발휘할 필요가 생겼을 때, 지롱드파는 까다로운 민중의

힘을 제 편으로 만들어 동원하려고 노력했다.

거의 어디서나 내전과 대외전쟁이 뒤섞였지만, 남부에서는 특히 작열했다. 1792년 2월부터 반혁명 분자들은 왕족과 영국인들과 합세해서 반란을 준비했다. 사이양 백작은 1792년 7월 4일에 작전을 시작하고 8일에 잘레스 평원을 장악했다. 잘레스의 세 번째 '병영'은 진짜 반혁명 세력이었고 망명자들과 연결되어 있었다. 사실상 그들은 사이양이 성급하게 움직이고 병력을 효과적으로 동원하지 못했기 때문에 실패했다. 겨우 1,500명을 동원해서 애국자 1만 명을 상대해야 했고, 전국이 경계 태세를 갖추었기 때문이다. 7월 11~12일에 신속하고 격렬하게 진압하기 시작해서 반Bannes 마을을 불태우고, 사이양 같은 반란 주모자와 의심스러운 사제들을 학살했다. 투르툴롱Tourtoulon 신부는 1792년 7월 28일에 생티폴리트 뒤포르에서 붙잡혀 고문당한 뒤 목을 잘렸다. 이후 가장 단호한 애국자들이 실세가 되었다. 좀 더 서쪽의 생트아프리크의 젊은 '폭력주의자' 개신교도로 구성된 '검은 무리Bande noire'는 가톨릭교도를 박해하고, 공권력을 쥐고 있는 '온건파 애국자'를 공격하면서 스스로 '집행부'처럼 행세했다. 연맹군 진영의 대표단을 파리로 보낸 마르세유에서는 적이 생길 때마다 싸워야 할 군대가 주둔하고 있었기 때문에 강력한 긴장의 분위기가 더욱 고조되었다. 7월 20~28일, 모든 섹시옹이 상시 회의체제로 들어가고 음모가들의 명단이 있다는 소문이 퍼질 때, 왕당파 반혁명 혐의자와 선서 거부 사제들이 거리에서 〈잘될 거야〉 노래에 맞춰 교수형으로 죽고 때로는 신체까지 절단되었다. 도시에서 볼 수 있는 폭력의 장면이 프로방스와 랑그도크 지방 어디에서나 나타났다. 툴롱에서는 스무 명 남짓이나 그렇게 죽었다.

그 뒤 날마다 수많은 세력이 자신을 알리려고 노력했다. 왕은 국가 비상사태 선언을 승인하고, 자신을 지켜주려고 동원된 반혁명 세력의 지원을 받았다. 이러한 뜻에서 고지문과 청원이 날마다 국회로 몰려들 때, 자코뱅파는 새로운 내각을 구성하라고 요구하면서도 왕의 파면에 선뜻 개입하려 들지 않았다. 지롱드파는 불확실한 공화국을 반대한다고 선언하면서 섹시옹들과 관계를 끊었다. 그러나 파리의 섹시옹들도 분열했다. 모콩세이Mauconseil 섹시옹을 선두로 가장 급진적인 섹시옹들은 왕을 폐위하고 국회가 자율적으로 활동하기 바랐지만 의원들이 거부했다. 한편, 왕의 명령을 거역하면서 연맹군이 조금씩 파리에 도착하고 있었다. 7월 중순까지 그들은 거의 2만 명 정도가 되었고, 의원들과 파리 시장 페티옹이 가입한 위원회가 그들을 이끌고 봉기를 일으킬 준비를 했다. 마르세유 연맹군이 도착한 후 준비에 속도가 붙었다. 그들이 샹젤리제에서 연회를 벌일 때 가까운 곳에서 왕당파 국민방위군도 연회를 벌였기 때문에 두 집단의 적개심이 쉽게 싸움으로 번지면서 열다섯 명 정도가 다치고 한 명이 죽었다.

8월 10일, 반란 코뮌의 승리

이러한 분위기에서 8월 3일에 프랑스인들은 브라운슈바이크 공작이 7월 25일에 서명하고 왕이 28일에 받은 성명서가 있다는 사실을 알게 되었다. 왕은 외국 군주들이 '강력하게 발언'해주기를 바랐는데, 그

대답이 바로 망명자 리몽Limon이 작성한 이 성명서였고, 과격하지만 형편없는 문장으로 충격을 주었다. 만일 왕이 자유를 회복하지 못하고 모든 제도가 존중받지 못하면 파리를 초토화하고 전쟁의 법에 따라 혁명 분자들을 처벌하겠다는 내용이었다. 이 선언문을 보고 푀이양파부터 자코뱅파까지 애국심을 발휘했다. '국민'이 하나로 뭉쳐서 왕, 완고한 귀족, 선서 거부 사제들, 게다가 항상 비난을 받았고 이 문서가 존재를 증명해준 오스트리아 위원회에 대항했다. 왕이 직접 브라운슈바이크의 성명서를 거부하고, 국회에 나가 국민과 헌법에 충성한다는 사실을 맹세했다. 그러나 허사였다. 8월 3일, 파리 섹시옹은 한 곳만 빼고 왕을 폐위하라고 요구했다.[2] 국회는 자기 권위를 유지하고자 눈치를 보다가 이튿날 더는 왕을 인정하지 않는다는 모콩세이 섹시옹의 결정을 파기했다. 파리 코뮌의 구성원들은 적군이 진격할 때를 대비해서 파리의 지휘 아래 병영을 준비하기 위해 섹시옹의 대표들을 받아들였기 때문에 모든 섹시옹, 파리 코뮌, 연맹군은 함께 반란을 계획했다. 기존의 코뮌이 존재했음에도 반혁명의 위험에 대비하기 위해 반란 코뮌이 생겼다.

그 위험은 현실로 나타났다. 프로이센군이 진격하는 와중에 왕이 루앙으로 도주하려는 계획이 있다는 고발이 흥분을 고조시켰고, 튈르리 궁 주변에 상퀼로트와 연맹군이 모였다. 이 기회를 이용해서 청

---

2   48개 섹시옹 가운데 아르스날 섹시옹은 저명한 화학자 앙투안 로랑 라부아지에를 대표로 국회에 보내 군대에 보내는 호소문과 왕의 폐위 청원을 거부한다고 전했다.

원자 바를레Varlet는 의원들에게 일꾼의 '신성한' 권리를 존중해달라고 주장하면서 말 그대로 사회혁명의 요구를 최초로 언급했다. 의원들은 거부했지만, 청원자들이 원하건 원치 않건 상관없이 제2의 혁명이 이미 시작되었다. 섹시옹들이 앞장서서 헌법을 고쳤다. 당시에 당통이 이끌던 테아트르 프랑세 섹시옹은 능동시민과 수동시민의 구별을 없애고, 적과 대항하도록 모든 주민을 동원했다. 코뮌을 중심으로 비슷한 기관들이 생겼고, 섹시옹들은 공공장소에서 왕의 상을 제거하고 입법의회를 '국민공의회'로 대체하자고 요구했다. 온갖 소문과 두려움이 사람들을 들끓게 만드는 풍토에서, 라파예트가 군대를 끌고 온다는 가벼운 밥상머리 주제까지 국회에서 토론과 투표로 이어졌다. 장군은 온갖 혐의에서 벗어났지만, 상퀼로트의 눈에 지나치게 너그러운 처사로 보였기 때문에 그와 측근들에게 반대하는 시위가 벌어졌다. 이렇게 완전한 단절이 일어났다.

따라서 일부 여론은 기존 질서를 거부하고, 더 높은 차원의 합법성을 내세우며 불법성을 요구했다. 그렇게 해서 그때까지 지역사회의 요구에 한정되었던 것을 정치적 명령으로 바꾸는 데 성공했다. 국가권력은 국가의 원칙에서 도전을 받았다. 자코뱅파의 일부, 그리고 코르들리에파처럼 얼마 전에 상퀼로트의 대변인이 된 사람들은 이러한 주장을 지지했다. 한편, 지롱드파의 문제는 우파의 적들과 집행부에 대항하는 국회의 권력을 장악하는 데 있었다. 돌이킬 수 없을 만큼 대립의 골이 깊어졌다. 왕의 주위에는 모두 4,000여 명이 있었는데, 그들은 스위스 근위대와 아주 특별히 모인 확실한 반혁명 성향의 국민방위군이었다. 왕이 도주할 경우 그를 보호할 병력도 노르망디로 파견해놓았다. 파리에서는 국민방위군 사령관 망다Mandat가 저항하기 위해 조치를 취했다. 파리의 여러 곳에 지원군을 배치해서 군주에게 충성하는 사람들을 확실히 두 배로 늘렸다. 그들에 맞서기 위해 연맹 군 7,000명, 국민방위군의 대대들이 준비했고, 최악의 상황에서 전투에 참가하려고 조금씩 도착한 지원군이 거의 2만 명이나 되었다. 그들은 왕을 지키는 병사들보다 압도적으로 많았지만 무기와 전투력에서 의심스러운 수준이었다.

8월 9일 저녁, 캥즈 뱅 섹시옹의 주도로 30개 섹시옹이 파리 코뮌에 대표를 파견해서 '구국'의 이름으로 전권을 행사할 반란 코뮌을 구성하라고 촉구했다. '합헌' 코뮌의 구성원들 대신 지난 몇 년 동안 특출해진 로베르·에베르Hébert·로시뇰 같은 지도자들이 합세했다. 섹시옹들이 잇달아 경종을 울리면서 반란자들을 불러 모았고, 그 소리를 들은 왕의 지지자들도 집합장소로 달려갔다. 국회는 잠시 회의를 멈췄다가 다시 시작했지만 의원들은 대결에 참여하지 않았다. 페티옹과 뢰데레는 밤중에 진지 사이를 돌아다녔고, 페티옹은 시청에 아무런 반대도 하지 않고 연금되었으며, 뢰데레가 중재자 노릇을 했다. 반란 코뮌은 그때 잡은 권력을 여섯 달 동안 지켰다.

이처럼 긴박한 상황은 반란으로 변해 잇단 정변이 일어났다. 망다는 시청으로 불려가 코뮌 앞에 섰고, 코뮌은 그를 추궁하고 자격을 박탈한 뒤 상테르로 교체했다. 그를 코뮌 회의실에서 아베이 감옥으로 끌고 가는 도중에 사람들이 뭇매를 때리고 목을 잘라 창에 꿰어 들고 다녔다. 국민방위군의 가짜 순찰대를 붙잡아 즉시 처형하는 일도 있었다. 튈르리 궁 앞에 모인 반란 세력들은 망다가 죽은 뒤 망설이다가 이른 아침에 힘을 합쳤다. 스위스 병사들은 다수가 싸우겠다고 결심했지만, 국민방위군의 다수가 왕에게 야유를 퍼부었다. 형제애가 같은 장소에서 실현되고 있었다. 뢰데레는 왕과 왕비에게 국회로 피신하라고 설득했다. 사실상 국회가 그들을 보호하는 일은 합헌이었지만, 그때까지 아무 결정도 내리지 않았다. 의원들, 뢰데레, 루이 16세는 파렴치하게도 외국 군대의 프랑스 진입을 막을 수 없을 지경에 이르러 힘의 관계가 바뀔 때만 기다리고 있었던 것일까? 단 며칠이나 몇 주면 8월 10일에 시작한 폭동이 아무런 성과도 없이 끝날 테니, 거만하게 보이도록 행동하면 충분했다.

왕과 그 가족은 국회의장석 뒤에 있는 로고그라프[속기사]의 방에 자리를 잡았다. 그러나 무기상에서 무기를 탈취한 상퀼로트가 튈르리궁 앞에 도착하면서 사태가 급변했다. 스위스 병사들이 일렬로 발포한 것은 상퀼로트를 환영한 뜻이었던가, 아니면 좀 더 그럴싸한 설명으로 스위스 병사 일부가 상퀼로트에게 선뜻 우호적인 몸짓을 보여주지 못할 때 파리인들이 먼저 총을 쐈던 것인가? 스위스 병사들이 승리했다는 소문이 퍼질 정도로 궁전 앞마당들을 다시 통제하게 되었다는 사실만큼은 확실하다. 연맹군이 대포를 앞세우고 개입했다. 그때 왕은 지지자들에게 쪽지로 무기를 내려놓으라고 명령했지만, 이미 적대 관계를 이전으로 되돌리기 어려워졌다. 반란자들이 궁에 침입해서 약탈하고, 왕의 지지자와 하인들을 죽이고 절단하고 불에 태웠으며, 파리 전역에서 생존자를 추적했다. 그날의 이야기는 모두 신체를 절단하고 심지어 먹는 행위를 자세히 묘사했으며, 잔혹한 행위를 모두 전설로 만들었다. 어떠한 정치적 의도나 정의도 없이 잔인한 폭력만 난

무했다. 승리자 편에서 384~390명이 사망했다지만, 분명히 그보다
는 사망자가 더 많았을 것이며, 그들은 7월 14일의 정복자들과 달리
아무런 칭호도 요구하지 않았다. 적진에서는 분명히 1,000명 이상이
살해당했는데, 그중 475명이 스위스 수비대 병사들이었다. 350명의
스위스 병사가 탈영해서 반란군으로 넘어갔다는 사실도 주목할 만하
다. 양측 모두 합쳐 5,000~6,000명이 사망했다는 보고서도 있다.

　이것은 폭력이 발작하듯 날뛰는 상황이 통제된 폭력으로 이행하는
과정이며 공포정을 예고하는 것인가? 그것은 명백하다. 회고록과 이
야기는 약간 조심스럽게 전하지만, 반혁명 판화가와 화가들은 프랑스
혁명의 잔인성을 유럽에 널리 알리고 8월 10일의 사태를 아주 생생
하게 묘사했으며, 그것은 군주정 지지자들과 입헌파가 주도한 정치가
끝났음을 인정한 사건이었다. 1789년의 주역들은 한편으로 망명자들
과 반혁명 분자들에게, 또 한편으로 급진적인 자코뱅파와 상퀼로트에
게 추월당하고 공격받았다. 앙트레그의 반혁명가 친구들과 상퀼로트
가 공동의 적에 대응하기 위해 8월 10일에 공모한 것은 나중에 최악
의 정책임이 분명해졌다.[3] '정부' 사람들은 가장 급진적인 요구와 기
대에 적절히 저항하거나 물꼬를 터주지 못했다. 군사작전에 통합된

3　앙트레그 백작은 1788년의 '귀족 혁명'의 주역이었고, 전국신분회 대표로 국회의원이
되어 절대주의에 철저히 반대했다. 그는 귀족 중심의 사고방식으로 1792년 6월 20일 이전
부터 왕과 왕비를 비판하고, 마리 앙투아네트를 '거위 같은 얼간이, 고집 센 노새' 같으며, 루
이 16세를 '알락해오라기'(얼간이)에 비유했다. 그는 반혁명을 실현하기 위해 페티옹에게 접
근하기도 했다(Jacqueline Chaumié, *Le réseau d'Antraigues et la Contre-Révolution,
1791-1793*, Plon, 1965 참조).

상퀼로트의 두드러진 활약으로 통상적인 폭력의 언어와 행동이 널리 퍼졌다. 그러나 폭력을 규정한 사람들은 선출직과 정치적 지배층이었다. 다음의 두 가지 사례가 말하듯이, 의원들은 그때까지 보복해달라는 요구에 거의 양보하지 않았다. 1792년 7월 31일, 국회는 라수르스 의원이 대신들과 위원들을 사형시키자고 요구한 안을 거부했다. 그날 빌레르 코트레의 선출직들은 민중의 폭력을 고발했다.

8월 10일은 이러한 상황을 뿌리부터 뒤엎었다. 서부의 브르타뉴와 멘 사이에서 장차 '슈앙 유격대'가 작은 반란을 일으켰을 때, 쌍방이 정면으로 폭력을 행사했다. 특히 브레쉬르 근처에서 농민봉기가 일어나자 사방에서 온 군대가 24일에 잔인하게 진압했다. 농민들을 죽이고 그들의 귀를 잘라 주민들을 두려움에 떨게 만들었다. 그러나 1791년 7월과 마찬가지로 8월 10일도 공포정의 '전주곡'은 아니었다. 그날은 무엇보다 혁명의 적들을 상대로 벌인 전쟁의 일화일 뿐이었다. 그것은 정치지배층이 규정하거나 통제할 수 없을 만큼 일상의 폭력임을 증언했다. 학살을 저지른 상퀼로트는 정당한 복수를 하려다 어쩔 수 없이 일어난 불행한 사태, 또는 배반을 응징할 다른 방법이 없었다고 선언했다. 하지만 그들의 말을 그대로 받아들이기는 어렵다. 역사를 쓸 때 본질적으로 모든 성인전聖人傳을 비판해야 하며, 자기 행위를 정당화하는 선언을 진실로 쉽게 믿거나, 인간이란 원래 윤리적인 요소보다는 잔인한 존재라는 관점을 발명해서도 안 된다. 8월 10일은 적대 세력들이 애매하지만 계산적으로 대결하면서 시작되었고, 결국 기존의 것과 완전히 단절하면서 폭력을 자유롭게 표출하게끔 만들었다.

방향을 더듬는 혁명

이튿날인 1792년 8월 11일부터 당장 합법과 불법의 경계가 모호해졌다. 반란이 승리하면서 그때까지 성취하지 못한 요구를 정당하게 만들어주고 폭력을 자유롭게 표출하는 상황이 되었다. 영주가 토지에 부과한 모든 세금을 폐지했다. 앞으로 능동시민과 수동시민의 구별 없이 선거를 하기로 했다. 또한 선서 거부 사제에 관한 제재를 즉시 시행하기로 했다. 이로써 그들을 반혁명 분자로 취급해서 가두거나 해외로 추방할 수 있었다. 3만 명이 그런 처분을 받았다. 8월 14~15일부터 국가의 봉급이나 은급[연금]을 받는 시민들은 종교인도 포함해서 자유와 평등의 맹세를 하도록 명령했다. 시민들은 자유와 평등을 수호할 것이며, 그렇지 않으면 자기 직책을 수행하다 죽겠노라 맹세했고, 반란 코뮌은 시민정신 증명서를 발행해주었다. 반란 코뮌은 국회를 공식적으로 방문해서 인민의 신뢰를 전했는데, 이로써 모든 것을 국회의 권위에 맡기고, 상황에 따라 필요한 비상조치를 내려달라고 요구했다. "법의 밖에서 구국의 길은 없다!" 두 기관이 투쟁을 시작했다. 즉시 국회는 로베스피에르·페티옹·당통 같은 주요 인사들이 있고, 탈리엥Tallien과 쇼메트Chaumette처럼 곧 두각을 나타낼 인재가 있는 코뮌을 승인해주었다.

프랑스는 1789년보다 더욱 분명히 혁명의 상황에 놓였다. 지방을 시작으로 행정관들은 천천히 신중하게 반응하면서도 국가를 구하는 길과 혁명을 구하는 길을 하나로 묶은 8월 10일 사태를 지지했다. 그들은 국회의 정당성을 더는 인정할 수 없게 되고, 여러 세력이 엎치락

뒤치락 승리를 거둘 때 자신들만이 인민주권을 대표한다고 확신했다. 그들은 인민·조국·공화국이라는 개념을 일상언어에 고정시키고, 거기에 맞춰 행동 방향을 설정했다. 고대 역사에 뿌리를 둔 그들의 문화는 자유와 우애를 결합했으며, 마치 지배층이 경험한 '공화국의 순간'처럼 상퀼로트 때문에 분열할까 봐 두려워하고, 로마 공화국이 퇴폐로 쓰러졌듯이 그렇게 될까 봐 두려워했음을 보여주었다.

1792년 8월이 되기 몇 주 전부터 기존 헌법을 노골적으로 무시한 수많은 투사 집단들이 민중협회들의 관행을 유지하면서 권력을 잡았고, 일부 행정기관들도 거기에 편승했다. 군사적 사건을 겪으면서 행정관들에 대한 신뢰가 무너지고 더욱이 새로운 정치적 계획을 실행하려는 의지를 보면서, 투사들은 기존의 기초의회들과 경쟁하고 상설기구를 만들어 법률을 심사하려는 데까지 나아갔다. 8월 10일은 프랑스의 정치생활을 근본부터 문제 삼은 과정의 논리적 결과였다. 이것은 '민중 집단'이 '헌법제정권'을 장악했다는 뜻인가? 권력을 장악한 것은 아직 헌법을 제정하기 전이었던 1789년보다 1792년이 훨씬 확실하게 보였다. 1792년에는 '혁명가들'만이 새로운 체제를 창조한다고 말할 수 있었다. 그러나 '대중'은 정치적 역할에 따라 수많은 집단으로 나뉘었으며, 모든 섹시옹의 상퀼로트는 상급기관에서 오는 명령을 거부할 만큼 자율성을 유지했다. 엄밀히 정치적 일정에 참여하는 핵심적인 개인들만이 기초의회와 공식기관을 장악하고 대표직을 독점하던 자코뱅파 지도층과 경쟁하면서 국사에 개입하기도 했다. '대중'은 힘을 가졌음에도 언제나 종속적 위치에서 벗어날 수 없었다. 이는 곧이어 구성된 국민공회Convention가 프랑스의 새 헌법을 제정하는 일을 지연한 사실을 설명해준다. [헌법을 늦게 제정한다고] 반란이 일어나지도 않았으며, 설사 나중에 반란권을 헌법에 집어넣었다 할지라도, 그것은 반란이 다시 일어나는 일을 막기 위한 조치였을 뿐이다. 1792년 혁명은 잇단 상황의 결과였고, 1789년 이후 널리 인정받은 혁명기관들의 확실한 구성원인 자코뱅파가 솜씨 좋게 효율적으로 감시하고 제한한 모험으로 남았다.

반란 코뮌은 즉시 막강한 힘을 발휘했다. 코뮌은 특권을 지키려고 안달인 섹시옹들과 경쟁할 위험을 무릅쓰고 감시위원회를 두어 치안위원들과 치안판사들을 대체했다. 코뮌은 직접민주주의와 대의민주주의의 성격을 모두 갖추고 1789년 이후 모든 활동가가 보여준 '연방주의'로 나아가는 모든 흐름을 구현했다. 몽타뉴파의 통제를 일부분 받으면서 지롱드파와 전쟁도구 노릇을 하기도 했다. 좌파로 축소된 국회는 지롱드파 장관들로 임시 집행위원회를 창설하고, 바렌 사건 이후에 그렇게 되었듯이 국민을 구현하는 권력기관을 모두 관장했다. 그러나 모든 기관은 수없이 어려운 관계를 만들었다. 국회가 계속 전국에 특사를 보내면서 장관들에게 의존하는 공무원들과 경쟁을 부추겼기 때문이다. 결국 당통이 법무장관이 되어 독자적으로 행동했다. 거기서도 복잡한 상황이 나타났다. 당통은 그 순간의 강자였지만, 스위스 병사들을 보호해서 살려주었고, 그 자신이 1791년 7월에 보호받았다는 사실을 분명히 기억하면서 뒤포르의 목숨을 구해주었다. 뒤포르는 붙잡혔지만 당통이 파리로 데려오지 말라고 명령을 내렸다.

라파예트의 정변이 실패하고, 국회는 원치 않았음에도 정통성을 확인받았다. 라파예트는 적법성을 회복하기 위해 모든 도 회의를 소집하고, 그렇게 프랑스 인민의 승인을 받으면 군대를 이끌고 파리로 진격하려고 마음먹었다. 푀이양파와 다른 장군들의 지원을 받으려고 노력하는 가운데, 그는 스당의 지원과 스트라스부르 시장 디트리슈 Dietrich의 지지를 받았고, 국회가 그에게 파견한 위원들을 불법으로 체포했다. 거기까지만 성공했다. 8월 19일, 그는 일부 측근들을 데리고 적진으로 넘어갔다. 적은 그를 혁명 분자로 판단하고 요새에 가두었다. 왕이 남아 있었다. 국회는 뤽상부르 궁을 원했지만, 코뮌의 압력으로 가혹하고 불길한 탕플에 가두었다. 그는 아직 특별대우로 장서와 문구를 갖춘 책상을 가질 수 있었다. 그러나 시간이 흐르면서 조건이 더욱 가혹해졌다. 앞으로 국민공회가 새 헌법을 제정할 때까지 무슨 체제로 가는지 정해지지 않았다. 당시 왕당파와 특히 신문기자들을 만나는 대로 약식재판을 하는 반군주제의 물결이 파리 코뮌의 도움을 받아 방방곡곡으로 퍼지고 있었지만, 이렇게 신중한 태도는 그 물결과 거리가 멀었다. 반혁명 신문은 사라졌지만, 일부 여론은 그날 사건이 불법이라는 사실에 맞서 싸울지 저울질했다.

망설임이 뒷거래로 나타났다. 8월 11일부터 코뮌은 8월 10일의 '범죄'를 심판할 특별법원을 설치하라고 요청했다. 코뮌은 반란의 '신성한 의무'를 거론하고 '인민의 복수'를 자유롭게 허용하겠다고 국회를 위협해서 17일에 왕당파를 심판할 특별법원을 설치했다. 로베스피에르가 법원장으로 뽑혔다. 그러나 "인민은 자신에게 어울리는 성격의 즉각적이고 무섭고 위엄 있는 정의를 실현해야 한다"고 생각하던 그는 자신이 코뮌에서 맡은 역할이 있으며, 혐의자들 가운데 조국의 적뿐 아니라 자신의 적도 있으므로 자기가 남을 심판하거나 심판받을 처지가 되고 싶지 않다는 이유로 즉시 사임했다.

이 법원은 왕의 문제를 다루지 않았고, 피고 서른두 명 가운데 열다섯 명을 방면하고 나머지를 단두대로 보냈다. 스위스 수비대장 다프리d'Affry는 그날 환자로 법정에 나왔다가 무죄를 선고받고 고향으로 송환되었다. 최고조에 달했던 폭력과 특별법원의 온건한 판결의 차이는 컸다. 코뮌과 섹시옹들은 항상 수상한 사람들을 감옥에 가두면서 추방자 명단을 작성해두었기 때문에 이 명단이 사실상 9월 학살에 이용되었다. 실뱅 마레샬이 왕실비 내역을 발간하고 나서 목록에 나타난 인물이 얼마에 매수되었고, 인민의 폭력에서 벗어난 인물들이 누구인지, 게다가 망명자의 이름이 특별수당을 받은 사람이라는 사실이 세간에 알려지면서, 1789~1790년부터 흔한 일이 된 고발행위는 더욱 극적인 전기를 맞이했다.

〔급진파〕마라가 온건하게 보일 정도로 모든 신문이 그들에게 벌을 내리고 머리를 자르라고 요구했다. 신문은 도시나 마을에서 이웃과 적들 사이에 자주 쓰는 말투까지 동원했다. 혁명가와 반혁명가들이 흔히 상대를 공격하는 명령을 내릴 때 말하듯이, 피로 발을 적시겠다, 적의 간을 콩알만하게 만들겠다고 맹세했다. 예를 들어 쥐라le Jura 지방의 행정관들이 '불법을 저지르기 시작'하면서 그곳의 정신상태가 그렇게 물들었다. 그들은 조국을 구하는 데 필요한 모든 행동을 미리 묵인했고, 어떤 희생도 감수할 용의가 있는 의용군의 지지를 받았다. 모든 말이 폭력을 담게 되었다.

9월, 군중과 대변인

경찰이 세관 울타리를 막고 파리를 봉쇄한 상태에서 국회와 치고 빠지듯이 싸우고 있던 코뮌은 가택수색을 시작해 무기를 압수하고, 귀족이나 선서 거부 사제 같은 혐의자를 감옥에 보냈다. 8월 10일에 사실상 지롱드파가 권력을 잡았다. 내무장관으로 돌아온 롤랑은 10만 리브르의 예산을 책정해서 공공정신사무국Bureau de l'esprit public을 신설했다.[4] 사무국은 본맹Bonnemain 같은 신문기자에게 보조금을 주고 전국에 특사를 파견했다. 특사는 곡식의 자유 유통을 옹호하고 파리 코뮌, 로베스피에르, 마라와 반혁명가들을 싸잡아 '도적떼'로 고발했다. 더욱이 그들은 현장에서 청중을 만나 왕당파를 속히 단죄하고 혁명을 급진화해달라는 희망을 들었다. 같은 시기에 국민공회도 군대에 위원들을 파견해서 자기 권력을 확인시키고 군사작전을 조직하려 했다. 정치적 계산과 프랑스가 외적의 침략을 받는다는 두려움 사이의 격차가 뚜렷이 나타났다. 그래도 군사적 위협이 가장 먼저 고려해야 할 사안이었다. 지롱드파가 통제하는 국회는 조국이 코뮌을 잘 대우

---

4 1792년 8월 10일에 일어난 '제2의 혁명'으로 왕정이 폐지되기 전후의 시기를 고려해 'ministre'를 '대신/장관'으로 구별해서 옮겼다. 롤랑이 1792년 3월에 대신직을 맡자 곧 공공정신사무국을 신설했지만 비공식적인 기구였다. 그러나 롤랑이 8월에 두 번째로 내무부를 맡으면서 8월 18일 입법의회의 명령으로 예산 10만 리브르를 배정받고 이 기구의 지위가 격상되었다(M. Dorigny, La propagande girondine et le livre en 1792: le Bureau de l'Esprit public. In: *Dix-huitième Siècle*, n° 21, 1989. https://www.persee.fr/doc/dhs_0070-6760_1989_num_21_1_1699 참조).

했다고 선언하면서 코뮌을 폐지하기로 결정했다. 코뮌은 파리 생필품 위원회를 소환하고 지롱드파 신문기자를 체포한 죄를 지었기 때문이다. 코뮌은 대응책으로 페티옹의 의장 자격을 회복해주고, 생필품위원회의 위원들을 복권시키는 동시에 마라 같은 인물들에게도 문호를 개방했다.

군사적 위급함과 준엄한 조치의 필요성이 생긴 위정자들이 모든 권위를 쓰러뜨릴 상황이었다. 9월 2일, 파리는 베르됭Verdun이 적의 손에 넘어갔다는 소식을 들었고, 코뮌은 경종을 쳐서 총동원령을 내렸다. 코뮌이 정통성을 회복하고, 입법의회는 코뮌을 해산시키려는 결정을 파기했다. 집행위원회에서 그 순간의 강자인 당통이 "대담하게 더욱 대담하게!" 행동하라고 권고했다. 오후에는 선서 거부 사제들이 이송 중에 거리에서 살해당하고, 100여 명을 가둔 카름[갈멜] 수도원 구내에서도 살해당했다. 즉결재판을 열어 위원으로 활동하면서 널리 존경받는 대변인으로 얼굴이 알려진 시민들을 앉히고 수용자들을 불러낸 다음 어떤 이는 열광하면서 방면하고, 어떤 이는 무장한 집단의 손에서 즉시 살해당하게 방관했다.

잇달아 나흘 동안 파리의 중요한 감옥에서 기껏해야 200명 정도가 대부분 사법적 의식을 따르면서 학살극을 벌였다. 약식재판의 하나는 바스티유의 영웅이자 [1789년 레 알 중앙시장 생선장수 아낙네들의 주도로 왕과 그 가족을 베르사유 궁에서 튈르리 궁으로 데려간] 10월 사태가 일어났을 때 대변인 노릇을 한 마이야르Maillard가 주재했다. 학살을 막거나 제한하려고 현장에 나간 국회의원들은 강제로 발길을 돌려야 했다. 코뮌이나 섹시옹의 요원들은 현장에서 모호한 태도와 때로는 인정하는 태도를 보여주면서 훨씬 우호적인 대접을 받았다. 복잡한 이유로 수용자 가운데 죽음을 면한 사람도 있었다. 시카르Sicard 신부와 소랭 Saurin 신부는 측근들의 도움으로 살아났고, 신문기자인 주르니악 드 생메아르Journiac de Saint-Méard는 [반혁명] 사상을 포기하겠다고 선언한 뒤 풀려났다. 1,300명 이상이 며칠 간의 사태로 살해당했다. 그중에는 왕 일가의 측근인 랑발Lamballe 공작부인도 있었다. 선서 거부 사제들과 왕당파가 가장 많은 공격을 받은 부류였지만, 살페트리에르 병원 감옥에 갇힌 여성 30여 명과 비세트르 '교화소'에 갇힌 젊은이들도 공공의 권리와 함께 사라졌다.

아직도 사실을 정확하게 파악하기 어렵다. 1871년 파리 시청이 불길에 휩싸일 때 문서 일부가 함께 사라졌고, 증언들은 분명히 편향성과 흥분에 휩싸인 흔적을 담았으며, 역사가도 대부분 이념적인 성향을 갖고 있기 때문이다. 희생자의 수는 2,000~1만 5,000명 사이에서 오르내렸다. 잔인함은 환상과 전설을 낳는다. 랑발 공작부인의 시신 훼손이 좋은 예다. 창에 머리를 꿰어 들고 다닌 점만 빼고, 로베스피에르 앞에 공작부인의 오른손을 내놓을 때까지 일어난 끔찍하고 흉측한 일을 역사적으로 증명하기는 어렵다. 정확히 말하자면 본질적인 면은 아마도 사람들이 두려운 나머지 상상에 몰입했다는 데서 찾아야 한다는 것이다. 논리적으로 여성은 이러한 상황에서 특히 중요한 피해자였다. 연인인 국민방위군을 거세했다는 이유로 고문당한 '어여쁜 꽃장수 아가씨', 살페트리에르의 강간, 아버지의 목숨을 구하기 위해 억지로 피를 마셔야 했던 송브뢰이 양의 헌신은 모두 국민전설이 된 '사건'이었다.

1792년 9월 학살에서 두려움은 살인자·행정관·구경꾼, 한마디로 당대인들이 서로 편지를 주고받거나 회고록을 쓰면서 널리 공유한 감정이었다. 혁명 지지자는 대부분 비슷한 상황이라면 이러한 행동을 할 수밖에 없었을 것이라고 인정했다. 그러나 학살의 3일째부터 살육 행위가 일어나는 곳마다 훼손한 시신을 발가벗긴 채 수레에 가득 싣고 따라다니는 모습이 현실을 상기시켰다. 지롱드파의 브리소와 콩도르세가 공개적인 비난을 퍼붓고 코뮌 요원들이 거리를 두기 시작하면서 학살자와 그들을 감독하는 '판사들'은 더는 지지를 받지 못했다. 지롱드파는 분명히 하루 이틀 수수방관했지만 도처에서 학살이 일어나자 두려운 나머지 개입했다.

9월 7일, 마침내 학살이 멈추었다. 폭력은 한 줌의 개인들에게만 한정된 사실이었다. 70만 명 이상의 파리인 가운데 대다수는 학살을 가까이에서 목격하고 하루나 이틀은 견딜 수 있었지만 점점 비난의 목소리가 거세지자 결국 '질서회복'이 가능한 혁명가들을 정통으로 인정해주었다. 희생자들의 명단을 신속히 발간해서 사건을 객관화한 사실을 어떻게 달리 이해할 수 있겠는가? 이에 직면해서 정치적 계급의 주역들은 대부분 학살행위를 장막으로 가리려고 노력했으나, 11월에 로베스피에르는 유명한 발언으로 그 사건을 공식화하고 지지했다. "여러분, 혁명 없는 혁명을 원하셨나요?" 그러나 해결된 것은 하나도 없었다. 공화력 3년, 정치적 균형이 또 역전될 때 학살자들을 다시 기소했다.

학살과 역사

해석은 이념, 철학과 밀접히 연관된다. 이미 저지르고 목격하고 논의한 행위의 본질을 검토하기 위해 신성함이나 정의를 들먹이는 논쟁을 시작할 필요는 없다. 신체를 비인간적으로 찢고 훼손하는 야만행위가 존재한다는 사실을 반박할 수는 없다. 다른 지방에서 같은 시기에 일어난 학살에서도 똑같은 일을 저지르고 목격하고 토론했다. 이러한 행위는 가끔 음악을 동반하고, 거리에서 아이들이 인체 조각을 끌고 다니거나 살육자들이 전시하는 일도 있었다. 종교전쟁에서 저지른 학살까지 모든 집단학살은 이러한 행위로 얼룩졌다. 〔1572년 8월 24일〕 성 바르톨로메오 축일 학살의 추억이 1790년대 프랑스인들의 머리를 떠나지 않았고, 복수의 욕망이 전국을 가로질렀다. 1808~1809년 나폴레옹이 침공할 때 저항하던 에스파냐에서도 비슷한 장면을 볼 수 있었다. 20세기 나치나 소비에트가 수탈한 유럽, 옛 유고나 르완다에서 대량학살이 자행되는 것을 목격하고 보고한 사실이 있다. 이러한 상황을 분석해서 얻은 집행자·희생자·증인의 3분법 이론은 1792년 파리에서 자행된 일을 분석하는 도구가 되었다. 대량학살이 주제지만, '합법적' 틀을 그대로 차용하고 정치적 목표를 주장한다는 점에서 독창성을 찾을 수 있다.

다른 곳에서 동시에 발생한 학살과 비교할 때 파리의 학살이 독특하다는 사실을 이해할 수 있다. 학살은 카롱P. Caron의 말대로 65회 일어났던가, 블뤼슈F. Bluche의 말대로 144회 일어났던가? 아직도 문제는 해결되지 않았다. 바생 파리지엥에서 일어난 학살과 론 유역에서 일어난 학살은 이미 확인되었듯이 지역적 특성을 보여주었다. 바생 파리지엥이나 노르망디에서는 학살자들이 당국의 약점 또는 타산적인 책임회피를 이용해서 혐오 집단에 속한 개인들에게 집단적인 복수극을 벌였다. 브르타뉴의 로리앙에서 1년 전부터 반혁명 분자로 비난받던 도매상인이 살해되었다. 그곳 헌우회[자코뱅 클럽]가 이를 반혁명 사건으로 이해했지만, 국회는 '재산이 많은 귀족'에 대한 '천민'의 복수로 보고 주모자들을 사면했다. 남동부의 학살에서는 지방민의 적대감이 정치를 장악하고 정치적 모습까지 바꾸었다.

9월 11일, 아를의 온건파 애국자들은 다른 '애국자들'을 때맞춰 반혁명 분자라고 고발한 뒤 총을 쏴서 열한 명을 죽였다. 마르세유 출신 이조아르Isoard를 쫓던 사람들이 혼란에 빠지는 일이 생겼다. 그들은 이조아르의 말을 거꾸로 듣고, 그가 상퀼로트와 가까이 지내는 사람인데 왕당파로 오인되어 욕을 볼까 봐 도망치는 중이라고 오해하고는 그를 지나쳐 갔다. 툴롱과 니스에서는 의용군이 사제나 농민을 죽이고 신체를 절단했다. 이러한 학살행위는 '살육을 부르는 흥분'이나 '단말마적' 폭력으로 해석할 수 있는 '고전적' 범주의 성격을 보여주었다. 전통적인 사교성에 속한 대결의 관행적 형태로서 나중에는 반혁명 분자들도 이러한 행위에 참여했다. 그러한 관행은 소문·두려움·복수가 뒤엉키고 '부수적으로' 귀족이나 종교인을 학살하고, '인민재판'을 부르는 정치투쟁에서 나왔다. 정치적 맥락은 결정적인 이유를 가진 증오심보다는 일부 주민이 다른 주민이나 제물을 제거하려고 이용한 기회였다. 폭발적으로 흥분한 상태가 되면 '죄인'을 죽이고, 신체를 훼손해서 이미 구체제의 형벌에 치를 떨던 중간 계급을 충격에

혁명 이후 외국으로 망명한 고위 귀족과 종교인들의 '마지막 딸국질'을 묘사한 풍자화.

1791년 7월 11일, 볼테르의 팡테옹 안장.

1792년 1월 11일, '경솔한' 전쟁대신 나르본이 자코뱅 클럽에서
유럽 열강과의 전쟁이 불가피하다고 역설하는 모습.

1792년 6월 20일, 생탕투안·생마르셀 문밖 주민들의 튈르리 궁 공격(파리 1대 프랑스혁명사 연구소 소장).

같은 날, 튈르리 궁으로 처들어간 시위대에게 둘러싸인 루이 16세와
의자 위에 올라 시위대에게 연설하는 파리 시장 페티옹(왼쪽).

프랑스 혁명의 상징인 프리기아 모자를 씌운 자유의 나무.

릴에서 성대하게 개최된 연맹제.

반혁명 세력인 귀족주의자들이 마라를 향해 거친 공격을 퍼붓는다.

뒤무리에 군대의 추격을 받으며 후퇴하는 프로이센군.

백인이 '흑인들의 자유'라는 달콤한 말로 흑인을 회유하는 모습.

1792년 7월 30일, 〈라 마르세예즈〉를 부르며 파리로 들어서는 마르세유 연맹군.

1792년 8월 10일, 튈르리 궁을 공격하는 마르세유 의용군.

단두대로 향하는 루이 16세.

1793년 1월 21일, 루이 16세의 처형.

빠뜨렸다.

파리에서 사법절차의 소송은 처벌의식을 공개처형으로 바꿨다. 카롱이 보여준 '고전적' 역사는 과도한 행위가 있었다 해도 결국은 제한된 행위였다고 정당화해주는 정황을 고려해야 한다고 주장하면서 〔사법절차와 공개처형의〕 혼합을 과소평가했다. 역시 '고전적인 방식으로' 바니슈도 '정치가들'의 정의가 부족하다고 생각한 '인민'의 해결책이라고 평가했다. 그러나 블뤼슈F. Bluche같이 '비판적' 역사가들은 거기서 혁명이 실패했고, 그 이유를 '전체주의적' 틀을 발명해서 최악의 폭발로 나아간 데서 찾았다. 우선 증오와 정의가 단지 모순된다는 점에서 정서/권리의 혼합은 어떠한 적합성도 없으며, 단지 정치적 경쟁자들 속에서 도구화된 인위적 책략일 뿐이라는 사실을 상정해보자.

1792년 3월, 글라시에르 학살을 자연권의 이름으로 정당하다고 인정한 지롱드파는 자기가 판 함정에 빠졌다. 그들은 그때 뒷걸음쳤다. 그들은 9월 학살을 '본성에 어긋나는 것'으로 규정하고, 〔학살자들이〕 함부로 정치에 개입해서 국민대표를 위협하고 대변인 노릇을 하는 것이 과연 정통성을 확보할 수 있는 행위인지 의문을 제기하기 위해 확실한 정치적 토대에 서려고 노력했다. 그러나 1793~1794년에 똑같은 난관에 직면한 몽타뉴파는 정적을 파멸시키면서 벗어났다. 그들은 때를 기다리면서 일시적으로 상퀼로트와 힘을 합쳤지만 즉시 두려움을 느끼고 한 발짝 물러난 뒤 학살자가 없이도 학살의 정치적 이익을 되찾을 수 있었다. 8월 10일의 사건과 한 쌍을 이루듯이, 상퀼로트 섹시옹의 요원이나 알렉상드르[5] 같은 온건파는 질서를 장악하고 거만한 자세를 취하면서 폭우가 지나가게 놔두고 가장 강한 편에 서다가 마지막에는 반혁명 성향의 적들을 공격하는 기구를 재가동했다. 그러나 학살이 얼마나 두려웠던지, 테오필 망다르처럼 헌신적인 사람도 1793년 1월에 정계의 친구들과 거리를 두고, 폭력이 난무하는 사태를 막지 못한 점을 후회하는 작품을 발간했다.[6]

카름 수도원에서 사제들이 죽은 사건에 관해서도 곧장 정치적 질문을 던져야 한다. 8월에 감시위원회는 압수수색을 해서 수많은 혐의자를 감옥에 가두었다. 그런데 9월 초, 한편으로 살육을 부추기던 마라를 포함한 파리 코뮌 요원들이 개입해서 그들의 일부를 석방했다. 확실히 수용자들은 그들의 의견이 아니라 감시위원회 요원들과 맺은 관계 덕에 석방되었다. 교황대리 대사이자 완강하게 선서를 거부한 살라몽은 마라의 측근인 세르장Sergent 덕에 죽음을 면했다.[7] 소랭 신

---

5   알렉상드르Alexandre-Charles Rousselin, comte de Corbeau de Saint-Albin(1773-1847)는 도피네 지방 귀족으로 태어나 파리 아르쿠르 중등학교에 다니다가 혁명을 맞이한 뒤 당통과 데물랭의 측근이 되었다. 스물한 살에 내무대신 파레Paré 밑에서 중요한 부서를 맡았다. 관운을 누리다가 1794년 당통이 숙청당하고 로베스피에르의 명으로 투옥되었다가 혁명법원에서 운 좋게 풀려났지만, 테르미도르 9일에 다시 투옥되었다가 당통의 친구 르장드르의 도움을 받아 풀려났다. 그는 공직에 다시 나갔다.

6   망다르(본명은 Michel-Philippe Mandar)는 1789년 7월부터 혁명에 열렬히 가담했고, 1791년 7월 14일 이후의 시위, 게다가 1792년 8월 10일에도 적극 가담했다. 9월 학살이 일어났을 때 그는 탕플 섹시옹의 부의장이었다. 9월 3일에 그는 법무장관 당통의 집에 갔다. 그곳에는 내무장관 롤랑을 빼고 나머지 장관들, 입법의회 의장 라크루아, 파리 시장 페티옹, 로베스피에르, 데물랭, 파브르 데글랑틴, 마뉘엘과 반란 코뮌 요원들이 있었다. 나중에 48개 섹시옹 의장들도 도착해서 프로이센 군대를 물리치고 파리를 구하는 논의를 했다.

7   파리 코뮌의 감시위원회는 치안행정관 뒤플랭Duplain, 파니스Panis, 세르장, 주르되이Jourdeuil가 랑팡Lenfant, 칼리Cally, 르클레르Leclerc, 뒤포르, 마라, 데포르그Desforgues를 선택해서 모두 열 명이 활동했다.

부는 동향인들 덕에 방면된 뒤 사제들의 학살이 순전히 정치적 차원에서 자행되었다고 증언했다.[8] 맹세했느냐 거부했느냐의 문제보다는 입헌파나 군주제파의 경쟁자를 제거하려는 의지가 더 중요하게 작용했다. 9월 학살은 앙트레그 백작의 왕당파와 페티옹의 측근이 힘을 합쳐 어떠한 타협도 거부하면서 투쟁한 맥락에서 일어났다고 볼 수 있다. 어림짐작으로 세운 가설이 아니다. 왕당파 요원이자 앙트레그의 통신원인 르메트르Lemaître와 데 포멜Des Pommelles은 논리적으로 생각해볼 때 8월 29~30일 밤에 수색을 당한 뒤 시청으로 끌려갔다. 두 사람은 페티옹 덕에 풀려나서 거처를 옮기고 학살에 포함되지 않았다. 역사는 모든 경향을 혼동하면서 혁명과 종교가 대립했다는 추정을 사실처럼 주장하는 일이 많았기 때문에, 9월 학살은 역설적으로 왕·종교·귀족의 통일성이 마치 존재해온 것처럼 확정했다.

끝으로 9월 2일과 3일에 국회의원은 물론 정부, 파리 코뮌과 섹시옹들이 아무런 반응도 하지 않았고, 그 뒤 며칠 동안 라포르스 감옥에서만 학살이 일어나고 오직 반대파만 죽일 때도 신속히 개입하지 않았다는 사실에 주목해야 한다. 그들은 살육을 계속하는 것을 더는 받아들일 수 없었다. 브라우닝C. Browning이 독일 기마 부대 101대대에 붙인 이름을 인용해서 '평범한ordinaires' 혁명가인 학살자들은 더는 필요치 않았고, 굳이 이름을 알지 않아도 괜찮은 존재로 생각할 수 있다. 1793년에 낭트에서 수장水葬을 자행한 평범한 시민들, '수많은 마

---

8 소랭André Saurin(1759~1826)은 프레쥐스Fréjus 주교구의 주교총대리였다.

라'의 무리도 이러할 것이다.

프랑스 혁명이 '악을 해방시켜 보편화'했을 것이라고 말하면서, 나치가 자행한 악과 똑같이 위험했다고 주장할 필요는 없다. 학살은 자행되는 대로 놔두고 정치적으로 이용할 수 있었기 때문에 (뷔르스탱 H. Burstin의 말대로) '실용적으로 용인한 폭력'이었다. 달리 말하자면, 혁명은 전혀 한 덩어리bloc인 적이 없었고, 전체적으로 함께 작용하지만 서로 대립하던 흐름들의 영향을 받아 움직인 집단들이 관리한 충격에서 나온 것이라고 진심으로 받아들여야 한다. 이처럼 한편에는 임시 행정부가 각 도에 파견한 파리의 위원들이 더는 인민의 신뢰를 얻지 못하는 현지 행정관들을 기초의회에 고발하면서 새로운 원칙을 널리 퍼뜨렸다. 예를 들어 쥐라의 민중협회들은 행정을 검열하려는 목적으로 7월 이후에 생겼는데, 파견위원들은 그들의 지원을 받아 공무원의 자격을 정지시킬 수 있었고, 그렇게 해서 헌법이 뿌리부터 흔들리고 있으며, 헌법의 권한이 상퀼로트의 손에서 작동한다는 사실을 증명했다.

이러한 기획에 직면해서 입법의회 의원들과 도 행정관들은 '조직을 무너뜨리는 격동'을 거부하고 조직을 그대로 유지했으며, 그동안 국회가 파견한 사람들이 군대와 징발을 통제하는 데 힘썼다. 9월 12일에 콩피에뉴에서도 일시적으로 같은 문제가 발생했는데, 그곳 치안판사들은 폭력을 행사하려는 병사들에게 법을 존중하게 만들었다. 특히 9월 19일에 국회의원들은 프랑스인에게 보내는 글에서 인민의 대표들을 대상으로 '민중'의 복수를 부추기는 '해로운 선동가들'을 고발했다. 그러나 이들은 '전체 인민에 속했고', 의견을 자유롭게 표현할 수 있어야 했다. 이로써 대의민주주의와 직접민주주의의 대립이 분명히 나타났다.

발미와 국회의 승리

파리 코뮌과 국회가 '인민'의 대표권을 다툴 때, 코뮌에 유리하게 시작한 싸움은 마침내 국회의 승리로 끝났다. 9월 2일, 프로이센군이 베르됭을 공략할 때, 요새 사령관 보르페르Beaurepaire 대령은 사무실에서 머리에 권총을 쏜 주검으로 발견되었다. 이튿날 프로이센군은 항복을 받아내고, 귀족 여성들이 보낸 꽃다발을 아가씨 대표들이 들고 영접하는 가운데 베르됭에 입성했다. 이때 베르됭과 33명은 조국을 배반했다는 검은 전설이 탄생했고, 그중 '베르됭의 처녀들'은 1794년 5월에 재판을 받고 처형당했다. 그러나 보르페르가 자살했는지 아닌지 따지지도 않고 그를 영웅으로 만드는 황금전설도 탄생했다. 그의 죽음은 9월 4일에 확인되고 6일에야 고지되었는데, 국회는 보르페르가 전쟁위원회의 권고를 받아들여 자결했다고 주장했다. 8일에 코뮌은 소르본 길에 그의 이름을 붙이기로 결정했다. 보르페르처럼 앙제 출신으로 코뮌을 적대시하고 학살을 고발했던 들로네Delaunay 의원은 12일에 보르페르를 팡테옹에 안장하자고 국회에 제안해 통과시켰다.

그 결과, 반혁명 세력의 반대에 부딪혔던 앙제의 지롱드파의 충성심을 확인하고, 베르됭의 항복으로 빛바랜 멘에루아르 의용군의 영광을 되찾을 반격의 기회가 생겼다. 국회는 이렇게 지방의 의용군을 지켜주면서 무기를 들고 전방의 적과 싸우는 '인민'의 명예를 회복시켰다. 결국 몇 달 동안 보르페르의 유해를 팡테옹에 안장하지는 못했지만, 1793년에는 그를 기리는 축제를 벌였고, 1794년 1월까지 자유의 희생자들과 같은 대접을 했다. 이 시기에 파리 섹시옹은 그의 이름을 땄지만, 상퀼로트는 그 사실을 부인하고 오히려 샬리에Chalier의 이름을 붙였다. 샬리에는 상퀼로트 출신의 정통 희생자인 데다 무신론자였기 때문에 상퀼로트는 무신론을 비난하는 로베스피에르의 선언에 맞서기 위해 그를 소환했던 것이다.

우리는 이 일화를 무장 인민의 위치를 둘러싸고 벌어진 정치적·상징적 투쟁의 현실을 증언하는 것으로 볼 수 있다. 국회는 오점으로 얼룩졌고, 발미에서 뒤무리에가 뜻밖에 승리한 덕에 코뮌과 벌이던 싸움에서 이겼다. 라파예트가 도주한 후 뒤무리에는 군대의 강자가 되었다. 그는 벨기에 공세에서 별 성과를 얻지 못한 뒤, 프로이센군이 파리를 위협할 수 있는 길목에 있는 베르됭과 아르곤 방향으로 퇴각할 수밖에 없었다. 그는 전쟁장관의 명령과 상관없이 메스에서 켈레르만Kellermann의 부대를 향해 행군했다. 전격작전을 잇달아 수행한 프랑스 병력 5만 7,000명은 브라운슈바이크 공이 지휘하는 2만 명의 프로이센군과 대치했다. 양측 장군들은 이번에도 정해진 규칙에 따라 정면충돌보다는 전략적 지점을 선점하는 방식으로 전쟁을 수행했다. 병력을 전부 동원하지 않은 채 상대의 의지를 꺾으려고 기동작전을 펼치다가 마지막에 가서야 전투를 했다. 예비 병력과 감시 부대들은 손실을 피하고 다음 작전을 위해 힘을 보존하려는 목적으로 대기하다가 작전의 기회가 보장될 때만 개입했다.

발미에서 적군은 방향을 반대로 틀었다. 이미 파리를 향하고 있던 브라운슈바이크 공은 발길을 돌려야 했다. 프랑스군은 별로 많지 않은 전투에서 제대로 견뎌내지 못했기 때문에 그들은 별 위협을 주지 못했지만, 아무도 전투의 중요성을 피할 수는 없었다. 프로이센군이 프랑스 왕정을 회복시키려면 이 마지막 빗장을 반드시 풀어야 했다. 파리를 중심으로 전쟁에 대처하려고 그 어느 때보다 더 노력했다. 아직 조직이 혼란스러운 상태였지만, 군사개혁가이자 전쟁장관인 세르방은 경험이 풍부한 개혁가 쇼데를로 드 라클로와 라퀴에Lacuée 같은 장교들의 도움을 받아 국민방위군을 정규군에 편입시키고, 샬롱에 기지를 마련해서 뒤무리에에게 탄약과 병력을 보내주었다. 국회와 경쟁하는 코뮌도 말과 식량을 징발할 인원을 급파했다. 도와 디스트릭트의 당국들도 역시 병력을 모으고, 생필품 보급을 감시한 위원들을 거의 자율적인 단위로 조직해서 활용했다. 이러한 기관들은 푀이양파 측근 명사들이 주로 참여했지만, 특히 그들을 거부하는 코뮌이 생길 때 급진적인 성격으로 바뀌었다.

9월 20일, 발미 근처 언덕에 주둔한 켈레르만Kellermann의 병력은 여덟 시간이나 계속된 포격에 이어 프로이센군의 공격까지 견디면서도 퇴각하거나 궤주하지 않았다. 전투가 끝난 후 프랑스는 300명, 프로이센은 184명이 목숨을 잃었다. 프로이센군은 프랑스군의 완강한 저항에 놀랐고, 브라운슈바이크는 승산이 없다고 생각해서 더는 공격하지 않았다. 20~21일 밤, 프로이센군은 언덕을 차지했지만 아무것도 얻지 못했고, 그동안 프랑스군은 병력을 보강했다. 병사들이 한 주 이상 자기 자리를 지키는 동안, 당시 군사적 관습에 따라 지휘관들은 망명자들을 고려하지 않고 협상을 시작했다. 망명자들은 근처에서 진을 치고 결정적인 전투가 일어나기를 기다렸다. 아직은 전쟁의 정치화가 사실로 확인되지 않을 때였다. 9월 30일에 브라운슈바이크는 공격이 불가능하다고 판단해서 퇴각을 명령하고 국경을 넘어갔다. 이렇게 해서 혁명은 구원받았다.

보잘것없는 전투를 치른 데다 어떤 식으로 협상을 해서 적을 물러나게 했는지도 투명하지 않았기 때문에 수많은 사람이 주로 비판적인 논평을 하고, 실제로 전투를 한 것인가 의심할 지경이었다. 브라운슈바이크가 후퇴 결정을 내린 것은 그도 뒤무리에처럼 프리메이슨이었기 때문인가, 또는 9월 16일에 파리의 왕실 창고에서 훔친 다이아몬드를 받았기 때문인가, 아니면 그의 성격 때문인가? 좀 더 복잡한 정치적 계산이 있었다고 봐야 할 것인가? 프로이센군이 특히 이질에 걸려 약해졌다는 사실이 한몫했지만 프랑스군도 이질에 걸렸기 때문에 오히려 프랑스군의 단호한 의지가 한몫했다고 봐야 할 것이다. 발미 전투는 이처럼 소수파가 외국 군주들의 힘을 빌려 구원을 받는 날을 기다리면서 프랑스를 두렵게 만들었다는 왕당파의 선전이 틀렸음을 보여주었다. 10월 초에 오스트리아군이 릴 앞에서 실패함으로써 혁명을 위해 더욱 헌신할 수 있게 되었다. 오스트리아군은 릴을 폭격했지만 주민들의 저항을 이겨내지 못하고 공격을 풀어야 했다.

23일에 발미의 소식이 파리에 전해지고 24일부터 널리 퍼질 때에도 브라운슈바이크와 뒤무리에는 아직 대치하고 있었다. 9월 29일부터 10월 1일 사이, 새로운 국회인 국민공회는 발미의 승리를 축하했다. 신화가 생기기 시작했지만, 거기서 우리는 19세기 공화주의자들이 재활용한 정치선전의 단순한 조작으로 축소하지 말아야 할 효과와 정치적 의미를 읽어야 한다. 적을 막던 군인들은 몇 년 동안 징집한 의용군의 일부로 구성되었다. 가장 늦게 합류한 의용군은 구경만 했다. 그들은 비록 프로이센군이 비웃었던 파리의 '구두장이들savetiers' 이었지만 승리자로 승격했고, 파리 코뮌과 대결하던 국회와 전쟁장관의 역할이 중요하다는 사실을 확인해주었다.

더욱이 혁명사의 이정표가 될 만한 모든 우연 가운데, 9월 21일에 특히 해석할 여지가 풍부한 사건이 겹쳤다. 입법의회는 해산하는 날에도 모여서 이혼법을 통과시켰다. 곧바로 들어선 국민공회의 의원들은 8월에 새로운 혁명 지지자들로 구성한 선거인 의회에서 투표로 뽑혔다. 선거의 원칙을 언급하고 곧 남성 보통선거로 치른다는 조항을 덧붙였지만, 이러한 원칙을 강제로 적용할 수 없을 만큼 선거기간이 짧았기 때문에 지역 관습에 따라 투표권을 확대했다. 지역에 따라 불평등하게 '비선거인'이 1791년의 선거인에 합류했다. 70만~100만이 투표에 참여했는데, 선거제의 붕괴라고까지 말할 정도는 아니었지만 예년에 비하면 참여율이 확실히 낮았다.

새로운 제헌의회인 국민공회는 왕이라는 주권자에서 벗어난 주권자 인민을 대표했다. 모두 782명이 뽑힌 가운데 389명이 참석한 국회는 22일 왕 체제를 벗어버리고 국체를 공화국으로 바꾸었으며, 앞으로 모든 문서에 공화국 원년을 표기한다는 명령을 박수로써 채택했다. 거기서 여전히 정치적 경쟁이 있었다. 1792년 8월의 반란 섹시옹들은 평등의 원년으로 삼기를 원했기 때문이다. 이러한 정신 속에서 인민 대표들의 권력이 명확히 제한되었다. 의원들은 군주정을 되살릴 의장을 가질 수 없었고, 인민에게 국사에 개입할 수 있는 기회를 주어야 했다. 그러나 그들은 특히 판사들의 경우 사법적 능력을 강력히 요구해서 '해로운 사람들'이 자리를 차지하는 일을 피해야 했다.

21일에 왕정을 폐지하고 22일에 공화국을 선포한 것은 의원들에게 힘을 보탠 상퀼로트의 '자연스러운' 기대에 부응한 일이었다. 상퀼로트는 국회가 이러한 결정을 내렸음을 법으로 제정하기도 전에 이미 확신했기 때문이다. 국민공회의 운명은 정해지지 않았다. 인민주권을 잠시 맡은 국회는 헌법을 제정한 뒤에 사라질 것인가, 아니면 유일한 정치적 결정권자로 남을 것인가? 8월 10일의 산물인 국민공회는 직접민주주의를 좋아하지 않았고 의원들도 상퀼로트의 세계에 속하지 않았는데, 어떻게 해야 모든 행정기구를 '정화purger'할 수 있겠는가? 혁명가들과 '인민'은 이렇게 해서 긴장과 공방攻防의 새로운 테두리 안으로 끌려들어갔다. 그만큼 성격이 모호한 체제였던가? 나중에 생쥐스트가 말했듯이, 아무런 벌을 받지 않고 통치할 수 없다고 평가할 만큼 비정치적apolitique 관점에서는 그렇다. 그러나 긴 수명에 따라다니게 마련인 모순어법으로 혁명의 성공은 혁명을 관리하는 것이라고 확신하던 다수의 혁명가가 볼 때는 그렇지 않다. 이처럼 1793년의 쟁점이 발생했다.

2장

분열한 국가:
1792년 9월~1793년 7월

몇 달 안에 혁명이 또다시 흔들렸다. 지롱드파는 발미 전투에서 승리한 이후 권력을 확실히 강화했지만, 국가 동원체제와 왕의 재판을 제대로 관리하지 못한 동시에 루아르 강 이남의 반혁명 세력이 일으킨 반란이 뜻밖에 성공하자 반혁명의 나락으로 빠르게 추락했다. 사람들은 널리 알려진 이 이야기를 가지고 혁명이 공포정으로 빠지기 전에 자식들을 잡아먹는 순간으로 해석하는 경향이 있다. 그러나 이 장의 목적은 피할 수 없는 일이 일어난 적은 없었으며, 오히려 정치적 실수를 저지르고 집단적 기대에 제대로 부응하지 못한 데다 전술적으로도 실패했기 때문에 사태가 빠르게 진행했다는 점을 강조하려는 데 있다. 나락으로 떨어진 것은 운명이 아니라 수많은 기관이 정통성을 다투면서 권력투쟁을 했기 때문이라는 사실을 자세히 들여다보는 일이 그 어느 때보다 필요하다.

나라를 다스리고 혁명을 통제하기

8월 10일, 국민공회 선거와 적들의 위협은 모든 권력 당국의 자율성에 해를 끼치는 대신, 파리의 중요성을 높이는 동시에 선거를 치르고 군사적 노력을 지원했던 지방 행정관들의 주장을 강화해주었다. 뒤무리에의 군대가 벨기에로 들어가 11월 6일에 승리하고, 프랑스군이 라인 강변의 마인츠·사부아·니스를 점령한 결과, 전쟁의 성격이 정복의 목적을 가진 대량전쟁으로 바뀌었다. 그것은 피정복민들과 새로운 관계를 만들었고 병사들의 정신상태도 바꾸어놓았다. 1793년 4월에 군주정 시대의 전쟁위원들을 대체한 '생필품위원commissaires des subsistances' 390명에게는 프랑스인이건 피정복민이건 모든 민간인의 물건을 징발할 권한이 있었다.

지겹도록 반복하는 말과 달리, 국가를 중앙집권화하고 급격히 정치화한 것은 혁명이 아니라, 그 반대로 수많은 의견을 가진 개인들이 몰려들어 개입한 결과였다. 정치혁명, 지역사회의 반동, 국민 무장을 일치시키기 위해 1792년 9월의 단절은 나라를 정치화하는 방향으로 나아갔다. 마르세유 연맹군은 파리의 용광로에서 생산된 것의 완벽한 사례였다. 그들은 애당초 상퀼로트를 싫어했지만, 튈르리 궁에서 왕을 공격하던 상퀼로트의 편에 섰고, 그들처럼 그때까지 파리에서 주요 인사였던 바르바루[1]와 거리를 두었다. 혁명과 반혁명이 노골적으로 투쟁하는 가운데 에로에서 시작해 몇 달 후에 '연방주의'로 바뀔 때까지 칼바도스를 거쳐 센에마른까지 혁명이 통일성을 보여주었다. 기부금을 받거나 가장 부유한 사람들에게 특별세를 징수해서 의용군에게 '높은 급료'를 지불하거나 부유한 사람들의 작업장과 농장에서 일하는 젊은이들을 대거 참여시키는 방식으로 병력을 동원했다. 모두가 열광하는 분위기 속에서 망설이는 태도는 눈에 아주 잘 띄었으며, 그 결과 자기네 권리를 확신하는 상퀼로트와 투사들은 군대 경영에 필요한 행정조치마저 의심스럽게 생각했다. 1792년은 흉작이었고 생필품 폭동이 다시 일어나 때로는 오드Aude처럼 행정관들이 사지에 내몰리기도 했다. 이렇게 총동원 체제에서 가장 급진적인 일파는 창을 든 사람들, 이른바 상퀼로트라고 선언된 사람들과 한편이 되어 〔이들이 쓰는 붉은 프리기아 모자가 아니라〕 투구를 쓰고 칼을 든 사람들, 지롱드파로 추정된 사람들과 맞섰다.

이러한 압력을 받은 당국은 전쟁과 관련한 '안보조치'를 취했다. 그 조치는 국내의 적이 존재하는 한 더욱 막중해졌다. 물자를 징발하고 세금을 부과하며 도시와 군대에 물자를 보급하면서 검열을 실시하고 선서 거부 사제와 망명자를 감시하는 한편, 반혁명 분자들을 가두는 데까지 나아갔다. 이러한 모습은 잘 알려졌지만, 당시 상황에서 이익을 얻은 집단들이 새로 나타났다는 사실로 그림을 완성해야 한다. 그들은 운송인, 나사羅紗·무기·구두 제조업자, 상인들, 그리고 작업장과 공장에 필수 인력으로 선발되면 전투를 피할 수 있는 노동자들이

---

1   바르바루Charles Jean Marie Barbaroux(1767-1794)는 마르세유 출신으로 고향에서 변호사 노릇을 하다가 1791년에 특별임무를 받고 파리로 간 뒤, 지롱드파 내무대신 롤랑 부부와 친하게 지내면서 1792년 8월 10일에 눈에 띄는 활약을 펼친 덕에 국민공회 의원이 되었다. 지롱드파와 가까이 지내면서 파리 코뮌을 고발했으니 당연히 상퀼로트와는 사이가 나빴다.

었다. 군납업자들은 병사들이 옷·무기·천막도 없이 고생한다는 비판을 들었지만 전쟁의 큰 수혜자였다. 국회가 막대한 자금이 오가고, 생산과 신용의 국제교역에 특화된 능력이 필요하며, 구체제의 관련 부서에서 일상적으로 무기를 공급할 복합체제를 조직하는 일을 해본 사람들, 또는 그들의 뒤를 이은 클라비에르 같은 전문가들에게 전쟁 관련 일을 맡긴 덕에 이들은 재산을 모으고 의사결정의 중심에 있는 사람들에게 영향력을 행사하게 되었다.

이렇게 새로 떠오른 집단들의 사례를 몽펠리에의 라자르Lajard와 캉봉 가문에서 찾을 수 있다. 이들은 그 지방 경제활동과 국내 정치를 함께 주물렀다. 라자르는 1792년 [6월 뒤무리에의 뒤를 이어 7월까지] 전쟁 대신이었고, 캉봉은 재무부의 들보 같은 존재였다. 라자르의 사위인 샵탈Chaptal 역시 몽펠리에 출신인 캉바세레스[2]의 친구였으며, 두 사람의 앞날은 밝았다. 샵탈은 로베스피에르의 측근인 은행가 에구앵Aigoin과 연결되었다. 이 작은 세계는 라자르가 1792년 말에 공금횡령으로 고소당한 사건을 무마해줄 만큼 효율적으로 움직였다. 이 같은 상황에 특별한 점은 없다 할지라도 정치적 적대감 때문에 상황이 급진적으로 흐르면서 긴장이 더욱 팽배해졌다. 몽타뉴파, 그리고 1792년에 탄생한 코르들리에 클럽과 연결된 상퀼로트 앞에서 지롱드파는 여전히 권

---

2   캉바세레스Jean-Jacques-Régis de Cambacérès(1753~1824)는 몽펠리에의 법률가 집안 출신으로 1791년에 에로 형사법원장, 국민공회 의원, 500인회 의원을 거쳐 나폴레옹의 브뤼메르 18일(1799년 11월 9일) 정변 이후 제2집정관이 되었고, 1804년에 나폴레옹의 측근으로 황제대관식에 참관했다.

력을 유지하면서도 세상의 눈길을 끈 대립이 끝날 즈음에 대가를 톡톡히 치렀다.

파슈Pache가 전쟁장관이 되는 여정이 좋은 예다. 정치적 친구인 지롱드파가 많은 피레네군을 창설한 세르방Servan이 9월 25일에 사임하고 파슈가 그의 뒤를 이었다. 지롱드파는 국민공회가 창설한 전쟁위원회를 견제하려는 목적에서 파슈를 전쟁장관으로 앉혔다. 그러나 파슈는 제대로 알려지지 않았지만 아주 넓은 인맥을 가지고 있었다. 그 중에는 에베르와 뱅상 같은 코뮌 요원이었다가 전쟁부에 들어간 사람부터, 나중에 뒤무리에 같은 장군들의 고발을 당한 의심스러운 작전에 연루된 스위스 도매상들까지 있었다. 파슈는 왕비를 도주시키려한 반혁명가 자르제Jarjayes와도 연결되었던 것일까? 어쨌든 11월부터 뱅상이 지명한 군납업자들이 투기로 고소당하면서 전국적으로 물의를 빚었다. 뒤무리에는 부하들이 불량품을 지급받은 탓에 공격에 실패했다고 고소했다. 캉봉은 지난 세 달의 군사비를 1억 9,800만, 1억 4,800만, 1억 2,200만 리브르로 계산했다.

마르세유 연맹군이 지롱드파를 권좌에서 쫓아내려고 온다는 소문이 파다하게 퍼질 때, 지롱드파는 1792년 12월에 국방위원회Comité de défense générale를 창설하려고 여론을 조성했으며, 1793년 1월 초에 위원회를 설치했다. 그러고 나서 곧 파슈를 해임했고, 파슈는 이제 몽타뉴파의 측근이 되었다. [재무장관] 클라비에르의 동업자이자 제네바 은행가인 비데르만Bidermann, 스트라스부르의 유대인 막스 베르Max Berr 같은 사람들도 위원회에 들어갔지만, 새 전쟁장관 뵈르농빌Beurnonville은 파슈와 뱅상의 말을 듣는 것으로 나타났다. 적대적 집단들은 복잡한 책략을 쓰는 한편 화해를 시도했지만, 결코 화해의 상태를 유지하지 못했기 때문에 늘 혼란스러웠다. 지롱드파와 몽타뉴파는 군사행정에 직접 참여한 상퀼로트의 주도권을 가볍게 여기면서 국민공회가 장관들을 통제하는 길을 보장해주었다. 한편, 코뮌은 처음에는 지롱드파와 가까웠던 연맹군이 급진적인 태도를 버릴까 봐 두려워했다.

1792년 11월 6일, 뒤무리에가 제마프에서 거둔 승리는 공화국 군대가 최초로 거둔 진정한 승리였기 때문에 필시 지롱드파의 패권을 강화시켜주었을 테지만, 널리 퍼진 갈등의 풍토에서 장군은 그 나름대로 개인적인 정치를 했다. 뤼크네와 함께 그는 프로이센군과 오스트리아군을 떼어내려고 노력했으며, 발미 전투 이튿날부터 두 나라 군대의 사이는 실제로 멀어졌다. 한편, 그는 파슈 내각을 따돌리고 군수업자와 직접 거래했다. 그는 자기가 정복한 벨기에 지방을 해방시키면서 인기를 얻으려고 노력했다. 지롱드파는 프랑스 주위에 '공화국들의 허리띠'를 만들려는 계획을 세우고, 11월 19일에는 자유를 되찾으려는 모든 나라의 인민들을 도와주겠다고 선포했는데, 뒤무리에는 이러한 정책에 정면으로 부딪히는 선택을 했다. 12월 15일, 국민공회가 캉봉의 제안으로 모든 피정복국에 프랑스의 법을 적용하고, 반대파의 재산을 징발하며, 혁명세를 도입하는 혁명의 행정 원칙을 의결한 것도 지롱드파의 정책을 거부한다는 뜻이었다. 전쟁은 전쟁을 키우고, '자연의 국경'까지 새로 얻은 영토의 보호를 받는 프랑스에 이득을 안겨주어야 했다. 상황이 급변하면서 뒤무리에는 외로운 존재가 되었다.

왕의 재판, 몽타뉴파의 실패

국회 바깥에서는 조금도 낌새를 채지 못하고, 안에서도 경계가 분명치 않았지만, 지롱드파/몽타뉴파의 분열은 정확히 이 시점에 시작되었다. 실제로 그런 이름의 당파가 존재하지 않았기 때문에 이는 단순히 성향과 관련된 명칭이었다. 한쪽을 자유주의에 물든 상인 부르주아 계층의 대표로 보고, 다른 한쪽을 국가 중심주의 경향을 가진 프티 부르주아 계층으로 보는 관점에서 역사적 현실과 복잡성보다 역사가들의 논쟁이 더욱 두드러진다. 그 어느 쪽도 독재정이나 직접민주주의를 원치 않았다. 그들은 상업의 자유와 재산권을 존중하는 면에서 같았다.

그들은 경제와 정치를 연계하는 문제에서 대립했다. 지롱드파는 두 영역의 자율성을 주장하고, 몽타뉴파는 정치가 경제에 개입해야 한다고 생각했다. 전자는 국내에서는 자유주의자였고, 대외적으로는 보호주의자로서 12월 8일에는 곡식의 자유거래를 되살리고, 사르트 Sarthe에서 '공정가격제'를 요구하는 폭동의 불길이 되살아나 번지고 있을 때에도 그 노선을 유지했다. 효율에 집착한 그들은 은의 무게로 정화의 가치를 고정하는 것을 원치 않았다. 후자는 화폐의 유통량을 줄이고, 국유재산 매각을 통제하고자 했다. 그들은 국가가 경제를 통제하는 만큼 중농주의적 자유주의도 인정하지 않았기 때문에 그들의 주장이 정확히 무엇인지 올바로 이해하기 어려웠다. 더욱이 전쟁부에 들어간 상퀼로트 선동가들처럼 그들은 그들 나름의 은행가와 군납업자의 연계조직을 가지고 있었기 때문에, 민중 계급과 지방 당국들의 즉각적인 관심사와 동떨어질 수밖에 없었다.

지롱드파가 당통의 적이 될 정도로 당시의 상황이 아주 복잡하게 돌아갔다. 당통은 법무장관직을 가라Garat에게 물려준 뒤 1792년 10월에 불법으로 근거 없는 지출을 했다는 죄로 기소되었다. 그러나 그는 코뮌과 자코뱅파의 보호를 받았다. 더욱이 지롱드파는 마라와 로베스피에르가 독재정을 수립하려 했다고 고발했다. 전자는 혁명의 불행한 영웅을 자처하고, 후자는 애국심과 9월 학살의 수호자로 자처하면서 격렬히 반발했다. 10월에 파리 섹시옹의 절반 정도의 상퀼로트가 목청을 높여 선거를 치르라고 강력히 촉구했는데, 지롱드파는 그들과 대립한 후 자기네 편인 상봉Chambon을 겨우 파리 시장으로 만들었다. 이렇게 해서 지롱드파는 투사들을 조금씩 쫓아내면서 반란 코뮌을 제거하는 데 성공했고, 국민공회가 그 어느 때보다 강력한 권한을 갖게 만들었다.

그러나 경쟁자들은 사라지지 않았고, 가장 작은 실수에서도 이익을 얻었다. 11월 20일, 지롱드파는 튈르리 궁의 벽에 설치한 철제 금고를 적발하면서 곧바로 불리한 상황에 놓였다. 그들은 코뮌이 왕에게 쏘는 모든 비난의 화살를 통제하려고 24인 위원회를 설치했는데, 위원회가 금고에서 적발한 서신이 루이 16세와 조정이 저지른 부패행위와 나아가서 반역행위뿐 아니라 미라보 같은 혁명가의 타협을 보여주었던 것이다. 그래서 그들은 미라보의 유해를 부랴부랴 팡테옹 밖으로 옮겼다. 내무장관 롤랑은 금고에서 나온 문서를 국민공회에 넘겼지만, 그가 아무런 증인도 없이 금고를 열고 문서를 분류했기 때문에 친구들과 당통에 관한 문서를 빼돌렸을지 모른다고 비난받았다.

지롱드파는 이 일로 권위를 침식당하면서 국민공회를 통제하기가 점점 더 어려워졌다.

이러한 상황에서 왕의 재판을 피할 수 없게 되자 1792년 12월 11일에 국민공회가 법원이 되어 재판을 시작했다. 재판은 완전히 이례적이었다. 영국 왕 찰스 1세의 판결과 처형의 전례는 사법의 규칙을 엄격히 존중한 이 재판과 아무런 상관이 없었다. 루이 16세가 법정에 출두하고, 판사들의 합법성을 인정한다는 조건을 받아들이고, 그의 변호인들이 판사들 앞에서 피고의 법적 불가침성과 무죄를 주장한다는 점에서 차이가 돋보였다. 왕은 가문의 이름인 카페Capet로 지칭하는 것만 거부했을 뿐이다. 따라서 군주를 재판하지 않고 처벌할 수 없다고 정한 1791년의 헌법의 틀 안에서 재판을 진행했다.

그런데 중요한 변수가 나타났다. 로베스피에르와 생쥐스트는 혁명의 원리를 강조하면서 왕이 직무와 반역으로 인류 공통의 법이 보호해줄 영역 밖에 있으므로 재판을 거칠 필요도 없이 사형을 내려야 한다고 주장했다. 두 웅변가의 단호한 말이 여론에 영향을 끼치고, 역사가들도 계속해서 그들에게 반응했지만, 합법적인 규칙을 존중하는 대다수 의원은 그들을 따르지 않았다. "아무런 벌을 받지 않고 통치할 수 없다"는 〔생쥐스트의〕 말처럼 두 사람의 연설에서 나타난 신랄함이 모든 토론을 물들이고, 지롱드파가 무시할 수 없을 만큼 급진적 정치의 지평으로 나아가게 만들었다.

재판은 무엇보다도 1791년 이후 왕에게 인정해준 불가침성을 무효로 만들었다. 어떤 식으로든 복수를 꾀하는 재판이 아니었고, 피고가 시민으로서 누려야 할 권리를 분명히 인정해주었다. 사실상 반역의

1793년의 몽타뉴파 지도자들.

증거에 관한 이론을 제기하기도 어려웠다. 지롱드파는 국민공회의 정
통성에 관한 문제에도 망설였으며, 왕의 운명을 결정할 법을 만들려

면 '인민'투표에 부쳐야 한다고 제안했다. 반면 몽타뉴파는 기초의회를 동원할 때 위험이 따른다는 사실을 강조했다. 그사이에 모든 기관이 더욱 활발하게 경쟁하면서 국민공회 의원들이 재판을 지연시키려한다고 판단했다.

사실 전국에서 '왕정의 매력charme royaliste'은 깨지지 않았다. 국민공회 의원은 아주 소수의 선거인들이 뽑았으며, 혁명의 '인민'은 8월 10일의 정변 이후에야 정통성을 확보했으므로, 그러한 점에서 지연책을 문제 삼을 수 있었다. 왕의 유죄를 거의 만장일치로 결정했을 때, 대다수는 인민투표를 거부했다. 이로써 지롱드파는 심한 모욕을 받았고, 결국 비싼 대가를 치르게 된다. 국회는 형량을 정하는 문제에서 또 분열했다.

[1793년] 1월 16일에 시작한 투표가 끝났을 때 387명이 사형, 334명이 추방이나 집행유예의 사형에 찬성했다. 의원들은 과반수로 결정하기로 사전에 합의했기 때문에 선고는 상고의 여지가 없었다. 3분의 2에 달하는 다수파가 사실상 왕의 투옥이나 추방을 염두에 두었을 것이다. 역사 서술은 언제나 1인 1표제의 전설로 어수선하다. 전통적으로 그 제도를 필리프 에갈리테Philippe-Égalité로 개명한 오를레앙 공의 작품이었다고 하지만, 아무튼 계산의 수단artifice일 뿐이다. 더구나 1월 18일에는 380대 310으로 다수파가 더 늘어나 집행유예를 부결했다. 의원들이 사형에 찬성하거나 자리를 비운 것은 두려움 때문이었다고 설명해야 할까? 대중이 국민공회 회의장 입구에서 의원들을 압박했지만, 절반은 꿋꿋이 사형을 거부한다는 의사를 표했다. 이로써 그들에게는 낙인이 찍혔다. 국민투표 지지자들은 '상소파appelants'로 불리게

되었고, 3월부터 반혁명 세력에 가담하기 시작했다.

왕의 죽음, 궁지에 몰린 지롱드파

1월 21일, 루이 16세는 튈르리 궁 앞의 혁명광장에 설치하고 다수의
군인이 보호하는 사형대에 올라 수많은 군중이 보는 앞에서 처형당했
다. 혁명가들의 시선을 의식한 사람들은 두려운 반응도 제대로 표현
하지 못했다. 몇몇 도시에서 군주정 지지자들이 시위를 벌였고, 루앙
의 시위는 진압당했으며, 바스Batz 남작은 왕을 납치하려는 상상을 했
다. 국민공회 의원인 르펠티에 드 생파르조는 왕의 근위대 병사들에
게 보복살해를 당했다. 기뻐서였건 홀린 상태였건 당시의 구경꾼들은
사형대 아래에서 춤을 추었고, 일부는 헝겊에 왕의 피를 적시기도 했
다. 왕의 잔재를 사라지게 만들고 어떠한 순례행위도 금지하기 위해
곧바로, 그러나 별 소용도 없이 대비책을 마련한 것은 자기네 행위가
과연 효과가 있을까 우려했다는 사실을 보여준다. 분명히 왕의 육체
가 지닌 신성성이 사라졌다고 주장하는 사람도 있지만 그다지 확실한
주장은 아니다. 또한 왕정의 원칙도 돌이키지 못할 정도로 폐지된 것
은 아니었다.

　〔같은 해인 1793년〕 1월 21일, 마리 앙투아네트는 왕이 된 아들 앞에
서 무릎을 꿇었고, 국내외의 반혁명 세력도 그를 왕으로 인정했다. 프
로방스 백작은 왕국의 섭정이 선포했다. 왕세자가 다른 군주들의 지
지를 받지 못한 채 죽으면 그는 루이 18세가 될 것이었다. 절대군주정

은 그런 현실을 맞이해서 역사의 뒤안길로 사라졌지만, 왕권은 달랐다. 루이 16세의 죽음이 그가 저지른 정치적 실수, 그리고 1770년대 이후 왕의 모습이 서서히 나빠졌다는 사실을 잊게 만들었고, 왕의 위신은 오히려 루이 16세의 '순교'로 강화되었다고 생각할 수도 있다.

프랑스 바깥에서는 왕의 처형을 프랑스인의 야만행위로 받아들이고 전쟁을 재개할 명분으로 생각했지만, 수 세기 동안 군주들의 몰락에 익숙해진 유럽이 왕의 재판을 완전히 새로운 사건으로 받아들이지는 않았다. 재판이 공포정을 향한 길을 열지도 않았고, 1966년에 카뮈가 말했듯이 "유약하고 선량한 사람의 공공살해"도 아니었다.[3] 그 것은 특정 정치인에게 다른 정치인들이 적용한 정치적·사법적 행위였다. 그러나 칸트가 이 처형에 관해 엄격한 비판을 제기했음을 상기할 필요가 있다. 칸트는 왕의 처형이 몸에서 '통치자'를 분리했고, 사람들로 하여금 다른 시민들의 의견에 복종하게 만들어 결국 파벌의 폭력으로 나아가는 길을 열었다고 평가했다. 프랑스가 민주주의를 향해 한 발짝 내디뎠다 할지라도, 그것은 제도를 안정시키는 데 별다른 역할을 하지 못했다.

정치나 역사 논쟁이 추가한 해석의 바깥에서 정치적 평가를 내리기란 어렵다. 지롱드파가 강요한 형식은 생쥐스트가 요구한 즉각적인 일벌백계보다 우선했다. 그들은 사건을 법리에 맞게 해석하자고 주장했지만 주도적 의견으로 만들지는 못했다. 지롱드파는 최종적으로

---

3 알베르 카뮈Albert Camus, 『반항하는 인간L'Homme révolté』(1951, 1966)의 한 구절.

자신들의 주장을 책략적으로나 제도적으로나 관철시키지 못했다. 그들이 주장한 국민투표는 자신을 향해 되돌아왔고, 그 결과 왕이 인정받은 '마법의 권세'는 인민이나 국민이라는 다른 실체로 넘어갔으며, '정치적 예속'을 폐지하지 않고 변화시켰다.

한편에 로베스피에르와 생쥐스트, 다른 편에 왕의 피를 손수건에 적시던 구경꾼들이 왕의 처형을 새 사회 건설과 연결시켰다. 수많은 사람이 왕의 처형을 공화국과 군주제의 분리로 보았고, 국민공회 의원 르키니오Lequinio의 말대로 "모든 미라를 땅에 돌려주는" 수단으로 보았다. 두 몸을 가진 왕의 유령은 1774년 6~7월 지지자들의 언쟁에서 다시 나타났고, 그 후 200년의 역사 서술에서 사라지지 않았다. 왕의 사형에 찬성했다고 살해당한 르펠티에의 주검을 놓고 1월 24일에 조직한 기념행사를 통해 몽타뉴파의 비중이 얼마나 중요한지 뚜렷해졌다. 화가 다비드는 피로 얼룩진 의복을 중심으로 장면을 연출해서 구경꾼의 감정을 극대화하는 동시에 온건한 태도를 금했다. 1월 21일, 지롱드파는 결국 패배자가 되었다.

그러나 당장에 그들은 그럭저럭 나라를 통치해나갔다. 정확하게 1월 21일에 국민공회는 롤랑이 이끄는 공공정신사무국을 폐쇄했다. 롤랑은 사무국 요원들을 통제하지 못했다. 그들은 더 나은 운명의 기대와 반혁명 세력의 파괴를 공공정신의 개선과 조화시키지 못했다. 2월에 지롱드파는 파리 시정부와 도의회의 통제권을 몽타뉴파에게 빼앗겼다. 그러나 국회는 여전히 지롱드파의 통제를 받아 앞으로 제정할 헌법에 관한 의견을 청취했다. 당시의 현실은 너무나 복잡했다. 내무장관이 된 가라는 사실상 롤랑의 정책을 연장해서 공공정신을 평가하는 '관찰자observateurs'를 위임하는 비밀경찰을 창설했다. 옛날 지롱드파 장관이었다가 이제는 코르들리에파와 몽타뉴파의 지지를 받아 파리 시장이 된 파슈는 몇 달 뒤 지롱드파의 몰락에서 어떤 역할을 했는지 파악하기 어려울 만큼 난해한 인물이었다.

여러 가지 면을 고려해볼 때, 왕좌가 1793년 1월 이후 비었고, 왕의 단죄가 단박에 여론을 갈라놓았다고 말할 수 있다 할지라도, 그것이 혁명과 민주주의의 맹점이라고 말하는 것은 과장이다. 적어도 1791년 이후 왕좌는 효력을 잃었다. 그것은 유일한 군주의 이름을 넘어서, 국가를 구성하는 수많은 기관의 지배권을 놓고 싸우는 당파들의 진정한 목적을 상징하지 못했다. 부인할 수 없는 공백과 함께 정치의 모든 규칙이 힘의 관계, 선전 효과, 전쟁의 제약에 영향을 받아 미결정 상태에 있었다.

팽창에 대한 오해

왕의 죽음은 전쟁의 변화와 맞물렸다. 프랑스는 이웃 나라들의 반발을 무릅쓰고 팽창정책을 펼쳤다. 벨기에를 합병하고 차례차례 도시의 인준을 받은 뒤 사부아를 합병했으며, 사부아 민족의 염원을 대변한다고 인정받은 클럽이 요구사항을 제출함으로써 합병의 정당성을 확보했다. 니스를 시작으로 라인 강변을 따라 마인츠와 바젤 주교구를 차례로 합병할 때 그러한 방식을 적용했다. 바젤은 몽테리블Mont-Terrible 도가 되었다. 그곳의 소수파 집단들은 혁명군의 성공을 환영했다. 영국과 독일 같은 나라들은 중립을 지키다가 겁을 먹기 시작했다.
2월 1일부터 국민공회는 브리소의 제안을 받고 영국과 네덜란드, 그
리고 에스파냐, 포르투갈, 이탈리아 반도의 국가들에 차례로 선전포
고했다. 유럽 군주들이 사전에 아무런 의견 일치를 본 적이 없었기 때
문에 1793년의 정세는 자연스럽게 바뀌었다. 영국의 조지 3세와 러시
아의 예카테리나 2세는 아메리카 반란자들과 전쟁을 벌일 때부터 뿌
리 깊은 원한을 품었는데, 이제 원한은 사라졌다. 러시아는 전쟁 당사
국이 아니었지만 반혁명 세력을 지지했다. 버크가 바라던 만큼의 '십
자군'은 없을 테지만, 프랑스는 홀로 스위스의 주와 스칸디나비아를
제외하고 유럽 전체를 상대했다.

　　[당시 유럽 각국 사이에는] 세력의 불균형이 상당히 컸는데, 두려움과
반감을 안겨주는 프랑스 때문에 더욱 커졌다. 유럽 모든 나라에서 '애
국자들'은 여론을 조직적으로 동원하고, 심지어 반역 가능성이 있는
자들 때문에 불안한 정부들에 극단적 폭력을 휘둘러서 반란을 진압하
게 만들기도 했다. '자코뱅파'라고 불리는 사람들은 추적당했다. 그들
에게 맞서서 이념과 종교를 이유로 내세우며 혁명에 적대적인 여론의
흐름이 나타났다. 영국 정부는 외국인 관리국Alien Office을 설치해서
혁명 집단들을 감시하고 심사하는 임무를 맡겼다. 한편, 프랑스 외교
관 바스빌Bassville은 1793년 1월 13일에 로마에서 일어난 가톨릭계의
반유대주의 폭동으로 프랑스 대사관 앞에서 살해당했고, 공화국의 순
교자가 되었다.

　　프랑스가 독일의 라인란트 지방을 점령했을 때, 그 지방 사람들
은 이를 받아들이기보다 체념하거나 불만을 드러내는 경우가 더 많았

다. 1792년 11월 19일의 포고는 외국 군주들을 몹시 두렵게 만들었으며, 유럽의 급진파에게 희망을 주었지만, 곧 프랑스 군대가 영토를 점령하는 데 관심을 쏟는 것을 보고 실망했다.[4] 마인츠 공화국은 소수파 '애국자들'의 지지를 받고 출범했지만, 모든 인민을 해방하겠노라고 선언한 이상과 달리 현실적으로 온갖 위협을 받고, 또 점령군의 타고난 논리 때문에 급격히 압제로 바뀌었다. (얼마 전까지 바젤이던) 몽테리블 도는 종교적 관습을 존중해준다는 말에 주민들이 합병을 수락했다는 사실을 잊은 듯이 통치했다. 프랑스에서도 네덜란드의 '애국자들'은 '바타비아' 군단을 조직하고 네덜란드를 침공할 준비를 했지만, 여전히 프랑스의 엄격한 통제를 받았고, 결국 몇 년 안으로 통제를 거부하게 된다. 프랑스는 세계주의를 표방했지만 외국인 공포증의 반동을 억누르지는 못했다.

이 모든 상황이 프랑스가 이전에 거둔 성공을 제대로 활용하지 못한 채 주춤거릴 수밖에 없음을 보여주었다. 퀴스틴 장군이 이끄는 군대는 팔라티나(팔츠)에 들어갔을 때 코블렌츠의 망명자들을 해산시키지 않았는데, 이것은 프랑스군 전체에서 감지할 수 있듯이 전쟁의 목적에 관해 장군들과 정치인들의 의견이 일치하지 않았기 때문에 양측의 공조가 없었다는 사실을 보여준다.

---

4 국민공회는 1792년 11월 19일에 "자유를 회복하기 바라는 모든 인민을 돕고 우애로 대할 것"을 약속하는 법령을 통과시켰다.

전쟁과 국시

군대에 의용군을 편입했기 때문에 수많은 어려움도 생겼다. 의용군은 대부분 단 한 번의 원정에 참여했을 뿐이고, 그들이 귀향하면 병력은 조금씩 줄었다. 긴급 상황에 부딪힌 국민공회는 1793년 2월 24일 뒤부아 크랑세Dubois-Crancé가 발의한 대로 의용군과 정규군을 합쳐 '드미 브리가드demi-brigades'(절반 여단)로 '혼합amalgame'하는 법을 통과시켰다. 의용군의 지위와 봉급에 관한 조치는 군대에서 마찰의 원인을 없앴다. '혼합'을 강조했지만, 실은 정규군 병사, 국민방위군, 또는 1791년 이후 여러 번에 걸쳐 모병한 병력을 섞어서 부대를 만드는 '여단편성'이라 해야 마땅하며, 그 목적은 역사와 전통도 없이 완전히 새로운 단위를 만드는 일이 없도록 하려는 데 있었다. 이제 국민과 국가가 한 몸인 국민국가의 화신이라 할 군대에 의용군을 통합하는 순간, 의용군의 혁명적 잠재력은 와해되었다. 장교는 선거와 호선cooptation으로 지명했는데, 이로써 사실상 고위급 장교는 정부의 통제를 받게 했다. 다양한 이념을 가진 다양한 집단이 규율을 존중하지 않았기 때문에 군대는 여전히 약점을 가진 조직이었다.

그와 동시에 국민공회는 30만 동원령을 반포했다. 도와 디스트릭트마다 18~40세의 미혼 남성이나 홀아비 중에서 할당받은 수를 지명하거나 뽑아 장비를 지급해서 신속히 전방으로 보내야 했다. 1798년의 모병이나 1793년 8월의 국가총동원 체제와는 달랐다. 의용군이 없는 상태에서 국민공회는 각 코뮌의회에 투표로 병사를 뽑는 권한을 위임했고, 이렇게 해서 온갖 갈등의 씨앗을 뿌렸다. 징집을 실시하는 동안 군주정 시대의 민병대 조직은 새로운 정치문제와 결합하면서 존속했다.

1789년 이전에도 이러한 조치가 반발에 부딪혔는데, 1793년에도 필연적으로 반혁명 시위를 불러왔다. 여름이 끝날 즈음, 겨우 10만 명 정도를 동원하는 데 그쳤다. 지방에서 폭동이 일어나기도 했지만, 북부가 비교적 요구에 순순히 응했고, 남부는 그보다 덜 응했으며, 끝으로 서부와 오를레앙·투르네·코트 도르·퓌드돔·알자스에서는 거의 응하지 않았다. 3월 7일부터 11일 사이에 수많은 곳에서 반란이 일어났다. 낭트는 루아르 강 남과 북에서 몰려든 무장 집단들에게 며칠 동안 말 그대로 포위당했다.

바로 그때 파리는 뒤무리에 군대가 벨기에에서 적군의 반격을 받고 발걸음을 돌렸으며, 오스트리아·프로이센군이 프랑스를 다시 침공할 준비를 갖추었다는 사실을 알았다. 지롱드파가 툭하면 군사적 실패의 책임자로 비난을 받고 풀이 죽어 있는 틈에, 로베스피에르와 바레르는 활발히 위험에 대처했다. 파리에서 2월 말부터 3월 초까지 잇달아 민중폭동이 일어났기 때문에 그만큼 준엄한 조치가 필요했다. 여성들이 앞장서서 비누와 설탕 상점을 약탈했고, 섹시옹들은 국민공회는 물론 파리 코뮌까지 적대시했다. 그들은 코뮌에 대항해서 섹시옹별 감시위원회를 만들었는데, 나중에 이들을 통합해서 중앙구국위원회Comité central de salut public로 재편했다. 한편, 자크 루Jacques Roux가 폭동을 지원했는데, 그를 중심으로 모인 상퀼로트의 급진파는 '앙라제'라는 이름을 얻었다. 1789년부터 쓰이던 이 말은 새롭게 과격파라는 뜻으로 탄생했다. 루는 몽타뉴파의 도덕을 반영한 정치에 직접

의문을 제기하는 요구를 했다. 몽타뉴파는 이에 가차 없이 대응했다. 로베스피에르는 모든 사건을 반혁명 세력의 위협으로 생각하고 조금의 정통성도 인정하지 않았다. 긴급정책은 이처럼 부수적인 문제를 외면하거나 도구로 활용했다.

모든 재앙의 원인을 반역행위에서 찾는 동안, 이미 예상했듯이 3월 8~9일 밤에 자코뱅 클럽에 설립한 중앙위원회는 국민공회에서 지롱드파를 숙청하기 위한 봉기를 일으켰다. 단지 서너 섹시옹만 소집에 응했고, 그들은 국민공회 앞에 모여 시위를 벌이다가 쉽게 진압당했다. 국민공회는 이 기회에 특별법원을 설치해서 며칠 전부터 떠도는 요구에 응답했다. 지롱드파는 반대했지만, 법원이 '음모자들을 재판한다'는 원칙을 통과시켰고, 쇼메트는 코뮌을 대표해서 이 결정을 환영했다. 그와 동시에 의원들은 각 도에 파견할 82명을 주로 몽타뉴파에서 선발하고, 전국에 법을 적용하게 만든다는 명령을 통과시켰다. 저녁과 밤중에 코뮌이 인정하지 않은 폭동이 일어나 지롱드파 신문사를 엉망으로 만들었다. 10일에도 몇몇 섹시옹과 앙라제, 특히 푸르니에Fournier와 바를레가 지원한 반란이 일어났다.

몽타뉴파의 지지를 받지 못한 데다가 브레스트의 의용군이 도착하자 폭도들은 해산했다. 지롱드파는 혁명법원 설치안에서 반역자를 처벌한다는 범위를 확대하고, 조금 더 분명하게 '모든 반혁명 기도'를 처벌한다는 구절로 바꾸었다. 더욱이 국민공회의 하위기관인 혁명법원은 배심원단을 두고, 특정 위원회가 모든 증거를 사전에 검토해서 제출한 자료를 가지고 재판했다. 3월 15일에 위원회를 구성할 위원 여섯 명은 지롱드파에서 뽑았다. 그러나 위원회는 일부러 늑장을 부렸음이 분명하고, 그렇게 해서 혁명법원이 몇 달 동안이나 일하지 못하게 만들었다. 지롱드파는 최후의 순간에 자신들에게 해로운 기구를 통제했다. 그들은 그 기구가 복수의 도구로 쓰이거나 국가권력에서 벗어나지 못하게 막았다. 그들에게는 여전히 주도권을 잡는 일이 남아 있었다.

그러나 탄압기구는 이 법원의 바깥에 존재하게 될 것이다. 당통은 3월 27일의 연설에서 누구든 반혁명을 원하는 사람을 무법자로 규정하고, 국회의 비서가 제출한 관련 문서를 명령으로 통과시켜 곧바로 전국에 적용하도록 하자고 제안했는데, 이것으로 충분했다. 그 조처에 관한 다른 문서 한 점은 나중에 잠재력을 보여주게 된다. 1793년 3월 21일, 국민공회는 감시위원회를 설치해서 귀족이나 선서 거부 사제가 아닌 시민들이 위원들을 뽑도록 하고, 정치클럽의 바깥에서 감시위원회가 지방의 정치적 주도권과 자율성을 행사할 수 있도록 허용했다.

지방주의의 중요성은 역설적으로 파견의원들의 활동으로 더욱 커졌다. 파견의원들은 1793년 중엽에 자신들이 파견된 도의 온갖 갈등에 아주 깊이 얽혀 있었다. 그들 가운데 그곳의 지역구 출신 의원이 많았기 때문이다. 중앙정부/분권주의의 온건한 지방의 구분은 아무런 의미가 없었다. 지방선거는 단박에 아주 중요한 문제가 되었고, 사실상 파리 중심주의라는 선입관을 가진 사람들이 놀랄 만큼 국회의 지배층, 특히 지롱드파의 통제력을 허물었으며, '연방주의' 또는 '공포주의terroristes'의 출현을 예고했다.

"여러분이 방데를 만드셨습니다"

지롱드파의 앞에는 확고한 의지를 가졌지만 아직 하나로 뭉치지 않은 정적들이 있었다. [1793년] 3월 18일과 19일에 특별법이 잇달아 통과되면서 정치는 계속 역풍을 맞았다. 첫 번째는 '농지법'의 지지자에게 사형을 내리는 법으로 극좌파를 겨냥했다. 이들은 도시와 군대의 생필품 보급을 방해할 위험성이 있는 부동산 분배를 요구했기 때문이다. 그러므로 그 법은 극단적인 혁명파를 제외한 혁명 세력 공동체의 테두리를 정해주었다. 이튿날에 나온 두 번째 법은 무기를 소지하거나 흰색 표식을 단 사람은 누구나 재판에 부쳐 24시간 안에 처형한다고 했다. 역사 서술에서 오랫동안 외면당했던 이 법은 전환점이 되었다. 이 법을 단순히 첫째 법과 비슷하다고 이해해서는 안 된다. 반혁명을 겨냥한 3월 19일의 법은 브르타뉴의 봉기가 대표하는 아주 구체적인 위협에 직면해서 나왔기 때문이다. 그 법은 국민공회 안에 숨어 있던 반혁명 세력에 관해 '미봉책'을 쓰지 않겠다는 의지와 그들을 언제든 고발할 수 있다는 의지를 정당하게 만들어주었다.

이 토론 과정에서 지롱드파는 온건주의자라는 비난을 받았고, '방데 전쟁이 방데를 둘러싼 모든 도의 전쟁'으로 며칠 만에 번진 것은 그처럼 물러터진 태도 때문이라는 책임까지 져야 했다. 국민공회는 뒤무리에가 3월 16일에 네에르빈덴Neerwinden에서, 그리고 21일에 루뱅에서 잇달아 졌다는 사실과 라 로셸에서 보낸 군대가 3월 19일에 방데 도에서 '도적떼'에게 패배했다는 사실을 알게 되었다. 패배한 병사들을 지휘한 장군은 뒤무리에 휘하에서 복무한 사람이었다. 도대체

그가 왜 졌는지 이해하기 어려웠다. 알자스, 피니스테르, 또는 루아르 앵페리외르 같은 곳에서는 반란군을 진압했기 때문이다. 따라서 몽타 뉴파인 파견의원들이 전투에 참여하면서 관찰한 결과, 음모가 분명했다. 며칠 후 뒤무리에가 반역하면서 의심은 사실로 확인되었다. 뒤무리에가 벨기에에 있을 때, 그는 오스트리아 측과 여러 차례 협상을 하고 국민공회를 해산시키는 일을 검토했다. 그는 정변을 일으키려다 급히 방향을 바꾸어 4월 5일에 전쟁장관 뵈르농빌과 파리 코뮌이 전방에 파견한 특파원들을 적에게 넘기고 반혁명으로 돌아섰다.

이러한 사건들이 방데 전쟁에 관한 분석에 얼마나 영향을 끼쳤는지 되짚어볼 필요는 없을 것이다. 한낱 무장단체가 지휘를 제대로 받지 못한 정규군에게 뜻밖의 승리를 거두었을 뿐이다. 전쟁에서 패한 후 달아나던 정규군은 지역을 공황 상태로 만들었고, 이질적인 반란자들을 한 지역으로 몰아넣었다. 이렇게 해서 반란자들은 자신들의 의도와 무관하게 공화국의 '제1호' 공공의 적이 되었다. '방데'는 국민공회에서 불꽃 튀는 연설의 영향을 받아서 비로소 지역의 현실이 되었을 뿐이다.

몇 주 동안에 프랑스 전역에서 병사들이 동원되었다. 전국에서 방데를 칠 군대를 파견했다. 프랑스군은 출신과 이념이 다른 사람들로 구성되었기 때문에 쉽게 분열하고, 평범한 구성원의 약탈과 강간 때문에 전력이 약한 나머지 잇달아 패배했지만, 당시 사람들은 이러한 패배 요인을 인정하지 않았다. 물론 정치적으로 지롱드파와 가깝고 규율을 지키는 보르도 의용군처럼 지휘계통을 잘 세운 부대들은 예외였다. 전쟁과 정치의 논리는 우연을 운명으로 바꾸었고, 방데는 반혁명의 종양 같은 존재가 되었다. 방데가 반혁명을 발명했다는 말은 아니다. 1792년에 나온 보고서마다 이미 선서 거부 사제들의 은밀한 예배행렬과 반혁명 행위를 고발했다. 따라서 봉기한 '인민'은 반혁명 분자라는 평가를 받았다. 그들은 어쨌든 '정신 나간égaré' 자들로 보였고, 이내 '광신도fanatique'로 낙인찍혔다.

'방데인'이나 '브르타뉴인'을 반혁명 분자로 생각하는 관습은 이러한 반란이 이론적으로 중대한 어려움을 낳았다는 사실을 잊게 만든다. 국민공회 의원 롬Romme의 말처럼 민중의 봉기가 신성한 권리임을 상기하려면 합법적 저항과 인정할 수 없는 반란을 확실하게 구별해야 한다. 지롱드파는 반란 앞에서 "법은 침묵한다"라고 말하려면 혁명의 적들을 배제해야 이 권리를 행사할 수 있기 때문에 '자유로운 사회'에서만 의미가 있는 권리라고 평가했다. 그들보다 실용주의를 추구한 몽타뉴파는 특정 파벌이 권력을 찬탈하는 것을 비난했다. 그러나 모든 의원은 민중의 개입을 통제할 필요가 있다는 데 공감했다. 이러한 태도는 앞으로 1793년에 있을 헌법의 정지를 예고했다. 상퀼로트는 어떤 형태로든 자율성을 요구하지 못할 만큼 심각한 내부 분열로 몸살을 앓았다.

이러한 토론은 지역의 파국적 소식 때문에 뒤집혔다. 공화주의자들이 수천 명이나 도시로 도피했고, 프랑스는 낭트의 남쪽과 마슈쿨에서 '애국자들'이 학살당했다는 소식을 듣고 몸서리쳤다. 신문마다 끔찍한 장면을 과장하면서 희생자가 800명이나 된다고 경솔하게 보도했고, 공화주의 성향의 역사는 오랫동안 이러한 내용을 반복해서 인용했다. 3월 25일, 국민공회는 앞으로 날마다 정오에 방데 사태에 관해 논의하고, 구국위원회를 설치해서 위협하기로 의결했다. 국민공회는 4월 6일에 구국위원회를 정식으로 발족시켜 그동안 지롱드파가 통제하던 국방위원회를 대체하도록 의결했다. 당통과 바레르가 새 위원회에서 가장 입김이 셌고, 지롱드파는 참여하지도 못했다. 서부의 도 행정관들이 반란에 적절히 대처할 수 없는 상황이었기 때문에 그들의 지지를 받던 지롱드파는 그만큼 나쁜 상황에 놓였다. 일부 행정관들은 임시로 방데 반란군의 지배를 받던 퐁트네 르 콩트 시를 관리하는 일을 맡기도 했다.

1792년 9월을 상기시키는 분위기에서 라 로셸의 선서 거부 사제들이 살해되고 시신까지 훼손되는 일이 일어났다. 브르타뉴·알자스·마시프 상트랄의 농민들이 강력한 진압을 당했을 때, 방데의 병사들이 대개 형편없는 무기를 든 농민이었음에도 진압군을 물리치고 소뮈르·앙제·퐁트네 르 콩트 같은 공화주의 도시를 정복한 것은 쉽사리 이해할 수 없는 사건이다.

루이 17세의 이름으로 샤티용 '최고위원회Conseil supérieur'가 한 지역 전체를 다스렸고, 총사령관 카틀리노généralissime Cathelineau의 지휘를 받을 부대가 그럭저럭 병력을 모았다. 반란자들은 교회를 다시 열고 그 나름의 화폐를 쓰면서 행정체제를 갖추었고, 상비군에게 확실히 군수품을 지급했으며, [공화국의] '청색군'을 감옥에 넣고 외국 군주들에게 특사를 보냈다. 그들의 병력이 실제로 존재한다 해도 일시적인 병사인 데다 거주지에서 먼 곳으로 가는 것을 달가워하지 않았기 때문에 한계가 있었다. 그들이 도시를 점령하는 기간은 며칠뿐이었고 반란이 더는 확대되지 않았기 때문에, 루됭Loudun이나 푸아티에Poitiers

근처의 왕당파 공동체들은 4월과 5월에 봉기할 기회를 엿보았지만 허사였다. 그들은 곧 친혁명 당국이 자리를 지키는 앞에서 봉기할 의사도 포기했다.

이처럼 방데는 왕정이나 프랑스의 가톨릭 군주정 지지자들이 전국에 많이 있었다는 사실을 보여주었다. 나중에 그들은 브르타뉴와 남서부에서 시위에 나서게 된다. 그러나 그때 모든 국경에서 군대가 후퇴했는데도 프랑스군이 붕괴를 모면한 것은 영국·프로이센·오스트리아가 프랑스를 정복한 뒤 이익을 더 많이 챙기려고 경쟁한 덕이었을 것이다. 1793년 4월 6일 안트워프에서 유럽의 대신들이 모였을 때, 오클랜드Auckland 경은 영국을 대표해서 "프랑스를 정치적으로 완전히 없애야 한다"라고 선언했다. 오스트리아의 메르시 아르장토Mercy-Argenteau는 "공포로 프랑스를 짓밟아 프랑스 국민 가운데 아주 중요한 비중을 차지하는 활동적인 사람과 지도자를 거의 전부 말살해야 한다"라고까지 주문했다. 오스트리아 대신 투구트Thugut는 전리품 분배 방식을 언급했다. 영국은 됭케르크와 식민지, 오스트리아는 플랑드르와 아르투아, 프로이센은 알자스와 로렌을 차지한다는 안이었다. 알자스와 로렌을 바이에른 공작에게 양도하는 대신 공국을 오스트리아에 합병하는 대안도 있었다. 그와 마찬가지로 안틸레스 제도에서 혁명군이 자유 유색인과 때로는 노예들의 도움을 받아 생도맹그의 남부, 마르티니크와 과들루프에서 성공했다는 사실을 잊은 채 영국과 에스파냐는 생도맹그를 노렸다.

어려운 처지에 몰린 지롱드파

한편 지롱드파는 전쟁 상황 때문에 더욱 궁지로 내몰렸다. 그들은 몽타뉴파 이상으로 사건의 압박을 받았다. 전쟁장관 뵈르농빌은 뒤무리에를 막으려다가 오히려 4월 2일에 그에게 붙잡힌 탓에 부쇼트로 경질되었다. 부쇼트의 주변에는 상퀼로트가 있었고, 그중에는 방데에 참전해서 3일 만에 장군으로 승진한 롱생Ronsin, 그의 단짝인 뱅상 또는 상테르, 그리고 서부군 사령관으로 급속히 장군이 된 로시뇰Rossignol도 있었다. 이러한 상퀼로트 투사들은 코뮌과 섹시옹들에서 두둑한 봉급을 받는 의용군을 지원받았다. 5월 1일에 파리에서 1만 2,000명이 방데를 치러 떠났다. 이들은 국민공회 의원 카르노가 지원하는 정규군 병사와 장교들, 또는 지롱드파와 당통파 의용군과 경쟁했다. 상퀼로트는 수와 선전에서 유리했다. 그들의 신문은 정규군 부대에 보급되었고, 그들의 구호는 단순했다. 그들은 권력의 집중화로 혁명군, 과세, 징발을 지원해야 한다고 주장했다. 몽타뉴파가 반대했기 때문에 그들은 혁명군을 갖지 못했지만, 그 대신 아시냐의 강제 유통과 공정가격제 시범 운영을 관철시키고, 얼마 후 5월 20일에 부자에게 강제 기채를 실시하도록 했다.

'총력전' 이상으로 중요한 것은 전쟁의 정치화가 분명했다. 수십 명의 여성이 군대에 헌신했으며, 공화주의 혁명을 지향하는 여성 시민들이 전쟁에 참여하겠다고 주장하면서 특히 국민 총동원령을 거듭 요구했다는 사실이 좋은 예다. 이제는 아무도 혁명과 뗄 수 없는 관계를 맺었다. 3월 21일, 전쟁에 휩쓸린 모든 나라 출신 외국인이면서 친혁명 선언을 하지 않은 사람은 물론 '옛날'의 귀족과 모든 사제를 반혁명 혐의자로 간주했다. 3월 28일, 모든 코뮌은 영구 추방을 당한 망명자 명단을 작성하고 재산을 공화국에 귀속시켜야 했다.

1789년 7월 1일 이후 프랑스를 떠난 사람이 1792년 5월 9일까지 되돌아왔다는 사실을 증명하지 못하면 망명자로 간주했다. 남녀 구별 없이 돌아온 망명자는 증인들 앞에서 재판을 받고 사형을 언도받은 뒤 24시간 이내에 처형되었다. 14세 미만의 소년과 21세 미만의 아가씨는 유배형을 받았다. 따라서 몇 달 동안의 토론을 거쳐 망명자를 역적으로, 그들 집단을 국가의 헌법적 협약에 적대적 집단으로 간주한다는 결론을 내렸다. 망명자는 '나쁜 프랑스인'이 되었고, 귀족은 무장을 해제해야 했다. 결국 '시민정신이 부족한inciviques' 사람들은 4월 10일에 고발 대상이 되었고, 비선서 사제를 밀고하는 사람에게 100리브르를 주기로 했다. 이러한 조치는 예전의 우유부단한 입법을 끝내고 배제해야 할 사람들을 결정하면서 '인민'을 정의했다.

그러나 이욘의 생파르조 주민들의 청원이 증명하듯이 모든 일은 그렇게 간단하지 않았다. 그들은 희생자 르펠티에의 딸이며 국민의 피보호자 1호의 무장해제에 반대했다. 5월 4일, 국민공회는 요컨대 귀족이 분명했지만 '인민'에 속했던 아기 대신 하인들이 들고 다니다 빼앗긴 무기를 되돌려주라고 명령했다. 귀족이 거주하는 지역사회와 맺은 관계에 따라 추적이나 보호의 대상이 될 만큼 귀족에 대한 조치는 원칙도 없이 적용되었다. 이런 점에서 합법적 고발에 상소하는 일이 자주 눈에 띄었다면, 그것은 군주정 시대의 사법적 관행을 연장했기 때문이다. 예를 들어 당국에 붙잡힌 사제들은 '계고장monitoires'을 발행해서 제재를 받아야 할 죄인이 경범죄인지 중범죄인지 가려줄 사람들을 불렀다. 따라서 문제는 모든 사법적 틀을 넘었다. 상퀼로트와 섹시옹들은 '인민'을 구현하고 선봉 노릇을 했으며, 역적을 심판하고 '정신 나간' 자들에게 복수하는 공식기관 노릇을 했다. 3월부터 에베셰위원회Comité de l'Évêché가 선동해서 이런 상황을 만들었다. 이 위원회는 상퀼로트와 코르들리에파 선동가들이 〔파리 주교청에 모여〕 지롱드파를 공격하다가 4월 1일부터 백일하에 정체를 드러내고 의원들을 계속 압박했다.

뒤무리에가 4월 5일에 적군에게 넘어갔다는 소식이 파리에 전해지면서 지롱드파는 더욱 불리한 처지로 내몰렸다. 그날 자코뱅 클럽은 자매협회들에게 국민공회의 '상소파'를 파면하도록 압박하는 데 동참하라고 촉구했다. 상소파 의원들은 루이 16세를 재판할 때 국민투표를 하자고 주장했기 때문에 그들 역시 이제는 국민을 배반한 역적이 되었다. 그들 다수가 지롱드파에 속했으며, 인민의 대표들에게 넘어간 각종 위원회에서는 이미 쫓겨났다. 지롱드파의 반격은 다시 위기를 가져왔다. 4월 12일에 가데는 자코뱅 클럽의 회람을 고발하고 클럽 의장인 마라를 체포하라고 요구했다. 국민공회는 격한 논쟁 끝에 13일에 그 요구를 받아들였다. 16일에 파리의 35개 섹시옹이 시위를 벌이고 〔지롱드파〕 22명을 파면하라고 요구했다. 국민공회는 하나로 뭉쳐 요구를 거부했다. 그때 지롱드파가 나라의 지배자처럼 보였지만, 24일 혁명법원은 마라를 무죄로 판결했고, 이로써 지롱드파의 지배를 인정하지 않았다. 사태가 역전되는 기회를 이용해서 파리의 상퀼로트는 대대적으로 시위를 벌였다.

그날 국민공회는 헌법에 관한 초안 300개를 접수했다. 내용이 알려진 100여 개 안은 거의 전부가 대의정치와 삼권분립의 원칙을 수용하고, 이렇게 해서 상퀼로트의 욕망을 거부했다. 지롱드파와 몽타뉴파는 이 분야에서 충돌했으며, 그들의 주장이 종종 모순되는 것처럼 보였기 때문에 아주 복잡했다. 지롱드파는 어떠한 '표류dérive'도 막을 수 있는 헌법이 필요하다고 생각했지만, 몽타뉴파는 헌법이 없는 나라의 우유부단한 상태에 쉽게 만족한다는 사실을 확실히 보여주었다. 지롱드파는 중앙집권제가 그들에게 도움이 되었을 때 그것을 요구했으며, 따라서 그것은 태생적으로 몽타뉴파와 맞지 않는 것이 분명했다. 몽타뉴파는 섹시옹을 경계했기 때문에 남성의 직접선거로 장관을 선출하거나 기초의회에 검열을 맡기는 것을 거부했다. 그래서 그들은 섹시옹을 지배하고, 국민의 대표 앞에서 어떤 형태로든 인민주권을 지지한다고 말하지 않는 자코뱅파에게 기대었다. 이러한 조항 때문에 그들이 정치적 어려움을 겪지는 않았지만, 상퀼로트는 언제나 국민의 일부일 뿐인데도 권력을 잡고 싶어 한다는 비난을 받았으며, 이것은 국민통합을 위험하게 만들기 때문에 정치적 중범죄였다.

노골적이면서도 미묘한 투쟁에서 지롱드파는 자신들이 지방도시의 섹시옹에서 정치적 자산을 이용할 수 있다고 생각했기 때문에 파리의 섹시옹들이 인민의 이름으로 직접 간섭할 가능성을 빼앗으려는 의도를 품을 수 있었다. 코뮌의 권력문제도 이러한 관점에서 새롭게 부각되었다. 시정부 관리들이 1792년 8월 이후 더 많은 권한을 가졌다고 생각할 때, 지롱드파는 그들의 자율성을 축소하는 문제를 놓고 망설였지만, 결국 전쟁 수행에서 가장 중요한 역할을 한 농촌 코뮌들에 계속 의지하면서 도시 자치정부들의 힘을 제한하는 방법을 찾았다.

지롱드파의 몰락

〔1793년〕 4월 30일에 페티옹은 「지지자들에게 보내는 편지」에서 농지법의 유령을 휘둘렀고, 상퀼로트 1만 명의 시위가 일어난 뒤 곧바로 온건파들에게 섹시옹 총회에서 주도권을 잡으라고 호소했다. 이러한 시도는 정변의 실마리가 되었다. 그에 맞서 파리 코뮌은 1792년 8월 10일 규모의 반란을 준비했다. 삽시간에 소문이 퍼지고, 보르도와 마르세유 같은 지방도시가 '무정부주의자'에게 절대로 굴복하지 않겠다는 의지를 천명하면서 지방의 도 당국들과 소수의 파리 활동가들의 관계가 끊어졌음을 보여주었다. 몽타뉴파와 파슈도 지롱드파의 '성 바르톨로메오' 학살에 반대한다는 사실을 분명히 알렸다. 5월 18일에 지롱드파 가데는 정면공격을 했다. 그는 파리 코뮌을 해체하고 섹시옹 대표들로 대체하도록 하며, 국민공회 예비의원들이 부르주Bourges에 모여 국회를 공격하는 모든 시도에 대처하게 하며, 전국에 비상 통신원을 보내 이러한 조치를 알리라고 요구했다. 부르주의 전반적인 정치 성향은 지롱드파가 아니었지만 국토의 중심에 있었기 때문에 국민의 후광으로 보호해줄 수 있는 곳이다.

이는 새 국회를 설립하려는 의도가 아니라 국회 대신 기초의회를 중시하는 '질서 파괴자'의 공격에서 공화국을 보호하려는 의도였다. 국민공회의 존재를 위험하게 만들려는 조치를 보고, 바레르와 캉봉은 비상조치로 12인 위원회를 설립하는 안을 통과시켜 '광신자와 귀족주의자'를 퇴치할 임무를 수행하도록 했다. 이것은 복수할 기회를 엿보고 있던 지롱드파를 만족시키는 한편, 5월 1일부터 사회적 조치를 요구하면서 거리로 나선 상퀼로트를 조심스럽게 다뤄야 할 몽타뉴파와 정면충돌을 막을 만큼 충분히 여유 있는 목표였다. 그렇게 해서 잠시나마 대립을 피할 수 있었다.

20일에 실시한 투표에서 당연히 지롱드파가 위원회를 차지했다. 그들은 일주일 안에 섹시옹들을 감독하고 국민방위군 사령관 임명에 간섭하려고 노력했다. 또한 파리 코뮌이 다른 도시들과 통신하는 것을 금지했고, 그렇게 해서 국회의 대표성을 두 배로 늘렸다. 그들은 5월 19일 지롱드파를 '학살septembriser'하자고 부추긴 바를레와 에베르 같은 선동가는 물론 몽타뉴파를 지지하는 섹시옹 의장 돕상Dobsen처럼 국민공회 의원들[12인 위원회]의 취조에 반대한 섹시옹 주민들을 가두었다. 정치적으로 다양한 흐름이 다시 한 번 협력하고 정통성을 추구하면서 모든 기관을 지배하고 패배자를 사형대로 보내려고 노력했다. 24일에 발생한 충돌에서 승리한 지롱드파는 25일에는 치명적인 대결의 승자처럼 보였다. 그러나 그들은 파리의 정치적 중요성을 제한하려는 의도를 보여주면서 국민공회 일파와 충돌했다. 5월 27에는 제한된 범위에서 변화가 일어났다. 겨우 과반수를 얻어 위원회를 유지하기로 의결했기 때문이다. 그러나 28일부터 에베셰위원회는 지롱드파를 엎으려는 정변을 준비했다.

그 후 며칠 동안 이 위원회는 도의 선출직 구성원도 받아들였고, 따라서 파리 코뮌을 공격하는 지롱드파에게 겉으로만 충실한 선출직들의 권위를 강화했다. 5월 31일, 앙리오가 지휘하는 파리 국민방위군이 국민공회를 포위하고, 센 도와 몽타뉴파의 지원을 받아 국민공회의 다수파를 움직여 12인 위원회를 폐지하고 감옥에 갇힌 사람들을 석방하게 만들었다. 6월 2일, 반란위원회는 절반의 성공에 만족하지 못하고 다시 한 번 지롱드파로 보이는 국회의원 서른한 명을 체포하라고 강요했다. 앙리오는 어떠한 타협도 거부했다. 그는 '앙라제'보다 에베르와 코르들리에파에 더 가까웠지만, 적들과 형제처럼 통합을 구현할 수 있는 사람이었다. 그 작전은 확실히 구국위원회와 몽타뉴파의 허를 찔렀지만, 수개월 전부터 발생한 대결의 연장선에 있었기 때문에 아무도 놀라게 만들지 않았다.

그러나 그 사건을 올바로 해석하기는 어렵다. 파리 섹시옹들은 분열한 상태였다. '앙라제' 주위의 아주 단호한 사람들이 폭력을 동원해 중앙혁명위원회에 결집시킨 섹시옹들이 핵심 노릇을 하며 가장 온건한 사람들 앞에서 12인 위원회를 폐지하고 감옥에 갇힌 사람들을 석방하게 만들었기 때문이다. 그 뒤에 일어난 일은 그만큼 혼란스러웠다. 지롱드파를 연금한 뒤 감시를 소홀히 했다. 〔재무부와 전쟁부의〕 두 장관 클라비에르와 르브렁은 군사경찰의 감시를 받으면서 계속 직무를 수행했다. 몇 명이 도주했는데, 그중 세 명은 완벽히 도피했다. 다른 사람들은 10월에 에베르파가 다시 정부를 압박했을 때 비로소 혁명법원에서 재판을 받았다. 그들은 자살하거나 학살당했기 때문에 비극적 사건은 오직 이 순간에만 시작되었다. 그때부터 과연 정치적 일관성을 가진 집단이 존재했는지 논란이 계속 일었다. 73명의 의원이 6월 2일의 사태에 항의한 뒤 감옥에 갇혔지만 사실상 로베스피에르가 보호해준 덕에 재판을 받지 않았고, 결국 테르미도르 9일 이후 의원직을 되찾았다.[5] 그러나 1793년 6월 2일, 국민공회의 주도권은 평원파·지롱드파 연합에서 평원파·몽타뉴파 연합으로 넘어갔다.

지롱드파의 발명

'지롱드파'는 일반적으로 반드시 써야 하는 용어임이 분명하지만 문제를 일으킨다. 그 시대 사람들조차 막연한 집단을 지칭했기 때문이다. 과연 지롱드파는 누구인가? 서로 비판적인 학자들의 계산을 종합해볼 때, 국민공회에 '진짜' 지롱드파가 66명, 또는 60명이나 58명, 모두 합쳐서 137명이나 142명, 아니면 178명이 있었다. '진짜'가 아닌 사람들은 여전히 아무 이름도 없는 상태로 남았다는 점을 지적해야 한다. 그들 앞에는 넓은 의미로 '몽타뉴파'가 302명, 또는 '진짜' 몽타뉴파가 215명이나 267명이 있었을까? 그러나 역사가들은 '평원파' 200~250명이 1793년 초까지 지롱드파를 지지하다가 몽타뉴파 쪽으로 넘어갔다고 인정한다. 누가 계산했든지 몽타뉴파가 이미 지롱드파보다 수가 더 많았다. 5월 31일의 봉기 직전에 몽타뉴파 의원을 의장으로 뽑은 것을 보면 몽타뉴파가 과반수를 달성했음이 분명하

---

5   항의서 서명자는 연구자에 따라 74~76명으로 미묘한 차이가 있다. 1793년 10월 3일에 국민공회의 체포명령에 오른 이름은 74명이다. *Archives parlementaire*, tome 75, p. 521.

다. 역사가들은 쓸모없는 논쟁을 벌여 의원들의 정치적 태도가 아주 복잡했고, 사실상 아무런 '파벌'도 없이 경우에 따라 합종연횡했다고 강조한다. 따라서 '지롱드파'는 그럭저럭 뷔조·브리소·롤랑과 가까운 사람들을 통상적으로 하나로 묶는 낱말이며, 라마르틴Lamartine이 1847년에 발간한『지롱드파의 역사Histoire des Girondins』에서 결정적으로 적용한 개념 속에 하나로 모아놓은 사람들을 지칭한다.

역사를 쓸 때 필요한 개념을 거부하지 않는 한, 1793년 봄에 상퀼로트가 체포하게 만든 사람들은 1792년보다 더 동질적인 덩어리가 아니었음을 기억해야 한다. 지롱드파는 1793년 3~4월 국민공회가 왕의 운명에 대해 망설이고 마라와 상퀼로트를 적대시할 때까지 국민 공회가 나아갈 방향을 결정했다. 그들은 합법성의 형식에 관심이 있었고, 정치적 대의제를 믿었으며, 중앙집권적 권력에 집착했다. 또한 확신을 가지고 개인을 보호하는 자연권을 수호하고자 했으며, 일반의 지를 지역사회나 헌법기관 중 어느 한 편이 대표해야 하는 문제에 관해서는 속내를 털어놓지 않았다. 이러한 성향 때문에 지롱드파는 몽타뉴파나 상퀼로트와 대립했다. 이들은 자신들의 기초의회와 국민의 정통성을 혼동하면서 국회의원들, '입법가들'이 국민의 의지를 구현할 수 있다고 믿었기 때문이다.

자연스럽게 양극화가 발생했다. 먼저 사람들이 모여 토론을 거쳐 다수가 지지하는 결론을 도출하는 '정치' 성향의 극, 그리고 공동으로 결정한 행위가 나라와 혁명에 최고의 이익을 안겨준다고 생각하는 사람들의 '반정치' 또는 '반자유주의' 성향의 극이 생겼다. 전자는 지롱드파로서 후자인 몽타뉴파가 '독재정'을 수립한다고 계속 비난한 대신, 기초의회가 '일반의지'를 무시하고 주권을 행사할 수 있다는 의견을 인정하면서 '연방주의자fédéraliste'라는 비난을 받았다. 복잡한 토론은 시간이 지나는 도중에 변동하는 자료를 남겼고, 때로는 몇 주 동안 줄었기 때문에, 이러한 토론을 기준 삼아 특정 집단이 정확히 어떤 주장을 했다고 말하는 오류를 범해서는 안 된다.

지롱드파가 대체로 정치적 지향의 편에 섰다 할지라도, 모든 의원은 만장일치의 세계를 고결한 도덕적 세계로 생각했기 때문에 '반자유주의'의 유혹을 받았다. 어느 의원이 무슨 성향인지 콕 집어 말하기 어렵다는 사실은 언급할 만한 가치가 있다. 모든 명칭은 특정 순간의 영향을 받아 변동 가능하며, 언제나 성격이 바뀔 수 있으므로 정확하거나 결정적인 것일 수 없다. 우리는 역사책에서 집계한 결과를 가지고 설명할 수 있다. 주역들이 잇달아 변화하고 각 지방의 현실도 다양했기 때문에 집계 결과와 상관관계가 별로 없다. 더욱이 몽타뉴파·지롱드파·상퀼로트는 대체로 적대 세력이 기회를 잡을 때 상대방에게 낙인을 찍으려고 써먹은 이름표였다. 그러므로 우리는 전국이나 지방 규모의 수많은 장면에서 대결이 전혀 새로운 방향으로 튀는 모습을 되도록 가장 정확하게 추적해야 한다.

조각난 주권

상퀼로트는 이러한 현실을 더욱 복잡하게 만들었다. 분명히 '반자유주의적'인 정치를 생활화하려는 통합의지를 가진 그들은 몽타뉴파에게 집단적 조치를 내려 '이기주의'를 막으라고 강요했다. 그러나 그들은 최악의 폭력을 휘두를 때까지 인민주권에 애착을 가지고 자신들의 섹시옹부터 모든 공동체까지 보호하고자 했다. 그 점에서 그들은 '연방주의'를 발명했고, 중앙권력에 맞서는 지롱드파 예비군과 힘을 합쳤다. 여기서는 어떠한 역설도 찾아낼 수 없다. 파리 섹시옹의 역사는 섹시옹들이 얼마나 생생하게 본모습을 유지했고, 또 일부 섹시옹이 파리 코뮌의 결정을 얼마나 완강하게 거부했는지 보여준다.

제도적 경쟁은 언제나 '인민'을 대표할 수 있는 문제를 중심으로 가장 활발하게 일어났다. 파리 코뮌이 1792년 7월에 설립한 중앙통신국bureau central de correspondance은 연말에 문을 닫아야 했다. 그러나 1793년 1월에 파리 상퀼로트는 '공공정신을 유지하고 발전시키기 위해' 전국의 4만 4,400개 지방정부와 통신하려는 목적으로 다시 문을 열기로 했다. 앞에서 보았듯이, 이것이 '주권자'의 자율적 표현의 다른 형태를 용납하지 않는 12인 위원회와 불화를 겪는 요인 중 하나였다. 그러나 국회의원 거의 전체가 국민공회와 별도로 '인민'의 대표기관이 하나 더 생기는 것을 거부했듯이, 바레르도 '4만 개 공화국'을 설립할 가능성에 반감을 표시했다. 이때 생긴 긴장관계는 1793년 12월에 혁명정부를 설립하고, 1794년 3월에 상퀼로트 선동가들을 처형하면서 비로소 해소되었다.

이러한 권력 다툼은 프랑스 전역에서 각 지방 형편에 맞게 일어났고, 기관들의 서열화 과정에서 발생하는 모순과 얽혔다. 지나치게 단순화할 위험을 무릅쓰고 간단하게나마 행정과 정치가 뒤얽힌 모습을 그려봐야 할 것이다. 이미 보았듯이 국민공회는 분열한 상태에서 또한 분열한 위원회들, 그리고 특히 장관들, 그중에서 에베르의 측근들의 영향을 받는 전쟁장관과 복잡한 관계를 맺고 있었다. 전쟁부 소속의 에베르 측근을 상퀼로트 대중과 구별하기 위해 에베르파라 부를 수 있다. 파리에서는 센 도 행정관들이 파리 코뮌과 함께 자율성을 지켰다. 코뮌 구성원들은 섹시옹에서 뽑은 사람들이었기 때문에 두 기관의 충돌이 일어날 수밖에 없었다. 특히 섹시옹들은 '인민주권'의 특별한 화신으로 자처하고 수많은 행정관, 각 섹시옹의 감시위원회를 뽑았는데, 이들 역시 그 나름의 권위를 가지고 있었다. 섹시옹 의회들도 각자 끊임없이 내부 갈등에 시달렸다. 상퀼로트·'앙라제'·'온건파'가 제각기 불확실한 연합체를 구성했다가도 날마다 상황이 바뀌면 역전되기도 했다. 이것은 다른 섹시옹에서 여러 집단이 난입해서 어느쪽을 과반수로 만들어주느냐에 달려 있었다. '인민'은 전국적으로 정치생활을 활발하게 만드는 자코뱅 클럽, 코르들리에 클럽, 여러 민중협회의 투사들이 짠 수많은 거미집으로 구현되기도 했다.

파리의 우위를 견디지 못하는 대도시에서는 섹시옹과 정치클럽이 시정부 통제권을 놓고 가장 많이 싸웠다. 결국 센 도까지 30여 개의 도의회는 구국위원회를 설치하기로 의결했다. 그것은 1793년 여름에 기존 권력기관의 바깥에서 억압의 기능을 맡았다. 이처럼 수천 명의 개인이 저마다 이런저런 명목의 합법성을 가지고 서로 경쟁하는 가운데 다양한 관계를 맺었다.

모든 사람이 전국의 도시나 정치클럽에서 자신과 비슷한 부류와 연락하거나, 국민공회에서 자신들과 가장 친한 의원들을 통해서 지원을 받았다. 특히 파견의원들은 '주권자'의 진정한 대표이자 중앙권력의 구성원이었기 때문에 사람들이 가장 많이 기대려던 대상이었다. 파견 의원들은 모든 권력을 쥐고 있었으므로 여타 관리와 위원들보다 우위에 있었다. 그러나 이들도 아직 사라지지 않았고 어떤 경우에는 자율성을 과시했다. 파견의원들은 지방에서 벌어지는 언쟁에 개입할 뿐 아니라 더욱이 현직 행정관들을 공격하는 편을 들어서 긴장을 더욱 고조시키고 파리를 경계하게 만들었다. 각부 장관이 보낸 사람, 파견의원, 대도시의 대표들이 가장 자주 티격태격했고, 특히 에베르파와 평원파가 대립할 때 더욱 심하게 싸웠다. 논쟁을 끝내려면 최고 심급의 기관에 상고하는 수밖에 없었다. 국민공회는 그럭저럭 이러한 역할을 유지하려고 노력했다. 그러나 여러 기관이 힘을 합쳐 좀 더 약한 상대방에게 압력을 가함으로써 논쟁을 끝내는 경우가 가장 흔했다. 그렇게 해서 역사가들 사이에서 '연방주의'로 통하는 결과가 나타났다.

연방주의의 헌옷

〔1793년〕 5월 9일부터 보르도와 낭트는 '무정부주의자'를 비판하는 성명서를 발송하기 시작했지만, 가장 심각하고 복잡한 위기는 마르세유에서 발생했다. 3월 17일에 마르세유의 자코뱅파와 상퀼로트는 좌파의 강자 바르바루를 거부하고 공격한 온건한 지롱드파와 특히 '상소파'의 심판을 요구했다. 그들은 1789년부터 마르세유가 가장 앞장선 혁명도시임을 확신하는 노선을 지키는 동시에 혁명의 집행부라 할 수 있는 '공화국의 몽타뉴Montagne de la République'를 구성해 국민공회의

진정한 짝을 만들려는 의지를 가지고 그렇게 요구했다. 당연히 국민 공회는 입법부 중심 체제를 훼손하는 시도라고 비난했다.

당시 마르세유의 모든 섹시옹은 '온건파'의 통제를 받았기 때문에 이 기회를 자치정부의 꼭대기에 있던 자코뱅파가 설치한 구국의 행동 강령을 거부하기에 적합한 상황으로 판단하고, 그들을 인민재판에 넘기는 데까지 나아갔다. 섹시옹들은 여세를 몰아 자치정부를 교체하고 파견의원들이 자코뱅파이며 파리를 대표한다는 이유로 몰아내고 나서, 섹시옹 총위원회Comité général des sections를 설립해 자코뱅파와 상퀼로트를 추적하기 시작했다. 5월 16일에는 지난가을에 집행한 교수 형의 책임자들, 이른바 자코뱅 '교수형 집행자pendeurs' 두 명과 자코뱅파 선동자들을 처형했다. 그런 와중에 이조아르는 파리로 피신했다. 국민공회의 마르세유 출신 의원들도 지롱드파와 자코뱅파로 나뉘어 서로 법적 정통성이 없다고 비난했다. 6월 13일에 일시적으로 문제가 해결되었다. 혼란을 겪은 뒤 마르세유가 모든 토론을 중지하고 결정적으로 복종할 일이 없는 한 봉기해서 끝까지 싸우겠다고 선언했기 때문이다.

온건한 섹시옹들과 상퀼로트 행동지침으로 자치정부를 운영하는 자코뱅 클럽이 양편으로 갈라져 대립하는 도식은 리옹에서도 볼 수 있다. 리옹에서 7월 17일에 샬리에와 친구들을 처형한 뒤에 일어난 봉기는 혁명의 역사에서 가장 복잡하고 또 가장 유명한 일화에 속했다. 그것은 '연방주의자' 반란이었다. 그 특성은 파리와 관련해서 뜻밖에 발생한 야릇한 사건이었다. 시정부의 권력을 잡았던 상퀼로트는 5월 29일에 섹시옹 투사들에게 쫓겨났다. 이때 파견의원들은 놀라서 보고만 있었고, 또 지롱드파 성향의 도내 권력기관들도 꿈쩍하지 않았다.

파리에서 일어난 사건의 방향을 거꾸로 돌려놓은 리옹 사태를 이해하려면 잠시 예전으로 돌아갈 필요가 있다. 1792년 리옹의 자코뱅클럽은 9월 학살을 보면서 '악당scélérats'과 '반혁명 분자들'을 엄단하는 정치를 해야겠다고 생각했다. 한편, 지롱드파가 시정부의 권력을 잡았지만 방데 반란과 뒤무리에의 변절로 신용을 잃었기 때문에, 자코뱅파가 시정부 관리로 뽑혔다. 그들의 지도자 샬리에는 단두대와 법원, 혁명군을 설치하겠다고 약속했다. 그들은 시립 제빵소를 설립하고, 부자에게 과세하는 사회정책을 도입하는 동시에 왕의 사형에 찬성하지 않은 사람들부터 시작해서 반혁명 혐의자를 탄압하기 시작했다. 자체 혁명군 문제는 수많은 긴장을 조성했다. 국민공회가 리옹에 혁명법원을 설치하지 못하며 도의 지지도 받을 수 없다는 명령을 내렸을 때, 온건파 섹시옹들은 그 명령을 이용했다. 그들은 시정부와 노골적인 투쟁을 시작했다.

온건파 섹시옹들은 혼란스러운 봉기를 일으켰으며, 5월 29일에는 무력 대결까지 벌였다. 파견의원들은 개입하지 않았고, 자코뱅파는 감옥에 갔다. 파리는 6월 2일 상퀼로트가 국민공회에게 승리한 날에 그 소식을 들었고, 한편 리옹에서는 '무정부주의자'를 거부했다. 여기서도 리옹/파리의 적대관계가 확실히 작용했다. 리옹은 파리의 틀 안에서 자율성을 누릴 수 없었다. 거기서도 역시 적들이 상대방을 전멸시켜야 싸움을 끝낼 수 있었다.

리옹에서 투쟁이 일어났을 때 파리에서도 5월 31일~6월 2일에 정변이 일어났는데, 수많은 도는 그 정변을 인정하지 않았다. 6월 5일과 19일 사이, 지롱드파와 도 행정관들과 가까운 의원 75명은 파리로 진격해달라고 호소하는 성명을 발표했다. 그것은 파리의 특정 집단이 중앙권력을 독점하는 데 반대하기 위해 '주권자'의 정통성을 걸고 조직한 운동이었다. 그 운동은 혁명의 진행을 연맹fédérations에서 '연방주의fédéralismes'로 한 단계씩 구조화했다. 그것은 단일 운동이었고, 분리의지란 조금도 없었다. 뷔조나 바르바루 같은 단 몇 명만이 경우에 따라서 북부에 적군을 침입하게 만들 위험을 안고 남부의 공화국을 꿈꾸거나 아메리카의 '반연방주의' 흐름을 반영한 국가를 꿈꾸었을 뿐이다.

파리에 반감을 가진 도는 파벌과 분열을 사실상 거부했다. 상퀼로트와 마라는 몽타뉴파를 본받아 하나이며 나눌 수 없는 공화국을 강력히 주장했고, 오히려 파벌과 분열만 조장했던 것이다. 지롱드파가 마련한 헌법안은 국가의 통일성과 직접선거로 뽑은 행정부를 강화하는 목적을 갖고 있었다. 행정부는 입법부와 독립기관으로 힘을 발휘할 것이며, 여기서 벌써 1793년 말의 정부 위원회들의 설립을 예고했다. 지롱드파가 '연방주의자'이고 지방분권론자라는 전설을 뒷받침하는 증거는 없지만, 전설은 깨지지 않는다. 1793년 봄에 이들은 몽타뉴파와 반대로 지방 행정관들의 권력을 제한하려 했다. 1793년 4월과 5월 사이에 몇몇 도에서 몽타뉴파와 특히 상퀼로트의 주도권에 단호하게 반기를 들었는데, 그러한 태도는 1792년의 '연맹군' 소집의 연장선에 있었고, 연맹군fédérés·연맹·연방주의의 의미를 바꿔놓았다. 그러나 새로운 충동이 싹트지는 않았다.

연방주의의 막다른 길

5월에 툴롱Toulon과 외르Eure 시 당국에 이어 6월에 쥐라가 취한 태도
와 함께 그들이 파리와 어떤 관계에 있었는지가 이러한 한계를 보여
준다. 그 지방 자코뱅파와 대립하던 그들은 6월 2일에 리옹의 성명에
서도 말했듯이 '전제정'과 '무정부'의 적인 공화주의 형제의 이름으로
파리에 저항하기로 결심했다. 그들은 1789~1790년에 본래 합법성
을 위협받았을 때 대응하기 위해 들고일어났는데, 이것을 '연방주의
적' 동원 또는 '공화주의 반란'으로 생각할 수 있다. 그들은 '좋은 혈
통들'이 휘두른 폭력에 '대항폭력contre-violence'으로 맞서면서 모든 의
회, 특히 1792년 이후 국민공회가 얻은 우월한 지위에 저항했다. 수개
월 동안 국민공회 전체가 강요한 헌법의 원칙은 모든 것보다 먼저 고
려할 사안이었다.

　예비의원들을 부르주에 소집하자는 요구는 부르주가 독이 든 선물
을 거절했을 뿐 아니라 국회를 나누는 것이 위험했기 때문에 흐지부
지 끝났다. 적은 1789년처럼 단일하지 않았고 이중으로 늘었다. '무
정부주의자'와 나란히 '반혁명 분자들'도 두려워할 대상이었기 때문
이다. 한때 리옹을 지배하던 온건한 자코뱅파는 진정한 반혁명가들과
합류했는데, 이들은 파리에 공공연히 저항하는 데 참여하게 되어 아
주 행복했다. 툴롱에서도 곧 이러한 모습을 볼 수 있었다. 이 지역 전
체에서 일어난 투쟁은 모두 내부의 적대관계 때문이라는 특징을 보여
주었다. 이처럼 리옹과 생테티엔의 긴장관계 또는 쥐라 도와 맺은 팽
팽한 관계가 이 공동의 운동을 제약하고 실패로 이끌었다. 프로방스

에서 지롱드파 '연방주의'는 행정부에 맞서 상퀼로트의 자율성을 주장하는 섹시옹의 '연방주의'와 결합했고, 모든 기관에 속한 자코뱅파·온건파·상퀼로트를 대립하게 만들었다.

연방주의는 지방에서 재생의 염원들을 뒤섞은 표현이며, 1789년 혁명에는 참여했지만, 1793년의 프랑스에서 더는 제자리를 찾지 못했다. 국민통합의 명분은 국민의 생존을 위한 전쟁에서 더는 보호구역을 용납하지 않았기 때문이다. 이러한 현실은 서부에서 각별한 반향을 일으켰다. 시와 도의 당국이 지롱드파의 지배를 받던 낭트·렌·브레스트는 5월 31일과 6월 2일 사태에 반대하면서도 단호한 군사적 행동을 취하지 않았다. 낭트 사람들이 좋은 본보기였다. 지롱드 사람들이 5월 29일에 파견의원들의 도움을 받지 않으면서도 방데인의 공격에 저항하려고 왔을 때, 따라서 공화국의 합법성을 지지한다고 자처했을 때, 그들은 여전히 신중했고, 보르도나 캉과 힘을 합쳐 파리를 공격하는 합동작전에 참여하지 않았다. 지롱드인의 정서적 특징이 합법성에 관한 관심이었음은 논란의 여지가 없었고, 그래서 실제로 정복할 기회가 없는 한 국민공회를 위험에 빠뜨리지는 않았다.

지롱드파의 사회적 성분이 사실상 그들의 단점이었다. 혁명 덕에 서민들이 점점 더 큰 자리를 차지하고, 섹시옹 의회가 초기의 투사들 클럽을 대체했을 때, 지롱드파는 당연히 유복한 계층이나 최소한 스스로 무장하고 때로는 말도 기를 수 있는 '선량한 시민' 가운데 억압 조치를 증오하는 사람들로 구성되었다. 경제적 측면에서 조세상의 개인주의를 수호하는 것은 모든 사람의 감시와 누진세의 주장에 저항하는 사람들의 원칙에 속했다. 그러나 몽타뉴파는 국민이 모든 개인의 이익보다 우위에 있다고 생각하기 때문에 국민을 수호한다는 평가를 받았다. 게다가 1792년 이후 힘의 저울은 상퀼로트의 태도에 따라 대부분의 경우에 도시 민중 계급 쪽으로 기울었다. 그 결과, 그들은 몽타뉴파와 상퀼로트가 부추긴 운동과 충돌하는 특수 계층으로 등장했다. 사회 계층에 따라 이웃끼리도 적대관계를 맺었던 남부의 도시에서도 지롱드파의 탄압을 받는 자코뱅파는 우선 민중 집단에서 인원을 늘렸다. 그러나 인원 동원에도 곧 한계가 드러났다. 비록 진영의 경계를 분명히 구분하기도 불가능하고, 1793년 5~6월의 정변을 거부한 일이 뚜렷이 내전으로 연결되었다고 생각할 수 없을지라도, 자코뱅파는 지롱드파 주동자들을 고립시키고 혁명의 반대자로 분류했다.

특히 노르망디는 이러한 현상을 분명히 설명할 수 있게 해주는 사례다. 5월 31일과 6월 2일의 정변에 반대한 사람들은 반혁명으로 돌아설 태세를 갖춘 온건파에서 나왔다. 1792년에 국민공회 의원 선거에서 떨어진 퓌자이Puisaye는 윔펜이 지휘하는 '연방주의자' 군대에 들어갔고, 1793년 말에는 브르타뉴의 '슈앙 유격대'와 연대하려고 노력했다. 그러나 퓌자이는 슈앙 유격대의 장군이 된 후 동맹군에게 거부당했으며, 윔펜은 몽타뉴파를 대적할 군대를 모으는 데 실패하고 브뤼메르 정변 이후 군대로 되돌아갈 때까지 신분을 감추고 살아야 했다. 이들은 여러 종류의 자유libertés〔사실상 특권〕에 집착했으며 입헌군주정이나 보수적 공화국에서 자유를 찾을 수 있다고 믿었다. 그러나 그들은 미래가 없는 상황으로 내몰렸다.

인근 도시에서도 비슷한 논리가 적대관계를 만들었다. 그래서 노르망디의 에브뢰Évreux와 베르네Bernnay 같은 도시가 비록 완전히 관계를 끊지 않으면서도 몽타뉴파와 지롱드파에서 어느 편을 선택하느냐는 뿌리 깊은 반감이 작용한 결과였다. 파리의 온건한 '라 프라테르니테La Fraternité' 섹시옹과 '몰리에르와 라퐁텐Molière et Lafontaine' 섹시옹이 노르망디 연방주의자들과 접촉한 사례도 있었다. 그들은 파리의 '괴물monstre' 때문이 아니라 '무정부주의자'와 그들의 폭력 때문에 그렇게 했던 것이다. 특히 노르망디의 캉Caen 같은 도시들은 내적 통일성을 가장 중시하는 것처럼 보였다. 그래서 명사들은 이른바 '카라보carabots'〔캉의 상퀼로트 집단〕 같은 민중 세력의 지지를 받은 다음에는 국민공회가 파견한 특사들에게 신중히 복종하고, 피를 부르는 탄압을 피해 최소한의 희생으로 질서를 유지할 수 있었다. 우리는 단 6개 도만이 파리가 주도한 혁명에 끝까지 반대했고, 32개 도는 분명히 국민공회를 지지했다고 평가한 앙리 왈롱Henri Wallon의 말을 따라야 할 것인가?

헌법이 부여한 정통성

5월 말부터 6월 중순까지 북서부(캉), 서부(렌이나 낭트, 게다가 보르도는 더 많이), 동부와 남동부(리옹에서 툴롱까지)에서 '지롱드파'의 핵심 인물을 중심으로 인력을 동원했으나 분명히 수적인 차이는 아주 컸다. 마르세유·리옹·보르도는 공동으로 저항 세력을 조직하자고 각지에 특사를 보냈다. 보르도의 구국인민위원회는 상설기구가 되었고, 도내 코뮌의 28퍼센트의 지지를 받았는데, 이는 그들의 호소력이 약했다는 사실을 드러내는 수치였다. 위원들은 아주 다양하게 환영받았지만 결국 추종자는 적었다. 파리의 몽타뉴파는 쥐고 있던 으뜸패를 활용했는데, 그것은 헌법 통과라는 패였다. 콩도르세가 기초한 지롱드파 헌법안은 몽타뉴파의 마음에 들지 않았을 뿐 아니라 지롱드파의 일부도 반대했다. 그래서 1793년 5월 29일에 겨우 몇 개 조항만 심의했을 뿐이다. 평원파와 몽타뉴파가 힘을 합쳐 국민공회를 이끌게 되자 그 세력을 이용하고 방법을 바꿔서 전국의 유권자들에게 6월 중순까지 새 헌법을 제시하겠다고 공지한 뒤 6월 10일부터 24일까지 헌법을 기초했다.

새 헌법안은 콩도르세의 헌법에서 중요한 구절을 가져다 쓰면서, 보통선거로 1년 임기의 국회를 설립하고 기초의회들이 제출한 명단에서 행정부 임원 24명을 뽑도록 했다. 법률은 모든 행정기관에 적용하며, 이 경우 중앙집권 국가와 경쟁하려고 혁명의 정당성을 주장하는 '연방주의자'의 저항을 금지하는 동시에 선거인 다수가 요구하면 국민투표를 거쳐 확정하도록 규정함으로써 "반란은 인민을 위하여, 그리고 인민의 일부를 위하여 가장 신성한 권리인 동시에 가장 필요한 의무"라는 원칙을 선언했다.

콩도르세가 구상한 인민의 검열을 피하기 위해 몽타뉴파의 헌법은 국회에 검열권을 맡겼고, 더 큰 이의의 여지를 남겼다. 오직 법률만 인민의 검열을 받았고, 즉시 적용되고 범위가 한정된 법령은 검열받지 않기 때문이다. 몽타뉴파의 헌법안도 역시 집행권을 거부했지만, 캉봉을 중심으로 실질적이고 신중한 자율성을 유지하는 국가 재정부 회계관리들은 유지했다. 평등·자유·안전·재산권을 인간의 절대적인 자연권으로 규정한 것은 의미심장하다. 우애가 거기에 끼지 못했다는 사실에 주목하자(공식적으로 '우애'는 1848년 헌법에 처음 등장한다). 1789년의 질서가 바뀐 것은 확실하지만, 지롱드파 헌법과의 차이는 미약했다. 헌법은 '내전'을 피하면서 '공동의 행복'을 보장하는 목적을 가졌다.

이처럼 헌법은 5월 31일~6월 2일의 정변이 낳은 행복한 결과로 보였다. 국민공회는 6월 26과 27일에 내란이 일어난 지역도 예외 없이 전국의 승인을 받아 헌법을 확정하겠다고 고지했던 터라 논란의 여지가 그만큼 줄었다. 국민공회는 반란을 일으킨 도에 더욱 실용적인 조치를 내리는 동시에 법의 틀을 거부하는 자들을 불명예스럽게 만들어 혁명 세력과 반혁명 세력의 경계선을 옮겨놓았다. 여전히 반대하던 지롱드파는 '연방주의자'의 곁에서 발자국을 지우거나, 진짜 반혁명 세력과 합세하고 뒤섞이면서 분명히 저항하거나, 그밖에 다른 선택의 길은 없었다.

파리의 좌파 혁명 세력이 더욱 급진화하고 몽타뉴파에게 코르들리에파와 에베르파의 지원을 받도록 강요했기 때문에 더욱 두려운 상황이 된 것은 당연했다. 여성공화주의자혁명협회도 역시 경제적 평등을 주장하는 급진적 행동강령을 중심으로 '앙라제'와 합세해서 사회적 조치를 요구했다. 세탁비누 같은 생필품의 물가가 뛰면서 거리마다 소요 사태로 진동할 때, 자크 루는 이러한 요구를 '앙라제 선언Manifeste des enragés'에 담아 6월 25일 파리 코뮌과 국민공회에 보냈다. 그러나 코르들리에파는 자크 루를 고발하고, 나라를 통제하고 경제를 이끌던 몽타뉴파의 편이 되어 체제의 중심에 서게 되었다. 혁명협회의 여성 시민들도 섹시옹의 투표권을 약화하는 일을 막기 위한 시위를 진정시키는 중재 역할을 했다. 당장에는 국민공회가 상퀼로트 계층과 지롱드파 성향의 갈등을 중재하는 동시에 방데와 적들을 물리치는 싸움을 지휘하면서 정통성을 갖춘 기관으로 남아 있었다. 그 어느 때보다 옥좌가 비어 있는 상황에서, 부인할 수 없는 정통성과 다양한 결정을 공유하는 능력을 겸비한 자만이 권력을 잡을 수 있었고, 나라의 운명은 그 어느 때보다 국외만큼 국내에서 군대의 운명에 밀접히 달려 있었다.

3장

전쟁을 지배하다:
1793년 7월~1793년 12월

전쟁은 혁명을 '가속화'했는가? 앞에서 보았듯이 '내전'의 경우에는 망설이지 않고 그렇다고 대답할 수 있다. 1793년부터 국민의 적들을 상대하는 전쟁은 혁명정부에 골칫거리를 안겨주면서 가장 중요한 역할을 했다. 국가를 성공적으로 동원하기를 바라는 집단의 기대에 반드시 부응하는 동시에 명백한 모순이 다수 발생하는 현실도 아랑곳하지 않고 꼭 필요한 힘을 이용하고 항로를 유지하기 위해 화력을 분배해야 했다. 권력자들은 이념의 차원에 머무르지 않고, 실제로 '대중'의 염원을 억제하고, 가장 정도를 벗어난 인재까지 아낌없이 동원하다가, 그들이 더는 쓸모없고 위험해지면 재갈을 물리고, 집단의 안전과 생필품의 분배 같이 중요한 문제의 우선순위를 확정하면서 권력을 유지했다. 행정가와 정치가들은 개인의 태도나 정치적 대립과 상관없이 긴급한 사태와 문제 해결에 필요하다면 반드시 제휴했다. 그것은 효과적이고 더 오래갈 조직을 만드는 첫걸음이었다. 나폴레옹을 중심으로 탄생하게 되는 제국은 전체 구조부터 가장 작은 부분까지 세심하게 신경을 쓴 조직이었다.

　그러나 프랑스는 일인 독재 시대로 들어가는 대신, 생활양식을 강요하고 수많은 자유를 폐지하면서 자기모순에 빠진 정치적 이상을 추구하는 길을 좇았다. 그리하여 나라는 정신을 틀에 맞추고 희생을 유도하는 최고도정치hyperpolitique, 또는 수많은 모순을 거부하는 대신 융합사회를 보장하는 반정치antipolitique로 나뉘었다. 반혁명에 저항하기 위해 직접민주주의가 필요했고, 투사들은 지역사회의 관행에서 나온 가혹한 조치를 실천하면서 인명과 재산의 통제권을 행사했다. 말과 행위의 불일치는 위협처럼 다가왔으며, 모든 '정치인'은 특권층으로 보였다. 상상력이 얼어붙은 프랑스는 잔인한 충동의 상태로 들어갔다. 사물과 말이 일치해야 하는 맥락에서 포르노그래피가 인쇄업자 세계에서 사라진 것은 별로 중요하지 않았다. '말과 수사학의 세계'는 몸싸움과 고함으로 대체되었다. 그것은 필연이 아니라 사건의 연쇄 속에서 제아무리 우연하게 일어난 일이라 해도 논리적인 결과였다. 또한 그것은 혁명의 본질이 아니라 몇 달 동안 상퀼로트와 의용군 집단들이 국가의 공백을 틈타 갈등을 직접 다스려야 할 정치를 위험에 빠뜨리며 주도권을 잡는 과정에서 이미 1789년부터 존재하던 수많은 가능성 가운데 하나를 실현한 결과였을 뿐이다.

　이러한 유혹은 '언어의 재생'을 바라는 욕망으로 나타나기도 했는데, 이 욕망은 존재의 야망과 멸시를 드러내기 때문에 걱정스러우면서도 이해해줄 만했다. 공교육위원회는 반혁명 분자들을 궁극적으로 프랑스 밖으로 추방하려는 목적으로 그들의 말과 책을 추적하는 임무를 문법학자 위르뱅 도메르그Urbain Domergue에게 맡겼고, 그는 열심히 일했다. 제네바 출신 장 롱도니Jean Rondonis도 역시 복수하려는 의도를 품고 혁명으로 바뀐 단어의 목록을 작성했다. 춘분·추분의 주기, 이집트의 신비, 혁명의 재생력에 바탕을 두는 동시에 기독교의 구체제를 거부하려는 의도로 혁명의 달력(공화력)을 발명한 것도 그들이 꿈꾸던 이상향을 발명하는 운동의 성격을 반영했다. 공화력은 국민공회의 뒷받침으로 공화주의의 투쟁 요소가 되었다. 그러나 이러한 시도를 유일한 역사적 실체로 생각해서는 안 되며, 정치가들이 체제의 미래를 위협하는 치명적인 전쟁을 정치적으로 해결하려는 목적으로 통제하고 저지하던 맥락에서 이해하려고 노력해야 한다.

통일이 아니면 죽음이다

"통일이 아니면 죽음이다"는 확실치 않은 존재에 대해 "우애가 아니면 죽음이다"라는 유명한 구호와 비슷한 구호가 아니었고, [어떤 상황을] 정당화하는 경구도 아니었다. 이것은 단지 혁명의 지지자들이 생존을 위해 싸우면서 날마다 겪는 현실과 관련한 말이었다. 그들은 혁명 과정을 이해하는 일을 이념적 원칙이나 정치철학의 개념으로 축소하지 못하게 했다.

1793년 6월의 상황을 묘사할 때 통상적으로 위험을 열거했다. 군대가 국경 지대로 후퇴하고, 북부의 요새들이 떨어지고, 라인 강변의 마인츠도 빼앗겼다. 됭케르크는 포위당하고, 에스파냐군은 바이온과 페르피냥을 향해 진격하는데, 피에몬테군은 알프스 산맥을 넘어왔다.

안틸레스 제도에서 무장단체들이 생도맹그를 먹잇감으로 노리고 있을 때 영국군과 에스파냐군이 발을 들이밀었다. 국내 60여 개 도는 파리 상퀼로트에게 저항했고, 방데군은 소뮈르와 앙제를 점령한 뒤 낭트를 공략했다. 프랑스는 적들에게 잘 익은 과실로 보였다. 이처럼 겁나는 그림이 사실이라 할지라도 현실과 정확히 일치하지는 않았다. 외국 군대는 계속해서 프랑스인의 저항 능력을 얕보면서도 결정적으로 승리하지 못한 채 느린 속도로 다가왔다. 그들의 작전은 조화를 이루지 못했다. 그들이 됭케르크 공략에 실패한 것을 보고 프랑스군은 강력한 군대를 조직하고 반격을 할 수 있는 가능성을 찾았다. 동맹이 전쟁의 방법과 목적에서 분열했기 때문에 진군이 더뎠고, 그 결과 모든 작전은 1793년 여름에 중단된 것처럼 보였으며, 당사국들은 복잡한 비밀협상을 진행했다. 동맹의 누구도 결정적인 승리를 거두지 못했으므로 프랑스로서는 다행이었다. 결국 그들은 1793년 9월에 동맹을 깼다. 그 결과, 영국과 에스파냐가 공화국 땅에 발을 디뎠다.

방데의 상황도 비슷했다. 우선 적들이 취약했기 때문에 상대적으로 방데군이 힘을 과시했다. 낭트 앞에서 그들은 큰 실패를 맛보았다. 사실상 도시는 무방비에 가까웠고, 주민들은 지롱드파와 몽타뉴파의 싸움으로 허약한 상태였다. 방데군은 논란의 여지 없이 수가 많았다. 그러나 통일을 이루지 못했기 때문에 샤레트Charette는 서부에서 얻은 지위를 포기했으며, 그러고 나서 그의 동맹군은 동부를 공격했는데, 낭트는 영국군에 항구 이용을 허용하지 않고 공화주의 편으로 남아 있었다. 총사령관 카틀리노가 부상당하고 7월 13일에 죽었는데, 그사이 공격에 실패했다. 방데는 아주 큰 공간을 통제했고 오랫동안 위험한 존재로 남았지만, 국가의 운명을 바꿀 가능성을 잃었다. 방데는 망명자들과 전혀 접촉하지 않았고, 1794년 이전에는 동맹을 맺지 않았다. 그들에게 맞서려면 7만~10만 명의 병력이 필요했지만 서로 의견이 다른 지휘관들에게 의존해야 했다. 브르타뉴와 낭트에 몽타뉴파, 투르와 소뮈르에 롱생Ronsin의 영향을 받는 에베르파, 니오르에 당통파가 자기들끼리 끝장을 보겠다는 듯이 싸우다가 케티노와 비롱을 처형하고, 1793년 말에 캉클로와 오베르 뒤바예를 전장에서 배제하면서 싸움을 끝냈다.[1]

연방주의자들과 그 적들의 특징은 누가 더 무질서했는지 보면 분명히 드러났다. 일단 6월 초의 소요사태를 지난 뒤, 반란자들은 명확한 목표가 없고 서로 적대시하며, 혁명에 맞설 기회를 이용해서 반혁명 분자들이 나타났기 때문에 조화롭고 효과적으로 조직을 갖추지 못했다. 보르도의 중앙위원회가 수없이 노력했지만, 광대한 서부Grand Ouest는 분열했다. 노르망디는 정치적 행동지침을 제안하는 데 그치지 않고 파리에 보복했다. 브르타뉴와 루아르 강 유역 사람들은 농촌을 돌아다니는 방데인과 왕당파에 홀로 맞서는 일을 피했다. 낭트는 몇 주 동안 망설이다가 몽타뉴파의 권위를 인정했다. 론 강 유역과 남동

---

1   케티노Pierre Quétineau(1756-1794), 비롱Armand-Louis de Gontaut Biron(1758-1793), 캉클로Jean-Baptiste-Camille de Canclaux(1740-1817), 오베르 뒤바예Jean-Baptiste Annibal Aubert du Bayet(1757-1797)는 모두 방데 전쟁에서 공화국 군대를 지휘한 장군이었다. 혁명이 급진화하면서 그들의 공적보다 귀족 출신이라는 사실 때문에 사형당하거나 다른 곳으로 전속되었다.

부에서는 수많은 이해관계 때문에 어떠한 형식으로든 단합할 수 없었다. 클로드 파이양Claude Payan이 부추긴 발랑스 민중협회와 그의 동생 조제프Joseph가 이끄는 드롬Drôme 도 지도부는 자코뱅파가 권력을 유지하는 데 중요한 역할을 했다. 이들은 몇 달 전부터 지롱드파의 위협을 고발했고, 6월 24일과 26일에는 그 지방의 모든 민중협회가 회의를 열어 국민공회를 지지하고 섹시옹들의 연방주의에 반대한다는 의지를 밝히자고 제안했다. 그들은 리옹과 마르세유가 연락하지 못하게 방해했으며, 발랑스에서 6,000명을 이끌고 연방주의 도시들을 되찾으러 온 카르토Carteaux 장군을 환영했다. 그들의 압력을 받아 아르데슈Ardèche와 이제르Isère는 그들 편이 되었고, 가르Gard는 일부만 빼고 이탈하지 않았다.[2]

파리에서 국민공회 의원들은 필시 국회의 단합을 유지하고 상퀼로트의 완전한 승리를 피하려는 목적으로 화해의 태도를 취했다. 온건파와 우유부단한 사람들이 연방주의 편에 서는 일을 막으려고 수많은 조치를 실시하는 뒷거래로 6월을 보냈다. 따라서 공무원의 봉급과 행정관의 권한을 선별적으로만 동결했다. 국민이 헌법을 승인하도록 투표를 사전에 조작한 것은 타협정치의 일부였다. 에로 드 세셸Hérault de Séchelles과 생쥐스트가 바레르의 도움을 받아 아주 종교적인 말에 의존해서 1793년 헌법을 작성했고, 마치 성궤에 넣은 십계명처럼 제시

---

2 아르데슈·이제르·가르는 리옹의 남쪽에 있는 도이며, 그 중심도시는 발랑스·그르노블·님이다.

했다. 그것을 100만 부 정도 인쇄했고, 플랑드르·브르타뉴·알자스의 방언으로 옮겨 발간하거나 남서부에서는 각 지방의 언어로 읽어주었다. 헌법을 지키려고 모이는 사람들은 연방주의 시도의 신용을 떨어뜨리고 극단주의자를 소외시켰다. 전국의 모든 선거인을 소집했기 때문에 연방주의 지대에 사는 선거인들 역시 헌법 승인에 참여하기 싫다 해도 공화국에 반대한다는 사실을 보여주어야 했다. 그 정책은 성공했다. 거의 200만 명이 투표에 참여했다. 당시 상황으로 상당한 숫자였다. 그다음으로 놀라운 일은 투표자 99퍼센트가 헌법을 승인했다는 사실이다. 1792년의 관행을 연장해서 하인들은 여전히 제외되었다. 그러나 어떤 곳에서는 여성들도 투표에 참가했다. 이는 새로운 일도 아니었고, 그들은 1년 후에 공유지 분할에 더 많이 참여했다. 비록 선거인의 30~35퍼센트만 투표했다 할지라도, 1789년 연맹의 연장선에서 주권자 인민으로 참여한다는 신념을 보여주었다.

더욱이 그들의 10~20퍼센트, 대략 20만~40만 명이 자기 의견을 제안했다. 그렇게 해서 그들은 국민공회가 기대했던 단순 승인을 넘어서 토의한 셈이었다. 확실히 그들은 아주 잡다하고 모순된 의견을 표명했다. 그러나 그들의 대표성이 부족하기 때문에 분명한 결론을 얻기는 어렵다. 그럼에도 그들의 의견을 검토한 결과 최고가격제를 실시하느냐 마느냐, 국민공회를 유지하느냐, 아니면 새 의원들로 신속히 교체하느냐로 나뉘는 것을 알 수 있었다. 게다가 선거인은 자기에게 어떤 자격이 있다는 사실을 자각했고, 비록 정확한 개념은 아니었지만 '인민'이 왕을 대체했다는 사실도 파악할 수 있었다. 정통성을 확신한 지방 행정관들은 자신들의 효율성을 드러내고 싶은 마음에 지역 축제를 조직해서 창의성을 보여주었다. 따라서 국민투표는 아주 많은 의미를 가진 행사였다. 여러 지역에서 지방 행정관을 뽑는 선거를 병행했다. 일부 선거인들은 그것을 새 의원을 뽑는 기회이며, 따라서 국민공회를 물갈이할 기회로 이해했다. 모든 기초의회에서 헌법을 의제로 삼았는데, 반대자들에게는 의견을 말할 기회가 없었다. 헌법이 국민투표로 승인받으면서, 지롱드파가 그동안 누리던 지위를 잃는 동시에 반혁명 세력으로 급변할까 봐 두려운 상황을 만들었다는 사실도 주목해야 한다.

반대 운동은 무너졌다. 노르망디나 지중해 연안의 연방주의자들은 투표에 참여했지만, 마르세유나 툴롱에서는 참여하지 않았다. 리옹에서는 투표를 실시했고, 샬리에가 처형당했을 때 헌법을 승인했다. 브레스트를 빼고 브르타뉴인들은 파리와 화해했다. 브레스트의 자코뱅파는 '연방주의자'를 탄압하라고 파견의원들을 압박했지만, 아주 제한된 범위의 탄압으로 그쳤다. 겨우 수백 명인 보르도의 군대는 싸우지도 않고 궤멸했다. 좀 더 조직적인 노르망디 군대는 파시 쉬르 외르까지 진격했다가 7월 13일에 파리에서 온 군대를 만나 무너졌다. 장군들은 자취를 감춰버렸다. 웜펜은 숨어 있다가 브뤼메르 18일 이후 군대로 복귀했고, 퓌자이는 슈앙 유격대에 합류했다. 7월 말, 쥐라와 보르도 역시 원래 생활로 돌아갔다. 이제 무장 반체제로 돌아선 툴롱·마르세유·리옹의 세 도시만 남았다. 그들의 적들에게는 달리 방법도 없었고 또 거래의 가능성을 찾느라고 적들이 천천히 공략했다는 사실을 강조해야 할 것인가. 때로는 독을 품은 듯이 말하지만, 뒤로는 현실주의가 화해의 가능성을 추구하도록 만드는 법이다.

상퀼로트·앙라제·몽타뉴파

파리 섹시옹들도 몹시 분열했고, 심지어 몇몇은 노르망디 연방주의자와 접촉했다. 게다가 몇몇 섹시옹이 원한 혁명군 창설 문제를 마무리 짓지도 못했다. 6월 4일, 파리 코뮌의 총회에서 혁명군을 창설하기로 의결했다가 19일에 48개 중 27개 섹시옹의 반대로 결국 없던 일로 만들었다. (소불의 말대로) "부흥하는 부르주아 계층의 은밀한 염원"을 반영했기 때문인가? 7월 1일, 앙리오는 파리 국민방위군 사령관직에 상퀼로트 후보로서 9,087표를 얻어 승리했으며, '온건파' 라페Raffet는 6,095표를 얻었다. 그만큼 '온건파'의 수가 많았고 힘을 과시했다는 뜻이었다. 이렇게 의견은 분명히 갈렸고, 몇몇 섹시옹은 라페가 뽑힌다 해도 복종하지 않으리라고 선언했다. 더욱이 앙라제는 물가가 치솟은 것을 정치적으로 이용해서 소요를 일으켰다. 루와 바를레는 공정가격제를 실시하고 매점매석 금지법을 제정하라고 요구했다. 에베르는 생필품 공급에 문제가 없다고 확신했기 때문에 국민공회가 나서라는 요구와 재산권을 침해해서도 안 된다는 주장을 파리 코뮌의 이름으로 거부했다.

파리 코뮌, 파리 도 구국위원회, 국민공회는 비누 값 폭등으로 생긴 불만을 현명하고 복잡한 방법으로 진정시키고 루의 평판을 깎아내렸다. 루는 그가 속한 섹시옹에서 '사기꾼 사제prêtre hypocrite'라는 평가를 들었고 마라의 비판도 받았는데, 그 덕에 온건파 섹시옹들은 제재를 피했다. 그것은 신중한 정책이었고, 마침 같은 순간에 채택받은 헌법을 작성하던 사람들의 주의를 끌었다. 이 문서는 계엄법을 폐지하고 반란권을 인정했기 때문에 후세로 전달되었다. 이 모범적 조치를 분석해보면 복잡한 계획이 드러난다. 새로운 권리는 모호하게 표현되었고, 생각을 불러일으키는 능력만 있었기에 실천을 제한했다. 더욱이 집회를 규제하는 법률이 그대로 남아 있었던 탓에 실제로 억압의 풍경을 바꾸지는 못했다. 헌법의 국민투표 조건을 기초의회에서 마음대로 조직할 수 없었으므로 정치적 표현의 틀도 그 조건에 맞춰 결정되었다. 국회와 지방 행정 사이에 미묘한 기류가 흘렀고, 이 두 권력기관이 끊임없이 협상하는 일이 중요했다.

마라의 살해가 단박에 정치적 풍경을 재편했다. 7월 13일, 캉에서 급히 파리로 온 샤를로트 코르데Charlotte Corday는 마라를 단칼에 죽였다. 귀족의 혈통과 종교 전통으로 유서 깊은 가문에서 희생정신을 분명히 물려받았고, 온건한 왕정주의와 지롱드파 감성을 지닌 사회에 살던 젊은 여성의 단독행위였다. 그것은 파리의 주도적인 주장에 맞선 집단적 저항이 모조리 실패했음을 자각한 사람의 의지가 결정했고, 그 시절 가장 상징적인 혁명가에게 가장 정의롭게 적용한 행위였다. "27만 명의 머리를 잘라야 한다"고 말한 '잔혹한 인간Homme de sang' 마라는 혁명의 폭력을 정당화한 '내전의 호민관'이었다. 샤를로트 코르데는 곧 국회의원 드루에의 보호 아래 있었지만, 옥에 갇혔다가 흔히 알려진 것과 달리 변호인의 도움으로 재판을 받았으며 당연히 사형이 선고되었다. 7월 17일, 그는 존속 살해범의 붉은 옷을 입고화가 두 명 앞에서 초상화를 남긴 뒤 처형당했다. 그의 행위를 두고의견이 갈라졌다. 상퀼로트는 자연을 거스른 '남자 같은' 면을 드러낸 행동이었다고 주장한 반면, 온건파는 금발 처녀의 희생으로 묘사했다. 파리의 몇몇 섹시옹은 마라가 죽었다는 소식을 듣고 반감을 드러냈으며, 브르타뉴의 연방주의자들도 마찬가지였다.

끝으로 마라도 역시 경쟁의 중심이 되었다. 그의 신체는 신성한 상으로 바뀌어 진정한 예배 대상이 되었다. 시체가 썩고 있었지만, 상퀼로트 투사들과 특히 여성공화주의자혁명협회는 고귀함과 비천함이 뒤섞인 장엄한 예식을 잇달아 조직했다. 상퀼로트 지도자들과 몽타뉴파는 우선 정치적으로 그를 계승하기로 했다. 거기서 에베르가 승자로 떠올랐다. 한편, 로베스피에르도 7월 27일에 당통이 보름 전에 떠난 구국위원회에 위원으로 뽑혀 정치적 위상을 높였다. 샤를로트 코르데는 실패했다. 국가기구 통제권을 건 혁명적 경쟁과 투쟁이 다시 시작되었다. 그는 재판을 받으면서 법원과 설전을 벌였고, 그렇게 해서 모든 추론을 덮을 만큼 분위기를 고조시켰다. 결국 그의 범죄로 말미암아 그가 속한 귀족들, 그가 가까이 한 지롱드파를 탄압하고, 마리 앙투아네트부터 혁명파 여성까지 모든 여성의 범죄를 그가 본보기로 보여주었기 때문에 여성을 탄압하는 일이 정당해졌다.

직접민주주의와 국회의원

혁명에 생명을 불어넣고 혼란스러운 가운데서도 주권을 구현한 사람들은 수십만 명의 병사, 투사, (프랑스 전역에서 60만~80만에 이르는) 정치클럽 회원과 행정관들이었다. 혁명의 몸통이 사라졌다는 생각은 헌법의 수용을 축하하는 '사절들'이 모여 1793년 8월 10일 축제를 열었을 때 사라졌다.

따라서 전국의 사절 7,000명이 파리에 도착했기 때문에 다비드가 구상한 축제의 계획을 수정했다. 다비드는 사절들이 국민공회 의원들과 나란히 행진해서 자연을 형상화한 분수의 젖가슴에서 뿜는 물을 마시는 행사를 계획했다. 이 축제가 남성 우월주의 시각을 존중하고 여성을 비정치화하는 대신 성적 대상으로 끊임없이 낮추었음을 엿볼 수 있다. 혁명파 여성들이 대포에 걸터앉은 채 종속적 위치로 떨어진 것이 좋은 사례다. 그 대신 정치적 목적을 검토해야 한다. 7,000명이 명령을 어기고 국회의원을 숫자로 압도하면서 단체로 행진하는 목적을 이루었다. 그러나 사절들의 잠재적 반항은 사소한 일이 아니었다. 국민공회와 사절단의 적대감이 부글부글 끓으면서 1792년 9월과 비슷한 민중의 폭력이 발생할지도 모른다는 두려움이 생겼다. 낭트의 사절들은 노골적으로 지롱드파 성향이었고, 국민공회를 해산시키고 8월 10일 이후 새로 선거를 치르기 바랐다. 다른 사람들은 군사적 패배와 마라의 죽음에 반발한 상퀼로트의 요구를 촉진했다. 그들은 5월 4일에 받아들이고 6월 27일에 확인했지만 그 뒤로 잊고 있던 공정가격제를 다시 토론에 부쳤다. 여성공화주의자혁명협회의 이름으로 나선 폴린 레옹Pauline Léon과 르클레르는 함께 대대적인 논쟁을 일으켜 '공공의 도둑들'뿐만 아니라 국민공회도 겨냥했다. 샬롱 쉬르 손에서 온 '사절단' 대변인 클로드 루아예Claude Royer는 공포정을 의제로 다루라고 요구했다.

이러한 요구를 받고서 국민공회는 언질을 주었다. 상퀼로트가 요구한 독단적 최고가격제를 피하는 '매점매석의 범죄' 처벌법을 가결

함으로써 통제와 고발의 길을 열었다. 8월 9일, 국민공회가 5월 4일의
법을 그대로 둔 채 풍요의 곡식 창고를 설립한 결과, 특히 군대가 반
드시 주둔해야 할 지대에서 생필품의 공정가격제와 관련한 갈등이 발
생했다. 국민공회는 농촌에서 봉건제를 폐지하고 공유지를 분배함으
로써 특히 소작인들에게 이로운 민법전을 만들겠다고 발표했다.

이 일화를 통해 우리는 국민공회가 몇 달 후 헌법 실시를 중지하
는 바람에 그 존립마저 위협한 이유와 1795년에는 그 반대로 상퀼로
트가 헌법을 적용하라고 주장한 이유를 이해할 수 있다. 이 헌법이 가
식에 불과했다고 평가해야 마땅할까? 그들이 2년 동안 그러한 요구를
계속했다는 사실에 주목한다면, 분명히 가식은 아니었다고 대답할 수
있다. 수많은 사람이 기대했던 헌법은 그들에게 정치적 언어를 주었
으며, 하나의 문화를 창조했다. 그들은 순전히 제도적 역사의 밖에서
일어난 투쟁에 관심이 있었지만, 에베르파와 클로드 루아예는 국민공
회를 교체하기 위한 선거를 원하지 않았다.

말 그대로 싸움이 끝날 즈음 권력은 정지했으며, 국민공회는 균형
점으로 유지되었다. 앞으로 다시 말하듯이 국내외 전쟁과 얽힌 위험
때문만이 아니라, 특히 권력을 조금씩 나눠 가진 사람들이 자신에게
인민주권의 이름으로 발언권이 있으며, 자신이 적들에게 승리하면 지
위를 강화할 수 있다고 생각했기 때문이기도 했다. 그러나 이러한 형
태의 태도를 벗어나는 일은 모두에게 위험했다. 경쟁적으로 자기 몸
값을 높이고 여론을 조작했기 때문에 박식한 헌법학자들이 직접민주
주의나 의회민주주의의 덕성을 논의해야 할 이론의 틀을 무시하고 정
치토론을 벌였다. 어떤 경우에도 자기 진영을 승리하게 만드는 일에

혈안인 자들이 토론을 이끌었다.

1793년 8월 1일, 파리 코뮌 회의에서 어느 섹시옹 대표가 말했다. "우리는 결코 인민의 의지에 관한 문제를 토의하자고 모이지 않았습니다. 우리는 유권자들의 명령을 가지고 모였으며, 절대 복종해야 하는 일만 남았습니다." 식료품 위기가 닥쳤을 때, 롤랑의 친구로서 경제적 자유주의를 옹호하는 사람이 조금도 망설이지 않고 좀 더 냉소적인 태도로 인민의 이름을 들먹여 코뮌과 국민공회를 난처하게 만들었다. 이념적으로는 적이었지만 똑같은 목표를 가지고 있던 앙라제가 그를 지지했다. 그 결과, 루와 르클레르 같은 사람들은 일제히 반란을 일으켜 사회의 여러 범주를 단두대에 세우자고 호소했다. 은행가와 부유한 국회의원, 또는 1792년 6월 20일에 반대 성명서에 서명한 사람들은 8월 11일에 '대숙청' 대상에 포함시켰다. 에베르도 이 기회를 이용해서 특별조치로 '신흥 브리소파', 즉 당통의 친구들을 처단하라고 요구했다.

앙라제의 실패

로베스피에르는 반대자들이 힘을 합쳐 정통성을 가졌다고 자만하는 모습을 보고 구국위원회의 이름으로 반격했다. 루는 선동가 사제일 뿐이고, 르클레르는 '하루살이 애국자' 출신일 뿐이다. 8월 8일, 그는 마라의 부인이 「인민의 친구」 이름을 제멋대로 도용한 사람들을 고발하는 말을 인용했고, 자코뱅파는 '나쁜 자들'의 음모가 기근을 낳았다는 소문을 퍼뜨렸다. 루는 파리 섹시용들을 봉기하게 만들려고 애썼다. 그러나 그는 표결에서 밀렸고 8월 22일에 자기 구의 손으로 감옥에 갇혔다. 파리는 봉기하지 않았다. 구국위원회는 에베르를 자기편으로 끌어오고 앙라제를 영원히 격리하면서 파리에 생필품을 공급하는 데 성공했다. 여덟 달 뒤, 롤랑 지지자 코슈아Cauchois가 이 문제를 일으킨 장본인으로 재판에서 사형선고를 받았다. 그사이 구국위원회는 권력을 완전히 장악했다.

1793년 8월 1일부터 10일 사이에 일어난 일을 다른 맥락으로 이해할 수도 있다. 축제는 상징을 파괴하면서 끝났다. 백합꽃 문양의 벽걸이 장식이나 미술품 같은 군주정의 '잔재'와 귀족의 '하찮은 물건'을 장작더미에 쌓아놓고 불을 붙였으며, 노트르담 대성당의 왕의 상들이나 벽난로 판석板石같이 구체제를 상기시키는 상징물을 파괴하는 물결을 일으켰다. 나닌 발랭Nanine Vallain의 그림은 분명히 어떤 군주에게 바친 작품이었기 때문에 확실히 태우려고 압수했지만, 그 기회에 여성 예술가는 공화주의자라 할지라도 남성과 경쟁하는 일을 용납할 수 없다는 듯이 저지했다. 같은 날, 루브르 박물관이 문을 열었다. 그것은 혁명이 〔파괴를 일삼던〕 반달족과 닮지 않았다는 사실을 과시하듯이 보존해두었던 예술품을 보호하는 장소였다. 박물관은 두 가지 요소가 결합해서 탄생했는데, 첫째 요소인 속죄의 희생은 정확히 정서적 부담의 메아리를 만들었고, 둘째 요소인 신성성을 잃은 유산을 구성하는 일은 이후에도 지속될 계획의 디딤돌이 되었다.

8월 1일, 바레르는 국방에 관한 중대 발표에서 분명한 모순을 안고 있는 국가 운영방침을 설명했다. 그는 서부의 반란에 관한 주요 위험

요소에 초점을 맞추면서 마리 앙투아네트를 기소하고 '8월 10일을 기념하기 위해' 생드니의 왕 무덤들을 파괴하자고 제안했다. 모든 사실에서도 이중성이 연장되었다. 생드니 당국은 명령에 복종했지만, 무덤을 골라서 파괴했다. 동 푸아리에Dom Poirier는 국민을 위해 특정한 물품을 골라 프티 조귀스탱 박물관musée des Petits-Augustins에 보내자고 권장했기 때문이다. 무덤의 훼손은 〔8월〕 12일부터 시작해서 10월 25일에 끝났다. 그사이 왕비를 처형하고 에베르파가 탈기독교 운동을 시작했다. 바레르는 방데문제를 거론하면서 〔영국의 수상 윌리엄〕 피트에게 치명상을 입히기 위해 그의 〔지원을 받는〕 '도적떼'를 분쇄하자고 주장했다. 가르니에 드 생트Garnier de Saintes 의원은 피트를 암살하자고 제안했지만 폭력주의 행동에 적대적인 국민공회는 거부했다. 8월 25일에 사절들이 각각 거주지로 되돌아가기로 동의했을 때 이 정책은 분명히 성공했다. 그들은 거주지로 돌아가서 파견의원들을 도와 중요한 역할을 할 것이기 때문이다. 따라서 국민공회는 인민주권을 대표하는 유일한 기구로서 정통성을 가지고 지롱드파 연방주의자와 상퀼로트의 음모와 싸울 수 있었다.

이 일화는 잘 알려지지 않았지만, 몽타뉴파와 국민공회의 권력이 기초의회가 표현하는 '민주주의' 요구를 어떻게 억누르고, 모든 대변인과 협상에서 어떻게 우위를 차지했는지 파악할 수 있게 도와준다. 우리는 1793년 6월 이후 더는 손을 쓸 수 없을 만큼 일이 벌어졌고, 수많은 기관이 어떤 형태든 '혁명정부'를 준비하고 있었다고 확신하던 평범한 모습을 멀리한다. 그와 반대로 모든 것이 적대 세력들의 타협에 의존했다. 그중 하나인 국민공회는 '인민'과 함께 공동입법자를 구성했다.

직접민주주의는 한계를 드러냈다. 그것은 온갖 조작과 동맹의 타파를 허용했다. 루와 르클레르는 쓰디쓴 경험을 했다. 국민공회가 에베르의 친구들의 지지를 받아 그들을 공격하는 여론을 조성했기 때문이다. 상퀼로트 운동이 실제로 있었다 할지라도 섹시옹 주민, 기본적인 투사, 수많은 대리인과 중간급 관리, 흐름의 주도자, 코뮌이나 국가의 행정기관 선출직이나 직원들의 관계가 파탄 났기 때문에 통일성과 효율성을 갖추지 못했다. 뜻밖에도 우리는 (소불, 뷔르스탱H. Burstin 같이) '상퀼로트'라는 편리한 단어의 의미를 발견하려고 노력한 역사가들이 아주 유익하고 박식한 저술에서 다양한 집단들의 대립을 과소평가했다는 사실을 본다. 우리가 '상퀼로트'의 특성을 찾으려 한다면, 그들도 역시 혁명의 '인민'만큼 '찾을 수 없는' 존재였다. 이념과 사회적 성향은 상당히 많은 점에서 일치하지 않았다. 그 말은 추상적 존재나 분명한 사회적 범주 중 어느 편에도 속하지 않았다. '상퀼로트'라는 개념은 '지롱드파'와 연결되었다. 두 개념 모두 사회적 현실보다는 정치적 염원을 나타내고, 이상형이 무엇인지 보여주었다. 또한 평소에는 모호한 상태지만, 긴장의 순간에만 구체적 능력을 드러냈다.

국민공회 의원들이 나쁜 신념을 가졌다고 의심하고 비난하는 결론을 내려서는 안 된다. 그들은 온갖 요구로 구성된 '사회적 집단'이 표현한 요구를 존중해야 하는 동시에 '인민'의 이름으로 말하는 개인과 집단의 지나치고 빗나간 행동에 저항해야 하는 난관에 갇힌 사람들이었다. '진보주의progressiste' 역사가 오랫동안 인정하지 않았던 이 명백한 사실은 다양한 형태의 대중주의populisme에 직면한 21세기 역사학적 접근법에서 새로운 자리를 차지한다. 우리는 서로 다른 조류가 제각기 표방하는 정치적 이상형을 모두 활용하는 해석도 중시해야 한다. 콩도르세는 교육을 통해 개선의 여지가 있는 개인들의 사회, 생쥐스트는 덕을 갖춘 시민들의 국민국가, 상퀼로트는 평등한 사람들의 공동체를 각자의 정치적 이상형으로 표방했음을 지적하면서, 역사적 설명은 이렇게 불편하지만 필수적인 중간으로 끌려간다는 사실을 잊지 말아야 할 것이다.

인민의 군대, 규율과 효율

사절 7,000명이 고향으로 떠나기 이틀 전인 8월 23일에 국회는 지방의원들의 요구를 듣고 징병제를 수정해서 '총동원령'을 의결했다. 엄밀한 의미에서 이 결정은 1791년 이후 실시한 징집제의 후속조치였고 총재정부가 실시한 징병제의 출발점이었다. 그러나 1793년의 정치적 맥락에서 볼 때 정치 이상의 의미를 가진 조치였다. 이 조치에 대해 특히 상퀼로트는 본래 혁명적인 '인민'의 살아 있는 힘을 과시하는 계기로 생각했고, 몽타뉴파는 열정을 감독하고 규율에 맞추는 기회로 생각했다. '인민'은 특히 덕의 행동으로써 구축해야 할 존재였다. 이 두 가지 개념 사이에는 상당한 거리가 있었다. 상퀼로트는 적, 특히 부자들을 상대로 전쟁을 하면서 군사적으로 또 사회적으로 성공할 수 있는 열쇠를 얻었다고 생각했다. 몽타뉴파는 그 계획을 인정하지 않았고, 군대를 일정한 틀에 가두지 않은 채 놔두려는 의도는 없었다. 국민을 어떻게 정의하느냐가 문제였다. 상퀼로트는 평등한 사람들이 일치단결하면 국민이 저절로 탄생한다고 생각했다. 국민공회 의원들은 국가가 감독해야 국민이 탄생할 수 있다고 확신했다. 이 경우, 국가는 계급과 규율을 갖춘 군대를 통제하는 권한을 가져야 한다. 현실적으로 모든 집단은 국민의 이름으로 희생자에게 호소할 것이었고, 몽타뉴파는 점진적으로 그 길을 터주고 일탈을 제한하는 데 성공했다. 병영에서 병사와 장교의 우애관계가 형성된 덕에 군대를 더욱 결집시켰으며, 때로는 병사들이 하나가 되어 약탈과 비리까지 저지르는 결과를 낳았다. 마침내 무시할 수 없는 규모의 인구가 군사적 강요에 복종하기를 꺼리기 시작했다. 그래서 총동원령은 상퀼로트를 상대로 징집을 권유하던 사람들이 기대한 효과를 얻지 못했다. 국민공회 의원들은 협상과 화합을 함축하는 국시國是를 여전히 소중하게 여겼다. 이 경우 바레르를 필두로 한 국민공회 의원들은 분명히 적들의 언어를 채택했고, 그럼으로써 격정적 상황을 만들고 지배력을 유지하면서 자신들에게 유리한 쪽으로 이용했다.

18~25세 사이의 독신 남성과 자식 없는 홀아비를 징집하고, 국민을 총동원해서 특히 무기 생산에 비상 투입했다. 결과는 아주 다르게 나타났다. 50만 명 정도의 군대는 무너졌으며, 이후 몇 달 동안 잡다한 방식의 징집운동을 벌여 30만 명 이상을 충원했다. 신병들이 배속 부대로 가는 길은 아주 멀었으며, 그 부대는 어려운 조건에서 좀 더 훈련받은 군인들과 혼합 편성되었기 때문에 총동원은 어떤 점에서 속임수였다. 며칠 간격으로 여러 번 잇달아 동원한 병력은 이미 편입한 병력의 일부에 지나지 않았다. 그들이 군대에 전투의 보조 수단을 하

나도 제공하지 못했음에도 프랑스군이 승리한 것은 장군들의 감시부터 시작해서 여러 가지 요인 덕택이었다.

전국의 개인들을 대대적으로 뒤섞으면서 나라의 조직을 무너뜨리고, 물가를 올리고, 부자와 빈자의 긴장을 심화시키면서도 기대하던 효과를 즉시 보지는 못했다. 그러나 그때까지 전례 없는 엄청난 규모의 병사들은 전장의 판도를 바꾸었다. 그들은 처음에는 훈련을 받지 못한 상태에서 관습을 무너뜨렸지만, 적들은 물론 종종 아군까지 불안정하게 만들었다. 그들의 식량과 장비와 무기를 확보하기 위해 나머지 국민도 상당히 큰 부담을 떠안았기 때문이다. 끝으로 전국 각지의, 심지어 전통적으로 위협받던 전방에서 멀리 떨어진 도시의 빈곤한 사회 집단뿐 아니라 농민들도 새로운 병사가 되어 사실상 혁명의

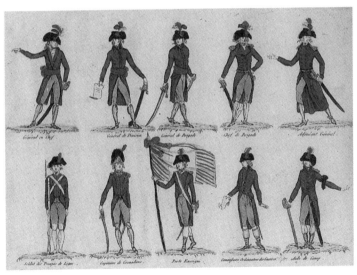

혁명기 당시 군인들의 복장.

국유화에 참여했다. 국민공회가 생산성을 높이려는 수단이나 비상조치를 혁명의 이름으로 전국에 부과했기 때문이다.

과연 국민공회와 위원회들은 효율성을 앞세우면서 국민을 동원했다. 그것은 혁신이었다. 중요한 것은 정치적 충동이 아니라 질의 문제였기 때문이다. 전문직 노동자들도 군대에서 뽑아 전국에 긴급히 설립한 무기와 탄약 제조창에 투입했고, 그 때문에 농민들은 더 많은 피의 세금을 직접 부담하게 되었다. 모든 사람이 지하실에서 〔화약의 원료인〕 초석을 모아 지정 수집가에게 주면 유황과 숯을 함께 배합해서 화약을 만들었다. 파리에서는 특히 센 강을 따라 250개의 대장간과 수많은 무기 제조창을 짓고 거기서 일꾼 6,000명이 소총을 만들고 포탄과 대포를 주조했다. 그들은 날마다 소총 1,100자루를 생산했다. 무기 제조창의 일꾼은 전쟁을 피하고 아주 높은 임금을 받았기 때문에 때로 '뮈스카댕muscadins'〔멋쟁이〕으로 취급받았다.[3] 그러나 국민공회는 그들을 뒷받침해주었고 조금씩 규율을 부과했다. 무기를 충분히 생산하려면 시간이 걸렸고, 엄청난 비용을 쏟아부어야 했지만 성공했다. 완전히 자치적인 관리체제에서 수많은 마부와 뱃사공을 고용하고 징발·원료 수송·무기 공급을 원활히 조직했다. 생필품을 군대와 노동자에게 가장 먼저 공급해주었으며, 그들의 봉급을 최고가격제의 대상에서 제외하고 심사숙고해서 결정해주었다.

---

3   뮈스카댕은 사향musc 냄새를 풍기는 멋쟁이라는 뜻인데, 특히 1794년 7월 27일 로베스피에르가 몰락한 뒤 왕당파 멋쟁이를 지칭하는 말이 되었다.

국민공회는 무기의 생산과 혁신에 총력을 쏟았다. 특히 파리에 설립한 대규모 화약 공장과 함께 외곽의 뫼동 궁château de Meudon에서는 기구氣球를 중심으로 은밀한 실험과 폭발물 연구를 실시했다. 샤프 통신기télégraphe Chappe를 설치했을 때, 이해할 수 없는 장치의 작동을 본 사람들은 몹시 놀랐다. 낭트에서 멀지 않은 앵드레Indret 제철소처럼 대규모 제철소를 전쟁의 위험과 정치적 경쟁에 휩쓸리지 않도록 세심히 보호했다. 제철소는 공영관리인보다 개인사업자에게 맡겨 높은 수준의 무기를 대량 생산했다. 1793년 8월 24일, 국민공회는『공공부채백서Grand Livre de la dette publique』를 간행해서 국가의 채권자들을 안심시키고, 그들을 지속적으로 국가와 연결시켰다. 모든 빚을 하나로 결합하고 통합했으며, 국가는 이자를 지불하지만 원금을 상환하는 의무에서 벗어났다.

과격한 사람들을 이용하다

중대한 효과가 나타났다. 당장 에베르파의 권력이 강화되었다. 상퀼로트는 몽타뉴파 조직과 힘을 합쳐 군사전략을 수정하라고 요구했다. 창은 그 어느 때보다 더할 나위 없는 혁명의 무기처럼 보였다. 창을 활용하면서 새로운 전투방법을 도입하고, 비록 확실한 결과를 얻지는 못했지만 군사훈련을 강화할 수 있었다. 군수품을 원활히 공급하지 못하는 한, 아무도 이 독단적인 임시조치에 딴지를 걸지 못했다. 사실상 총검을 더는 쓰지 않게 되었다. 구호가 과격해지면서 국내 탄압행위도 바뀌었다. 국민공회는 지방에서 파견의원의 중요한 역할인 징집 활동을 더욱 통제하기 시작했다. 파견의원들은 가끔 법을 잘못 해석하면서도 군대를 동원하는 원동력이 되었다. 그들은 도 또는 코뮌의 모든 기관, 민중협회, 그들과 경쟁하는 감시위원회 사이의 균형을 잡아주었다. 그래서 그들은 민중협회들의 압력과 더욱 활발해지는 농민들의 저항 앞에서 자신들 마음대로 징발방법을 마련했다. 그들의 구체적 행동은 전쟁의 정치화 이상의 의미를 낳았다. 그들은 그럭저럭 국민의 이름으로 통일을 강요할 수 있었으며, 결과적으로 정치의 난입을 구현했다.

바레르는 8월 1일에 방데를 근본적인 적으로 지목하는 연설을 하고, 여성·아동·노인을 보호하는 조건으로 '도적떼'를 때려 부수자는 법안을 통과시켰다. 주의사항은 중요했다. 그것은 '방데인'을 분쇄해야 할 집단에 포함시키지 않았다. 성별과 나이 같은 일반적인 범주는 계속 조작 개념으로 쓰였고, 집단의 정의, 심지어 지리적 정의도 제시되지 않았기 때문이다. 그리고 1688년 팔츠 약탈의 사정을 잘 알면서 인용한 바레르도 역시 군대의 관행을 그 지역에서 통제할 수 없다는 사실을 잘 알았다.[4] 그러나 슈미트C. Schmitt의 말처럼 그는 혁명에

---

4   루이 14세는 1685년에 팔츠[팔라티나] 선제후 카를 2세가 죽었을 때, 그의 동생인 엘리자베트 샤를로트 드 바비에르를 자기 동생인 오를레앙 공 필리프와 결혼시키면서 팔츠를 노렸다. 그의 야심에 맞서 1686년에 아우크스부르크 동맹이 결성되었다. 1688년 9월 26일에 루이 14세의 장남인 세자가 라인 강을 건너 필립스부르크 요새를 공략하고 곧바로 팔츠를 공격해서 두 달 안에 정복했다.

반대하고, 따라서 분쇄해야 마땅한 '실질적인' 적을 창조하지 않았다. 개인을 '도적떼'로 분류하려면 그들의 성격을 하나하나 검토해야 할 것이기 때문이다. 그는 긴급 상황, 정치적 확신, 또는 단순한 증오로 말미암아 발생할 수 있는 억압의 홍수를 미리 차단했다. 어쨌든 그는 탄압을 멈추게 하고, '떼강도가 아닌 사람들'과 화해하는 동시에 모호한 명령을 넘어설 사람들을 비난할 수 있게 만들면서 미래에 대비했다. 이처럼 '적'은 완벽히 역사화된 범주로 남아 투쟁의 상황에 따라 변할 수 있었다. 그러고 나서 12일 후 방데인을 공격할 병사를 특별 징집하기로 의결했다.

따라서 이 연설은 군대와 파견의원들에게 비상시에 자유롭게 대응할 여지를 남겼다. 서부에서 상퀼로트의 압력을 받아 '유색인 시민들'로 아메리카 경기병 부대를 창설한 데서 볼 수 있듯이, 이것은 추잡한 정책이었다. 국민공회는 이 부대를 식민지에 파견하는 데 반대했기 때문에 방데의 전선으로 보내 여러 달 동안 파견의원이 막았던 수탈을 자행하도록 만들었다. 또한 정규군에 가까운 다수의 부대가 원정 중인 병사들이 통상적으로 하는 행위를 했고, 파견의원이나 장교들이 과격하고 방종했기 때문에 그들은 도처에서 더욱 심각한 민폐를 끼쳤다. 처벌받지 않는다는 확신에 차서 마치 자기네 권리를 행사하는 듯이 행동하는 병사들이 지나가는 곳마다 재물을 파괴하고, 아녀자를 강간하고, 다양한 폭력을 자행하는 일이 일어났다. '도적떼'를 죽이는 것은 합법이며 심지어 필요한 일이었다. 다시 태어난 국가에 관한 연설 덕택에 감수성이 무뎌지고, 생명을 앗아가는 일이 흔해졌을 뿐 아니라 영광으로 가는 행진이 되었다. 전쟁이 침략을 당하거나 정복된 사람들을 가장 잔인한 방식으로 다루었다는 사실을 굳이 상기할 필요가 있을까? 혁명가들의 폭정에 대한 관심은 일부 이러한 사실과 이념과 구호 사이의 현저한 차이와 연결되었다.

신병들은 대체로 지휘부와 종종 구국위원회를 적대시하는 상퀼로트의 선전에 영향을 받았기 때문에 일부 장성들이 그 대가를 치렀다. 상퀼로트가 군대를 숙청하라고 요구했으므로 부쇼트가 임명한 장성들에게는 문제가 없었지만, 국민공회와 구국위원회는 말 그대로 부샤르를 포기할 수밖에 없었다. 이 장군은 지체 높은 가문 출신으로 귀족 장교들이 사임한 뒤 북부군 사령관이 되었고, 1793년 9월 8일에 옹슈트Hondshoote에서 어렵게 승리했지만, 병사들을 쉬게 하려고 영국 패잔병을 추격하지 않았다. 역적으로 몰려 파면된 그는 재판을 받고 11월 25일에 처형되었다. 오만하고 제멋대로인 데다 규율을 엄격히 지켰기 때문에 미움을 산 퀴스틴 장군도 패배한 후 혁명법원에서 재판을 받고 28일에 처형되었다. 방데에서 비롱 장군은 롱생Ronsin과 부쇼트를 공격하는 전쟁다운 전쟁에서 졌다. 그는 7월에 지휘권을 박탈당하고 1793년 12월 31일에 처형되었다.

이처럼 다양한 행동은 군대와 국민을 두렵게 만들고 상퀼로트에게는 유리했으며, 결정적으로 구국위원회의 권한을 강화해주었기 때문에 위원회는 모든 활동을 통제하고, 앞으로 상퀼로트 세력을 제거한 뒤에는 급진화의 덕을 톡톡히 보았다. 카르노의 지지를 받던 캉클로Canclaux 같은 몇몇 장성은 결코 쉬지 않고 기강을 유지하려고 노력했다. 9월 8일, 파견의원들이 앙제에 모여 8월 1일 바레르의 연설에 관해 내린 결정에서 그 증거를 찾을 수 있다. '도적떼'의 '소굴repaires'을 파괴하는 일은 오직 장성만이 결정할 수 있었다. 결정에 반대하는 장교·부사관·병사는 모두 기강해이의 책임을 져야 했으며 '법을 거역하는 자'로 취급받았다. 어떻게든 전쟁에 반드시 이겨야 한다는 원칙에 부응하려면 폭력이라는 민감한 행동도 하게 마련이었다. 이 정책은 구국위원회의 열두 명의 손에 달려 있었다.

'공포정', 하나인가 또는 여럿인가?

9월에 나온 모든 정치적 해결책은 전쟁 수행이 가장 민지 할 일이라는 사실을 보여주었다. 이때 상퀼로트는 꼭 필요한 세력이면서도 국민공회에는 위험한 존재였다. 국민공회의 일부 의원과 파견의원들은 상퀼로트 투사들이 요구한 탄압을 힘닿는 대로 제한하고 규제하려 했다. 사람들이 법률을 정확히 준수하지 않았을지라도, 법률은 피고인뿐만 아니라 어떤 경우 민중협회들의 항의를 받는 행정관들에게도 저항할 수 있는 논점을 제공했다. 카미유 데물랭Camille Desmoulins은 우애협회들이 불러주는 대로 받아 적은 것이 법이 되었으며, 신문에 한 번 싣기만 해도 '법'의 효력을 발생시키기에 충분하다고 빈정거리는 투로 말했다. 국민공회는 보복, 무조건의 인권 박탈, 또는 악의적 고발에 관한 법을 금지했다. 그러나 우리가 전례 없이 복잡한 상황을 극복하려면 사건별로 추적할 필요가 있다.

생도맹그에서 에스파냐인과 동맹한 노예, 영국인의 지원을 받는 교민, 공화주의자 자유 유색인의 삼각 갈등은 발미의 노장이자 뒤무리에의 측근으로 대농장주인 갈보Galbaud가 총독으로 부임하면서 더욱 복잡해졌다. 그는 임시로 카프 프랑세Cap-Français를 점령했지만, 그의 적이며 파리에서 파견한 위원 송토나Sonthonax와 폴브렐Polverel이 붙잡혔다가 최후의 순간에 구출되어 초토화된 도시를 다시 정복하고 반격하자 패배했다. 이렇게 해서 파견위원들은 식민지의 일부를 통제할 수 있었고 갈보, 왕당파 교민과 1만 2,000명의 노예는 미합중국이나 카리브 해로 이주했다. 송토나와 폴브렐은 공화국을 위해 싸우는 노예에게 자유를 허용하기로 결정하고, 1793년 8월 29일과 31일에 독단적으로 노예제를 폐지했다. 그들은 국민공회 의원 선거를 조직했고, 그렇게 해서 〔생도맹그 의원으로 뽑힌〕 흑인 벨레Noir Belley, 혼혈인 밀스sang-mêlé Mills, 백인 뒤페Blanc Dufay가 1794년 2월에 국민공회에 도착했다.

코르시카에서도 비슷한 일이 공화국에 불리하게 일어났다. 1793년 봄에 파올리파와 자코뱅파의 노골적인 투쟁이 벌어졌고, 파올리 때문에 사르데냐 군사 원정이 실패했다. 마르세유 출신도 포함한 병력이 코르시카인들을 적대시했기 때문에 일어난 일이었다. 파올리는 조국을 배반한 역적으로 고소당했지만 여전히 코르시카에서는 강자였으며, 그의 지지자들은 보나파르트 가문을 포함한 적들을 내몰았다. 1793년 7월, 코르시카는 사실상 프랑스에서 분리되었고, 영국 해군과 지원을 협상하다가 마침내 1794년 6월에 앵글로 코르시카 왕국을 건설하게 되었다.

마르세유의 임시 시정부는 7월 8일에 아비뇽을 점령했다가 26일에 잃었다. 이 과정에서 '연방주의자'에게 저항하다 죽은 공화파 어린이 비알라Viala의 전설이 1794년에 생겼다. 카르토 장군은 마르세유 측의 내부 분열을 틈타 반격했다. 왕당파가 반란을 일으켜 영국 함대에 가까이 가려고 노력하는 와중에 마르세유의 일부 민중이 왕당파 성향의 '온건한' 자치정부에 반란을 일으켰다. 카르토는 8월 25일에 마르세유를 탈환하고 대대적인 진압작전을 펼쳤다. 분쇄계획을 예고하고 곧 비상 형사법원을 설립한 뒤 162명을 단두대로 보냈다. 툴롱의 반란자들은 왕당파와 합세한 후 공화국 군대의 공격을 받게 되자 영국·에스파냐 함대에 구원을 요청했다.

8월 28일, 1만 3,000명의 해군과 육군 병사들이 항구에 상륙했다. 10월 1일, 루이 17세를 왕으로 선포하고, 백기를 걸어 도시가 왕당파 성향임을 밝혔다. 9월 8일부터 시작한 툴롱 공격은 두 달 이상 걸렸다. 북쪽의 리옹은 오랫동안 집중적인 공략을 받지 않은 덕에 리옹인들이 빈틈을 이용할 수 있었고, 그와 동시에 혁명 세력과 반혁명 세력이 분명히 대립하는 동안 왕당파가 리옹 방어에 주목할 만한 역할을 맡았기 때문에 10월 7일에야 항복했다.

9월 2일, 영국인이 툴롱을 점령했다는 소식을 들은 파리에서는 날마다 물가, 귀족 출신 장성, 리옹과 툴롱의 연방주의자들에 대한 조치를 요구하는 목소리가 드세졌다. 3일에 국민공회는 프랑스에서 최초인 재산세법과 부자들에게 적용하는 강제 기채법을 제정했다. 상퀼로트와 온건파가 대립해서 섹시옹 통제권을 다투는 동안, 4일에는 쇼메트가 파리에 생필품을 확실히 공급할 수 있게 해줄 혁명군을 창설하겠다고 약속함으로써 자발적인 모임을 되살렸다. 5일에는 군중이 국민공회에 들어가 자신들의 요구를 들어달라고 목소리를 높였다. 곧 토론이 어지럽게 벌어졌다. 당통이 회의에 생기를 불어넣고 긴장을 풀어주었지만, 구국위원회 위원이 되는 일은 사양했다. 시위대를 두둔하던 비요 바렌Billaud-Varenne은 콜로 데르부아Collot d'Herbois와 함께 반대했다.[5] 로베스피에르가 자코뱅파의 지지를 얻기 위해 국민공회 의장석을 떴을 때 구국위원회를 대표해서 연설한 바레르는 새삼스럽게 그 요청을 뒤로 물렸다. 병사 6,000명과 포병 1,200명으로 혁명군을 창설하고, 섹시옹의 혁명위원회는 반혁명 혐의자를 추적하고, 감옥에 있는 지롱드파를 재판에 회부한다고 의결했다.

말 그대로 공포정은 국민공회의 의제에 들어 있지 않았다. 그들은 반혁명 혐의자를 재판하지 않고 사형시키라는 요구도 거부했다. '도적떼'를 모방하지 않고 그들과 싸워야 한다는 법을 통과시켰다. 그와 함께 섹시옹 의회들도 일주일에 두 번씩만 모이도록 제한했고, 참석자들에게 국가가 [참석 수당으로] 40수씩 지급해서 [임금 손실을] 보전해주기로 했다. 그날 자크 루를 감옥에 보냈는데, 훗날 그는 거기서 자살했다. 바를레와 르클레르는 곧 직접민주주의를 제한하는 조치를 고발했는데, 그들 역시 한동안 감옥 맛을 봐야 했다. 한편, 여성공화주

---

5   9월 6일, 구국위원회의 바레르는 당통·비요 바렌·콜로 데르부아·그라네Granet를 임명하자고 제안했다. 이것은 당통이 8월 29일에 구국위원회 위원을 세 명 늘리자고 제안했기 때문에 시작된 일이었다. 의원들은 그 안을 구국위원회가 검토하고 결정하도록 맡겼다. 그날 당통은 자신이 어떤 위원회에도 속하지 않았으며, 앞으로도 속하지 않겠다고 분명히 말했다. 가스통Gaston은 혁명의 지도자 당통을 구국위원으로 임명하자고 제안했고, 의원들이 만장일치로 가결했는데도 당통은 뜻을 굽히지 않았다. 9월 9일의 구국위원회 회의록에 비요 바렌의 이름이 있는 것으로 봐서, 비요 바렌이 무엇에 반대했다는 것인지 잘 파악하기 어렵다.

의자들을 공격하는 일이 시작되었고, 마침내 마리 앙투아네트와 브리소의 머리를 후한 인심으로 덤이라도 주듯이 던져주었다.

상퀼로트의 급진적인 요구는 이처럼 또다시 이용당하고 무너졌다. 에베르는 이를 이해하고 받아들였다. 그는 앙라제 세력과 결별한 후 현직에 있는 귀족과 사제들을 제거하라고 강력히 촉구하면서 국민공회의 법령들을 고의적으로 과장하고 지지했다. 섹시옹 의회들도 규제를 강요하는 데 저항했고, 투사들은 자코뱅파의 통제에서 교묘히 벗어나기 위해 민중협회라는 새로운 이름으로 조직을 갖추었다. 그 대신 자코뱅파는 민중협회들이 스스로 정화하고, 자코뱅 클럽과 결연해 '연방주의'와 '귀족주의'의 위험에서 벗어나라고 강요했다. 소리 없이 그러나 깊은 곳까지 파고든 투쟁은 1794년 1~3월에 생기는 단절을 예고했다.

폭력을 관리하기

국민공회는 계속해서 급진화를 통제하고 균형을 잡아나갔다. 〔1793년 9월〕 7일에 외국 은행가들의 재산을 압류함으로써 파리 도의 요구와 상퀼로트의 기대에 부응했다. 11일에 마량〔동물사료〕과 곡식의 최고가격제, 〔상퀼로트가 그다지도〕 원하던 가격 통제법을 제정했고, 9월 29일의 모든 물품의 최고가격제로 가는 길을 열었다. 그것은 중요한 결과를 낳았다. 무엇보다 농민과 도시세계를 단절시켰으며, 상퀼로트의 두려움은 앞으로 혁명군이 농민을 상대로 활동하는 데 영향을 끼칠 수 있었다. 국민공회가 날마다 생필품을 보급해야 하는 책임이 그만큼 줄었고, 재산의 재분배 정책을 거부하는 의원들은 대농장을 해체하라는 요구를 거듭 들으면서도 무시했다. 9월 13일에 망명자 소유의 토지를 가난한 사람들에게 나눠주는 법을 통과시켰다. 그러나 군수물자 보급에 중요한 농촌을 보호할 필요가 있었기 때문에 법을 완화하고 조금만 적용했다. 장성들은 9월 15일 이후 정복지를 혁명 프랑스에 합병하든 말든 상관없이 거기서 물자를 약탈하거나 조달했다.

17일에 국민공회는 이른바 '반혁명 혐의자법loi des suspects'을 통과시켰다. 8월 12일부터 의심스러운 사람을 체포하라는 요구가 있었다. 9월 4일에 콜로 데르부아는 다시 이 문제를 꺼냈고, 파리의 섹시옹들도 '불량 시민', '투기꾼', 정직 상태의 공무원을 가두라고 요구했다. 세 번의 수정을 거쳐 메를랭 드 두애의 법안을 17일에 채택했다. 법은 실제로 일관성을 유지했지만, 여전히 똑같은 한계도 드러냈다. 역사가들이 '반혁명 혐의자법'이라 부르고 공포정의 추한 모습을 담았다고 평가했지만, 사실상 섹시옹들의 지속적인 주장에 대한 방책 노릇을 하고 고소를 관리하는 법이었다. 이렇게 해서 비선서 사제나 복직한 공무원은 이제 법의 영향을 받지 않게 되었다. 법은 상퀼로트에게 단 한 가지만 양보했고, 그들은 시민정신 증명서가 없으면 반혁명 혐의자를 뜻한다는 내용을 곧 이행했다. 모든 혁명위원회의 권한을 여기서 확인할 수 있지만, 반혁명 혐의자 재판 이유로 증명서가 등장하는 사례는 극소수였다. 여기서도 판결은 개인의 주관적 평가에 맡기지 않았고, 적의 '실체'를 밝히지도 않았다. "계속 혁명에 충성심을 표현하지 않던" 귀족만이 혐의자였으며, 이 구절은 수많은 상소의 길을 열었다. 법은 메를랭과 국민공회 의원들의 '권모술수'가 아니라 "혁명 국가기구 안에서 일어난 여러 가지 투쟁"과 연관되었고, 메를랭 드 두애는 이 구절을 지지하면서 온건한 태도를 분명히 정당화했다. 당장 상퀼로트는 여기서도 혐의자를 체포할 수 있는 능력을 가졌지만, 원하는 대로 조직적 통제력을 갖추지는 못했다. 탄압에서도 개인들의 관계가 가장 중요한 역할을 했기 때문이다.

국민공회는 1793년 3월에 몽펠리에서 대규모 기채를 적용했으며, 이미 논의를 거쳐 5월 20일에 의결했고, 1793년 8월 24일부터 자발적 대규모 기채까지 의결했다. 국가 재정의 거물이자 몽펠리에 재정가들의 조직적인 지원을 받던 캉봉이 그것을 제안했다. 전비를 마련하고 사회적 요구를 충족시키는 데 그치지 않고, 통화량을 줄여 물가를 잡고 가장 부유한 이들에게 강제 기채를 면해주는 대신 아주 좋은 조건의 자발적 기채에 참여하도록 경쟁을 부추기는 목적을 가지고 있었다. 결국 공화력 7년(1799년)까지 상환을 목표로 추정 금액의 4분의 1인 2억 8,800만 리브르 정도를 걷었는데, 참고로 당시 한 달 전비는 2억 5,000만 리브르였다. 부자들은 돈을 냈지만 이익을 보았고, 지방정부의 선출직에 부자가 한 명도 없다고 확인해주는 농촌의 지역사회들은 제외되었다. '연방주의' 도시들도 그들 나름대로 반란의 대가를 치렀다. 끝으로 며칠 동안 불안에 떨던 은행가들은 특히 국민공회를 업은 캉봉 덕에 행동의 자유를 되찾았다. 그동안 기채 덕택에 투기세력이 화폐가치 하락을 이용해 프랑스 재정을 망치는 일도 피할 수 있었다. 그래서 우리는 상퀼로트가 아주 정보에 밝은 반혁명 세력의 조종을 받지 않았는지 의문을 가질 수 있다. 재정위원회는 그동안 권한을 강화했고, 은행가들과 거래를 계속했으며, 심지어 정화正貨를 수출하기까지 했다.

분열한 국가

사실상 수많은 도시에서 공포정을 실시해 상퀼로트 투사들의 기대에 부응했고, 8월 1일부터 구호가 전국에 퍼졌기 때문에 전국의 모든 섹시옹 의회와 기관들이 정화淨化되었다. 일부 혁명가들은 불확실한 구호를 외쳤지만 아마도 그 때문에 적이 더욱 겁먹었을 것이다. 공포정은 국민공회의 아주 명백한 의제로 등장하지 않았다. 그렇다면 '의제'는 무엇을 가리켰을까? 이 상황에서 네 가지 결론을 끌어낼 수 있다. 첫째로 국민공회는 집단적으로 정의의 개념을 앞세웠기 때문에 어떠한 정부의 정치체제도 공포정에 바탕을 두지 않았다. 그래서 둘째로 대다수 의원이 '온화한 공포정'을 실시했다고 지적할 수 있다. 이 말은 단순한 모순어법이 아니다. 전쟁국가가 무한한 조치를 상상하고 위험한 선언을 했다 할지라도, 실제로는 현실을 고려한 정책을 뜻한다. 그 덕택에 우리는 이러한 요인들이 〔1794년〕 테르미도르 정변 이후 별로 걱정거리가 되지 않았고, 대다수 인구가 수동적으로 대처했건, 중앙권력의 간섭과 맞서지 않으려고 능숙하게 대처했건, 군사행동에 쉽게 동의하고 인정했다고 이해할 수 있다.

셋째로 1793~1794년의 가을부터 겨울까지, 내부 갈등에서 벗어난 농촌의 지역사회들이 그 어느 때보다 독자성을 많이 누렸다는 사실은 이론의 여지가 없다. 수많은 지역이 연방주의와 상퀼로트 정신을 거부했는데, 이는 사실상 전시 프랑스인에게 정치화만이 유일한 생활 방식이 아니었으며, 공화주의는 혁명 지지자들의 구호와 상관없이 뿌리를 내렸다는 사실을 잘 보여준다. 마지막으로 특히 국회의원들과 그들을 중심으로 구성된 집단들은 폭력과 수탈을 저지를 기회를 교묘하게 이용했다. 비록 그들의 수는 보잘것없이 적었지만, 당시 사람들과 후세는 당연히 그들에게 관심을 집중했다. 구체적으로 '내전'에 휩싸여 모두가 죽기 살기로 행동하던 지역만큼은 전투가 가장 치열한 단계에서 극단적인 탄압을 받았다.

따라서 이 시기에는 특정 범주의 개인들을 배제하든, 전체주의의 전조증상이든, 아니면 대량학살이든 단 한 방향으로 나아가는 체제를 발명했다고 비난할 거리는 없다. 그 반대로 중요한 세력 경쟁 때문에, 게다가 국가가 긴급 상황에 우왕좌왕하면서 대응했기 때문에 중앙권력이 약화되었다는 사실에 주목할 필요가 있다. 개인과 집단이 국가의 정통성을 대표한다고 주장하면서 공포정을 실시했거나 공포정을 수단으로 국가의 정통성을 장악하려고 했을지 몰라도, 최고위 당국이 국가의 폭력을 제도화한 일은 없었다.

법정에서 이웃과 친구들이 무죄를 증명해준 덕택에 혐의자와 피고, 심지어 귀족이 목숨을 구한 사례가 많았다는 사실에서도 [공포정에 관한] 진실을 알 수 있다. 아무 의미도 없는 표현인 '공포정 전성기'에도 지역사회의 관계는 이념보다 우선이었고, 정치적 탄압을 체계적으로 자행했다는 사실에 부합하지 않는다. 에손과 낭트 주변이나 리옹에서 보듯이 이러한 사례는 많았다. 이념과 진보적 구호를 깃발 삼아 사람을 동원하기보다는 실용주의, 냉소주의, 필요성, 결단을 더욱 중시하면서 혁신 대신 퇴행적 운동으로 나아갔다. 여기에 모든 죽음을 영웅시하는 풍조가 추가되었다. 이때 죽음은 요구, 수용, 가해의 여부를 따지지 않았다. 그만큼 모든 것이 특별한 순간을 구성하며, 이 순간을 스탈린의 소련이나 히틀러의 독일이 아니라 1914년 프랑스가 1차 세계대전에 휩쓸리는 상황과 비교해야 마땅하다.

1793년 9월부터 에베르파와 몽타뉴파가 시작한 부질없는 싸움에서 그 증거를 얻을 수 있다. 9월 7일부터 발랑스 회의가 열렸을 때 갈등이 생겼다. 마르세유의 상퀼로트 출신 이조아르는 마르세유에서 도망친 후 에베르의 대리인이 되었고, 그가 주도해서 민중협회들의 회의를 조직했다. 회의에 참가한 1,200명의 대의원들은 특히 국회의원의 권력을 제한할 수 있는 조항을 모두 포함해서 헌법을 적용해달라고 요구했지만, 로베스피에르는 정면으로 반대했다. 오히려 그는 평화를 회복할 때까지 혁명정부를 유지하고, 모든 민중협회의 중앙위원회 사이의 연대를 막으려 했다. 그들이 연대하면 도와 지방의 기관들과 연계한 국민공회와 정통성을 다툴 것이 뻔했기 때문이다. 이조아르의 주도로 10월 3일부터 11월 21일까지 마르세유에서 다음 회의를 열기로 했다가 갑자기 중지했다. 에베르파는 내무장관을 민중협회의 지배를 받게 만들자고 요구하면서 행정부를 두 배로 늘리고 싶어 했지만, 국민공회 의원들과 마르세유의 민중협회는 물론 파견의원 프레롱은 그들에게 반대했다.

프레롱은 툴롱과 상퀼로트의 '연방주의'에 반대하는 투사들을 자기편으로 만들려는 속셈으로 교묘하게 '공포정 실시'를 요구했다. 에베르파는 분파주의자나 음모자 취급을 받아 결국 폐기당할 위험에 처하자 좀 더 중립적인 구호를 내세워 "빵과 무기를 달라"고 외쳤다. 몇 달 후에 프레롱은 마르세유에 계엄령을 내리고, 이조아르에게 반혁명 음모 혐의를 씌운 다음 상퀼로트 주동자들을 박해했다. 그보다 규모는 작았지만 북부에서도 1793년 10월부터 12월 사이에 비슷한 일이 일어났다. 그곳의 정치클럽들은 직접민주주의를 실시하고 혁명군을 설치하려고 연맹을 조직했다. 노련한 파견의원들이 반감을 갖고 이러한 시도를 제대로 지원하지 않으면서 효력을 발휘하지 못하게 만들었다. 그러나 그러한 시도가 존재했다는 사실만으로도 국민공회의 정통성은 유지되고 있었지만 실질적 권력은 아직 세대로 인정받지 못했다는 사실을 증명했다.

10월의 거래가 그 증거다. 10월 10일에 파리 코뮌이 정치적 통제권을 강화하고, 의원들과 상퀼로트의 회계부정에 관한 소문이 돌았을 때, 국민공회는 평화 시까지 혁명정부 체제로 가겠다고 선언하고 헌법 적용을 무기한 연기했다. 12일 이후 구국위원회가 혼자 감독할 수 있는 생필품위원회가 탄생했다. 그날(공화력 2년 방데미에르 19일) 생쥐스트는 "모든 법은 혁명법이다. 그러나 법을 집행하는 사람들은 그렇지 않다"고 명확히 선언하면서 국민공회와 구국위원회의 돌발행위를 정당화했다. 헌법이 시민들에게 인정해준 검열권은 효력을 잃었고 민주주의의 가능성도 사라졌다. 국회는 명확히 의회제도를 표방하면서도 행정부의 속성과 입법부의 속성을 뒤섞었다.

대중의 긴장이 고조되고 섹시옹들과 행정기관들이 개인들의 적대감에서 비롯한 숙청 의지에 사로잡혀 있을 때, 10월 2일에 지롱드파

의원 48명과 마리 앙투아네트가 혁명법원으로 송치되었다. 이에 더해 로베스피에르는 지롱드파 의원 75명을 단순히 구류상태에 두었음을 기억해야 한다. 이것을 상퀼로트에 대한 보상책으로 생각할 수 있을까? 왕비는 아들과 근친상간을 범했다고 주장한 에베르의 고발보다 더 나을 것도 없는 반역의 증거를 가지고 재판을 받은 뒤 10월 16일에 처형되었다. 왕비의 방대한 혐의는 수많은 상퀼로트를 흥분시킨 여성혐오와 잔인성을 생생하게 증명했다. 상퀼로트는 20일에 공화주의파 여성들을 침묵시키고, 11월 3일에 올랭프 드 구즈, 8일에 마농 롤랑, 12월 8일에 뒤바리를 처형했다. 10월 31일에 지롱드파를 단두대에 세운 것도 똑같은 셈법을 적용한 결과가 분명했다. 이때 에베르가 개입해서 재판을 단축시켰고, 오를레앙 공작·바이이·바르나브도 차례로 단두대로 보냈다.

최후의 포화

1793년 가을에는 '공포정'이 차츰 예외 상황과 뒤섞였다. 전선에서 적군이 진격했지만, 파견의원들은 확고한 결단력을 발휘했다. 그들은 직접 전선으로 가서 패배하거나 무능한 장성들을 단두대로 보냈다. 카르노와 생쥐스트의 뜻에 따라 구국위원회가 그들을 지원했다. 12월 이후 프랑스는 모든 전선에서 다시 공세를 취하고, 에스파냐와 피에몬테의 침략을 물리쳤다.

국내 방데 내란의 향방은 완전히 정치적 적대관계에 달려 있었다.

소뮈르Saumur군을 장악한 에베르파는 7월에 시작해서 9월이면 끝날 포위작전에 참여한 브레스트군과 라 로셸군의 운명을 스스로 책임지게 했다. 그 결과, 그들은 놀라울 만큼 연속 패배했지만, 국민에게는 그 사실을 감췄다. 그러나 그 일로 전쟁부의 강자 뱅상은 상퀼로트 출신 로시뇰과 롱생에게 병권을 넘겨주었다. 로시뇰은 몽타뉴파와 당통파 경쟁자들이 제거된 서부군 사령관이 되어 10월에 공격을 재개했고, 당연히 숄레Cholet 전투에서 방데군을 궤멸시켰다.

그러나 공화국 군대는 승리를 굳히지 못했기 때문에 패잔병은 북쪽[그랑빌 쪽]으로 도주했다. 이것을 두고 북서풍[갈레른Galerne]을 맞으러 갔다는 뜻으로 '비레 드 갈레른virée de Galerne'[북서풍 맞이 산책]이라 부른다. 거의 수만 명이 멘과 노르망디를 가로질러 그랑빌Granville로 향했다. 그들은 영국 해군에게 항구를 열어주려고 아주 잔인한 전투를 각오했다. 그러나 방데군은 그랑빌 공격에 실패했고, 브르타뉴인들의 도움을 받아 루아르 강을 향해 다시 남하하면서 곳곳에서 전투를 치렀다. 르망에서 수차례 싸우는 동안과 싸움이 끝난 뒤 수천 명이 목숨을 잃었다. 방데군의 일부가 루아르 강을 건넜고 소규모 교전을 치렀다. 생존자의 대부분은 공화국 군대에 쫓기다가 사브네Savenay에서 궤멸했고 포로는 총살당했다. 방데는 여전히 누아르무티에 Noirmoutier[섬], 보카주Bocage[관목 숲]의 일부, 브레쉬레Bressuirais와 모주를 차지하고 있었다.

상퀼로트 사령관은 무능함을 드러냈다. 파견의원 카리에Carrier의 측근인 클레베르Kléber와 마르소Marceau의 재능 덕택에 승리했지만, 로시뇰과 그 뒤 레셸L'Échelle은 승리를 확정 짓지 못했다. 장군들의 경쟁심이 전투의 행태에 영향을 미쳤는데, 당통파 웨스테르만은 공을 가로채기 위해 가끔 적절한 시기도 아닌데 공격했으며, 자신이 사브네에서 땅바닥에 널려 있는 아녀자들의 주검을 "말발굽으로 짓밟고" 지나갔다고 자백했다. 자신의 혁명적 결단을 증명하려고 했던 말이 오히려 그를 단두대에 세우는 단서가 되었고, 공을 부풀릴 필요성을 알지 못하는 역사가들에게 역겨운 인상만 심어주었다. 그와 똑같은 이유로 어설픈 장성인 귀족 출신의 당통파 데마르 데스티모빌 Desmarres d'Estimauville은 자신이 패배한 소규모 전투를 소개하면서 자기를 따라 군에 들어온 북치기 소년 바라Bara의 영웅적 죽음을 부각시켰다. 그도 [1794년 1월에 처형당했기 때문에] 자기 머리를 지키지 못했지만, 1794년 1월에 바레르와 다시 권력을 잡은 로베스피에르는 모호한 영웅적 자질을 가진 바라를 정치적으로 이용했다.

[1793년] 12월, 장군 튀로Turreau의 부임은 상퀼로트가 몽타뉴파 지휘관을 인정했다는 뜻으로 보였다. 한편, 여러 도시에 설립한 특별법원과 군사위원회, 파견의원이 특별히 설치한 위원회는 수천 명의 포로를 극단적으로 탄압했다. 비선서 사제, 전투원, 아녀자까지 수천 명을 처형했다. 특히 낭트는 카리에의 동의를 받아 루아르 강에서 조직적인 수장을 치렀다. 그러나 탄압했다 할지라도 정의의 규칙을 준수했고, 지방 관리들의 의견을 참고했으며, 심지어 피고에게 유리한 증언까지 청취했다. 서부의 '공포정'은 맹목적으로 땅을 고르는 롤러는 아니었다. 거기서도 지역사회의 관계가 끊어져 이웃들이 서로 보호해주지 못하게 되었고, 개인들이 멋대로 극단적인 행동을 저지르면서 폭력이 잇달아 발생했다.

정치적 폭력, 사적 폭력인가 또는 희생의 폭력인가?

파리에서 국민공회 의원들과 앙리오는 국민방위군과 혁명군의 위상을 놓고 망설이고 있었지만, 1793년 봄부터 거의 전국적으로 이른바 '혁명'의 군대가 늘어났고, 특히 비엔Vienne과 크뢰즈Creuse에서는 방데의 위협에 맞서기 위해 군대를 조직했다. 대체로 지휘체계를 제대로 갖추지 못한 채 정치나 개인의 적대관계에 영향을 받은 혁명군은 가끔 '개인의 군대'처럼 보였다. 그들은 징발과 진압의 임무를 수행하면서 유지 비용이 많이 드는데도 별로 큰 성과가 없는 '민간인 군대'였다. 그들은 특히 종교문제에서 농민들의 원성을 키웠다. 최악의 경우, 민간인 병사들은 "부사수, 사형집행인 보조, 〔고문을 돕는〕 보조심문관"(콥R. Cobb)이 되었다. 이렇게 경험한 '공포정'은 탄압의 방법이나 통치의 기술이 아니라 '잔인한 인간'의 '생활방식'이었다. 민간인 군대는 상퀼로트나 국민공회 의원 일부가 전파한 탈기독교 운동의 가장 훌륭한 매개자였다. 모두가 희생과 속죄의 힘을 비는 광신의 언어에 사로잡혔다. 이렇게 해서 불경한 물건을 파괴하고, 전투에서 죽거나 다친 혁명가들의 '영웅적 행위'를 찬양하고, 르펠티에·마라·샬리에 같은 '자유의 희생자들'을 숭배했는데, 특히 샬리에는 마라처럼 '신도들'에게 진정한 예배 대상이 되었다.

혁명적 구세주 사상이 나타나 가톨릭교와 경쟁했다. 푸셰Fouché의 상징적·철학적 의도에서 그것이 나타나지만, 그가 조직한 축제 참가자들마저 거의 전부가 그것을 간파하지 못했다. 서부에서 르키니오는 좀 더 단순한 신념에서 상퀼로트에게 의지하고 역설적으로 관용을 말하면서 반교권주의를 열심히 권장했다. 사람들이 교회의 성상과 장식품 파괴, 사육제풍의 행진과 교회 모독, 게다가 교회의 종 철거, 또는 '이성의 신 축제'라는 모호한 구경거리에 정신이 팔렸을 때, '황금사냥'이 금궤를 채웠지만 소중한 구역에만 영향을 끼쳤다. 반교권주의에 물든 바생 파리지엥 지역 밖에서는 니에브르의 푸셰, 솜과 우아즈의 뒤몽Dumont 같은 주동자만이 탈기독교 운동을 이끌었다. 아주 인상적인 파괴는 드물었기 때문에, 파리의 노트르담 대성당이나 샤르트르 대성당은 참화에서 벗어났다. 거의 5,000명의 사제가 결혼했는데, 사임한 사제의 4분의 1에 지나지 않았고, 그나마도 1789년의 13만 명에 비해 훨씬 적었으며, 수녀는 99퍼센트가 독신생활을 유지했다. 게다가 1793~1794년 가을과 겨울 사이 몇 달 동안에만 〔신생아나 개명하려는 사람에게〕 혁명의 이름을 붙였는데, 그러한 이름이 과연 부모의 정확한 의도를 표현했는지도 파악할 수 없는 실정이다. 그것은 신성모독의 의지인가, 지역의 압력에 굴복했기 때문인가, 또는 국민공회에 정치적으로 반대 의사를 표현한 것인가?

탈기독교 운동은 큰 저항을 받았는데, 파리처럼 1793년 크리스마스를 축하했던 도시나 농촌의 '서민'의 저항이 두드러졌다. 이질적인데다 종종 과격한 소수가 전파한 탈기독교 운동은 격렬한 반대에 부딪혔고, 후대에도 오랫동안 존속할 비밀교회를 태어나게 만드는 역효과를 낳았다. 국민공회 의원들에게는 다른 형태로 나타났는데, 그레구아르 신부는 가톨릭교를 고수했고, 로베스피에르는 무신론을 반박했다. 1793년 10월 5일부터 공화력을 적용했다. 그러나 최고존재의 가능성을 남기고 문화와 종교의 상징으로 넘치는 지평에서 적용한 새

달력은 목표를 달성하는 방법도 명확하지 않다는 문제를 안고 시작했다. [7일짜리] 한 주와 일요일을 없애는 대신 [10일짜리] 한 주[데카드]로 나눈 달력을 채택하자, 7일마다 하루씩 쉬는 날을 잃고 싶지 않은 사람들과 주를 찬양하는 날로 일요일을 지키려는 사람들이 모두 반대했다. 그리하여 프랑스의 감수성은 넷으로 쪼개졌다. 가장 중요한 감수성은 가톨릭교를 지키려는 것으로서, 공화력에 은밀히 저항한 파리의 클로리비에르*가 대표적인 사례였다. 둘째는 왕과 종교를 수호하는 감수성이다. 셋째는 그레구아르처럼 온갖 역경을 무릅쓰고 기독교와 혁명을 조화시키려는 감수성이다. 마지막으로는 기독교에 적대적인 소수 파벌의 감수성이다.

종교와 정치가 폭발적으로 뒤섞인 뒤 신기하게 제자리로 되돌아갔다. 상퀼로트와 당국의 우상 파괴주의가 때로는 뒤섞였다 할지라도 국가의 문화 파괴주의는 한 번도 없었다. 10월과 11월에 파리에서 일어난 탈기독교 운동 시위를 보고, 그레구아르 신부는 예배의 자유를 권장하고 위협을 받으면서도 주교직 사임을 거부했으며, 로베스피에르는 상퀼로트의 정치적 야심을 고발했다. 이 두 사람은 섹시옹들의 저항에 편승한 덕에 격렬하게 반응할 수 있었다. 로베스피에르는 무신론을 반혁명이라고 선언했는데, 이것은 진정한 위협이었기 때문

---

* 예수회 출신 신부였다. 슈앙 유격대장이며 카두달Cadoudal의 측근이었던 사촌과 이름이 똑같다고 해서 혼동하지 말아야 한다. 사촌은 리몰레앙Limoléan으로도 알려졌고, 미합중국으로 망명해서 종교 교단을 창시하는 데 참여했다(원주).

에 쇼메트와 에베르는 그리스도가 민중협회의 창립자임을 공식적으로 확인했다. 구국위원회는 쇼메트와 에베르가 소수파 선동가들과 결별하게 만들었으며, 1793년 12월 6일에 예배의 자유를 또다시 법으로 명문화했다. 정치는 권리를 잃어버리지 않았다. 쇼메트는 섹시옹 혁명위원회에 의지하면서 안보위원회보다 코뮌의 권한을 강화하려고 노력했다. 12월 4일, 국민공회는 평화 시까지 혁명정부를 유지한다고 의결하면서 최고의 지위와 정통성을 한꺼번에 확인시켰으며, 코르들리에파는 교훈을 이해하고 쇼메트를 제명했다. 민중혁명은 이렇게 막을 내렸다.

4장

혁명국가:
1793년 12월~1794년 4월

혁명의 중심

공화력 2년 프리메르Frimaire[서리의 달] 14일(1793년 12월 4일)에 제정한 정부개혁법은 새로운 시대를 열었다. 그 법으로 국민공회, 그리고 안보위원회와 구국위원회의 권위를 강화하면서 '혁명정부'가 존재한다는 사실을 확인했으며, 각부 장관으로 구성한 집행위원회는 1794년 4월 1일이면 더는 존재하지 않게 되었다. 안보와 구국의 두 위원회도 각자 내부에서 분열했음에도 정통성과 합법성을 가진 유일한 기구로 행세했다. 그들은 에베르파가 쥐락펴락하던 전쟁장관을 시작으로 모든 장관을 예속시켰다. 이제 정부기관도 아닌 각부에는 행정업무도 없었다. 폐지를 바라는 당통파의 공격을 받으면서도 두 위원회는 장관들과 함께 '고귀한 사상'을 구상했다. 1793년 10월 10일에 '평화 시까지' 헌정을 중단하면서 시작한 절차를 이렇게 마무리했다.

혁신에 관해서는 확실히 논란의 여지가 있다. 1792년 8월 10일 이후 프랑스는 사실상 혁명정부가 이끌었고, 그 합법성은 오직 '국민의 의지', 이 경우 초기에 물리력 행사에 근거했기 때문이다. 따라서 프리메르 14일은 지롱드파와 에베르파의 모든 시도가 실패한 후 '혁명정부'를 제도화한 날이었다. 로베스피에르는 한참 후인 1793년 12월 23일과 1794년 2월 5일에야 정치적으로 정당화하자고 제안했다. 그는 '헌정질서'는 국내외 적들 때문에 존중할 수 없으므로 '혁명의 질서'로서 '선량한 시민'을 '국가가 보호'하고 '인민의 적'에게 '죽음'을 안겨주어야 한다고 주장했다. 그러나 12월부터 비요 바렌은 혁명정부를 '공동의 힘', '존재·운동·집행의 원칙'으로 이론화했다.

'공동의 힘'은 흔히 쓰이지만 모호한 표현이었고, 사법과 종교적 전통의 일부였다. 그것은 "구속의 권리나 능력을 가진 자"를 뜻했고, 실제로 구속력을 행사하려면 집행권에 의존해야 했다. 교회의 기능이 고전적 사례였다. 교회는 벌을 부과할 수 없었지만 '지시적' 권위를 활용해서 군주가 그의 이름으로 적용하는 '공동의 힘'을 가진 법률을 제정하게 만들었다. 그와 비슷하게 국민공회는 도나 기초의회 같은 중개자를 거치지 않고 디스트릭트와 자치정부에 즉시 무조건 법을 시행하게 만든다. (비요 바렌의) '혁명정부'는 중심에서 '혁명의 모든 위기'를 끝낸다. 구국위원회는 12월 4일부터 아무도 모르게 파견의원·행정관·군 장성들에게 준수해야 할 새로운 규칙을 설명하면서 '임시 혁명정부의 형태에 관한 법령' 조항을 담은 회람을 보냈다.

우리는 슈미트가 이론화한 '독재정'을 보고 있는 것인가? 헌정의 중단은 인민의 승인을 거쳐 입법가에게 막대한 힘을 주었다. 그러나 1793년 9월 이후 국민공회에는 다양한 흐름이 있었고 상퀼로트의 다양한 집단이 서로 정치적 투쟁을 벌였기 때문에 잇달아 조치를 취할 수밖에 없었다. 거기서도 역시 이러한 방법을 채택한 국민공회 의원들이 정치나 이념상의 통일성을 보여주지 못했다. 헌정의 중단은 사실상 내부 분열과 함께 국내와 전선의 군사적 위험에서 생긴 난관에 대응하는 방법이었다. 더욱이 헌정을 중단한 상태에서도 상퀼로트 선동자들이나 지롱드파 성향의 행정관들과 타협을 시도했다. 그들이 균형을 잡으려고 노력한 것은 감옥에 있는 지롱드파를 '망각'했음을 보여주는 사례였다. 사실상 나라에 계엄령이 내린 것은 구국위원회의 위원 열두 명이 나라를 장악해서 히틀러나 스탈린식 독재정을 예고했기 때문이라고 말할 수는 없다. 그것은 다른 위원회들이 공감해준 덕택이었다. 그중에서 특히 안보위원회는 수많은 기관에서 활동하는 투사들을 배제하면서 구국위원회, 국민공회 의원들, 고위직 행정관들과 언제나 대립관계를 유지했다. 대외적으로 구국위원회는 프랑스를 진압하려는 확고한 의지를 가진 열강들과 전쟁을 하면서 나라를 지키고, 중립국과 협상해서 전쟁에 꼭 필요한 원료와 곡식의 수송로를 마련했다.

구체적으로 국민공회만이 법제사법위원회가 기초한 법령을 의결할 권한을 가졌다. 날마다 새 법령을 실은 관보를 받은 관청은 24시간 안으로 시행해야 했다. '법령décrets'과 '법률lois'을 혼용했지만, 기관·공무원·투사는 아무도 '법률'을 제정할 권한을 갖지 못했다는 사실이 중요하다. 국민공회와 소속 위원회들만이 프랑스 인민의 이름으로 기관명과 주소를 인쇄한 종이를 쓸 수 있었다는 것은 아주 중요한 의미가 있다. 국립인쇄소를 설립해서 운영위원회 소속인 인쇄업자 서적

상 보두앵에게 책임을 맡긴 것은 국민공회가 권력의 중심이라는 뜻이었다. 사실상 파리에서 먼 곳에 있는 도에서도 인쇄소가 돌아갔다. 일이 늦어지고 착오와 경우에 따라 공금횡령도 있었기 때문에 국립인쇄소가 효과적으로 움직일 때까지 6개월이나 걸렸다. 그런데 모든 법은 "프랑스에서 아직 쓰고 있던 다른 용어"와 외국어로 번역했다는 사실도 주목해야 한다. 국민공회에서 오직 행정위원회Comité exécutif만 도 행정부가 행정법을 제대로 적용하는지 감독할 수 있었다. '혁명과 관련된' 법의 감독은 구국위원회와 안보위원회 소관이었다. 구국위원회는 외교·전쟁·파견의원, 안보위원회는 전국의 혁명위원회 위원을 임명하고 구의회까지 감독했다.

두 위원회는 데카드〔공화력의 1주인 열흘〕마다 한 번씩 디스트릭트, 시정부, 전국의 혁명위원회들이 보내는 보고서를 받았다. 또한 디스트릭트와 시정부에 선출직 대리인을 없애는 대신 '특임집행관agents nationaux'을 임명했다. 디스트릭트만이 혁명법을 적용할 자격이 있었다. 혁명위원회나 민중협회들을 통합하면서 유사한 조직들은 자율성을 잃었다. 특히 모든 정치클럽은 투쟁을 계속했지만 엄중한 감시를 받았으며, 파견의원들은 구국위원회와 국민공회에 긴밀히 복종하면서 자율성을 잃었다. 모든 도나 특정 의원과 연관 있는 법원과 '혁명위원회'를 폐지하고, 모든 섹시옹의 저항을 조금도 용납하지 않았다. 비요 바렌의 말처럼 "모든 국민운동의 출발점은 국민공회"였다. 그 결과, 선거를 중단하고 아무도 '정화'할 수 없는 국민공회부터 숙청을 단행했다.

재조직을 단행할 때 기존의 법을 선별하고 서열화하는 작업을 병행했지만, 이러한 사실은 잘 알려지지 않았다. 기존의 법이 아주 복잡했기 때문에 롱도노Rondonneau, 보두앵, 포르티에 드 루아즈Portiez de l'Oise처럼 특히 공무원 대상의 독서실을 운영하던 법 인쇄업자와 수집가들이 재산을 모았다. '국립법률문서보관소dépôt national des lois'의 수장인 롱도노가 구성한 '혁명사도서관bibliothèque historique de la Révolution'은 문서첩 600권과 서적 2,000권의 가장 풍부한 자료를 모았다.[1] 비요 바렌은 그에게 혁명법전을 제작하는 임무를 맡겼고, 롱도노는 캉바세레스·쿠통Couthon·메를랭 드 두애와 함께 작업했다. 사업은 실패했지만, 법률이 급속히 늘어나는 것을 막고, 실제로 통과된 법과 단순히 심의한 법안을 가려내는 한편, 걷잡을 수 없이 폭력의 길을 터준 법을 삭제하려고 애쓴 흔적을 남겼다. 모든 법에서 '혁명법'을 가려내는 기준은 의심스러웠다. 1794년 초 법전을 편집하는 일을 다시 시작하면서 '법'을 무제한으로 생산하는 일은 중단되었다. 언제 끝날지 모르는 일이었지만, 프랑스 입법 과정을 개혁하는 데 이바지했다. 그 창의성도 역시 위원회들이 갖고 있던 감성과 충돌했다. 데물랭이 "원칙을 벗어나지 않는 애국자"라고 평가한 비요 바렌을 '극좌파'로 분류하려는 의도는 없지만[그들과 비교한다면], 그의 정치적 관점은 로베스피에르의 좀 더 영적인 태도, 생쥐스트의 권위주의적 이상향, 카르노의 민족주의, 바레르나 메를랭의 정치적 실용주의와 달리 윤리

---

1 1793년에 롱도노는 수세기 동안 반포한 법률·법전·사전을 수집하고, 인쇄업자 프로Prault 가문이 소장하던 관련 문서와 책을 사들여 도서관과 독서실을 만들어 대중에게 인쇄물을 팔거나 열람하게 했다.

주의였다. 그들이 함께 '덕'·정의·법률에 바탕을 둔 '혁명정부'를 이끌었지만, 모든 적을 물리친 뒤 근본적인 모순이 대립하는 상황이 올 때 그들은 분열하고 만다.

정치의 관리

혁명정부는 잇단 공포정이나 '고위 위원회'에서 파생한 것도 아니었고, '다스리는 열두 명'의 독재는 더욱 아니었다. 1793년 헌법 시행을 중단했다 할지라도, 인권선언은 1792년 9월 선거에서 정통성을 확보하고 혁명의 화신이 된 국민공회가 1793년 8월 투표로써, 그리고 그후에는 파견의원들이나 지방정부들과 계속 소식을 주고받으면서 혁명을 안정시키려는 정책의 지평에 남아 있었다. 그 후에 위기가 닥쳐도 그 모습을 지켰고, 그 결과 에베르파와 로베스피에르라 할지라도 정통성의 원천인 국민공회에 맞선다면 척결될 것이었다. 인민과 국민이 하나가 된 것은 정통 권력의 유일한 보유자이며, 따라서 폭력을 행사할 수 있다고 인정받은 '혁명정부'의 효과였다. 프랑스는 정치적 정당화의 자리를 차지했던 흥분과 국가기구의 '전제적' 장악을 거부하면서 '국가의 부재'에서 벗어나기 시작했다. 이것은 국민공회 의원들이 정당성에 근거해서 행동하고, 공포정을 정부의 원칙으로 삼으려는 시도를 끝까지 거부한 덕택이었다. 에베르파와 거리를 두려는 계획을 실천하기 위해 파견의원에게 보내는 명령에서 공포의 언어를 쓰지 않았다. 그러나 대외전쟁, '파벌' 사이의 적대감과 투쟁이 학살과 대대적인 처형을 동반할 최악의 권력남용이 머지않았다.

1791년에 르샤플리에는 [제헌의원으로서] 마지막으로 발의했을 때 이렇게 말했다. "대표들을 통해 표현한 인민의 의지에 따라 구성한 권력만 존재한다. 오직 인민이 위임한 권한만 존재한다. 인민 대신 공공업무를 담당하는 대리인들의 행동만 존재할 수 있다." '혁명정부'를 이 같은 형태로 개혁하는 시간이 멀지 않았다. 그러나 이념은 다른 성향을 보여줄 것이다. 르샤플리에가 이렇게 덧붙였기 때문이다. "헌법이 제국 안에 있는 모든 조합을 사라지게 만들고, 단 하나의 사회와 개인들만 인정하는 원칙을 순수하게 보전할 것이다." 르샤플리에가 말한 '개인들의 사회'는 1793년 국민공회 의원들이 바라는 덕망 있는 시민들의 사회와 거리가 멀었지만, 개인들과 시민들은 의견의 표현을 한정하고 규제해야 한다.

1793년의 사람들이 1791년에 거부했던 행동을 한다고 해서 퇴행했다거나 무능력했다는 의미는 아니다. 그들이 1791년에 거부한 가치를 받아들였기 때문이다. 그들은 선임자들처럼 적대감이 지속적으로 과격화하면서 생긴 결과와 정치적 토론을 거부하는 풍조와 마주쳤다. 프리메르에는 합법적 행동의 한계를 정하기 위해 정치적으로 우유부단한 태도에서 벗어나려고 노력했다. 그렇다고 국민공회 의원들이 '배반'했다고 단정하고, '부르주아' 혁명의 추종자로 봐야 한다는 뜻은 아니다. 1793년의 갈등을 검토하면서 1917년 볼셰비키 혁명 이후 수년간 저주의 심정으로 내린 판단을 더는 계승하지 말고 버려야 할 때가 되었다. 국민공회 의원들은 경쟁자들보다 더 체제와 이념에 관계없이 존속한 제약에 직면했다. '정치'가 존재하기 위해서는 의견과 정념의 상징화와 변조는 반드시 존재하기 마련이다.

구체적 정치 상황도 이러한 방향을 정당화했고, 여느 때처럼 힘의 관계에 따라 결정되었다. 생쥐스트가 에베르파 장관들을 겨냥하면서도 그들을 생각하지 않고 '정부'가 인민의 위험한 적이라고 말했을 때 그의 말을 믿기는 어렵다. 또 선거를 중단하는 일을 합법적인 일로 만들기 위해 이러한 상황에서 '인민의 권리'를 거론하는 것은 "인민주권을 거짓으로 존중하는 것"이라는 바레르의 말도 수긍할 수 없다. 에베르파는 싸움에서 졌다. 1793년 10월부터 12일 사이에 몽타뉴파와 평원파는 모든 합법적 권한을 독점하고 제도적 조직을 통제했다. 나중에 역사가들이 내부 투쟁에만 의존했던 것에 질서를 부여하면서 재구성한 제도와 당시의 실상은 달랐다. 당시는 혼돈의 상태가 아니었다. 갈등을 겪으면서도 실제 행동을 합법화하고 한계를 설정하면서 수많은 원리를 다듬고 확정했기 때문이다. (게니페P. Gueniffey의 말대로) 1787~1788년부터 "말이 더욱 과격해지는 현상radicalisation cumulative des discours"이 사회지도층의 이해력 부족으로 쌓이면서 1792년 이후 가속화했지만 프리메르에는 진정되기 시작했다. 공포정으로 비난받던 대중의 흥분 상태를 거부한 테르미도르는 이때 시작되었다.

불화의 돌팔매

프리메르의 전환점에 잔인한 충돌이 시작되었다. 12월 5일(프리메르 15일)에 카미유 데물랭은 「비외 코르들리에Vieux Cordelier」[코르들리에 클럽의 초창기 선임 회원) 창간호를 발행해서 '관용파indulgents'의 목소리로 '최전방avancés' 혁명가들을 공격했다. 그는 이들이 (영국 수상) 피트의 하수인으로서 방데 전쟁을 수행하고 '애국자들'을 학대한 장본인이라고 고발했다. 신문은 나오는 즉시 성공했고, 복잡한 작전을 가장 꼭대기에 올렸다. 제호의 의미도 중요했다. 그는 분명히 논쟁을 하려는 의도를 가지고 '선임' 코르들리에 회원을 '신입' 회원과 대비시켜 '1789년 애국자들'과 1792년, 그리고 1793년의 애국자들을 대립시키는 데 그치지 않고 1791년 이후 단절이 생겼음을 정확히 짚었다. 1789년의 애국자들은 옛날의 정치·문화의 짐을 소유하고, 읽고 쓸줄 알았으며, 혁명기관에서 봉급을 받는 직책을 수행했다. 1792년과 1793년의 애국자들은 반란을 통해서 학습했고, 사태의 흐름에 변두리로 떠밀렸다. 이것을 '맨손 노동자'와 '부르주아'의 대립, '부르주아' 혁명과 '프롤레타리아' 혁명의 대립으로 생각해야 할 것인가? '배우지 못해 아주 쉽게 길을 헷갈릴 사람들'을 '가짜' 애국자들이 조종할 위험성은 그 시절에 이미 고발당했고, 20세기의 거북한 일을 경험한 후 무시할 수 없게 되었다.

「비외 코르들리에」를 '정치적'으로 읽는 일은 당통의 친구들이 이해하기 어려울 만큼 '관용'의 태도로 방향을 바꾼 것을 설명하기 위해 아주 필요하지만, 신문발행인이자 역사적으로는 보잘것없는 정치가로 평가받는 카미유 데물랭은 잠시도 쉬지 않는 풍향계였고 혁명의 배신자였다. 그는 어떤 상황에서도 가장 먼저 자유의 원칙을 유지해야 한다고 주장하면서, 정부가 정의와 합법성의 원칙을 포기하고 타협으로 권력을 지키기 위해 내린 조치, 다시 말해 오늘날 '실용주의

pragmatisme'나 '현실정치realpolitik'로 부를 수 있는 조치를 비난했다. 데물랭 자신도 상스러운 사업가들과의 관계에서 그러한 교훈을 충분히 지키지 않았지만, 그 교훈은 귀를 기울일 만한 가치가 있다.

'애국자' 집단들이 논란의 여지 없이 사회적으로 균열한 반면, 상퀼로트 계층과 코르들리에 클럽은 모든 계층에서 구성원을 모았다. 그들의 지도자들은 상테르나 팔루아Palloy처럼 사업체를 소유하거나 롱생·쇼메트·에베르처럼 강력한 위치를 차지했다. 상퀼로트 운동은 혁명위원회에 임명되어 보수를 받는 사람들, 초기 의회에서 일정한 범위의 권력을 가진 사람들, 그리고 '구민협회'에서 공세를 취한 사람들로 분열했다. '구민협회' 사람들은 독자적으로 활동하기 위해 법을 왜곡해서 우애협회를 다시 조직했다. 파리에서 토론에 참여할 수 없었던 젊은이와 아낙네들이 이 운동에 참여했고, 에베르 같은 투사들과 [구국·안보] 두 위원회에 맞서야 했다. 두 위원회는 리옹에서 시작해 파리에서 1만 명까지 늘어나 1793년 12월에는 감옥에서 남편을 풀어달라고 요구하던 아낙네들의 시위에 신중하게 처신했다.

리옹과 방데가 불화의 돌팔매를 던지는 주역으로 등장했다. 툴롱 공략은 12월 19일에 겨우 끝나 대대적인 탄압이 시작되었고, 리옹 공략은 분열을 낳았다. 혁명군 부대들이 10월 8일에 리옹에 들어가 12일부터 격렬하지만 도를 넘지 않고 탄압을 시작했다. 정부는 리옹의 이름을 바꾸고 도시를 파괴한다고 예고했지만, 이름만 '해방시Ville-Affranchie'로 바꿨다. 교회에서 전례의 상징물과 장식을 떼어내고 창고나 회의실로 이용했지만 부수지는 않았다. 그런데 쿠통이 선동적 발언을 퍼부었다. 만일 그렇지만 않았어도 기념건축물과 가구는 체계적으로 파괴되지 않았으리라. 그는 군사법원을 설치하고, 형식을 존중하는 인민재판위원회까지 두었다. 그 결과, 200명 남짓한 사람을 유죄로 판결하고 처형했다. 샬리에의 지지자들은 가차 없이 복수하기를 바랐는데, 재판을 보면서 만족하지 못했다. 그래서 콜로 데르부아와 푸셰 같은 후임 파견의원들은 군사위원회, 공화파의 임시 감시위원회를 설치했다.

이 파견의원들 주위에서는 파리와 마시프 상트랄에서 온 상퀼로트들이 호화롭게 살면서 재판 과정을 급진적으로 이끌었다. 역사가 부르댕P. Bourdin의 표현을 빌려 '부덕한 공포정'을 적용한 그들은 1794년 4월까지 가끔 산탄 대포로 1,940명이나 처형해서 보는 사람들을 놀라게 했다. 탄압은 어수선하게 이루어졌다. 돈과 조직이 부족했기 때문에 철거를 금세 중단했지만, 아낙네 1만 명이 국민공회에 소추를 저지해달라는 청원서를 보냈을 때 탄압이 더욱 속도를 냈다. 프리메르 14일과 15일에 거의 300명을 산탄 대포와 칼로 도륙했다. 대대적인 학살에 항의하려고 리옹 대표단이 파리로 출발했지만, 현장의 혁명군을 지휘하던 롱생은 4,000명을 더 죽여야 한다고 주장했다. 의원들은 양쪽에서 퍼붓는 포화에 갇혔다. 로베스피에르처럼 푸셰가 시작한 탈기독교 운동에 적대적인 콜로는 급히 파리로 돌아가 국민공회의 명령을 거론하면서 탄압의 정당성을 주장했다. 한편, 푸셰는 모든 작전은 위원회만의 책임이라면서 발뺌했다.

파리에서는 국민공회 의원들과 위원회 위원들이 [책임을] 요리조리 피하려고 노력했다. 그들은 '관용파'의 편을 들지 않으면서도, 징발정책을 포기하지 말라는 섹시옹 민중과 에베르파의 요구에 저항하기 위해「비외 코르들리에」의 성공을 참조했다. 자기모순에 갇혔던 그들은 망설이는 공포정치가terroristes réticents였고, 미국 역사학계에서 바레르를 일컬었던 유명한 표현을 빌려 말하자면 "내키지 않는 공포정치가reluctant terrorists"였다. 바레르는 '중용juste milieu'을 추구하는 사람의 본보기였다. 그들은 생필품·돈·복종을 가져다줄 체제를 존속시키려면 반드시 폭력이 필요하다고 판단하고 '내키지 않는reluctant'이라는 말대로 본의 아니게 끌려들어간 사람들이다. 실제로 현장에서 일어나는 일을 정확히 알지 못한 채 당파적 정보에 의존했던 그들은 그날그날의 정책을 이끌면서 너무 눈에 띄는 결정을 내리지 않으려고 애쓰는 동시에 언제나 파벌을 초월하려고 노력했다. 그들은 자기네끼리 개인적으로나 이념문제로 대립했을 뿐 아니라 다른 사람들의 아주 복잡한 이해관계 충돌을 조정했기 때문에 우리는 그들의 신기한 널뛰기를 이해하기 어렵다.

그들은 로베스피에르를 제외하고 복잡한 재정문제와 파악하기 어려운 음모에도 얽혀 있었다. 특히 에베르는 눈길을 끌 만큼 재산을 모아 표적이 되었으며, 당통파와 에베르파는 방데의 전쟁문제, 군수품 보급의 임무를 띤 재정확보 운동, 아직도 역사가를 만나지 못한 큰바다뱀 같은 동서양식민지회사의 청산문제, 그리고 바스 남작의 화재보험회사를 둘러싼 문제에서 경쟁했다. 유명하지만 아직도 신비스러운 반혁명가인 바스 남작은 '좌파'와 '중도파'의 혁명지도층 일부가 만나는 파리 재정가들의 사교계에서 핵심 인물이었다. 이처럼 정치적 갈등의 어두운 뒷면에서는 수많은 부류가 관계를 맺고 있었다. 그들 중에서 의원 네 명이 체포되었다. 특히 샤보Chabot는 1793년 11월 19일에 붙잡혔다. 그날은 주목받지 않고 지나갔지만, 바로 그날 '음모'가 발각되어 국민공회 의원들이 과연 정직한지 의심받게 되었고 모든 협력관계가 뒤집혔다. 국민공회는 1793년 8월부터 금융회사를 없애고 샤보같이 평판이 나쁜 의원들을 안보위원회에서 추방하면서 시장을 정화하기 시작했다.

관용파는 '반혁명파'의 대표들을 체포하라고 압박했고, 그렇게 해서 12월 17일(공화력 2년 프리메르 27일)에 뱅상·롱생·마이야르를 체포했다. 그날 「시민정신과 덕의 연보Annales du civisme et de la vertu」는 방데에서 북치기 소년 바라가 영웅처럼 죽었다는 소식을 발표했고, 로베스피에르는 12월 30일에 그를 팡테옹에 안장하자고 제안했다. 바레르도 바라를 혁명의 숭고한 희생자로 만드는 일을 거들었고, 에베르파가 지지했던 '혁명의 희생자들'을 대체하게 했다. 관용파는 이렇게 점수를 올렸지만 잠깐 성공했을 뿐이다. 로베스피에르는 1794년 1월 8일(공화력 2년 니보즈 19일)에 '극단파'와 〔관용파의 일부인〕 '시트라', 다시 말해 가장 적극적인 혁명파와 가장 소극적인 혁명파가 함께 반혁명에 가담했다고 비난하면서 다시금 균형을 잡았다. 닷새 후에 코르들리에파가 안보위원회에 반격하고 나서 파브르 데글랑틴Fabre d'Églantine은 동서양식민지회사 사건에서 부패 혐의로 감옥에 갇혔고, 뱅상과 롱생은 2월 2일, 마이야르는 27일에 석방되었다. 격렬한 투쟁이 일어날 조짐이 나타났다. 당통과 에베르는 화해할 수 없는 두 진영의 기수로서 상대방을 사형대에 세우려고 아웅다웅했다.

속죄의 희생자 방데

이러한 복수는 새삼스럽게 서부를 덮친 억압을 설명해준다. 방데에 군사적 조치를 잇달아 내리고, 1793년 11월 8일 '방제Vengé'[보복]로 이름을 바꾸면서 애국자들이 '반도'의 재산을 나눠 가질 수 있도록 했지만, 전쟁의 현실은 달랐다. 영국인의 상륙 위협은 물리쳤지만, 살아남은 지도자들은 효율적이고 두려운 유격전을 예고하는 '작은 전쟁'을 이끌었다. 실제로 '슈앙파'는 루아르 강 북쪽에서 활발히 움직였다. 낭트에서 카리에는 여러 집단에 탄압의 임무를 맡겼다. 탄압은 수장·총살·참수의 방법을 동원하면서 1793년 12월에 절정에 달했는데, 감옥에서 죽은 사람만 해도 수천 명이었다. 앙제의 군사법원은 이미 성폭력을 겪은 여성 2,000명에게 사형을 내렸다. 시골에서 장군 튀로는 구국위원회의 분명한 명령을 무작정 기다리다가 '방화' 부대를 진격시켰다. 이들의 절반은 '애국자'나 '도적떼'를 만나는 족족 학살하고 살해하고 강간했기 때문에 곧 '지옥 부대'로 불렸다.

공화주의자들은 이러한 조치에 항의했다. 그러한 조치가 평화를 되찾은 방데의 남쪽에서 전쟁의 불씨를 되살렸다고 생각하는 사람이 있는가 하면, 앙제와 낭트에서 야만스러운 처형이 있었다고 고발하는 사람도 있었다. 또 푸아티에서는 파견의원이 단지 튀로의 부대가 자기의 법적 관할권에 침입한다고 반대했다. 낭트의 상퀼로트가 카리에를 고발하자 로베스피에르는 특사로 아들 쥘리엥을 현장에 보내 조사하도록 했다.[2] 그가 '독재자'로 묘사한 카리에는 [1794년] 2월 초 파리로 소환되었다. 두 달 후에 낭트 당국은 그의 측근 두 명을 반혁명

분자로 처형했다.

뒤로 휘하에는 병력의 폭력을 통제하려는 장군과 병사들이 방화·살인·강간을 저지르고, 심지어 자기 병영 안에서도 문란한 행위가 일어났지만 방관한 장군이 있는데도 구국위원회는 개입하지 않았다. 일부 지역에서는 인구의 3분의 1에서 절반까지 잃은 마을이 수두룩했다. '방데 전쟁' 사망자 17만 명 가운데 다수는 이때 죽었다. 한 달이 훨씬 지나서야 구국위원회는 마침내 초토화 조치를 취했다. 그 결과가 얼마나 참혹했는지는 파견의원 르키니오가 로베스피에르에게 보낸 보고서의 운명이 말해준다. 르키니오는 라 로셸에서 잔인한 탄압을 지휘했고, 자신의 주위에 있던 상퀼로트와 헤어진 후 혐오스러운 결과를 조사했다. 그의 보고서는 공화력 3년에 로베스피에르의 혐의를 입증하는 데 쓰인다.

1794년 봄, 샤레트[3]·스토플레Stofflet·사피노Sapinaud가 방데의 농촌을 다시 통제하게 되었다. 루아르 강 이북의 상황도 마찬가지가 되었다. 장군으로 승진한 퓌자이가 지휘하는 '슈앙 유격대'는 혁명파와 고

2   쥘리앵Marc-Antoine Jullien fils은 혁명기에 활약한 사람 가운데 가장 젊었다. 1775년에 태어나 열여섯 살에 자코뱅 클럽의 회원 자격을 얻었고, 연단에서 변성기를 갓 벗어난 목소리로 청중을 감동시켰다. 1793년 8월, 열여덟 살에 구국위원회의 명령을 받고 서부의 여러 도에서 감시 임무를 수행했다. 역사가 미슐레는 그를 '로베스피에르의 감찰사'라고 불렀다 (*L'enfant, la famille et la Révolution française*, sous la direction de Marie-Françoise Levy, Plon, 1989 참조).

3   샤레트François Athanase Charette de La Contrie(1763-1796)는 루아르 아틀랑티크 도의 쿠페Couffé 출신으로 방데 가톨릭교도 왕당파군을 이끌다가 붙잡힌 뒤 낭트에서 총살당했다.

약한 정책이 일치하지 않는 상황을 이용했다. 그러나 그곳의 전쟁이 아무리 잔혹했다 할지라도 루아르 강 이남에 비할 수는 없었다. 더욱이 이 전쟁의 특성을 이해하는 일도 남아 있다. 방데도 억압받는 모든 지역의 공통점을 가지고 있었다. 그 공통점은 브르타뉴인·알자스인·바스크인·코르시카인처럼 프랑스어를 말하지 못하는 농민을 경멸하는 태도에서 나온 것이었다. 일단 중요한 고비인 군사적 승리를 거둔 자들이 불복종 집단들을 파괴하기 전에 일반적으로 버릇없이 굴게 마련인데, 방데가 바로 그런 일을 겪었다.

사실 다양한 형태의 폭력에 너그러운 태도는 우리의 관습과 아주 멀리 있었다. 국가가 임명한 관리들이 국회의 위원회들과 갈등을 빚지 않는 한 방데에서도 그들이 무슨 방법을 쓰든 말이 없었다. 방데 전쟁의 특성은 규모와 복잡한 성격에서 나왔다. 위협은 두려움을 안겨줄 만큼 컸고, 반혁명이 낭트를 정복해서 하마터면 나라의 역사를 단박에 바꿀 뻔했다. 1789년 이래 혁명가들의 정치적 결정의 핵심은 두려움이었고, 그것이 항상 방데에 불리하게 작용했다. 그들은 방데 같은 일이 도처에서 싹틀까 봐 두려웠다(이 두려움은 비록 환상일지라도 2세기나 지속되었다!).

이 모든 사건에서 정치투쟁의 격렬함은 정말로 이해할 수 없는 것이었다. 아주 고분고분해진 에베르파와 상퀼로트, 당통파와 원상 복구한 지롱드파, 몽타뉴파, 정규군이나 의용군 출신의 장성들, 게다가 지방의 예민한 당국들이 아주 복잡한 대립관계에 끌려들어갔다. 그들은 학대를 당하는 주민을 구해주거나 병사의 비리를 고발하기도 했다. 거의 군인 전체가 사실상 지휘계통의 무질서와 위세Huché나 코르델리에Cordellier 같은 장성들의 무능함을 이용해서 자유재량권을 행사했다. [구국·안보] 위원회들은 카리에를 반대하는 상퀼로트의 동맹 같은 구체적 사례가 생길 때까지, 또는 특정 진영이 '도적떼'와 '잔인한 사람들'을 제거하기 위해 다른 진영의 구성원들을 제거할 때까지 기다리면서 방관했다. 방데의 남부에서는 혁명법원이 상퀼로트 관리들을 총살했다! 방데는 불행히도 보통 상황에서 일어난 발작을 대표하며, 보나파르트와 탈레랑이 1801년에 바로 그 튀로에게 [스위스 남부의] 발레le Valais를 "공포에 떨게 만들라terroriser"는 임무를 주었을 때 그러한 상황이 다시 일어났다. 병사들은 초토화·강간·약탈, 게다가 아녀자 납치 같은 폭력을 저질렀는데, 같은 시기 폴란드에서 러시아군, 남부 유럽에서 튀르키예군, 그리고 나중에 아일랜드에서 영국군도 마찬가지였음을 잊지 말아야 한다. 튀로와 혁명정부는 그 일에 대해 용서받지 못했다.

승리를 위한 자유방임

(비아르M. Biard가) "단두대와 처형자들의 주요 공급자"라고 평가한 파견의원들의 태도도 폭력을 설명해준다. 그들은 어떤 희생을 치르더라도 영토를 지키고 도시와 군대에 물자를 보급하는 일을 가장 중시했기 때문에, 가장 부유한 사람들을 징용하거나 그들에게 세금을 물리고 1794년 2~3월까지 상퀼로트의 힘을 빌려 비선서 사제부터 귀족까지 '반역자'와 반대자를 처벌했다. 파견의원들은 전쟁국가에서 일

상적인 징발과 단순한 평등주의를 실천하면서 생필품·인력·무기의 수요에 적절히 대응하고, 원정군이 당연히 저지르는 '폭력의 세금'도 연장했다. 대다수의 파견의원은 〔프랑스 동부 지방의 도시〕 몽벨리아르Montbeliard에 나간 베르나르 드 생트Bernard de Saintes처럼 아주 난폭한 언행을 일삼았고, 감시위원회가 감시하는 명사들을 가까이하면서 '온화한 공포정'을 실시했지만, 생테티엔에 나간 자보그Javogues처럼 일부는 정반대로 구국위원회의 명령을 무시하면서 폭군 노릇을 했다.

아주 소수의 파견의원은 마르세유에 나간 바라스나 보르도에 나간 탈리엥Tallien처럼 마음껏 '공포정'을 실시했다. 그들은 장기적인 안목으로 밀정과 반대자를 보호해주는 한편, 기어코 복수를 하고 마는 투사 집단들을 조종했다. 1793년 10월 18일에 동료들과 함께 '공포정을 의제'로 올린 탈리엥은 특히 명사와 왕당파 가문의 기소를 면해주었다. 그래서 그는 로베스피에르와 다투면서까지 아름답고 부유한 테레자 카바뤼스Thérésa Cabarrus를 단두대에 세우지 않고 자기 연인으로 만들었다. 이 집단에 속한 카리에는 지나친 탄압이나 경제적 성공을 추구하는 성향에서 유별난 인물이 아니었다. 그는 아주 잔인한 방법을 쓴다는 면에서 아라스에 나간 르봉Le Bon이나 생쥐스트와 그다지 다른 부류가 아니었다. 생쥐스트는 지휘권을 분열시킬 정도로 장군들에게 명령을 내리고, 패배를 불러왔으며, 오슈Hoche를 감옥에 보내고 병사와 장교들을 처형하게 만들었다. 그는 독일어를 쓰는 알자스인과 유대인을 벌하고, 스트라스부르의 검사이자 국제적 테러리스트인 욀로주 슈네데르Euloge Schneider의 운명을 신속히 결정했다.

그들은 분명히 침략과 반혁명에서 프랑스를 안전하게 지켰지만,

아주 큰 대가를 치렀다. 그들의 역할은 엄청난 어려움 앞에서 분명히 위험했다. 온갖 권력을 가졌지만 국회와 파리의 모든 위원회가 위태롭게 이룬 균형에 긴밀히 의존했던 의원들은 유력한 집단들이 지명해준 개인들의 도움을 받으면서 자기가 지도하고 정화하고 통합해야 할 공동체에 뿌리를 내렸다. 그들이 추구한 목표가 지방의 단결을 보증하는 일이었다면 인물을 잘 골라야 했다. 탐욕스럽거나 야심 찬 개인들을 보좌관으로 지명할 때, 오히려 그들이 스스로 법 위에 있으며 항상 정당하게 행동했다고 자부하는 참담한 결과를 낳았다.

방데에서 일어난 일이 다른 곳에서도 일어났다. 툴롱에서는 800명이 처형당하고 1,000여 명이 도주했으며, 마르세유는 1794년 1월에 '연방주의'와 파리에 대한 적대행위의 벌로 '코뮌 상 농Commune-sans-nom'(이름 없는 코뮌]이 되었고, 페이 바스크에서는 3월에 수천 명의 주민이 반역 혐의를 받고 보르도로 추방되었다. 지역마다 역사적 차이가 컸지만, 언제나 탄압의 방식은 거의 비슷했다. 의원마다 법과 갈등을 해석하는 방식이 달랐기 때문에 장소와 시기에 따라 타협의 방식도 달라졌다. 그런데 노르망디 지방이 잔인한 탄압을 피한 방식을 보면 놀랍다. 그곳 주민들은 파리인이 난입하지 못하게 온힘으로 막았는데, 엔에서도 같은 사례를 찾을 수 있다. 의원들은 대개 자신들이 책임질 일을 회피하는 데 성공했다. 탈리엥은 애당초 온건한 자코뱅파였던 브누아 라콩브Benoît Lacombe를 제물로 남기고 보르도를 떠났다. 푸셰도 리옹에서 똑같이 하고 떠났다. 자보그는 파리에 늦게 귀환했는데, 에베르파나 리옹의 '극단파' 어디에도 속하지 않은 것처럼 보이는 데 성공해서 1794년에 단두대를 피했다.

'정치적 재판'

이 시기를 이해하기 위해 굳이 자식들을 잡아먹는 사투르노Saturne〔그리스 신화의 크로노스〕의 모습을 떠올릴 필요는 없다. 아주 다른 모습이었기 때문이다. 거의 일치단결해서 정적들을 제거하는 집단이 국가를 이끄는 위치에 섰다. 복잡한 역사를 '공포정 체제'로 축소하면 아무것도 설명해주지 않는 형식과 은유에 의존할 수밖에 없다. 여기서는 크롬웰부터 스탈린까지 인간이 체험한 연쇄적 사건을 지배하는 숙명이나 독창성을 전혀 찾아볼 수 없다. 혁명이 시작될 때였다면 몰라도 1794년에 관해서는 '불가사의énigme'하거나 '말할 수 없는 것indicible'을 더는 찾을 수 없다. 통상적인 내전의 연쇄는 액면 그대로 받아들일 수 없는 담화에 숨어서 작동했다. 이러한 순간에 위기의 출구는 논쟁에서 탈락할 때 나타난다.

이 진정한 전쟁에서 바레르와 로베스피에르는 바라를 희생자로 발명으로써 반혁명 혐의를 받는 반기독교 운동가들을 진압하는 데 이용했다. 두 의원은 그 소년이 어떻게 죽었는지 잘 알려지지 않았음에도 정치무대의 전면에 놓음으로써, 파리에서 에베르파가 옹호한 르펠티에·마라·샬리에 3인조를 의심스럽게 만들었다. 두 의원은 3인조가 부패한 인물이었을 가능성이 있고, 미래의 역사는 그들의 반역을 밝힐 것이며, 바라와 비알라는 청소년기에 머무르면서 결코 부패하지 않을 것이라고 주장했다. 그러나 '진보적 애국자'와 '새로운 중도파'는 은밀하게 피트의 조종을 받으며, '외국의 첩자'라고 한꺼번에 비난을 받았다. 로베스피에르와 국민공회 의원들이 외국인을 두려워했다는 사실이 논란의 여지가 없다면, 소불이 지적했듯이, 그 두려움 때문에 "언쟁의 방향이 바뀌었으며", 자코뱅파와 코르들리에파가 분열하고 갈피를 못 잡게 되었다.

당통파가 파브르 데글랑틴을 감옥에 보내면서 기반이 무너지기 시작했을 때, 뱅상과 롱생은 복수 의지를 불태우고, 혁명정부를 조직적으로 공격하면서 어떠한 타협도 하지 않았다. 섹시옹의 협회들 소속인 '5월 31일의 애국자들'은 민중협회의 숙청을 요구했으며, 그 여파로 국민공회가 표적이 되었다. 그들은 또 '역적'을 고발할 능력이 없는 공무원을 반혁명 혐의자로 분류하기를 원했다. 이처럼 혁명과 반혁명의 경계선을 설정하는 데 주관적 기준을 적용했고, 그때까지 법이 정한 객관적 정의를 무너뜨렸다. 경쟁자들이 뒤흔들었던 모든 혁명위원회는 바로 이러한 요구를 거부했고, 안보위원회는 국내 치안을 통제할 권리를 유지하고자 노력했다. 프레리알 [22일, 1794년 6월 10일] 법안을 심의할 때 이 문제를 다시 논의하게 될 것이다. 긴장이 고조되면서 특히 혁명군 내부에서 국민공회를 공격하는 혁명의 '사태'를 고려했다. 1792년 8월 10일이나 1793년 5월 31일, 또는 1793년 8월 10일처럼 수많은 진영이 자세를 가다듬고, 경우에 따라 일어날 정변을 정당화하기 위해 논쟁을 벌였다.

로베스피에르가 유리한 위치를 차지했다. 그는 그러한 단체를 '자칭 민중의' 협회라고 규정하고, 1794년 2월 5일(공화력 2년 플뤼비오즈 17일)에 덕과 공포정을 하나로 결합시키면서 공포정을 덕에 복종시켜야 한다고 강조했다. 그는 온건파와 테러리스트를 동등하게 비판했지만, 공포를 비열한 인간의 몫으로 '유보하면서' 무차별한 공포정의 통치에서 배제했다. 그는 덕망 높은 사람을 보호하고 정치의 축이라 할 정의의 편에 섰다. 그의 연설은 영적 차원에서 '고상한 사람들'을 환기시키는 특징을 가졌으며, 정치와 아름다움을 뒤섞어 의미를 분명히 전달하지 못한 채 오늘날까지도 상반된 해석을 불러일으키고 있다. 그것의 철학적 수준을 평가절하하려는 의도는 없다 해도, 코르들리에 파의 정화 공세를 막는 병기로 효력을 가졌다는 점을 지적해야 한다. 아무도 오해할 일은 없다. 정의를 분배하는 정통성을 가진 국민공회를 중심으로 모이라는 분명한 교훈을 주기 때문이다. 실제로 기근이 닥쳤을 때, 그것이 폭동을 정당화해줄 수 있었기 때문에 에베르와 파리의 다수 섹시옹은 신중한 태도로 충성심을 보여주는 일에 전념하면서 국가 수호에 간섭하는 일을 제한했다. 뱅상·모모로·롱생은 핵심에서 멀어졌고, 코르들리에파의 잔인함에 다수의 파리인이 반감을 품었다. 바로 그때 국민공회는 에베르파의 측근인 카리에가 낭트의 상퀼로트에게 폭력을 행사한 것을 비난하면서 파리로 소환했다.

파벌의 청산

구국위원회의 생쥐스트도 1794년 2월 26일과 3월 3일(공화력 2년 방토즈 8일과 13일)까지 공세를 지속했다. 그는 두 개의 보고서에서 혁명정부의 이름으로 관용파와 에베르파를 똑같이 고발했다. 그는 국가를 반드시 수호한다는 명목으로 관용을 거부하고, 올곧고 지속적인 정의를 들먹이면서 공포란 쓸모없는 '양날의 칼'일 뿐이라고 낙인을 찍었다. 2월 26일의 보고서는 갑작스럽게 단 두 개 조항으로 결론을 냈다. 첫째는 안보위원회가 1789년 5월 1일 이후의 행동을 고려해서 구금했던 애국자들을 석방할 가능성에 관한 것이었다. 둘째는 애국자의 재산을 인정하고, 혁명의 적들의 재산을 몰수하는 규정에 관한 것이었다. 3월 3일의 보고서에서는 몰수한 재산을 코뮌들이 '가난한 애국자들'에게 분배할 것임을 예고했다.

사람들이 그의 결론에 동의하든 말든, "불행한 사람들이 토지의 힘이다", "행복은 유럽에서 새로운 개념이다"라는 공식이 그의 보고서를 세계적으로 유명하게 만들었다. 마티에즈는 마치 중앙의 입법부가 존재하지 않는 것처럼 행동하던 지방 관청들이 그 공식을 전면적으로는 적용하지 않았다고 강조했다. 그러나 그는 자코뱅파의 단호한 사회정책이 존재했다는 증거를 끌어냈다. 그 정책은 눈길을 끄는 분배 조치를 포함했지만 방데와 알자스에서는 효과를 보지 못했다. 슈네르브R. Schnerb는 퓌드돔Puy-de-Dôme에서 제한적 법률 적용을 연구한 뒤, 결론적으로 각 지역 당국이 법을 적용할 때 '통치자'는 '의식적 무시'나 '은밀한 적대감'을 가졌다는 증거를 제시했다.

그 반대로 르페브르와 외드M. Eude는 거기서 가난한 애국자들을 끌어들이고, 단박에 에베르파의 지지를 끊어버리는 효과적인 방법을 보았고, 몇 달 후 생쥐스트도 재확인했듯이 어떤 식으로든 수용은 없을 것이라고 지주 애국자들을 안심시키는 모습을 보았다. '혁명의 적'을 심판할 6개 위원회를 설치하려는 계획을 세웠으나 6월에 단 두 개만 설치하는 것으로 끝났고, 법률적 용어도 불확실했다는 사실이 오히려 생필품위원회를 폐지한 이유를 강력히 옹호했다. 나중에 바뵈프Babeuf의 편에 선 젊은이 구종Goujon이 이끌던 이 조직은 사실상 활동을 멈추고 유연해진 통제로 대체된 최고가격제의 그림을 막 완성한 참이었다. 1793년 9월 5일에 국민공회가 공포정을 회피하고 〔자크〕 루를 감옥에 가둔 추억은 무겁게 남았다. 소불은 이 주제에 극도로 신중한 태도를 유지했지만 생쥐스트가 상퀼로트의 선동가들을 반란의 위험을 무릅쓰게 만들어 위기를 증폭시켰다는 결론을 제시했다. 1792년 8월이나 1793년 5월에 반란자들이 적들과 최소한 동등한 정통성을 가졌다고 자부했지만, 에베르파는 정부의 정통성을 공격하면서 잘못을 저질렀다. 그들은 1794년 한 해 동안 내내 반복할 새로운 극본을 내놓았다.

3월 2일부터 봉기했지만 민중의 지지를 거의 받지 못한 그들은 그때까지 감옥에 갇힌 지롱드파와 함께 관용파까지 심판하라고 국민공회에 명령을 내렸고, 4일에는 인민이 권리를 회복하기를 기대하는 내용의 「코르들리에파의 인권선언」에 상징적으로 천을 덮었다. 뱅상·에베르·모모로는 한순간 카리에의 지지를 받았지만 섹시옹들의 호응을 기대한 만큼 받지는 못했다. 6일에 콜로 데르부아는 국민공회 의원들과 타협하려고 노력했지만 뱅상과 롱생이 12일(방토즈 22일)에 공격적인 선언을 하면서 실패했다. 국민공회를 성심으로 따르는 파리 섹시옹들은 에베르파의 운명을 봉인했다. 13일(방토즈 23일)에 생쥐스트는 '외국의 파벌들'을 억압하는 보고서를 안보위원회 이름으로 제출했다. 에베르파는 피트의 부하라는 혐의로 이튿날 밤에 붙잡혔으며, 상퀼로트는 조금도 움직이지 않았다. 클로츠·페레라Pereira·코크Kock·프롤리Proly는 에베르파와 상관없지만 수많은 부패 혐의를 받고 진정한 애국자이자 '외국인' 무리로서 혁명법원에 기소되었으며, 지도자들은 반혁명이나 전제정의 죄로 3월 24일(제르미날 4일)에 처형당했다. 뱅상이 전쟁부에 행사하던 주도권은 무너졌고, 롱생이 지휘한 혁명군은 해산했다. 처음에는 망설이던 에베르는 너무 복잡한 정치노선을 밟았고, 앙라제를 제거했으며, 국민공회 위원회들의 위험한 경쟁자로 전락했다.

혁명은 다시 한 번 정치재판에 기댔다. 정치재판은 1794년 내내 지속되었다. 그래서 카리에는 3월에는 보호를 받았지만 12월에 재판을 받았다. 특정인을 '외국인'으로 지칭하는 것은 근본적인 문제를 토론하지 않고 정치노선을 전부 인정하지 않을 수 있는 길이다. 따라서 에베르파는 위원회들이 정체를 폭로했듯이 한마디로 '가짜' 애국자였다. 그럼에도 위원회들은 아마도 합법성을 보유했을 반대자들을 제거하지 않았다. 그들은 반역자와 부패한 사람의 가면을 벗겼을 뿐이다. 어떤 논리를 끌어와도 그런 방법[특정인을 '외국인'으로 지칭하는 것]을 도저히 막을 수 없었다. 위원회들은 다른 파벌을 지지한다는 소리를 듣지 않기 위해 관용파에게도 그런 방법을 적용할 수밖에 없었다.

3월 30일부터 위원회들은 국민공회에 사전에 '보고'하지 않고 주요 지도자 당통·데물랭·필리포Philippeaux를 체포했다. 관용파는 동서양 식민지회사 청산과 관련해서 부패한 사람들, '외국의 첩자들', 롱생을 미워하던 장군 웨스테르만, 구국위원회 위원이지만 귀족이자 자유사상가이며 분류하기 어려운 정치적 성향의 에로 드 세셸과 한통속으로 엮었다. 위원회들은 서둘러서 그들을 재판에 회부했으며, 명령을 내려 재판절차를 단축하고, 피고가 청중에게 영향력을 행사할 수 없도록 발언권을 주지 않았다. 그들은 4월 5일에 처형되었다. 13일에는 복수와 본보기 이외의 다른 이유도 없이 또 '한 무리fournée'를 단두대로 보냈다.[4] 그들은 데물랭과 에베르의 과부들, 쇼메트, 파리 주교였던 고벨Gobel이었다.

이렇게 해서 한 달도 안 되는 기간 동안 혁명의 인물 40여 명이 처형되었고, 국민공회와 위원회들의 경쟁자가 사라졌다. 그들은 재정과 외교적으로 아직 명백히 밝혀지지 않은 일에 연루한 대가를 치렀다. 그들은 권력 기반이던 재정과 외교뿐만 아니라 비밀요원, 거의 전문적인 고발, 수수께끼 요원 피오Pio나 첩자 콩트Comte처럼 보호자를 바꾸는 협잡꾼의 은밀한 음모에도 복잡하게 관련된 대가를 치렀지만, 어떤 식으로 연루되었는지는 아직까지 잘 밝혀지지 않았다.

안보위원회와 구국위원회의 측근들이 모든 혁명위원회를 통제하고, 섹시옹 협회들이 싫든 좋든 자진 해산하며, 민중시위가 탄압을 받게 되자 여론이 분분했다. 베르됭 주민들이 1792년 9월에 적군을 환영했다는 죄목으로 재판에 부친 것은 혁명의 뿌리를 재확인하는 일이었을까? 4월 26일에 아낙네와 젊은 여성 열일곱 명을 포함해서 모두 서른다섯 명에게 사형을 언도했는데, 가장 어린 소녀 두 명은 오직 단두대에서 '모습을 보여주었고', 아가씨들은 오스트리아 병사들에게 사탕을 준 죄로 죽었다. 아낙네는 '느슨한 옷차림'으로 정복자인 적

---

4 재판을 간단히 하려고 다른 성격의 죄목을 가진 사람들을 한꺼번에 처형하는 경우가 많았는데, 이들을 '무리', '동기생'을 뜻하는 푸르네fournée라고 불렀다.

앞으로 다가갔다는 혐의까지 받았다. 마치 1944년 해방을 맞이했을 때 불행한 '삭발 무도회bals des tondus'[5]를 열었던 것처럼, 실제든 추정이든 반역죄로 기소한 여성은 적과 잤다는 혐의도 함께 받게 마련이었다.

그냥 정치일 뿐

그 후 몇 달 동안 예상치 못한 조치가 계속 나왔지만 대개 적용하지 못했고, 게다가 적용할 수도 없었다. 그러나 인류 역사의 관점에서 볼 때 어떤 사람들에게는 재앙을 불러왔지만, 또 어떤 사람들에게는 유리한 영향을 끼쳤다. 복수, 정치투쟁, 큰 정치는 여느 때와 마찬가지로 혁명기에도 완전히 뗄 수 없는 관계였다. 사람들은 자신이 만드는 역사가 무엇인지 알지 못했다. 심판할 필요는 없다 해도, 이상을 찾거나 변덕스러운 것을 몰아내는 대신 이해할 필요는 있다.

이런 조치의 첫 번째 사례로 노예제 폐지를 꼽을 수 있다. 1794년 2월 4일(공화력 2년 플뤼비오즈 16일), 국민공회 의원들은 전통에 따라 열광적으로 노예제 폐지안을 채택했지만, 사실상 그 결정은 3일과 5일 사이에 힘들게 태어났다. 의원들은 당통이 이끄는 폐지론자, 안보

---

5 '삭발 무도회'는 나치에 부역한 여성에게 수치심을 안겨주려고 머리를 밀어내고 거리로 끌고 다닌 조리돌림을 뜻한다.

위원회의 아마르Amar와 연관되었고, 교민들의 주장에 예민한 복합적인 파벌로 나뉘어 난상토론을 벌인 끝에 원칙의 이름으로, 그러나 적용방법을 명시하지 않은 채 노예제 폐지안을 통과시켰다. 쇼메트, 그리고 생도맹그에서 도착해 국민공회에서 자격심사를 받기 전에 며칠 동안 감금되었다가 풀려난 의원들을 중심으로 개인적인 경쟁심이 한몫했다. 역사가 브노Y. Benot는 정부 위원회들이 망설였지만 국민공회가 그들의 결정을 끌어냈다고 보았다.

부엌에서 말다툼이 있었는지 알 수 없는 여론은 노예제 폐지를 축하하는 잔치가 보여주듯이 뒤집혔다. 그것은 실제로 군대에서 흑인 병사들의 진급을 승인하는 것으로 읽혔다. 그런데 실은 유색인 장교들을 끼워주지 않는 잠재적 인종주의가 문호개방을 제한했다. 노예제를 폐지한 덕에 흑인들이 혁명에 결집했고, 생도맹그에 영국 함대의 상륙문제를 놓고 반혁명 세력이 피트와 협상하던 순간, 흑인들이 영국군에게 등을 돌렸다.

그러나 프랑스에서는 이러한 전략이 다른 방식으로 작용했다. 구국위원회가 혁명정부의 지속 가능성을 보장해줄 영국인 혐오 운동의 기회로 이용했기 때문이다. 당통은 "이제 영국인은 죽었다"고 알쏭달쏭한 방식으로 증언했다. 바레르와 로베스피에르가 노예제를 폐지함으로써 노예들을 영국인 편에서 떼어놓는 동시에 영국인의 책임을 주장함으로써 그 여파로 정복전쟁을 거부하고 전쟁행위를 왜곡하면서 입지를 강화했을 때, 당통은 수수께끼 같은 표현으로 노예제 폐지 반대론과 영국인 고발의 명분을 연결해주었던 것이다. 이러한 태도는 팽창주의 의지를 가졌다고 비난받은 지롱드파에 대한 적대감을 상기시키고, 영국을 제외한 전쟁 당사국들과 협상을 시도하고 명예롭게 평화를 회복하려는 외교적 전환점을 예고했다.

외국인 공포증, 특히 영국인 공포증은 1794년에 사실상 아주 큰 자리를 차지했다. 봄에 진행한 재판에서 이용했던 외국인 공포증은 편견에 기댄 옛날 문화의 일부였으며, 에스파냐인은 광신도, 영국인은 자유인, 이런 식으로 세계의 민족들을 분류했다. 혁명은 이 편견을 다시 살려냈다. 루이 16세의 용병을 제외한 스위스인, 왕과 정부를 제외한 영국인, 정치적 경험이 없다는 평가를 받았음에도 아메리카인은 오랫동안 공화주의의 모범이었다. 그런데 전쟁에 휩쓸리고 '해방된' 인민이 정복자의 법을 선뜻 받아들이지 않는 것을 보고 환멸을 느낀 뒤에 그들을 부정적으로 판단하게 되었으며, 프랑스에 합병된 국경 지대 주민들까지 그렇게 판단했다. 외국인 공포증, 게다가 반유대주의는 반역의 두려움 때문에 더욱 강화되었다. 위협의 현실을 과장할 필요는 없다 할지라도, 이러한 두려움은 어느 정도 근거가 있었다. 카탈로니아인은 종종 에스파냐인과 같은 편 취급을 받았다. 영국의 간첩 조직은 특히 활발했고, 툴롱이나 코르시카처럼 그랑빌이 영국의 통제를 받게 되는 것도 시간문제일 뿐이었다. 여기에 이념문제가 추가되었다.

1793년 여름부터 혁명을 지지하지 않는 사람을 정치적으로 '외국인' 범주에 넣기 시작했다. 1793년 8월에 국민공회는 전쟁 당사국을 한꺼번에 축출하고, '남을 자격을 갖춘 인민들'에게 '삼색 표식'을 나눠주는 문제를 토론에 부쳤다. 표식을 수여하는 문제는 지지를 받지 못했지만, 외국인을 잠재적으로 적과 동일시하는 관점은 남아 있었다. 지롱드파나 클루츠가 천거한 세계주의는 시대에 뒤진 사상이 되었다. 심지어 그것은 단두대로 가는 혐의로 바뀌었다. 그 후 특별법을 제정해서 외국인의 귀화조건, 결혼과 입양으로 프랑스 '가족'에 통합시키는 문제를 결정했다.

1794년 1월 30일, 국민공회에서 영국인 문제로 토론을 벌일 때 의미가 바뀌었다. 의원들은 영국 헌법의 죄악, 해양제국의 위험성, 영국인민과 정부가 공모해서 프랑스 식민지 교민들을 지켜주는 행위를 규탄했고, 로베스피에르는 연단에서 자신은 국민의 대표로서 "영국 사람을 미워한다"고 선언했다. (벨리사M. Belissa의 말대로) 1793~1794년에 정부 구성원들의 "정신적 맥락을 구성하는 요소"가 된 외국인 공포증은 분명히 도구로 바뀌었다. 프랑스에서 활동하고 국민공회 의원들과 친하게 지내던 외국인 애국자들이 기소 대상이 되었을 때, 로베스피에르는 세계주의와 정복전쟁을 모두 거부했다. 그는 관용파에 반대해서 타협으로 평화를 찾느니 차라리 프랑스의 전쟁을 유지하는 편을 택했다. 또한 그는 코르들리에파에도 반대하며 '외국인의 음모'를 이용하면서 가짜 애국자의 가면을 벗겼다. 정치노름은 인류의 역사에서 노예제 폐지, 외국인 공포증을 이용한 전쟁의 정당화 같은 엄청난 결과를 가져오는 데 그치지 않고, 당구공이 한 쿠션을 때리고 다른 방향으로 향하는 효과를 보기도 했을 것이다. 점점 소수가 권력을 집중하면서 이러한 활동이 더욱 뚜렷하게 보이고, 명백한 정치적 모순을 해결하게 만들었다.

가짜 쟁점과 진짜 결정

1794년 4월 15, 16, 17일(공화력 2년 제르미날 26, 27, 28일)에 모든 귀족과 외국인은 10일 안으로 모든 도시·항구·전방 지대에서 나가라고 명령하고 불복하면 무법자라고 선언했을 때, 마침내 '적들'과의 투쟁이 절정에 달했다. 이것은 1790년에 귀족 신분을 폐지하고 1793년 9월에 더욱 엄중해진 반귀족 정책을 연장한 것이 분명했다. 1794년 1월, 자코뱅 클럽은 귀족과 외국인을 제명했다. 이때 특히 앙토넬, 그리고 1793년 1월 20일에 살해당한 '희생자'의 동생인 펠릭스 르펠티에가 타격을 받았다.

그런데 원칙이라고 할 만한 것도 없었지만, 어쨌든 이는 원칙을 벗어난 법 적용이었다. 로베스피에르가 돌이킬 수 없을 정도로 가혹하게 '원죄'를 비난할 때도 그는 자신이 속한 소귀족을 소환하지 않았다는 점에 주목해야 한다. 특히 '혁명의 적'의 고소는 전적으로 구국위원회 소관이었고, 4월 16일에는 생쥐스트가 추진한 대로 위원회 밑에 치안국을 창설했다는 사실에도 주목해야 한다. 치안국은 행정을 검열할 임무를 수행하면서, 안보위원회의 업무에서 다수를 가져갔다. 이 일이 동시에 일어난 것은 결코 우연이 아니었음을 강조할 필요가 있다. 그 법과 문구는 효력의 범위를 제한했는데, 그것은 쿠통이 생쥐스트의 영향력을 제한하려던 책략의 일부였을까?

그 법은 수많은 제한사항을 가졌기 때문에 국토 전반이 아니라 전략적으로 판단한 거리 이내에만 적용할 수 있었다. 특히 귀족 군인들은 '징발 대상'이었고 정위치를 지켜야 했다. 입법가들은 수많은 경우에 법을 우아하게 회피할 수단을 마련해두었다. 1793년 여름에 고위 장교 절반 이상과 대위의 4분의 1 남짓이 귀족 출신이었기 때문이다. 사실상 대부분의 귀족은 법을 피했다. '손을 놀려 먹고사는' 외국인으로 소매업자거나 프랑스에 20년 이상 사는 사람도 마찬가지였다. 분류방식이 모호했기 때문에 600명 이상이 구국위원회의 보호를 받을 수 있었다. 예를 들어 에퀴예〔기사騎士의 수행원〕는 귀족 자격을 충족시킬 수 없는 칭호였기 때문에 신청자의 나이와 그가 예전에 포기한 것을 고려해서 모든 쟁점을 사법적 견지에서 검토했다.

결국 신청자의 80퍼센트 이상이 사면을 받았다. 이를 바탕으로 페인·앙토넬·르펠티에가 법의 제재를 받아야 했다면 그것은 외국인이거나 귀족이기 때문이 아니라 지롱드파나 에베르파에 가까운 의견 때문이었다고 생각할 수 있다. 복수를 감추기 위해 행동지침을 도구화했지만, 언어 폭력에 기대는 것은 보란 듯이 상퀼로트 대중을 만족시키려는 의도였다. 그럼에도 수많은 면제조항이 법을 의미 없는 껍데기로 만들었기 때문에 상퀼로트는 기대했던 유죄판결을 보지 못했다. 그러고 나서 그들의 '열기'는 '기초의회의 공백'으로 식었다(소불).

'부자'·'귀족'·'외국인', 게다가 '사제들'에 관한 법도 역시 분명히 두 가지 면이 있었다. 그 법은 제물을 지목해서 투사와 지지자들을 달려들게 만들었고, 그렇게 해서 정부를 공격할 힘을 그쪽으로 쏠리게 유도했다. 그것은 면제조항도 마련해서 나라 살림에 꼭 필요한 인력을 구별하고 보호했다. 그 결과, 특히 부자와 귀족은 신중하고 효율적이고 복종하는 듯이 보이려고 노력했다. 세 가지 해석이 가능하다. 그 법 덕택에 전쟁하는 나라는 '윤리적' 통합을 실현하고 신성해졌는가? 또는 권력을 잡은 집단이 이념을 왜곡하고 조작하는 대가로 계속 권력을 유지하려던 '권모술수' 정책이었던가? 끝으로 법을 이용해 대중의 폭동을 억제하면서 전체적 변화를 이끌어내기 위해 치른 대가였던가?

지역사회의 정념을 국민감정으로 변형시키는 일이 시급하다는 명분으로 이 세 가지 측면을 하나로 통합할 수 있다. 그러나 역효과도 크다. 오직 권력자만이 절차상의 실타래를 풀고, 나머지 인구와 상관없이 자신들만 따로 행동할 수 있었기 때문이다. 거대 정치에서 제외된 대중은 실제 효과를 기대하기 어려운 허울 좋은 조치 앞에서 실망했다. 전문가들이 모든 기관의 우두머리 노릇을 했다. 고소당할지 모르는 사람들과 그 가족들은 자신들을 계속 위협하는 체제를 거부해야 위안을 받을 수 있었다. 결국 역효과가 났지만, 사람들은 이념이나 도덕의 계획을 역설하거나 입법의 효력이나 적용의 유연성을 강조할 수 있었기 때문에 후대의 역사가는 저마다 자기 신념에 맞는 말을 골라서 인용할 수 있을 것이다.

확신과 도구화의 혼합은 지방의 사투리와 '파투아patois'〔지방의 고유 언어〕에 관한 정책에서도 찾을 수 있다. 1793년에 바브르타뉴Bas-Bretagne 방언을 쓰는 것은 반역이라고 말했던 바레르는 1794년 1월 27일에 외래어와 프랑스어 교육에 관한 보고서를 제출했다. 그의 목적은 프랑스어 비사용자를 압박하는 데 있었다. 그리하여 프랑스어만 쓰는 것이 정치적 목표가 되었다. 그것은 1794년 2월 9일, 위르뱅 도메르그가 「프랑스어 신문Journal de la langue française」을 발행하고, 4월 14일 알자스에서 독일어 사용을 금지하며, 그 지방을 프랑스 시민들로 채우는 계획으로 나타났다. 5월과 6월에 그레구아르가 언어를 '통일'하고자 했을 때 공세가 가장 드셌다. 국민공회는 '자유의 언어를 의제'에 올렸다. 보편성이 사회적 통일의 열쇠라고 확신한 그레구아르의 진심은 거짓이 아니었다.

1790년 이후 실시한 법을 번역하는 것과 이러한 선언이 제대로 접목되지 못한 것을 어떻게 이해할 것인가? 이 조치는 적용되지 않았기 때문에 지방의 고유 언어와 사투리는 남부나 알자스 지방에서 지방 당국의 승인을 받아 계속 남았다. 1794년에 결정한 것은 예전의 것을 근절하려는 의지를 연장하지 않았다. 그러한 의지는 결코 존재한 적도 없고, 앞으로 수년 내에 내릴 결정을 예고하지도 않았다. 1794년 6월에 모든 위험을 물리친 것처럼 보였을 때, 남부의 언어는 다시 트루바두르(음유시인)의 언어가 되었고, 모든 근절 시도를 끝내는 표현을 빌려 말하자면, '활발히 생각하는 대중'의 감성을 표현했다. 혁명의 백지상태를 보여주려고 할 때 자주 인용하는 말은 정치적 균형을 시급히 찾으려는 필요성에 시의적절하게 부응하는 태도를 반영했다.

국민공회 의원 부키에Bouquier가 제안한 초등학교 개혁안의 운명이 이러한 해석을 확인해준다. 모든 어린이에게 3년간 무상·의무교육을 시키고, 교재 내용에서도 남녀 차별을 두며, 교사도 남성에게 더 많은 혜택을 주는 방침이었다. 투사 기질의 교육자가 관계된 곳에서 적용할 때 비용이 많이 드는 계획이었기 때문에 그 제도는 급격히 폐지되었다. 그럼에도 그것은 교사의 교육보다 투사의 정치교육을 우선시하는 '상퀼로트'의 순간으로 기록되었다. 1년 후에 모든 전망이 지속적으로 뒤집혔고, 교육의 '민주화' 시도를 포기하게 되었다. 장래의 운명은 예술과 특히 건축의 혁신을 위해 공화력 2년에 마련한 거창한 공모제도에 달려 있었다. 그렇게 생산한 소묘〔스케치〕는 그 뒤로 혁명을 추상적으로 만든다고 비난하는 구실이 되었지만, 그 계획은 결코 실현되지 못했다.

그동안 상퀼로트에 대한 탄압은 계속되었고, 경제를 점진적으로 자유화했으며, 구국위원회는 페르고Perregaux 같은 은행가들을 노골적으로 보호해주는 한편 정부를 재편했다. 4월 1일 제르미날 12일, 화약위원회를 본받아 12개 행정위원회로 장관들을 대체했다. 다시 말해 주요 위원회에 종속한 12개 행정위원회는 오직 국민공회와 구국위원회의 통제만 받았다. 그것은 당통이 원했던 일이었지만, 그는 나흘 뒤에 붙잡혀 처형당할 운명이었다. 국민공회, 이 경우 특히 캉봉은 재정위원회의 통제권을 확보했다. 행정위원회마다 부서를 두거나 전문 요원을 두었다. 이들은 의견보다 능력을 보고 요원을 선발했다. 그래서 위원회의 책임자를 제외한 나머지 요원들은 테르미도르 정변 이후 기소되지 않았다. 민간·치안·법원 행정위원회는 로베스피에르의 측근인 에르망Herman이 맡았다. 500명 이상이 그의 지휘를 받으면서 법의 등기와 인쇄를 책임지고, 코르시카어를 포함해서 다양한 언어로 번역하는 일과 함께 각급 행정단위와 통신하고, 망명자와 수감자 명단을 작성하고, 혁명법원에 수형자를 보내며, 법 인쇄공을 감독했다. 혁명정부는 실질적인 권한을 제도화하면서 임시정부라는 명칭을 무색하게 만들었다.

1794년 4월 15일(공화력 2년 제르미날 26일)에 생쥐스트는 「국내 공안과 파벌의 범죄에 관하여」라는 보고서를 제출했다.[6] 그는 최소한 국민공회의 연단에서나마 구국위원회가 홀로 제도화한 국력을 동원하고 이끌 만큼 승리했음을 확인했다. 그러나 "따라서 모든 것은 하늘 아래서 시작했습니다"라는 유명한 주장의 의미를 이해할 필요가 있다. 당대인들의 눈길을 끌 만큼 잘생긴 청년의 입에서 나온 공식은 심미적 차원에서는 성공했지만, 그것이 맹목적인 의지를 담았기 때문에 철학적으로 논란거리가 될 만하다. 생쥐스트는 고대의 검소하고 폐쇄적인 도시국가만 생각했다. 그의 공식은 결국 정치적으로 위험한 것이며, 이런 점에서 최악이라 하겠다. 그날의 의장 아마르를 비롯해서 국민공회의 모든 청중은 거기서 국회의 권한을 문제 삼는 내용을 보았고, 권력을 더욱 집중하는 것에, 그것도 단 몇 사람의 손에 집중하는 방향으로 급물살을 타는 모습에 위협을 느꼈다. 혁명이 스스로 다시 걷기 시작했다.

---

6   이튿날 국민공회는 이 법안을 수정해서 26개조의 '공화국 공안법'을 통과시켰다.

5장

테르미도르 또는 혼란

테르미도르는 사건이면서도 개념이다. 레닌은 볼셰비키 혁명을 시작하자마자 '테르미도르'를 조직할 사람이 누구일지 예측하려고 노력했다. 흥미롭게도 '비판적' 역사가들은 혁명 초기에 주역들이 만든 신기루를 경계하라고 촉구하면서 1789년에 탄생한 이야기를 비난했지만, 1794년 7월에 로베스피에르의 몰락과 죽음에 관한 이야기는 조금도 반대하지 않고 받아들였다. 그들은 이 사건 이후에 나온 온갖 소문을 분석했지만, 5년 전처럼 1794년에도 연기를 뿜어내던 환상적인 기제를 조금도 문제 삼지 않았다. 이처럼 놀랍게도 혁명이 시작된 날은 유동적이었지만, 끝난 날은 정확히 공포정이 가장 급진적인 단계에 달했던 1794년 7월 27일이었다. 그들은 1789년의 사람들은 믿지 못했지만 5년 뒤의 사람들은 믿음직하다고 생각했기 때문이다.

　1794년 7월의 해석은 대혁명Grande Révolution에 우호적인 '고전적' 학파의 역사가들과 함께 최소한 이 점에서 일치한다. 그들은 1789년의 단절이 진정서 때문에 촉발되었고, 바스티유와 8월 4일 밤의 사건으로 칭송받았으며, 대리석에 기록되어 새 시대의 입구를 장식했다고 생각했다. 그들에게는 모든 것이 명백했다. 테르미도르는 종점이며, 그 뒤에는 공화국을 건설하는 힘든 길이 열린 것이 최선이었거나, 선동의 내리막길을 거쳐 결국 제국을 완성한 것이 최악의 결말이었다. 이 같은 맥락에서 두 학파가 나타났다. 그들은 1794년 4월부터 7월까지 마치 다른 일은 아무것도 일어나지 않았다는 듯이 로베스피에르의 행동과 운명에만 신중하게 집중했다.

지나치게 총체적인 설명을 하지 않으려고 노력해야 할 것이다. 위대한 혁명가를 처형하면서 혁명의 흥분이 최고조에 달했지만, 어쨌든 필요하다고 판단했던 조치를 정당화해줄 '상황'을 내세우는 것 이상을 설명해주지는 못한다. 그리고 최근에 집단행동의 '문화적' 차원을 강조하면서 숙명이 사회를 불가피한 경사면 위로 끌고 들어갔음을 생각하게 만든 분석에도 이의를 제기할 수 있다. 우리는 복잡하게 얽힌 다양한 사실·언설·소문의 그물 밖에서 로베스피에르의 성격을 파악할 수 없으며, 그 어떤 설명도 로베스피에르 때문에 생긴 단절을 이해하게 해주지는 못한다. 우리가 특히 심리분석에서 다시 출발해 몇 달 동안 작동하던 전체적인 구조를 확인할 수 있다 할지라도, 결정권을 박탈당한 적은 없었지만 최종 선택에서는 언제나 무력했던 주역들이 실행한 행위에 세심하게 주의하는 것이 바람직하다. 따라서 이 몇 달은 인간의 자유를 극단적으로 행사할 수 있도록 만든 예외적인 격변의 시기로 보인다.

행동의 통일

1794년 4월 이후, 지속적으로 활동하게 된 정부가 구국위원회와 안보위원회를 중심으로 권력을 집중하면서 깊은 변화가 일어났다. 기관들의 경쟁은 파리에서 사라진 뒤 지방에서도 점차 약해졌다. 파견의원을 전문화하는 동시에 절반에 가까운 인원을 파리로 소환했다. 그중에 바라스·프레롱·탈리엥·푸셰 같은 의원이 있었다. 방데에서 에베르파의 측근인 장성 위세는 감옥에 갇혔고, 지방 혁명위원회들은 그의 부하장교 한 명을 추적했지만, 그가 저항하자 결국 로베스피에르가 파견한 쥘리엥과 병력의 지원을 받아 사살했다. 튀로와 그를 지지하던 파견의원들이 빠진 뒤 6월 중순에는 '정신 나간' 자들로 간주한 반도에게 사면을 제안할 정도까지 전쟁의 규모가 줄어들어 파괴를 막을 수 있었다.

반혁명 분자들은 사실상 생각만큼 해로운 존재가 아니었고, 전보다 더 좁은 영역에서 활동했기 때문에 더는 정치적 부담을 안겨주지 않았다. 이처럼 균형을 회복하자 군대를 전방으로 보낼 수 있게 되었고, 이것은 승리가 허락해준 정책이었다. 1794년 6월 26일, 프랑스군은 역사상 최초로 관측기구[지상과 밧줄로 연결된 정찰풍선]를 이용해 플뢰뤼스Fleurus[벨기에 중남부 지방] 전투에서 눈부시게 승리했다. 프랑스의 승리는 분명히 병력의 자질과 관련이 있었지만, 프로이센과 오스트리아 병력이 일부 폴란드로 간 덕이기도 했다. 그때 코시치우슈코가 러시아군을 이끌었고 잠깐 자유의 시대를 열었다. 적군이 퇴각하기 시작했고, 프랑스가 이웃 영토를 차례로 정복하고 유리한 조건으로 평화조약을 맺었다. 즉시 프랑스는 벨기에의 자산을 마음대로 이용한 덕에 재정 부담을 덜었다. 한편 군대는 카탈로뉴와 피에몬테 방면으로 진격했다. 단 한 가지 불리했던 점은 영국군이 마르티니크·생도맹그·코르시카에 발을 들였다는 것이다.

나라의 통일은 사실상 전쟁 노력에 달려 있었다. 대다수가 젊은이였던 70만 명이 혁명의 군대에서 싸웠고, 무기·의복·음식·봉급·치료를 받으면서 점점 더 많은 감독을 받았다. 공화력 2년, 형편없는 음식과 무기·신발을 지급받은 병사는 선전이 날조한 모습이 아니라 대개 현실이었다. [정규군과 의용군의 합병인] '아말감'으로 군대를 변화시켰으며, 병영 신문을 활용하고, 장교를 지명할 때 여론에 영향력을 행사하는 능력을 우선시하면서 정치적 통제를 강화했다. 일관성과 신속성을 중점적으로 결합한 군사훈련 방식을 도입해서 군대의 기강을 바로잡았다. 군수물자 공급에는 코뮌마다 할당한 농민들을 시작으로 수백만 명을 동원해서 곡식과 꿀이나 무기를 함께 운반하게 만들었다. 특히 북부 전선에서 전쟁의 모습이 바뀌었다. 병사들이 전투 중이거나 다친 뒤에 사망해 손실이 커지면 폭력을 저지르는 일도 늘어났다.

군대를 다른 방식으로 편성하는 일도 추진했는데, 전투 병력에서 여성을 배제해 전문화하는 동시에 1789년 이전의 전선 병사들보다 더 많고 관리 비용도 덜 드는 성년과 청소년을 가리지 않고 받아들였다. 이러한 변화는 1796~1798년에 끝났으며, 국가와 군대의 관계를 바꿔놓았다. 정치적 조치의 급진성을 합법화하기 위해 어떤 식으로든 '상황론'을 거론할 필요가 사라졌다. 혁명의 운명은 언제나 군사적 운에 따랐기 때문에 한 번의 성공을 영원한 성공이라고 할 수 없었다. "혁명은 자유와 적들이 싸우는 전쟁이다"라는 로베스피에르의 말은 나날의 행동에 의미를 주는 만큼 곧이곧대로 받아들일 만하다. 더욱이 그것은 대부분의 프랑스인이 당시의 국가를 자발적이건 강제적이건 지지했다는 사실을 알려준다.

역설적으로 국민국가와 군대의 결합은 1793년 말에 병사들을 대량으로 징집할 때보다 더 잘 이루어졌다. 꼭 필요한 물자를 확보해서 군대에 공급하는 데 비용이 많이 들었고 긴장도 상당히 고조되었지만, 집단적 노력이 국민과 전시체제의 혁명을 하나로 만들었다. 이에 관해 여러 가지 이유를 생각할 수 있다. 전체적으로 전쟁을 지속하려면 상당히 많은 아시냐를 발행해서 재정지원을 해야 했다. 비록 가치가 떨어졌지만, 아시냐는 지주·농민·소작인이 계속 농토를 개간하고 국유재산을 살 수 있게 만들어주었다. 그것은 중산층도 매입할 수 있게 토지를 나눠서 판 덕택이었다. 수많은 농민이 자신들의 재산권을 확실히 보장받는 한편, '농지법'이나 농장의 규모 제한에 분명히 반대하는 국민공회를 중심으로 뭉쳤다. 소작에 관한 요구가 계속 나왔지만, 국회의 토론에 영향을 끼칠 대변인을 찾지는 못했다.

군 수뇌부는 정해진 가격의 밖에서 가축을 산 채로 팔 수 있는 반타작 소작농부터 적정한 봉급을 받고 징발과 상관없이 무기 제작에 고용된 노동자, 행정기관에서 일하는 수천 명까지 다양한 범주의 인력을 활용할 수 있었다. 그들은 자신들을 대체할 사람이 없음을 확신하고 기꺼이 반대 목소리를 냈지만, 당국이 지원하는 사업가들이 결정한 시간표와 임금에 복종할 수밖에 없었다. 군대는 민족주의 감정과 경력을 쌓을 수 있다는 희망이 교차하는 존재로서 상당한 매력을 가졌다. 군사적 교전에서 젊은이가 죽을 위험이 아주 많았지만 일상생활보다 더 위험하달 것도 없었기 때문에 충격을 받기보다는 오히려 사회적 신분 상승의 진정한 기회로 여기는 시대였다.

이에 덧붙여 법이 인정해준 개인적 자유와 사회적 평등도 있었다. 이혼제도, 유산의 남녀 평등 분배, 미혼모 원조 같은 구호정책, 교육과 징찰제를 실시하자 새로운 생활양식이 정착하고, 쉽게 잊히지 않을 결과를 남겼다. 군납업자와 함께 전쟁이 혁명의 물길을 사회 곳곳으로 흐르게 만든 덕에 전체가 혁명을 받아들이게 되었다.

진압의 폭발

제도적 위계질서는 이러한 노력을 중계해서 널리 수용할 수 있게 만들었다. 또 앞으로 지역사회도 도시 투사들의 노골적 난입을 벗어나 진정한 자율성을 누리게 되었다. 더욱이 물가와 임금의 상한제를 엄격히 준수하지도 않았다. 구호救護와 특히 빵값 같은 물가 통제제도 덕택에 군대와 도시의 식료품을 공급할 수 있었지만, 특히 육류 시장을 중심으로 [암거래의] 병행경제économie parallèle를 유지할 수 있었다.[1] 그렇다면 더욱 복잡해지는 사회운동을 어떻게 이해할 것인가? 민중의 불만은 일종의 유행효과와 관련된 경우에 발생했다. 예를 들어 갈색 빵처럼 기본 상품은 남아 있는데, 흰 빵처럼 [처음에는 귀했다가] 흔해진 상품이 다시 구하기 어려울 때와 마찬가지다. 모든 집단이 상업의 순환체계를 이용하는 복잡한 사회적 진화를 요약하는 사건은 1793년 겨울에 시작해서 이듬해 3월에 끝난 최고가격제의 수정에서 볼 수 있다.[2] 수많은 생산품을 통합하고 명명법도 수정했다. 그러나 가격은 소비자가 아니라 생산자의 관점에서 계산했기 때문에 1793년 9월에 우세했던 경제의 윤리적 관점을 폐기하는 결과를 가져왔다.

경제적 자유주의가 나타났지만 전쟁의 필요성과 사회통합의 관심 때문에 수정되었다. '선량한 애국자'와 금리생활자를 탈탈 터는 일은 금지사항이었기 때문이다. 그 결과, 1914년처럼 국가가 주도하는 계획경제가 생겼다. 그것은 재산권을 존중하고, 지방 행정관들의 동의를 구했으며, 프랑스인의 대다수 하층민에게 이로웠다. 바로 이 시기의 성격을 규정하기 위해 '공포정'을 언급하는 것은 각별히 역사 서술의 관습이라고 이해할 수 있다. 1793~1794년 겨울보다 정치구호가 훨씬 덜 과격했고 혁명재판을 중앙집권화해서 처형자 수를 떨어뜨렸기 때문이다. 정부가 내놓은 조치의 의미를 이해하는 혁명의 지도층과 '일반인' 사이에 격차가 생겼다는 사실도 지적해야 한다. 국민의 단결에 호소했음에도 혁명정부에 대한 신뢰가 무너졌다.

---

1   여기서는 시대적인 상황과 문맥을 고려해서 '병행경제'를 암시장, 암거래로 옮겼지만, 날마다 신기술을 활용해서 새로운 재화를 창조하는 요즘은 '병행'을 긍정적인 의미로 쓰는 경향이 있음을 지적하고자 한다. 신기술로 사회에 이바지할 만한 새로운 가치를 창조했음에도 단지 관련법이 없다는 이유로 불법으로 취급한다면 인류에게 큰 손실이다. '비트코인'이 하나의 예다.

2   최고가격제를 수정할 수밖에 없는 이유는 많았지만, 특히 거리와 지역에 따라 유통시간이 길고 운임도 달라서 가격 책정에 실수가 따랐다. 또 부유한 농민은 물건을 시장에 내놓지 않았다. 농업노동자에게 임금을 더 많이 주는 일도 불만을 키웠고 결국 저항을 불렀다.

코르시카가 프랑스에서 떨어져 앵글로 코르시카 왕국이 된 데서 이러한 형태의 진화를 볼 수 있다. 영국과 공모한 혐의를 받는 파올리는 프랑스를 사랑하는 젊은이의 지도층과 공화국을 지지하는 살리세티 Saliceti·아레나Aréna·보나파르트 가문과 대립하는 대신 코르시카의 자유와 사회적 위계질서를 유지하기 바라는 집단들의 지지를 받았다. 파올리 자신은 왕정주의에 애착하는 모습을 과시하지 않았지만, 1794년 봄에 반혁명 혐의로 고소당했다. 그는 대표 검사장인 포초 디 보르고 Pozzo di Borgo와 힘을 합쳐 섬을 떠나야 할 '혁명가들'을 떠나지 못하게 만들고 나서 영국 함대를 보호해주기로 합의한 뒤, 이미 1769년에 실험을 거쳐 제도에 관한 영감을 얻었던 앵글로 코르시카 왕국을 세우기로 결심했다. 대륙의 관점에서 이 사건을 1769년의 국가적·정치적 반역의 연장으로 이해할 수 있다.

따라서 이념투쟁과 정치적 탄압의 지대는 언제나 존속했다. 아라스·오랑주Orange·브레스트·보르도에는 특별법원이 남아 있었다. 파 드 칼레의 아라스에서 정열적인 행정으로 군사적 승리에 이바지한 르봉은 개인적으로 재판에 개입했고 사형을 증가시킨 책임이 있었다. 그는 측근인 로베스피에르가 반대했음에도 구국위원회의 지원을 받았을까? 남부의 오랑주에서 메녜Maignet는 처음에는 유화정책으로 눈에 띄었다. 그는 프레롱 대신 파견되었고, 특히 마르세유가 이름을 되찾게 해주었다. 그러나 그는 수많은 반혁명 분자들의 공격을 받았고, 더욱이 '쿠프 테트'〔망나니〕라 불리는 주르당을 단두대로 보내면서 극단적 혁명 분자와 싸워야 했다. 그는 로베스피에르의 측근인 클로드 파이양과 함께 5월 8일에 오랑주 군사위원회를 설립했다. 이 위원회는 47일 동안 수녀 32명을 포함해서 모두 332명에게 사형을 내렸다. 특히 메네는 베두앵Bédoin에 심은 자유의 나무를 자르고 마을을 파괴했으며, 1794년 5월 중순에 63명을 죽음으로 내몰았다. 끝으로 보르도에서 탈리엥과 이자보의 후임인 '아들' 쥘리엥[3]은 혁명위원회 의장 장 바티스트 라콩브가 도주 중인 지롱드파와 실제건 추정이건 지지자들을 추적하도록 방임했다. 한 달 남짓한 기간에 198명을 단두대로 보냈다. 이러한 탄압의 책임자로 자주 거론되는 사람들은 신념에 따라 행동했음이 분명하다. 구국위원회·로베스피에르·생쥐스트의 측근인 그들은 국민공회 내부 갈등에 휩쓸리자 중요하고 복잡한 정치적 조직을 이용하면서 후임자들과 아주 다르게 행동했다.

브레스트에서 구국위원회 소속인 장 봉 생탕드레는 몇 달 안에 프랑스 해군을 재건해서 카르노가 육군에 쌓은 업적과 비슷한 성과를 얻었고, 1794년 3월에 특별법원을 유지하는 허락을 받았다. 이 법원은 자율적으로 활동하면서 주로 연방주의자와 망명객 70명에게 사형을 내렸다. 정치적 모범을 보이고자 하는 욕망은 1794년 6월 초 영국 해군을 상대로 우에상Ouessant 앞바다에서 '전술적 승리'를 거두면서 인정받았지만, 결국 그 전투에서 패배하고 말았다. 프랑스 함대가 영웅적 전투를 벌여 호송대를 브레스트로 귀항하게 만들었고, 이렇게 해서 영광의 역사를 창조했다. 더욱이 영광의 역사는 크게 재창조되

---

3 그의 아버지 마르크 앙투안 쥘리엥Marc-Antoine Jullien, 일명 쥘리엥 드 드롬은 입법의회와 국민공회의 의원으로 활동했다.

었다. 르방죄르Le Vengeur[복수] 호의 침몰은 확대되었다. 그 배와 함께 침몰한 선원들이 "자유 만세!", "공화국 만세"라고 외쳤다는 것이다. 붙잡혔다가 석방된 선장이 뜻밖에 생환하면서 전설이 잠시 바랬지만, 선원들과 선장은 갑판에 남아 있던 부상자들을 파도가 삼키지 못하도록 씩씩하게 버텼다.

탄압은 아주 극적인 사건이었지만, 지난겨울의 처형과 공통점이 없었다. 동부에서 임무를 수행한 생쥐스트처럼 이들도 무장투쟁·반역·반혁명 참여 같은 정확한 행위로 혁명의 적들을 가려내서 엄격하고 도덕적인 정책을 적용했다. 그들은 에베르와 뱅상의 지지자로 확인된 사람들의 활동까지 더욱 교활하게 고소했다. 특히 안보위원회는 3월부터 국가의 권력을 장악하려는 의지를 실현하기 위해 그들을 기소했다. 국가의 대표들은 민중운동과 깊은 골을 파면서 자기네 중심으로 국가와 혁명의 통일을 성취했다.

새로운 균형

1794년 봄, 국민공회 의원들은 자유로워졌다. 그들은 자유를 정복했고, 앞으로 잘 보전해야 했다. 그들의 성공은 감정의 화해만큼 전술적 동맹에 달려 있었다. 이제부터 그들은 적대적인 흐름을 정복하거나 주변으로 몰아냈으며, 혁명을 지속적으로 영구히 정착시켜야 했기 때문에 개인적인 경쟁관계로 끌려들어갔다. [구국·안보] 두 위원회의 위원들은 국가의 성공을 중시하면서 일관성 있는 정책을 추진했다. 그러나 그 정책은 권력의 절대주의 논리에 따라 그들을 헌신적인 기초의회와 대표들의 위계질서의 꼭대기에 앉혔다. 겉보기에 민주적인 체제 같은 강력한 권위주의 체제에서는 난관에 부딪힐 때마다 정부의 주요 인사들이 반드시 충돌했다. 카르노와 생쥐스트는 전쟁을 수행하는 문제에서 공개적으로 적대감을 드러냈다. 그들은 전투방식, 장성 임명과 목표 선정을 결정할 때 직접 부딪히거나 자신들이 심은 사람들을 통해서 대립했다. 생쥐스트는 구국위원회가 감독하는 치안국을 설치할 생각이었는데, 가급적 안보위원회 위원들도 그것이 필요하다고 부추겨주는 방식을 고려했다. 이처럼 혁명의 원동력을 찾는 토론보다 개인들의 대립이 우선이었다. 파벌의 충돌이 계속 끓어오르다가 마침내 효율적인 관리를 받아들이게 되자, 생쥐스트가 후회하게 되듯이 혁명을 '동결'하는 결과를 맞이했다.

이제 군사적 희생정신을 찬양하고 단결과 우애로 열정을 되살리는 일이 남았다. 그러나 우애가 공화주의 3요소에서 세 번째이기는 해도 지나치게 해석하지 말아야 한다. 포셰와 세르클 소시알을 중심으로 일어난 가톨릭 성향의 혁명이 실패하고 우애협회들을 돌이킬 수 없을 정도로 깔아뭉개자 엄격한 형제애, 심지어 상퀼로트의 격렬한 형제애도 사라졌다. 수천 명의 자비로운 행정관들이 자선위원회에 참여하고, 개인들이 앞 다투어 기부하는 물결이 일어난 것을 보면 애국운동이 전국을 휩쓸었음을 확인할 수 있다. 또한 정치 영역을 벗어나 여성도 참여할 수 있는 공간에서 개인들과 박애주의 단체들의 행동을 1790년 이후 추적할 수 있다. 팔름 다엘데르Palm d'Aelders가 세운 '자선과 미풍양속의 인류애와 애국자 협회Société philanthropique et patriotique de bienfaisance et de bonnes mœurs'나 '어머니 사랑회Charité maternelle' 같은 단체들은 국민공회의 지원을 받았다. 그러나 국가의 재정지원은 계속 줄어들었고, 그들의 활동은 정치적 통제를 받았다. 이러한 단체가 우후죽순으로 생기는 것을 막을 뿐만 아니라 단순히 나라의 권력자만 바꾼 것으로 혁명의 의미를 축소하지 않으려는 조치였다. 혁명 초기에 영감을 준 인류애는 정부가 통제하는 공간에서 실현되었다. 사실상 정부는 파벌의 대립을 막고, 정치생활에서 공통점을 갖고 활동을 제한했다.

1794년에 국가의 자선행위는 1764년 이후, 특히 1790~1793년 이후 시작한 절차를 마무리하고 '국가적 우선사업'이 되어 정치적 계획표에 들어갔다. 1794년 2월과 3월의 방토즈 법décrets de Ventôse에서 공화력 2년 플로레알 18일에 로베스피에르가 '불행한 사람의 제전fête du Malheur'을 창설하자고 연설할 때까지, 국가는 가난한 사람들과 연대감을 확인했다. 그렇다고 해서 부자들을 배제하지는 않았다. 이 시기의 특성을 이해하려면 이렇게 중요한 점에 유의했음을 반드시 상기해야 한다. 이 같은 사회문제는 프랑스의 국가정책과 역사에 들어갔다. 행동하는 역사가인 루이 블랑Louis Blanc은 훗날 거기서 이론과 실제에 관한 결론을 끌어내서 1848년 혁명의 핵심에 놓았으며, 특히 1794년의 혁명정부도 그와 마찬가지로 원치 않았던 계급투쟁과 혼동하지 않았다.

1794년 5월 12일(공화력 2년 플로레알 23일)에 국민 구호가 '제1호 국가정책'이라고 포고한 법이 이러한 한계를 설명한다. 지방마다 행정기관에서 극빈자를 조사하고 생활비를 지급하라고 명령한 방토즈 법에 더해서 이 정책적인 법은 가정에 공공지원을 하는 내용부터 교육·가족·재산까지 사회 전반에 관한 계획을 포함했다. 국내 구호의 분배 방식, 그리고 도시에서 구걸행위를 뿌리 뽑는 문제에 관한 보고서가 나왔으나 결코 시행되지 않았다. 사회지도층이 모두 혁명에 가담한 지역에서 이러한 조치들은 박애주의를 실천할 기회를 주었을 뿐 아니라 공동선의 이름으로 감수할 손실을 소리 높여 요구했다. 물론 그들에게는 두려울 정도의 진정한 경쟁 상대가 없었기 때문에 권력을 보존할 수 있었다. 더욱이 '자발적'인 재정지원은 재산에 대한 위협을 줄이는 방법이기도 했다.

구국위원회에서는 비요 바렌·로베스피에르·바레르가 이 분야에서 경쟁했다. 플로레알 1일에서 23일(4월 20일에서 5월 2일) 사이에 그들은 세 차례 발언에서 극빈자를 돕고, 프랑스인을 도덕혁명으로 통일하고, '불행한 사람의 제전' 같은 군중 동원을 기획해서 집단교육을 하자는 데 공감했다. 플로레알 1일에 비요 바렌이 "우리는 불행을 사라지게 만들기보다는 훨씬 아름다운 방식으로 명예롭게 만들겠다고 약속했습니다"라고 선언하자, 바레르는 플로레알 22일에 그날을 '최초의 국민축일'로 하자고 화답했고, 로베스피에르는 그것의 이름을 확실히 공휴일에 포함시켰다. 이미 푸세가 1793년 9월 29일에 불행한 사람과 노인을 기리는 제전을 조직했기 때문에 로베스피에르는 세 사람의 합의를 바탕으로 흐름을 변화시키려고 주도적으로 움직였다. 여기서 무엇이 그의 행동을 결정했는지, 다소 희생의 성향을 보여주는 행동이었는지 아닌지는 별로 중요하지 않다. 구국·안보 두 위원회의 모든 동료, 특히 1794년 2월 26일(공화력 2년 방토즈 8일)에 "불행한 사람은 모두 지상의 권력자"라고 주장한 생쥐스트처럼 로베스피에르도 국민을 개조하고 국가의 기능을 보장하려고 노력했다.

이들의 집단적 성향은 수많은 시련을 겪은 후에 '인민'을 형성할 수 있는 방법을 찾아야 할 필요성에 부합했다. 생쥐스트·로베스피에르·비요 바렌은 인민과 국가의 통일을 보장할 권리를 위임받은 대표들로 구성한 단체를 바탕으로 국가를 수립해야 한다는 사실을 인식했다. 그것이 신화적 차원, 전략적 차원, 이상향의 차원에서 하나를 골라서 강조할 수 있는 '허구fiction'임을 부인할 수 없다. 그러나 모든 정치가 집단적 허구에 바탕을 둔 것이 아닌가? 이 경우, 몽타뉴파의 의견에 부합하는 허구에 바탕을 두었다.

로베스피에르의 모험

그러나 단절은 1793년 12월 이후 조짐을 보이기 시작하더니 탈기독교 운동이 끝나면서 확실하게 나타났다. 당통파를 처형한 이튿날인 4월 6일에 쿠통은 '영원Éternel'에 바치는 데카드 휴일안을 발표했다. 4월 14일, 국민공회는 루소를 팡테옹에 안장하기로 결정하고, 파이양은 코뮌에서 "이성은 최고존재와 같다"고 선언했다. 5월 7일(플로레알 18일), 로베스피에르는 데카드 휴일 목록과 함께 "프랑스 인민은 최고존재와 영혼의 불멸성을 인정한다"는 법을 통과시켰다. 로베스피에르의 영적 또는 종교적 신념이 비록 불확실했다 할지라도 의심의 여지는 없었다. 여기서 그것은 정치적 편견, 게다가 정치가의 편견과 결합했다. 국회의원들의 지지를 이끌어내기 위해 로베스피에르는 바레르와 함께 바라와 비알라의 이야기를 꾸며내서 그들의 '고귀한 희생'을 내세우는 일도 서슴지 않았다. 이 혼합은 복잡한 해석을 요구하는 만큼 대다수 의원의 반응도 이해할 수 있게 해준다. 대다수 의원은 거기서 적들을 향해 전쟁기계가 작동하는 것을 보았고, 자칫하면 자신들도 적에 포함된다는 사실을 알았기 때문에 다양한 반응을 보였다. 그때까지 다수의 '온건한' 파견의원들은 복음서의 영감을 받거나 가톨릭교의 특성을 보여주는 정치노선을 따랐지만, 수많은 의원이 반교권주의를 지지했다. 로베스피에르가 이신론을 선언했을 때 전환점을 맞이했다. 그것은 투쟁적 무신론을 거부하고 이미 로베스피에르와 미묘한 갈등을 벌이던 푸셰 같은 무신론자를 유죄로 인정했다. 그러나 국민공회 의장인 카르노는 쥘리엥의 이신론적 제안에 적대감을 드러냈다.

플로레알 18일부터 로베스피에르가 국민공회 의장으로서 오순절인 6월 8일(프레리알 20일)에 최고존재 제전을 주재할 때까지 분열이 더욱 빨라졌다. 다비드가 조직한 웅장한 예식을 거행하는 동안 로베스피에르는 무신론과 이기주의를 상징하는 허수아비에 불을 붙였고, 그것이 탄 후에 불과 연기에 그을린 슬기Sagesse의 상이 나타나 관중을 놀라게 했다. 의원들은 로베스피에르가 기독교 상징을 생각나게 만드는 푸른색 옷을 입은 모습을 보고 비난하거나 비판했다. 이러한 사건은 단순한 일화가 아니었다. 국민공회의 일부는 종교로 돌아가는 일을 싫어했고, 다수는 위원회들 사이에 분열의 조짐과 더욱이 개인의 권력다툼이 생기는 것을 보고 불안해졌다. 이 순간의 로베스피에르는 과연 "정치적 종말이었던가, 아니면 진정한 신도였던가?" 그는 "전략가였던가, 아니면 교황이었던가?"(모나 오주프M. Ozouf) 이 두 질문에 어느 편도 아니었다고 대답하고 싶다. 그는 (헌법에) 맹세하는 문제와 탈기독교 운동 이후 분열된 국민을 하나로 모으기를 바랐던 것인가? 그의 신념을 의심하지는 않지만, 그가 당시에 "수없이 되풀이해서 언급되었고" 그도 "반응했던" 사상을 이어받았다는 사실을 지적하고 넘어가자.

6월 8일, 최고존재 제전은 탈기독교 운동을 불신하고, 혁명이 초기부터 관심을 보였던 신성성을 추구한다는 사실을 증명했다. 그러나 그 결과는 시원치 않았다. 역사가들은 거기서 "통합·투명성·인류애·자유"(브뤼넬F. Brunel)가 실현된 미래사회의 모습을 보았지만, 그와 별도로 제전의 의미는 몹시 불확실했다. 프랑스 어디서나 제전을 열었지만, 대체로 이성의 신을 숭배하는 모습과 비슷했다. 그 제전을 정치적 열기가 진정된 신호로 해석하는 경우도 있었다. 그래서 6월 24일에 우아즈의 어떤 마을에서는 성 베드로 축일을 기념하면서 가톨릭교를 인정했는데, 오히려 그 지역의 상퀼로트가 적대감을 드러내고 혼란을 일으켰다. 예배의 자유가 되살아났지만, 국가는 종교를 더욱 통제했다. 가톨릭교도는 항상 반혁명 분자라는 의심을 받았고, 최고존재의 지지자들은 자유롭게 예배할 권리를 갖지 못했다. 다수의 상퀼로트는 유명한 순교자들을 기리는 축일이 사라지자 당황했다. 최고존재 숭배를 둘러싼 해석은 당연히 다양하고 서로 모순되기도 하며 보충설명을 요구하겠지만, 정치적 해석은 일치했다. 이 순간부터 로베스피에르는 국가기구 안에서 분명히 중심을 벗어난 자리를 차지했다는 것이다.

도덕적 혁명을 향해?

로베스피에르는 6월 10일(프레리알 22일)에 쿠통이 발의하고 후세에 대공포정Grande Terreur의 법으로 통한 법안을 지지하면서 태도를 분명히 드러냈다. 다른 데서 했던 토론을 보면, 그 법은 '인민의 적'과 싸워야 할 사법절차를 중앙집권화하고 명료하게 만들려는 노력을 연장했음을 기억할 필요가 있다. 그것은 방토즈 법의 연장선에서 확실한 반혁명 행위자로 분류할 수 있는 피고를 선별할 위원회의 원칙을 이어받았고, 구국·안보 두 위원회의 혁명법원 감독권을 강화했다. 그것은 재판절차를 지극히 간소화한 탓에 재판방법을 위험할 정도로 가속화한다는 인상을 주었다. 그래서 도덕적 의도를 고려하고, 판사의 양심에 따라 판단하도록 허락했기 때문에 과연 '인민의 적'에 관한 정의를 명확히 내렸는지 의심스러웠다.

따라서 프레리알 22일 법은 역사가 바츠코Baczko가 말한 대로 "더 가벼운 공포정과 더 무거운 공포정"의 중간이라고 이해해야 한다. 그것은 공포정의 방향을 명확히 보여주지 않았기 때문에 생쥐스트마저 불안하게 만들었다. 그 법은 혁명을 되살리기 위해 혁명의 적이라고 인정받은 사람들을 신속하게 벌하면서도 1793년 3월 19일 법에서 흰색 표식을 달거나 무기를 소지한 자의 신분 등록 이외에 어떤 형식도 없이 24시간 안에 죽음으로 내몰 수 있었던 잔인성을 수정했다. 정상 참작의 여지가 없는 사람만 추려서 혁명법원에 보내는 선별위원회를 설립한 덕에 3월 19일의 법에 따라 사형받을 가능성이 있던 혐의자가 사실 그 자체로 죽음에서 벗어날 수 있었다.

법원에서 출두절차를 간소화했지만, 위원들 앞에서 아주 간단한 예심절차를 거쳐야 했기 때문에 호의적인 변호인들이 개입해서 피고의 운명을 결정해줄 가능성이 있었다. 그러나 이는 전례가 없는 혁신은 아니었다. 군사위원회와 특별법원과 달리 수많은 법원이 1793년 3월 19일 법을 엄격히 적용하지 않았다. 판사들은 대체로 재판절차를 지켰고, 공화국과 전쟁행위에 연루된 적에 관한 판결에서만 예외를 받아들였다. 그 결과, 다수의 도시에서는 1794년 4월 이후 파리 혁명법원으로 피고를 넘기는 일이 거의 없었다. 따라서 프레리알 22일 법은 특별한 절차를 통제하고, 민중이 정치에 개입하는 일을 줄이던 과거의 논리를 따랐음을 알 수 있다. 그것은 본질적으로 구국위원회의 대다수 위원이 찬성해서 설립한 오랑주 군사위원회를 본떴다. 이 법은 어떤 경우에도 쿠통과 로베스피에르의 의지만으로 통과될 수 없었지만, 구국위원회에서 두 사람을 고립시키고 안보위원회와 대립하게 만들었다.

그 법은 사실상 두 가지 큰 결함을 가지고 있었다. 한편, 그것은 〔하나의〕 과정이 아니라 한걸음씩 나아가는 과정을 제도화했다. 따라서 그것은 열렬한 행동으로 나타나는 방향을 볼 수 있게 만들었고, 국민공회 의원들이 직접 저지르거나 부인한 것을 책임지게 만들었다. 또한편, 그 법은 확고한 집권 의지를 가진 집단이 얼마 전 에베르파와 당통파를 숙청했던 것처럼 다시 숙청을 할지도 모른다는 두려움을 안겨주었다. 그것은 상퀼로트도 불안하게 만들었다. 로베스피에르의 친구들이 장악한 코뮌은 물가가 오를 때 시위를 벌이고, 심지어 구국위원회 인쇄소에서도 파업을 하던 상퀼로트를 추적해서 처벌했다. 그렇게 해서 확실히 검증된 적들과 실망한 민중투사들을 마구 잡아 감옥에 가두었다. 탄압은 이해할 수 없는 지경에 이르렀다. 우리는 이미 로베스피에르의 몰락이 혁명을 이 길로 몰아간 사람을 제거할 기회가 될 것임을 이해할 수 있다.

로베스피에르의 성격, 외로운 행적, 비요 바렌과 콜로 데르부아 같은 동료들에게 진 이념의 빚, 그러나 부인할 수 없는 인기, 개인적 친분의 힘, 이 모두 그에게 불리했다. 사람들은 그가 바라와 비알라의 추모제를 테르미도르 10일(7월 28일)에 계획하고, 그들의 보호를 받는 에콜 드 마르스[4] 군사학교 생도들을 호위대로 이용한다고 비난하지 않았던가? 또 그가 수많은 여성에게 영향을 끼친다고 비난하지 않았던가?

이러한 비난도 단순한 일화로 넘길 일이 아니었다. 여성공화주의자가 탄압당하고 여성들이 정치생활에서 쫓겨난 후, 공적 영역에서 그들에게는 오직 도덕적인 자리만 남았다. 1794년에는 세심하게 축제를 조직해서 젖을 먹이는 아낙, 남을 돕는 아낙, 장래를 책임질 소녀들을 동원했고, 그렇게 해서 그들이 한때 탈기독교 운동에 개입한 사실을 잊게 만들었다. 국민공회 의원의 전부는 아니더라도 다수가 여성을 불신했으며, 로베스피에르가 그들에게 영향을 주어 여론을 쥐락펴락하는 것을 두려워했다.

---

4 에콜 드 마르스École de Mars는 프레리알 13일(1794년 6월 1일)의 법으로 사블롱 벌판에 세운 군사학교로서 상퀼로트의 아들을 선발했다.

포위

지롱드파와 접촉했던 연방주의자들을 고발하거나 '외국인 파벌'을 고발하면서 에베르파와 당통파를 쓸어버린 선례를 본받아 로베스피에르를 겨냥한 폭정타도 운동이 일어났다. 그러나 낙인을 찍는 논리가 더욱 분명히 나타났다. 첫째는 반대파를 모으는 논리였다. 먼저 파리에서 로베스피에르가 '공포정치가'라고 지목했을 때 당연히 목숨을 잃을까 봐 겁을 먹은 푸셰·카리에·바라스·탈리엥이 그와 각을 세웠다. 특히 탈리엥이 관련 인물이었다. 사실상 그는 구국위원회가 특별히 파견한 '아들' 쥘리엥으로 교체되었고, 보르도에서 수행한 파견임무 때문에 비판을 받았으며, 그의 애인 테레자 카바뤼스는 5월 22일 옥에 갇혔다가 파리로 압송되어 단두대에 설 운명이었다.

이 첫 번째 집단에 안보위원회 위원들, 그리고 구국위원회의 카르노 같은 일부 의원이 합세했다. 그들은 로베스피에르가 종교적으로 추구하는 방향을 거부하고, 영향력을 행사해 권력을 확장하는 것을 경계하고 비난했다. 비요 바렌·콜로 데르부아·바디에Vadier·아마르처럼 좌파에 속한 사람들도 에베르파를 제거하고 '동서양식민지회사'를 청산한 일에 깊은 원한을 품고 있었다. 파리 코뮌을 로베스피에르의 측근들이 장악했다는 점에서도 비판하기가 쉬웠다. 그들은 예전에 대외연락관procureur-syndic으로 부르던 쇼메트를 대체한 특임위원agent national 클로드 파이양, 국민방위군 사령관 앙리오, 파리 시장 플뢰리오 레스코Fleuriot-Lescot였다. 1794년 4월부터 밤마다 로베스피에르의 독재를 고발하는 벽보가 나붙었다. 우리는 이에 관해 수많은 질문을 할 수 있지만 답이 없다. 바레르는 그를 제거하는 작업에 동참했던가? 그들이 영국 내각과 어떤 관계를 맺고 있었으며, 또 그들은 어느 정도 부패에 연루되었던가? 여기서도 일화로 그칠 문제가 아니겠지만, 그 중요성을 평가하기에는 기초적 정보가 부족하므로 어쩔 수 없이 그러한 가능성만 언급한다.

〔로베스피에르에게 낙인을 찍는〕 두 번째 논리는 온갖 사건이 뒤엉키면서 갖은 소문을 불러일으킨 것과 관련 있다. 5월 7일(플로레알 18일), 로베스피에르의 연설은 수많은 축하 인사를 받았는데, 그중 다수가 〔내용보다〕 인물을 칭찬했다.[5] 미라보를 찬양할 때부터 보나파르트를 찬양할 때까지 새로운 것은 하나도 없었지만, 그의 연설은 두 위원회 위원들에게 불안감과 심지어 적대감을 안겨주었다. 5월 10일, 왕의 누이인 마담 엘리자베트가 처형되었을 때, 로베스피에르는 분명한 경고를 받았다. 사실 그는 그때까지 마담을 보호했다. 그래서 그가 마담과 결혼해서 왕위에 오르려 한다는 소문까지 돌았다. 두 달 뒤에도 똑같은 소문이 돌았다. 그러나 이번에는 탕플에 갇힌 루이 16세의 딸 마리 테레즈를 지목했다.

5월 22일과 23일, 아드미라Admirat가 콜로 데르부아를 공격했고, 세실 르노Cécile Renault가 로베스피에르를 공격하는 사건이 일어났다. 그런데 아드미라는 애당초 로베스피에르를 죽이려 했다고 주장했다. 두 사건은 명백히 일어났지만 여전히 허약하다. 세실 르노는 수수께

---

5   앞의 '로베스피에르의 모험'을 참조할 것.

끼 같은 인물이었다. 그는 아주 미미한 존재였던가, 아니면 누군가의 의도로 자기 얘기를 하지 못한 인물이었던가? 어쨌든 이 사건은 상당한 반향을 일으켰고, 로베스피에르가 '혁명의 왕'이라는 명제를 믿음 직스럽게 만들었다. 아드미라를 체포할 때 미미한 혁명가인 제프루아 Geffroy가 다쳤는데, 그를 중심으로 조직된 운동이 그 사실을 증명한다. 제프루아는 일시적으로 고귀한 희생자로 변모하고, 6월 10일 최고존재 축제를 열 때 명예롭게 대우해야 할 존재가 되었다. 한편, 국민공회에서는 공격을 받은 두 사람에게 개인적인 호위대를 붙여주는 문제를 토론했다. 로베스피에르는 자기를 진정한 '우상'처럼 취급하는 증언을 듣고 강하게 반발했다. 그는 모사꾼 루슬랭Rousselin의 책동을 비난하고, 마라가 죽었을 때 이미 말했던 것처럼 어떤 식으로든 개인을 특별 취급하는 일을 거부했다.

이튿날인 5월 26일(프레리알 7일), 승리한 프랑스 병사들이 영국인 적들의 목숨을 살려주었다는 소식이 파리에 전해졌다. 별로 중요하지 않은 소식이었지만, 의원들은 토론을 시작했고, 파리에서는 소요사태가 일어났다. 의원들은 병사들의 너그러움이 더는 허용할 수 없는 편견에서 나왔다고 판단했다. 그래서 바레르는 유럽의 신문에서 '로베스피에르의 병사들'에 관한 기사를 인용하면서 영국이나 하노버의 병사를 더는 포로로 잡지 말도록 명령하는 법안을 상정하고 박수갈채를 받으면서 즉시 통과시켰다. 그 법은 로베스피에르가 얼마 전에 영국인을 공격한 선언의 연장선에 있었지만, 그 법을 채택함으로써 그의 주장을 따르기보다는 혁명에서 그가 맡은 탁월한 역할을 강조했다. 그 법은 폭군과 심복들을 공격하려는 의도와 함께 충분히 예측할 수 있는 '거울 효과'를 가지고 로베스피에르를 혁명의 선구자로 만들었다. 따라서 그 법은 로베스피에르가 잠재적 폭군임을 암암리에 드러냈다. 그 법은 실제로 적용되지는 않았지만, 〔로베스피에르의 본모습을〕조작했다는 해석을 강화해준다.

덫

이미 덫을 설치해놓았지만, 방토즈 법으로 반혁명 혐의자를 선별하는 인민위원회가 안보위원회 위원들의 반대 없이 움직이기 시작한 순간까지 아무 일도 일어나지 않았다. 그러나 최고존재 축제, 그리고 프레리알 22일 법안을 올리면서 쿠통이 연설했을 때 로베스피에르를 반대하는 분위기가 분명히 나타났다. 6월 11일(프레리알 23일), 바디에의 개인적인 반대자들이 처형되었다. 전날 통과된 법이 25일에야 효력을 가졌기 때문에 혁명법원은 어떤 위원회도 거치지 않고 그들을 처형했다. 그날 로베스피에르는 탈기독교 운동 문제로 푸셰와 격렬히 대립했고, 6월 12일에는 의원들을 혁명법원으로 보내려 했다는 비난을 받았다. 그는 탈리엥과 부르동 같은 악당이 포함되었다는 사실을 언급하면서 자신을 변호했다. 그날 그는 국채를 실제로 줄이자고 제안한 캉봉에게 바레르와 함께 반대했다. 지금 언급한 사람들은 모두 테르미도르의 대결에서 핵심 인물이 되었다.

6월 15일, 로베스피에르가 국민공회 회의를 주재할 때, 바디에는 카트린 테오Catherine Théot를 체포했다고 보고하면서 테오의 이름을

[신을 뜻하는] 테오Théos로 왜곡했다. 이 늙은 예언가는 '하느님의 어머니'를 자칭했고, 생마르셀 문밖에서 유명했다. 그의 주위에는 수백 명의 추종자가 모였는데, 로베스피에르의 보호를 받는 동 제를Dom Gerle 같이 사회적 지위가 높은 인물도 있었다. 테오는 기독교 예언과 혁명의 종말론을 합쳤고, 혁명국가의 축제와 함께 '세속적' 종교의 곁에서 활짝 핀 신비주의에 속한 인물이었다. 파리나 지방에서 집단들은 그 사건을 정치적으로 분류하지 않고 계시적 사건이라고 자기네 방식으로 해석했다. '무명의 철학자le Philosophe inconnu' 생마르탱[6]처럼 그들도 혁명은 박해가 아니라 벌이며, 부수는 것보다 더 많이 건설한다고 확신했다. 카트린 테오를 체포한 사건은 그때까지 종교적 믿음이 대도시에서도 은밀하게 조직을 키웠음에도 외면하던 국가가 이제 다시 흥미를 가졌다는 뜻이기도 했다. 테오를 가둔 날은 5월 17일로 거슬러 올라가지만, 바디에는 로베스피에르의 이름을 명시하지 않고 보고하면서도 충분히 그의 신용을 떨어뜨렸다. 그러나 그를 겨냥했다는 사실을 모를 사람이 있었을까? 사건 문서에 들어 있는 진위를 알 수 없는 편지에서 카트린 테오는 로베스피에르를 하느님이 보낸 예언자로 보았다. 당장 로베스피에르는 아무 말도 하지 못했다.

6월 17일, 안보위원회 소속이며 로베스피에르의 적인 엘리 라코스트가 14일에 국민공회에 보고한 대로 54명이 존속 살해범을 나타내는 붉은 옷을 입고 단두대에 올랐다. '호송수레charrette'는 아드미라,

---

6   생마르탱(1743-1803)은 철학자이자 신비주의자였다.

세실 르노와 가족, 논다니집을 운영한 생타마랑트 모녀, 특히 샤보·에 베르와 협동해서 왕비의 도주계획을 짰던 바스 남작의 측근들을 실어 날랐다. 파리에서는 로베스피에르가 생타마랑트의 집에 자주 드나들 었다는 소문이 돌았고, 존속 살해범들의 처형은 로베스피에르를 국민 의 '아버지'로 지명했다. 이 일화에서 로베스피에르가 성욕과 돈에 관 해 신경증을 가졌는지 따질 필요는 없다. 로베스피에르는 활발한 행 동가 이상으로 남에게 조작당하는 존재이기도 했기 때문에 기유맹H. Guillemin이 강조했듯이 "그는 비처럼 쏟아지는 피를 머리에 맞았다" 는 사실을 받아들여야 할 것이다.

눈길을 끄는 처형이 있은 후, 프레리알 22일 법에서 예고한 인민 위원회가 모이기 전부터 혁명법원에 피고인들을 마구 출두시키는 현 상이 급속히 증가했다. 혁명이 과도한 공포정을 실시했고 그것을 로 베스피에르의 책임이라고 비난하기 위해 이용되었기 때문에 처형자 의 수가 알려진 것은 아닐까? 1793년 3월 1일부터 1794년 6월 10일 까지 모두 1,251명이 처형되었는데, 7월 26일까지 1,376명이 처형되 었으며, 혁명법원에 출두한 피고의 20퍼센트 가까이가 무죄로 풀려났 음을 기억해야 할 것이다. 비율은 몇 달 동안에 비해 낮아졌다. 그러 나 분명한 숙청 의도를 가지고 재판했다는 사실에 비추어볼 때 그 비 율은 여전히 중요하다. 대다수는 파리의 여러 감옥에서 은근히 조성 된 '음모'로 기소되었다. 메시도르 19일~테르미도르 8일(7월 7~26일) 사이에 처형 속도가 확실히 빨라졌고, 여러 감옥에 있던 수형자 가운 데 '끄나풀moutons'이 분명히 죄인으로 명시한 사람들을 골라 243명 을 단두대로 보냈다. '끄나풀'은 감방에 배치되어 로베스피에르의 반대파들과 연락했다. 푸키에 탱빌Fouquier-Tinville과 안보위원회가 일부러 법 집행을 마구잡이로 했기 때문에 '단두대의 역겨움'은 프레리알 법의 책임이 되었다. 이에 따라 로베스피에르는 쉽사리 변명할 여지도 없이 그 책임을 떠안을 수밖에 없었다.

로베스피에르는 바둑을 둘 때처럼 달리 행동할 방법을 찾지 못해서 덫에 걸리고 말았다. 망명자들은 출판물에서 그의 '독재'를 언급했다. 그는 6월 21일에 국민공회에서 자신을 혁명의 왕이자 프레리알 7일 법을 만든 사람이라고 주장한 영국 신문 기사를 즐기는 듯이 반박했을 때처럼 변명하면 할수록 벗어날 수 없는 소문의 소용돌이에 빠진 채 개인적인 책임에서 벗어나려고 애썼다. 그는 6월 26일에 구국위원회에서 테오 사건을 더는 추적하지 않도록 다시 한 번 개입했다. 그러고 나서 자코뱅 클럽 회원들 앞에서 최고존재와 테오 사건을 하나로 묶는 섹시옹 축제를 반박했다. 그 결과, 그는 구국위원회 동료들뿐 아니라 안보위원회와도 불화를 겪었다. 특히 그는 '내부의 적'을 직접 위협했기 때문에 고립을 자초했다. 여론도 그를 외면했다. 6월 중순, 온건한 성향이지만 굳이 이름을 몽타뉴로 정한 섹시옹은 '1793년 헌법'을 시행하고 혁명정부를 끝내자는 서명부를 설치했다. 상퀼로트가 동참해서 금세 2,000명이나 서명했다. 국민공회는 곧 그 행동을 비난하고 서명부를 불태우라고 명령했다. 소불은 1794년 7월 "혁명정부는 마치 허공에 매달린 꼴이었다"라고 결론지었다.

희생자 만들기

1794년 3월, 뱅상과 롱생은 인권선언을 천으로 가리는 일에 휩쓸렸다. 적들이 그들을 제거할 기회를 엿보던 참에 그들은 불법을 저질렀다. 1794년 12월, 카리에는 타협을 거부하고 정치적으로 고립되었기 때문에 국민공회의 명령에 복종했음을 소리 높여 강력히 부르짖으면서 낭트 학살을 변명할 수밖에 없었다. 그러나 동료들은 모두 그를 유죄로 판결하고 처형해야 한다고 의결했다. 1794년 7월, 로베스피에르도 적들이 끈질기게 준비했던 대로 경기장 밖으로 밀려나는 신세가 되었다. 이제 국민공회가 그를 제거하고, 혁명이 새로운 단계에 접어들 때 생긴 혼란의 책임도 그에게 떠넘겼다.

한편, 군사적 승리가 확실해졌다. 6월 16일부터 7월 중순까지 프랑스군은 오스트리아군에 승리하고 벨기에를 다시 점령했으며, 이번에는 라인 강 지역에서 프로이센군, 알프스에서 피에몬테군, 루시용에서 에스파냐군을 확실히 몰아냈다. 유럽에서 영토를 다시 확장하면서 '자연적인 국경'까지 영토를 확대할 가능성을 확인했다. 카르노 같은 일부 국민공회 의원은 이러한 희망을 늘 간직했다. 의원들 가운데 막강한 권력자 캉봉 같은 사람들의 끊임없는 관심사는 정복지에서 나랏빚을 갚을 방법을 마련하는 데 있었다. 이러한 정치노선은 벨기에에서 시작해 네덜란드까지 몹시 파렴치하게 적용되었는데, 로베스피에르·생쥐스트의 정책과 정반대 쪽에 있었다. 두 사람은 확실히 국채 보유자의 걱정에 별로 신경 쓰지 않았고, 미래 혁명기관들의 목표는 검소함과 분배라고 생각했다.

전쟁에 승리하면서 그만큼 구국위원회의 내부 갈등도 되살아났다. 특히 플뢰뤼스의 승리는 생쥐스트의 발언권을 강화하고 카르노의 신용을 단번에 떨어뜨렸다. 그 대신 프레리알 22일 법이 나온 뒤부터 카르노는 위험을 몸으로 느꼈기 때문에 안보위원회에 의존해서 권력은 물론 아마도 목숨을 유지하고자 했다. 7월 27일, 자코뱅 클럽에서 로베스피에르가 전방에서 거둔 승리를 대수롭지 않게 언급하고, 자신을 마구 비방하는 '내부의 적들'을 고발했으므로 카르노는 당연히 위협을 느낄 만했다. 카르노는 로베스피에르의 말에서 그가 프랑스의 패배를 바랐다고 결론을 끌어내고 공론화했다. 앙리오에게 우호적인 국민방위군 포병들을 파리에서 멀리 보낼 때 다시 불화를 겪었다. 이 사건은 카르노의 부하 피유Pille가 일으켰는데, 그의 보좌관 시자스 Prosper Sijas는 로베스피에르에게 고발해서 대비할 기회를 주었다.

바레르나 생쥐스트도 아직 분명한 태도를 결정하지 않았기에 승패가 확실하지 않은 상태에서 로베스피에르는 결정적으로 자신에게 해로운 방향으로 발걸음을 옮겼음이 분명하다. 그가 카트린 테오를 기소하는 일을 정지시켰을 때, 6월 29일 구국위원회에서 위원들이 격렬하게 대립했다. 그가 푸키에 탱빌을 해임하라고 요구했을 때, 게슬러 같은 새 '독재자' 취급을 받았다.[7] 오직 생쥐스트만이 그의 곁을 지켰다. 그날 이후 로베스피에르는 국민공회에 출석하지 않았지만 자코뱅

---

7   하인리히 게슬러Heinrich Gessler는 14세기 합스부르크의 속지 스위스에서 빌헬름 텔[윌리엄 텔]의 일화와 관련된 독재자였다.

클럽에는 규칙적으로 나가서 자기 권력을 되찾는 연단으로 활용했다.

7월 22일까지 3주 동안 그는 '독재'의 혐의에서 벗어나려고 애쓰고, "폭군과 역적에게 목숨을 걸고 싸우겠다"고 약속했다. 그는 5월 10일 이후 줄곧 자신의 반대자들이 장악하고 권력도 빼앗긴 모임에서 연설한다는 사실을 인정하면서도, '독재'라는 혐의를 자기 동료 의원들에게 적용하겠다는 의도를 은근히 비추었다. 7월 14일, 그는 리옹의 탄압문제를 다시 거론하고 자코뱅 클럽에서 푸셰를 제명하는 데 성공했다. 그러나 푸셰가 자신이 리옹에서 활동한 보고서를 국민공회가 승인했음을 상기시키면서 선방했기 때문에 그를 재판받게 만드는 일에는 실패했다. 이미 3월과 4월에 정치적으로 미묘한 기류가 두 위원회와 다른 기관들의 관계를 떼어놓았다. 다른 기관들은 위원회의 활동에 압도당했고, 싸워봤자 하나도 얻지 못하고 오히려 모두 잃을지도 모르는 상황이어서 관심을 끊었다. 파리의 섹시옹들은 모두 이러한 현상을 이해하지 못했다. 파리 코뮌은 망설이는 상퀼로트를 동원할 수단을 찾지 못해서 1793년 6월처럼 국민공회를 공격하는 행진을 조직할 길이 없었다. 혁명의 합법성은 국민공회 의원들의 손에, 오직 그들의 손에 달려 있었다. 특히 로베스피에르가 1793년 가을부터 쓰던 책략은 방향을 바꿔 그 자신을 향했다.

대결

로베스피에르는 국민공회에 출석하지 않았는데, 그가 무대 전면에서 물러난 이유는 아직도 수수께끼로 남아 있다. 일부러 그랬는가, 아니면 만성피로 때문이었는가? 그는 침묵했지만, 죄인을 혁명법원과 단두대로 보내는 구국위원회 명령에 계속 서명했다. 따라서 그는 동료들과 관계를 유지했고 그들의 정책을 지지했다. 그러나 6월 말에서 7월 초, 파리 섹시옹들이 거리에서 우애의 '연회soupers'[8]를 열면서 내분이 더욱 심해지는 것을 막지는 못했다. 앙리오는 처음에는 집회의 성격을 잘 알지도 못하고 승인했다. 1794년 봄부터 조직한 연회처럼 혁명의 '우애'를 강조하는 모습을 본받았다고 하지만 그동안 연회의 의미는 분명히 달라졌다. 7월의 연회는 상퀼로트와 파리인들이 혁명정부에서 마음이 떠났음을 보여주었다. 모든 계층이 연회에 참여했고, 혁명이 요구하는 것에 피로감과 우애의 열망을 한꺼번에 표현했다. 로베스피에르는 물론 바레르도 '에베르파'와 '온건파'의 농간으로 보았다. 로베스피에르는 한술 더 떠서 관용파가 '식인종'으로 변했다고 생각했다. 코뮌을 대표해서 파이양은 연회를 금지했다. 그 결과, 그가 이미 갖고 있던 섹시옹 민주주의 반대자의 모습만 재확인시켰다.

그런데 몇 달 전부터 구국위원회가 임명한 파리 혁명위원회 위원들과 파리 코뮌이 에베르파를 사냥했지만, 안보위원회는 이 투사들을

---

8 뜻이 맞는 사람들끼리 모여 밥을 먹고 술을 마시는 일은 어느 시대, 어느 사회에나 있었는데, 특히 프랑스 혁명기에도 '공공연회banquet public'라는 이름으로 우애와 단결을 과시했다(Hans-Ulrich Thamer, 'Entre unanimité et conflit: la politisation des banquets publics, 1789-1799', in *Représentation et pouvoir*, Natalie Scholz et Christina Schröer éd., 2007, pp. 93~100 참조).

보호했다. 사회정책과 관련한 불안과 최고존재의 거부문제까지 겹쳐 섹시옹들은 더욱 분열했다. 섹시옹 혁명위원회 위원 르그레Legray가 구국위원회와 혁명법원에 적대적인 말을 일삼아서 감옥에 갇혔을 때, 그리고 국민공회가 임금을 무지막지하게 삭감하는 경제정책을 내놓았을 때, 상퀼로트는 속이 상했다. 거리에서 "엿 먹어라, 최고가격제"를 외치는 소리가 울려 퍼졌다. 무산 계급이 구국위원회, 특히 그 중심 인물인 로베스피에르에게 더욱 반감을 가졌다는 뜻이다.

7월 22일과 23일에 구국·안보 두 위원회의 모든 회원이 한자리에 모였을 때(다음을 기대했을지 모르겠지만) 최후의 순간에 타협을 시도했다. 그들은 방토즈 법과 관련해서 인민위원회 네 개, 그리고 혁명법원에 넘길 혐의자를 선별할 순회위원회 네 개를 신설하기로 합의했다. 그것은 프레리알 22일 법의 정신을 존중하고 실천하는 조치였기 때문에 생쥐스트와 로베스피에르에게 유리했다. 그러나 그것은 로베스피에르의 흡혈귀 같은 모습을 강화하려는 술책이 아니었을까? 7월 25일에 앙드레 셰니에André Chénier도 호송마차에 태워 단두대로 보냈듯이 처형은 일정한 속도를 유지했지만, 그 대신 생쥐스트는 포병 부대를 파리에서 떠나도록 승인했다. 로베스피에르는 은밀하지만 일리 있는 말로 동료들을 비판했고 [그들을] 조금도 믿지 않았다. 한편, 로베스피에르와 그의 친구들이 코뮌에 대대적으로 붙잡혔다는 소문이 돌았다. 이 모든 일은 1793년 5월 31일~6월 2일의 사건이나 에베르 파 체포를 앞둔 시점의 일화를 생각나게 만든다.

긴장이 최고조에 달하자 대결을 피할 수 없게 되었다. 마침내 7월 26일, 로베스피에르가 국민공회로 되돌아와서 구국위원회가 취한 조치를 두 시간 동안 일일이 비판했을 때 대결이 시작되었다. 그는 목숨을 걸고 행동한다면서 자신을 옹호한 뒤, 특히 캉봉의 이름을 들먹이며 '사악한 사람들', '사기꾼들'을 무차별 공격했다. 의원들이 그가 고발한 '인민의 적들'이 누구인지 밝히라고 요구했지만 그는 대답하지 않았다. 캉봉은 자기가 추진한 금리개혁정책을 강력히 옹호하면서 반격했다. 의원들은 바레르의 승인을 받아 로베스피에르의 연설을 인쇄하기로 의결했다. 그러나 그 문제를 구국·안보 두 위원회의 결정에 맡기기로 방침을 바꿨다. 이것은 국회의 검열을 거쳐야 한다는 뜻이었으며, 이렇게 방향이 급변할 때도 바레르의 승인을 받았다. 이 순간, 쿠통만이 로베스피에르를 지지했다. 역설적으로 로베스피에르는 자코뱅의 초청을 받았다. 이들은 비요 바렌과 콜로 데르부아를 제명했는데, 이것은 파리 코뮌과 상퀼로트 지지자들의 관계가 끊어졌다는 뜻이었다.

7월 27일(테르미도르 9일), 탈리엥과 비요 바렌은 생쥐스트가 로베스피에르 편에 섰다는 이유로 발언하지 못하게 방해했다. 생쥐스트가 구국위원회 회의실에서 연설하려고 했을 때, 그들은 위원회에 먼저 연설문을 제출하지 않았다고 나무랐다. 로베스피에르와 쿠통은 의원들이 술렁거리는 것을 보고서도 아무 일도 할 수 없었다. "폭군을 몰아내자"고 외치는 소리와 함께 로베스피에르·쿠통·르바·생쥐스트, 그리고 동생 오귀스탱 로베스피에르Auqustin Robespierre는 고발된 뒤 체포당했다. 안보위원회에 갇힌 그들을 구하러 온 앙리오도 붙잡혀 함께 갇혔다.

로베스피에르는 잠자코 있었지만 그에게는 편이 있었다. 코뮌 총회는 경종을 울리고, 감옥 책임자들에게 피고인들을 구금하지 말라고 지시했다. 구출된 그들은 시청으로 피신해서 섹시옹들이 국민공회에 반기를 들라고 촉구했다. 섹시옹들은 한순간 위협을 받고 아직 감옥에 있던 앙리오를 구출했다. 그러나 23시까지 코뮌이나 로베스피에르가 주도한 봉기는 일어나지 않았다. 그 틈에 국민공회는 자기 지위를 회복하고 섹시옹들과 접촉할 시간을 벌었다. 생마르셀 문밖 섹시옹들의 사례만 보더라도 혼란을 이해하기에 충분하다. 파리 주민들은 그날 밤에 무장단체를 조직할 때 코뮌과 국민공회 가운데 한편을 들어야 했다. 섹시옹에 나간 양편의 참관인들은 지역의 혁명위원회들이 비록 정부의 두 위원회 명령을 거역하지 않으려고 노력하지만 그들과 거리를 유지해달라고 간청했다. 로베스피에르는 크롬웰이 될 것이며, 루이 16세의 딸과 결혼해서 왕당파가 될 것이라는 소문이 무성해지자 망설이는 사람들이 늘었다. 무장한 섹시옹 대표들은 오후가 끝날 때까지만 해도 앙리오, 그러니까 코뮌의 명령을 들었고, 오귀스탱 로베스피에르에게 충성맹세를 했다. 로베스피에르가 오히려 국민공회 의원들이 왕당파로 변신해서 탕플 감옥에 갇힌 '어린 카페'[루이 17세]를 석방하려고 한다면서 비난했기 때문이다. 그러나 결국 그들은 국민공회 편으로 기울었다.

자정이 지나자 국민공회에 무법자로 낙인찍힌 코뮌은 지지 세력을 잃었다. 시민들은 이제 국민공회가 보장하는 합법성을 어길까 봐 겁을 냈다. 테르미도르 10일(7월 28일) 새벽 2시, 국민공회의 사람들이 시청에 들어가 반란자들을 붙잡았다. 로베스피에르는 턱에 총을 맞았다. 실제로 그가 자살을 시도했는지, 기병대의 메다Méda[또는 메르다]

가 쐈는지 정확히 알 수 없다. 르바Le Bas는 자살했고, 오귀스탱 로베스피에르와 쿠통은 자살에 실패했다. 이들을 무법자로 규정한 조치를 내렸기 때문에 저녁 6시에 로베스피에르, 그리고 앙리오와 클로드 파이양 같은 지지자 21명은 약식재판을 받고 혁명광장에서 처형되었다. 그리고 며칠 동안 '로베스피에르파' 87명도 재판을 받고 처형되었다. 파리에서 포병이 출발한다고 고발한 시자스도 끼어 있었다.

로베스피에르는 죽었지만 그의 이야기는 끝나지 않았다. 이제 시작이라고 말하고 싶다. 1792년 이전 왕과 왕비를 공격하는 정치 풍자문과 고발이 무성했듯이, 이번에도 로베스피에르가 왕이 되려고 했고, 8월 10일과 테르미도르 9일을 함께 기리는 축전을 계획했을 것이라면서 그의 면모를 까발리는 글이 쏟아지고 전국에 널리 퍼졌다. 바레르·콜로 데르부아·비요 바렌의 증언이 진짜임을 보증할 때 썼을 것으로 추정되는 백합꽃 관인이 때맞춰 코뮌에서 '발견'되었다. 구국·안보 두 위원회는 사람들이 쉽게 믿을 만한 소문을 널리 퍼뜨리려고 노력했다. 그들은 소문을 이용해서 '괴물들'의 단합을 와해시키고, 자신들이 '음모자들'의 희생자였다고 주장할 수 있었다. 그 덕에 다수가 한순간이나마 코뮌을 위해 동원되었다는 사실을 감추고 목숨을 구했다. 그보다 더 많은 사람은 먹잇감을 차지하는 싸움에 참여했다. 지방의 자코뱅 클럽 회원들도 먹잇감이었다. 그들은 지난 몇 달 동안 온갖 폭로전에 시달렸는데, 또다시 떠들썩한 폭로전의 제물이 되었다. 로베스피에르의 옛 측근들도 승리한 편에 모였다. '아들' 쥘리엥도 이미 몇 주 전부터 스승과 거리를 두기 시작했다. 그 덕에 사실상 그는 감옥에 갇혔지만 목숨을 보존했다. 이후 검은 전설이 생겼다. 1797년,

합헌 주교 르코즈Le Coz는 로베스피에르가 선서 사제의 자리를 비선서 사제로 채우려고 했으며, 이렇게 해서 '프랑스의 종교 복원자'가 되고자 했다고 비난했다.

공포정의 속편인가, 그리고 공포정이 낳은 특별한 상상력의 속편인가? 1780년대부터 사람들은 까닭 모를 공포와 음모론에 계속 영향을 받았다. 1793년 이후 지롱드파·에베르파·당통파가 반역죄를 저질렀다는 폭로가 잇달아 확신을 뒤흔들었다. 보통의 혁명 지지자들이 혁명의 지도자들에게 거리를 두는 일은 망설임과 오해의 밤을 지내면서 최고점을 찍었다. 테르미도르 11일, 바레르는 공포정을 폐지하고, 폭군을 공화국의 시체 공시장으로 보냈다고 단언했다. 그는 이 모든 놀라운 사건에 의미를 부여했고, 모든 사건을 그 의미와 관련지었다. 방금 일어난 일은 나라의 주인들이 정치적으로 인정한 일이 아니었으며, 곧 확실하고 즉각적인 위험을 가져올 것임을 인정하지 않는다면, 과연 그것을 이해할 수 있는 사람이 있을까? 그러나 이전의 모든 '사태'와 숙청에서도 이 상황과 비교할 만한 것은 없었다.

공포정을 발명하고 잇달아 수많은 사람을 제거하자 정치적 언술이 신용을 잃었고, 더는 특정 집단의 특징인 정치적 이상을 표현하지 못했다. 사람들은 총재부Directoire가 수시로 방향을 바꾼 여론 앞에 '풍향계'처럼 왔다 갔다 하는 모습을 보고 비난하기 시작했다. 장 프랑수아 라아르프Jean François Laharpe·제르멘 드 스탈·뱅자맹 콩스탕Benjamin Constant 같은 사람들은 이러한 경험을 토대로 혁명가들의 언어 남용을 비난했다.[9] 그들의 고발은 프랑스 혁명 시대의 성격을 규정하는 상투적인 고정관념이 되었다.

역설적으로 로베스피에르는 그때부터 몇 달 동안 짓눌리다가 결국 아주 예외적으로 후광을 내뿜으면서 성스럽게 바뀐 모습으로 나타났다. 그의 성격과 삶의 궤적은 나라에 깊은 인상을 주었지만, 다른 사람들도 그에 비교할 만한 역할을 했다고 말해야 할 것이다. 우리는 로베스피에르가 후세의 마음을 얻은 것이 (퓌레F. Furet의 말처럼) "그가 혁명의 가장 비극적이고 가장 순수한 이야기를 대변"했기 때문은 아니라고 생각한다. 그가 이 분야에서 분명히 미라보를 이겼다는 사실은 의심할 여지가 없다. 그에게는 좀 더 신경질적이며, 정부의 타협을 모두 거부하면서 혁명에 전념한 마라라는 경쟁자가 있었다. 로베스피에르가 혁명의 화신이 된 이유는 다른 데 있다. 그것은 [바레르나 비요 바렌처럼] 어제의 동지가 영원한 적이 되어 '공포정'으로 불린 정치적 폭력의 책임을 그에게 돌리고 오직 그만이 책임지도록 했으며, 무슨 일을 벌이는지 알지도 못하면서 전혀 예상치 못하고 출구도 없는 방향으로 혁명을 난폭하게 몰아갔기 때문이다. 그의 신화는 이상하게도 그의 명성뿐만 아니라 사람들이 그를 사형집행인으로 기억한 방데의 신화가 뒤섞이는 과정을 거쳐서 태어났다.

---

9 세 사람이 남긴 수많은 작품들 가운데 극작가 라아르프의 『혁명 언어의 광신주의*Du Fanatisme dans la langue révolutionnaire*』(1797), 마담 스탈의 『사회제도와 문학의 관계*De la littérature dans ses rapports avec les institutions sociales*』(1799), 콩스탕의 『공포정의 영향*Des effets de la Terreur*』(1797)을 참고할 수 있다.

4부
—

몰수당한 혁명:
궁중혁명과 정변

바뵈프   로베스피에르   아르투아 백작   루이 18세

리바롤   바스 남작   미라보 자작   카두달

샤레트   피슈그뤼   당드레   라 레벨리에르 레포

생쥐스트   바레르   바르나브   나폴레옹

1장

혁명과 반동 사이

전통적 관점에서 볼 때, 공화력 2년 테르미도르 9일[1794년 7월 27일]은 혼란스럽고 별로 시선을 끌지 못하는 시기를 열었다. 1789년에 수많은 발명과 공화력 2년 사건들의 섬광 때문에 테르미도르 국민공회(1794년 7월~1795년 10월)와 총재정부Directoire(1795년 10월~1799년 11월)의 모습은 창백하다. 두 체제는 동맹관계가 뒤집히고 여러 번 정변을 겪었으며, 특히 공화력 8년 브뤼메르(1799년 11월)의 마지막 정변은 열성당원의 개인적 투쟁에 마침표를 찍었다. 주요 인사들이 쩨쩨한 말다툼에서 헤어나지 못하고 있을 때, 사회적 긴장이 끊임없이 고조되고 군사적 팽창이 피할 수 없는 상태에 도달한 순간 모든 이상은 깨졌다. 공포정 이전 몇 년도 전반적으로 공포정에 비할 만큼 흉악한 고발과 중상비방의 시기였다고 믿는다면, 10년간의 혁명에서 후반기는 후세 역사가들이 인정하듯이 혁명을 부인하는 시기였다.

우리의 의도는 혁명 전반기 5년처럼 후반기 5년을 복원하거나 심판하는 것이 아니다. 단지 여기서도 우리는 새로운 조직이 생기고 사람들의 행동을 제약했다는 사실을 강조하고자 한다. 인명에 관한 자료를 만드는 일은 불가능하지는 않아도 여전히 어렵다. 1795년부터 이 주제에 관한 논쟁이 많이 발생했지만 별 성과를 내지는 못했다. 그 후에도 성과는 미미하다. 인적 손실을 파악하는 일이 1935년에 끝났을 때, 법적 선고를 받은 사람은 4만 명이었으며, 이들 속에는 학살, 살인, 처형과 전투 중 사망자가 포함되지 않았다. 방데 전쟁은 적어도 17만 명의 사망자와 실종자를 냈다는 사실 이외에 아무것도 제대로 밝히지 못했다. 국가 차원의 기억을 보존하기 위해 우리는 모든 자료를 활용해서 합리적 평가를 내려야 하고, 정당성을 입증하는 설명과 논쟁적 비난을 모두 피해야 한다. 모든 면에서 사망자 수를 최소화하거나 그들이 '반도와 역적'이었기 때문에 죽어 마땅하다고 생각하는 것은 받아들일 수 없다.

그러나 최소한 50만 명이 무장한 나라에서는 무엇보다도 부채를 청산하고, 제도를 안정시키고, 안전을 보장하고, 한마디로 사회적 관계를 최소한이나마 복원할 필요가 있었기 때문에 어떤 노력도 할 수 없는 상황이었음을 인정해야 한다. 프랑스가 2년 이상 이웃 나라들과 벌인 전쟁에서 승리했지만, 1794년 [테르미도르 이후] 시기는 마치 1944년 나치와 싸우던 연합군이 해체할 때와 비슷하다. 모든 사람이 그때까지 망설이다가 온갖 복수를 자행했으며, 망가진 경제를 되살릴 정책을 결정해야 했다. 계산과 불확실성을 강조하더라도 당시 사람들의 존재를 부인한다면 용납할 수 없다. 그 시기도 '풍향계'처럼 갈피를 잡을 수 없는 시기였으며, 운이나 단순히 생명을 보장받으려고 의견을 바꾸는 사람이 분명히 존재했다. 우리는 그들이 받았을 중압감을 알지도 못하면서 함부로 비난해서는 안 된다. 그러나 대부분의 프랑스인은 옛일을 돌이켜보면서 자기가 믿고 경험했던 것이 무너졌다는 사실에 실망했다. 1960~1980년의 사상적 폐허를 보며 어쩔 줄 모르는 21세기의 프랑스인은 몇 달 안에 예전처럼 격변이 다시 일어날 때 공허함이 무엇인지 이해할 수 있을 것이다. 우리는 앞으로 이러한 사건의 발생순서와 함께 발전단계를 추적하고자 한다. 4부를 이른바 테르미도르 국민공회의 해로 시작하는 이유는 그것이 제대로 잊힌 진정한 '혁명'으로 시작했으며, 그 성격을 요약하는 '반동'으로 끝난 한 해였기 때문이다.

테르미도르 혁명

1794년 7월 26일부터 28일 사이에 파리에서는 로베스피에르를 옹호하거나 반대하는 사람들이 행진하고 시위를 벌였다고 전하지만, 이런 사건이 일어났다고 해서 정치생활을 중단한 적은 없었다. 신분을 보장받았지만 임금이 낮아 불만인 국립인쇄소 노동자들은 "엿 먹어라, 최고가격제"를 외치면서 거리를 돌아다녔다. 그들은 국민공회 의원들에게 그 책임을 물었지만, 그 순간 일어나고 있던 투쟁에는 참여하지 않았다. 1794년 3월이나 4월의 에베르파나 관용파의 경우처럼 테르미도르[7월 하순~8월 중순]에 일어난 일은 엄밀한 의미로 국민공회에서 파벌 하나만 제거하는 것이었음에도 한 번 더 나라를 깜짝 놀라게 했다. 권력의 대표들과 투사들은 새로운 집권자에게 충성을 촉구하기 위해 가장 열정적인 선언문을 또 발송했다.

혁명가들의 배반과 비굴함을 증명할 때 종종 인용하는 사례는 많이 있다. 오귀스탱 로베스피에르의 친구인 파견의원 리코르Ricord는 그라스Grasse에서 [로베스피에르 일파의] 처형 소식을 듣자마자 '괴물들'을 열심히 고발했다. 지방의 주요 정치조직들이 그 흉내를 냈다. 민중협회만이 다른 단체가 모두 체제에 순응할 때까지 몇 달 동안 기다리다가 뒤늦게 로베스피에르의 정신을 거부하는 데 동참했다. 테르미도르 9일의 정변에 얽히고 승리자들의 소식을 들은 다수의 파리인은 최소한 감옥이나 최악의 경우 단두대를 피하기 위해 자신들이 로베스피에르에게 우호적으로 보였던 행동을 거짓말로 변명하거나 사과했다. 그러나 분명히 말해서 그들은 거짓으로 증언할 때도 사건을 조리 있게 설명하지 못했고, 정치적 중요 지점을 놓치기 일쑤였다. 그 어느 때보다 더 혁명의 군중을 상대로 은밀하게 온갖 종류의 갈등을 조장해서 결국 지속적인 '추종' 상태에 가두는 조작이 성공했음을 부인하기는 어렵다.

국회에는 수천 통의 의견서가 몰려들었는데, 서명자들은 국회를 칭찬하려는 의도보다는 국회에 충성을 맹세하면서 이권을 나누는 데 참여하려는 의지를 드러냈다. 그들은 충성의 대가로 어떠한 추적도 회피하기를 바랐다. 그러나 모든 경우가 그렇지는 않았다. 다수의 파견의원이 즉시 파리로 소환되었고, '아들' 쥘리엥 같은 사람들은 감옥에 갇혔다. 생도들은 즉각 충성을 다짐했지만 '에콜 드 마르스'를 신속히 폐지했다. 이 사건은 단순한 발작이 아니었다. 당시 사람들은 테르미도르가 1793년 5월 31일~6월 2일 사태에 부응해 새로운 혁명을 겪고 있다고 의식했다. 1793년에는 민중이 혁명의 주역이었다면, 1년 뒤에는 국민공회가 주역이 되었다. 두 혁명은 '폭군'의 종말을 정당화하기 위해 용감하게 일어나 자유를 되찾은 공통점을 가졌다는 것이 공식담론이었다.

모든 사람은 '행복한 혁명'이 기쁨을 안겨주었다는 느낌을 표현했다. 상퀼로트는 로베스피에르에게 탄압받고 때로는 바뵈프처럼 감옥에 갇혔는데, 국민공회에서 콜로 데르부아와 비요 바렌이 그들을 대변했다. 바레르를 필두로 평원파 의원들은 공포정을 고발해서 그것이 이바지한 내용을 잊게 했다. 은밀히 반대하거나 지난 수개월 동안 감옥에 갇힌 과거 지롱드파도 마찬가지였다. 탈리엥과 푸셰 같은 기회주의자들은 나라를 휩쓴 반로베스피에르·반공포정 운동에 앞장섰고, 그 운동의 공식명칭을 만들었다. 그때부터 정치투쟁은 자코뱅·국민공회 의원·상퀼로트 사이의 세 방향에서 일어났다. 콕 집어 세 집단을 말했지만, 사실은 집단의 성향을 두루뭉수리로 나타내는 명칭이었다. 테르미도르 승리자들은 정부의 성격을 바꾸려는 마음은 없었고, 단지 1793년 이후 혁명에서 단골로 등장한 일화를 여러 번 우려먹으면서 자신들을 위협한 파벌 하나만 제거하기를 원했다. 사전에 계산하지 못한 방향으로 사건이 일어났음이 분명하다. 여론이 걷잡을 수 없는 지경이었고, 바레르와 탈리엥의 고발을 진지하게 받아들였기 때문이다. 혁명의 말을 지키는 사람인 바레르는 이번에는 자신에게 유리하게 사태를 해석하는 이야기를 만들지 못했기 때문에 같은 편을 잃었고, 그에 비해 상상력이 빈곤한 탈리엥은 지배적인 서사의 제조자가 되었기 때문에 변혁에 더욱 속도가 붙었다.

이러한 관점으로 투사들의 배신을 이해해야 한다. 5년 전부터 예측할 수 없는 사건이 잇달아 발생할 때마다 흔들렸지만, 새로운 사회를 건설하려는 욕망에 사로잡힌 혁명가들은 새로운 폭풍 속에서도 다시 한 번 방향을 지키려고 노력했다. 특히 남서부에 나간 파견의원들을 주목할 만하다. 그들은 어떠한 '공포정'도 사전에 거부한다고 주장하고 어떠한 반발도 용납하지 않았지만, 결국 혁명정부만이 안정을 보장해준다고 생각해서 정부를 따랐다. 파견의원 말라르메Mallarmé는 1794년 9월 11일에 툴루즈에서 뿌리 깊은 연방주의자들과 싸우고, 달리 '공포주의자'로 분류된 상퀼로트를 공격하는 운동이 발생하지 않도록 노력하면서 "인민공화국이 아니면 죽음이다"라는 포고문을 내걸었다. 갈등을 피할 수 있고 정치적 폭력에서 자신의 책임을 잊게 만들려고 노력하지 않았던 곳에서는 로베스피에르의 몰락의 여파는 사태를 악화시키지 않았다. 봉기했거나 내전으로 분열했던 서부에서 모든 진영은 강제로 동맹을 유지하도록 만들어야 할 만큼 여전히 단절된 상태였다. 다른 곳에서는 일단 복수부터 시작했다.

바레르는 1794년 4월에 에로 드 세셸을 처형한 뒤의 상황처럼 정부의 본모습을 유지하기 위해 테르미도르 정변을 '일부의 소동'으로 제한하고자 했지만 실패했다. 테르미도르 11일부터 구국·안보 두 위원회는 비판받았고, 국민공회는 매달 위원을 네 명씩 갈아치우기로 했다. 즉시 다비드처럼 유명한 로베스피에르파 사람들이 대체되었다. 한 달 후에 첫 구국위원회부터 줄곧 위원이던 바레르가 제외되었다. 연쇄적으로 콜로 데르부아와 비요 바렌도 당시 사태에 참여하지 않고 사임했다. 그 대응논리로 자코뱅 클럽은 탈리엥·프레롱·르쿠앵트르를 제명했다. 사실상 테르미도르는 국민공회 의원들이 1789년 이후 설립된 국회가 권력을 회복했음을 알리면서 두 위원회 위원들을 상대로 성공한 혁명이었다. 일주일 후에 모든 감옥을 열었다. 2주 후인 프뤽티도르 7일[8월 24일]에는 혁명위원회들이 폐지되었고, 정부의 위원회들은 16개 위원회로 권력을 나눠주었다. 안보위원회가 치안권을 유지했다면, 구국위원회의 권한은 전쟁과 외교에 한정되었다. 입법위원회는 앞으로 행정과 법원을 담당하기로 했다. 이렇게 해서 정부의 권력은 산산조각이 났다. 테르미도르는 파벌의 교체만 이루지 않았다. 당시 공격을 주도한 강자에 속했던 캉봉은 잠시 재정위원회를 지배하면서 독립해 있었고, 테르미도르 9일의 음모자들은 자기가 주도한 정국의 통제권을 잃었다.

국민공회 의원들은 분명히 공화주의 성향을 유지했지만, 원한을 갚는 일 때문에 그들의 태도는 뒤죽박죽이 되었다. 1794년 9월 12일에 마라를 팡테옹에 안장한다는 뜻밖의 결정을 내릴 때 이러한 사례를 볼 수 있다. 의원들은 자기들 나름대로 언론의 자유를 옹호하면서 로베스피에르에게 반대했다. 마라를 통해 언론인[저널리스트]의 명예를 기릴 수 있었기 때문이다. 그들은 테르미도르를 1793년 5월 31일 ~6월 2일에 연관시키기도 했다. 그것은 혁명정부와 공포정을 같은 것으로 비판하려는 뜻이었다. 모든 기관에서 세 갈래의 싸움이 벌어졌다. 권력을 잡은 '정직한 사람들honnêtes gens'이 되살아나는 '신에베르파néohébertistes'와 수세에 몰린 자코뱅파를 상대로 싸웠다. 1794년 10월에 굳이 말하자면 온건파였던 캉바세레스는 혁명정부가 '공화국을 구원'했다는 이유로 계속 혁명정부를 옹호하면서 1세기 뒤의 제

3공화국에서 볼 수 있는 태도를 예고했지만, 몇 달 후에 태도를 바꾸었다. 로베스피에르가 죽고 전방에서 거둔 승리로 끝낸 것 같은 지난 몇 년을 한 가지 방식으로 통합해서 설명하는 이야기를 만드는 일은 모든 사람에게 필요했다. 이 특별한 순간에 상식에서 벗어나 본능적인 반응을 낳는 말이 마구 쏟아지고 증식되었다는 사실을 인정하기 위해 주역들과 당대인들이 그것을 이미 부추긴 사람들보다 더 음침하고 사악한 의도를 가졌던 것은 아닌지 의심할 필요는 없다.

공포정의 소용돌이

사실상 다시 문제 삼지 않을 것은 하나도 없었다. 파리 한복판에 있는 그르넬 화약 공장이 프뤽티도르 14일(1794년 8월 31일)에 폭발해서 수백 명이 죽었을 때, 자코뱅의 음모라고 두려워했고, 거의 2년에 걸친 전국의 군사화에 대한 반발이 급속히 일어났다. 권력의 정점에서 비밀로 정책을 결정하는 두 위원회에 반대하던 기통 모르보Guyton-Morveau와 프리외르Prieur는 뫼동 궁전에서 은밀하게 추진하던 포병술과 기구조종의 군사학적 연구를 공개하라고 요구했다. 그 대신 병기제작소의 일꾼들에게 제공하던 혜택을 완전히 삭감했다. 이처럼 사회정책을 바꾼다고 예고하면서 국유재산을 거물급 매입자 위주로 판매하기로 하는 동시에 이미 몇 달 동안 별로 지키지 않던 최고가격제를 1794년 12월 24일에 폐지했다. 예전의 정책을 포기하는 결정은 9월 18일에 교회와 국가를 분리하면서 통과되었다. 국가가 더는 합헌교

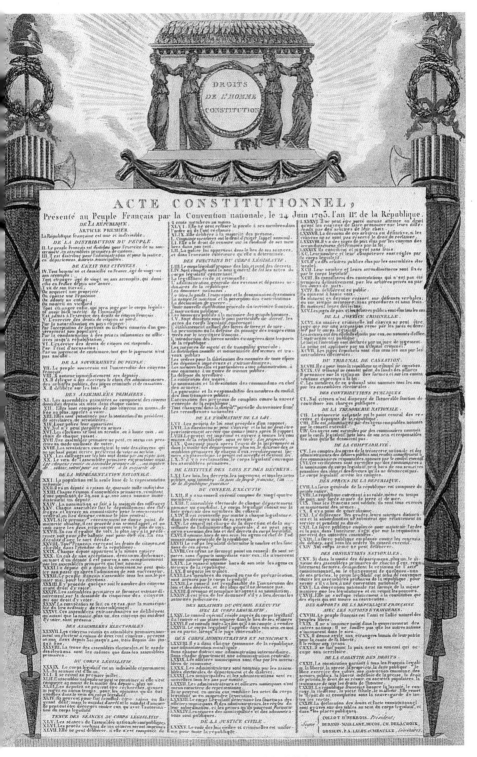

1793년 6월 24일에 채택된 공화력 1년 헌법.

1793년 10월 9일, 리옹의 반군을 진압하기 전에 국민공회군은 격렬하게 포격을 퍼부었다.

1793년 10월 16일, 마리 앙투아네트의 처형.

뒤무리에가 국민공회 파견의원들과 전쟁장관을 체포하는 모습.

코뮌 혁명위원회가 시민정신 증명서를 검사하는 모습.

1793년 11월, 콜로 데르부아가 지휘하는 상퀼로트들이 리옹 반군 관련자들을 학살하는 모습.

1794년 7월 28일, 로베스피에르의 처형.

'무신론'의 상징. 종교의 자유와 영혼불멸성을 지지한 로베스피에르는
이를 반혁명적 사상이라고 생각했다.

1793년 가을부터 휘몰아친 탈기독교 운동으로 종교인들은 조롱의 대상이 되었다.

"프랑스 인민은 최고존재와 영혼불멸을 인정한다."

최고존재의 축제 장면.

1794년 7월 27일에 시작된 테르미도르 정변 이후 개인적 원한으로 복수극을 벌인 '백색테러'가 극성을 부렸다.

회에 임금을 지급하지 않았는데, 국민공회가 기독교와 혁명의 관계를 끊고, 더는 종교에 개입하지 않겠다는 분명한 뜻이었다. 예배의 자유는 1795년 5월 30일에야 확립되었고, 망명한 사제들은 여전히 기소 대상이었다.

이러한 균형의 약점이 빠르게 드러났다. 9월부터 감옥을 열고 대다수 '온건파' 반혁명 분자들, 단두대에 세우지 않은 지롱드파, 상퀼로트나 관용파에 속했던 반대파 사람들을 마구 석방했다. 그들은 다양한 의견을 가졌지만, 모두가 자신들을 감옥에 감금한 사람들을 비난하고, 단두대의 공포를 떠올리면서 공포정과 로베스피에르를 공격했다. 정확하든 꾸몄든, 비장한 이야기로 감수성을 자극하는 회고록이 유행이었다. 한편, 시사평론가들은 복수를 하거나 새로운 인물로 변신하기 위해 회고록을 작성했다. 1792년 9월 학살에 연루된 메에드 라 투슈Méhée de La Touche가 대표적 사례다. 그는 「로베스피에르의 꼬리, 또는 언론 자유의 위험La Queue de Robespierre, ou les Dangers de la liberté de la presse」이라는 격렬한 풍자문을 발간했다. 거기서 그는 로베스피에르가 자코뱅파에게 '꼬리'를 물려준 것으로 추정되는 거짓 유언을 되풀이했다. 정치적 비판과 자유분방한 정신을 연결한 이 흐름에서 두각을 나타낸 왕당파의 앙주 피투Ange Pitou는 몽타뉴파와 두 위원회 위원들이 손에 피를 묻혔다고 비난했다. 이것은 언제나 자유롭게 움직이던 바레르·바디에·콜로 [데르부아]·비요 바렌, 또는 이미 고소를 당해 감옥에 갇힌 푸키에 탱빌의 책임을 놓고 국민공회에서 열띤 토론을 벌일 때 영향을 끼쳤다. 그 후 정치생활은 우파 신문기자를 중심으로 조직되었다. 이들 중에 라크르텔 쥔Lacretelle jeune[1], 베르탱 형제·탈리엥·프레롱은 각각 진정한 파벌을 이끌었다. 그들은 자코뱅파를 비난하는 출판물이 늘어날 때 여론에 영향을 끼쳤고, 거리에서 자코뱅파를 공격하기 시작한 '뮈스카댕'〔왕당파 젊은이〕 집단의 도움을 받았다.

안정된 상황이었다고는 하나 국민공회의 일부 의원이 새로운 정치를 지향하려는 의지에 부응했다는 사실은 부인할 수 없다. 국회의원 부르소Boursault는 수형자들의 서류를 재검토하고 멋대로 가둔 희생자들을 석방하고자 렌에 '박애위원회'를 세웠다. 이렇게 해서 혁명의 의미를 다시 따지는 일을 피할 수 있었다. 거기서도 역시 운동은 주동자들의 의도를 벗어났다. 그레구아르가 가장 좋은 예를 보여주었다. 그는 1794년 8월 31일(공화력 2년 프뤽티도르 14일), 1794년 10월 29일(공화력 3년 브뤼메르 8일), 1794년 12월 14일(공화력 3년 프리메르 24일)에 연설하고, 1795년 1월 10일(공화력 3년 니보즈 21일)에 공공 기념건축물에 관한 보고서를 제출하면서 문화 파괴주의〔반달리즘〕를 고발함으로써 상퀼로트와 로베스피에르를 파괴주의자로 고발하는 풍조를 유행시켰다.

상퀼로트는 재산을 파괴하고 지식인을 죽였으며, 무지하고 거칠고 야만스러운 내용으로 언어를 황폐하게 만들었다고 욕먹었다. 그레구아르는 황폐화의 사례를 자세히 담은 목록을 작성했는데, 혁명에 돌

---

1   라크르텔 형제는 모두 작가·역사가로 유명했다. 형은 피에르 루이 드 라크르델 레네 Pierre-Louis de Lacretelle l'Aîné, 동생은 장 샤를 도미니크 드 라크르텔 르 죈Jean Charles Dominique de Lacretelle le Jeune으로 구별했다.

을 던졌던 행복한 사람들이 다수 참여해서 그 내용을 빠른 속도로 확장시켰다. 그때 혁명법원장 뒤마는 라부아지에의 죽음을 정당화하기 위해 "우리에게 화학자는 이제 필요 없다"라고 말했다고 한다. 그가 절대로 하지 않은 말은 혁명의 폭력성을 설명하는 지식인의 악의적 비평으로 승격되어 오랫동안 이용되었다. 라부아지에는 숭고한 희생자가 되었다. 그의 모습에서 1794년 여름의 복잡한 투쟁이나 그 시절 지식인이 어떤 역할을 했고 어떤 권력을 누렸든 상관없이 그들의 운명이 불확실한 점을 하나도 찾을 수 없다.

이 같은 정서적 변화 속에서 1791년 이후 혁명가의 일부가 정치적 중요성과 상관없이 가치 있는 물건을 보호하자는 취지로 이끌어간 토론은 의미를 잃었다. 이미 그레구아르는 1793년 10월에 상퀼로트의 파괴활동을 막기 위해 박물관을 설립하기 쉽게 만드는 역할을 했다. 그러므로 1794년 말과 1795년 초에 나온 말은 어떤 식으로든 새로울 것이 없었다. '문화 파괴'는 모든 사람의 지지를 끌어내지 못했으며, 상퀼로트는 사실상 1794년 초부터 실패했다. 1년 후, 1794년 7월까지의 시기를 근본적으로 비난한 태도를 변화시킬 만큼 다시 긴장이 고조되면서 새로운 면이 나타났다. 먼저 여론이 달라졌고, 1790년부터 1794년까지 실제 상황이 얼마나 복잡했는지 확실히 잊었던 일부 역사가들도 공포정의 모습을 더는 비방하지 않게 되었다. 그동안 1789년 이전의 절대군주정에 속한 요소를 파괴하느냐 보존하느냐를 수없이 토론했는지 아닌지는 이제 관심을 끌지 못했다! 1795년 1월, 혁명은 야만적이고 잔인하게 되었다.

1789년 이전의 공적 생활에서 물려받은 불관용의 관습과 과격한 행위는 1789년 혁명이 일어난 뒤에도 민주주의 규칙을 존중하고 다양한 의견을 표현하도록 허용하지 않았다. 1794~1795년의 특정할 수 없는 몇 달은 민주정치의 대화를 정착시키기 어렵다는 사실을 또 보여주었다. 통상적인 지식과 달리 주동자들이 지적 태도를 강요할 때마다 이론을 바꾸는 무능력만의 문제는 아니다. 좀 더 장황하게 설명하자면, 감정을 주체할 수 없을 지경이었기 때문에 진폭을 제어하지 못할 지점까지 폭력의 추를 계속 움직이게 만들었다. 사회 전반에 증오와 복수의 감정이 팽배했다. 수 세기 동안 뿌리내렸던 이러한 감정은 국가가 강제로 잊거나 되살리게 만들지 않더라도 최근의 사건들 때문에 되살아났고, 거기에 사람들의 이해타산이 더해져 화해나 단순한 공존도 불가능하게 만들었다.

의원들은 "공포정의 소용돌이를 끝내거나", 잊는다고 선포하거나, 의원들의 한 집단, 아니면 전체의 책임을 인정하는 일을 두고 머뭇거렸다. 프레롱 같은 의원은 나라 전체가 피트를 제거하지 못한 영국인처럼 프랑스인을 억압하고 정의의 법칙을 배반하게 만든 '폭군'과 싸우지 않았다고 비난했다. 이런 논쟁은 힘의 관계가 다시금 균형을 잡을 때까지 즉각적인 재판을 거부하는 책략만 결정하게 되었다. 로베스피에르의 몰락과 그것을 '공포정 체제'로 해석하는 것은 1793년 6월, 1794년 3월과 4월에 각각 지롱드파·에베르파·관용파를 탄압하던 통상적인 정치활동과 관련이 있었다. 그 과정은 항상 똑같았지만, 그때까지의 상황을 공포정 체제로 설명하는 이론적 틀paradigme을 발명했다는 점에서 달랐다.

도덕적 혼란

그 순간은 모든 추억과 해석을 정면으로 맞이해야 할 분위기였다. 계몽주의 철학을 열렬히 지지하고 퍼뜨렸으며 영국의 괴기소설을 번역한 모를레 신부는 혁명이 일어나자 지위와 재산을 일부 잃었다. 그는 자신을 억누르던 "두려움과 분노의 감정에서 벗어나려고 노력하면서" 1794년 여름 테르미도르 이전에 「패배한 편견Le Préjugé vaincu」이라는 시사평론을 썼다. 그는 "인간을 살육하게 만든 애국자들에게 희생자의 살점을 먹이고", 그런 방식으로 국민의 양식을 마련하자고 제안했다. 그 작품은 발간되지 않았지만, 1795년 사드는 『규방철학La Philosophie dans le boudoir』의 "프랑스인이여, 공화주의자가 되기 위해 좀 더 노력을"[2]이라는 장에서 모를레와 똑같은 관점을 근친상간부터 온갖 금기사항에 두루 적용해야 한다는 독설을 늘어놓았다. 모를레는 빈정거림이나 도발의 차원을 넘어서 몹시 지나친 상황을 보호하던 둑이 어떻게 무너졌는지 이해하는 문제를 분명히 제기했다. 그는 문명은 이러한 행위를 일어날 수 없게 막았어야 했겠지만, 군중이 모임으로써 일어날 수 있었다. 결론에서 그는 이미 말했던 내용을 다시 거론하면서 정치를 모든 개인이 아니라 오직 유산층에서 통치 능력을 갖춘 자만을 뽑아서 맡겨야 한다고 말했다.

언론의 자유 덕택에 고발문학이 말 그대로 폭발적으로 많아졌다.

---

2   사드의 『규방철학』(이충훈 옮김, 도서출판b, 2018)의 5장 제목을 인용했다.

서점을 침입하기 시작한 회고록 중에서 보스크Bosc와 루베가 정성껏 편집한 마담 롤랑의 회고록이 크게 성공했고, 자코뱅파를 고발하는 데 한몫했다. 회고문학은 1789년 이전의 귀족과 왕 부부의 명성에 치명타를 안겨준 문학과 관계를 맺으면서 특히 자코뱅파의 도덕을 공격했다. 자유분방한 관능적 문학을 되살린 사람 가운데 레스티프 드 라 브르통은『프랑스 여성들의 기억에 남는 해L'Année mémorable des femmes nationales』, 사드는『알린과 발쿠르Aline et Valcour』, 네르시아Nerciat는『아프로디테Les Aphrodites』〔쾌락의 여신들〕를 발표하면서 최근에 일어난 폭력 이야기를 편안하게 기술했다. 이것은 재능이 떨어지는 다방면의 작가들이 역겨울 만큼 캐낼 수 있는 광맥이었다. 파견의원들의 자유분방한 연애와 질펀한 잔치를 묘사하는 틀은 타락한 자코뱅에 대한 정치적 비난과 일맥상통했다. 파견의원은 이제 국가가 기억해야 할 만큼 피에 굶주리고, 음탕하고, 어리석고, 타락하고, 미친 사람이 되었으며, 자코뱅은 괴물이자 흡혈귀로서 한마디로 사회에서 추방해야 할 자들이었다. 이러한 비난은 이미 반혁명 분자들을 인간이 아닌 괴물이라고 공격할 때 써먹던 것을 그대로 답습했다. 로베스피에르는 당대 사람들도 잘 알다시피 금욕생활을 했음에도, 그의 실생활과 동떨어진 비방을 피할 길이 없었다.

그와 동시에 자유분방한 관능적 문학은 구멍가게와 헌책방에 다시 나타났다. 그러나 예전 상황으로 되돌아가거나 강제 긴축에 대한 반동과 상관없는 일이었다. 이러한 생산은 앞으로 19세기의 전문화專門化를 예고하듯이 경제시장에 완전히 통합되었다. 특히 간행물은 공포정 시기 군대나 감옥에서 일어난 강간 사건, 군대 매매춘의 존재, 혁명가 집단의 방종을 끊임없이 반영했고, 먼 훗날을 기약하는 범주를 만들었다. 흔히 말하듯이, 그것은 도덕의 해방이라기보다는 언어의 해방이었다. 사람들이 그때까지 믿을 수 없는 모험·폭력·무절제를 언급하지 않다가 과장하거나 심지어 발명하면서 보고하기 시작했기 때문이다. 1794년은 테르미도르를 분기점 삼아 덕이 방종으로 바뀐 해가 아니었다. 말하는 방법이 완전히 달라졌을 뿐이다.

이렇게 관점이 바뀌면서 혁명의 반대자들은 더 즉각적인 결론을 끌어냈다. 일반적으로 1793년부터 젊은 '뮈스카댕'과 그들의 동반자 '메르베예즈merveilleuses'는 행동의 자유를 실천했다. 그들은 복장에서 새로운 유행이자 특히 정치적 표현을 만들었다. 자코뱅과 상퀼로트가 강요한 것을 거부하는 표시로서 남성은 사치스러운 옷을 입고, 여성은 투명한 모슬린 옷에 숄을 걸쳤다. 모두가 도발적으로 머리를 손질했고, 남자는 단두대를 연상하게 만드는 짧은 머리로 귀를 덮었으며, 여성은 금발 가발을 썼다. 여성은 거의 알몸처럼 보이게 가장하고 외출할 때 단단한 몽둥이를 든 수행원들을 동반했다. 개인들이 확실한 정치적 의도를 주장하는 흐름을 표현하면서 사회적으로 크게 물의를 빚었다.

마담 탈리엥은 공포정 반대뿐 아니라 감정을 엉뚱하게 표출하는 것으로 아주 유명했다. 그의 별명은 '테르미도르의 성모Notre-Dame de Thermidor' 또는 '구원의 성모'였으며, 주변 인물들을 끌어들였다. 그 중에서 과부 보아르네Beauharnais는 1796년 보나파르트 장군의 부인이 되어 이름을 로즈에서 조제핀으로 바꾸었고, 마담 아믈랭Mme Hamelin 은 무용수로서 재능과 공개적인 자기 과시로 유명했다. 그 밖의 부유한 미녀들은 예술가들의 눈길을 사로잡았고, 새로운 양식의 실내장식을 발명했으며, 정치적 거물의 모임에서 술책을 부리기도 했다. 탈레랑은 프랑스로 돌아온 뒤 그들과 멀리했다. 그들은 부를 과시하거나 남성 의복에는 목을 흐르듯 감싸는 옷깃을, 여성 의복에는 '희생자 스타일à la victime'의 허리띠 장식[3]을 넣어 보는 사람들에게 단두대에 얽힌 감정을 자극하면서 공포정을 고발했다.

쾌락의 정원과 왈츠를 유행시킨 무도장이 늘어나고 집단 규범을 깨뜨리면서 남녀 한 쌍이 춤추도록 만든 것도 공포정에 대한 반발이었다. 왈츠에 열광한 풍조가 퍼지면서 태어나고 지속했던 전설처럼 '희생자들의 무도회'가 함께 나타났던 것일까? 증거가 부족하다. 그러나 가격 통제의 폐지, 국립작업장의 노동자 해고, 특히 견딜 수 없이 추운 겨울 때문에 보통 사람이 더욱 빈곤해졌던 만큼 이러한 무도회가 열렸다는 소식은 대중에게 더욱 큰 충격을 주었다. 이리하여 마라 작업장의 노동자들은 '작업장에 공포정을 실시한' 행정관들에게 항의했다. 절박한 사람들의 자살이 늘어나자 가족의 생계를 책임져야 할 여성들이 영향을 받았고, 거리에 매매춘 행위가 다시 나타났으며, '금테 두른 젊은이jeunesse dorée'가 정치생활에 사회적·정치적 격차를 들여와 변화를 주었다.

뮈스카댕과 메르베예즈는 가장 눈에 띄었지만, 도시 젊은이 집단에서는 소수였다. 그들은 넉넉잡아서 수천 명이 주로 대도시에 살았

---

3 https://journals.openedition.org/chrhc/docannexe/image/4768/img-3.png 참고.

으며, 처음에는 극적이지만 제한된 표현을 하다가 급속하게 격렬하고 결정적인 활동으로 전환했다. 1794년 말부터 뮈스카댕의 무리들은 혁명을 상기시키는 시위에 반대했고, 〈라 마르세예즈〉 대신 〈인민의 각성Le Réveil du peuple〉을 부르라고 강요했다. 또한 남성은 바지 차림에 머리를 납작하게 기르고 여성은 줄무늬 치마를 입었기 때문에 쉽게 구분할 수 있는 상퀼로트와 대결했다. 그들은 패배한 상퀼로트 남성을 센 강이나 론 강에 던져버렸다. 파리와 리옹이 가장 대결이 심한 곳이었기 때문이다. 그들은 1791년에 유행한 행위를 상기시키듯이 공개적으로 여성의 볼기를 때리고 종종 성추행하거나 심지어 강간했다. 자코뱅과 상퀼로트는 1794년 봄과 여름 이후 서로 증오하면서 분열했으며, 그 틈에 국민공회 지지자들이 섹시옹에서 권력을 잡으면서 '반동'의 유리한 분위기가 형성되었다. 몇몇 의원이 공포정 반대 운동을 이끌었고 신문을 발간했다. 탈리엥은 「인민의 친구」, 특히 프레롱은 [뮈스카댕] 무리들을 부추기면서 「인민의 웅변가L'Orateur du peuple」를 펴냈다.

카리에의 죽음, 브뤼메르의 전환점인가?

푸키에 탱빌을 제거한 혁명법원이 1794년 9월 8일, 카리에가 낭트에 부임했을 때부터 감옥에 갇힌 낭트의 명사들을 재판할 때 변화가 일어났다. 감옥에 갇힌 132명에서 94명이 살아남았고, 곧 피고에서 원고로 변신했다. 마리 앙투아네트를 변호했던 트롱송 뒤쿠드레Tronson-

Ducoudray의 변론 덕에 그들은 8일 뒤에 방청객들이 환호하는 소리를 들으면서 무죄로 풀려났다. 메에 드 라 투슈의 작품[「로베스피에르의 꼬리」]의 뒤를 이어서 그들의 파란만장한 여정을 담은 글·풍자문·소책자들이 놀라울 만큼 풍성하게 나왔고, 서부의 전쟁을 국가적 치욕으로 바꾸면서 자코뱅 반대 운동을 벌였다.

9월 28일에 [방데 전쟁에서 공화군의 '지옥 부대'를 투입한] 튀로를 체포했고, 10월 8일(공화력 3년 방데미에르 17일)은 낭트 혁명위원회 위원들 차례였다. 그들의 재판은 8일 뒤에 열렸다. 피고 33명을 재판하는 동안 증인이 200명 이상 출두했고, 어떤 사람들은 증언을 청취하는 도중에 공모자로 체포되었다. 재판을 제대로 주재하지 못한 법정에서 실제건 허구건 수많은 사실이 쏟아져 나와 고소 내용을 분류하는 것조차 불가능하게 만들었다. 1793~1794년 겨울에 저지른 잔혹한 행위를 묘사할 때, 자코뱅에 적대적인 신문기자와 시사비평가들의 논평이 스며들었다. 그들은 한결같이 낭트의 특산품으로 승격한 수장水葬과 [특히 남녀 한 쌍씩 벌거벗겨 물에 빠뜨리는] '공화파 결혼mariages républicains'을 강조했다. 몇 명이나 수장했는지 아직도 정확하게 밝혀진 것은 없다. 희생자 수는 1,800명 이상 4,000명 이하로 차이가 많다. 벌거벗긴 두 사람을 묶어 루아르 강에 빠뜨린 일은 그때마다 사실이었음이 분명하지만, 일반화할 정도는 아니었다. 가장 소름 끼치는 이야기가 잇달아 나왔지만 증명하기는 어렵다. 그럼에도 벌거벗은 아낙네들, 물에 빠뜨린 노인, 참살당한 사제들은 강물을 오염시키면서도 죄악을 정화했다는 풍자문의 소재를 제공했다.

카리에 사건의 피고인들은 이미 9월에 프레롱도 똑같이 비난을 받았다는 이유로 역겨운 사건의 책임을 부인했다. 이 순간을 묘사한 「인구 감소 체제 또는 카리에의 생애와 범죄Du système de dépopulation ou la Vie et les crimes de Carrier」라는 시사비평은 당대에 주목받지 못했지만 장기적으로 인정받을 만한 작품이었다. 글쓴이는 프랑수아 노엘 (그라쿠스) 바뵈프였으며, 로베스피에르가 감옥에 가두고 테르미도르 정변으로 풀려난 상퀼로트였다. 그는 구국위원회가 방데에서 '민중학살'을 자행하고 혁명가들에게도 반대하는 행위로써 프랑스의 '인구를 줄였다'고 비난했다. 바뵈프는 자코뱅이 자기를 죽이려 했다고 비난하면서 로베스피에르에게 복수했는데, 그는 아마도 인쇄비를 제공한 푸셰의 조종을 받았던 것 같다. 그의 시사비평은 당대인보다 후세 역사가들에게 주목받았지만, 카리에가 로베스피에르의 심복이었다고 거침없이 비난하는 흐름의 성향을 나타냈고, 두 사람이 적대관계에 있었다는 설을 강력히 부정했다.

이렇게 낭트와 방데는 1794년에, 그리고 그 후 2세기 동안 로베스피에르의 범죄 의지를 증명하는 장소가 되었다. 바뵈프는 열심히 싸웠지만, 열의가 지나쳤다. 그가 공포정치가들이 혁명의 진정한 방향을 틀어버렸다고 비난했다면, 그것은 공화국을 지켜야 했기 때문이다. 그런데 1794년에 그의 말은 역효과를 냈다. 몇 달 후에 바뵈프는 글로써 지지하던 반동을 거부하고, 로베스피에르에 대한 비난의 문제를 재검토했다.

당장 낭트의 위원회 위원들에 관한 재판은 카리에에게 불리하게 돌아갔다. 재판장은 그들이 저지른 행위 때문에 국민공회의 평판이 나빠지기를 원치 않았고, 그 행위를 1792년 9월 학살처럼 정당하다고 평가하기를 거부했다. 의원들은 이틀 동안 토론을 거쳐 10월 30일에 추첨으로 뽑은 스물한 명의 조사위원회를 설립했다. 조사위원회는 11월 11일에 카리에를 체포하라고 명령했다. 그날 저녁 파리 자코뱅 클럽에 '금테 두른 젊은이들'이 침입했고, 그것이 그들의 대규모 정치적 행동의 시작이었다. 의원들은 이틀 더 토론을 하고 나서 11월 23일에 찬반투표를 실시해 498대 2로 카리에를 혁명법원에 보내기로 의결했다.

마침내 1794년 4월 이후 두렵게 여기고 거부하던 일이 일어났다. 거의 전체 의원이 동료 의원 한 명을 심판한 것은 분명히 전환점이 되었다. 투표를 실시할 때 260명이 참가하지 않았음에 주목해야 한다. 11월 27일에 카리에 재판을 시작해서 1794년 12월 16일(공화력 3년 프리메르 26일)에는 당연히 피고와 낭트의 공모자 그랑메종Grandmaison과 굴랭Goullin에게 사형을 언도했고, 나머지는 무죄로 풀어주었다. 이 재판에는 검찰 측 증인들만 출두했고, 마르소나 클레베르처럼 카리에와 관련 있는 군인들은 소환되지 않았다. 재판의 핵심이 정의를 추구하는 것이 아니라 속죄양을 찾는 데 있었음을 알 수 있다.

일부 의원들의 뚜렷한 계산은 목표에 미치지 못했다. 카리에 재판은 혁명의 재판이 되었던 것인가, 단지 자코뱅파를 중앙집권의 지지자 몽타뉴파로 혼동해서 심판한 것인가? 자코뱅 클럽을 증오한 나머지 특정 지역에서는 극적 사건이 일어나기도 했지만, 1795년 3월이 될 때까지만 해도 전국이 모두 증오했던 일은 없었다. 단 몇 명만 예로 들자면 튀로와 르봉 또는 푸키에 탱빌은 곧바로 재판이 열리지 않았기 때문에 계속 수감된 채였지만, 카리에만 죽었다. 예전과 마찬가지로 가장 눈에 띄는 행위는 힘의 관계가 변화함에 따라 협상과 타협을 동반했다. 한 가지 사례가 있다. 1794년 12월 9일(공화력 3년 프리메르 19일)에 에코세Écossais 구치소에 감금되었던 지롱드파 의원 73명은 국민공회로 돌아갔다. 그들을 감금하는 결정을 내린 동료들은 '뒤를 돌아보지' 않겠다고 선언했다.

국민공회의 일부 의원은 망각을 의제로 등록했다. 그러나 그들은 랑쥐네처럼 법의 보호를 받지 못하는 무법자들의 요구, 베두앵 주민들이 구성원 일부를 추방하고 죽인 메녜를 심판하라는 요구를 받았다. 국민공회는 흔들렸지만 몽타뉴파를 압도했다. 시에예스 신부는 1793년 5월 31일까지를 국민공회가 속아 넘어간 민중에게 억압당한 시기로 규정하고, 그날부터 테르미도르까지를 굴종의 상태에 있는 국민공회가 인민을 억압한 시기로 규정했다. 오주프의 말을 빌리자면 '망각 작업'은 혁명의 후퇴가 아니라 반등이었다. 감금당했던 지롱드파 의원들의 복권은 테르미도르 반동파의 동맹을 뒤엎었고 그들을 분열시켰다. 공화력 2년의 두 위원회도 루이 17세를 즉위시키려고 했다는 혐의로 고발당했다!

불확실한 진행

따라서 카리에의 재판은 긴장을 더 악화했고, 사건을 더 빠르게 진행시켰다. 1794~1795년 사이의 겨울에는 다양한 갈등이 눈 쌓이듯 했는데, 이를 '반동'이나 '반혁명'이 기다리던 성공으로 평가하는 일은 삼가야 할 것이다. 혁명은 상퀼로트와 정부의 가장 급진적인 두 위원회의 한 축이 권력을 행사한 것이 아니라고 인정한다면, '온건한' 혁명가이자 확고한 공화주의자들이 권력을 잡은 채 새로운 균형을 찾으려고 노력했다고 생각할 수 있다. 1795년 2월 17일, 낭트 근처 조네Jaunaie에서 샤레트가 이끄는 방데인들과 평화협상에 성공한 것이 가장 주목할 만한 사례다. 1년 후 전쟁이 다시 일어나 낭트에서 샤레트가 총살형을 받았지만 그 사건은 중요한 의미를 가졌고 1794~1795년의 불확실한 순간을 정확하게 보여주었다.

적대적인 사람들이 상대방에게 결정타를 안길 작전을 찾아내지 못하는 경우에 합의를 도출할 수 있었다. 몇 달 전부터 반란군 점령 지대를 군이 정복할 의사도 없이 포위만 하고 있던 공화군에게는 공격할 의지는 물론 필요한 인원과 물자를 확보할 수단도 없었다. 더욱이 봄에 자행한 학살은 방데인들의 결심을 더욱 굳게 만들었으며, 새로운 지휘관 [토마 알렉상드르Thomas-Alexandre] 뒤마Dumas가 이끄는 공화군의 사기에도 영향을 끼쳤다. 장래 유명한 소설가가 되는 아들을 둔 뒤마는 방어전략을 채택했다. 그들 앞의 반혁명 분자들은 분열했고, 영국군이나 외국 군주들의 원조를 받지 못한 채 각자의 왕국으로 공존했다. 한편, 루아르 강 이북에서 슈앙파는 조직을 갖추고 존속하기 위해 더욱 애쓰고 있었다. 더욱이 저항 세력은 혹독한 추위로 얼어버린 루아르 강을 쉽게 건너다니면서 놀라운 방식으로 연락했다.

정치적 변화 역시 이러한 상황을 설명해준다. 테르미도르 이후 서부에 나간 파견의원들은 전임자들만큼 급진적이지 않았다. 절반 정도가 1793년 1월에 왕의 사형에 찬성하지 않았고, 한 명도 격렬한 탄압에 관계하지 않았다. 한때 몰살해야 할 '도적떼'로 생각했던 농촌 주민들을 '길 잃은' 사람들로 간주해서 사면하겠다고 약속했다. 선서 거부 사제들은 언제나 총살형을 면치 못했지만, 카르노는 그들과 마주치지 말라고 권고했다. 국민공회에서 부아시 당글라Boissy d'Anglas는 방데 사건을 이용해서 온건한 정책과 예배의 자유를 호소하는 한편, 두 위원회가 1794년 7월까지 프랑스를 내전에 갇히게 만들었다고 비난했다. 샤레트는 낭트 혁명가들에게 호소할 때 오직 양쪽 진영의 극단주의자들에게 전쟁의 책임을 씌웠다. 심지어 그는 낭트 민중협회 회원들에게 앞으로 '정답고 사랑하는 벗'이 되어 '모든 선량한 시민들'이 '사기꾼과 악당'에게 반대할 수 있게 힘써달라고 제안했다. 비록 방데의 장군〔샤레트〕이 참모를 데리고 파견의원들과 나란히 낭트의 거리를 활보했다 할지라도 그의 진정성은 의심을 살 만하다. 그 대신 그의 주장은 '성실한 사람들'이 하나가 되어 '무정부주의자들'과 싸워야 한다는 국민공회 의원들의 의지와 완전히 일치했다.

1795년 1월 9일, 공화파는 믿을 수 없는 협상 끝에 저항 세력의 무기나 휘장을 내려놓으라는 주장을 포기하고 방데의 대표단을 맞이하면서 사면을 선포했다. 샤레트는 예배의 자유, 군사적 형벌 면제, 자기가 통제권을 가진 영역을 유지하겠다고 강력히 주장했고, 공화파는 그의 요구를 받아들였다. 샤레트는 협상을 이끈 파견의원 뤼엘Ruelle 앞에서 "이 자리에 있는 우리는 모두 공화파일 뿐입니다"라는 단 한 마디로 보답했는데, 역사가들은 이 말을 거의 언급하지 않았다. 공화파 프랑스와 샤레트의 방데는 이처럼 불평등한 기초 위에서 쌍방이 모두 공화파가 되어 1795년 2월 17일에 평화조약을 맺었고, 방데인들은 만족한 상태에서 조약을 승인했다. 방데 병사들은 여전히 자기네 지휘관의 명령을 받았고, 지방수비대에 피고용자 자격으로 녹색 제복을 입었다. 또 전투 중에 발행한 아시냐를 상환받았으며, 오직 대포만 반납했다. 병사들이 예배의 자유를 인정받으면서 비선서 사제들이 자기 교회를 차지할 수 있었다.

이때만 해도 샤레트가 전쟁에 이겼다고 생각하기 쉽다. 그만큼 그는 4월에 기근을 걱정할 정도까지 낭트를 끊임없이 압박했기 때문이다. 여전히 탕플에 갇혀 있던 루이 16세의 아들을 방데로 데려간다는 점을 보장하는 비밀조항이 있었는지 결코 알 수 없을 것이다. 샤레트는 휘하 장교의 일부에게 새로운 상황을 받아들이라고 강요했다. 한편, 공화파 난민들은 협상 결과로 피해를 입었다고 생각하고 파견의원들을 비난했다. 역설적 상황이 발생했다. 샤레트가 중립으로 돌아선 틈에 공화파 병력은 협상을 거부한 스토플레를 공격했다. 몇 달 뒤에 스토플레는 적대행위를 중지했고, 코르마탱Cormatin이 지휘하는 슈앙파도 마찬가지였다.

지방민이 정치투쟁으로 분열했고, 전투와 학살의 기억에서 벗어나지 못했기 때문에 휴전 상태는 깨지기 쉬웠다. 〔프랑스 북서부 브르타뉴 지방의〕 모르비앙에서 카두달 중심의 슈앙파는 망명자의 조직과 영국인들의 지원을 받아 전쟁을 계속했다. 명령과 돈을 전달하는 반혁명 특사들이 브르타뉴 지방 해안으로 계속 파견되었다. 슈앙파 장군 퓌자이는 영국 정부를 설득해서 그곳에 배를 대도록 준비했다. 1794년 11월 15일의 법은 여전히 프랑스 땅에서 붙잡히는 망명자를 사형에 처한다고 했지만, 실제 적용하지 않았음이 분명하다. 그래서 수많은 망명자가 가짜 여권을 지니고 스위스 국경을 넘어 프랑스로 들어왔다. 서부의 모든 지역은 '왕의 이름으로de par le roi' 발급한 여권이 통했던 만큼 공화국의 통제를 벗어났다. 그래서 오스트리아 황제의 특사 말레 뒤 팡Mallet du Pan은 '슈앙파 영토'를 자유롭게 돌아다녔다. 따라서 국토의 4분의 1이 분명히 공화국의 통제에서 벗어났다. 그곳의 왕당파는 진정한 봉토를 소유하거나 지방권력을 가졌고, '도적떼'가 늘 농촌을 불안하게 만들었기 때문이다.

혁명이 언제나 논란거리였지만, 공화국은 결국 전쟁에서 승리를 거뒀다. 모든 사건이 일어나는 와중에 프랑스 군대는 1794년 6월에 플뢰뤼스에서 이긴 후 계속 승전보를 울렸다. 플뢰뤼스에서 거둔 승리는 전쟁의 압박에서 벗어나게 해주고, 국민공회 의원들이 누려보지 못한 자유를 주면서 로베스피에르를 타도하는 데 한몫했다. (고드쇼의 말대로) 1794년 말부터 시작한 '군사적 팽창'은 로베스피에르가 권장한 평화정책에 반대하는 의원들의 관점에 부합했을 뿐만 아니라 국민국가의 생존을 보장해주었기 때문이다. 전쟁이 이전의 모든 갈등을 제쳐놓고 오직 승리냐 죽음이냐는 문제만 안겨주었는데, 승리는 체제를 존속시켜주고, 국가를 부유하게 만들고, 군대와 공화국을 공동운명체로 단단히 묶어주었다.

증오와 복수

프랑스의 정치적 균형은 국민공회의 온건파 집단의 세력에 달려 있었

다. 그들은 '여러 파가 뒤섞인' 공화파였으며, 옛 지롱드파로 1793년
의 '지롱드파' 원칙 가운데 오직 급진파를 증오하고 대외전쟁을 인정
한 사람들도 포함되었다. 그들은 입헌왕정파와 손을 잡고 몽타뉴파부
터 상퀼로트까지 섞인 좌파를 비난하고 거부했다. 세르클 소시알에
실망한 사람들도 옛 지롱드파에 합세했다. 그들은 9월 학살을 인정하
지 않았고, 일부는 [『파리의 혁명』] 신문발행인 프뤼돔처럼 반혁명을 고
발하는 데 전념했다. 공화주의 이상을 간직한 채 언제나 덕을 실천하
고 종교를 존중하는 공화국을 선전하던 영국계 미국인 페인은 최근의
사건으로 판을 다시 짜게 만든 새로운 갈등에서 혼탁한 상황이 발생
했음을 잘 보여주었다.

좌파의 어떤 사람들은 탄압을 피하려고 자기가 로베스피에르에게
반대했고 감옥에도 갇혔다고 주장하다가 결국 공식무대에서 사라졌
다. 가장 의미 있는 인물이 푸셰였다. 그는 리옹에서 자기 심복이었
던 사람들을 끌어모았고, 이로써 콜로 [데르부아]를 1793년 살육의 유
일한 책임자로 승격시키는 효과까지 얻었다. 다른 사람들은 일치단결
해서 맞서기로 했다. 로베스피에르의 희생자였던 앙토넬은 민중협회
들과 관계를 맺었다. 이 시점의 민중협회를 올바로 이해하려면 신에
베르파로 규정해야 한다. 그들은 1793년 헌법과 최고가격제를 지지
하고 로베스피에르나 혁명정부가 없는 상태를 원했기 때문이다. 특히
콜로 데르부아나 비요 바렌 같은 의원 집단은 마지막 몽타뉴파가 되
었으며, 회의장의 맨 꼭대기에 앉았기 때문에 '크레투아crétois'[산꼭대
기]라는 이름을 얻었다. 그때까지 '인류', '인민'을 지칭하거나 국민의
'대표들'의 행동을 정당화하기 위해 채택한 범주들이 흔들리면서 여

론도 완전히 붕괴했다.

지롱드파 의원 73명이 복권되어 12월 9일 국민공회에 돌아오고, 16일에 카리에가 단두대에 오른 뒤, 12월 27일에 바디에·바레르·콜로 데르부아·비요 바렌이 국민공회에서 고발당하고, 방금 석방된 살라댕Saladin이 이끄는 21인 위원회로 이첩되었을 때 또 한 단계를 넘겼다. '4인방' 재판은 그들을 카리에와 같이 취급하는 문제에서 머뭇거렸다. 국민공회 전체를 범죄자로 모느냐, 아니면 모든 기관의 활동을 문제 삼지 않을 정도의 '실수'를 저지른 것으로 판단하느냐의 갈림길에 있었기 때문이다. 다르티구아트Dartigoeyte나 자보그처럼 진정한 '불명예 고리'에 갇힌 파견의원들과 위세나 그리뇽Grignon같이 방데에서 임무를 수행한 군인들도 비슷한 내용으로 고발당했다. 앙제의 혁명위원회 위원들도 바디에처럼 사람의 피부를 벗기는 데 참여했다고 고소당했다.

'4인방'의 책임을 놓고 국회에서 벌어진 토론은 두 달이나 계속되었기 때문에 왕당파 젊은이들이 참지 못한 나머지 당장 '정의'를 실천하라고 요구했다. 1792년 9월 학살을 일으킨 기제라 할 '인민의 정의'가 너무 느린 재판을 다시 대체했다. 그러나 정치적 방향은 3년 전과 반대가 되었다. 1795년 2월 8일, 마라의 유해를 팡테옹에서 철수했지만, 끈질긴 전설과 반대로 하수도에 버리지 않았으며 몰래 다시 매장한 일은 주목할 만하다. 정치적으로 자코뱅·몽타뉴파·상퀼로트를 가리지 않고 전국적으로 공격하는 분위기로 바뀌었다. 한 가지 사례로 오른Orne에서는 1792년 여름에 약탈과 살육을 자행했다는 혐의로 혁명가들을 재판했다.

리옹은 반혁명과 영국 첩보전의 중심지가 되었기 때문에 이미 받았던 사면과 복권조치가 취소되면서 긴장이 고조되었다. 자코뱅파와 청산해야 할 문제를 가지고 있던 모든 당국은 권력을 잃은 그들을 조금도 보호해주지 않고 오히려 그들에게 낙인을 찍었다. 1795년 2월부터 소집단들이 옛 행정관이나 판사 또는 혁명위원회 임원들을 공격하는 일이 늘어났다. 2월 14일에 50여 명이 옛 혁명위원회 위원 페르네스Fernex를 호위했지만, 군중이 대낮에 그를 '공포정치가'라고 붙잡아 익사시키는 것을 막지 못했다. 이 순간부터 리옹에서 마구잡이 복수가 시작되었고, 인근 지역에서 론 강 유역을 거쳐 신교도들이 접수한 니스까지 퍼졌다.

'고발자와 피고발자 명단'에 이름과 주소를 함께 발행해서 불에 기름을 붓듯이 일을 키웠으며, 후세는 그것을 백색공포라 부르게 된다. 희생자들의 친척, 탈영자, 분명히 존재했던 '예수의 단체compagnies de Jésus'[4]와 얽힌 왕당파가 무장단체를 구성했고, 그들의 행위에 우호적인 구경꾼과 증인들이 가담하기도 했다. 1795년 2월부터 6월까지 그들은 리옹에서 특별히 '마트봉mathevons'이라 부르는 '공포정치가들'을 죽이고도 처벌받지 않았다.[5] 1795년 2월 23일, 국민공회는 자코뱅

---

4   루이 15세 치세에 해산한 예수회와 달리 혁명기 리옹에는 '제위의 단체Compagnie de Jéhu'가 있었는데, 이를 '예수의 단체'라고도 불렀고, 옛날의 예수회와 친했던 사람들의 모임인 'Les Aa'도 있었다(G. Lenotre, La Compagnie de Jéhu: Épisodes de la réaction lyonnaise 1794-1800: III: La Chasse aux mathevons, in *Revue des Deux Mondes*, Vol. 55, no. 3, 1930, pp. 518~550 참조).

5   '마트봉'은 못대가리나 나무 꼭대기를 자른다는 말(étêter)에서 나왔다.

과 상퀼로트를 적들의 손에 넘기라는 강요에 어쩔 수 없이 그들을 무장해제하고 가택 연금하는 법을 통과시켰다. 특히 아르데슈에서 보듯이, 가톨릭 신도인 가난한 농민과 개신교도인 공화파 부르주아가 정치·종교·문벌·사회의 모든 분야에서 벌인 투쟁은 1780년대의 사회적 약탈행위와 1790년 이후의 대립과 뒤얽혔다.

상퀼로트의 끝

그 후 몇 달 동안 그 지방에 학살이 잇달았으며, 파리에서는 상퀼로트의 무력시위가 일어났다. 여태껏 학자들은 두 가지 계열의 사건을 따로 인용하고 연구했다. 마치 지방의 학살은 '반동분자들'이 '공포정치가'들을 죽음으로 몰아간 사건이며, 파리의 사건은 '상퀼로트'와 마지막 몽타뉴파가 명예를 건 싸움을 벌인 것이라는 식이었다. 그런 일은 일어나지 않았다. 우리가 1795년까지 몇 년 동안 일어난 사건에서 다양한 세력이 힘을 합치고 여러 가지 실행방법을 연구하는 준비 과정을 추적할 수 있듯이, 1795년 몇 달 동안의 폭력 행사는 전국에 널리 퍼져 있던 복수심이 표출된 것이었다. 난처한 의원들이 교묘하게 망설일 때 파리 문밖이나 부자 동네에서 온 '민중'이 갑자기 나타나서 의원들의 궤변을 거부하고 즉각적인 해결책을 요구했다.

관찰자들이 지배적인 의견을 먼저 참조했기 때문에 '대중'의 의견은 정통성을 갖는 출처가 될 수 없었다. 공공생활을 통제하기 시작한 이상야릇한 현상을 규정하기 위해서 '오피니옹 도미니크opinion dominique'[하늘의 뜻]라는 말을 만들었다. 생필품이 계속 부족하고 물가가 정신없이 치솟았으며, 아시냐의 가치가 날마다 떨어졌기 때문에 1791년과 1792년처럼 아낙네들이 가게 앞에서 주도적으로 소란을 피우는 일이 늘었다. 사실상 그들이 언제나 명확하게 요구를 했던 것은 아니다. 그들은 정부가 빵값을 적당한 수준으로 되돌려주기 바랐지만, 로베스피에르 시절을 그리워하는 동시에 권위의 보호를 바라는 인민의 왕정주의도 잃지 않고 있었다. 몇 년 동안 유연한 구조를 가지고 존속할 동네 정치클럽에서 활동하고, 좌파의 모든 흐름의 도움을 받았던 신에베르파 투사들이 이러한 불만을 정치화하는 데 이바지했나. 그들은 파리에서 저항의 행진을 조직했고, 왕당파 뮈스카댕과 상퀼로트가 싸우고 있었다.

1795년 3월 21일(공화력 3년 제르미날 1일)에 시에예스가 발의한 '중대치안법loi de grande police'이 통과되면서 갑자기 긴장이 고조되었다. 이것은 국민공회를 위협하고, 의원들을 모욕하거나 선동적인 구호를 외치는 시위자들을 사형시키는 법이었다. 심지어 시에예스는 파리인의 압박에서 벗어나기 위해 국민공회를 샬롱 쉬르 마른으로 옮길 수도 있다고 말했다. 이튿날, 의원들은 '공포정치가' 네 명[바디에·바레르·콜로 데르부아·비요 바렌]의 고소문제를 토론했다. 사면은 연말에야 채택되었으므로 그때는 고려사항이 아니었다. 의원들이 새 헌법도 준비하기로 의결했기 때문에 더욱 혼란스러워졌다. '선량한 시민들'에게 소총을 나눠주면서 상퀼로트는 파리의 일부 섹시옹을 다시 통제하게 되었고, 파리 코뮌, 1793년 헌법, 최고가격제로 돌아가자고 주장했다. 1795년 4월 1일(공화력 3년 제르미날 12일)에 파리에서 무질서한 소요사태가 발생하자 계엄령을 내리고 옛 공포정치가들을 무장해제시켰다. 4인방은 귀얀으로 유배형을 받았지만, 바디에는 이미 도주했고, 바레르는 몸을 숨긴 덕에 유배형을 피했다. 그 뒤 몽타뉴파 16명을 붙잡아 투옥했고, 혁명법원의 푸키에 탱빌과 15명을 한 달 반 이상 재판한 후에 처형했다. 권력을 잡은 국민공회 의원들은 1793년에 직면하면서 명백히 어려운 처지에 놓였다. 테르미도르에 그것을 잊고 타협하면서 시작한 절차는 갈등으로 이어지고 4월 12일에 1793년 헌법을 적용할 기구를 조직하는 법을 기초하기로 결정하는 데까지 연장되었다. 국가경영은 사건의 영향으로 계속해서 재구성되는 적대 세력들의 대결과 긴밀히 연결되었다.

분명한 사례가 있다. 1795년 5월 20일(공화력 3년 프레리알 1일)에 생탕투안과 생마르셀 문밖 주민들이 경종 소리를 듣고 동원되었으며, 아낙네들이 떼를 지어 국민공회를 향해 행진한 뒤 국민방위군이 출동했다. 위기가 가중되자 아낙네들이 거리로 나섰지만, 여론을 선동한 자들은 감옥에 갇힌 채 19일에 2년 전과 같은 사태를 일으킬 준비를 한 자코뱅과 에베르파였다. 「빵을 구하고 권리를 되찾기 위한 인민의 반란」이라는 시사평론이 시위의 성격을 설명해주었다. 사실상 이 글은 그때까지의 집단행위와 관계를 끊고, 구호를 정하고 투사들을 재집결시키는 19세기 혁명가들의 행동방식을 예고했다. 즉시 아낙네들이 온갖 소문에 휘둘려 무질서한 상태로 국민공회로 쳐들어가서 요구사항을 전달하고, 프레롱을 잡지 못하자 그 대신 페로Féraud를 잡아 목을 잘랐다. 샤를로트 카를미젤리Charlotte Carlemigelli는 기근의 책임자인 부아시 당글라를 죽이지 못해 분노하면서 살육을 요구했다. 부아시 당글라는 의장직을 수행하다가 동료의 머리를 보고 '복종했고', 10여 명의 몽타뉴파가 1793년 혁명으로 되돌아가기 위해 준비한 법령에 서명하기를 거부했다. 부자 동네의 국민방위군이 개입해서 자정에 군중을 내몰았다.

결정된 것이라고는 하나도 없는 상태에서 1년 이상 조용히 있던 파리 민중이 다시 강하고 위험한 존재가 되었다. 이튿날 남자들이 반란을 지휘했다. 파리 문밖의 국민방위군, 특히 포병들이 국민공회를 둘러쌌지만, 반란자들이 주도적으로 나서지 못한 채 망설이는 동안 5월 21일 저녁에 기회를 놓쳤다. 22일에 기병, '선량한 시민들', 왕당파 젊은이들이 므누Menou의 지휘를 받아 탄압을 시작했다. 저항은 곧 멈췄으며, 반란이 진압당하자 곧바로 군사위원회가 반란자를 심리하기 시작했다. 36명에게 사형을 선고하고, 남성 70명에게 감옥행과 유배형을 내리는 동시에 여성의 경우 1792년 이후 행적을 추적했다. 상퀼로트의 무장해제를 명령하고, 거리에서 아낙네가 다섯 명 이상 모일 수 없게 했으며, 법원에서도 마찬가지였다. 여성을 공적 영역에서 배제하는 일은 1793년 10월에 시작해서 이렇게 완성되었다.

국민공회는 무장해제 작전에서 1,000명 이상을 체포했다. 그렇다고 해서 민중의 정치적 좌파를 근본적으로 뿌리 뽑았다는 결론을 내려서는 안 될 것이다. 예전의 사례에서 보았듯이, 갈등과 탄압은 이질적 집단들 속에서 일어났던 만큼 더욱 폭력적이고 눈에 띄었다. 특히 파리 중심부와 동쪽에 아주 다양한 인구가 사는 동네, 주민들이 늘 대립하는 동네에서 상퀼로트를 탄압했다. 온건파가 잘 통제하는 부유한 동네에서는 개인 몇 명만 탄압했다. '민중'의 통제를 받는 섹시옹에서는 동질성을 유지한 덕에 고발과 투옥이 제한되었다. 이후 그곳은 좌파 야당의 요새가 되었다.

그렇다면 자살만이 유일하게 남은 저항의 방법이었을까? 몇 가지 눈에 띄는 사실이 그것을 보여줄 것이다. 파리의 뒤넬Dunel 가족은 오믈렛에 독을 넣어 자살을 시도했지만, 남편은 죽지 않았다. 몽타뉴파의 세 의원인 뒤케누아Duquesnoy·롬·구종은 6월 17일(프레리알 29일)에 재판을 받을 때 단도로 자결했지만, 다른 피고 부르보트Bourbotte·수브라니Soubrany·뒤루아Duroy는 실패하고 단두대에 올랐다. 에베르파나 몽타뉴파의 투사들은 이러한 실패에서 현실적인 결론을 얻었다. 바뵈프 같은 사람들은 은밀한 활동으로 전환했는데, 특히 브리오Briot는 자코뱅의 비밀협회들을 가동했다. 앙토넬이나 리고메르 바쟁Rigomer Bazin 같은 사람들은 공식적으로 신문을 통해, 그리고 선거인 클럽에서 정치에 개입하며 공화파 야당 정치를 한층 더 열심히 하겠다고 예고했다.

이렇게 프랑스 좌파는 조직을 갖추는 과정에서 민중운동이 갈피를 잡지 못하는 사이에 자율적인 '정치적 계급'이 되었고, 민중운동은 곧 다른 회원들을 가입시키는 쪽으로 가닥을 잡았다. 그러나 '고전적' 역사학이 인정하는 것처럼 명사들의 우파가 대립을 승리로 이끌었는지는 확실하지 않다. 좌파 쪽으로 발사한 추는 기대한 범위를 넘어서 백색공포까지 연장되었고, 분명히 승리한 국민공회 의원들이 그 추를 멈춰야 했기 때문이다.

백색공포와 왕정주의

1795년 2~3월에 리옹이나 님에서 일어난 자코뱅 학살은 파리 사태
의 영향을 받아 4월과 5월에 다시 일어났다. 4월 23일부터 리옹에서
일제 단속으로 잡힌 사람들이 감옥마다 넘치는 듯했다. 5월 4일(플
로레알 15일)에 감옥에서 학살이 일어났다. 5월 11일에 엑스Aix, 25일
과 6월 20~21일에 타라스콩Tarascon, 6월 5일과 6일에 마르세유에서
400~500명이 떼를 지어 감옥을 부수고 자코뱅만 골라서 학살했다.
관련 당국들은 경황이 없었고, 때로는 학살에 동의하기도 했다. 학살
이 일어나는 곳이면 어김없이 소집단들이 대낮에 수감자의 가족인 듯
한 구경꾼들 앞에서 '9월 학살자septembriseurs'의 만행을 되풀이했다.
남프랑스 전역이 흥분하면서 사태가 절정에 달했다. 툴롱의 자코뱅이
반란을 일으켜 '반동'으로 바뀐 도시를 공격할 군대를 파견하기도 전
에 '선량한 시민들'을 학살한다는 소식을 들었기 때문이다. 진짜 전투
를 벌여 자코뱅을 진압했고, 이어서 살육이 걷잡을 수 없이 자행되었
다. 결국 엄청난 폭력이 폭발해서 2,000명 이상의 몽타뉴파·상퀼로
트·관리·법원 관계자·밀고자들을 마구 폭행하고, 수장시키고, 칼로
베고, 목을 매달았다. 이러한 상황에서는 복수와 '일탈'이 일어나게
마련이었다. 부슈 뒤 론Bouches-du-Rhône에서는 여성을 강간하고 성병
을 옮긴 남성을 매달아 죽였다. 어떤 학살자는 자기가 죽인 사람의 귀
를 간직하기도 했다.

이미 1790년과 1792년 사이에 배출구를 찾았고, 1793년 여름에
권력을 잡은 파벌이 연방주의의 위기가 닥쳤을 때 절정에 달했으며,

혁명정부가 침묵을 강요하고 극단주의자들의 진상을 숨긴 시기를 넘겼을 때처럼 이번에도 케케묵은 복수를 되풀이했다. 정파와 문벌의 적대감은 꺼질 줄 몰랐고, 1814~1815년에 론 강 유역에서 다시 강하게 나타난다. 다른 곳에서는 이 같은 단계에 도달한 적이 없었기 때문에 우리는 근본적인 과정부터 이해할 필요가 있다. 1795년 6월, 라 로셸La Rochelle에서는 정치와 사회의 쟁소를 다루는 법적 절차가 끝나면서 '공포정치가'를 충분히 색출하고 벌했다. 그럼에도 서부의 다른 곳에서는 내전이 다시 일어났고, 지역 간 적대감을 살육과 전투에 쏟아부었다. 그러나 남서부의 공화파 당국은 대부분의 복수를 통제하고 숨어 있는 긴장을 표출하지 못하게 막았다.

가상의 '분노'나 메아리 현상을 내세우는 것으로는 충분하지 않다. 1795년에는 지방마다 집단 관습에 따라 1793년에 대해 다르게 반발했다. 남동부와 론 강 유역에서는 지중해 연안에 분명히 존재한 족벌·가문·파벌 제도를 바탕으로 한 사회 집단 속에 국민국가의 정치가 침범해 상호 작용하도록 휘저었다. 루아르 강 이북의 계급투쟁, 서부 피보호자의 충성심, 남서부나 알프스 지방의 행정구조를 중심으로 조직된 사회들에서 우세한 모습은 달랐다. 프랑스는 남동부의 족벌과 가문의 지대, 북부의 자본주의자들의 지대, 서부의 영주들의 지대, 끝으로 남서부의 지방 명사들의 지대로 나뉘었다고 생각할 수 있을까?

그래도 나라를 통합하는 요소로 꼽을 수 있는 것이 있었다. 교회를 다시 열고 예배의 자유를 누리게 하라는 요구가 거의 모든 곳, 심지어 '청색' 공화파 지대에서도 나왔다는 것이다.[6] 이러한 요구는 종교문제와 정치문제의 관계가 끊어졌고, 농촌 주민들은 혁명정부가 무력화하지 못했던 자율성을 유지하면서 19세기에도 복잡한 정치적 전통이 유지될 것임을 증명한다. 지방의 균형회복은 전국 어디에서나 볼 수 있는 사례였고, 웨프Weppes 지방이나 오티외 쉬르 르 포르 생투엥Authieux-sur-le-Port-Saint-Ouen처럼 지역사회가 테르미도르를 지나면서 아무런 폭력행위를 겪지 않았지만, '상퀼로트'가 차지했던 권력의 자리에 옛날 서열들을 되돌려놓은 곳도 있었다. 시대착오적인 얘기일지 몰라도, 불평분자들이 슈앙파 패거리들의 지원을 받아 목소리를 낼 수 있었던 외르처럼 '법'과 '실제'가 일치하는 상태로 돌아갔다고 생각하고 싶다.

백색공포가 널리 퍼진 이유는 분명히 이념적 신념보다는 분열된 주민들 사이에 불만이 팽배했기 때문이다. 그러므로 공포정의 조치를 거부한 지방에서 '온건파'와 지롱드파 혁명가들도 급진화에 많은 대가를 치렀다. 병력 동원, 탈기독교 운동, 그리고 좀 더 광범위하게 국가가 침탈당했을 때 물자 징발을 거부하는 상황에도 이러한 감정이 한몫했다. 백색공포는 망명자들과 반혁명 분자들의 개입보다는 지방의 원망 때문에 생겼다. 오베르뉴에 '백색' 군대, 리옹에 왕당파 젊은 이의 무리와 '예수의 단체들', 론 강 유역에 '태양의 단체들compagnies du Soleil'[7]이 존재했고, 또 폭력시위에서 한몫했음이 분명하다 할지라도, 모든 반대자를 반혁명보다는 보수적 성격이 더 강한 '공포주의'로

---

6   당시 백색은 왕당파나 보수파, 청색은 공화파의 상징이었다.

7   리옹의 '제위의 단체'(예수의 단체)에서 영감을 받아 1795년 초에 프로방스와 가르에 조직한 무장단체. 파견의원의 지시나 묵인으로 자코뱅을 살육했다.

집결시키지는 못했다. 그들은 어떠한 당파도 아니었고, 구체제로 돌아가기를 바라지도 않았다. 그래서 그들은 아무 문제 없이 제국의 편에 설 수 있었다.

5월 말부터 지방과 국가 당국은 그때까지 복수를 허용했음에도 왕당파의 위세를 두려워했기 때문에 파견의원들에게 공화국 질서를 확립하는 임무를 주었다. 리옹에 계엄을 선포하고 군대를 파견했다. 그 결과, 9월에 왕당파가 파리에서 권력을 잡으려고 시도할 때도 아무런 소동이 일어나지 않았다. 왕당파 지도자 레스탕Les Tang이 고립되었다가 붙잡혀 1796년 2월에 처형당한 콩타와 아비뇽에서 사태가 어떻게 진행되었는지 확인할 수 있다. 백색공포는 방데의 영지와 슈앙파가 우세한 서부와는 전혀 관계가 없었다. 서부에서는 왕당파 교리가 분명히 구현되었기 때문이다.

국민공회는 1795년 7월 이후 사실상 남동부를 다시 장악했다. 그 후의 복수와 재정비 과정은 보는 사람마다 그 나름대로 추잡하다거나 불가피한 일로 파악한다. 1789년 이후 혁명으로 얻은 것을 확고히 정착시키기 위해 재편된 정치지도층이 이런 공식을 본다면 대개 오싹할 것이다. 그러나 국내외에서 우세한 정치 상황을 보면 그들을 이해할 수 있다. 이제 혁명은 군대와 연결되어 적을 정복할 발판을 찾고 있었기 때문이다.

2장

새로운 체제

1795년 이후 사랑을 받지 못하고, 잘 알려지지도 않았으며, 명확한 정의를 내릴 수 없는 체제가 자리 잡았다. 역사가들은 그것을 정의하려고 노력했지만 오랫동안 망설였다. 그것을 어떻게 봐야 하는가? '부르주아 체제'가 제국으로 이행한 것인가, 또는 혁명의 혼돈 상태가 마지막으로 요동친 것인가? 차라리 오늘날에는 관점을 바꾸어서, 총재정부는 수많은 반대를 무릅쓰고 전례 없는 사회관계를 발명한 '새로운 체제'였던가, 아니면 1794년부터 1804년까지 프랑스를 지배한 독단적 공화국의 구성요소 가운데 하나였던가? 이 문제를 아는 것이 중요하다. 여기서도 역시 집단 연구를 통해 사람들의 모험과 다양한 단계가 나타난다. 그들은 새로운 서열을 정착시키고, 사회의 근대화를 추진하며, 공통의 지평을 발견하고, 앞 시기에서 물려받은 것을 확보하기 위해 모험을 감행했으며, 가끔 예측하지 못한 채 다음 단계로 넘어갔다. 우리는 이러한 시도를 살펴보고자 한다.

공화국의 확인

[1794년 7월 27일에 시작된] 테르미도르 정변의 1년 후 몽타뉴파를 제거한 국민공회는 모든 분야에서 성공의 길을 걸었던가? 앞으로 혁명의 프랑스가 유럽 전역을 점령하기 때문에 1795년 여름에 일어난 일에서 성공을 확인할 수 있을 것 같다. 여름과 가을에 벨기에를 다시 점령하고 10월 1일에 합병했다. 그와 동시에 프랑스군은 라인란트를 발판으로 삼고 맹추위에 얼어붙은 강을 건너 네덜란드를 침공해서 얼음에 갇힌 적군을 포로로 잡았다. 남부에서 프랑스군은 에스파냐령 페이 바스크와 이탈리아령 피에몬테를 침공했다.

적의 방어에 틈이 생기고 동맹도 깨졌기 때문에 프랑스군은 쉽게 승리했다. 영국을 포함한 일부 동맹군은 병사들의 반란과 혁명의 선전효과에 시달렸다. 식민지의 미래를 걱정하던 에스파냐, 1795년 1월 폴란드의 3차 분할에 참여하려던 프로이센, 전쟁에 신물이 난 토스카나는 협상에 참가해서 결국 평화조약에 서명했다. 토스카나는 1795년 2월 9일, 프로이센과 헤센은 바젤에서 4월 5일, 끝으로 에스파냐는 7월 22일에 각각 프랑스와 조약을 맺었는데, 에스파냐는 산토도밍고 섬의 일부인 히스파니올라 영토를 프랑스에 할양했다. 포르투갈, 피에몬테, 나폴리 왕국, 독일의 몇몇 제후국에 둘러싸인 영국과 오스트리아는 여전히 전쟁을 이어갔고, 제노바와 베네치아는 중립을 지켰다. 프랑스는 새로운 '유럽 질서'에 편입해 군주국들 사이에서 자기 자리를 차지하게 될 것인가? 가장 권력이 많은 국민공회 의원들이 팽창정책을 옹호했는데도 세간의 토론은 끝나지 않았다. 사실상 의원들은 점령국을 '위성국가'로 만들어 물자를 징발했고, 전쟁 당사국들의 일부가 더는 프랑스 왕정복고를 요구하지 않은 덕을 보았다.

프랑스의 성공은 대외정책을 수정하게 만들었다. 로베스피에르가 사라진 덕에 의원의 거의 전부가 자연적 국경, 국가 수호, 위대한 프랑스를 표방하면서 영토의 확장을 지지했다. 국민공회는 방어전쟁을 포기하고, 승리한 후에는 공개적으로 거래와 협상을 했다. 그리고 결코 사라진 적이 없던 외교 관행을 공개적으로 추구했다. 군주정 시기에 교육을 받은 외교관 바르텔레미Barthélémy가 스위스에서 협상의 핵심으로 활동했다. 합의에 따라 벨기에를 소유하는 대신 바비에르[바이에른]를 오스트리아의 영토로 인정했다. 그리하여 벨기에 애국자들의 말을 참고하거나 심지어 친구로 생각한 주민들에 대해서도 전혀 가책을 느끼지 않고 1794년 여름부터 시작한 점령지 수탈을 더 많이 자행했다. 프랑스는 벨기에의 나뮈르를 점령한 덕에 무기와 탄약을 징발할 수 있게 되었고, 파리에서 계속 혁명의 표어를 내세웠음에도 벨기에에는 정복자의 권리를 적용했다.

과거의 영광과 프랑스와 자율적인 관계를 강조하기 위해 '바타브bataves'라고 부르던 네덜란드 애국자들은 위협을 이해했다. 그들은 자기네 연락망을 이용해 혁명의 불을 붙이는 데 성공했고, 이어서 피슈그뤼Pichegru가 이끄는 프랑스군이 총독의 지지자들을 몰아냈다. 프랑스가 개입한 덕에 그들은 계획을 실천할 수 있었다. 1795년 5월 16일, 라에에서 시에예스가 네덜란드에 부과한 조약은 프랑스가 어느 선까지 정복했는지를 보여준다. 프랑스는 네덜란드 영토의 일부를 벨기에와 합병해 1억 플로린[굴덴][1]의 배상금을 받았고, 2만 5,000명의 점령군 유지비로 매달 100만 플로린 정도를 지불하게 만들었다. 그 결과, 프랑스가 '해방한' 네덜란드는 영구히 재정위기의 늪에 빠졌다. 그 대신 비밀조항으로 네덜란드의 식민지 소유를 보장했다. 이러한 조항을 넣는 것은 독창적이라 할 수 없다. 폴란드에 대해 러시아가 한 것처럼 유럽의 열강은 작은 나라를 복속한 뒤에 똑같이 행동했다. 프랑스의 가난한 상황도 정복 의지를 너무 빨리 실천할 수 없었던 이유였다. 프랑스가 유럽 국가들과 공조하는 문제는 국내에서 토론거리였으며 관계의 단절로 이어졌다는 것도 사실이다.

유럽 북부의 애국자들은 지롱드파와 가까운 사람들이 많았고 수년 간 정치적 경험을 쌓은 부자였는데, 상황이 자기네 이상을 실현할 수 없는 쪽으로 흘러가자 모습을 드러내지 않았다. 그러나 부르봉 가문은 직접 결과를 감내했다. 망명한 왕족은 오스트리아를 비롯한 유럽 왕실들의 지원을 하나도 받지 못하게 되자 왕정복고가 멀어졌다고 보았다. 유럽 군주들은 언제나 실각하거나 살해당한 군주들을 지켜본 경험이 있었다. 그들은 프랑스 문제에 직면해서 반혁명의 십자군에 참여하려 들지 않았고, 왕을 시해한 대사를 되도록 맞이하지 않으려 했지만 거부하지도 않았다. 그들은 자기 나라 백성이 무너지는 것을 가장 두려워했다. 무엇보다도 국시가 최우선이었고, 반혁명은 통합의 깃발이 아니었다.

1795년 6월 9일, 루이 17세(루이 16세의 차남)가 죽었다는 소식도 프

---

1   18세기 말, 1굴덴은 황금 0.6그램 조금 넘는 가치를 지녔다고 한다.

랑스 반혁명 세력을 돕지 못했다. 일부 온건한 왕당파는 그가 왕위에 오르기를 바랐고, 그때는 양쪽 극단주의자들을 제거하면서 나라를 통일할 수 있다고 생각했다. 이러한 전망은 스위스에서 위컴Wickham을 중심으로 활동하던 영국 첩자들의 지지를 받았지만 무너졌다. 더욱이 탕플 감옥에서 왕세자가 죽은 상황이 명확히 밝혀지지 않았기 때문에 온갖 억측이 나돌았다. 심지어 그를 숨겨놓았다고 생각하면서 찾아 나선 사람도 있었다. 망명 중인 왕족들은 그의 숙부이자 섭정인 프로방스 백작을 프랑스 왕으로 선포했다. 그는 1795년 6월 16일에 이탈리아 베로나에서 프랑스에 군주정을 회복하겠다는 의지를 천명했다. 그는 왕좌와 제단의 관계도 인정했지만, 군주정의 이상을 교회 위에 놓았다. 이 때문에 가장 보수적이며 클리시Clichy 클럽에서 확고한 왕당파의 환심을 사려고 노력하던 국민공회 의원들의 입지가 약해졌다. 사회적 서열을 존중하는 두 흐름이 어떤 체제를 더 좋아하는지와 상관없이 가까워지려던 참에 화해할 수 없게 만들었기 때문이다.

14세기에 걸친 프랑스 군주정의 역사에 자기 통치의 발자취를 남기려는 욕망은 입헌군주정 지지자들의 희망을 사실상 무산시켰지만, 오히려 가장 강경한 신념을 강화했다. 같은 순간에 교회와 국가를 분리하는 정책, 그리고 스토플레와 방데에서, 코르마탱과 브르타뉴에서 맺은 평화조약에 만족한 교황권 지상주의자 가톨릭교도들도 상처를 입었다. 끝으로 루이 18세[루이 16세의 동생]가 샤레트를 총사령관으로 인정했을 때 스토플레를 위시해서 방데와 슈앙파 지도자들이 그를 더욱 적대시했다는 사실도 알아야 한다. 그러나 이 모든 것이 군대의 운명에는 거의 영향을 끼치지 않았다. 1796년 4월에 공화국 군대가 이탈리아로 진격하자 루이 18세는 오스트리아의 지원을 받지 못한 채 변장을 하고 러시아까지 도주했다. 그러므로 공화제 모험을 하는 과정에서도 혁명을 추진하고 강화했다고 볼 수 있다.

공화국의 해결책

백색공포가 연장되자 국민공회 의원들은 타협하지 않는다면 원치 않는 '공포정'이 다시 나타날지 모른다고 두려워했기 때문에 혁명을 끝내야 한다는 사실을 분명히 깨달았다. 파견의원들의 태도 변화가 새로운 정책을 증명했다. 프레롱은 반혁명에 가까운 정책을 버리고 자치정부를 숙청하면서 공화국의 질서를 회복하는 데 힘썼다. 그는 1795년 말 자코뱅파로 보일 정도였던 마르세유의 시정부도 쇄신했다. 그러나 왕당파 언론인의 청문회가 계속 늘어나는 동안, 여전히 옥에 갇혀 재판을 기다리던 자코뱅과 상퀼로트의 운명을 결정하는 일이 남아 있었다. 당파의 분열을 잊고 공화국을 중심으로 국내 정치의 균형을 회복했다. 옛날에 지롱드파였건 몽타뉴파였건 노예제 반대자들은 부아시 당글라를 지지했다. 그는 식민지 교포들이 노예제를 부활하려는 목적으로 민주주의와 다양한 민족성을 존중한다는 핑계로 식민지에 프랑스 주권이 미치지 않게 만들기 위해 노력하고 교섭하는 데 반대했기 때문이다. 테르미도르 이후의 공화국은 교포의 권위회복을 막는 성벽 노릇을 했다. 부아시는 프레리알 1일에 보여준 태도 덕택에 많은 열매를 거두었다.[2] 그는 '무정부주의자'와 '반혁명 분자'가

정치를 위험에 빠뜨릴 때 자기 주위에 '성실한 사람들'을 모을 수 있는 '현장 활동가homme de terrain'였다.

새로운 힘의 관계가 새 헌법을 기초하겠다는 결정의 맥락을 잘 설명해준다. 1795년 국민공회 의원 700명 이상 가운데 거의 100명이 1793년의 지롱드파가 기초한 헌법을 거부했고, 몇 달 후 몽타뉴파가 주축으로 기초한 이른바 '공화력 1년 헌법'에 찬성했다는 사실을 기억해야 한다. 1794년과 1795년 초, 몽타뉴파 헌법을 바꾼다는 일은 예상치 못했고, 오직 2년의 유예기간이 끝나고 헌법을 근거로 적용할 조직법을 제정하는 일만 염두에 두었다. 이렇게 전혀 예상치 못한 단계에서 혁명정부를 강화하기 위해 새 헌법을 기초한다는 결정을 내렸다. 1795년 5월 6일에 헌법을 기초할 '11인 위원회'는 대체로 시에예스와 비슷한 사상을 가진 사람들로 구성했다. 그들은 1789년 이후에 지향하던 것들과 완전히 관계를 끊지 않는 한 해결할 수 없는 수많은 모순을 없애는 데 주력했다. 여기서 우리는 시에예스의 개인적 역할을 정확히 평가해야 한다. 그는 정부와 행정권을 구별하고, 헌법을 유지하고 지킬 '헌법재판소'를 제안하면서 복잡한 구조의 헌법을 위해 개입했다. 11인 위원회는 비록 국회가 헌법을 제정하지만 국회를 통제하는 기관을 두어야 한다는 시에예스의 제안은 거부했다. 하지만 권력기관들을 끊이지 않고 지속하기 위해 양원과 총재정부 같은 기구

---

2   1775년 5월 20일(공화력 3년 프레리알 1일)에 부아시 당글라는 의장직을 수행하고 있었다. 그날부터 파리 상퀼로트가 봉기하고 '빵과 헌법'을 외치면서 국민공회로 쳐들어가 페로 의원을 죽였다(1장의 '상퀼로트의 끝'에서 관련 내용을 참조할 것).

들을 일부 쇄신하자는 그의 제안은 받아들였다. 이러한 형식에는 체제를 존속시키려는 목적을 가진 유기론적 사회관이 필요했다.

'혁명을 끝내기'가 헌법의 근본정신이었다. 그래서 인권선언은 의무선언을 동반하면서 1789년의 토론과 다시 연결되었다. 1795년에 국민공회 의원들은 1789년 이후 되풀이해서 일어나는 문제에 답했기 때문에 연속성이 우선했다. '권리'에서 '의무'가 파생될 경우, 국민공회 의원들은 1793년 헌법을 부분적으로 다시 썼다. 자유의 한계를 주장한 1793년 헌법 6조는 1795년에 격언처럼 표현을 바꾸었다. "남이 당신에게 하지 않기 바라는 일을 남에게 하지 말라." 두 단계의 납세 유권자 선거와 반란권 거부같이 '민중'의 개입을 제한하려는 의지를 예전의 헌법에서 강조하면서도 모호하게 남겼지만, 이번에는 분명히 기록했다.

국민공회는 21세 이상의 국내 거주자 남성으로서 능동시민의 자격을 위한 세금을 내면 유권자가 될 수 있도록 조건을 낮췄다. 그러나 캉통의 중심지에 모여 의원과 행정관을 뽑아야 하는 '선거인'은 25세 이상의 유산층으로 전부 합하면 3만 명 남짓이었다. 이처럼 과두정을 구성하는 경우, 의원 선거에 한 달 이상 걸렸듯이 선거를 오랫동안 실시했기 때문에 비록 선거인의 수는 적었지만 그들은 훨씬 넓은 범위의 여론을 반영했다. "인간은 자유롭게 태어나 평등한 권리를 누리면서 산다"는 1789년 인권선언의 1조는 1795년에 "인간의 사회적 권리는 자유·평등·안전·재산이다"로 바뀐 데서 가장 중요한 단절이 생겼음을 알 수 있다.

지난 6년 동안 지치지 않고 되풀이해서 질문하던 토론에서 가장 답변을 망설이던 문제는 정부를 정의하는 것이었다. 인민주권과 한 사람이 구현하는 행정부를 결합한 혼합 형태의 정부를 수립하는 문제에 직면한 11인 위원회는 총재 다섯 명이 행정권을 행사하는 것으로 의견을 모았다. 매년 한 명씩 새로 뽑는 총재는 입법부에 개입할 수 없지만 공식의전, 무장호위, 생활비를 지급받았다. 그들은 제한된 권력을 행사했지만, 주요 공직자를 임명하고 비밀조약을 체결하며, 특히 법을 적용하는 일을 지시할 수 있었다. 거기서 우리는 위원회의 랑쥐네Lanjuinais 같은 일부 위원이 왕정으로 돌아갈 준비를 하다가 좌절한 후유증을 볼 수 있을까? 이같이 호화로운 예우는 궁극적으로 체제가 독재로 나아가는 데 한몫했던 것일까?

언제나 이론상으로는 1795년에 행정부가 매우 엄격히 제약받았고, 입법부에 오직 정치적 방향만 제시할 뿐 조금도 개입하지 못했다. 그러나 실제로는 명령을 내릴 수 있었기 때문에 규제적 권력을 실제로 행사했다. 또 각급 행정조직에 위원을 임명해서 법의 적용을 통제할 수 있었다. 그처럼 그것은 진정한 의미로 '통치권력'이 되었다. 몇년 전부터 시작한 진화는 집정관정부와 제국 시기에 완성되는 중앙집권을 강화하는 길로 들어섰다. 가장 큰 혁신은 작은 코뮌들을 '캉통자치정부'로 재편한 데서 왔다. 농민을 관리하고, 지방의 지나친 자율성에 제동을 걸고, 권력에 빗장을 걸려는 계획에서 나온 조치였다. 그 실험의 결과는 복잡하게 나타났다. 공화파 투사들이 동원되고 청중을 얻을 수 있는 길을 막지 못했으며, 장차 집정관정부가 예전의 코뮌으로 되돌아가는 도지사 제도를 창안하고, 모든 코뮌이 그의 권력에 복종하게 만들 여지를 남겼다.

어떻게든 군사정변을 피하고자 군대가 파리 중심으로 50킬로미터 이내로 이동하려면 반드시 입법부의 허가를 받게 했다. 의원들을 정변의 위험에서 보호하기 위해 수비대를 설립했고, 800명으로 시작해서 곧 1,200명까지 증원했다. 안건 심의는 늘 공개적으로 했지만, '총위원회comité général'라는 비공개 위원회로 전환하는 경우도 있었다. 외교문제에서는 이미 이러한 방식이 관행이었고, 1789년부터 정치의 비밀을 거부한다는 원칙을 깨뜨렸다. 그러나 1793년 이후 정부의 모든 기관의 관습은 유지했다. 그들은 전쟁을 수행하고 선전을 이용하는 동시에 절대로 외교를 거부하지 않았다.

위원회의 일부 위원들이 이미 입헌군주정을 염두에 두고 있었지만, 입헌군주정을 회복하는 일을 거부하고 공화제의 틀을 유지하기로 했다. 따라서 입법부는 계속해서 주권의 유일한 대표이자 합법성의 유일한 저장소로서 정치체제의 중심이었다. 이미 단원제에서 경험한 내부 갈등 같은 위험을 제한하기 위해 입법부를 '원로원Anciens'과 '500인회Cinq-Cents'의 두 '분야sections'로 나누기로 했다. 이는 양원제 bicamérisme와는 다른 제도였다. 두 의회deux assemblées는 적대관계가 아니라 보완관계의 두 원deux Chambres이었다. 한마디로 이들은 한 몸의 두 부분이었다. 둘 다 같은 기초 위에서 뽑혔는데, 단지 원로원에는 나이와 결혼생활의 조건을 충족한 사람만 들어갈 수 있었고, 둘 사이에 우열한 관계는 없었다. 돈은 가치가 떨어질 수 있기 때문에 의원의 보수를 밀값blé으로 정했다. 왕당파는 이 조치를 조롱했다. 500인회가 법을 발의하면, 원로원이 의결했다. 두 의회는 상설위원회에 발을 들이지 못했고, 상호 소통도 할 수 없었다.

주의사항이 지나치게 많으면 기구들을 마비시키는 일이 일어난다는 사실을 쉽게 짐작할 수 있다. 그러나 역사학에서 우세한 이러한 해석은 사실을 놓치기 때문에 생긴다. 1799년의 실패는 헌법에 기록되지 않았다. 2세기 이상 존속한 스위스 정치제도가 공화력 3년 헌법의 영감을 받았다고 생각해야 하는가? 이 헌법을 엄격하게 적용한 적이 없고, 현실에서 언제나 회피했음은 분명한 사실이다. 이러한 방식으로 헌법을 시행했던 것이다. 다음 장에서 다루듯이, 1799년 정변이 성공하면서 헌정이 실패한 이유를 헌법보다는 국내 힘의 관계라는 맥락에서 찾아야 한다. 따라서 혁명의 사망진단서를 끊고 게다가 혁명을 부인하는 것은 다양한 이념의 기준에 영향을 받은 결론일 뿐이다. 몇년의 경험이 공화국 정치인들의 결정에 중대한 영향을 끼쳤다.

이질적 흐름이 만나는 곳에서 나온 이 헌법은 프랑스의 모든 제도에서 존속하게 될 제한적 공화주의와 자유주의를 발명한 의회체제의 기초를 놓았다. 이것은 1789년·1791년의 헌법, 그리고 심지어 '장악 mise dans la poche'하지 못한 몽타뉴파 헌법, 즉 1793년 6월 헌법의 연장선에 있었다. 실제로 9월에 통과시킨 1795년의 혁신만이 1793년 헌법에서 직접 영감을 받았다. 입후보와 직접선거 방식은 콩도르세·에로 드 세셸·생쥐스트가 제안을 따랐다. 확실히 1793년처럼 선거인과 피선거인의 신분을 강화하는 것은 문제가 아니었다. 그러나 정통성을 가진 주권을 주장할 수 있는 지속 가능한 선거인단을 구성하지 못한 것은 문제였다.

선거는 언제나 집단적 절차로 치렀다. 최소한 며칠 동안 선거인이 모였을 때 투표인 이름을 하나씩 불러 투표를 실시했고, 당선인도 마찬가지였다. 후보자 명부에서 각 후보가 얻은 표를 집계해서 당선인을 뽑았기 때문이다. 1795년에도 기존의 지위를 유지하는 것에 관심 있는 유산자들에게 의존하는 데서 해결책을 찾을 수 있다고 생각했지만, 이러한 선거의 목적은 모든 국가기관을 안정화해서 1789년부터 생긴 문제를 해결하려는 데 있었다. 그러나 과거처럼 다양한 정치적 견해를 받아들이지 못하고, 정치가 공개적인 대결의 공간임을 이해하지 못하는 풍조가 남아 있었다. 공화력 3년에는 시민들에게 맹세를 강요하지 않았지만, 법을 확실히 준수하게 만들었고, 정치적 의견을 자유롭게 표현하지 못하게 했다. 1796년 1월에 다시 맹세를 시킨 것은 체제가 안고 있는 수많은 모순을 자기 힘으로 해결할 능력이 없다는 뜻이었다. 정부의 활동과 규제력에 충분히 관심을 쏟지 못하고 여전히 의회의 권한을 믿는 풍조가 남아 있었다. 이 점에서 우리는 사회지도층이 계몽주의와 그보다 오래된 공화주의 전통에서 물려받은 사고의 틀을 어떻게 유지했는지 알 수 있다.

1796~1797년에 발명된 말로 '공론가들idéologues'은 마담 드 스탈과 콩스탕을 중심으로 입헌왕정주의자들과 만났다. '공론가들'은 신중하고 몇 년 동안 박해당한 지성인으로서 합리적이고 효율적인 정부 제도를 추구했다. 그들은 교육이 사회통합에 반드시 필요한 요소라고 생각했다. 입헌왕정주의자들은 질서를 지키고 싶다면 더 좋은 대안이 없는 한 공화국 편에라도 서라고 권고했다. 그들은 시민과 사회적 인간의 존재를 혼동하는 고대의 공화국이 전해준 이상을 포기했고, 근대인들의 개인주의와 자유분방한 자유를 수호하기 위해 '세르클 소시알'의 우애를 강조하는 공화국의 이상향, 또는 로베스피에르처럼 도

덕과 덕성으로 이끄는 공화국을 비판했다.

비록 논란의 여지가 있지만, 이러한 반성과 개입은 타당성과 영향력을 인정받아야 마땅하다. 그 덕에 우리는 총재정부를 단지 부패와 쇠퇴의 관점으로 보거나, 순전히 계급정치의 결과나 단순한 '과도기transition'로 보지 않는다. 모든 정치가가 총재정부가 나아가는 방향을 보고 실망하게 되었고, 1799년에 다소 지속적으로 보나파르트 편에 섰다 할지라도, 그들은 19세기 제3공화국과 자유주의자들의 모범이 되었다. 모든 정치가가 확실히 공포정이라는 딱지를 붙일 만한 1792~1794년의 경험을 거부하는 한편, 개인의 자유를 보장하는 공공의 법과 사법제도를 존중하는 공화국의 정치적 언어를 다듬었다. 1789년에 형성한 혁명의 상상력은 사라진 것인가? 선량한 의지를 집결하기에 충분한 신념이 확실히 가장 급진적인 형태로 나타났지만 1792년부터 1794년까지 시련을 겪은 후에 더는 유지되지 않았다. 그러나 1791년에 태어난 공화국의 이상은 유지되고 보호받았다.

왕당파의 위협

힘으로 질서를 유지하는 일을 정당화할 필요가 있었다 해도, 헌법을 기초하는 동안 일어난 사건들은 공화국의 무장에 찬성하는 사람들을 물 만난 고기처럼 만들었다. 1795년 6~7월에 서부에서는 망명자와 영국인들이 슈앙파 반군과 합동작전으로 키브롱Quiberon 만에 병력을 상륙시켰다. 대규모 해상작전은 슈앙파 장군 퓌자이가 피트 정부의 지원을 받아 몇 달 동안 준비했으며, 망명자들과 아르투아 백작도 가담했다. 1793년 6월에 낭트, 그리고 12월에 그랑빌에서 왕당파가 작전에 실패한 후, 영국은 키브롱에 해군기지를 마련하려는 목적을 가지고 있었는데, 그 작전은 프랑스-영국 전쟁의 중대 전환점이었다. 1795년의 상황은 슈앙파에게 유리했다. 슈앙파는 카두달이나 탱테니악Tinténiac을 중심으로 중요한 작전을 할 만큼 무장 세력을 갖추었으며, 400명의 부대가 피니스테르의 퐁 드 뷔Pont-de-Buis 화약 공장을 공격할 수 있었다. 슈앙파는 승리한 뒤 화약 여덟 통을 수레에 싣고 공화군의 방해를 받지 않은 채 100킬로미터 이상을 이동했다. 그러나 이처럼 눈부신 성과를 언제 다시 거둘지 알 수 없었다.

키브롱에서 퓌자이 장군과 원정군 사령관이자 왕당파인 데르비이d'Hervilly의 사이가 나빴기 때문에 사령부를 나누었다. 귀족 지도자들이 무장한 농민을 지휘할 능력을 갖추지 못했고, 슈앙파의 힘을 집중시키는 때를 못 맞추었으며, 영국이 공화국 땅을 프랑스인에게만 맡겨놓고 발을 뺀 것도 작전이 지지부진하고 상황이 바뀌는 이유로 지적해야 한다. 반혁명 분자들이 [키브롱] 반도를 장악한 지 한 달이 되었을 때 벌써 그들이 초기에 얻은 우위는 사라졌다. 그들이 단호하게 결정을 내리지 못하는 사이에 오슈 장군은 키브롱 반도를 봉쇄하고, 망명자의 병력에 강제로 편입되었던 병사들의 태도 변화 덕택에 팡티에브르Penthièvre 요새를 쉽게 탈환했으며, 도주하는 슈앙파 수천 명을 포로로 붙잡았다. 한 달이나 틈틈이 전투를 벌인 후, 영국 원정대 또는 남은 병력은 배를 타고 영국으로 향했다. 그들이 떠난 후에 공화파 희생자는 23명이었지만, 원정대의 사망자는 1,000명 정도에 포로만

6,000명 이상이었다. 그러나 공화파가 분열했기 때문에 그들이 거둔 성과는 축소되었다. 키브롱 탈환 이후 서부군 사령관 오슈는 사태를 박력 있게 평정했고, 그 덕에 몇 달 후에 그 지방을 장악했다. 그는 반군 지도자들을 추적하는 한편 농민들을 사면했고, 종교적 예배의 자유를 주었으며, 주민들을 수탈하지 못하게 조치했다. 이러한 태도는 그가 망명자들이 항복하는 경우에 목숨을 살려준다고 약속한 배경을 설명해준다.

그러나 국민공회가 파견한 의원 블라드Blad와 탈리엥의 태도는 이와 달랐다. 두 사람은 법을 엄격히 적용해 반혁명 분자를 본보기로 처벌하고자 했으며, 탈리엥은 정적들의 의심을 받기 시작했지만 공화주의 신념을 증명하려고 노력했음이 분명하다. 그는 연인의 중재로 영국의 비밀요원들과 내통한다는 의심을 받고 있었기 때문이다. 23개 군사위원회가 4,200명이 조금 넘는 수형자를 재판하고, 628명의 망명자와 122명의 슈앙파를 합해 750명을 사형시켰다. 슈앙파는 탄압을 피했지만, 젊은이가 대부분인 프랑스 귀족은 블라드와 특히 탈리엥의 명령에 따라 처형당했다. 테르미도르파는 개인적 이해관계를 넘어서 가장 확고한 왕당파와 화해하는 길을 막기를 원했다. 공화국은 여기서도 태도를 재확인했고 적이 누구인지 규정했다. 루아르 강 이남에서 홀로 전쟁을 시작한 샤레트는 보복으로 방데의 벨빌에서 300명의 공화파 수형자를 총살했다.

모든 지역에서 몹시 폭력적인 충돌이 계속 일어났다. 슈앙파는 패배하기 전에 세력이 약해졌고, 카두달은 밖에 머물면서 여전히 피니스테르 이남을 통제했다. 브르타뉴의 중부, 멘, 노르망디의 슈앙파들은 이러한 참사의 영향을 받지 않았고, 루이 18세가 총사령관으로 인정한 샤레트는 아르투아 백작이 해안에 도착하기를 기다리면서 전쟁을 다시 시작했다. 따라서 유격대는 위험한 존재로 계속 남았다. 그러나 공화국에 결정타를 먹일 만큼 위협을 주지는 못했다. 오슈는 〔특정 지역을 돌며 적대행위를 제압하는〕 기동대colonnes mobiles를 운영했고, 필요한 경우 병사들을 '가짜 슈앙파'로 위장시키는 한편, 중요한 도시들에서 계엄령을 실시했다. 조르주 르페브르의 말대로 "오슈가 무력을 동원하지 않고 서부를 평정했다는 전설은 정확한 말이 아니다." 브르타뉴 남부에 군사력을 집중하고 방데로 이동한 결과, 내륙 지방과 노르망디의 슈앙파는 자유로워졌다. 이 1차 슈앙전은 특히 1795년 봄과 여름에 오른에서 발생한 기아 폭동과 겹쳤다. 그래서 거리에 버려진 가난뱅이처럼 '거지꼴의 슈앙파'는 조직적인 반혁명 반란에 기동대로 대거 동원되었다. 종교정책, 군대 징발, 지방 행정관의 부당한 처사에 원한을 가진 사람들이 '도적떼'로 뭉쳤다.

어떤 희생을 치르더라도 공화국이 답이다

국민공회는 1795년 8월 22일과 30일(공화력 3년 프뤽티도르 5일과 13일)에 장차 '3분의 2법'으로 불리는 두 개의 법을 통과시켜 앞으로 구성할 입법부 의원의 3분의 2를 국민공회의 몽타뉴파 의원 67명을 미리 제외한 나머지 의원에서 뽑기로 했다. 이러한 결정은 중요한 토론의 핵심이었고 항상 논란거리로 남았다. 일부 역사가는 그것을 총재정부의 '나쁜 출발'이며 결국 실패로 나아가는 길로 생각했기 때문이다. 실패가 필연적이었다고 여기기보다는 새로운 조직이 예상치 못한 불균형을 초래했기 때문에 실패했다고 봐야 한다. 그 조치는 기술적으로 아주 복잡했다. 선거위원회는 먼저 국민공회 의원에서 당선자를 선정해 기본 명단을 작성하고, 당선자를 대체할 사람으로 보충 명단도 작성했다. 다단계 선거를 허용했기 때문이다. 끝으로 그들은 이미 선출되었거나 '새로 선출한' 사람들로 보충 선거를 치를 임무를 수행했다. 이처럼 국민공회는 호선互選으로 명단을 채울 권리를 가로챘다.

도덕적으로 또 정치적으로 3분의 2법은 군사적 충돌을 일으킬 만큼 옹호해주기 어려운 법이었다. 그러나 그들의 결정에서 최근 경험한 역사가 끼친 영향이 고스란히 나타났다. 그들은 선거를 앞두고 불안해졌으며, 정치 계급을 체제와 함께 폐쇄적으로 고정하려는 의지를 담았던 것이다. 국회는 바깥의 우파처럼 좌파의 여론과 주요 활동도 고려하면서, 최소한 공화국과 국민만이라도 확실히 존속하게 만드는 것이 정당한 일이라고 생각했다. 그래서 국회는 예전의 모든 의회처럼 힘의 관계에 계속해서 반응했다. 그들은 뱃머리를 한 방향으로 유지하게 만들어줄 바람을 찾아 좌우로 운항할 수밖에 없었다. 역사가들은 제헌의원이 입법의원이 될 수 없게 의결한 데서 비롯한 결과를 정당하게 강조했지만, 그와 달리 3분의 2법의 의도가 이러한 난관을 피하려는 데 있었다고 보지는 않았다. 3분의 2법은 기계적으로 훨씬 큰 반발을 불러왔다. 역설적이게도 일단 뽑힌 사람들을 다시 선별했기 때문에 정치노선의 차이가 선명해졌고, 우파와 좌파의 사이도 급격히 멀어졌다. 헌법상의 위계질서를 뒤집으면서 입법부가 행정부 아래 놓인 것도 그에 못지않은 역설이었다. 〔루이 16세 사형에 찬성한〕 시해자 158명을 포함해서 총 511명의 국민공회 출신 의원이 두 의회에 남았다. 절반이 조금 안 되는 의원이 분명한 공화주의자, 4분의 1은 자유주의 왕당파, 나머지는 그저 헌법과 체제에 충실했다. 그러나 다수가 우파 쪽으로 나아갔다. 카르노만 보더라도 입헌군주정 지지자 편에 가담했다. 한편, 드루에 같은 극좌파는 거의 사라졌다.

헌법을 채택하고 3분의 2법을 노골적으로 적용하자 당연히 좌파는 물론 특히 우파가 반발했다. 도시생활이 비참해지고 농촌도 불안정해지면서 일상생활의 관심사와 정치구조 사이의 틈이 더 벌어졌다. 전국의 선거인 의회는 1795년 9월 6일부터 헌법에 찬성투표를 실시했는데, 그 결과는 찬성 95만 8,2226표, 반대 4만 1,892표였다. 옛날 공포정치가에게까지 투표권을 주었음에도 망명자, 선서 거부 사제와 가족을 제외했다는 사실을 고려할 때, 선거인 500만 명 정도에서 기권을 한 사람의 수가 많았다는 것은 유권자들이 체제 변화를 달갑게 받아들이지 않았다는 증거다. 3분의 2법은 20만 표 남짓(20만 5,498표)한 찬성과 10만 표 남짓(10만 8,784표)한 반대로 통과되었다. 전국의 기초의회는 항의했고, 19개 도, 그리고 파리의 한 개 섹시옹만 빼고 나머지 모두가 단호하게 반대했다. 반대자의 표현을 막으려고 조작과 속임수까지 동원하자 반대가 더욱 빨리 구체적으로 나타났다. 공화국의 연속성을 보장하려는 계획이 오히려 공화주의 사상에 해로운 것으로 나타났다. 각계각층의 여론을 배제하는 공화국을 도저히 받아들일 수 없다는 한계를 드러냈기 때문이다.

좌로 향한 균형

외르와 외르 에 루아르에서 곧 왕당파와 충돌이 일어났고, 9월 29일
(방데미에르 7일) 군대가 출동해서 반란자 여남은 명을 죽였다. 10월
3일, 국민공회에서 보댕Baudin 의원이 연설한 대로 '공화주의'를 채택
했을 때 파리에서 봉기를 촉구하는 호소가 '89년의 애국자' 상퀼로트
에게 반향을 일으켰다. 상퀼로트는 전투에 대비해서 무기를 받았고
'신성한 대대bataillons sacrés'로 편성되었다. 1793년 반혁명 혐의자법
을 폐지하기로 결정하면서 정치적 사면을 예고했다. 바라스는 정부군
의 지휘관이 된 자코뱅 출신의 젊은 장군 보나파르트와 결탁하고 급
진적인 정책을 채택했다. 정부군은 포병을 활용해서 전세를 유리하게
이끌었다.

　1795년 10월 5일(공화력 4년 방데미에르 13일), 파리에서 두 진영의
격돌을 치른 진정한 혁명적 사태가 마무리되자 모두 400여 명의 사상
자가 나왔는데, 양측이 거의 비슷한 피해를 입었다. 이어서 탄압의 형
식은 대단했지만 실제로 제한적이었다. 마흔아홉 명에게 사형을 선고
했으나 세 명에게만 적용했다. 왕당파 음모가들은 음모를 이용해서
도피한 사람들 대신 벌을 받았다. 실권자였던 바라스는 반군 일부와
접촉했고, 공화군 장성 출신으로 왕당파 지도자가 된 다니캉Danican을
하찮은 인물로 무시했으며, 주요 주동자를 추적하지 않고 단 두 명에
게만 목숨으로 대가를 치르게 했다. 실제로 존재하지 않았고, 체제를
지지하는 지도층 인사뿐 아니라 다수의 국민공회 의원도 공감하는 왕
당파와 굳이 싸울 필요가 있었을까? 합법적으로 권력을 잡으려는 바

람이 존재하는 상황에서, 반도와 측근인 의원들은 반란에 휩쓸리지 않고, 다른 의원들은 비밀요원의 조직이나 완강한 사람들이 모이는 정치클럽의 은밀한 활동을 지원했다. 그들은 영국의 자금을 나누어 쓰면서도 분열한 상태였다. 방데미에르 반란은 명예를 건 싸움이었고, 보수주의자와 공화주의자가 극단적인 집단들을 변두리로 내몰고 도구로 이용하면서 추진한 협상을 정당화해주었다.

선거절차를 단단히 조이는 문제가 남아 있었다. 공공연한 왕당파가 많이 뽑혀 새로운 의회의 양원에 들어갔고, 이것은 3분의 2법의 취지에 어긋났기 때문이다. 국민공회가 임무를 거의 마칠 때, 의원들은 〔자신들에게 할당된 의석을 채우려고〕 서둘러서 호선투표를 실시했다. 선거인단이 비록 소수이며 제한되었다 할지라도 국민공회 의원을 충분히 뽑지 않았고, 의원 후보 명단을 보충할 필요가 있었기 때문이다. 국회는 그렇게 행동함으로써 절차를 더럽혔고 더욱 불신을 받았다. 균형추가 좌파 쪽으로 기울었다. '89년의 애국자들'이 집결할 필요가 생겼다. 그들의 결단이 승리를 허용했다. 그들은 '공포정치가'로 보였지만, 이제는 체제의 지지자가 되었다. 그들은 체제에 순응하는 증거로 스스로 무장을 해제했고, 일부는 군대와 국민방위군의 재편을 받아들였다.

1795년 10월 25일(공화력 4년 브뤼메르 3일)에 〔총재정부는〕 사면령을 선포했다. 혁명광장의 이름을 '콩코르드〔화합〕광장'으로 바꾸고, '순전히 혁명과 관련해서' 기소된 사람들을 사면했다. 이 사면은 이처럼 선별적이었다. 방데미에르 음모가들, 비선서 사제들, 호적상 사망선고를 받은 망명자, 공직에서 배제된 그들의 친척, 1793년 여름에 도주한 툴롱 주민들을 모두 제외했다. 지난 몇 년 동안의 예외조치가 사실상 그대로 남았다. 사형을 폐지한다고 선언한 법률도 모호했다. 전쟁이 끝날 때까지 법 적용을 미뤘기 때문이다.

이처럼 혁명은 전혀 완성되지 않았다. 혁명이 만든 온갖 틈은 계속해서 영향을 끼쳤다. 폭력의 소용돌이가 사라졌다 해도 나쁜 상황은 톱니처럼 맞물려서 돌아갔다. 새 체제는 어떠한 평화나 합의도 보장해주지 못했다. 10월에 '공포정치가들'이 재판을 기다리다가 출소했고, 메네 같은 사람은 은둔생활을 끝냈다. 튀로는 사면을 거부하고 재판을 받아 12월에 무죄로 풀려났다. '공포정치가' 르봉은 모든 사람 대신 죽었다. 그는 국민공회 의원들의 버림을 받아 아미엥 법원으로 이송되어 사형을 선고받고 처형되었다. 그는 분명히 지방민들의 복수의 희생자가 되었다. 이렇게 총재정부 시기의 프랑스는 수많은 모순을 안고 시작했다. 입법과 특히 정치적 모순이 사회 집단과 정치적 당파의 조합 같은 총재정부의 정통성을 훼손했다.

총재들이 뤽상부르 궁에서 집무하는 동안 계속 공사를 했다는 사실도 지엽적인 증거다. 첫 총재정부를 구성한 라 레벨리에르 레포La Révellière-Lépeaux·카르노·뢰벨·바라스·르투르뇌르Le Tourneur는 모두 '시해자', 공화주의자, 게다가 보수주의자로서 다양한 면모로 체제의 진수를 보여주었다. 그들의 특성은 반교권주의, 국민국가에 관한 염려, 영토 수호, 혁명이 물려준 상황과 조직의 의미를 유지하려는 의지로 나타낼 수 있었다. 홧김에 총재직을 거부한 시에예스처럼 개성이 강한 사람이나 원로원에서 인준을 거부한 캉바세레스처럼 우파 성향이 너무 강한 사람이 없었던 덕에 균형이 잡혔다. 더욱이 민주 진영의 대표인 앙토넬을 정부 활동을 알리는 관보의 편찬 책임자로 지명함으로써 균형을 조율했다. 곧 개방성이 제한되었고, 앙토넬은 12월에 해임되었다. 이는 총재정부의 좌파를 중심으로 투쟁이 벌어질 것임을 예고하는 사건이었다.

행정부가 중앙집권 체제를 갖춘 나라라고 해서 지방의 정치생활이 실질적인 자율성을 유지하거나 되찾았음을 잊어서는 안 된다. 선거인 의회와 기관들은 공화파, 민주파, 그리고 전적으로 복종하는 왕당파의 모든 집단 틈에서 중요한 역할을 했다. 언제나 피선출자들이 행정·사법·교육·종교의 모든 조직을 쥐락펴락했기 때문이다. 특히 서부의 자치단체에서 공화파 행정가들이 권력을 유지했지만, 국민방위군은 다소 티를 내는 왕당파의 손에 들어갔다. 특정 왕당파가 경쟁자의 왕정주의를 명확히 꼬집어 비난하면서 공식적으로 깎아내리고 그의 자리를 차지하려고 했을 때가 절정이었다.

전국에서 폭력이 사라지는 일은 요원했다. 프랑스 남동부가 계속해서 온갖 종류의 살인과 공격에 시달렸다 해도, 1794년에 뜻밖의 중대한 정치적 단절[테르미도르 반동]을 겪은 뒤, 전에 비해 정치적 안정을 회복하고, 경제적 압박에서 벗어나고, 전쟁에서 멀어진 덕에 다수의 개인이 공화국의 혜택을 받는 지대에서는 공화국을 지지하는 사람들이 많았다. 그들은 확실히 단순하지만 경제의 집단 경영에 관심 있고, 자유와 평등의 균형과 우애의 관계도 중시하는 정치문화에 물든 사람들이었다. 지난 몇 년 동안, 그리고 최소한 1794년 봄 이후에 주민들이 피곤해진 것도 이러한 진화의 요인이었다.

이민과 종교의 거부

혁명이 끝나려면 아직 멀었다. 새 체제가 공포정의 망령에서 벗어나려고 애썼다 해도 혁명에서 이익을 보았고 '온화한 공포정'이라면 받아들일 태세인 사람들이 지지해줄 것을 기대하면서 1792~1793년 정책의 중요 노선을 유지했기 때문이다. 이러한 방향은 공화국이 망명자 문제 해결과 종교적 평화회복에 성공하지 못한 데서 나타났다.

1789년 7월 15일 이후 망명한 프랑스인은 언제나 헌법에서 배제한다고 기록했고, "공화국이 압류한 그들의 재산은 돌려주지 않는다"라고 명시했다. 그러나 그들의 명단은 완전하지 않았다. 특히 툴롱과 알자스에서 혁명군이 진격할 때 도주한 사람들에 관한 문제에서 수많은 사항을 추가했기 때문이다. 공식적으로 공포정을 거부하는 한편, 국경을 확정하고 사면을 단행해서 망명자와 그들의 친척과 자식들의 문제를 다시 거론하고, 교회와 국가를 분리해서 선서 거부 사제들이 프랑스로 되돌아오도록 만들었다. 일부 국민공회 의원, 그리고 기초의회 의원들은 차례로 툴롱과 알자스 주민들에게 유리한 결정을 내리고, 사망한 망명자의 재산을 국가 대신 그들의 자녀가 상속하게 하려고 애썼다. 법이 잇달아 나오고 복잡하게 얽힌 상황에서, 기초의회들은 망명한 노동자와 장인들의 재산에 관해서는 양보했지만, 다른 조항에 관해서는 절대다수가 거부했다. 1795년 말에 시작한 토론은 총재정부 시기 내내 끝나지 않았고, 왕당파가 법을 바꿀 기회는 없었다. 끊임없이 매각된 국유재산은 국가에 수입을 안겨주었다. 국유재산 매수인은 소유권 문제가 발생할까 봐 늘 두려워했다. 우리는 총재정부

지지자 일부가 망명자와의 투쟁을 공화주의의 시금석으로 생각한 이유를 이해할 수 있다. 망명자의 친척을 공직에서 축출하고, 부유한 망명자의 재산을 계속 압류하는 문제는 특히 지역적으로 민감하고 파급효과가 컸다.

의견은 분명히 나뉘었다. 그러나 망명이라는 주제는 더는 금기가 아니었다. 언론과 양원에서 모두 그 문제를 토론했다. 그들은 수많은 망명 사례를 토론했고, 다수파가 바뀔 때마다 새로운 해결책을 찾아야 했다. 예를 들어 법정 귀국일을 하루 지나 돌아온 망명자를 어떻게 처리할 것인가? 1795년 11월 14일, 칼레Calais의 먼 바다에서 태풍에 표류하는 덴마크 난파선에서 구조한 53명의 문제는 어떻게 해결할 것인가? 총재정부는 그들을 무장한 망명자로 판단하고 사형시킬 예정이었다. 그런데 슈아죌 공작을 포함한 망명자들의 운명을 결정할 여러 법원은 이러한 논리를 따르지 않았고, 자신들에게는 재판권이 없다고 선언했으며, 표류자를 망명자로 취급할 수 없다고 했다. 1797년 메를랭 드 두애를 시작으로 총재들이 계속 압박했지만 우파가 권력에서 물러날 때까지 법을 적용하지 않았다. 오직 다섯 명만 소추했고, 총재정부의 뜻대로 처벌하지 않았다. 이들은 4년 동안 감옥에서 처형과 집행유예 사이에서 위협을 견디다가 〔1799년 11월 9일, 공화력 8년 브뤼메르 18일〕 브뤼메르 정변 이후 1800년에 자유를 되찾았다. 총재정부는 좌우의 중간에 끼어 있었고, 국민의 복잡한 감수성에 영향을 받았기 때문에 단호한 통치력을 보여주지 못했다.

국가가 최소한 공식적으로라도 교회와 거리를 두었는데도 종교는 더 나은 대접을 받지 못했다. 1794년 9월 18일 이후 어떤 사제도 예배에 대한 임금을 받지 못했다. 1795년 2월 21일(공화력 3년 방토즈 3일)에는 법적으로 정교분리를 선포하고 사적 장소의 예배에는 자유를 허용했다. 누구나 법을 준수하면 자유를 누릴 수 있게 한다는 원칙이었다. 특히 1792년 8월 14일에 자유와 평등을 지키겠다고 맹세하고, 망명한 적이나 사실상 무법자가 되어 유배당한 적이 없는 사제들에게 이러한 원칙을 적용했다. 사제들은 교회를 무료로 썼으나, 사제관이나 주교관은 사용료를 내야 했다. 교회 건물을 여러 종교 예배에 이용할 경우에는 공식교회에 우선권을 주었다. 1795년 5월 30일(공화력 3년 프레리알 11일)에 사제들에게 법에 복종한다는 맹세를 새로 하게 했고, 이 맹세를 1795년 9월 28일의 국가조직법에 통합했다. 그들은 주권자인 '시민의 보편성l'universalité des citoyens'에 맹세했다.

가톨릭 교리에 직접 영향을 주지 말아야 할 의무에 일부 사제는 타협할 용의가 있었지만, 망명자들에게는 커다란 벽이었다. 그들은 권력의 근원인 하느님의 자리를 위협하는 의무가 군주정의 원리와 가톨릭교의 관계를 끊을지 몰라 두려워했다. 로마 교회에 충실한 사제는 다시 '복종파'와 반대파로 분열했다. 반대파는 체제의 굴욕적 강요 fourches caudines[3]를 피하려면 교리 실천의 후퇴도 감수해야 한다고 생각했다. 교황청은 교리상 혁명에 반대했음에도 신중한 태도를 취해, 사제들에게 법에 복종하고 예배장소의 사용 허가를 받아 신도를 행복

---

3   푸르쿨라이 카우디나이Furculae Caudinae는 갈림길 사이에 산으로 둘러싸인 평야가 있는 곳이다. 고대인은 삼지창 모양을 닮았다고 '카우디움 삼지창'으로 불렀다. 기원전 321년, 라틴족은 그곳에서 삼니움족과 제2차 전쟁을 하다가 지는 바람에 심한 굴욕을 경험했다.

하게 해주라고 명령했다. 이처럼 교회의 구원과 왕권의 구원은 분리될 위험이 있었다.

이러한 조치는 사실상 은밀히 활동하던 선서 거부 사제에게 유리했다. 그래서 총재정부는 혁명에 우호적인 사람까지 포함해서 거의 모든 곳에서 예배를 허용하는 한편, 아직 팔리지 않은 교회에 관한 문제와 합헌 사제에 관한 태도도 결정해야 했다. 기독교와의 관계는 수많은 농촌 지방이 공화력을 거부한 사례에서 보듯이 사실상 반혁명의 시금석이었다. 그러나 시대가 변했으므로 〔프랑슈 콩테의 국경 지방인〕오 두Haut-Doubs의 행정관들은 주민들이 '옛날식' 달력을 쓰기는 하지만 선량하며 반혁명 분자가 아니라고 판단한 사례를 본받아야 했다. 평범한 사람들과 관련해서 보수주의적이고 자유주의적인 공화국은 비정치적인 면에서 기독교와 어느 정도 공존했다. 프랑스로 되돌아온 선서 거부 사제들이 알자스, 리오네, 그리고 특히 알프스 지방을 중심으로 활동하고 선전하는 모습은 가장 열성적인 공화파의 걱정을 정당하게 만들었다. 가장 새로운 요소는 교회의 재건에서 평신도의 역할, 특히 여성의 역할을 크게 늘렸다는 점이 분명하다. 어느 지방에서건 여성이 주도적으로 전통 종교에 충실하고 지역사회의 관습을 지켜달라고 주장했다. 또 그들은 리옹에 생긴 샤를로트Charlottes회 같은 반혁명 단체와 특별한 관계를 맺었다.

합헌 사제들은 우호적이지 않은 분위기에서도 교회를 강화하려고 전념했다. 1794년 11월에 소린Saurine·루아예Royer·그레구아르 같은 주교들은 '파리에 모인 주교들'의 단체를 1795년 3월 15일에 결성하기로 했는데, 5월에 발간한 「종교 연보Annales de la religion」는 그들의 주장을 옹호했다. 이 주교들은 프랑스국교회주의자였고, 교황의 권위보다 공의회[주교회의] 중심의 교회를 지지했지만 확고한 가톨릭 신봉자로서 혁명의 예배, 사제의 결혼, 예배의 자유를 거부했다. 그들은 생메다르 교회를 다시 열고, 그들의 교회를 조직하기 위해 파리에 사제관을 설치하는 허락을 받았다. 이를 위해 베르사유 주교 클레망은 센 에 우아즈에 종교회의를 소집했다.

그러나 총재들은 공화국의 몇 가지 새로운 종교의식을 지지했다. 그것은 가톨릭교와 유사하지만 곧 경쟁자가 되었다. 1795년 말과 1796년 초 사이에 여남은 가지의 계획이 나왔다. 연대의식을 좋아하는 펠릭스 르펠티에는 최고존재 예배와 비슷한 종교의식을 추천했고, 실뱅 마레샬은 이신론을 옹호했다. 이처럼 그들은 1795년 10월 26일(공화력 4년 브뤼메르 4일)에 제정한 '데카디 예배cult décadaire'와 경쟁하는 안을 제시했다. 진짜로 국가제도가 된 종교의식은 공공의 정치행사로 조직되었다. 그러나 보통 사람들은 시큰둥했다.

한마디로 종교생활이 다양한 형태로 부활했지만 대개 반교권주의에 물들었고, 집단생활에 반드시 필요한 종교란 정치제도와 한 몸이 되어야 한다고 생각한 총재들의 정책과 충돌했다. 총재들은 사실상 박해를 계속하고, 1792~1793년 이후 확인된 반교권주의를 자유롭게 표출하도록 허용했으며, 그렇게 해서 반체제 인사들을 더욱 결집시켰다. 이처럼 귀족·종교인과의 관계를 바탕으로 태어난 총재정부는 지난 몇 년 동안 혁명이 지향하던 방향을 유지하면서 피할 수 없는 것만 인정했다.

자유주의 독재의 무질서

뿌리 깊은 적대감이 존속하는 가운데 학교, 사회조직, 경제에서 중요한 전환점이 생겼다. 예전에 권장하던 것이 긍정적인 결과를 낳지 못했기 때문에 거기서 벗어나 새로운 지도층을 기르려는 의지와 함께 개인에 관심을 쏟게 되었다. 당연히 수많은 사회적 관심사를 포기했다. 초등교육, 소녀의 교육, 특히 여성 교사의 역할이 교육제도에서 별 관심을 받지 못했다. 교육제도는 현저히 전문화를 지향했으며 도덕을 강조하는 교과서를 썼다.

여전히 '야만적이고 문화 파괴적인' 인민을 교육하는 것을 바람직하게 여겼지만, 1795년 10월의 도누 법la loi Daunou은 학부모들이 초등교사의 봉급을 주도록 하고, 도청소재지에 중등교육을 준비하는 학생들을 받아들일 중앙학교 86개를 설립하도록 했다. 초등교육에 무관심한 나머지 남녀 종교인에게 일자리를 마련해준 수많은 사립학교 제도에 유리한 분위기가 생겼지만, 막상 '특수'학교에 자녀를 보내는 가문을 보면 공화국에 대한 충성심을 의심할 수밖에 없었다. 그와 더불어 지식과 전문 능력을 인정해주는 능력주의 때문에 사회적 서열이 생겼다. 중등교사를 양성하는 '고등사범학교École normale supérieure'가 1795년 1월부터 5월까지 잠시 홀로 명성을 날렸다면, 1795년 여름에 먼저 '공공사업중앙학교École centrale des travaux publics'로 출발해 '에콜 폴리테크니크École polytechnique'〔파리이공과대학, 일명 X학교〕가 탄생했고, 1795년 8월 3일에는 '국립파리음악학교Conservatoire national de Paris'가 생겨 음악교육을 관장했다. 이렇게 국가의 요구는 여러 분야에서 지속적인 중앙집권 의지로 충족되기 시작했다.

자유주의와 개인주의를 존중하면서 국가를 통제하려 했던 정부의 태도는 아주 복잡했다. 1794년 12월 24일에 최고가격제를 폐지하면서 전환점을 맞이했다면, 1795년 흉작 때문에 어려운 상황이 발생했을 때 9월부터 지방 행정관들이 바라는 대로 시장을 강력하게 통제했다. 낡은 방식의 '독재'라고 평가받는 통제경제를 공식적으로 폐지한 효과는 1797년 6월에 가서야 실제로 나타났다. 정부가 제도 사이에서 망설였다는 사실은 1795년 11월에 가서야 주식회사를 새로 인가해준 이유를 설명해준다. 군수산업, 특히 초석 공장은 사기업의 손에 넘어갔고, 국립인쇄소도 마찬가지였다. 그렇긴 해도 국가는 여전히 그 분야에 영향력을 행사했다. 농촌부터 자유주의를 적용했다. 공동재산 규제가 사라졌고, 국유재산 매각방식을 바꾸어서 때로는 부유한 매수인에게 상당한 이익을 안겨주었다.

예산상 불균형과 막대한 돈이 필요한 상황에 직면해서 재정정책은 여전히 실용주의나 불확실한 모습을 보여주었다. 세금 수입은 존재하지 않았지만, 독재와 국가 주도적 해결책이 남아 있었다. 1793년에 역경을 맞이했을 때처럼 가장 부유한 사람들에게 강제 기채하기로 결정했다. 그러나 실제로는 느슨하게 적용한 결과, 예상액의 4분의 1만 걷었을 뿐이다. 어쨌든 국가는 영수증을 '지불증서'로 변환해서 나중에 갚을 때까지 유예기간을 얻을 수 있었으며, 그동안 계속해서 아시냐를 발행하고 유통시켰다. 그 결과, 시중에 300억 리브르가 유통되었고 1795년 말에 이르자 액면가치의 3~5퍼센트가 하락했다. 정화가 부족했기 때문에 총재들은 아시냐를 폐지하거나 다른 돈으로 대체하는 정책을 놓고 선뜻 결정을 내리지 못했으며, '은행'의 설립도 망설였다. '은행'은 라퐁 라데바Laffon-Ladébat 의원과 은행가 르쿠퇴가 제안한 기관으로 1796년에 잠시 나타났다가 사라진 당좌예금 금고 Caisse des comptes courants, 그리고 1800년에 설립한 프랑스국립은행의 선구였다.

'은행'은 국유재산을 저당 잡힌 대가로 할인어음을 발행해 아시냐의 유통과 국가에 대출을 해줄 수 있도록 시장을 규제하려는 목적을 가진 기관이었다. 그러나 옛 지롱드파 의원 루베는 신新자코뱅파와 힘을 합쳐 이 계획이 튀르고의 할인금고나 몽타뉴파 공화국이 폐지한 금융회사들의 노선을 따른다는 이유로 적대시했다. 이번에도 국가가 해결하려고 나섰다. 1796년 2월 19일에 아시냐 발행을 멈추고 상징적으로 원판을 불태우면서 혁명과 관계를 끊는다는 의지를 표현했다. 그 대신 국가가 소유한 재산을 담보로 '토지환mandat territorial'을 발행해 아시냐를 대체하기로 했다. 아시냐를 토지환과 30대 1의 비율로 시세보다 훨씬 후하게 교환해주어 투기를 조장했고, 화폐의 새로운 상징이 된 토지환의 가치를 폭락시켰다. 그래서 1797년 2월부터 토지환을 통화로 쓰지 못하게 했다.

투기 세력은 토지환을 액면가대로 쓸 수 있었기 때문에 국유재산을 빠르게 사들였다. 이 같은 낭비로 국가가 파탄 날 지경이었다. 국가는 모든 종류의 방편을 동원하고, 상브르 에 뫼즈군, 그 뒤를 이어 이탈리아군이 정복한 지역에서 보내는 돈이나 네덜란드가 준 상업어음으로 연명했다. 1795년 말이나 1796년 초, 군대의 상황은 여전히 불확실했다. 프랑스군은 확실히 승리했지만 항상 군수품 문제로 어려였다. 1795년 12월 22일, 프랑스군 장성 주르당과 오스트리아군 장성 크레Kray는 똑같은 문제를 겪으면서 휴전하기로 했다. 화폐의 악화를 멈출 길이 없었기에 덩달아 사회적 긴장도 고조되었다. 판매인과 매수인이 돈을 받느냐 마느냐, 받는다면 가치를 어떻게 평가하느냐의 문제로 실랑이를 벌였기 때문이다.

이러한 상황에서 국가가 개입해서 판매조건 때문에 손해를 본다고 생각하는 판매인에게 보상을 요구하고, 분명히 싸게 팔린 재산을 되돌려 받을 수 있도록 해주었다. 통화의 고도 팽창으로 사회적 통합이 깨졌다. 중산층이 불확실한 소용돌이에 갇혀 흔들릴 때, 가장 큰 수혜가 투기꾼과 국가의 군납업자들에게 돌아간 반면, 노동자·공무원·금리생활자는 가장 큰 패배자였다. 국가의 신용이 끝났다는 뜻이었다.

국가는 특히 소액 채권자에게 진 빚을 정기적으로 갚지 못했다. 그러나 가장 강한 군납업자들은 부동산과 보석을 담보로 받았고, 그렇게 해서 자본가들에게 시장이 굴복하고 국가가 더욱 의존하게 되었다. 군대의 경리관들은 사실상 행동의 자유를 누렸다. 군납업자 우브라르Ouvrard처럼 혁명기에 계속 활동한 회사를 빼더라도 디종회사 또는 플라샤Flachat회사처럼 유명한 회사와 함께 조작과 횡령이 판쳤다. 이들은 정치인과 교류했고, 부인들은 아주 눈에 띄는 메르베예즈('뮈스카댕'의 동반자)였다. 그들은 부패를 일삼으면서 극단적인 욕을 먹을 만한 심각한 풍토를 조성했다. 또한 농촌을 약탈하는 징발자, 국유재산을 사들이고 투기하는 '검은 도적떼', 정화를 사재기하는 은행가와 연합했다. 이런 와중에 대대적인 횡령 사건이 발생했다. 내부자 사이에 돈이 돌았고, 더욱이 국고출납관에게 막대한 수수료를 지불했다.

테르미도르 반동 이후 파리에 등장한 메르베예즈(멋쟁이 여성).

그 결과는 사회 전반에 영향을 끼쳤고, 빈부 격차를 터무니없이 벌렸다. 부를 과시하는 사람들은 가장 비참한 사람들을 아랑곳하지 않았고, 특히 자살하는 여성이 늘어나자 파리의 여론이 술렁댔다. 그러나 정부와 가까운 사회 계층은 사치를 일삼았을 뿐이다.

승자, 패자, 불만과 도적떼

1796년 '마담 앙고Mme Angot'라는 극적 인물의 눈부신 성공은 주목할 만하다.[4] 레 알 시장의 늙은 아낙네는 돈을 많이 번 뒤 귀족 사회에 발을 들였는데, 하층민의 태도 때문에 비웃음거리가 되었다. 이 작품이 나온 뒤, 벼락부자가 된 생선장수 아낙네가 단골주제로 등장했고, 프랑스 사회가 뒤집혀 신흥 부자가 생기고 그들의 시대가 왔음을 증명했다. 거기에 화답하듯이 피에베Fiévée의 『쉬제트의 지참금La Dot de Suzette』, 마담 드 장리스의 『어린 망명자들Les Petits Émigrés』 같은 소설이 나왔다. 그들은 혁명이 도덕적 가치를 무너뜨렸다고 비난했다. 극장이 다시 성공한 것은 공포정 시기의 근엄함을 겪은 뒤 '포식décarêmer'하려는 의지를 반영했다. 주로 왈츠 같은 춤이 지속적으로 유행했고, 〔거기서 두각을 나타낸 여성들이〕 나라의 새로운 지도자들에게 영향을 끼쳤다. 어떤 여성은 특히 1년 전까지 나라를 움직이던 원칙을 완전히 버렸다는 증거인 정치·금융의 문제에 깊이 관여하면서 물의를 빚기도 했다.

그러나 평화를 바라고 즐기고 싶은 욕망과 함께 자신을 탐구하는 사회는 근대화 문제와 말 때문에 흘리는 피의 무게에 관해 숙고했다. 최근 혁명의 주역들을 마치 기계의 부품처럼 작동시키면서 정점을 찍은 '범죄소설roman noir'과 '멜로드라마'는 거기서 소재를 무궁무진하게 끌어냈다. 또 안락한 대중을 겨냥해서 정치적 성격을 뺀 포르노 문학의 부흥 요소도 내재해 있었다. 엄밀한 의미로 볼 때, 20세기에 주

---

4 *Madame Angot, ou La poissarde parvenue: opéra-comique en deux actes, joué sur le théâtre d'Émulation*, par le C. Maillot, 1796-1797(출처: gallica.BnF.fr).

로 인정받은 사드는 『규방철학』에 끼워 넣은 "프랑스인이여, 공화주의자가 되기 위해 좀 더 노력을"에서 이러한 감성을 간접적으로 표현했다. 그는 모든 사건의 총체적 의미를 찾으려고 노력한 사상가·시사평론가·언론인을 비롯해 단지 학살과 폭력의 책임을 져야 마땅한 집단과 개인을 고발하려고 노력한 프뤼돔이나 데조도아르Desodoards 같은 사람들이 혁명을 비판적으로 재해석하는 데 은밀히 참여했다. 역사가이자 정치인인 볼네Volney는 고등사범학교에서 인류의 비관적인 미래를 묘사하고 현재를 비난했는데, 그와 비슷한 관념론자들이 묘사한 인간의 행동 가능성에 관한 실망과 역사 교훈에 관한 의심이 이러한 작품에서 나타났다. 라크르텔이나 피에베 같은 우파 인사들은 이러한 경향을 강조했다. 환멸은 말과 참여와 맹세가 신용을 잃으면서 발생했다. 통상적으로 공포정을 비판할 때 '말의 남용'을 거론한다.

그 시기의 잔인성을 회피하기 위해 교양 있는 계층은 자신이나 가족의 품으로 물러나 회고록을 쓰고 읽는 일이 유행이었다. 화가들은 역사화를 포기하고 유명한 전사들의 무훈을 그리다가 개인 초상화로 넘어갔다. '자신에 관한 서술방법'은 문학과 예술 분야뿐 아니라 혁명이 자행한 약탈의 희생자를 자처하는 사람들이 요구하는 도움과 연금에서도 나타났다. 내면의 세계로 들어가는 현상은 비정치화하고 민족주의화한 사회의 부패와 사유화에 대한 응답이었다.

사회관계의 붕괴는 '도적떼'들이 다시금 전국에서 활개 치는 현상으로 나타났다. 1789년 이전에 특히 국가의 관리들이 고발했던 '도적질'은 1793년과 1794년에 혁명에 반대하는 왕당파를 지칭하는 데 쓰였다. 1795년 이후에는 공화국 질서에 적대적인 시위를 모두 일컫는 말이 되었다. 슈앙파·노상강도·탈영병 또는 선서 거부 사제를 이처럼 불확실한 말로 뭉뚱그려 지칭했다. 이 말은 법의 보호를 박탈당한 무법자를 뜻했다. 현실은 비열했다. 외딴 농가에 사는 농민을 공격하고 고문하는 사례가 자주 일어났으며, 때로는 심한 폭력으로 이어졌기 때문이다. 농민의 발을 태우고, 행인의 발을 꼬챙이에 꿰고, 권력의 대리인들의 가죽을 벗기거나 무참히 죽였다. 중부와 북부의 오르제르 도적떼, 유대인 도적떼, 살랑비에 도적떼 등 대규모 도적떼가 실제로 사회불안을 조장했다면, 정치와 공동주권의 접점에서 자행한 수탈·복수·앙갚음은 서부의 슈앙파 반란 지대, 그리고 반혁명과 직접 관련한 도적떼와 싸우고 탄압하던 남동부의 일상적인 운명이었다.

집단 간의 경계가 분명치 않은 곳, 도시와 농촌의 교류도 그만큼 혼란스러웠다. 그래서 도적질을 낙오자들이나 전문 범죄자들의 사건으로 간단히 생각할 수는 없다. 독일과 벨기에에서 또는 서부나 니스에서 군수품을 징발하는 병사들이 점점 더 통제하기 어려울 정도로 폭력을 저질렀고, 더욱이 희생자들과 '도적들'을 구별하지 않고 기동대를 조직했기 때문에 잡음이 더 많이 일었다. 사르트Sathe에서 처녀 두 명을 강간하고 살해한 사건은 2세기 동안 정신적 상처를 지울 수 없을 만큼 심각했다. 이 사건으로 그들의 무덤을 참배하는 종교적 행위가 생겼는데, 이는 주민들이 그러한 사건 때문에 무척 혼란스러웠음을 증명한다. 정치인과 판사들의 반응도 그에 못지않게 눈길을 끌었지만 조금도 합리적이지 못했다. 실제로 위협이 있었다 할지라도, 도적떼의 크기를 묘사하는 사례가 증가하고 질서를 회복할 군대 징발을 정당화할 만큼 경고는 과장되었다. 1795년 9월 18일에 군사위원회를 설치하는 법으로 '도적들'을 잡으면 신속히 재판하도록 했고, 1796년 11월 7일에는 납세를 거부하는 마을에 군대를 보내는 법을 제정해서 당시 서부의 도시처럼 군사적 탄압을 계속 강화하고 어디서나 비슷한 사례를 보여주는 도시를 포위공격하게 했다.

총재정부는 단순히 체제 반대자나 반항자와 싸우는 데 그치지 않고 근본적으로 공공질서의 조건을 재조직하고자 했기 때문에 이러한 관점으로 행정적 통제와 치안과 군사적 탄압의 강화를 해석하는 일이 남았다. 1795년 10월 2일에 전국 코뮌들의 내부 치안령이 나오면서 1789년과 1793년에 반혁명 혐의자법과 계엄법이 제기한 문제를 다시 불러왔고, 총재정부는 난폭한 답변을 내놓았다. 그 법령은 코뮌의 집단적 책임을 부각시켰으며, 1796년에는 기동대를 구성하고 해당 코뮌을 공격하는 일을 일반화했다. 그것은 체제의 경향이었던가, 또는 국가 경영에 참여한 집단들이 합의한 결과인가? 그것은 국가를 군사화하려는 의지를 넘어서 체제를 안정시키려는 노력이었다. 1796년 1월 2일(공화력 4년 니보즈 12일), 전국치안법은 치안부를 창설하고 행정과 치안을 구별하는 법이었으며, 경쟁하는 정치 집단들이 권력을 다투는 모습을 반영했다.

좌파의 회귀

1796년 1월, 〔1793년〕 1월 21일에 '프랑스인의 마지막 왕을 정당하게 벌'한 날을 기념하는 기념식에 참여한 모든 의회 구성원과 공무원들은 그 시기의 상징인 맹세를 했다. 뢰벨은 '무정부 상태와 공포정'을 비난하는 동시에 왕정을 증오하는 맹세를 선창했다. 새로운 균형을 분명히 유지해야 했다. 그 증거로 1796년 4월에 국민공회 의원 출신으로서 본의 아니게 1월에 초대 치안장관이 된 메를랭 드 두애는 자코뱅파의 최측근이었기 때문에 카르노와 라 레벨리에르의 측근인 코숑 드 라파랑Cochon de Lapparent으로 교체되었다.

1795년 9월 이후 국민공회의 좌파에게 끊임없이 이의를 제기하고, 총재정부가 들어선 뒤 1795~1796년 사이에 겨울의 생필품 위기로 더욱 심한 반발이 일어난 틈에 중도파가 권한을 강화했다. '자코뱅파', '좌파 공화주의자' 또는 '민주공화파'로 부르는 불분명한 실체가 다시 도마에 올랐다. 1795~1796년이나 오늘날에도 총재정부의 정책 노선에 공개적으로 투쟁하기 위해 무리를 이룬 사람들은 실체가 모호해서 정확히 평가하기 어렵기 때문에 그들을 명확히 지칭하는 말도 없다. '신자코뱅'이라는 말이 몇 년 전부터 나타났지만, 여전히 논란 거리이며, 이 문제를 해결하는 마지막 낱말이 아님은 의심의 여지가 없다. 대의제 공화국에 충실한 '민주적 사교성'의 지지자들은 과연 올라르Aulard의 말대로 공화력 2년에 애정을 가졌고, 그때부터 '절대자 exclusifs'가 된 '부르주아 공화파'와 가까운 사람들이었을까?

그들 덕택에 로베스피에르는 어떤 경우에도 최초로 일시적이나마 몇몇 신문에서 복권되었으며, 사실상 자코뱅파를 중심으로 아시냐의 가치 하락에 항의하고, 혁명의 기본 방향을 유지하려는 사람들이 모여들었다. 이미 복잡하고 다양한 요소를 포함한 이 흐름에는 불만을 품은 사람들은 물론 심지어 파리에 올까 봐 두려워하던 슈앙파도 가담했다고 추정할 수 있었다. 이러한 풍토에서 1796년 2월에 몽펠리에에서 일어난 폭동은 1792년 공정가격제 지지자의 시위를 상기시키는 정치행위로 해석할 수 있다. 장인, 상인, 관청의 고용직이나 자유직업인처럼 노동자가 거의 없는 사회 계층, 다시 말해 브뤼튀스 마니에Brutus Magnier 또는 리고메르 바쟁같이 투쟁에 이골이 난 투사들, 공화력 2년에 혁명위원회에서 활동하고 종종 비밀공작에도 참여한 사람들의 문제였다. 그들은 단호한 공화주의자의 조직을 움직였다. 그들은 전국을 그물로 연결하고 자신들이 발행한 신문처럼 전국을 다녔는데, 특히 사르트·오를레앙·페리고르의 모든 도시를 바쁘게 누볐다. 장성들이 아직도 슈앙파가 우세한 서부를 통제하지 못하는 동안, 바뵈프의 측근인 급진파 공화주의자들은 리지외Lisieux에서 우파 반대자를 상대로 공안작전을 이끌었다.

경계를 알 수 없는 세력권 안에서 옛 구국위원회의 랭데, 옛 안보위원회의 아마르, 1793년 '희생자'의 동생 펠릭스 르펠티에, 옛 혁명법원 판사 앙토넬, 옛 국민공회 의원 드루에, 이탈리아와 코르시카에서 활약한 이탈리아인 자코뱅파 부오나로티 같은 유명 인사들이 영향력을 행사했다. 농지법에 집착한 투사로서 로베스피에르에게 반대하다 1794년에 감옥에 갇혔고, 총재정부가 너무 자유주의적이라고 비판하면서 투쟁을 벌였던 바뵈프는 1795년 3월부터 9월까지 다시 감옥에 갇혔다가 이러한 흐름의 화신이 되었다. 총재들은 집권하자마자 1795년 11월 5일에 반왕정주의를 선언하고 12월 10일에는 부자에게 강제 기채를 단행하면서 좌파 성향의 정책으로 민주공화주의 운동을 재확인했다.

음모와 술책

이 같은 풍토에서 좌파 정치클럽이 다시 태어났다. 회원 1,000명 이상으로 가장 영향력이 큰 팡테옹 클럽은 1793년 헌법으로 돌아가기 위해 투쟁했다. 바뵈프는 이 클럽을 떠나 「호민관Tribun du peuple」을 다시 발간했다. 그는 총재정부를 격렬히 비판했으며, 농지법을 적용하고 통제경제를 실시하라고 주장했다. 그는 르페브르가 긍정적으로 말했듯이 '공산주의자'였던가, 아니면 대부분이 인정하듯이 공산주의 선구자 가운데 한 사람이었던가? 모든 역사에서 그렇게 인정한다 하더라도, 그 같은 해석의 틀은 안전하지 않다. '평민의 방데'[5]를 세우려는 목표가 증명하듯이, 바뵈프는 분명히 지역공동체 형태의 사회를 좋아했으며, 장차 푸리에나 카베Cabet의 이상향을 예고했다. 그들처럼 바뵈프도 예언자였고, 죽음도 아랑곳하지 않은 채 정치와의 새로운 관계를 구현했다. '신성성의 이전移轉'에 관한 증거를 제시해야 한다면, 바뵈프의 행동에서 찾아야 할 것이다. 아니면 역사가 레이몽드 모니에Raymonde Monnier처럼 바뵈프의 '진지함과 힘이 쇠락'하고 있었

5　'평민의 방데Vendée plébéienne'는 군대와 정치가 합의해서 하층 귀족과 사제들에게 피를 흘려 창백해진 나라를 되돌려주는 대신 모범적이고 매혹적이고 진보적인 나라이며, "우호적인 기질을 가진 인구의 중심지에 세우고 싶은 나라"로서 차츰 변두리의 인구도 끌어들일 수 있는 나라를 가리킨다(Claude Mazauric, 《Babeuf et le babouvisme》, Siècles [En ligne], 49 | 2020, mis en ligne le 27 août 2020, consulté le 03 janvier 2023. URL : http://journals.openedition.org/siecles/7187 ; DOI : https://doi.org/10.4000/siecles.7187).

다고 생각해야 할 것이다. 경제적으로 그는 프랑스 전체를 '무소유화 dépropriariser'하고, 반드시 필요한 물건을 교환하는 정도로 상업을 무력화하며, 민간의 기관들과 '지식인층'이 발명한 법을 경계하면서 평등주의를 보장하려고 노력했다. 11월 30일에 발간한 '평민의 선언 manifeste des plébéiens'은 바뵈프를 총재정부와 단절하게 만들었고, 12월 5일부터 지하운동가로 바꾸었다.

좌파가 정변을 일으킬 가능성이 있다는 소문이 돌았을 때부터 몇 달 동안 수많은 모임을 통해 바뵈프를 중심으로 부오나로티·그리젤 Grisel·다르테Darthé·실뱅 마레샬·펠릭스 르펠티에, 아마 앙토넬까지 가담한 것으로 보이는 '반란위원회'의 핵심이 생겼다. 그들은 분명히 앙토넬·아마르·랭데 같은 국민공회 의원들과 토론하면서 경제와 사회의 행동계획을 명확히 수립하려고 노력했다. 그들은 공화력 2년과 방토즈 법에서 영감을 받았고, 병사들은 물론 모든 구역을 봉기하게 만들 임무를 수행하는 비밀요원들까지 활용하는 방안을 준비했다. 그들 속에는 파랭Parrein 또는 방데의 상퀼로트 장군 로시뇰Rossignol 같은 옛 '공포정치가'가 있었다. '숭고한 희생자' 비알라의 숙부인 아그리콜 무로Agricol Moureaus 같은 투사가 프랑스 전역에서 신문·벽보·노래를 퍼뜨려 사상을 전파하고 토론에 불을 붙였다. 특히 무로는 감옥에서 출소한 뒤 아비뇽에서 활동했다.

옛 에베르주의자, 옛 로베스피에르주의자는 1793년과 1794년 사이에 가끔 대립했고, 음모가 성공한 뒤에 정치적 주도권 행사뿐 아니라 평등주의적 경제조치에 합의하는 지점에서 여전히 분열하고 있었지만, 다행스럽게도 경계를 허물면서 공존했다. 그들은 옛 국민공회

의원들과 바라스까지 접촉했으며, 바라스를 위한 정변이 일어나는 것을 보고 싶어 했음이 분명하다. 그 운동이 독창적인지는 언제나 문제다. 불평등하고 종교적인 원리를 아주 적대시한 글로 유명한 신문발행인 실뱅 마레샬의 「평등한 사람들의 선언」은 정치적 과두정을 거부하고, '공동의 행복'을 보장하려는 목적의 세심한 평등주의를 주장했다. 이로써 그는 국민공회 의원들, 특히 정치적으로 권력유지에 몰두하는 혁명국가를 조직하려고 노력한 옛 몽타뉴파와 거리를 두었다. 1796년 초 몇 달 동안 토론과 수많은 출판물이 나왔음에도 불확실한 성격을 지우지 못한 것이 이 운동의 약점으로 나타났다. 파리 치안 부대 병사들의 지지를 받을 가능성이 없었기 때문에 투사들이 동요했다는 사실을 아무도 모른 체할 수 없다.

1796년 초 사회 전반이 불만에 휩싸였을 때, 음모가들은 행동을 자제했다. 오히려 그들은 잠재적 동지들을 멀어지게 만들고, 적들이 힘을 모으게 만들어 질서가 위협을 받는다는 구실로 탄압을 시작했다. 총재들의 결정에 따라 〔수도권 방위를 맡은〕 앵테리외르군l'armée de l'Intérieur 사령관이며 바라스의 측근인 보나파르트는 1796년 2월 27일에 팡테옹 클럽을 폐쇄했고, 내친김에 왕족들과 세리이Serilly 가문의 살롱이나 체스협회 같은 귀족들의 단체도 폐쇄했다. 파리의 주둔군을 다른 곳으로 이동시켰고, 불복할 경우에는 해산했다. 6월에는 슈앙파의 카두달·세포Scépeaux·프로테Frotté가 항복했고, 총재들의 앞에는 상퀼로트·몽타뉴파와 관련한 적들만 남았다.

따라서 국가는 좌파를 공격했다. 파리 치안 부대는 파리를 떠나라는 명령에 불복하면서 반란을 일으켰지만 성공하지 못하고 사라졌다.

치안 부대의 해산으로 음모에 필요한 무장지원을 한 방에 제거했다. 신중하게 협상하는 동안 반란자의 핵심이 분열했다. 부오나로티는 파리에서 멀리 떠나라는 공식임무를 받았다. 그는 음모에서 발을 빼지 않은 상태로 임무를 수락했다. 한편, 드루에·앙토넬·르펠티에는 반란자의 핵에 의존하는 모험을 더는 지원하지 않았다. 반란자의 핵심은 점점 작아졌고, 마침내 가장 강력한 공화파와 관계를 끊었다.

이제 카르노가 예전의 모든 정변에서 보듯이 몇 달 전부터 준비한 최종 단계에서 중심 역할을 했다. 그는 바뵈프파의 그리젤이 배반한 덕을 보았고, 음모가 집단에 침투한 끄나풀들이 얻은 정보를 이용했다. 1796년 4월 16일, 의회나 총재정부의 해산을 요구하거나 왕정 또는 1793년 헌법으로 돌아가자고 요구하는 사람에게 사형을 내리는 법의 뒷받침을 받아 카르노는 파리에 음모자를 추격할 기동대를 설립했다. 5월 10일, 치안담당관 도송빌Dossonville은 바뵈프를 체포했고 체포영장 247개를 발부했다. 영장을 집행할 때 어려움도 있었기 때문에 앙토넬 같은 일부 음모가들은 파리에서 몇 주 동안 자취를 감추었다. 그러한 조치로 옛 국민공회 의원이나 투사들이 파리를 떠나게 만들었고, 마침 보나파르트 장군이 지휘하는 이탈리아군의 소식이 체제를 강화해준 순간에 전국의 공화파를 대대적으로 숙청하는 조치를 내렸다. 바라스가 주도한 좌파 총재정부는 개입하지 않았다. 체제의 정치적 저울은 우파 쪽으로 기울었다. 탈리엥 같은 의원들은 이 상황을 비판했지만, 겨우 과정을 늦추었을 뿐이다.

피고인 중에 적어도 드루에 의원이 포함되었으므로 헌법에서 규정한 대로 방돔Vendôme에 최고법원을 소집한 과정을 언급할 필요가 있다.[6] 그 과정이 매우 굼떴기 때문에 드루에는 도주에 성공했다. 1796년 8월에 쇠창살 호송차에 65명을 실어 법원으로 보냈다. 재판이 계속 연기되어 1797년 2월에야 열렸다. 그사이에 카르노가 관여한 경찰작전은 결국 민주적 좌파에게 예기치 않은 사면을 내리면서 끝났다. 1796년 9월 9일에서 10일 사이, 밤에도 여전히 거리에서 소동이 일어나고 있을 때 '자코뱅파' 집단이 그르넬 기지의 병사들을 봉기하도록 부추겼다. 카르노의 사주를 받은 그들은 덫에 걸렸다. 20여 명의 시위대가 대기하던 용기병의 총격을 받고 죽자, 총재 카르노와 르투르뇌르는 옛 국민공회 의원들을 공격하는 대대적인 작전을 펼쳤다. 131명이 붙잡혔는데, 그중에 옛 파견의원 자보그도 있었다. 1796년 9월부터 10월 사이에 탕플의 군사위원회가 그들을 넘겨받아 86명에게 유죄를 선고했는데, 그중 33명에게 사형을 내렸다. 한 명은 자살했고, 두 명은 궐석재판으로 유죄판결을 받았다. 나머지 기결수는 상소하고 결국 무죄로 풀려났다.

총재정부가 1796년 2월과 3월에 샤레트와 스토플레 같은 우파의 반대자들과 좌파의 반대자도 처분한 상황에서 카르노는 자신의 과거를 잊게 만들기 바랐던 것인가, 아니면 국가를 위한다는 명분으로 '권모술수적 합리주의', '공포정'의 정책을 연장했던 것인가? 그는 마라가 권장한 구국의 폭력이나 마라보다 더 맹목적인 로베스피에르의 폭

---

6   공화력 4년 헌법(1795년 9월 25일 반포)에서 최고법원은 입법부가 승인한 고소 사건을 재판하기 위해 입법부 소재지에서 최소 12만 미터 떨어진 곳에 설치했다.

력을 거부했다. 카르노는 우파에 뿌리를 내렸지만, 최소한 바뵈프와 함께 공화파를 하나로 만들려는 의지를 가진 인물이었다. 드루에가 1796년에 투옥을 피하게 만들어준 공화파 음모의 덕택으로 카르노가 1797년에 정치적 숙청과 탄압을 피했다고 해서 놀랄 필요는 없다.

평등파 음모의 재판은 1797년 2월부터 5월 27일까지 진행되었고, 다르테와 바뵈프를 음모가 아니라 1793년 헌법을 지지한다는 이유로 유죄로 판결하고 처형하면서 끝났다. 다른 피고인들은 유배형을 받았지만, 구금체계를 복잡하게 서열화한 셰르부르에서 복역했다. 그중 일부는 제도적 특혜를 누리다가 조금씩 감옥에서 나왔고, 일부는 정치적으로 무시할 수 없는 역할을 되찾았다. 민주공화파나 신자코뱅파는 모든 기관·헌법·인민의 지지관계를 다시 고찰하기 시작했다. 원칙을 지키는 새로운 사회를 어떻게 세울 것인가, 다시 말해 사람들이 열광하거나 음모로 세우는 나라의 신화를 포기하는 대신 정치를 도덕과 철학적 제도와 접합한 나라를 세우는 방법은 무엇인가?

이 일화는 특히 부오나로티가 부르주아 공화국에서는 사회혁명이 불가능하다는 사례를 보여준 덕에 유명해졌다. 바뵈프의 문서가 소련과 그와 연관 있는 역사가들의 손에 들어갔기 때문에 다른 해석의 여지가 남지 않았다. 여기서도 민주공화국의 진행 방향을 유지할 수 없는 사람, 역사의 패배자도 포함해서 모든 사람을 만족시키기 위해 로베스피에르와 공포정을 각인시킬 때처럼 희생양을 이용했다. 그러나 1796년부터 1799년까지 공화적 흐름이 실제로 되살아났으며, 국가가 필요로 하는 것과 프랑스인의 염원에 부응하지 못하면서도 활기를 띠었다. 투사들은 여전히 우파 왕정주의자와 좌파 에베르 추종자 사이의 대립에서 나온 사상의 틀에 갇혀 있었고, 국가의 제도와 지역사회를 소통하게 만들어줄 중간층을 형성하지 못했다. 그래서 지역사회는 기껏해야 조작의 대상이었고, 최악의 경우 위험하게 행동할지 모르는 집단으로 남아 있었다. 사회적 관심과 교화적 목표를 혼동한 19세기 전통에서 그들을 '공산주의'의 전조로 보는 것은 실용적이고 함축적인 해석이겠지만, 복잡다기한 성격의 운동에서 다양한 의미를 찾아내기란 어렵다.

총재정부의 탄생은 국민과 인민 사이에서 망설이는 태도의 역사가 새로운 단계로 접어들었음을 뜻했다. 이 역사는 1770년 왕이 신민을 근대화한 국민으로 재조직하고 새로운 관계를 수립하기 위해 혁명에 가까울 만큼 잇단 개혁을 단행했을 때부터 시작되었다. 그리고 1788~1789년부터 1792년까지 연장되었다. 그 시기의 국회는 국민으로 조직된 인민의 의사를 표현하고, 주권을 왕과 나눌 수 있다고 생각했다. 1792년에 일어난 모든 사태 덕분에 세 번째 시기를 맞이해 인민의 '적'을 제거하면서 공화국을 수립하고, 1794년까지 국민을 통합했으며, 인민의 '적'의 계획을 읽을 수 없고 견딜 수 없는 것으로 만들었다. 1795년 이후 군대와 행정으로 구현된 국민국가는 '선거élective' 지배층, 다시 말해 선거 귀족층의 통제를 받는 인민에 근거한 나라가 되었다. 그러나 왕당파 반란과 바뵈프의 시도 앞에서 국가는 국민의 힘을 정당하게 발휘하지 않고 무력과 타협에 의존하거나 심지어 교활하게 행동하면서 정변과 권모술수의 길을 열어주었다. 군대가 국가를 이용함으로써 세력의 균형은 물론 프랑스 인민을 발명하는 방향도 바꿔놓았다.

3장

몰수당한 공화국

1796년 5월까지 바뵈프의 친구들을 심판한 방돔 재판으로 앞 장을 끝냈다. 1796년 3~4월에 시작한 이탈리아 원정으로 이 장을 연다. 바뵈프의 사상이 후대에 어떤 영향을 끼칠지 예상하지 않은 채 역사의 한쪽을 넘겼다. 상퀼로트는 1792년부터 국가생활에서 맡았던 중심 역할을 잃었다. 그때 방데의 샤레트와 스토플레 장군은 총살당했으며, 공화파의 오슈 장군은 슈앙파의 저항을 거의 다 진압하고 서부를 평정했다고 선언했다.

프랑스인은 민족주의자의 염원, 지역사회의 기대, 정치와 경제의 안정을 바라는 마음으로 내전을 끝내고, 1789년 이후에 얻은 재산과 원칙을 보장하며, 정복과 번영의 희망을 품을 수 있게 만들어줄 동맹 관계를 모색했다. 혁명은 끝나지 않았고, 단지 공화력 2년과 관계를 끊었을 뿐이다.

우유부단한 정복자

1795년 이후 대불동맹이 프랑스 혁명을 파괴하려고 노력한 전쟁은 분명히 실패했다. 영국과 오스트리아만 전쟁을 계속했지만 적절한 수단과 지원을 받지 못한 상태에서 전쟁을 승리로 끝내기란 불가능했다. 1796년과 1797년, 과연 영국은 해군의 저항운동, 혁명을 지지하는 끈질긴 세력, 아일랜드 반란에 봉착했고, 프랑스 공포정에 버금가는 폭력으로 아일랜드를 진압했다. 다른 나라들은 동맹을 포기했고, 프랑스 정부가 이익을 보호해준 중립국들은 프랑스 공화국과 동맹을 맺을 수 있었다. 승리와 평화조약으로 프랑스는 유럽에서 중요한 지위를 차지했으며, 공식적으로 이웃 나라, 대불동맹국, 정복국가와 외교관계를 수립했다. 프랑스는 군대를 삶의 중심으로 삼았고, 병사와 장교는 비할 데 없는 권력을 얻었다.

바야흐로 프랑스가 스스로에 대해 가졌던 관점이 바뀌었다. 군대와 여론은 '정복자의 권리'를 당연하게 받아들이고 영토 팽창과 이웃 나라의 통제를 지지했다. 왕당파 반대자들은 끊임없이 혁명 프랑스의 위험을 고발했고, 좌파 비판자들은 정복이 이상을 후퇴시킬까 봐 두려워했다. 다수파는 1789년의 국경과 '자연의 경계' 사이에서 망설이면서 국경의 안정화에 동조했다. 정부에도 이러한 틈이 생겼다. 국회의원들은 평화를 원했고, 총재정부는 영토 팽창 문제로 분열했다. 뢰벨은 영토 팽창을 주장했고, 카르노는 그 결과를 두려워했다. 이처럼 우유부단한 태도는 1796년 오스트리아, 그리고 특히 피트의 영국과 협상할 때 나타났다. 릴Lille에서 긴 협상을 진행할 때 바라스와 탈레랑이 심복들을 통해서 개입했고, 군주정을 회복할 경우 상당한 개인적 혜택을 보장해달라고 요구했다. 오스트리아와 논의한 조정안 가운데 포로교환이 실현되어 루이 16세의 딸 마리 테레즈를 탕플 감옥에서 석방하고 오스트리아로 보내는 대신, 혁명가들을 프랑스로 귀환시켰다. 그렇게 해서 1793년 뒤무리에가 넘겼던 〔전쟁장관〕 뵈르농빌과 드루에가 프랑스로 돌아갔다. 그러나 두 나라 사이에 결정된 것은 하나도 없었다. 1795년 10월 1일의 벨기에 합병의 상황도 명확하지 않았다. 당시까지 군대가 점령한 영토에서 징발·징세·약탈을 하면서도 제도를 건드리지는 않았다. 프랑스 합병은 점진적인 단일화로 나타났으며, 분명히 벨기에인의 일부를 만족시켰지만, 망설이던 사람들을 적극적인 반혁명 세력으로 만들었다. 그 대신 라인 강 좌안을 통제하는 문제가 남아 있었다. 그곳을 통제하던 판무관들은 주민들의 뜻을 무시한 채 그들을 프랑스인으로 바꾸지 않았고 그 지방에서 최대한 많이 가져가려고 노력했다. 한편, 총재들은 이 영토의 운명을 놓고 격돌했다. 혁명의 이상을 충실히 지키던 향토 애국자들은 1797년 〔동쪽 라인 강 좌안에 자매 공화국인〕 시스레낭 공화국République cisrhénane을 세운다는 희망을 포기했다. 그럼에도 종종 자코뱅파라는 평을 듣던 그들은 헌법에 들어 있건, 사법제도의 혁신이건, 수많은 변화가 일어나는 것을 보고 실망을 조금이나마 누그러뜨렸다.

프랑스가 자국 중심으로 유럽을 조직하고 다양한 수준의 주민을 다스리려는 정책은 당시 유럽에서 유행하던 정책과 별로 다르지 않았다. 폴란드 분할은 프로이센·러시아·오스트리아에 이로웠고, 영국은 전 세계에서 식민지를 계속 확장했으며, 전쟁을 "미래를 보고 발행한 엄청난 어음"이라고 보았다(소렐A. Sorel). 그러나 벨기에를 프랑스에 넘겨준 대가를 얻지 못한 오스트리아나 영국과 협상을 마무리 짓지 못했을 때, 프랑스에 주도권이 돌아가자 프로이센 같은 중립국들은 불안해졌다. 카르노는 빨리 평화를 회복해야 한다고 생각하면서도 독일의 여러 나라와 아일랜드를 통해 영국·서인도제도·인도·퀘벡에서 공세를 취했다. 오슈의 아일랜드 원정 실패는 정부가 우유부단했음을 보여준다. 정부는 1796년 10월에 프랑스 함대가 브레스트를 떠나려는 순간 피트가 파견한 협상가 맘즈베리가 파리에 도착했을 때 원정을 취소한다고 통보했다. 1796년 12월에 폭풍우가 몰아치고 조직이 깨졌기 때문에 아일랜드 상륙에 실패했고, 영국 진압군한테서 주민을 구해주지 못했다. 파리에서 협상이 깨지자 맘즈베리는 되돌아갔다. 독일에서 온갖 선전과 왕당파의 돈에 휘둘린 피슈그뤼와 모로Moreau 가 오스트리아군을 공격하지 않고 있을 때, 정부는 오슈를 임명했다. 역사가 귀요R. Guyot는 그때가 바로 총재정부를 몰락하게 만드는 시련의 시작이었다고 평가했다.

프랑스의 재정은 끔찍했고 전국이 빈곤했다. 군인은 봉급을 받지 못했고 거지도 아시냐 지폐를 받지 않았다. 병사들의 장비는 열악했고 보급도 끊긴 상태여서 군대의 기강을 세우기가 어려웠다. 1794년 이후 탈영과 모병의 효율이 떨어졌기 때문에 병력은 절반으로 줄었다. 독일에서 프랑스군은 그 어느 때보다 더 잔인하게 행동했다. 그러나 군대는 끊임없이 국민과 다르게 행동했다. 군 간부들이 전문화하면서 병사들은 전투를 하지 않고 사는 '민간인'과 자신들이 다르다고 의식했다. 지휘관을 중심으로 편성된 군인들은 전국의 균형을 잡아주는 필수적 역할을 맡았다는 사실을 이해했다. 군대를 유지하는 데 필요한 자금을 매달 수백만 프랑씩 마련해야 했기 때문에 국가는 외국을 정복한 장성들뿐 아니라 세금징수회사나 군납회사들에 의존했다.

나라 전체에 부패가 만연했으며, 군납업자들은 권력자와 가까운 관계를 최대한 이용했다. 수많은 사례 가운데 하나만 보자면, 군납업체의 대표이자 국회의원인 라포르트Laporte는 뢰벨 총재의 측근이었다. 이 같은 일은 처음도 아니고 바라스나 탈레랑처럼 몇몇에 한정되지도 않았다. 이미 1789년 이전부터 유럽의 모든 협상가는 부패했고, 위기의 시기에는 중간에서 활약하는 사기꾼들이 득실댔다. 양탄자 상인들은 1796년 여름에 독일의 군주들과 끊임없이 협상을 벌였고, 피트도 월터보이드은행 앞으로 프로이센인에게 자금을 보내고 망명자들에게 수백만 파운드를 보냈다.

이탈리아의 결렬

프랑스만 이렇게 지지부진한 시기를 보내지는 않았다. 피트의 미래는 영국의 시위 향방에 달려 있었다. 러시아는 예카테리나 2세의 후계 문제로 불거진 궁중 음모에 빠졌다. 얼마 전부터 바라스의 궤도에 들어간 보나파르트 장군이 왕당파 반란을 진압한 뒤 두각을 나타내면서 모든 것이 재검토 대상이 되었다. 보나파르트는 서부의 정복자이며 1년 위인 오슈 장군의 명성이나 영향력에 미치지 못했지만, [수도권 방위를 맡은] 앵테리외르군 사령관직을 얻은 뒤 교란작전 임무를 맡았고,

각별히 장비나 돈을 지원받지 못하던 이탈리아군 사령관이 되었다. 그의 기회와 천재성이 국가와 유럽의 운명을 흔들었다. 보나파르트는 군주정에서 시작한 개혁을 이어받아 프랑스 군대에 필요한 조처를 취했다. 그는 먼저 다른 장군들에게 자신의 원정계획을 실험하게 하고 나서 몇 가지 원칙을 부여했다. 사단은 독자적으로 작전하다가 대규모 작전을 수행할 때 빠르게 모이도록 했으며, 포병 부대는 행군을 지연시키지 않고, 병사들은 현지에서 보급품을 받게 했다.

특히 그는 수많은 요소를 함께 결합해서 능숙하게 상황을 이용했다. 예전에는 용병이 감시 대상이어서 탈영을 방지하기 위해 일렬로 싸우게 했지만, 이제 군대는 그런 집단이 아니었다. 이제부터 병사들은 필요한 행동을 한다는 조건을 받아들이고, 활력 있는 집단으로 행동하거나 호흡을 맞춰 공격하는 '사냥꾼'이 되었다. 따라서 고전적 작전과 국지전의 관행을 결합해서 산악전에 적용했다. 장교들, 특히 장성들이 자코뱅파이며 전쟁에 익숙했다 할지라도, 대부분의 사단장은 혁명이 일어나기 전의 유산을 직접 물려받은 '국제적 군인'에 속했다. 그들은 용병의 경험을 쌓았으며, 여러 나라 말을 할 줄 안 데다 외국 군대에 관한 지식이 풍부했기 때문에 중요한 역할을 했다. 그들 중에서 참모장 베르티에Berthier는 지휘계통을 효과적으로 조직하는 능력을 갖추었다. 특히 포병을 비롯해서 군 장비를 개선하고, 작전을 아주 빨리 수행하게 해주었다. 확실히 보나파르트는 수준 높은 지휘관을 많이 거느렸고, 카코Cacault 같은 외교관이나 살리세티 같은 판무관들과도 좋은 관계를 맺었다. 그는 다른 장군들이 한 번도 누리지 못할 수준까지 모든 요소를 종합적으로 운영하는 데 성공했다. 보나파르트의 신화를 깨뜨리고 싶지만, 그가 당시에 성공한 이유를 이해하려고 노력할 필요가 있다.

끝으로 벨기에와 네덜란드 같은 작은 이웃 나라는 물자와 식량을 확보하기 위해 반드시 장악해야 할 곳이었지만, 이탈리아에서는 아직도 작전을 끝내지 못했다는 사실은 변함없다. 이탈리아 애국자와 프랑스 외교관들은 침략의 방법, 그리고 이탈리아 통치자들과 어떤 관계를 수립해야 하는지에 관해서 끊임없이 숙고했다. 보나파르트는 부오나로티가 1794년에 오넬리아Oneille, Oneglia에 단명한 공화국을 세울 때[1] 간단히 참여하고 원정계획을 준비했다면 어땠을까 하는 분석을 알고 있었다. 그가 직무를 시작하던 1796년 3월 2일부터 모든 교전국과 캄포포르미오 조약을 맺은 1797년 10월 18일 사이에 그는 새로운 전투양식과 군사적·정치적 목표를 실행했다. 그는 프랑스를 '위대한 국가Grande Nation'로 만드는 총체적 계획을 세웠다. 그와 신자코뱅파와 군대를 결합하는 형식의 계획은 프랑스인과 〔해방이라는〕 이상을 동화시키는 것이었지만, 사실상 외국을 해방하지 않고 정복하는 구실에 불과했다. 1799년까지 외국인 애국자들도 그러한 표현에 열광했다.

보나파르트는 1796년 3월 2일에 독일에 대한 공격계획을 세우고 9일에 바라스의 애첩 한 명과 결혼한 뒤 이탈리아를 향해 출발했다.

1 　필리포 부오나로티는 1794년 프랑스군이 점령한 오넬리아에 '공화제 헌법'을 도입해 이른바 '공화제 실험'을 했지만, 로베스피에르가 몰락한 여파로 1795년에 실패했다.

3월 26일부터 그는 자기 부하들에게 그 나라를 넘겼다. 그는 단지 말로 그치지 않았다. 대담하고 성공적인 시도로 당황하고 분열한 적들을 무찌르는 젊은 지휘관에게 쉽게 충성하는 병사들이 이탈리아의 재산을 약탈했다. 그들은 연전연승했고, 한 달도 안 되어 사르데냐의 왕을 무찌르고 4월 28일에 휴전협정을 맺고 나서, 5월 15일에는 평화조약까지 체결해 사부아와 니스를 넘겨받았다. 오스트리아군을 계속 공격해서 1796년 5월 10일에 로디Lodi에서, 11월 15~17일 아르콜레Arcole에서, 1797년 1월 14일에 리볼리Rivoli에서 승리했고, 새로운 전술을 발명하고 신속하게 승리한 사례를 많이 남겼다. 전술 실험은 정치적 실험이 되었다. 총재정부가 혁명을 수출할 생각이 없었을 때, 보나파르트는 주도적으로 6월 23일에 볼로냐에서 교황과 휴전협정을 맺고, 1797년 2월 2일에 만토바를 어렵사리 얻은 뒤 이탈리아를 재편하는 한편, 그에 대적하던 오스트리아군을 섬멸했다. 그는 스티리아 산악 지대를 통과해서 직접 비엔나를 위협했다. 그렇게 해서 그는 1797년 4월 15일 황제가 레오벤에 보낸 특사들과 직접 휴전협상을 시작했지만, 사후에야 비로소 총재정부에 보고했다.

보나파르트는 완전히 자유롭게 행동했다. 총재정부의 희망과 달리 그는 켈레르만 장군과 군 지휘권을 나누지 않았다. 일부를 정화로 지급하는 병사 봉급을 나눠줄 때, 그리고 대체로 여느 장군처럼 피정복자에게 배상금을 부과하고 한몫 단단히 챙길 때도 자유롭게 행동했다. 그는 교황과 맺은 조약에서 프랑스군이 입은 손해를 말 3,000필, 황소 4,000두, 대마 2만 캥탈[2,000톤], 밀 2만 에민[약 400톤], 완두콩 6,000캥탈[600톤], 캔버스천 80만 온[약 944킬로미터], 구두 15만 켤레,

면포 20만 온[약 236킬로미터], 염장 돼지고기 1만 캥탈[1,000톤], 포도주 200만 파인트[186만 리터], 돈으로 환산해서 1,550만 리라어치, 게다가 식료품 550만 리라, 그림이나 조각상 100점, 수서본 500점 외에 안코나[아드리아 해에 면해 있는 이탈리아 중부의 항구 도시] 요새를 프랑스가 점령하는 조건으로 배상받고자 했다. 교황이 이러한 요구를 회피하려고 시도했다가 실패했기 때문에 1797년 2월 19일 톨렌티노 조약은 볼로냐 휴전협정의 조건에 1,500만 리라를 더 요구했다. 라 레벨리에르 레포와 카르노 같은 총재들의 바람과 달리, 보나파르트는 교황의 권위를 존중하면서 「평화의 교서」를 받아 유화정책에 이용하고자 했다. 이처럼 그는 1797년부터 종교인과 화해하려고 노력한 끝에 1801년에는 뜻을 이루었다. 그는 자기 군대가 적을 위협하고 회개하게 만들기 위해 무슨 일이든 할 수 있다는 모습을 보여주면서 그 덕을 보았다.

영국 함대가 봉쇄한 나폴리 왕국은 전투를 포기하고 2,000만 프랑을 배상해야 했다. 1796년 9월에는 6,000만 프랑에 100개 이상의 조각상과 전함 60척, 포함 20척을 요구했기 때문에 배상액이 훨씬 적어졌다. 전쟁은 전쟁을 키웠을 뿐 아니라 장성들과 그들 대신 협상에 나선 하수인들을 포함한 정복자들을 부유하게 만들었다. 보나파르트는 만토바를 점령한 뒤 베네토Vénétie 지방을 포위하고 협상의 대상으로 삼을 만큼 자율적으로 행동했다. 그는 이탈리아를 통제하고, 유럽을 재편하고, 프랑스 국민의 삶에 개입하려는 전략을 아무런 제약도 받지 않고 수립했다. 바라스 같은 총재들은 레오벤에서 예비협상을 할 때 많은 돈을 받았는데, 보나파르트는 그들이 돈을 밝힌다는 사실을 이용할 줄 알았다.

이처럼 보나파르트는 총재정부의 정책과 이탈리아 애국자들의 기대를 저버리는 방향을 택했다. 원정을 시작할 때부터 차이가 나타났다. '해방자들'을 기리는 축전을 조직했던 애국자들 앞에는 터무니없는 세금을 거두는 판무관들과 약탈에 정신이 팔린 병사들이 나타났다. 이러한 습관은 벌써 몇 년 전부터 나타난 것이었지만, 상당히 큰 비중을 차지했다. 엘레르Heller·플라샤Flachat·라포르트·카스틀랭Castelin의 회사들이 물자와 식량을 징발하고, 아무 거리낌 없이 분담금을 할당했다. 보나파르트와 장교들은 그럭저럭 병사들이 주민들의 원성을 살 정도로 수탈하지는 못하게 막았지만, 프랑스를 적대시하는 행위는 가차 없이 처벌해서 본보기로 삼았다. 1796년 5월, 파비아·비나스코·루고 같은 도시에서 병사들이 며칠 동안 마음대로 날뛰게 만들고, 명사들을 처형하거나 인질로 데려간 사례가 있다.

또한 보나파르트는 반란을 진압하기 위해 공포정책을 체계적으로 활용했다. 1797년 4월 17일 베로나에서 반란이 일어났을 때, 추잡하게도 보나파르트는 주민과 군대의 적대감을 이용해서 베네치아 공화국을 점령했다. '베로나의 부활절'에 살로Salò 근처에서 반란이 소멸하자 반대자들을 두렵게 만들 탄압의 기회가 왔다. 그러나 반대자들은 무리를 이루었고, 성모 숭배에 충실하다는 이유로 '비바 마리아'〔성모 만세〕라는 이름을 남겼다. 제노바에서 토스카나 지방까지 모든 지역이 프랑스인에게 적대감을 보여주었다. 그들은 1799년을 암울한 해anno nero로 발표하면서 자코뱅파와 반혁명 세력의 갈등에 도농都農의 뿌리 깊은 증오를 섞었다. 그러나 이탈리아군이 신속하고 효율적인 작전을 수행할 수 있도록 수송, 도로 보수, 제빵, 병원 관리를 놀라울 만큼 잘해냈음은 변함이 없다. 성공적인 조직은 애당초 장비가 부족하고 잘 먹지도 못하던 군대의 모습을 정반대로 바꾸었다.

이탈리아 애국자들의 존재는 '위대한 국가'와 연맹 공화국들을 중심으로 새로운 정치지형을 조직하는 구실로 이용되었다. 보나파르트는 그들이 자기가 바라던 국가조직에 부합하지 않는다고 생각하자마자 더는 그들의 요구를 들어주지 않았다. 그는 피에몬테 왕국을 그대로 두고, 애국자들의 기대나 총재들의 권유를 무시한 채 (1797년 6월) 독단으로 시잘핀(치살피나) 공화국(이탈리아 북부 포 강 유역 점령지에 세운 괴뢰국)을 수립했다. 총재들은 이탈리아인이 공화국을 자주적으로 통치할 능력이 없다고 생각했고, 특히 프랑스의 평화와 수호를 원했다.

보나파르트는 귀족과 애국자를 뒤섞고, 단숨에 새로운 정치노선을 도입하면서 (같은 시기에) 제멋대로 리구리아 공화국도 세웠다. 첩보원 조직이 전하는 정보에 아주 정통한 그는 하수인 빌타르Villetard에게 선동당한 베네치아 애국자들을 거침없이 조종해서 베네치아 공화국을 쓰러뜨린 뒤 캄포포르미오 평화조약을 맺을 때 오스트리아에 넘겨주었다. 그 대가로 오스트리아는 밀라노 지방, 벨기에 지방, 라인 강 좌안을 포기했다. 따라서 베네치아는 흥정으로 오스트리아의 손에 넘어가면서 과거 군주정 시기의 최악의 외교를 생각나게 만들었다. 총재정부는 관대하고 이상주의의 목표를 추구하면서 영토 팽창에 더는 관심을 두지 않았지만, 일부 여론은 흥정의 전술에 분노했다. 혁명 없는 공화국 정책을 추진하면서 총재정부가 이처럼 야망의 수준을 낮추자 보나파르트 장군이 야망을 성취할 수 있게 되었다.

이탈리아 원정은 보나파르트를 말 그대로 국가 정치생활의 중심으로 만들었다. 그의 무공은 능숙한 선전을 통해 프랑스에 세심하게 전달되었고, 그 때문에 무엇보다도 아일랜드에서 오슈가 벌인 영국 원정의 실패, 또는 모로와 주르당이 라인란트에서 별로 진격하지 못한 사실이 돋보였다. 이탈리아 원정은 비록 제한되고 미미한 결과를 낳았음에도 지중해와 보나파르트를 중심으로 프랑스 정치의 균형을 흔들었을 뿐 아니라 전쟁의 목표와 방법, 프랑스인과 권력자들의 관계, 그리고 정치적 의미를 바꾸어놓았다. 그러나 종교적 논란, 질서유지 능력의 부족, 당파 싸움이 당장 국민생활에 영향을 끼쳤다.

종교문제로 되돌아감

탈기독교 운동은 잔인하고 비효율적이었기 때문에 합헌 사제의 지위를 약화시키고 비선서 사제를 지지하는 투쟁을 강화하면서 중대한 흔적을 남겼다. 1794년 종교정책을 바꿨지만 오히려 어떤 문제도 정리하지 못했다. 1795년부터 순교자 숭배가 나타났으며, 1796년 이후 리옹이나 파리는 물론 서부에서 아주 많이 늘었다. 반혁명 성향의 가문들은 공포정 희생자들의 유해를 안장하려고 공동묘지까지 사들였다. 로마에서 교황 비오 6세Pie VI는 디뉴Digne 주교였던 에미비 도리보Hesmivy d'Auribeau 신부에게 『회고록』을 써서 프랑스의 종교박해 역사를 정리하고 희생자 명단을 작성하라고 부추겼다. 1794년 9월과 1795년 2월에 국가와 교회를 분리했지만 1789년 이후 혁명과 종교의 관계가 낳은 문제를 해결하지는 못했다. 세속화, 국가기관에 대한 맹세와 교회에 대한 맹세 사이에 충돌하는 충성심, 그리고 모든 종류의 믿음에 대한 집단적 애착을 둘러싼 어려움이 항상 존재했다. 역사가 클로드 랑글루아Claude Langlois의 연구에서 보듯이, 예배 형식이 아니라 종교를 중심으로 질문을 제기하면서 모든 제도가 서로 적대시하며 자기에게만 충성하라고 강요하고 다른 집단의 표시를 받아들이지 못하게 만드는 것처럼 본다면, 정치적 해결책을 찾을 가능성은 없을 것이다. 가장 강제적인 맹세를 포기한다면 갈등이 완화될 것임은 뻔했지만, 일부 사제는 공화국의 법(공화력 3년 프레리알 11일, 1795년 5월 30일 법)에 복종할 의무가 가톨릭 신앙에 어긋난다고 생각했기 때문에 도저히 받아들이기 어려웠다. 에므리Emery 같은 파리 사제들은 맹세를 받아들였지만, 랭솔라스 같은 리옹의 사제들은 거부했다. 잠자코 있던 교황은 화해를 넌지시 비난했다. 망명 이후의 루이 18세와 갈등을 빚지 말아야 할 필요가 있었기 때문에 이단과 타협하지 않겠다는 의지를 확고히 했지만, 망명자 집단들은 분열했다. 1796년 4월 바뵈프주의자들을 탄압한 이후 온건파에게 의존해야 했기 때문에 종종 총재정부와 대립하는 로마 가톨릭 사제들이 완전히 은밀한 상황에서 벗어나기 쉬웠다.

로마 가톨릭교는 남부와 동부에서 원만히 되살아났다. 스위스와 이탈리아에 머물던 비선서 사제들이 선교 임무를 띠고 그곳으로 가서 작은 섬 같은 기독교 조직을 만들어 교회의 위계질서와 상관없이 활동했다. 공개적 예배행위를 금지한 상태에서 파리의 예배당과 교회 앞에는 신도들이 줄을 서서 종교행사를 기다렸다. 노르망디에서 전통 가톨릭교로 되돌아간 것은 합헌 사제들에 반대한 사람들이 세례와 결혼을 은밀히 거행하고 기록한 비밀등록부가 증명한다. 그동안 불법이었던 종소리가 다시 허공에 퍼지고, 농민들의 시위가 일어날 때, 그리고 인근으로 번질 때도 울렸다는 사실에서 종교의 자유를 되찾았음을 실감했다.

수많은 프랑스인이 하느님의 의지 앞에서 인간의 의지가 무력하다는 결론을 낼 만큼 그동안 일어난 사건들은 잔인했다. 그러한 생각은 전혀 새로운 것이 아니었지만 마땅히 적용할 만한 곳이 생겼던 것이다. 생마르탱과 메스트르가 그러한 이론을 만들었다. 획기적인 사건을 찾는 다양한 군중에게 이 같은 확신이 있었고, 종교적으로 대대적인 활력을 불어넣었다. [17세기 예수회 친구들의 모임인] '아아Aa'처럼 한 번도 사라진 적이 없는 비밀종교단체는 서부, 리오네, 파리에서 다시 생겼고, 파리에서는 클로리비에르 신부가 여전히 활동했다. 과거의 시련을 추억하면서 믿음을 굳건히 뿌리내린 다수의 공동체가 새로 생겼다. '솔리테르Solitaires' [은둔자들]의 경우 브장송에서 시작해서 마다가스카르나 시베리아로 비밀리에 집단 이주했다가 1798년 귀국해서 '애덕수녀회sœurs de la Charité'를 세웠다. 포레Forez의 [얀센파 광신자의] 포레이니스트Fareinistes 집단처럼 비정통파 집단들도 있었다.

비선서 사제의 처지는 1796년 12월에 탄압법을 적용하지 않거나 폐지하면서 점차 좋아졌다. 국회 양원에서 새로운 다수파가 로마 가톨릭 사제를 공개적으로 지지했기 때문이다. 카미유 주르당Camille Jourdan 의원이 교회 종을 자유롭게 치는 법안을 제출한 사실이 그 상황을 가장 잘 설명해준다. 예배의 부흥은 예전에 투사와 정치가들의 통제와 압박에서 벗어난 지역사회의 관심사를 가장 많이 반영했다. 예배의 자유가 언제나 반혁명적인 성격은 아니었다. 이욘 또는 브르타뉴의 일부 지방, 소뮈루아, 코 지방 같은 곳에서 종종 남녀 평신도도 혁명과 로마 가톨릭교 신앙을 병행했다. 결코 완전한 균형을 이루지는 못했지만, 1796~1797년 겨울에 반교권 조치를 다시 도입하자, 사제들은 벨기에 지방에서 은밀히 예배를 실시하면서 투쟁을 재개했다.

다양한 숭배의 경쟁

로마 가톨릭교가 되살아났을 때, 합헌 사제는 얀센주의와 아주 가까운 성향의 '갈리칸교회Église gallicane'[프랑스국교회]의 사제로 인정받으면서 자기 자리를 보전하려고 애썼다. 특히 프랑스 남동부의 특정 주교구는 사실상 로마 가톨릭교의 통제를 받게 되었다. 정교분리는 합헌 사제들에게 불리한 경쟁을 강화했으며, 종교를 국가에 종속시키려는 정치인들은 그들을 불신했다. 합헌 사제들은 탈기독교 운동가들과 거리를 두고, 사제의 결혼이나 교황을 중심으로 교회를 통합해야 하는 기본 교리를 존중해야 했다. 그들은 사제와 주교의 선거를 유지하기를 바라면서도 교황의 영광을 가장 중요하게 여겼다. 그들은 국내 연락 수단인 「종교연보Annales de la religion」를 보급하고, 1797년 8월에 공의회를 열어 '거기에 모인 주교들'이 선서 거부 사제들과의 관계를 쇄신하고, 사제의 교육개혁을 논의하는 데 희망을 걸었다. 베르사유에서 멀리 떨어진 주교구에서는 돈이 없어서 공의회에 대표를 보내지 못했다. 게다가 [1797년 9월 4일, 공화력 5년] 프뤽티도르 18일의 정변으로 토론이 중단되었다. 합헌교회의 설립은 돈도 없고 종교 간의 적대감으로 국가가 간섭하지 않았기 때문에 어려워졌고, 내리막길에서 계속 헤어나지 못했다.

경쟁은 비단 가톨릭교회에만 한정되지 않았다. 신성함을 자유롭게 표현할 수 있게 되자 위대한 종교들의 가장자리에서 새로운 운동이 일어났다. 하느님의 존재와 영혼 불멸성을 확신하지만 형이상학에서 벗어나 18세기의 전형적인 도덕사회를 수립하기 바라면서 자연종교로 되돌아가려는 마음은 가족적이고 이신론적이며 인도주의적인 '경신박애교théophilanthropie'를 창시했다. 온건한 공화주의자 도베르메닐Daubermesnil은 장 바티스트 슈맹 뒤퐁테스Jean-Baptiste Chemin-Dupontès(슈맹 피스)의 계획을 보고 영감을 주었다. 애국적 소책자를 발행하던 포셰 신부의 측근인 슈맹 피스는 발랑탱 아위이Valentin Haüy 같은 사람들의 도움을 받아 1796년 9월에 새로운 종교를 창시했다. 경신박애교는 파리에 15개 본당을 빠르게 확보했으며, 프뤽티도르 18일 정변의 도움을 받아 1797년 센·엔·이욘의 3개 도와 다수의 도시에서 성공을 거두었다.

새 교회에는 다양한 신도가 모였다. 그들은 반가톨릭 정서 또는 도덕적이고 종합적인 종교에 대한 기대에 차 있었다. 총재 라 레벨리에르 레포의 적극적 후원이 새 교회의 존속을 좌우했으며, 오히려 부담을 안겼다. 1799년 6월에 총재정부에서 그를 제거하자 교회가 무너지기 시작해서 1803년 이후 사라졌다. 이 종교는 종교와 정치를 재편하고 가장 고상한 문화부터 가장 대중적인 문화까지 모든 영역을 아우르는 성격을 띠었다. 종교인들의 복귀는 이처럼 공포정의 일부로 생각하던 과학보다 시를 찬미하는 것으로 나타났다. 샤토브리앙 Chateaubriand 같은 시인은 공론가idéologue와 대립했다.

이 같은 풍토에서 로마 교황청이 프랑스 공화국을 승인할 가능성을 담은 가짜 교서가 발행되면서 더욱 많은 전선이 요동쳤다. 우파 역사가들은 이를 우화로 취급하지만, 이 일화는 사실로 입증되었다. 그리고 이는 몇 년 후 정교협약을 통해 1791년에 시작한 불화를 끝낼 만큼 관계가 발전했음을 생각할 수 있게 해준다. 1796년 11월 5일, 프랑스와 로마의 협상이 막다른 골목에 다다랐을 때 교서 「목회자의 사랑Pastoralis Sollicitudo」의 초안이 발간되었다. 사람들은 진본이 분명한 그것을 세속권과 교황권의 분리 이론에 근거한 합의를 모색하는 것으로 생각했다.

주교들은 분열해서 토론하고 왕정주의자들은 동요했다. 전반적으로 군주제 지지자이지만 교회와 공화국의 동거에 개방적인 일부 주교들은 합의를 받아들일 태세였다. 방데의 주교 메르시 예하도 정치제도가 바뀌어도 종교는 변함없다고 주장했다. 그는 종교와 정치를 분리하는 것을 최우선으로 생각하고, 모든 형태의 맹세에 반대한 후 방데 반란군을 비판했다. 루이 18세는 그러한 일이 가져올 결과를 분명히 비난했고, 다른 주교들은 교회 분리를 규탄했다. 교황이 톨렌티노 조약으로 프랑스 국가의 권위를 사실상 인정했지만, 왕의 입지는 튼튼하지 못했다. 루이 18세가 망명 종교인들에게 프랑스에서 선교사업을 할 주교위원회를 조직하라고 제안했음에도 주교들의 동의를 끌어내지는 못했기 때문이다. 종교인들의 동요를 감지한 사람은 모든 이의 행복을 위해 교회 재통합의 전환점이 오리라는 사실을 예견했다.

1780년대 이후 로마는 얀센주의와 싸우는 것을 가장 중요시했으며, 거기에 더해 이탈리아 수도원에 사는 수천 명의 프랑스 비선서 사제를 보호해야 했는데, 이제는 프랑스 군대의 덕을 보게 되었다. 게다가 교황은 프랑스와 전쟁하는 외국 군주들의 지원을 믿을 수 없었다. 그는 신중하게 파르마에서 러시아 예수회를 복권시키는 계획을 세움으로써 언젠가 기독교를 수복하는 실마리를 마련하려 했다. 어느 때보다도 더 장기적인 계산이 작용했다. 왕정주의와 공화국을 둘러싼 정치투쟁이 늘 기본이었고, 중간의 길을 찾기란 불가능해 보였다.

구조적 불안

공화체제는 안정되지 못했음이 분명하다. 정치생활의 형식이 바뀌었지만, 정치가 전문화하고 지방과 지역의 여론을 통제하는 명사들의 역할이 더욱 늘어나면서 열정과 정서의 중요성이 사라지는 데 비해 개성은 여전히 중요했다. 지방색은 언제나 정치생활의 조건을 결정했다. 보편적 전망과 관련한 언쟁이 일어나는 기간이 지나면 사람들이 시큰둥해지고 정치풍토가 타락한다는 가설과 상관없는 문제다. 지방과 지역의 맥락에서 정치화가 일어났지만 종종 원초적인 형식을 벗어나지 못했다. 19세기의 일정 기간 존속할 경향이 거기서 생겼다.

체제의 약점은 헌법기관들과 권력균형의 병폐 때문이 아니라 국내평화·징병·징세를 확보하기 위해 모든 지방에서 체제 지지자들의 지원에 신경을 써야 했다는 점에서 나왔다. 재정을 회복하지 못하는 것이 언제나 체제의 약점이었다. 세금이 안 걷히고, 돈이 귀했으며, 국유재산 매각사업을 벨기에까지 확장했지만 늘 적자를 면하지 못했다. 매수자들이 재산을 지킬 확실한 수단이 점점 줄어들었음에도 그들에 대한 비판은 늘기만 했다. 국가는 채권자들에게 현금상환권을 지급했지만, 그마저도 투기 대상이 되었다. 상업어음이 유통되면서 정화의 부족을 극복했지만 투기꾼과 부자들만 혜택을 보았다. 빈부 격차가 최고조에 이르렀다. 금리생활자와 봉급생활자는 물가 폭등에 직접 영향을 받았고, 도시에 돈이 돌지 않으면서 수많은 극빈자가 도움을 받지 못했다. 공화국은 과두제를 옹호하고, 프랑스 인구 절반이 실현한 이익을 보장하며, 군대를 체제의 중심에 두기 위해 독재국가로 변했다.

통제경제를 거부하는 우파는 부패하고 무능한 장관들과 총재들을 고발했다. 완강하거나 온건한 왕당파 반혁명 분자들은 복종에 불만인 사람들을 계속 규합하고 반대 의사를 표명했다. '죄네스 도레jeunesse dorée'[멋쟁이 왕당파]가 영향을 끼치던 보르도에서 정치적 소요가 끊이지 않았다. 그것은 나중에 왕정의 명분을 주장하는 시위로 발전했다. 트루아의 왕당파는 자코뱅파에 반대하기 위해 연극을 이용했고, 그 때문에 2년 동안 극장 문을 닫게 만들었다. 남부에서는 사람들이 무리 지어 작은 코뮌을 장악하는 일이 가끔 생겼고, 당국은 아무런 조치도 취하지 못했다. 군사경찰과 군인들이 매복에 걸리는 일도 있었다.

백색공포는 끝날 줄 몰랐다. 공화력 5년 플뤼비오즈 26일(1797년 2월 14일), '아비뇽 사태'에서 자코뱅파 치안판사였던 사람이 살해당했다. 그때 왕당파는 지방 행정관들의 도움을 받으면서, 게다가 군인들이 방관하는 틈에 민주공화파를 '몽타뉴파'라고 불렀다. 1796년 5월부터 1797년 5월까지 남부의 질서를 유지하는 임무로 파견된 윌로Willot 장군은 사실상 다수의 장소에 대한 계엄을 연장했으며, 자코뱅파의 지휘권을 박탈하고 적들이 마음대로 처분하도록 내버려두었다. 또 그는 이탈리아에 병력을 보내는 일을 가능한 한 확실히 늦추어 보나파르트의 진격을 방해했다.

전반적으로 '도적떼'가 다시 창궐했다. 수많은 지역의 질서가 무너졌고, 살인과 범죄를 저지르는 무리들은 불평분자, 반혁명 분자, 또는 단순한 주변인들 때문에 급격히 늘었다. 이러한 운동은 1792년 이후에 존재했고, 경제와 정치적 조건 때문에 되살아나 1797년까지 프랑스 북부와 벨기에에서 절정에 달했다. 노르망디에서는 가난한 도적떼와 습격의 달인인 슈앙파를 여전히 혼동했고, 1796년 5월 16일 법으로 기동대를 조직했지만 질서를 회복하기는커녕 무질서만 가중시켰다. 공화력 4년 방데미에르 10일(1795년 10월 2일), 집단책임에 관한 법을 제정했으나 1799년 이전에는 정식으로 적용하지 않았고, 진압 임무를 띤 군사평의회들은 너무 관대하다는 평가를 받았다. 이는 결국 1796년 11월 3일에 전쟁평의회를 창설하는 구실을 주었다.

1797년 4월 15일, 도적떼에게 사형을 구형하는 법을 채택한 것은 문제가 얼마나 날카로웠는지 보여주었으나 근본적인 해결책은 아니었다. 국력은 모든 지방의 감수성과 힘의 관계에 달린 문제였다. 서부의 평화가 존중받는 듯이 보였지만, 그것은 상황이 불투명해서 슈앙파의 위계질서를 몰아내지 못했고, 주민들을 공화국 품에 받아들이지 않았기 때문이다. 그들이 반혁명 조직이나 특히 영국과 맺은 관계는 사라지지 않았다. 반혁명 조직들은 반란까지 일으켰다가 1796년 4월 2일과 9일 사이에 상세르Sancerre와 (앵드르의) 팔뤼오Palluau 주위에서 곧 진압당했다. 후세에 그 반란을 '베리Berry의 작은 방데'로 부른다. 베지냥Bésignan 후작이 일으킨 반란도 리옹과 로제르Lozère 사이에서 금세 진압당했다.

프랑스는 루이 18세나 아르투아가 외국에서 통제하거나 스위스대사 위컴을 중심으로 영국인들이 통제하는 조직들로 종횡으로 나뉘었다. 브로티에Brottier 신부와 그 뒤를 이은 당드레를 중심으로 '파리의 기관Agence de Paris', '질서의 친구Amis de l'Ordre', '박애교단Institut philanthropique', '아아' 같은 조직이 지지자와 투사를 선별해서 공개적인 연합체와 비밀연합체를 구성했다. 프랑스 밖에서 당트레그d'Antraigues는 이러한 조직의 중심에서 에스파냐를 위해 활동하면서도거짓 정보를 흘렸다. 그가 프랑스에 실제로 끼친 영향을 가늠하기란어렵지만, 그는 그 시대의 소통이 어렵다는 사실을 믿음직스럽게 만들 만큼 거짓 정보를 가지고 혁명가들의 관계를 교란했다. 파리에서노아유 클럽과 클리시 클럽은 부아시 당글라·뒤퐁 드 느무르·마티외뒤마 같은 의원들과 카르노 총재처럼 영향력 있는 다양한 인사들이만나는 장소를 제공했다.

국경 밖에서 소함대가 부이용 공prince de Bouillon이 활동하는 영불해협의 섬들을 보호하는 임무를 계속 수행했다. 어디서나 이중간첩이 활동했다. 가장 높은 수준에서 콩데 공의 지원을 받는 몽가이야르Montgaillard 백작은 피슈그뤼를 한편으로 끌어들여 막대한 돈, 연금과저택을 제공받았다. 이로써 [피슈그뤼] 장군이 1795~1796년 겨울에 오스트리아군을 앞에 두고 미적댄 이유와 나중에 기소를 피하기 위해 사직한 이유를 설명할 수 있다. 총재정부는 명망 높은 그를 프랑스에서 멀리 두려고 스웨덴 대사직을 제안했지만, 그는 거절하고 민간인 신분으로 귀국해서 의원으로 뽑혔다. 조금 낮은 차원에서 볼 때, 1792년에 한 차례 반혁명 혐의를 받다가 방면되었고, 로베스피에르의 실각에 연루되었던 파리 치안담당관 장 바티스트 도송빌은 앙트레그와 연결되었다. 그러나 가장 급진적인 반혁명 분자들은 이러한 활동과 거리를 두고 있었다. 그들은 프랑스가 입헌군주국이 되는 것을 원치 않았고, 뒤집어엎는 한이 있더라도 공화국으로 남는 편이 낫다고 생각했다. 순수한 절대군주제 지지자, '백색 자코뱅파', 심지어 보수주의자인 입헌파가 분열한 덕에 체제가 존속할 수 있었다.

시험에 든 저울추

그러나 이 모든 흐름은 어떤 식으로든 1796년 가을 이후 모든 차원에서 힘을 합친 반자코뱅 운동의 성격을 보여주었다. 방데와 슈앙파, 그리고 1795년 9월의 파리 봉기가 잇달아 실패한 데다 1797년 1월에 '아장스 드 파리'의 브로티에 신부가 꾸민 음모가 발각되면서 역설적으로 균형추가 우파 쪽으로 기우는 데 유리한 분위기를 조성했다. 왕당파 행동대원〔브로티에〕은 사실상 미래가 불투명한 사업에 참여하기보다 고발하는 편을 택한 친구들의 버림을 받았다. 정치적 승리가 투표로 결정될 수 있는 순간에 활발하고 공개적이며 공식적인 토론이 시작되었다. 우파는 예배의 자유를 얻는 동시에 선서 거부 사제, 또는 망명객과 그 가족들에 대한 모든 위협을 제거하려고 노력했다. 혁명 축제와 맹세는 비난받았다. 매년 1월 21일에 공무원들이 절대군주정을 증오하는 맹세를 했는데, 이제는 무질서를 공격하는 맹세까지 했으며, [양원제] 국회는 우파의 요구사항에 굴복했다. 공화력 4년 브뤼메르 4일(1795년 10월 26일)의 사면법과 국유재산 매각은 난상토론과 돌발 상황을 발생시키는 핵심적인 문제였다.

바뵈프와 지지자들의 재판 결과를 본 사람들은 '공포정치가들'을 더욱 과격하게 비판했다. 신문기자와 시사평론가들도 투쟁에 이바지했는데, 그들 중에서 총재정부에 호의적인 보수적 자유주의자 뱅자맹 콩스탕, 서열적 대의제로 여론의 다양성을 제거할 체제를 꿈꾸는 아드리엥 드 르제 마르네지아Adrien de Lezay-Marnésia가 돋보였다. 두 사람 모두 공포정과 로베스피에르를 소환하는 일을 거부하는 보수주의 성향의 인물이었다. 그들은 이러한 관점으로 당시에 가장 두드러진 경향을 설명하면서, 입헌주의와 온건한 절대군주제가 일정한 수준까지 성공하는 것을 막을 수 없음을 보여주었다. 1792~1794년의 암흑기를 보낸 후에 부활한 언론의 본질은 여론 형성에 능동적으로 참여한 라크르텔 같은 현실참여파 젊은이들이 기고한 수준 높은 신문이 풍부해졌다는 데 있었다. 옛 혁명가들을 겨냥한 활동은 국유재산 보유자들을 두렵게 만들었다.

1797년 3월 선거의 주요 현안은 평화회복이었다. 왕당파가 182석으로 승리했지만, 전체적으로 입헌군주제를 받아들일 136명을 제외한 왕당파는 300명이었다.[2] 수많은 도시가 계엄하에 있었기 때문에 유권자 동원이 중요했다. 그래서 총재정부는 정책을 수정했다. 피슈그뤼가 500인회 의장, 바르베 마르부아Barbé-Marbois가 원로원 의장으로 뽑혔으며, 5월에는 총재 르투르뇌르의 자리에 바르텔레미가 들어갔다. 그는 초기에는 카르노, 이후에는 자코뱅주의라 할 모든 것을 몹시 증오하는 라 레벨리에르 레포와 함께 새로운 다수파 의원들과 일시적 동맹을 맺었다. 왕당파를 사면했고, 옛날의 공포정치가들을 공직에서 제외했다.

500인회에서 피슈그뤼와 월로를 중심으로 '박애교단'의 주장에 영감을 받아 육군·군사경찰·국민방위군을 재편하기 위해 군사위원회를 발족했다. 주요 개념은 지방의 권력기관을 강력하게 통제하는 것이었다. 카르노는 국민통합을 앞세워 반대했고, 바르텔레미는 우유부단했다. 의원들도 복잡하게 분열했다. 다수는 시에예스처럼 한때 오를레앙 공작 일파와 연결된 개인들의 농간을 두려워했기 때문이다. 그들은 대대수가 법률을 존중했으며, 국가의 무질서를 두려워했다. 전혀 근거 없는 두려움은 아니었다. [무질서를 막던] 빗장이 풀리고 남부에서 새로운 폭력을 두려워하게 되었으며, 클레르몽 페랑에서는 무도회에서 자코뱅파와 패싸움이 일어났고, 아무 데서나 사람들이 으르렁거렸다.

---

2 공화력 3년 프뤽티도르 5일(1795년 8월 22일) 헌법에서 양원의 의석을 750명(500명 + 원로 250명)으로 정하고, 임기 3년에 연임할 수 있으며, 연임한 사람은 2년 뒤에야 피선거권을 얻도록 했다. 그리고 전체 750명 가운데 3분의 1씩 추첨으로 뽑고, 그 자리를 차지할 의원 선거를 치르기로 했다. 비상시국에 의원 수가 3분의 2 이하로 줄어들면 총재들은 즉시 선거를 준비해야 했다.

라 레벨리에르가 균형을 깼다. 그는 선서 거부 사제, 로마 가톨릭교, 망명자들에게 유리한 법률이 잇달아 나오는 것을 보고 충격을 받아 뢰벨·바라스와 힘을 합쳐 '3인방'을 구성한 뒤 의회에 반대하기 시작했다. 전쟁을 계속하는 문제가 당시의 시금석이었다. 이탈리아에서 보나파르트는 의회가 싫어하는 정책을 실시했다. 그들의 반응을 본 보나파르트는 3인방 편에 섰다. 독일에서 오스트리아에 결정적 승리를 거둘 군대를 다시 지휘하게 된 오슈는 공화국의 가장 훌륭한 지지자였다. 더욱이 릴에서 영국과 평화조건을 재협상하기 시작했을 때, 툴롱에 묶여 있던 선박의 반환, 가상의 조약에서 프랑스 왕 호칭 사용 등의 광범위한 문제를 다루었다. 프랑스 대표들은 친구들의 정치적·재정적 이익을 먼저 생각했다. 피트에게 재정지원까지 받던 왕당파는 공화파 장군들의 영향을 약화시키려고 노력했다.

누구나 시간 절약에 관심을 가졌다. 오슈의 원정이 실패하고 피트가 권력을 다시 잡은 뒤 영국의 상황이 개선되었지만, 이탈리아에서 프랑스 군대가 진격하면서 총재정부는 러시아 황제 파벨 1세Pavel I의 지지를 다시 받을 수 있다는 희망을 품었다. 음모·작당·비밀외교가 중요한 몫을 차지했다. 피트에게 터무니없는 돈을 요구했다고 추정된 바라스는 권력을 되찾기 시작했다. 보나파르트가 베니스에서 앙트레그를 붙잡아 때맞춰 서류를 압류하고 발송한 덕에 바라스는 피슈그뤼의 반역을 입증하고 도움을 받았다. 1797년 7월 16일, 3인방은 의회에 맞서고 특히 클리시 클럽에 맞설 장관들로 내각을 재구성했다. 오슈는 전쟁장관, 탈레랑은 외무장관이 되었는데, 이 과정에서 마담 드 스탈의 역할이 논란거리가 되었다. 우파가 의회의 다수파였지만, 장관들은 공화파를 자처했다.

〔오슈〕 장군의 지명은 총재들과 그의 지명에 합법적으로 반대하기 위해 나이를 따지는 의원들이 한바탕 팔씨름을 한 뒤에 철회되었다. 그때 오슈는 채 서른도 되지 않았다. 의회는 오슈의 병력이 대서양 연안으로 간다는 구실로 파리를 향해 행진하는 일도 막는 데 성공했다. 3인방은 한 번 더 굴복했다. 그러나 그들의 반대 세력은 국회 감사관들questeurs을 중심으로 안보위원회를 조직하기를 원했지만, 총재들의 굴복을 이용해서 권력을 잡으려 하지는 않았다. 점점 완력을 쓰려는 분위기가 높아질 때, 적들보다 단호한 3인방에게 상황이 유리해졌다. 오슈는 총재단 수비대장으로 셰랭Chérin 장군을 임명했고, 보나파르트는 앵테리외르군〔수도권 방위군〕 사령관이 된 오주로Augereau 장군과 함께 민간인 복장의 병사들을 보내서 3인방을 도왔다. 1797년 9월 3일에서 4일(공화력 5년 프뤽티도르 17~18일) 사이 밤에 3인방은 완벽하게 준비한 정변을 일으켰다. 저항이 있었지만 재빨리 진압했고, 반대하는 의원이 붙잡히거나 몸을 숨김으로써 정화된 의회는 싫건 좋건 2만여 명의 병력으로 총재들을 지원했다.

재확인된 혁명

잔인하고 전례 없는 탄압이 뒤따랐다. 총재들은 아주 조직적인 선전을 통해 자신들이 피를 흘리게 만든 일이 없다고 주장했다. 그러나 그들은 의원 53명, 총재 바르텔레미와 카르노 두 명을 추방했다. 그러나 카르노는 적절한 때에 경고를 받고 피신했다. 게다가 장군 두 명, 왕당파 음모자 세 명, 혐의자 다섯 명도 추방했다. 바르텔레미까지 단 열여섯 명을 닭장차에 실어 로슈포르에 보냈다. 거기서 그들을 귀얀으로 유배 보내 남들의 주목을 받지 못한 채 죽게 만들 심산이었다. 그러나 피슈그뤼를 포함해서 여덟 명이 살아남았다. 의원 177명을 국회에서 몰아냈고, 총재들은 의회 다수파를 확보해서 도 정부나 법원의 선출직 공무원도 확실히 숙청했다. 이튿날 프뤽티도르 19일에 모든 유권자·공무원·종교인에게 왕정과 무질서를 증오한다는 맹세를 하도록 법으로 강요했다. 그 법은 이미 유죄판결을 받은 망명자의 유배를 재확인하고, 군사위원회를 다시 설치해서 공식 망명자 명단에 오른 사람을 24시간 안에 처형하라고 명령했다. 곧이어 1797년 11월 29일(공화력 6년 프리메르 9일)에 공화국에 충성하지 않은 귀족을 처벌하는 법을 제정했고, 역사가 파트리스 이고네Patrice Higonnet가 분석했 듯이, 이로써 혁명은 반귀족주의의 절정에 달했다.

이것을 공포정이라고 말해야 할까? 수많은 역사가가 다양하게 문제를 제기했고, 모두가 탄압의 한계를 강조하면서 다양하게 해석했다. 프뤽티도르 이후 2기 총재정부는 적을 분쇄하기 위해 서슴지 않고 군사력을 동원했으며, 지방과 타협을 거부하고 나라를 통합하기 위해 법에 의지했다. 1797년 9월 5일에 50개 도시를 포함해 모두 876개 캉통을 예외로 하는 법[3]을 제정했다. 군사위원회가 활동한 지역에서는 몇 년 동안 모두 975명을 재판하면서 274명에게 사형, 93명에게 유배형을 내렸다. 탄압은 특히 '화부chauffeurs'[4]와 관련되었으며, 1798년 1월 18일의 법이 나온 뒤에 그들을 200명 이상 처형했다.

망명자의 처벌 비율이 낮은 것을 보면 수많은 재판이 과연 난폭했
는지 의문이 든다. 게다가 1792년의 사회적 범주를 다시 이용했지만
여전히 불분명하다는 점이 문제였다. 법조문의 '효율'은 숫자만 봐도
미약했다. 체제가 개인주의적 명사 집단과 귀족을 거부하는 공화파의
반대를 조장하기보다는 명망 높은 망명자, 왕당파 패거리, 무기를 든
망명자 같은 소수 정예분자에 맞서 공화적 과거를 수호하기 바랐기 때
문이다. 그러나 [테르미도르] 정변 이후 탄압의 물결은 여러 번 일어났
다. 1798년 6~7월에 슈앙파를 다시 탄압했고, 1799년 봄 '자코뱅의
100일'이 시작되었을 때도 탄압이 되살아났다.[5] '하청업자'가 개입하
고 '국가의 공백'으로 너도나도 정치적 경쟁에 뛰어들었던 1793년의
탄압과 달리, [총재정부 시기에는] 모든 경우에 국가가 직접 움직였다.

　　총재들은 예전처럼 민주적 제안을 거부하면서 집정관정부를 예고

3　공화력 5년 프뤽티도르 19일의 '왕당파 음모와 관련한 구국의 조치법Loi contenant des
mesures de salut public prises relativement à la conspiration royale'을 가리킨다.

4　혁명 전부터 발을 불로 지지는 고문을 하고 물품을 빼앗는 노상강도가 있었는데, 그들을
'화부火夫'라 불렀다.

5　테르미도르 9일(1794년 7월 27일)의 반동으로 공포정이 끝났다 해도, 나중에 세 번의
여파가 있었다. 첫 번째 여파는 1797년 9월 3일에서 4일(공화력 5년 프뤽티도르 17~18일)
밤의 정변으로 시작했고, 두 번째 여파는 1799년의 이른바 '자코뱅의 100일'이다. 1799년
봄 선거에서 자코뱅파가 다수 의석을 차지했고, 7월 11일(메시도르 23일)에 '인질법loi des
otages'을 제정해서 반항하는 지방을 탄압했다. 이 법은 시민들을 불안하게 만들었을 뿐 아
니라 시에예스의 마음도 떠나게 만들었으며, 결국 브뤼메르 18일 정변(1799년 11월 9일)의
도화선이 되었다. 세 번째 여파는 집정관정부 시기에 왔다(Howard G. Brown, 'Echoes of
the Terror', in *Historical Reflections/Réflexions Historiques*, Fall 2003, Vol. 29, No. 3,
Violence and the French Revolution, Fall 2003, pp. 529~558 참조).

하는 '안전주의 국가État sécuritaire'를 만들려고 노력했던 것인가, 아니면 단순히 지난 몇 년의 타협과 잔인한 관습을 병행하는 정책을 연장했던 것인가? 선거가 민주주의를 강화하기는커녕 모든 반대를 무릅쓰고 권력을 독점하는 데 이바지했기 때문에, 결과적으로 그들은 신자코뱅파가 재기할 수 있게 도와주었고, 국가를 위해 일정한 역할을 되찾고 제도에 영향을 미치게 만들었다. 비록 소수지만 꾸준한 여론이 선거 때마다 동원되었고, 프뤽티도르〔정변〕이후 왕당파가 투표에 종종 기권했던 이유를 이해할 수 있다.

선전·특별위원 파견·지자체 압박에도 불구하고, 남서부·멘 에 루아르·파 드 칼레·마시프 상트랄에는 여전히 '빨갱이' 세력이 남아 있었다. 한편, 왕당파 여론도 살아 있었고 박애교단들의 조직도 탄압을 피했다. '프뤽티도르 정변을 겪은' 프랑스는 모든 권한을 가지고 체제를 보존하기 위해 전국을 공포에 휩싸이게 만들면서 강력한 적과 싸우는 관리나 혁명투사들에게 복종하지 않았다. 1797년 이후 대외전쟁이 체제 안정에 이바지했고, 내전은 눈에 띄는 반대 세력을 몰아붙이는 지대에서만 일어났다. 정치판은 여전히 잔인했고, 언제나 눈에 띄게 정권교체가 있었다. 그러나 국민은 모두 제한적이지만 실질적인 안정 상태로 되돌아간 덕에 공화국의 정치가 균형을 잡기 시작했다.

'반동분자'를 축출한 것은 체제 발전의 차원에서 해석할 수 있다. 두 가지 예가 이 정변의 의미를 설명해준다. 1795년 국민공회의 상징인 부아시 당글라는 중도파의 대표로서 부패한 자들을 고발했지만, 오히려 부패한 공화국을 더는 지킬 수 없다는 사실을 이해하지 못했기 때문에 '정변을 당해' 올레롱 섬île d'Oléron으로 추방당했다. 탈레랑의 보호를 받던 뢰데레는 자기 소유나 활력을 불어넣은 신문들이 퍼뜨린 표현대로 혁명을 내전이 아니라 전쟁처럼 끝내기를 바라면서, 보수적이지만 좀 더 공화적인 노선을 옹호했기 때문에 더욱 탄탄한 경력을 쌓았다. 총재정부는 그때 새로운 중도파를 탄생시켰던가? 만일 1789년의 산물인 공화국을 사랑하는 집단이 공화주의를 고집하고 왕당파와 상퀼로트에게 적대적인 '극중주의파extrême centre'의 성격을 보여준다고 주장한다면, 대답은 긍정적이다. 만일 총재정부가 두려움을 이용하고 여론을 조작했지만, 좌파가 급진화하고 조직을 정비하는 것을 막지 못한 나머지 합헌조직들이 발달하고 신문이 전성기를 맞이했다는 사실을 강조한다면, 대답은 부정적이다. 총재정부가 왕정주의, 앙시앵레짐, 전통 귀족과 관련된 것처럼 볼 수 있는 프랑스를 세우고, 입헌군주정 지지자들과 명사 중심의 의회제 공화국의 지지자들의 화해를 금지했다고 생각한다면, 대답은 역시 부정적이다.

'왕정주의'와 귀족제의 고발은 모호한 데다 단절의 흔적을 남겼다. 1792년에 특권층에 반대해서 정치적으로 입에 오르내리기 시작한 '정직한 사람들'이라는 표현은 1795년까지 명확한 의미를 갖지 못한 채 유통되었다는 사실이 그 증거다. 바뵈프가 죽은 후 그 말은 보수주의적 공화국의 지지와 왕당파의 지지를 결합해서 경멸의 뜻으로 고정되었다. 이러한 일화는 가슴에 사무친 증오와 분열이 얼마나 화해를 방해했는지 보여준다. 총재들이 되돌아가기 원치 않던 혁명의 이름으로 공화국은 우파의 적들에게 낙인을 찍고 좌파 경쟁자들도 한꺼번에 통제하는 방향으로 나아갔는데, 나중에 제3공화국도 그러한 태도를 취했다. 왕정주의로 추정하는 것을 증오하는 '공화주의 중도파'는 이 순간에 탄생했고 아주 프랑스적인 전통을 발명했다. 언론의 자유가 상대적으로 늘어나면서 폭넓은 여론을 표출할 때, 몇 년 전부터 탄생한 좌우 이분법도 여전히 효력을 발휘했다.

프랑스는 법의 이름으로 예외적인 상태를 적용했고, 민주주의와 국가의 폭력을 함께 활용했으며, 사실상 사면을 거부하고 여러모로 정치적 타협을 꾀했다. 공포정으로 되돌아가는 일보다는 1794년과 1795년에 쫓겨난 행정관들이 돌아왔을 때가 국가의 잔인성에 관한 최근의 추억을 불러왔다. 왕정과 '폭군'을 거부했지만, 역설적으로 제국 시기의 경찰국가 체제를 수립하는 데 장애가 없었고, 의회주의 관행은 루이 18세 치세에야 프랑스에서 실제로 경험할 수 있었다.

항로 변경의 잔인함은 또 인구의 탈출을 자극했다. 비선서 사제, 망명자, 왕당파 또는 자격을 잃은 공무원들은 다소 투쟁적으로 바뀌어 체제에 반대했다. 한편, 승리자들은 가능한 한 모든 공간을 다시 점령했고 돌풍에 든든히 대비했다. 파벌 싸움이 다시 일어나면서 불의와 복수의 감정을 부추기고, 정치인들에게 내란의 관행에 대해 보복조치를 취하게 만들었다. 집단과 씨족의 교체가 관건이었다. 1792년에서 1795년까지는 감옥·사형대·총살대에 의존하지 않고서는 인원 교체를 이룰 수 없었다면, 1796년 이후의 격변은 유배나 제명을 동반했다. 그러나 혁명에 직접적으로 대립한 사제와 도적떼의 두 가지 위험한 적의 범주에는 이러한 관용을 베풀지 않았다.

공화국과 적들

'제2의 탈기독교 운동'이 적의 추격을 증명한다. 너무 강한 표현인가? 확실히 그렇지만, 그것은 사회의 세속화와 교회를 감독해야 한다고 믿은 프랑수아, 일명 드 뇌샤토de Neufchâteau, 그리고 메를랭 드 두애 같은 통치자의 지배적 사상을 표현한 말이었다. 그들은 이성의 힘을 확신하고 종교의 귀환을 증오하는 관념론자들의 글에 의지했다. 프랑수아 드 뇌샤토는 총재정부로 하여금 데카디 예배를 혁신하도록 만들었다. 그것은 데카디[매달 세 번의 10일]마다 사실상 도덕·애국심·덕을 존중하라고 권고함으로써 '정치사상이나 형이상학적 사상을 감지하게 만드는' 공화국 축제였다. 젊음·노년·결혼 등을 기리는 행사는 추도와 예행연습을 명확히 구분하지 못한 채 그럭저럭 폭동을 정치와 화해시키려고 노력했다. 지자체장들은 이러한 목적에서 공화력 6년 이후 모든 데카디마다 결혼식을 집전하라는 권고를 받았다.

그러나 그들은 새로운 의전을 발명하지 못했고, 오직 공무원들만 뒤따르는 지루하고 긴 예식에 몰입했다. 주변적인 반교권주의의 희생자 '프랑스국교회' 사제들도 데카디 예배를 증오했다. 1798년 이후 특히 메를랭 드 두애의 영향을 받아 다시 혁명의 달력을 강제로 쓰게 했다. 공화국 예배는 경신박애교 세력을 약화시켰으며, 오슈 장군이나 주베르Joubert 장군의 장례식에서 행해지기도 했다. 이렇게 해서 로마 가톨릭·합헌 가톨릭·경신박애교·데카디 예배·유대교·개신교의 여섯 가지가 경쟁했고, 그 외에도 정치적 축제가 있었다. 대다수 인구는 여전히 가톨릭교에 머물렀으며, 정부는 다수 행정관의 반교권주의를 부

공화국의 새 달력.

추기면서 공격적인 정책을 채택했지만 별로 효과를 보지는 못했다.

총재정부는 종교적 시위를 진압했고, 맹세를 거부하거나 시민 여섯 명에게 고발당한 선서 거부 사제들을 유배했다. 데카디와 휴일 축제를 준수하지 않는 사람들을 법이 허용하는 한도까지 모든 방법으로 제재했다. 1793년의 탈기독교 운동이 소수에 그친 운동이었고 계획적이지도 않았다면, 이번에는 국가가 추진한 운동이었다. 헌법을 따르지 않는 교회가 다시금 분열했고, 교황도 역시 입을 닫고 있었다. 파리 대주교 같은 소수 인사는 어떤 대가를 치르더라도 전국의 사제에서 대강 20~25퍼센트를 차지하는 가톨릭교를 유지하려면 맹세가 반드시 필요하다고 확신했다. 그들 중 프랑스에서 재판을 받고 처형당한 사람은 별로 없지만 1,000명 이상이 옥에 갇혔다가 수백 명이 귀안으로 유배당했다. 모두의 일상생활이 늘 불안한 상태였으며 말조심, 유동성, 추방의 위험이 기다렸다. 그만큼 모든 조치가 늦게 나오고 조직적이지도 못했으며 국가 관리들의 방해를 받기 일쑤였다.

1797년 9월 이후 2년 동안 과격한 반교권 정책을 실시한 벨기에 지방에서는 사정이 달랐다. '증오'의 맹세를 거부한 사제들은 딱히 반혁명 의견을 표현하지 않았지만 기소 대상이었다. 그러고 나서 그들은 농민반란을 지지했다고 고소당했다. 9,000명 이상에게 체포령을 내리고, 로슈포르의 폐선, 레 섬île de Ré의 감옥에 보냈고, 거기서 일부를 귀안에 유배했다. 신도들도 종교행사에 참석하거나 단순히 일요일에 공공연히 놀이에 참가하면 추적당하고 괴롭힘을 받아야 했다.

선서 거부 사제들은 실제로 저항했지만, 저항의 정도는 지역과 개인의 차이가 컸다. 리옹의 랭솔라스는 언제나 가장 좋은 사례를 보여준다. 선교단 조직은 전도사들을 모으고, 외국에서 공의회와 교범 발간의 도움을 받았다. 일상적 어려움을 보여주는 사례가 있다. 코스트 신부가 발간한 교범은 정치 영역에 개입하지 말고, 국가 권위에 대해 논쟁하지 말도록 권고했다. 그러나 이탈리아의 상황이 급하게 돌아갔다. 장래 교황 비오 7세가 되는 이몰라Imola 주교 키아라몬티 Chiaramonti는 1797년 12월 25일에 시잘핀[치살피나] 공화국이 기독교 와 불화를 일으키지 않는다고 선언하면서 민간권력에게 복종을 명령 했다. 하지만 사흘 뒤 로마에서 갑자기 폭동이 일어났고, 뒤포Duphot 장군은 [나폴레옹의 형] 조제프 보나파르트의 처제[나폴레옹과 파혼한 데지 레 클라리]와 결혼하기 전날 목숨을 잃었다. 베르티에가 지휘한 프랑스 군은 보복으로 1798년 2월에 로마로 들어가 로마 공화국을 세우고 교 황 비오 6세를 사실상 포로로 잡았다. 곧 프랑스로 끌려가면서 시작된 비오 6세의 모험은 1799년 8월 29일 발랑스에서 끝났다. 그는 사망증 명서에 "교황직을 수행하는 장 앙주 브라스키Jean-Ange Braschi" 사망이 라는 이름을 공식적으로 남겼다. '국교회파'까지 교황을 환영하던 국 가적 정서는 총재정부 지도자들의 가톨릭교 증오와 충돌했다.

완강한 슈앙파 반란

서부에서 1797년에 슈앙파가 조용히 활동을 재개했다. 그것은 언제 나 도적질과 구별하기 어려웠고, 반종교 정책과 지역사회의 분할 때 문에 촉발된 불만으로 세력을 키웠다. 브르타뉴에서 소수의 코뮌만이 공화국 군대의 통제를 받았고, 슈앙파 참모부는 여러 곳의 성관을 차 지하고 젊은이와 탈영자들로 보호하게 했다. 공화국 군대는 농민들과 잠재적 슈앙파는 물론 복수심을 품은 마을 사람들을 조심해야 했다. 그들은 선서 거부 사제에게 예배를 자유롭게 집전하도록 허용하고 잘못을 뉘우친 반란자들을 용서하면서 제3의 길을 찾으려고 노력했다. 오슈는 군사적 성공을 거둬 상황을 안정시켰지만, 노르망디와 방데의 일부와 마찬가지로 브르타뉴 지방도 사실상 국가권력에서 벗어났고, 그만큼 캉통 자치단체들은 주민과 멀어졌다. 반혁명 지도자들이 서로 대립하고, 결국 퓌자이가 사임하고 캐나다로 떠났지만, 공화국은 그들의 분열에서 득을 보지 못했다. 어떤 점에서 공화파와 왕당파 두 진영의 분리는 사회지도층과 기층민의 분리와 같아서 구체적 정책을 수행할 수 없는 이유가 되었다.

정치적 거부, 범죄, 소외 계층, 씨족 간의 투쟁이 불안하게 뒤섞였고 공공연히 당파적인 정부와 행정이 주도하는 나라를 계속 무질서로 내몰았다. 당국이 악순환의 고리를 끊지 못하는 틈을 타 거대한 도적 집단들이 특히 프랑스 북부·북동부·남동부 같은 곳에서 온갖 종류의 수탈을 계속 자행했다. 행정관과 판사들은 그들을 두려워하면서도 어쩔 수 없이 견디고 용서할 수밖에 없는 주민들을 명확히 분리할 수 없었기 때문에 도적떼의 단결과 위험을 과장했다. 그들은 기동대를 동원하고, 군사작전을 펼치고, 예외적인 법을 다수 반포하면서 폭력을 휘둘렀다. 남알프스에서 왕정주의에 물든 민중 틈에 도적떼가 널리 퍼지자 전권을 가진 장군을 파견해 특별군사위원회로 대처하도록 했다.

도적떼의 위협과 탄압 소식은 과장되었고, 그 때문에 19세기 초기까지 결정적 자료를 얻을 수 없었다. 집정관정부가 국경과 이웃 나라들을 통제하면서 안정을 가져와 무엇보다도 종교적 평화를 이루고, 도적떼와 불평분자의 사이를 떼어놓고, 군사경찰을 집단의 질서를 유지하는 축으로 받아들이게 만들려면 시간이 필요했다. 요컨대 관건은 국가의 통일이었다. 지방의 저항은 종교나 사회적인 이유로 표출되었지만, 그것을 그렇게 이해하는 대신 언제나 정치적 거부로 해석했다. 남부에서 벨기에까지 행정관과 정치가들은 전통적 '자유libertés'[특수계층의 특권] 수호, 씨족과 가문의 역할을 언제나 반혁명의 형태로 생각했다. 1799년 실용주의나 냉소주의에 물든 보나파르트는 좌파와 우파 명사들의 연합체가 사실상 여러 지방을 장악했기 때문에 그들의 지지를 받아야 통치할 수 있다고 생각했고, 실제로 그들의 지지를 받을 수 있다고 보았다.

새 체제

프뤽티도르 정변 이튿날, 재무장관 라멜 노가레Ramel-Nogaret는 노골적인 재무 건전화 정책을 실시했다. 국가 채무를 줄이고, 징세를 회복하고, 통화를 안정시켰다. 이를 위해 그는 국유재산을 살 수 있는 '교환권bons'을 발행해서 빚의 3분의 2를 상환했고, 나머지 3분의 1은 『공공부채 백서Grand Livre de la Dette』에 '장기국채'로 기록함으로써 책임을 면하기 어렵게 만들었다. 교환권은 경우에 따라 5퍼센트나 10퍼센트의 이익을 가져왔지만, 액면가의 70~80퍼센트를 단번에 잃었다. 빚은 30만 명 조금 못 미치는 사람들에게 지불하는 이자와 연금 2억 프랑으로 산정할 수 있었다.[6] 이렇게 국가는 사실상 파산을 선고하고 채권자들에게 환불하지 않았기 때문에 투기꾼들은 그들의 교환권을 사들여 시중에 돌아다니는 다른 유가증권과 경쟁하는 데 이용했다.

금리생활자의 자본은 이 시대 노년층의 생활을 보장해주는 중요한 범주였는데 가치가 폭락했다. 비록 극빈자를 보호하는 조치를 내놓았다 할지라도, 금리생활자는 거의 한 푼도 받지 못하게 되었다(1800년 1월, 정화로 금리를 지급하는 제도를 확립해서 일정 기간 금리생활자의 빈곤화를 막았고, 이로써 보나파르트는 인기를 얻었다).

1797년 9월부터 총재정부는 점점 더 간접세에 의존했다. 정부는 수입담배에 더 높은 세금을 매기고 도로세, 이른바 '통행세'와 공공 차량의 좌석 가격에 세금을 신설했으며, 인지세·저당권·등기세를 재조직하는 한편, 1798년 10월 파리에 입시세를 복원해주었다. 국가는 체납자의 집으로 독촉인을 보내는 방식에 다시 의존했다. 제국도 이 방법을 계승하면서 간접세를 '통합의무droits réunis'라는 이름으로 재편했다. 1798년 10~12월에 세제개편은 이러한 노선을 따랐다. 부동산·동산·개인의 세금으로 직접세를 재조직하고 주택les portes et fenêtres과 상업면허에 관한 세금을 경감했지만, 새로운 부과방식 때문에 억울하다는 불만의 소리가 터져 나왔다. 이 세금들은 후대에 '네 가지 옛 세금'으로 통했다. 그것들을 걷는 일은 납세자와 상관없는 관리들에게 맡겼다.

과세 기준을 다시 조정하는 일이 늦어지고, 담배나 소금에 부과하는 세금이 일관성이 없다는 단점이 있었지만, 정복지에서 들어오

---

6   구체제부터 혁명기 초반까지 리브르livre와 프랑franc을 혼용하다가 공화력 3년 테르미도르 28일(1795년 8월 15일)의 법으로 프랑이 프랑스 돈의 단위가 되었다.

는 임시수입과 기채 액수가 무시할 수 없을 만큼 커졌기 때문에 총 수입은 1798~1799년부터 향상되었다. 그러나 끊임없이 과세체계를 재편하고 세금을 늘린다고 해도 계속되는 낭비와 부패의 결과, 군사작전 비용의 지속적인 요구를 보완하기는 어려웠다. 〔군인 출신으로 전쟁장관이 된〕 셰레Schérer 같은 장관들, 마세나Masséna나 샹피오네Championnet 같은 장군들, 보댕회사 같은 군납업자들이 넉넉하게 배를 채웠다. 군납업자들은 시장을 할당받고 담보물을 받는 대신 통용 화폐로 선금을 냈는데, 그 덕에 체제는 그럭저럭 일상생활을 보장할 수 있었다. 1798년에 수입·절도·징발을 1조 3,210억 프랑으로 추산할 수 있지만 순수 적자만 3억 5,000만 프랑으로 밝혀졌다.

그러나 총재정부는 계속 풍년이 들어 곡식 가격이 떨어지고, 도시 주민과 극빈자가 만족한 덕을 보았으며, 농부와 부농들에게 국유재산을 매입하기 쉬운 방법을 열어주어 불만을 잠재웠다. 소유권이 확실히 이전되면서 경제가 되살아났다. 국유재산 매각을 다시 시작하면서 부유한 구매자들이 유리했다. 게다가 공무원들이 중개인으로 나서서 도와준 군납업자를 중심으로 개인이나 '검은 무리' 조직의 투기꾼들도 한밑천 잡았다. 그러나 검소한 농민은 가능할 경우 계속해서 매입자로 나서거나 욕심 많은 투기꾼이 단기간에 이익을 보려고 조각낸 토지를 매입했다. 소액 재산을 취득하는 농민이 30~40퍼센트를 샀다. 이렇게 근본적인 변화는 공화국의 운명, 정치적 방향, 군대의 성공과 연결되었다.

이러한 결합은 벨기에 지방의 경우와 달리 국유재산 매입이 주민의 종교적 양심의 제약을 받고 또 사회와 정부가 단합하지 못한 곳에서 사회·문화·정치의 삼투압이 어떻게 일어났는지 설명해준다. 총재 정부의 간섭은 결정적이었고, 특히 〔내무〕장관이자 잠시 총재가 된 프랑수아 드 뇌샤토가 대회와 경합을 통한 자유주의적이고 능동적인 정책을 추진한 덕이었다. 프랑수아 드 뇌샤토는 경작자를 위한 신문과 다양한 통계자료를 발간하고, 공산품을 널리 알리기 위한 박람회도 열었다. 그는 삼림녹화 사업과 휴한지에 토끼풀을 심어 노는 땅을 없애는 동시에 감자·아마·삼을 보급하고, 종마장 설치와 메리노 양 사육에도 힘썼다.

농업이 발달한 프랑스 북부와 중부에서는 대규모 경작을 강화할 수 있게 되면서 소지주들이 부동산 매입에 모든 것을 투자한 남서부의 판박이 농법과 격차를 벌렸다. 재건정책을 추진하면서 당연히 수많은 불평등을 낳았지만, 노동자들의 일상생활을 개선하는 효과를 가져왔다는 점에서 긍정적 평가를 받기도 했다. 그러나 전반적으로 경제는 '쇠약'한 상황을 벗어나지 못했다(르페브르). 잔인한 정책은 경기침체를 촉발했다. 시중에 정화가 거의 유통되지 않고 은행 조직이 미약했기 때문에 대출의 증가를 보완할 길이 없었다. 철강산업과 직물업을 쇄신한 덕에 산업을 혁명 전 수준의 겨우 3분의 2까지 회복했다. 대규모 무역, 군대의 주문과 관련한 철강산업·직물업은 발달했지만, 혁명의 격변을 겪으면서 조직이 망가진 산업 분야는 침체했다. 중립국이나 국제무역을 시작한 자매 공화국들과 무역협정을 맺기 전, 영국 수입 상품에 무거운 관세를 매겨 무역을 보호함으로써 무역수지를 맞출 수 있었다. 총재정부는 혼돈 상태가 아니었지만 정치적 균형을 찾는 데 실패하고 안정적인 재정정책도 추진하지 못한 체제에 머물렀다.

당연히 사회 집단, 지역, 활동 분야 사이의 불균형이 더욱 심해졌다. 1789년 이전부터 상당했던 재산 격차는 혁명으로 이익을 본 사람들, 즉 떠들썩하게 호화판으로 사는 소수 집단들로 구성된 신흥 부자, 그리고 어렵게 일상생활을 해나가고 지난 몇 년 동안의 정신적 피해에서 벗어나려고 노력하는 사람들 사이에서도 분명히 나타났다. 자유주의적 전환은 특히 교육과 자선을 멀리하는 데서 나타났다. 총재정부는 사회지도층 양성을 우선시했다. 고등사범학교를 1795년 5월에 폐지하면서 교사 양성을 표준화하는 국가 시책을 잠시 중지했다. 에콜 폴리테크니크[파리이공과대학], 국립공예학교Conservatoire national des arts et métiers, 동양어학교École des langues orientales 같은 고등교육을 쇄신하고자 국립학사원에 관심을 쏟았다. 도의 중앙학교는 정부 교육계획의 선봉이었다. 거기서는 부유한 가정의 자식만 받아들였지만, 독실한 가톨릭교도 가정은 종교계 중등학교를 더 좋아했다. 특히 초등학교에는 관심을 쏟지 않았기 때문에 현역이나 재개종한 종교인들은 종종 사립학교를 다시 열었다.

병원과 자선도 체계적인 차별을 겪었다. 총재정부는 개인적 자선, 그리고 공화력 5년 프리메르 7일(1796년 11월 27일)의 법으로 창설한 지역사회 사업소의 공식적인 자선을 하나로 연결했다. 이 사업소는 특히 [연극 따위의] 관람세 일부를 '빈자의 권리droit des pauvres'로 받아 굴리고 나눠주는 일을 했다. 그러나 사업소 설치는 코뮌이 주도할 수 있는 임의 선택사항이었다. 이러한 조치는 부인할 수 없는 자유주의 정신에서 나왔다. 1792년 이후에 실시한 이혼법을 문제 삼고 가족정책을 포기하는 일도 함께 진행되었다. 그러나 자치정부와 도의 분할,

국가의 역할, 사법·행정 제도, 정치생활의 기초는 (월럭I. Woloch의 말대로) '새로운 체제'를 형성했다. 그것은 말 그대로 공화력 2년 직후의 혁명이 탄생시킨 체제이며, 프랑스의 사회·정치 조직의 기초를 마련해주었다.

권력의 몰수

이 맥락에서 공화력 6년의 새로운 선거일은 여러 노선을 흔들었다. 역설적이게도 앞으로 일어날 잠복성 정변이 새 체제의 존재를 확고하게 해줄 수 있었다. 정변은 신자코뱅파 여론이 충분히 활발했기 때문에 정부가 짓밟아버리려 해도 완전히 없애지 못한다는 사실을 보여주었다. 그러나 공공의 영역에서는 급진적 민주파부터 왕당파까지 모든 운동이 국가와 지역의 생활에 활기를 불어넣었다. 한편, 왕당파 위협은 두려운 수준이었고, 메를랭 드 두애와 총재들은 '좋은 선거'를 준비하기 위한 방책을 개발했다. 전국에서 수많은 도 행정관들을 뽑은 선거인단들이 양원의 437석도 뽑기 때문에 중요한 선거였다.

총재가 된 후 총재정부 의장이 된 메를랭은 좌파에 대항할 권력을 유지하기 위해 단호한 방법을 썼다. 그는 도에 통행세를 정착시키기 위해 파견한 위원들에게 여론을 감시하고, 기초의회의 분열을 조장해 다양한 당선인 명단에서 필요한 사람을 고를 수 있는 여건을 만들라고 지시했다. 정부는 공화력 5년의 백색공포 시절에 제외했던 소규모 지주까지 선거인단의 범위를 넓히라는 투표권 조정을 완전히 거부했다. 결국 남아 있는 양원이 결정하게 되었다. 1798년 1월 31일 법[7]은 퇴임의원들이 남은 의원들과 협력해서 빈자리를 차지할 의원들을 정화할 수 있게 허락했기 때문이다. '과격하고 부도덕한' 의원들을 적절히 제거할 필요가 있었다.

그런데 이런 대비가 무색하게도 신자코뱅 좌파는 전진했다. 특히 좌파 성향의 정치클럽과 합헌 모임이 새로 약진한 결과였다. 사르트·루아르 에 셰르·오트 루아르 같은 도에서 신자코뱅파, 옛 로베스피에르파나 에베르파인 1793년의 자코뱅파는 신문을 발행하고, 부르주아와 노동자를 끌어모으고, 이웃 지역에 일부 회원을 파견해 마치 '이동병원'을 세우듯이 자매협회를 세우기 위해 노력하면서 활발히 움직였다. 그들은 대체로 '명백한', '절대의', '무정부주의의', '바뵈프주의의' 공화파라고 고발당했다. 그러나 파리인이 '흡혈귀'를 두려워하는 마음은 왕당파와 싸우는 지역민의 감수성과 달랐다.

총재정부는 도에 파견한 위원들의 보고를 받고 직접 개입해서 정치클럽을 폐쇄하고 신문을 발행하지 못하도록 조처했다. 그들은 '흰색 표식'을 단 왕당파와 '붉은 모자'를 쓴 사람들이 공모했다고 고발하고 지지 여론을 매수하는 한편, 리옹··생테티엔·페리궤·마르세유 같은 도시에 계엄령을 내렸다. 특히 뱅자맹 콩스탕 같은 사람은 공포정으로 돌아가라고 조직적으로 선동했다. 테르미도르 반동은 경신박애교를 아주 자코뱅적이라고 판단할 정도였다.

---

7 공화력 6년 플뤼비오즈 12일. 의회에 새로 선출된 의원의 자격심사 방법에 관한 법.

이렇게 주의를 기울였는데도 선거 결과는 총재들의 예상에서 벗어났다. 175명의 자코뱅이 뽑혔기 때문이다. 자코뱅의 보루는 그대로 남았고, 40여 개 도는 좌파가 다수파가 되었으며, 오직 5개 도만이 우파가 승리했다. 의회는 선거의 효력을 유지한 채 1798년 4월부터 협상을 시작해서 점점 더 어려운 과정을 거쳐 공화력 6년 플로레알 18일(1798년 5월 7일)에 법을 통과시켰다. 96개 도 가운데 47개 도 선거의 유효성을 인정하고, 9개 도의 행정관 선거를 무효로 판단하며, 13명의 당선자를 선별하고 다른 8명의 당선을 무효화하는 법이었다. 전체적으로 106명의 의원이 제외되고 53석을 빈자리로 남겼다.[8] 총재들은 450명의 다수파의 지지를 받아 반대파 250명을 대적할 수 있었다. 공개적으로 물리력을 동원하지 않았기 때문에 엄밀히 말해서 정변은 아니었지만, 다가올 선거에서 다수파를 바라는 총재들은 반대파를 위협하고 협박했다.

선거는 체제의 약점을 확인해주었다. 권력이 바뀔 때마다 행정의 위계질서가 흔들렸고, 패자와 측근들을 공직에서 쫓아내는 경우도 있었다. 1798년에는 좌우 대립을 더는 볼 수 없었다 해도, 신자코뱅파와 보수적 공화파가 분열했고 서로 적대시하면서 1789년 이래 아주 흔히 볼 수 있었던 파벌 싸움을 벌였다. 이처럼 족벌과 파벌이 계속 공공의 영역을 독점했고, 공직과 관료사회를 창조하고 자기네 것으로 유지했으며, 가장 능숙한 사람은 '제거할 수 없는' 지위를 누렸을 뿐

---

8 공화력 6년 플로레알 22일(1798년 5월 11일) 법La loi du 22 floréal an VI.

아니라 가장 정직하지 못한 사람은 상당한 재산까지 얻었다. 체제는 수많은 모순에서 헤어나지 못했고, 내각의 책임감과 양원의 대표성이 모두 부족한 상황에다 정치마저 폐쇄적이었기 때문에 불만과 원한의 풍토를 잠재우기란 불가능했다. 자유주의 국가의 경제·종교·군사 정책이 초래한 결과에 불만과 원한은 더욱 심해졌다. 앞으로 일어날 실패를 이해하기 위해 부수적 동기까지 세세히 다룰 필요는 없으며, 이제까지 일어난 일만 가지고도 체제를 붕괴시키기에 충분할 것이다.

4장

모습을 갖춘 혁명

혁명이 정기적으로 숨이 막힌 것으로 나타났지만, 1798년과 1800년
사이에 가장 잔인하고 예측하지 못한 상황의 반전을 겪었다. 혁명은
채 2년도 안 되는 기간에 두 번이나 침략과 실패의 문턱에 섰고, 계속
해서 혁명을 갈가리 찢는 수많은 내전과 궁중혁명을 겪은 뒤 마침내
기적적인 구세주의 권한으로 무장평화를 이루면서 끝났다. 정치적 위
기, 국가개혁의 열악한 감수, 재정적·군사적 어려움은 1780년대부터
추구하던 국가의 재생이라는 해답을 찾기 위한 과정에서 발생한 잇단
충격에 달려 있었다.

군대의 위협적인 영광

1797년 9월, 캄포포르미오 조약을 체결할 때까지 힘을 앞세운 협상
을 진행하는 동안, 독일의 작은 도시 라슈타트Rastatt에서 독일 내의 모

든 나라, 오스트리아 제국, 프랑스가 회의를 열어 영구평화를 확립하는 안을 논의했다. 1799년 3월까지 여러 번 만났지만, 오스트리아 기병이 명령을 어기고 프랑스 전권대사 두 명을 살해한 것 이외의 성과는 없었다. 회의 참가국들은 서로 질투와 분열을 이용하고, 계속 대립하는 동안 각자 자기 몫과 힘을 확대하려고 노력했다. 오스트리아 제국과 관련 있는 나라들의 경쟁은 이러한 점에서 큰 역할을 했고, 의도하지 않았음에도 프랑스의 상황을 강화해주었다. 확실히 유럽 질서의 변화가 안정되지 않는 한 평화를 이루기란 불가능했다. 더욱이 군주국들은 프랑스 공화국을 어떤 식으로든 국제 협력체제에 기꺼이 끼워주려 하지 않았다.

보나파르트는 라슈타트에 잠깐 얼굴을 비쳤다. 그는 호화로운 8두마차를 타고 호위를 받으면서 도착했다. 그는 유럽과 프랑스의 정치가 자기를 중심으로 돌아간다는 사실을 이해시키려는 듯이 최근에 얻은 막강한 권력을 과시했다. 몰래 이탈리아에서 돌아온 그는 이 순간의 강자가 되었고, 이 경우 이탈리아인들의 원한은 아무 문제가 되지 않았다. 그가 사는 파리의 샹트렌 길 이름은 빅투아르〔승리〕 길이 되었다. 그는 학사원 회원인 카르노의 자리를 차지하고, 영국군 사령관직을 따냈으며, 영국 상륙을 준비할 책임을 맡았다. 그는 대부분의 기념행사에 검소한 모습으로 참여했지만, 바라스와 탈리엥에게 자신의 계책을 너무 일찍 밝혔다. 아직 서른 살도 안 된 그는 총재가 되고 싶어 헌법의 마흔 살 이상의 조항을 무시하면서 그들의 지원을 요구했다. 보나파르트가 자신을 경계하는 시에예스와 손을 잡았다면 더 성공했겠지만, 아무튼 그는 술책의 달인 탈레랑의 지지를 받았다. 그는 변덕스러운 여론을 두려워했지만, 특히 총재들의 증오심에도 맞서야 했다. 총재들은 그가 모든 나라에 명성을 떨치고 거침없이 행동하기 때문에 두려워했다. 영국 침공이 불가능하다고 판단한 보나파르트는 이를 취소하면서 총재들과 정면으로 맞섰다. 총재들은 왕당파가 그에게 접근하고 있다는 사실을 아직 모르고 있었다. 총재 뢰벨은 그의 해임을 바랐지만, 최후의 순간 총재 두 명이 그에게 이집트 원정대를 이끌라고 제안하면서 해임을 막았다. 온갖 이점이 있는 제안이었다. 그것은 영국과 싸우는 방법인 동시에 여론도 찬성했던 대로 보나파르트를 제거하고 그 생각을 옹호한 탈레랑에게 명분을 주는 방법이었다.

이는 틀린 계산이 아니었다. 1798년 4월(공화력 6년 플로레알), 예전의 원정과 마찬가지로 중요한 과학적 측면을 지닌 원정을 준비하는 동안 보나파르트는 랑드 도에서 국회의원으로 당선되었다. 총재들은 그의 당선을 무효화함으로써 그의 정치적 야망을 무산시켰다. 그러나 그를 '플로레알 정변의 희생자'에 속하게 만들어, 결국 그가 자코뱅파와 비슷하다는 모습을 이용할 빌미를 제공했다. 그는 이집트로 출발하기를 끝까지 망설였을 정도로 전국에 큰 영향을 끼쳤다. 비엔나 대사 베르나도트Bernadotte가 그곳 주민들에게 모욕당했다는 소식이 파리에 퍼졌다. 그것은 하찮은 사건이었다. 프랑스 깃발에 반대하는 폭동은 악화하지 않았고, 오스트리아 정부도 사과했다. 그러나 전쟁이 곧 재발할 것 같았고, 보나파르트만이 전쟁을 잘할 인물로 보였다. 그 사건이 진정되면서 1798년 5월 18일 이집트 출발이 가능했다. 배 300척 이상, 병력 5만 4,000명, 말 1,200필, 대포 171문을 유럽 밖으로 보내는 원정을 수행하는 한편, 윙베르Humbert 장군에게 해상작전을 맡겼다. 그는 됭케르크·브레스트·로슈포르에서 전함을 이끌고 아일랜드 반란자들과 합동작전을 벌여 1796년에 오슈 장군의 작전을 이어나갔다. 다른 차원에서 시에예스는 전쟁을 위해 새로운 동맹체제를 구축하러 베를린 대사가 되어 출발했다.

보나파르트가 파리에 잠시 머문 것을 어떻게 이해할 것인가? 역사가 스티븐 잉글런드는 그가 구세주의 행동과 연결된 공동체 구축을 의미하는 '국민담화'를 정교하게 다듬는 데 이바지했다고 평가한 바 있다.[1] 1789년 이후 미라보·라파예트·뒤무리에가 그러한 인물이었고, 오슈는 확실히 구세주가 될 재목이 아니었지만, 이제 보나파르트는 자신이 적임자라고 확신했다. 총재정부는 어느 때보다 더 군대의 구성, 군대와 국민의 관계와 공동운명체가 되었다. 국가의 주요 예산을 보면 군대가 분명히 필요했음을 알 수 있다. 오히려 군대가 항상 비어 있던 국고에 자금을 채워주고 나라를 부유하게 만들었기 때문이다. 그래서 공화력 6년 테르미도르 9일과 10일(1798년 7월 27일과 28일), 보나파르트가 이탈리아에서 얻은 전리품이 수도에 도착한 것을 대대적으로 기리는 축제가 파리에서 열렸다. 일부는 그의 약탈을 싫어했지만 군대가 권력에 관한 인식을 완전히 바꿔놓았다. 반혁명적 외국인

---

1   잉글런드는 데이비드 벨David Bell의 논문을 비평하면서 루이 15세 치세에 '새로운 개념 도구'가 출현했는데, 이는 기존 권력에 반대할 수 있는 정치적 정통성의 원리로 국민을 내세우는 정치적 논거이며, 자신은 이를 '국민담화'라 부른다고 말했다(169쪽). Steven Englund, '⟨N'est national qui veut⟩: du bon usage de la ⟨nation⟩ par les historiens', in *Revue d'Histoire Moderne et Contemporaine*, 53-2, 2006 참조.

관찰자들이 보기에 군대는 '두려운 혁명'의 모습이었고, 보나파르트는 그것의 화신이었다.

1797년, 특히 〔10월 17일〕 캄포포르미오 조약 이후 군대, 아니 장군과 병사의 관계가 사회의 핵심에 있었다. 알프스 경기병처럼 작은 부대도 이러한 진화로 말미암아 자신들이 (크루아예J. Croyet의 말대로) '승리·영광·명예·음식'을 가져다주는 지도자의 영향권에 속하게 되었다는 사실을 알았다. 이러한 방향전환은 1792년부터 시작해서 군대가 전문화하고, 전투가 점점 더 '잔혹'해지면서 급물살을 탔다. 단위 부대의 자율성이 늘어난 덕에 자기 권리를 확신하는 병사들은 장군과 군사위원들을 중심으로 행동의 자유를 누리는 군에 결집했다. 1798년 9월 5일, 주르당–델브렐 법loi Jourdan-Delbrel으로 징병제를 확립하면서 진화의 과정이 끝났다. "프랑스인은 누구나 병사이며 조국 지킴이여야 한다"는 원칙은 1791~1792년의 시민 병사의 이상을 멀리했다. 앞으로 병사는 정부가 선택하고 장군들의 필요에 따라 징집되기 때문이었다. 이로써 군대는 이제 혁명군도 아니고, 국가의 확고한 비상 상태에 동원하는 부대가 아니라 민간사회와 분리되고 체제를 보장하는 특별한 기관이 되었다.

군대는 다음 세기까지 물려줄 모습을 갖추었다. 법의 수정은 통과의례가 되었고, 사회는 군사화하고 영광을 꿈꿨다. 군복무로 사회를 통합한다는 신화의 뒤에는 징집을 앞둔 부르주아 자식과 농민 자식의 격차는 물론 흑인 병사를 통합하는 난관을 감추고 있었다. 끝으로 여성은 이동 주보 관리인만 빼고 군대에서 완전히 배제되었다. 점점 더 격렬해지는 전투의 화력을 경험하기 전에 이미 군대의 혁명은 끝났다. 이처럼 싸움터에서 초창기 의용군, '퇴물vieux débris', 신병이 혁명을 계승한다는 개념을 버리면서 모든 사람이 공화국과 혁명의 가치는 물론 그 화신인 사람들에게도 충성하게 만들었다. 새로운 사회적 가치를 안정시키는 한 주기가 막을 내렸다.

군사적 용기, 학술적 우수성, 자비로운 이타심, 가족의 헌신, 상업이나 공예의 수준은 서열화한 평등사회의 본보기로 제도화한 행동이 되었고, 경쟁과 표준을 중심으로 사회를 움직이게 만들었으며, 여성에게는 입에 풀칠할 만큼의 역할만 인정했다. 가깝거나 멀리서 혁명이 도입한 세속의 변화를 받아들인 젊은이에게 군대는 정치·종교·사회의 모든 차원에서 혁명기에는 도저히 재현하지 못한 집단적 감정을 찾게 만들어주는 도가니 같은 곳이었다. 사실 군대는 끓어오르는 감정과 최대한의 합리성을, 평등과 장점을, 그리고 지방성과 국민성을 통합했다. 사상가나 정치가가 민족주의의 씨앗을 심어 결국 유럽에 퍼뜨렸다고 비난할 필요는 없다. 군사적 모험은 단지 프랑스만이 아니라 모든 나라의 젊은이에게 남은 마지막 길을 의미했다. 물론 반혁명의 지평에서 군대의 붉은 옷보다 종교인의 검은 옷을 선택한 사람은 예외였다.

팽창의 한계

이집트 원정대는 영국 함대를 피해 지중해를 항해한 뒤 작전에 성공했지만, 총재정부는 잇단 난관에 부딪혔다. 윙베르 장군이 이끄는 함대는 8월에 아일랜드에 도착했고, 즉시 24일에 킬랄라Killala에서 승리했다. 그러나 전세가 빠르게 뒤집혔다. 9월 16일, 장군은 영국군에 항복했고, 10월에는 원정이 완전히 실패했다. 생도맹그 섬에서 본국의 특사를 돌려보낸 뒤 투생 루베르튀르Toussaint Louverture가 질서를 오롯이 장악했다. 1798년 8월, 총재정부의 특사 에두빌Hédouville이 노력했음에도 미합중국의 지지를 받는 영국 해군 사령관 메이틀랜드Maitland와 협상한 뒤 영국인이 섬을 떠났을 때, 투생은 권력을 확보했다. 1800년에 완벽하게 성공한 그는 공화국과 가톨릭교, 대농장제도와 노예제 폐지, 헌법 정착과 평생 총독제를 최초로 결합시켰다.

대서양 혁명이 의미를 가질 수 있다 해도 1798년 생도맹그와 거리가 생기고, 아일랜드가 진압당했으며, 미합중국과 '준전시 상황'으로 들어가면서 그 의미는 사라졌다. 미합중국과 영국이 새로 동맹을 맺자 프랑스인은 환멸을 느꼈다. 미합중국이 자기네 항구에서 프랑스 사략선의 무장을 금지하자 프랑스는 미국 선박을 나포하는 것이 정당하다고 선포하고, 생도맹그에서 자행한 해적행위를 덮었다. 800척 가까운 미국 선박이 1797~1800년에 프랑스인의 표적이 되었다. 끝으로 외무장관 탈레랑이 사태를 조정하러 온 미국 특사들과 협상하면서 총재정부에 금화 50만 루이를 내고 자신에게도 '단 것douceurs'을 달라고 했다는 말을 듣고 사람들이 분노했다. 미합중국 대통령이 양국을 전쟁의 문턱에 두는 한편 대서양 양편에서 일어나는 혁명과 멀리하겠다고 그에게 공지했다는 사실 때문에 일어난 사건이었다. 탈레랑은 일을 능숙하게 처리하지 못했지만, 그 때문에 행동이나 권력이 바뀌지는 않았다.

네덜란드였던 바타비아 공화국은 프랑스와 홀란드인을 모두 만족시킬 만한 헌법을 갖추지 못했으며, 프랑스의 모범에 더는 끌리지 않았다. 총재정부의 특사인 들라크루아의 활동으로 1798년 1월 22일 바타비아 공화국의 급진 혁명가들은 권력을 장악하고, 국회를 '숙청하고', 프랑스 공화국처럼 반대의 '나쁜 싹'을 자르고, 하나이며 나눌 수 없는 나라를 만드는 원칙을 담은 헌법을 제안할 수 있었다. 4월에 치른 국민투표에서 헌법을 승인했지만, 6월부터 좀 더 온건한 연방주의자들이 권력을 잡았다. 장기적으로 볼 때, 통일국가 설립은 조국·인민·민족을 혼합하지만, 당장에 주민은 이처럼 위에서 일어난 혁명 때문에 비정치적 행동을 하고, 점점 프랑스인을 점령군으로 생각했다. 정치 계급은 프랑스인의 압력에 힘닿는 만큼 저항했고, 나중에 결실을 보게 될 '네덜란드인의 본모습'을 유지했다. 프랑스 경험보다 미국 혁명의 사례가 정말로 한걸음 앞섰다.

벨기에와의 관계는 더욱 과격하게 끊겼다. 공화국 행정에 발을 들인 일부 지도층은 프뤽티도르 정변으로 가장자리의 돌출부로 밀려났고 국유재산 매각, 종교인에게 부과한 맹세, 청년 징병제로 공격받았다. 1797년 말, 군대가 무리 지어 농촌을 돌아다녔고, 심지어 브라방과 아르덴의 몇몇 도시까지 공격했다. 그들은 '농민전쟁'이 일어나면 신속하고 효과적이고 과격하게 진압했다. 반란자가 최소 5,600명이나 죽었으며 2,000명을 붙잡아 그중 20퍼센트는 처형, 30퍼센트는 투옥했고 종교인 600명 이상을 유배했다. 이렇듯 총재정부는 벨기에에서 군사위원회에 의존하며 사법제도를 두 배로 강화했다. 프랑스 점령의 잔인성이 노골적으로 드러나면서 여론은 더욱 나빠졌다.

이탈리아의 재앙

이탈리아에서도 군사적 팽창과 부수적인 약탈이 일어나 반도 전체에 영향을 미쳤다. 보나파르트가 군대와 일부 장교를 선발해서 이집트로 출발했기 때문에 이탈리아군의 전력이 약해졌다. 더욱 복잡해진 작전을 수행하면서도 보나파르트처럼 총체적 관점을 보여주지는 못했다. 1797년에 뒤포 장군이 로마에서 사망하자 그것을 구실 삼아 베르티에Berthier가 부대를 끌고 로마로 들어갔다. 베르티에는 1798년 2월 로마 공화국을 세우고, 교황을 추방하는 동시에 재산과 미술품을 약탈했다. 공화국들은 장군과 대사들 때문에 자율성을 누리지 못했다. 그들은 공화국에서 했던 것처럼 1798년에 '온건파'와 '자코뱅파'의 정변을 부추겼다. 그들은 이탈리아의 일부 애국자가 바라던 통일을 막기 위해 계속 싸우던 프랑스인들에게 프랑스 상원이 배상금을 지급하게 만들려는 목적을 갖고 있었다.

시잘핀[치살피나] 공화국에 통상조약을 강제할 때 또는 교황령 국가를 분할할 때는 규칙을 비웃었다. 나폴리 왕의 이름으로 탈레랑과 협상에 나선 루포Ruffo 추기경은 은행가 세기Ségui에게 200만 프랑을 지불하는 조건으로 왕국의 확장을 협상했고, 1년 뒤에는 반프랑스 군대의 선봉에 서서 결국 이탈리아에서 프랑스군을 몰아냈다. 공식적으로 전리품은 7,000만 프랑에 달했지만, 바라스의 측근들은 뻔뻔스러운 방식으로 물자를 약탈했다. 마세나 장군의 행동은 공화주의 가치를 지키는 베르나도트의 병사들을 화나게 했다.

가장 큰 패배자는 이탈리아 애국자들이었고, 스스로 갈 길을 찾아야 했다. 이탈리아 통일을 원하는 사람들은 특히 1798~1799년에 유리한 상황을 틈타 사상적 승리를 거두려고 활발히 움직였다. 대다수 인구는 연방주의 성향이었고, 프랑스가 부과한 제약을 받아들였다. 그들은 프랑스 자코뱅파가 추구했던 길을 차용할 수 없었기 때문에 의회민주주의 원칙과 이탈리아에 특화한 사회계획을 혼합한 '민주주의 정신démocratisme'을 중심으로 결집했다. 한편 그들은 잔인한 점령에 저항했지만, 또 한편 인민의 불만에 의존할 수 없었다. 인민은 도시 부르주아 계층, 외국인 점령자들, 게다가 이웃 지방의 경쟁자, 종종 통일의 최종 동기라 할 혁명의 원칙을 무턱대고 증오했기 때문이다. 사람들의 감정을 거스르면서 교황을 추방했기 때문에 반프랑스 저항이 강화되었다.

숱한 반란은 교회에서 눈물을 흘리는 성모상의 '기적'이나 1798년 5월 29일에 시에나를 강타한 지진 같은 상징을 앞세웠다. 토스카나와 특히 교황령 국가에서 유격대가 창궐했다. 농촌의 '비바 마리아Viva Maria'[성모 만세] 같은 무리들은 프랑스 군대를 공격했고, 이들은 무자비하게 대응했다. 이 **폭동들**insorgenze은 러시아·영국·오스만 제국이 제2차 동맹을 결성하면서 유럽의 전쟁이 재발하던 시기에 일어났던 만큼 아주 위험했다. 1798년 11월, 나폴리 왕 페르난도 7세가 이 동맹의 이름으로 로마를 군사적으로 점령하려고 시도했을 때 이탈리아는 더욱 혼란스러워졌다. 그는 로마를 약탈할 기회를 잡았고, 로마 주민들은 유대인과 자코뱅파를 학살했다. 섣부른 군사작전이었고, 프랑스는 재빨리 반격해서 승리했다. 나폴리 왕은 시칠리아로 피신할 수밖에 없었고, 1799년 1월에 샹피오네 장군이 파르테노페엔 공화국[또는 나폴리 공화국)을 선포하게 만들었다.

프랑스는 피에몬테·토스카나·루카를 침공하고 반도 전체를 지배하게 되었다. 그러나 정복은 오래가지 못했다. 나폴리 공화국을 지배하던 지역 애국자들이 프랑스군의 내부 분열로 약해졌고, 더욱이 루포 추기경이 진정한 반혁명 종교 십자군으로 편성한 반도들이 봉건적 거물과 도시 공화파들에게 반기를 들었을 때 대적하지 못했다. 전투원들은 신성한 믿음의 이름으로 기독교 왕당파 군대를 조직했다. 아주 많은 사람을 죽이고, 특히 알타무라 같은 도시를 약탈하면서 격하게 대립하다가 1799년 7월 나폴리 탈환으로 끝났으며, 몹시 맹렬한 탄압이 뒤따랐다. 그러나 나폴리 공화국 사건은 이탈리아 민족사에서 중요한 정치적 경험으로 남았다.

그 후 프랑스인은 계속 역류에 휩쓸렸다. 그들은 반도들뿐 아니라 수보로프Souvorov 장군이 지휘하는 오스트리아·러시아 연합군의 공격도 받았다. 연합군은 티롤을 거쳐 밀라노를 침공했다. 1799년 9월, 프랑스는 리구리아를 빼고 이탈리아를 모두 잃었다. 피에몬테에서 애국자들은 프랑스인이 떠난 뒤 통일국가를 건설하려고 노력했다. 8월 15일, 노비Novi 전투에서 프랑스의 주베르 장군이 [수보로프 장군에게 패해] 전사한 것이 불가항력으로 보이는 파국의 상징적 사건이었다. 그는 지휘권을 받은 직후였고, 보나파르트가 없는 사이에 총재정부를 재구성하는 데 필요한 칼자루를 쥔 인물이었다.

헬베티아 공화국의 내기

헬베티아[스위스] 공화국의 역사를 빠르게 짚어보자. 1798년 1월, 프랑스 군대는 국경에서 경기병 두 명이 죽은 사건을 구실로 스위스 연방을 무력 침공했다. 사건을 미리 계획하고 스위스를 침략했던 것이다. 결국 스위스 애국자 라아르프Laharpe와 옥스Ochs가 파리로 와서 뢰벨·보나파르트와 협상을 벌여 베른의 지도자들과 싸울 힘을 보태달라고 요구했다. 프랑스와 스위스 캉통의 관계는 1790년 이후, 특히 1792년 8월 10일 스위스인들을 학살한 후 복잡해졌다. 1793년 프랑스에 유리하게 국경을 다시 정한 후 프랑스 측은 스위스인들이 반혁명 분자와 첩자들에게 피난처를 제공한다고 비난했다. 그러나 프랑스인들은 경제생활과 전쟁에 필요한 물자를 스위스를 통해 운송했다. 1797년부터 프랑스는 베른의 지배층의 손에서 보Vaud 지방을 보호해주었다. 그러나 프랑스는 전략적으로 중요한 위치에 있고 자원이 풍부한 지방을 실제로 지원하기보다 통제하는 일이 많았다. 캄포포르미오 조약이 전환점이 되었다. 이탈리아가 프랑스의 통제를 받게 되면서 스위스의 중립은 프랑스에 더는 이익을 주지 못했다. 프랑스는 방어선을 약하게 만드는 '요각보saillant rentrant'를 제거하는 것이 오히려 유리했기 때문이다.[2]

---

2   성을 지을 때 들쑥날쑥하게 짓는 것이 방어에 유리하다는 사실은 군사전략가인 보방 Sébastien Le Prestre de Vauban(1633-1707)의 요새가 증명했다. 불쑥 나온 철각보와 움푹 들어간 요각보는 모두 적을 공격하기 좋지만, 요각보가 철각보보다 더 큰 약점이 되기 쉽다.

브륀Brune과 샤우엔베르그Schauenberg 장군이 원정에서 승리를 거뒀지만, 1799년 3월에 스위스인들이 항복할 때까지 무수히 저항을 받았다. 평화조약은 이탈리아처럼 막대한 대가를 요구했다. 프랑스는 어음 1,800만 프랑과 현금 500만 프랑을 부과하고, 군대 비용을 갚을 막대한 금액을 공제하는 동시에 장군들의 약탈도 감수하게 만들었다. 단골로 횡령 혐의를 받던 군사위원 라피나Rapinat는 오히려 약탈을 막으려다가 실패했을 것이다. 제네바를 프랑스에 다시 합병하기로 하고, 스위스 연방의 제도를 완전히 재편해서 헬베티아 공화국을 만들었다. 4월에 양원제 입법부와 강력한 행정부를 두는 헌법을 제정하고 통일 공화국을 설립했다.

브륀은 스위스를 분할하려 했지만, 라아르프는 총재정부의 도움을 받아 통일 상태를 유지하게 만들었다. 반동이 아주 심했다. 특히 자유와 종교를 소중히 여기는 중부의 캉통들이 봉기했다. 1798년 8월과 9월에 그들은 심하게 탄압받았고, 1799년에 오스트리아·러시아 군대가 수보로프 장군의 계획을 지속적으로 수행하면서 동부전선을 넘었을 때 다시 탄압받았다. 오스트리아는 옛 체제를 복원하고 너무 심한 보복을 피하면서 [캉통들의] 임시정부를 수립했지만, 주민들은 군대의 통과와 아주 잔인한 전투에 막대한 피해를 입었다. 애당초 약점을 가진 헬베티아 공화국은 프랑스인들이 되돌아온 뒤에도 다시는 일어서지 못했고, 결국 1803년에 사라졌다.

프랑스 자매 공화국들은 처음부터 끝까지 일관성 없는 정책을 추진했다. 자본과 재산을 흥정하고 획득하며 부수적으로 공화주의화하기 위한 영토를 가지려는 의지야말로 그들의 진정한 노선이었다. 그러나 그것은 그 순간의 강자들의 간섭에 휘둘렸다. 총재와 장군들, 좀 더 드물지만 군사위원 같은 사람들은 다른 파벌을 배제하고 더욱이 자신들을 거스르지 않는 애국자들도 빼고 오직 자신과 친구들의 이익만을 좇았다. 경쟁하는 권력들은 끊임없이 싸웠고, 나폴리 같은 곳에서는 싸움의 결과가 운명을 결정했다. 1799년 이탈리아와 스위스에서 반프랑스 운동이 일어난 것은 당연했다.

바타비아 공화국에서는 그런 운동이 일어나지 않았는데, 그 이유는 나중에 설명하겠다. 그러나 어떤 면에서 프랑스인이 원치 않았는데도 유럽에 입헌공화주의 사상이 널리 퍼졌고, 그와 함께 이탈리아 통일의 염원도 피어났음은 분명한 사실이다. 특히 쥘리엥 같은 사람의 신자코뱅 집단은 총재들이 강력한 행정부를 수립하기보다는 원칙으로 되돌아가 자매 공화국들의 자율성을 강화하고 의회민주주의를 허용하는 제도를 마련해야 한다고 생각하면서 이탈리아 망명자들과 손을 잡았다고 비난했다.

이처럼 집단적인 견습에서 프랑스인들은 강제적 본보기 이상의 존재였기 때문에 평계와 중개자들도 필요했다. 지방이 적응할 때마다 독특한 정치문화를 창조했지만, 얼마 후 민족의 기억에서 지우기 일쑤였다. 레브만Rebmann·괴레즈Görres·피히테Fichte 같은 독일 애국자들은 독일에 적합한 길을 찾는 투쟁을 벌이면서 환멸을 느꼈는데, 그것은 가장 오래 지속했고, 결국 중요한 정치적 변화를 일으킬 만큼 가장 심각했다.

새로운 정치지도

사건의 영향을 받아 정치토론이 되살아나자 파리에 다시 체제의 위기가 찾아왔다. 국민과 군대가 점점 하나가 될 때, 사람들은 제2차 동맹이 군대에 안겨준 패배와 위협을 1799년 8월에 어떤 이탈리아 난민이 정확하게 썼듯이 '거물급 정치가들의 무리'가 초래했다고 생각했다. 1798년에 군인과 '플로레알 정변의 희생자'인 신자코뱅이 실제로 힘을 합쳐 1799년 3월 선거에 대비했다. 이탈리아에서 모두 공화주의자로서 민주적 해결책의 지지자지만 통일국가파와 연방파로 나뉜 사례를 참조한다면, 여기서 프랑스와 유럽의 신자코뱅파가 1793~1794년 프랑스의 실패와 1798~1799년 이탈리아의 실패를 거울삼아 새로운 정치적 책략을 고안하던 기간에 얼마나 복잡하게 태도를 바꿨는지 파악하기 쉬울 것이다.

자코뱅 클럽이 진정한 조직 이상으로 되살아나면서 1791~1792년의 자코뱅 전통에 충실한 다양한 감수성을 모아 하나의 성운을 창조했다. 그러나 공화력 2년에 볼 수 있듯이, 그러한 감수성은 바뵈프주의와 상관없이 애국적이고 민주적인 가치를 증진시키기 위해 하나가 되어 '폭발'했다. 신문들이 입헌주의를 표방하는 떠돌이 동인들의 운동을 매개했지만, 이 운동은 주로 도시의 투사들에게 한정되었다. 그들은 사르트·프랑슈 콩테·남서부의 몇몇 지역에서 활동했고, 1793년과 1794년에 요직에 있던 사람들이 살고 있던 파리에서도 활동했다. 마네주 협회Société du Manège, 그리고 바타르Vatar·앙토넬·르펠티에가 발간한 「모든 나라의 자유인 신문」이 운동의 방향을 제시했다.

1799년 3월 선거로써 입법부의 3분의 1과 플로레알의 숙청 이후 공석까지 뽑아 결국 입법부의 거의 절반을 뽑아야 했기 때문에, 모든 사람이 자신에게 유리한 결과를 바랐다. 선거는 '왕당파'로 분류된 망명자와 가까운 집단부터 '무정부주의자'로 분류된 신자코뱅 집단까지 아주 다양한 집단이 능동적으로 준비했다. 그들 가운데 체제 변화를 바라는 '수정주의' 공화파 집단, 그리고 현 체제를 지지하는 '보수주의자' 집단이 있었다. 그들은 노골적으로 또는 은밀히 연합해서 복잡한 양상을 보여주었고, 총재들도 다양한 성향으로 나뉘었다.

정부는 1798년과 거의 같은 조건으로 개입했다. 특사를 파견하고, 당선인을 선택하기 좋게 선거인 의회의 분열을 부추기고, 캉통의 위원과 브뢴이나 캉브레Cambray 장군들을 해임하고 바꾸는 동시에 선거인들을 배제하고 후보자를 천거하는 일도 잊지 않았다. 수많은 '파벌'과 '소동', 게다가 '암살'의 대립과 적어도 투쟁에 참여한 지도층 차원에서 정치생활의 활력은 물론 역설적으로 의견의 자유가 존재한다는 증거인 토론이 벌어졌다. 집단들이 경쟁하고 지배 집단들이 상대적으로 움츠러들면서 의견의 자유를 허용했던 것이다. 이처럼 1799년은 이전의 시기는 말할 것도 없고, 또 공적 영역이 축소될 이후의 시기와도 뚜렷이 구분된다.

총재들은 물론 왕당파와 무정부주의자들의 준동을 고발한 내무장관 프랑수아 드 뇌샤토가 여러모로 애썼지만 결과는 뒤섞였다. 신자코뱅파, 친정부 인사, 수정주의자, 어느 편도 아닌 사람들, 뤼시엥 보나파르트가 군대의 지지를 받는 형 나폴레옹을 위해 행동했듯이, 혈족이나 인물을 위해 일한 사람들이 거의 골고루 당선되었다.

역사가 말하는 내용과 달리 어떤 집단도 승리하지 못했다. 그러나 여론은 분명히 여러 집단으로 나뉘었고, 장차 지역적 분열을 예고했다. 그것은 수정주의자가 신자코뱅파와 화해하고 더욱이 조작한 결과였으며, 그 덕에 선거 다음 날 신자코뱅파는 결정적으로 중요한 위치를 차지했다. 1799년 4월 28일에 라슈타트에서 전권대사 로베르조 Roberjot와 보니에 달코Bonnier d'Alco가 습격을 받아 숨을 거두면서 아직도 재정이 조금도 나아질 기미가 보이지 않는데도 유럽이 다시 전쟁에 휩쓸리게 되었던 만큼 당시는 한마디로 전방위 비상사태였다.

널뛰기

좌편향 동맹은 체제 변화를 싫어한 메를랭·라 레벨리에르·트렐라르 같은 '정부'의 총재 세 명을 물러나게 만들었다. 1799년 5월 16일, 바라가 뒤에서 도와준 덕에 시에예스가 총재로 뽑히면서 정변이 시작되었다. 시에예스는 베를린 대사직을 수행하면서 프로이센 궁을 드나들고 계몽주의자들은 물론 그가 체제를 구원해줄 인물로 생각한 브라운슈바이크 공작과 사귀다가 6월 9일에 돌아왔으며, 애당초 총재가 되고 싶은 마음은 없었다. 1791년 〔7월 파두아〕 선언과 발미 전투의 패배로 유명한 인물이었던 브라운슈바이크 공작은 미합중국의 대통령직을 맡으라는 아메리카인들의 제안을 받은 적이 있고, 혁명가들과 접촉했을 때 1791년 군대의 최고사령관이 되어달라는 부탁을 받았다. 그는 언제나 계몽 전제주의의 표준이었다. 두 사람이 만난 이야기를 믿지 못하는 사람도 있지만, 위기에서 벗어날 해결책을 찾던 시에예스가 불확실한 상황에 있었음은 분명하다. 그의 행동의 동기로 거론되는 탐욕·두려움·허영을 논외로 하면 그의 사상은 원대했다. 수많은 사람처럼 그도 체제가 경매에 나온 물건처럼 조만간 강자의 손에 들어가리라 확신하면서, 인간의 영역을 넘어 제도적 개혁을 추구함으로써 수많은 정치적 모순을 해결하기를 바랐다.

시에예스는 귀국하자마자 공개적으로 군대에 의존하면서 개혁의 속도를 올렸고, 한편 신자코뱅파 의원들은 국가비상사태를 선언했다. 이처럼 좌파와 수정주의적 공화파가 시작한 공세는 먼저 총재 트렐라르를 건드렸다. 그들은 법률을 충실히 해석해서 그가 500인회 의원직에서 물러나 총재가 될 때까지 1년의 기한을 지키지 않았다는 구실로 총재직에서 쫓아냈다. 며칠이 부족한 것이 축출의 이유였다. '플로레알 정변 희생자'가 된 고이에Gohier 의원이 좌파의 지지를 받고 트렐라르의 자리를 차지했다. 트렐라르와 함께 라 레벨리에르와 메를랭의 '3인방'은 해체되고, 시에예스와 바라스가 다수파로 등장했다. 그리고 원로원과 500인회가 시에예스와 바라스의 주도권과 정변을 두려워하면서 연속회의 체제로 돌입했을 때 선거를 치렀다. 500인회는 대비책으로 신자코뱅파 위주로 '11인 위원회commission des Onze'를 구성했는데, 파리군단 사령관이 된 주르당 장군, 그리고 시에예스의 측근인 불레 드 라 뫼르트Boulay de La Meurthe가 끼어 있었다.

이 사람들은 아직 총재로 있는 라 레벨리에르와 메를랭은 물론 추종자들을 고발했다. 오늘내일 안에 정변이 일어날지도 모르는 위험한 상황에서 총재들은 1799년 6월 18일(공화력 7년 프레리알 30일)에 사임했다. 이런 와중에 경신박애교도 끝났다. 장군이며 '위험하지 않은' 군인 물랭Moulin, 그리고 시에예스의 측근이자 500인회에 잘 알려져 있고, '플로레알 정변의 희생자'이자, 특히 조직에 적합한 인물인 로제 뒤코Roger Ducos가 그들의 뒤를 이었다. 몇 주 동안 프랑수아 드 뇌샤토 같은 우파, 또는 성격의 문제가 있는 탈레랑 같은 장관들은 너무 성가신 나머지 쫓겨났다. 그들은 바라스나 시에예스의 측근들로 교체되었다. 전자의 측근 베르나도트는 7월 2일 단 하루 전쟁장관 노릇을 했고, 후자의 측근 레나르Reinhard는 외무장관, 캉바세레스는 법무장관이 되었다. 좀 더 낮은 차원에서 군사위원들의 권력은 급격히 축소되는 대신 샹피오네 같은 장군의 권력이 강화되었다. 그러나 이 장군은 나폴리 점령 이후 공금횡령 혐의를 받아 사령관직에서 해임되고 감옥에 갇혔다. 얼마 후 그는 석방되었고, 오스트리아 침공을 막으러 파견한 부대를 이끌었다. 다시 한 번 자코뱅파가 돌아온 것인가?

공화력 2년의 공포

국회가 대체로 화해의 분위기에 휩싸였는데도 사실상 공화력 2년의 유산에 관한 문제가 제기되었다. 특히 몇 가지 법이 중대한 의미를 가졌다. 징집을 가속화하고, 6월 27일에 5개 연령등급의 소집도 명령했다.[3] 7월 12일, 적의 행위에 보복하기 위해 인질법을 발동해서 지역민 가운데 투옥하고 추방할 사람들을 선별했다. 지난봄에 세금을 올렸는데도 8월 6일에는 강제 기채법을 통과시켜 병력 보충으로 발생한 비용을 충당하기로 했다. 폭력이 되살아났다고 주장하는 해석이 있겠지만, 이번의 징병제는 1793년 총동원령과 다르다는 사실을 알아야 한다. 전쟁이 재발해 병력을 강화할 필요가 있었고, 프랑스군은 점령국 사람들로 병력을 채우는 일이 많았으며, 국채는 1797년의 후속작이었기 때문이다.

그러나 민주주의 흐름의 변화가 공화력 2년을 상기시켰음을 부인할 수 없다. 자코뱅주의적 정책에서 나온 조치는 대리복무를 폐지하고 누진세를 적용했지만, 국채의 경우 대다수 납세자가 너무 가난해서 소수만이 감당할 수 있었다. 끝으로 자코뱅 군대가 복권되었고, 그중에는 방데에서 최악의 전쟁범죄를 저지른 장군들(파렝·위세·코르들리에Cordellier)도 있었다. 지방의 투사들은 모든 저항 지대까지 예외 상태를 확장하자고 주장했으며, 반교권주의를 되살렸다. 나아가 그들은 행정·정치·정부를 혼합하는 의회권력을 되살리기 바랐다.

신자코뱅파는 이처럼 단박에 중요한 자리를 차지했다. 그들은 국회 감사관들의 배려로 [입법의회가 쓰던] 마네주 회의실을 차지해서 마네주 협회가 되었으며, 드루에를 '규제자régulateur', 다시 말해 의장으로 선출했다. 그의 주재로 메시도르 22일[1799년 7월 10일] "자유, 평

---

3   1798년 9월 5일에 징집제를 확립한 주르당-델브렐 법으로 20세부터 25세까지의 남성은 5년간 군대에 복무하게 되었고, 연령별로 20~21세, 21~22세, 22~23세, 23~24세, 24~25세의 다섯 집단으로 나눠 추첨으로 징집하게 되었다. 1799년 6월 27일[또는 28일], 의회는 병력이 부족한 사안을 고려해서 아직 징집하지 않은 나머지 집단들을 모두 징집하기로 했다. Annie Crépin, *Défendre la France*, P.U.R., 2005, 3장 참조(https://books.openedition.org/pur/17193).

등이 아니면 죽음Liberté, Égalité ou la Mort"이라는 신조를 주제로 토론을 벌였고, 도중에 옛 총재 네 명을 단두대에 세우자는 안이 나오자 모든 이가 환호했다. 모두 3,000명에 15~100명의 의원을 회원으로 가진 이 클럽에서 어떤 세력이 급진파를 대표했을까? 정확한 숫자와 상관 없이 '창의 부활'에 축배를 들자는 주르당 장군처럼 1793년의 행동방 식을 거침없이 따르는 회원이 많다는 사실만으로도 두려움을 안겨주 기에 충분했다.

　이러한 관행은 마네주 협회의 지도자들이 제시한 '의회민주주의' 와 잘 어울리지 않았지만, 신자코뱅파의 일부와 군사적 보호자가 대 표하는 '대중주의populiste' 성향의 투사들이 화해했음을 이해하게 해 준다. 비밀과 투쟁 활동에 뿌리내린 공화주의 문화가 이렇게 태어나 앞으로 수십 년 동안 존속하게 된다. 로베스피에르나 바뵈프를 신자 코뱅파와 동일시할 의도는 없지만, 어째서 그들이 여론의 외면을 받 았는지 이해하기는 쉽다. 그들의 적이나 일시적 협력자는 자신들의 정치적 계산을 숨기지 않았으며, 정변의 설계자에 속한 불레 드 라 뫼르트는 6월 18일에 이미 1793년 체제로 돌아가는 것이 확실하다 고 예고했다. 정치적 좌파는 정부의 정치를 주도하지 못했다. 사실상 11인 위원회가 정치를 이끌었고, 뤼시엥 보나파르트Lucien Bonaparte와 주르당이 영향력을 행사하면서 신자코뱅파·군인·수정주의자들이 서 로 다른 해결책을 추구하면서도 화해했음을 보여주었다. 수많은 사람 이 자코뱅주의를 허수아비처럼 이용했다.

　총재들과 의회 사이에는 근본적으로 적대감이 있었다. 의원들은 국가적으로 가장 중요한 역할을 하려는 의지를 보여주기 위해 프레리알 28일부터 메시도르 10일[1799년 6월 16~28일]까지 연속회의 체제로 들어갔다. 탈레랑, 바라스와 시에예스 같은 총재들을 고발하는 일이 늘었지만 사법절차에 파묻혔고, 고발자들이 오히려 '살생을 즐기는' 불법행위로 역풍을 맞았다. 신자코뱅파가 비선서 사제들과 망명자들을 벌할 조치를 요구했지만, 원로원은 받아들이지 않았다. 기채 결과는 겨우 수백만 프랑이었다. 분납을 가능하게 해서 지불을 연장해주었으며, 채권의 일부를 포기하는 납품업자와 은행가에게 기채를 면제해주면서 이미 1년 전에 있었던 일을 되풀이했다. 엄격한 제도를 예고한 그대로 적용하지 않았지만 사람들은 두려움에 휩싸였다.

1799년 7월 14일, 시에예스는 1789년의 이상을 중심으로 프랑스인이 단결하자고 촉구했고, 테르미도르 8일(1799년 7월 25일)에는 치안 장관 푸셰로 하여금 마네주 회의실을 폐쇄하게 만들어 자코뱅파는 바크 길rue du Bac의 자코뱅 교회에서 모여야 했다. 수많은 도시에서 상퀼로트와 뮈스카댕의 싸움을 본 사람들은 1794~1795년을 되돌아보고 정변이 일어날까 봐 두려워했다. 의회에서 1792년 이후처럼 의원들끼리 힘을 과시하기 위해 회의 중에 싸움을 벌이고 끝내 진영을 나눠서 대립했다. 뒤로는 수많은 음모를 꾸미고 있었다. 자코뱅으로 되돌아간 푸셰는 노골적으로 물의를 빚었다. 7월 18일, 빅토르 바크 Victor Bach 의원이 바뵈프주의의 직계노선을 따라 적개심에 찬 연설을 시의적절하게 하면서 시에예스를 중심으로 세력을 키우는 일부 의원들이 바라스는 탄압을 정당화했다. 그것은 어떤 역할을 했을까? 신자코뱅파의 주르당, 또는 오트 마른에 군사위원으로 간 드루에 같은 지도자들이 잊히는 현상을 어떻게 이해할 것인가? 이것을 정변이라고,

의회의 책략이라고 말해야 할 것인가? 어쨌든 시에예스는 8월 13일 신자코뱅파를 가장자리로 내몰았고, 보나파르트 가문과 가까운 군사적 혈족이나 좌파 총재들과 헤어지게 했을 뿐 아니라 나머지 총재들, 특히 바라스에게 영향력을 행사하게 되었다.

총재정부의 강자들은 전쟁에 승리하고 왕당파는 물론 옛 자코뱅파나 신자코뱅파를 차례로 물리쳐야 했기 때문에 1792~1794년의 정치가들이 걸어온 길로 다시 들어섰다. 1789년 이후 발생한 충돌 때문에 생긴 원한과 복수가 얼마나 사무친 것인지 생각해볼 때 달리 방법이 있었을까? 총재들이 사람들의 열정을 이용하면서 최악의 정책을 수행한 결과, 모순적이고 해방된 힘을 양극화시킬 수 있는 구세주가 출현했다. 공포정 없이 혁명정부를 회복하려는 자코뱅파의 욕망은 총재정부 지지자들의 반대에 부딪혔다. 이들은 나쁜 추억을 되살리면서 폭정에 반대하는 어떠한 맹세도 거부했으며, 반종교적 조치와 싸우면서 브뤼메르 정변이 가져올 중도파 균형을 추구하기 시작했다. 이렇게 해서 정치적 흥분이 되살아났고, 가장 확고한 반혁명 분자들은 바라던 대로 혁명을 멈출 시간이 왔다고 생각했다.

대대적 공격

1799년 여름에는 반혁명이 성공하면서 공화국에 가장 큰 공세를 취했다. 이러한 시도는 실패했을 뿐 아니라 역사에서는 이미 잊혔다. 그럼에도 그것은 프랑스 사회의 중심에 반혁명 세력이 힘을 과시하고 있음을 다시 한 번 증명했으며, 총재정부를 뒤집고 보나파르트가 집권하는 데 한몫했다.

의회는 왕당파의 위험을 완벽하게 의식했고, 1799년 8월 31일에 총재정부가 필요하다고 생각하면 전쟁위원회를 설치할 수 있다고 허락했다. 신병을 징집하고, 서부를 지켜주겠다던 약속을 어기면서 서부에까지 인질법을 적용할 때, 오스트리아·러시아 군대가 승리했다는 소식이 들리자 체제에 반대하는 목소리가 커졌다. 비선서 사제와 탈영병들이 특히 징집에 반대하는 마시프 상트랄, 남서부와 남동부를 다니면서 체제 반대 운동을 벌였다. 1799년 1월 25일에 지진이 낭트를 강타하고 유럽에 반향을 일으켰을 때, 서부의 사제들은 하느님이 공화국을 무너뜨리는 계시라고 생각했다. 이미 몇 달 전에 토스카나 지방 사제들도 똑같은 이유로 하느님의 약속을 받았다고 믿었다. 프로방스 지방의 도적떼는 여전히 가장 위험한 존재였다. 순회 군사위원회는 도적떼를 진압하기 위해 체포하는 대로 하루 안에 재판하고 절반 가까이 처형했다. 탄압의 명분은 '유익한 공포'였고 아주 과격했지만 큰 효과는 없었다.

온 나라가 반혁명 세력의 재조직과 강화와 관련해서 결정적인 대결이 일어나리라고 예감했다. 가장 높은 수준에서 볼 때, 유랑객이면서도 프랑스 왕위계승권을 주장하는 루이 18세는 [오늘날 라트비아인] 쿠를란드Courlande의 미타우Mitau에서 유럽 군주들의 도움으로 망명생활을 했다. 마침내 그는 동생[아르투아 백작]을 밀어내고 반혁명 지도자가 되었다. 그는 조카 앙굴렘 공작을 루이 16세와 마리 앙투아네트의 딸인 마리 테레즈와 1799년 6월 10일에 결혼시켰다. 왕이 처형당할 때 형장에 동반했던 에지워스 신부가 결혼을 집전했는데, 이 결혼은 프랑스 왕실이 되살아났음을 세상에 알리는 것으로 보였다. 부수적으로 이 결합은 프랑스의 왕[루이 18세]에게 비엔나 황실이 프랑스에 보낸 적이 없는 마리 앙투아네트의 지참금을 받을 수 있다는 희망을 안겨주었고, 그의 돈 걱정을 어느 정도 덜어주게 된다. 승리할 경우, 루이 18세는 [특권을 유지하던] 프로뱅스 제도를 폐지하는 등 절대군주제를 실시하기에 이로운 개혁을 유지하고, 1814년 이후 적용할 정책을 예고할 수 있었다. 이는 어느 정도 진전이 있었지만, 아르투아 백작과 거리를 두면서 추진한 좀 더 진취적인 정책은 별 성과를 내지 못했다.

1798년 이후에 파리에서 라텔Ratel 신부와 카트르메르 드 캥시 Quatremère de Quincy를 중심으로 왕의 이름으로 파견한 '방문자'부터 '적자들Fils légitimes'과 그들의 도나 지역 '행정관'의 투사들을 거쳐 '질서의 친구'의 서열화한 거대조직을 이론상 감독하는 왕실회의가 열렸다. 수아브[슈바벤]의 정보국을 시작으로 모든 정보국이 소식을 전하고 거짓 정보를 활발히 퍼뜨리면서 여론과 권력자를 주물렀다. 그들은 스위스나 영불 해협의 섬에 확고히 자리 잡은 영국의 정보망과 연락하고, 반혁명 분자들에게 위조지폐·무기·화약을 공급하면서 셀 수 없을 만큼 은밀하게 여행했다.

그들은 프랑스 국경으로 몰려드는 외국 군대와 공조하고, 프랑스에 합법적으로 들어가기 위해 콩데 공, 앙기엥Enghien 공작 또는 피슈그뤼 같은 인물의 도움을 받았다. 프뤽티도르 정변의 생존자가 사실상 전면에 다시 나타났다. 바르텔레미·카미유 주르당 같은 가장 온건한 인물들도 포함되었기 때문에 반혁명 진영의 의견이 아주 다양했으며, 그것이 약점이라는 사실도 드러났다. 돈을 뺏기 위해 역마차를 습격하거나 부유한 애국자를 납치하는 일이 늘어났다. 1798년 당드레의 하수인들은 습격이나 납치 대신 정치요인 암살을 고려했지만, 영국 정부는 명예로운 행위가 아니라고 허용하지 않았다. 라슈타트 사건은 별개였으며, 명령계통의 잘못으로 남았다.

반혁명의 끝

전쟁에 관한 방법을 놓고 망설인 것은 전반적으로 질서가 무너졌다는 증거였다. 한 가지 보기가 있다. 1799년 8월 5일, 루제Rougé 장군과 파울로Paulo 백작이 지휘하는 부대가 가톨릭교가 우세한 도시인 툴루즈에 입성하지 못하고 궤주하다가 20일에 몽레조Montrejeau에서 수천 명의 목숨을 잃었다. 지도자가 분열하고, 지휘계통이 서지 않은 군대가 미숙하게 행동하고, 남서부 여러 도시의 투사들을 동원하지 못해 공조체제도 갖추지 못한 틈을 타서, 왕당파의 위협 소식을 들은 적들이 세력을 모아 반격했다. 10월 15일쯤 슈앙파 군대가 반란을 일으켰던 서부의 샤랑트 이북에서 센 강까지 똑같은 원인이 비록 극적인 면은 덜했지만 비슷한 결과를 낳았다. 지휘관들은 마지막 순간에 암구호를 정하는 일까지 포함해서 모든 일을 망설였다. 그럼에도 그들은 9월 15~17일 멘 에 루아르의 푸앙세Pouancé 근처에 당디네D'Andigné 성에서 1,200명의 무장병력의 보호를 받으면서 계획을 논의하기에 충분한 자유를 누렸다.

반란은 잇달아 패배했지만 10월 15일에도 끝나지 않았다. 툴루즈의 실패 이후, 10월 초 네덜란드에서 브륀의 부대는 영국·러시아 연합군을 무찌르고, 8월과 9월에 스위스에서 마세나가 오스트리아·스위스 연합군을 박살내면서 너무 늦게 도착한 콩데와 병사들을 희망없는 떠돌이로 만들었다. 왕당파의 대책은 약점을 노출했다. 네덜란드인들이 영국·러시아의 상륙을 지원하지 않았기 때문이다. 이들은 분명히 프랑스에 불만을 품었지만 옛 질서로 되돌아가는 것을 달가워하지 않았다. 1799년 10월 22일, 러시아 황제가 프랑스와 평화조약을 맺으려고 출발하면서 영국·러시아 동맹이 깨졌다.

제노바를 빼고 오직 이탈리아만이 동맹국의 편에 남았다. 그들은 프랑스를 공격하려고 마음만 먹으면 프로방스 지방을 통과할 수 있었다. 이러한 조건에서 슈앙파의 반란은 〔질 것을 뻔히 알면서도 덤비는〕 명예 싸움이라는 비난을 받았다. 수천 명의 강한 부대를 이루고, 피니스테르에서 영국인이 무기와 탄약을 지원하는 함선을 보호할 능력을 갖추었던 그들은 르망·낭트·생브리외 같은 도시를 점령하면서 예전에 불가능했던 일을 성취했지만, 카두달은 반Vannes 앞에서 패배했다. 그때까지 거둔 승리는 별 효과도 없이 물거품처럼 사라졌다. 슈앙파가 침입했을 때도 생브리외의 방어 책임자인 공화파 장군은 자고 있었다! 여러 도시가 약탈당했고, 주민들은 왕당파가 마음을 사로잡으려고 노력하는데도 그들 편에 서지 않았다. 물론 몇몇 왕당파 지도자들은 복수했고, 1793년을 상기시킬 정도로 진짜 공포정을 실시했다.

브륀·마세나 장군, 또는 툴루즈 방어자이며 그들보다 덜 알려진 오뷔주아Aubugeois처럼 총재정부가 상징하는 공화국보다 혁명에 더 충성한 사람들이 공격을 막아냈다. 그들의 헌신은 1789년이나 1792년 이후에 구체화한 확신의 힘을 증명했다. 총공세가 실패로 돌아간 후에도 '불평불만자'는 당장 사라지지 않았고, 혁명에 가장 확고한 자들을 '도적떼'로 전환하거나 선서 거부 사제들의 연락망, 왕당파 신문, 사립학교, 은밀한 조직으로 영역을 하나로 묶었다. 분명히 말해서 지도자들이 분열했고, 지도층 인사들과 평범한 반혁명가들의 기대가 뒤틀렸기 때문에 그들은 패배했다. 반혁명은 그렇게 패배했다. 반혁명이 권력을 차지하기란 불가능했고, 반혁명의 증거는 1815년 이후 관리 대상이 되었다. 그러나 반혁명은 여전히 부인할 수 없는 세력이었고, 완전히 정복할 수 없는 보루를 보유했으며, 지속적인 국지전을 일으킬 정치적 흔적을 남겼다.

정변으로 찾은 안정

1780년대 말부터 수많은 사건이 일어나면서 새로운 권력관계가 공화국을 탄생시켰으며, 흔들리고 불안하지만 돌이킬 수 없는 수준으로 균형을 잡아주었다. 왕당파의 실패는 더는 구체제로 돌아갈 수 없음을 뜻했다. 루이 18세는 그 사실을 이해했고, 동생 샤를 10세[아르투아 백작]는 왕정복고를 실험했다. 1793년의 추억은 혁명의 경험으로 되돌아가는 것을 금지했다. 1799년 9월 13일, 주르당 장군이 온갖 위협을 직시하기 위해 의회에 국가비상사태를 선포하라고 요구했을 때,

총재들은 자코뱅 음모의 두려움을 부추겼다. 그들은 전쟁장관 베르나도트를 해임한 자리에 뒤부아 크랑세를 앉히면서 자코뱅 투사들을 가장자리로 밀어내고, 신문기자들을 올레롱 섬으로 유배했다. 승리한 무장국가는 극단적 혁명파와 반혁명파의 유혹을 모두 물리치고, 지배층을 국유재산으로 부유해지고 투표에서 뽑힌 사람들로 바꾸면서 새로운 모습을 갖추려고 노력했다. 1799년 8월 15일, 시에예스가 정변을 일으킬 때 반드시 활용해야 할 '칼'로 눈도장을 찍었을 젊은 장군 주베르가 죽자 야망을 품은 사람들에게 자유로운 공간이 생겼다. 그러나 동원할 수 있는 장군 가운데 보나파르트를 제외하고 그 안으로 발을 들이밀려는 사람은 없었다.

프랑스 함대는 아부키르의 난바다에서 넬슨에게 순식간에 파괴되었음에도 이집트 원정을 민첩하게 진행했다. 1798년 7월 1일에 상륙한 프랑스인은 연말에 이집트를 정복했다. 그러나 시리아 원정은 1799년 초에 실패했다. 야파Jaffa에 흑사병이 휩쓸고 보나파르트가 흑사병에 걸린 환자들을 독살하면서 상황이 더욱 나빠진 후 생장다크르 공격을 중지했다. 나폴레옹은 아부키르 정박지에 영국 함대가 도와주는 오스만 병력이 상륙하지 못하게 하려고 서둘러서 나일 강 삼각주까지 어렵게 퇴각했다. 1799년 7월 25일, 보나파르트는 압도적으로 승리했지만 아주 위험한 상태에 놓였다. 프랑스가 점령한 이집트를 구했지만 팽창은 위태로워졌다. 쌍방이 극단적인 폭력을 행사했다. 프랑스인은 저항을 아주 잔인하게 탄압했고, 어떤 경우에는 수많은 마을을 초토화하는 동시에 정부를 수립하고, 과학적 연구 성과를 쌓았으며, 일부 정복자들은 오리엔트의 매력에 푹 빠져 노예까지 가졌다. 클레베르를 질리게 할 만큼 아주 냉정했던 보나파르트는 어느 것에도 매료되지 않고 오직 프랑스 사건에만 관심을 가졌기 때문에 1799년 8월 22일에 자기 병력의 지휘권을 클레베르에게 맡긴 후, 기적적으로 영국 함대의 손에서 벗어나 10월 9일 프레쥐스Fréjus에 상륙했다. 아마 거물급 음모가이자 프랑스의 친구인 영국 제독 시드니 스미스Sydney Smith가 그를 도와줬을 것이다.

그 뒤에 일어난 얘기를 주제로 수많은 작품이 나왔는데, 일제히 보나파르트가 10월 16일 파리에 승리자처럼 돌아왔을 때 사람들은 그를 구국의 영웅으로 환영했지만, 총재들은 과연 그가 어떤 인물과 손을 잡을지 몰라서 걱정했다고 썼다. 보나파르트를 중심으로 추종자·협력자·망설이는 자, 그리고 납품업자 콜로Collot를 생각나게 할 만큼 신중하지만 필수적인 금융업자를 소재로 다룬 무용극이 있듯이, 보나파르트와 시에예스의 고양이와 생쥐 놀이는 아주 유명했다. 이처럼 소수의 권력 집단은 대중이 일으키는 사태의 추세를 따라 경쟁 집단들이 고조시킨 긴장과 관계를 끊으면서 세심하게 정변을 준비했다. 이것은 진정한 궁중혁명으로 나아갔으며, 군사적·정치적 책임을 잘게 나눈 파리에 골고루 배치하고 망설이는 자들을 멀리하는 한편, 반대자들을 음모자로 폄훼하면서 차단했다. 이들은 모든 일을 신속하게 처리했다. 1799년 11월 6일, 공화력 8년 브뤼메르 15일, 정치생활을 청산하는 대가로 바라스를 빼고 작전을 시작했다. 7일과 8일에 시에예스가 헌법을 개정하기 위한 법안을 기초하는 동안 음모가들은 의원 소집장을 인쇄했다. 의원들이 모이면 총재정부 해산법을 대국민 포고문에 서명하게 될 예정이었다. 그동안 마지막 단계의 협상이 진영을 확정했다.

11월 9일, 브뤼메르 18일, 아침 7시부터 원로원이 소집되었고, 추정 반대파는 당장 격리되었다. 그들에게는 보나파르트를 파리 군단장으로 임명하고 의원들을 자코뱅파의 위협에서 보호하기 위해 의회를 생클루 성으로 이전하는 안이 제출되었다. 수도에 있던 장군의 다수와 병사들이 나폴레옹 편에 서면서 그날의 사태를 그의 쪽으로 기울게 만들었다. 이미 몇 주 전부터 시에예스가 이날을 대비해서 승마 연습을 하던 튈르리 정원을 완전히 우습고 허망하게 만들려는 듯이 나폴레옹은 그 길을 따라 말을 타고 병사들 앞을 지나갔다. 고이에와 물랭 같은 총재들은 말을 듣지 않는 장관들처럼 격리 상태에서 단지 군인들의 감시만 받았다. 병사 7,000명을 거리에서 볼 수 있었을 뿐 아니라 채권자들은 안심했고, 자코뱅파가 아무런 행동도 하지 않았기 때문에 전반적으로 [정변에] 냉담했다.

11월 10일, 브뤼메르 19일, 음모가들과 의원들은 모두 생클루에 모여 정변이 헌법상 정당한 일이었다고 인정했다. 그러나 모든 일은 예상한 대로 흘러가지 않았다. 의회 회의실을 정하는 일이 늦어진 틈에 자코뱅파가 저항하기 시작했다. 원로원은 뒤늦게야 이미 기대했던 총재정부 해산을 받아들였다. 심지어 몇몇 의원은 헌법을 준수하자고 간청했고, 보나파르트는 그들이 몇 번이나 헌법을 유린한 자들이라는 사실을 들먹이면서 화를 냈다. 500인회는 보나파르트가 들어설 때 "폭군을 죽여라!", "무법자!"라고 외치면서 더욱 심하게 저항해서 그를 당황하게 만들었다. 그는 수류탄병 네 명의 호위를 받으면서 의회를 떠났다. 그러나 이후 상황은 공화력 2년 테르미도르 9일의 대본처럼 흘러가지 않았다. 신자코뱅파가 투쟁에 뛰어들기를 두려워할 때, 보나파르트는 충성하는 병사들에게 호소했으며, 이는 로베스피에르도 직접 하지 못한 일이었다. 군인들은 의원들을 잡으러 다녔고, 그렇게 해서 총재들을 해임하고, 권력의 공백을 메울 '집정관 행정위원회'를 시에예스·뒤코·보나파르트의 순서로 구성하는 법안을 지지할 만큼 충분한 수를 모았다. '집정관 행정위원회'는 질서·평화·공공안녕을 회복할 임무를 가졌다. 입법부가 해산한 뒤 최대 25명 한도로 후속조치를 준비하고 새로운 기구의 정통성을 마련해주는 일을 할 위원회 두 개가 생겼다. 곧이어 최근에 반대한 의원 61명을 숙청했다. 대다수를 유배하거나 가택 연금했는데, 주르당 장군도 숙청당했다. 법령은 엄격히 시행되지 않지만, 본질적으로 자코뱅파를 배척하는 전환점이라는 사실이 부각되었다.

필수적인 합법성

1794년 테르미도르 정변처럼 1797년 프뤽티도르 정변의 다음 날에 나온 선전은 즉시 효과를 보았다. 단도를 지닌 의원들이 보나파르트를 죽인다고 위협했다는 전설이 널리 퍼지고, 자코뱅 음모의 고발을 정당화했다. 집정관들은 처음의 계획과 달리 한 명이 출발하지 않았기 때문에 모두 스물네 명의 대표를 진정한 파견의원 자격으로 각 사단으로 보내 여론의 지지를 확보하고, 필요한 경우 공직자를 바꾸고 정치클럽을 폐쇄하도록 했다. 화해가 선결문제였고, 특사들은 현지에서 만나는 대화 상대가 좌파인지 우파인지에 따라 공화국 수호나 질서회복 중에서 하나를 강력하게 주장했다. 바레르나 주르당 같은 자코뱅파는 사면을 받은 뒤 자신이 동의했음을 알렸다.

그럼에도 정변을 지지하는 사람들은 다양했다. 지방의 균형에 따라 다르게 반응했다. 보르도의 일부는 반혁명을 지지했지만 다수가 또다시 번영할 가능성을 보고 찬성했다. 리옹의 자코뱅파는 우월한 지위를 잃었다. 브뤼메르 정변이 프뤽티도르 이후 '움푹하게 파인 구덩이'를 메웠기 때문이다. 군대는 어렵게 동의했다. 총재가 되리라고 예감했던 마세나 같은 일부 장군들의 공화주의 정신 상태와 질투가 정변과 보나파르트를 반대하는 정서로 작용했다. 행정 분야에서는 강력한 소수의 자코뱅파를 빼고 다수가 찬성했다. 서부는 아직 전쟁이 끝나지 않은 상태였다. 슈앙파 지도자들과 11월 14일부터 협상을 시작해서 24일에 두 명을 제외한 전원이 휴전을 받아들였다. 29일에는 선서 거부 사제로서 1797년 이전에 맹세했고, 결혼했거나 예배 활동을 중단한 사람들을 석방하기로 결정했다. 일부 병사와 공화파 장군들은 자신들의 의견을 무시했고, 특히 방데 같은 곳에서 승리한 대가를 받을 수 없다는 이유로 그 결정에 불만을 품었다.

모든 과정에서 공화국의 '합법성'은 분명히 존중받았다. 집정관들은 브뤼메르 20일(11월 11일)에 "신성한 인민주권과 공화국에 충성……"을 맹세했고, 합법적으로 의회를 정지하고 헌법을 준비하는 모든 위원회 구성원들이 그 뒤를 이었다. 브뤼메르 25일에는 법으로 행정 분야나 군대도 맹세를 해야 한다고 명령했고, 그르노블 같은 곳에서는 주저하는 사람도 있었지만 공무원들이 그 뒤를 따랐다. 특히 귀국한 망명자, 그리고 1801년의 정교협약에 따라 사제들에게 신속하게 정부의 권력에 복종하도록 촉구했다. 이러한 요구는 수많은 단계를 거쳐 보나파르트가 황제가 되기 전, 그리고 추종자에게 레지옹도뇌르 훈장으로 보상해주기 전에도 개인적인 충성심을 널리 퍼뜨렸다. 혁명기는 맹세로써 자발적 행위에 바탕을 둔 국민을 창조하는 시기였다. 매력 있는 인물 보나파르트가 집권하기 시작했다.

그는 사방에서 지원을 받았다. 가장 먼저 그는 가족, 진정한 혈족의 강력한 관계를 믿을 수 있었다. 더욱이 그는 이탈리아와 아마 이집트에서도 가져온 돈을 이용했다. 그다음으로 자본가, 사업가, 그를 따르기로 결심한 뒤코를 필두로 캉바세레스·푸셰·탈레랑·베르티에같이 언제나 충실하고 헌신적인 장관이 될 인물들이 있었다. 종교인의 녹봉과 돈을 마음대로 나눠준 것이 충성심을 얻는 데 이바지했다. 끝으로 보나파르트의 정치적 정력이 유별났다는 점도 고려해야 한다. 그러한 자질은 정치과학 분야로 분류하기란 어렵지만 분명히 존재한다. 시에예스에게 헌법을 기초할 능력이 없다는 사실이 드러났을 때, 보나파르트는 여남은 번의 회의를 통해 자기 원칙을 담은 헌법을 작성하게 만들었다.

남성의 보통선거를 확실히 유지했지만, 잇단 중간선거를 거쳐 공무원과 당선자 후보 명단을 작성하고 거기서 적임자를 선택했다. 더욱이 이 명단은 10년 동안 '결정적'인 효과를 가지며 공석을 채울 선거에만 활용할 수 있었다. 입법권은 두 개 회의실에 할당했는데, 먼저 트리뷔나Tribunat〔법안심의원〕가 집정관들이 제안한 법률을 토론하고 입법부corps législatif로 보내면 무조건 채택하도록 했다.[4] 헌법의 수호자인 원로원Sénat이 '위에서부터' 모든 기관의 간부를 배치했다. 호선으로 구성하는 원로원은 [입법권을 행사할] 두 회의실 구성원을 임명했다. 법안을 기초하는 행정부에 속한 최고회의Conseil d'État가 '아래에서부터' 구성원의 배치를 보장했다. 이렇게 국민의 목소리를 대변했지만 아주 많은 제한을 두었고, 행정부가 사실상 중심 역할을 했다.

보나파르트는 시에예스 대신 자기의 생각을 부과했고, 자신에게 유리하도록 [세 명의] 집정관 사이에 상당히 큰 차이를 둔 서열을 밀어붙였다. 제1집정관은 나머지 두 명보다 봉급을 세 배나 받았고 중요한 대권을 휘두를 수 있었다.[5] 보나파르트는 시에예스가 자신을 제1집정관으로 지명하게 만들고, 시에예스와 뒤코에게 집정관직을 사임하고 최초의 원로원 의원이 되어 다른 의원들을 지명하도록 만드는 데 성공했다. 그리고 집정관 두 명이 물러난 자리에 자기 심복인 캉바세레스와 르브룅을 앉혔다. 두 사람은 임기 10년의 집정관이 되었다. 12월 14일, 전문이나 인권선언도 없는 헌법을 인쇄해서 선거인들에게 승인받았다. 헌법은 2월에 국민투표에 붙이기 전에 중간단계 위원회들의 간단한 승인을 받고 1799년 12월 25일부터 효력을 가졌다. 그 전날

---

4   1799년 12월 13일(공화력 8년 프리메르 22일)의 헌법에서 고대 로마 공화국의 원로원을 숭상하는 나폴레옹의 영향을 받아 '체제수호자 원로원Sénat conservateur'을 40세 이상 종신직 80명으로 구성하고, 입법부·트리뷔나·집정관·파기법원의 요원들을 선출하도록 했다. 입법권은 트리뷔나와 입법부가 나눠서 행사하고, 정부가 제출한 법안을 트리뷔나에서 토론한 후 입법부가 반포하는 절차를 따르게 했다. 트리뷔나 의원은 25세 이상 남성 100명, 입법부 의원은 30세 이상 남성 300명이었고, 둘 다 매년 5분의 1씩 새로 뽑았다.

5   제1집정관의 봉급은 원로원 의원의 20배였다.

발표한 헌법의 포고문은 이렇게 끝냈다. "시민들이여, 혁명은 그것을 시작한 원칙 속에 고정되었습니다. 혁명은 끝났습니다."

내전 끝내기

혁명의 시작을 상징하는 〈호라티우스 형제들의 맹세〉부터 10년이 지난 1799년 말에 자크 루이 다비드는 3년 전부터 시작한 〈사비니 여인들Les Sabines〉을 선보였다. 화가는 가족을 생각하기에 앞서 목숨 걸고 나라를 지키겠다고 맹세하는 전사들의 영웅적 행위를 묘사했다가, 완전히 체념한 상태에서 적이었던 남편과 오라버니였던 적의 화해를 묘사하기에 이르렀다. 이렇게 그는 내전의 출구에 관한 모호한 전망을 내비쳤다. 혁명의 순간이 내전의 기회, 말하자면 권력의 공백을 틈타 합법적 권력기관들이 국가의 폭력을 행사하려고 경쟁하는 기회라고 생각하다 보면, 총재정부가 제도 때문에 쓰러졌다고 생각하기보다는 어떻게든 싸움을 진정시키고 방향을 돌려놓거나 아니면 적대관계의 사람들을 속이고 반항하는 자들을 쏴 죽여서라도 대립을 끝냈어야 했음에도 그렇게 하지 못했기 때문에 쓰러졌다고 생각하게 만든다. 보나파르트는 바로 이러한 일을 추진했지만, 1802년 이후에는 자기가 부여한 추진력에 이끌렸다. 여기서도 불가항력이 작용했지만, 1770년대에서 1800년까지와 아주 다른 맥락에서 작용했다. 1944년과 1958년에 드골De Gaulle은 2차 세계대전이 끝날 때와 알제리 전쟁을 끝낼 때 바로 이러한 노선을 추구하게 된다.

1800년 2월 15일, 선거인단이 헌법을 승인할 때 예정했던 국민투표는 다수의 힘으로 통과되었지만, 1793년과 1795년에 치른 헌법 승인투표 결과와 별반 다르지 않았다. 유권자 명부에 기재된 사람들은 토론하지 않고 투표만 했는데, 모두 150만 명이 투표했으며, 그들은 지난 10년의 선거인단과 아무 관계도 없는 유권자들이었다. 이 정도만 투표했음에도 10만 명 정도가 반대표를 던졌다. 국민투표 이튿날 숫자를 조작하고 부풀려서 보나파르트를 튈르리 궁에 즉위시키는 일을 정당화하고, 주권자를 둘러싼 화려한 군주제 전통과 단숨에 연결시켰다. 이틀 뒤에 지사직préfet을 창설함으로써 구체화한 지방권력을 그에게 부여했다.

질서회복을 바라는 북부의 대도시 주민들, 식민지 교민을 분할하지 않는 권력의 통제를 받는 식민지로 되돌아가고 노예제도를 부활시키기를 기대하는 식민지 압력단체, 구체적인 결과를 기다리다가 마침내 '방크 드 프랑스'[프랑스은행] 설립 가능성을 본 사업가·금융인 또는 행정관들, 그리고 그들이 실용적 역할을 맡아 조합과 업주들의 관계를 조직하고 국가의 보호를 받게 해주는 노동의 세계, 이 모두가 체제를 지지했다.

끝으로 보나파르트는 "화학적으로 순수하고, 강력한 중앙집권체제의, 위에서부터 아래로 주변의 모든 직책까지 임명하는" 자코뱅 국가를 설립했다(아귈롱·M. Agulhon). 혁명은 몹시 급격하게 근대성을 도입했기 때문에 국가와 프랑스인 사이를 떼어놓았는데, 그는 강압과 유혹으로 대응했다. 브뤼메르 정변으로 태어난 국가의 성격이 모호했기 때문에 제국으로, 보나파르트 중심주의로, 한마디로 전레 없는 정치문화로 나아가는 새로운 전망이 열렸다. 그렇다면 보나파르트 주위에 모인 국가의 거물급 인사들의 흐름을 어떻게 평가해야 할 것인가? 그들은 티보도에서 바레르에 이르기까지 혁명으로 탄생한 공화국을 지키려고 노력한 '극중주의파' 출신이었던가, 모든 체제 앞에, 특히 권력 보유자 앞에 국가를 놓는 16세기 '모나르코마크 monarchomaques'〔절대주의 반대자〕의 후예로서, 로베스피에르건 보나파르트건 '독재자들'과 타협할 태세의 사람들이었던가?

여러 면에서 볼 때, 보나파르트는 바르나브와 로베스피에르, 또는 1기 총재정부가 실험했던 책략을 다시 썼다. 그는 중도파에 의지하고 극단주의자들을 배척했으며, 행정·군대·국민에게 의존하면서 지방의 명사·지주들의 '반정치적' 성향을 우대했다. 그는 국민통합을 실현하기 위해 마키아벨리의 원칙을 따르는 '새로운 군주'처럼 보였다. 집정관정부는 지방권력을 주요 주민들로 구성한 부지사와 기관장의 후보자원〔인력풀〕에게 되돌려주고 지방과 국가 사이의 충돌로 발생한 혁명의 출발점으로 돌아갔다. 그렇게 해서 지방의 특색을 인정하면서 중앙조직과 긴밀하게 연결시키는 중앙집권화에 성공했다. 그와 함께 중앙집권 국가에 저항하는 지방을 무장해제시키는 한편, 불평불만자의 관심을 끌려는 신자코뱅파의 희망도 물거품으로 만들었다. 집정관정부는 총재정부 시기 지방정부·사법제도, 모든 분야의 전문화, 특히 국가가 점점 더 많이 사회에 개입하고 군사경찰의 중요성을 부각시켰던 경험을 이용했다. 이것은 조금도 이상적인 상황은 아니었다. 반혁명의 위협이 존재했고, 장군들의 권력 아래 있는 수많은 곳에는 언제나 예외적인 상황이 있었기 때문에 아무것도 제대로 이루지 못했다. 가르니에Garnier 장군이 니스의 지사와 민간권력의 의견을 무시하고 신교도들을 잔인하게 진압한 일이야말로 상징적인 사례라 하겠다.

국민국가 혁명

집정관정부는 가장 자유로운 조치와 가장 난폭한 질서를 혼합하면서 반혁명 분자들에게 평화를 부과했다. 1799년 12월 28일(공화력 8년 니보즈 7일), 집정관들은 서부에 예배의 자유를 선포했다. 그들은 세속 국가를 수립하지 않았다. 그들은 가톨릭교의 특징을 담은 어휘를 구사했다. 이로써 "평화의 하느님의 종들les ministres d'un Dieu de paix"은 "동료 시민들과 함께 전쟁의 범죄와 전쟁으로 흘린 피를 속죄할 제물을 바칠 것"을 권고한다. 이제부터 종교를 시민 차원에서만 고려하지 않았다. 보나파르트는 불가지론자였을 테지만, 특히 스토플레의 종군 사제였던 베르니에 신부가 가톨릭교회와 반혁명의 중재자 역할을 맡겠다고 제안했을 때, 그는 로마 가톨릭교회에 충실한 신도들에게 손을 내밀었다. 마침내 1801년 보나파르트는 교황과 정교협약을 체결하고, 저항하는 프랑스국교회파 사제들을 체제순응적인 교회에 통합시켰다.

「르모니퇴르」는 새 헌법에 대한 맹세를 순전히 민간의 충성을 요구하는 행위라고 분명히 소개했다. 보나파르트는 에두빌 장군에게 서부에 모인 사제들을 사면해주라고 강조했고, 그 덕에 1801년 1월 4일, 휴전협정에 성공했다. 보나파르트는 푸셰 같은 반교권주의자, 탈레랑을 포함한 대부분의 합헌 사제처럼 국교회파, 그리고 가능한 한 이 정책의 효과를 제한하고자 했던 일부 트리뷔나 의원들의 반발을 억눌러야 했다. 확실히 상반된 이유를 가지고 가장 과격한 반혁명 분자와 군주들은 이 협상의 결과를 두려워했기 때문에 1800년 11월 20일, 슈앙파로 하여금 피니스테르의 주교 오드렝Audrein을 살해해 협상에 영향을 끼치려 했지만 실패했다.

보나파르트가 왕정에 대해, 또 루이 18세와의 관계에 대해 확고한 신념을 갖고 있지 않았기 때문에 왕당파 반대자들을 구슬리는 길은 좁았다. 현실적으로 그는 당근과 채찍을 활용했다. 망명자에 관한 추방령은 1799년 12월 26일부터 폐지하고 프뤽티도르 추방자의 귀국을 허락했다. 그러나 탄압의 결심은 확고했다. 1800년 1월 8일, 무기를 소지하거나 반란을 선동한 자를 군대에 소집하고, 반란을 돕는 코뮌을 반란자로 취급한다는 명령을 내리고, 흰색 표식을 소지했다는 죄로 젊은이 투스탱 뒤 마누아르Toustain du Manoir를 그르넬 벌판에서 총살함으로써 명령의 취지를 구체적으로 살렸다. 1800년 1월 21일, 이드 드 뇌빌Hyde de Neuville 같은 왕당파 젊은이 아홉 명이 마들렌 교회 종탑에 검은 천을 두르고 왕당파 포고문을 뿌렸는데, 이로써 국가 시책이 성공하지 못했음이 드러났다. 그때 보나파르트는 한순간 노르망디를 완전히 장악했던 슈앙파 지도자 프로테가 항복했을 때 했던 약속을 떠올리고 카두달이 반혁명 세력과 결별하기를 기대하면서 3월 5일에 그를 장군으로 진급시켜주겠다고 제안했다. 그럼에도 프로테를 재판에 부쳐 사형을 언도하고 1800년 2월 18일에 처형하도록 허락했다.

체제와 제1집정관의 운명은 공화파 장군들과 미묘한 관계 속에서 불확실했으며, 전방에서 새 소식이 도착할 때마다 더욱 혼미해졌다. 대공세가 실패했지만 이탈리아 상황은 여전히 불확실했다. 이탈리아 군 사령관 마세나는 제노바에 갇혀 있었고, 독일 남부에서 병력을 지휘하던 모로 장군도 영국군의 지원을 기다리는 오스트리아군에 이기지 못했다. 프랑스 군대는 브뤼메르 이후 재건의 조치를 취할 수 있었지만 여전히 쇠약한 상태였다. 그리고 보나파르트는 스위스와 이탈리아 북부의 작전계획을 실행하기 어려웠다. 아주 유명한 모로 장군은 독일의 작전 현장을 떠나라는 명령을 거부했다.

4월부터 보나파르트는 예비군의 원정을 지휘하며 대담한 도박을 시도했는데, 그것은 국가의 지배권을 확보하는 데 꼭 필요한 행동이었다. 〔4월 16일에 타보르 산Mont-Thabor 전투 승리 후〕 스위스의 대협로를 거쳐 알프스 산맥을 넘는 위업을 달성했지만, 오스트리아의 위협은 줄어들지 않았다. 그러나 6월 14일, 프랑스는 드세Desaix 장군이 죽음을 무릅쓰고 선제공격을 한 덕택에 오스트리아군에 마침내 승리했다. 오스트리아 측의 요구로 이튿날 전투를 멈췄다. 보나파르트는 곧 파리로 돌아가고, 그의 군대는 이탈리아 북부와 중심지로 계속 진격했으며, 신교도들을 꼼짝 못 하게 누르면서 오스트리아를 침략하겠다고 위협했다. 힘의 관계가 급격히 변화하면서 보나파르트는 오스트리아·영국과 잇단 협상을 벌여 마침내 1801년 2월 9일에 뤼네빌에서 평화 조약을 맺었다.

이탈리아 원정에 관한 선전은 알프스 산맥 횡단, 마렝고 승리, 드세의 전사를 찬미했다. 그것은 나폴레옹의 전설이 탄생하는 과정에서 전환점이 되었다. 그러나 보나파르트가 권력을 잃을 뻔했다는 사실을 잊어서는 안 된다. 1793~1794년에 일어났던 일처럼 거물급 전문가들이 살롱에 모여 계속 음모를 꾸몄다. 시에예스·카르노·푸셰, 그리고 상원의원 클레망 드 리Clément de Ris, 의심의 여지 없이 탈레랑이 1800년 6월 21일에 파리에서 패배 소식을 들은 날, 보나파르트를 교체하는 문제를 논의했을 것이다. 22일에 승리를 확인하면서 음모는 끝났지만, 심복들 사이에 복수를 유발했으며, 파리는 조국을 구원한 불굴의 영웅을 기리는 축하행사를 준비했다. 이러한 행사는 1792~1793년의 영웅주의와 연결되었지만 방식은 달랐다. 브뤼메르 정변은 마렝고와 함께 끝났지만, 군대가 권력을 보장해주는 존재라는 사실은 잊을 수 없다. 그 일화는 브뤼메르 18일의 무장정변이 단검으로 무장한 모의자들에게 거둔 하찮은 승리였음을 잊게 만든다. 또한 브뤼메르 정변은 역사를 침묵시켜 혁명의 추억에 재갈을 물리고 역사가들을 통제한다는 사실을 예고했다.

혁명을 끝내다

제1막은 종교전쟁을 끝내는 일이었다. 보나파르트는 원정을 이용해 이탈리아에서 교회와 화해하는 정책을 썼다. 밀라노에서 그는 선포했다. "어떤 사회도 도덕이 없이 존재할 수 없다. 그리고 종교 없이 미풍양속은 없다." 나폴레옹은 이 같은 명분으로 오스트리아의 협상조건을 가지고 언덕에 있는 비오 7세에게 다가섰고, 이렇게 해서 프랑스 교회에 관한 협상을 쉽게 풀어갈 수 있었다. 군사적 성공이 화해를 촉진했다. 프랑스나 이탈리아에서 군사적 성공을 하느님의 의지로 해석했기 때문이다. 프랑스는 대규모의 군중 앞에서 '테 데움' 미사를 올렸다. 개신교도와 유대교도도 보나파르트를 자기네 공동체의 자연스러운 보호자로 보았다.

끊임없이 일어나는 좌우 대립을 격리하고 제거하는 일이 남았다. 왕당파는 무기를 놓지 않았다. 이드 드 뇌빌과 쿠아니Coigny 백작의 왕당파든, 영국이나 왕의 대리인이든 온갖 음모가들이 준동했다. 그들은 탈레랑과 연결된 뒤페롱Dupéron(또는 뒤페루Dupérou)의 비밀경찰과 협조하지 않을 때는 푸셰를 중심으로 움직이는 경찰과 대립했다.[6] 카두달의 친구이자 일명 '방데'라고 불린 메르시에가 이끄는 슈앙파 1,500명이 파리를 공격하러 온다는 소문이 돌았다. 이러한 분위기는 1800년 9월 상원의원 클레망 드 리 납치 사건이 발자크Balzac의 말처럼 "어둠에 싸인 사건"으로 남은 이유를 설명해준다. 마렝고의 승리를 거둔 순간 푸셰의 행적을 증명할 위력을 가진〔클레망 드 리가 투렌의 성관에 보관하던〕문서가 나돌면 위험해졌을 것이 뻔했지만, 그에게 천

---

6   쿠아니 백작은 왕당파 뒤페롱을 마르샹Marchand이라 불렀다. 마르샹 뒤페롱은 하이델베르크에서 외교관 교육을 받고 유럽을 두루 여행한 후 혁명기 지롱드파가 파리 코뮌과 싸울 때 파리 비밀경찰 조직을 이끌었다. 지롱드파 외무장관 르브룅 통뒤는 그를 외국에 파견해서 적국의 동향을 파악하게 했다. 그는 1795년 10월 5일, 방데미에르 정변이 일어났을 때 왕당파로서 국민공회를 지켰다. 그는 영국으로 건너가 1799년 미랑다 장군의 비서로 활약하다가 파리로 돌아가 영국 비밀경찰 조직을 이끌었는데, 1800년에 발각되어 붙잡혔다가 도주하고 다시 붙잡혀 1803년까지 탕플 감옥에서 지냈고, 1814년까지 그르노블에서 감시를 받으면서 살았다.

만다행으로 슈앙파 카를로 수르다Carlos Sourdat와 필시 부르몽Bourmont
이 이 사건을 끝냈기 때문이다.

1800년 10월에 이른바 '단도' 또는 '오페라' 사건도 역시 신비한
음모였다. 그 목적은 10월 10일에 제1집정관을 살해하는 것이었다.
피고인들은 화가 토피노 르브룅Topino-Lebrun, 브뤼메르 19일에 보나
파르트를 단도로 살해하려다 붙잡힌 의원[바르텔레미]의 동생인 부관
참모 [조제프 앙투안] 아레나 같은 좌파, 또는 조각가 체라키Ceracchi 같
은 이탈리아 망명객들에 속한 사람들로 모두 1801년 1월에 처형되었
다. 끝으로 12월 24일, 보나파르트는 파리 생니케즈 길을 지나다가 왕
당파가 폭약을 터뜨려 목숨을 노린 공격을 운 좋게 피했다. 그는 28일
에 카름 교회에서 '테 데움' 미사를 올려 하느님이 제1집정관의 목숨
을 구해준 데 감사를 표했고, 음모가들을 자코뱅파로 추정하고 실제
로 추적했다.

격렬한 탄압은 우선 '배타적 자코뱅파exclusifs' 또는 '바뵈프주의자'
를 겨냥했다.[7] 130명을 붙잡아 귀얀이나 세셸의 섬으로 유배했다. 그
러나 푸셰는 왕당파의 책임을 밝혀냈다. 폭력음모의 주역 세 명을 붙
잡아 처형하고, 그들의 우두머리인 카두달, 앙기엥 공작을 아직도 위
험인물로 생각해야 한다고 주의를 환기했다. 1800년 9월에서 1801년
2월까지 전부 1,200명의 체포를 확정하고 250명에게 사형을 내렸다.

---

7   바뵈프 사상을 따르던 바뵈프주의자들의 일부는 배타적인 신자코뱅파가 되어 마네주 협
회에 모였다.

로마와 가까워지는 데 저항하는 국교회파 사제들을 지원한 푸셰는 완고한 성격 때문에 조만간 치안장관직을 잃게 되었다. 이때 분명히 정치적 단절이 일어났다. 보나파르트는 왕당파와 노골적으로 투쟁했듯이 1798~1799년에 자코뱅파를 친구 삼으려고 노력했으나 여의치 않자 그들과 깨끗이 결별했다. 집정관정부는 그전의 체제와 완전히 달랐다. 그야말로 완벽한 단절이었다. 보나파르트는 단절을 성취했고 자신이 그것의 화신임을 충분히 인식했다. 그는 1789년 시에예스가 국민에 관해 던진 질문에 답하듯이 "나는 〔상퀼로트의 붉은 모자 공화파도 아니고, 귀족의 빨간 뒤축 구두 군주제파도 아닌〕 국민파다"라고 서슴지 않고 선언했다.

새 시대가 열렸다. 1800년 9월 2일, 공화력의 제5보충일,[8] 튀렌 장군의 유해를 앵발리드〔군원호원〕로 옮겼다. 이것은 공화국, 살았건 죽었건 영웅, 그리고 예배의 자유가 하나임을 축하하는 의미였다. 얼마 후 11월에 작은 정치평론 「카이사르·크롬웰·몽크·보나파르트 열전 Parallèle entre César, Cromwell, Monck et Bonaparte」이 나왔다. 거기서 샤를마뉴와 제1집정관을 당당히 비교했다. 그와 동시에 〔샤를마뉴 제국의 수도였던〕 엑스 라 샤펠〔아헨〕 대성당의 기둥을 루브르 박물관에 전시했다. 당사자가 손을 댔을 법한 실험기구였을까, 아니면 지은이 중 한 명으로 의심받았고 즉시 에스파냐 대사로 임명된 뤼시엥 보나파르트가 서둘러 조작한 작품이었을까? 두 가지 모두 가능한 가설이다. 4년

---

8   1800년 9월 2일이 아니라 22일이다.

후, 나폴레옹 1세가 된 보나파르트는 직접 샤를마뉴 황제의 무덤 앞에서 묵념했기 때문이다. 1801년 2월에 체결한 뤼네빌 평화조약, 그리고 7월 15일의 정교협약은 1770년대에 발생한 갈등에 종지부를 찍었다. 이로써 개혁가들과 혁명가들이 물려받은 숱한 문제가 해결되었으며, 법전 편찬, 새로운 종류의 주권과 다른 유럽의 발명으로 세상을 재정비할 시간이 왔다.

ABPO   Annales de Bretagne et des pays de l'Ouest, 『브르타뉴와 서부 지방 연보』

AESC   Annales, Économies, Sociétés, Civilisations, 『경제·사회·문명 연보』

AHR   American Historical Review, 『미국역사학보』

AHR   Annales historiques de la Révolution française, 『프랑스혁명사 연보』

AHSS   Annales, Histoire, Sciences sociales, 『역사·사회과학 연보』

AR   Annales révolutionnaires, 『혁명사 연보』

ASHSM   Association suisse d'histoire et de sciences militaires, 스위스 군사과학·역사학회

CHEFF   Comité pour l'histoire économique et financière de la France, 프랑스 경제·금융의 역사위원회

CHES   Commission d'histoire économique et sociale de la Révolution, 프랑스 혁명의 사회경제사 위원회

CRHENO   Centre de recherche sur histoire de l'Europe du Nord-Ouest, 북서 유럽 역사연구소

CRRR   Centre de recherches révolutionnaires et romantiques, 혁명과 로맨티시즘 연구소

CTHS	Comité des travaux historiques et scientifiques, 역사와 과학 연구위원회
DUSP	Dictionnaire des usages sociopolitiques(1770–1815), Klincksieck, INaLF, Champion, 『사회·정치 용어사전(1770–1815)』
EHESS	École des hautes études en sciences sociales, 사회과학고등연구원
FHS	French Historical Studies, 『프랑스 역사연구』
GRHIS	Groupe de recherche d'histoire, 역사연구회
IHRF	Institut d'histoire de la Révolution française, 프랑스혁명사 연구소
JFS	Journal of French Studies, 『프랑스학 연구』
MLN	Modern Language Notes, 『현대 언어 연구』
RH	Revue historique, 『역사 비평』
RHMC	Revue d'histoire moderne et contemporaine, 『근현대사 비평』
RN	Revue du Nord, 『노르 비평』
SER	Société des études robespierristes, 로베스피에르 연구소

※ 관례상 파리의 출판물은 발행지를 밝히지 않았다.

참고문헌

1부 1장_ 잇단 혁명의 시대

Bailyn B., *To Begin the World Anew*, 2004.

Baker K. (dir.), *The Political Culture of the Old Regime*, 1987.

Gershoy L., *L'Europe des princes éclairés, 1763-1789*, 1966.

Godechot J., *Les Révolutions, 1770-1799*, 1965.

Golay E., *Quand le peuple devint roi*, 2001.

Greene J. P. et Pole J. R. (dir.), *A Companion to the American Revolution*, 2000.

Huet M.-H., Mourning Glory, 1997.

Koselleck R., *Le Tutur passé. Contribution à la sémantique des temps historiques*, 1990.

Leśnodorski B., *Les Jacobins polonais*, 1965.

Monnier R., Républicanisme, patriotisme, Révolution française, 2006.

Palmer R., *The Age of the Democratic Revolution : A Political Revolution*, 1959-1964.

Rey A., *Révolution, histoire d'un mot*, 1988.

Rosendaal J., *De Nederlandse Revolutie. Vrijheid, Volk en Vaderland, 1783-1799*, 2005.

Sorel. A., *L'Europe et la Révolution française*, t. 1, 2003.

1부 2장_ 절대군주정, 옭매인 걸리버인가?

Bertière S., *Marie-Antoinette l'insoumise*, 2002.

Bouton C., *The Flour War*, 1993.

Darnton R., *Etition et sédition*, 1991.

Descimon R. et Coandey F., *L'Absolutisme en France*, 2002.

Egret J., *La Prérévolution française*, 1962.

Farge A., *Dire et mal dire*, 1998.

Félix J., *Louis XVI et Marie-Antoinette. Un couple en politique*, 2010.

Lever E., *Marie-Antoinette*, 1991.

Lütty H., *La Barque protestante en France*, 1998.

Maire C., *De la cause de Dieu à la cause de la nation*, 1998.

Saint-Bonnet F., *L'État d'exception*, 2001.

Van Kley D., *The Damiens Affair and the Unraveling of the Ancient Regime, 1750-1770*, 1984.

1부 3장_ 국가의 결점

ADO A., *Paysans en révolution : terre, pouvoir et jacquerie, 1789-1794*, 1996.

BELL D. A., *The Cult of the Nation in France. Inventing Nationalism, 1680-1800*, 2001.

BLAUFARB R., *The French Army 1750-1820. Careers*, Talent, Merit, 2002.

DOYLE W., *Aristocracy and its Ennemies in the Age of Revolution*, 2009.

DZIEMBOVSKI E., *Un nouveau patriotisme français, 1750-1770*, 1998.

FIGEAC M., *L'Automne des gentilshommes. Noblesse d'Aquitaine, noblesse française au siècle des Lumières*, 2002.

GARRIOCH D., *The Making of Revolutionary Paris*, 2002.

JESSENNE J.-P., *Vers un ordre bourgeois? Révolution française et changement social*, 2007.

KAPLAN S. L., *La Fin des corporations*, 2001.

MAZA S., *The Myth of the French Bourgeoisie, an Essay on the Social Imaginary*, 2003.

MILLER J. A., *Mastering the Market : the State and the Grain Trade in Northern France, 1700-1860*, 1998.

NICOLAS J., *La Rébellion française*, 2002.

RÉGENT F., *La France et ses esclaves. De la colonisation aux abolitions*, 2007.

WEIR D. R., 《Les crises économiques et les origines de la Révolution française》, *AESC*, 4, 1991.

1부 4장_ 의견의 다양한 모습

ASTON N., *Religion and Revolution in France, 1780-1804*, 2000.

BÉLISSA M., *Fraternité universelle et intérêt national (1713-1795)*, 1998.

CHARTIER R., *Les Origines culturelles de la Révolution française*, 1988.

DARNTON R., *Mesmer ou la fin des Lumières*, 1985.

DELON M., *L'Idée d'énergie au tournant des Lumières (1770-1820)*, 1988.

——————, (dir.), *Dictionnaire européen des Lumières*, 2007.

DUPRAT C., *Le Temps des philanthropes*, 1993.

EDELMAN N., *Voyantes, guérisseuses et visionnaires en France, 1785-1914*, 1995.

EDELSTEIN D., *The Terror of Natural Right*, 2009.

HIPPLER T., *Soldats et citoyens. Naissance du service militaire en France et en Prusse*, 2006.

KOSELLECK R., *Le Règne de la critique*, 1979.

LARRÈRE C., *L'Invention de l'économie au XVIIIᵉ siècle*, 1992.

LEFORT C., *L'Invention démocratique*, 1981.

LÉVY M., *Le Roman 《gothique》 anglais, 1764-1824*, 1995.

LILTI A., *Le Monde des salons*, 2005.

LYON-CAEN N., *La Boîte à Perrette: approche des finances du mouvement janséniste au XVIIIᵉ siècle*, 2010.

MASSEAU D., *Les Ennemis des philosophes*, 2000.

MCMAHON D. M., *Enemies of the Enlightenment: the French Counter-Enlightenment and the Making of Modernity*, 2001.

PLONGERON B. (dir.), *Histoire du Christianisme, Les temps modernes*, t. X, 1995.

REDDY W. M., *The Navigation of Feeling: A Framework for the History of Emotions*, 2001.

VAN KLEY D., *Les Origines religieuses de la Révolution française*, 2002.

1부 5장 _ 부르봉 가문의 몰락

CAMPBELL P. R. (dir.), *The Origins of the French Revolution*, 2006.

DAUGA P., *Un prélat politique à la fin de l'Ancien Régime: Loménie de Brienne*, 2002.

DUPRAT A., *Le Roi décapité, essai sur les imaginaires politiques*, 1992.

GRUDER V. R., *The Notables and the Nation: the Political Schooling of the French*, 2007.

HARRIS, R. D., 《French Finances and the American War, 1777-1783》, *JMH*, 1976.

ILOVAÏSKI O., *La Disgrâce de Calonne*, 2008.

LEGAY M.-L., et alii, 《Retour sur les origines financières de la Révolution française》, 2009.

LÜTHY H., *La Banque protestante en France*, 1998.

RENOUVIN P., *L'Assemblée des notables de 1787*, 1920.

————, *Les Assemblées provinciales de 1787. Origines, développement, résultats*, 1921.

ROSANVALLON P., *La Démocratie inachevée. Histoire de la souveraineté du peuple*, 2000.

SAINT-BONNET F., *L'État d'exception*, 2001.

2부 1장 _ 절대군주정의 혁명에서 국민국가 혁명까지

CAMPBELL P. R. (dir.), *The Origins of the French Revolution*, 2006.

CARROT G., *La Garde nationale (1789-1871): une force publique ambiguë*, 2001.

DUPUY R., *La Garde nationale et les débuts de la Révolution en Ille-et-Vilaine, 1789-mars 1793*, 1972.

EGRET J., *La Prérévolution française*, 1962.

FÉLIX J., *Louis XVI et Marie-Antoinette. Un couple en politique*, 2006.

GRATEAU P., *Les Cahiers de doléances. Une relecture culturelle*, 2001.

LEFEBVRE G., *La Grande Peur de 1789*, 1932.

LUCAS C. (dir.), *The Political Culture of the French Revolution*, 1988.

LUCKETT T. M., 《Hunting for Spies and Whores : a Parisian Riot on the Eve of the French Revolution》, *Past and Present*, 156, 1997.

LÜSENBRINK H.-J. et REICHARDT R., 《La "Bastille" dans l'imaginaire social de la France, à la fin du XVIIIᵉ siècle (1774-1779)》, *RHMC*, 1983.

MCPHEE P., *Living the French Revolution, 1789-1799*, 2009.

NICOLAS J., *La Rébellion française*, 2002.

RIALS S., *La Déclaration des droits de l'homme*, 1988.

SHAPIRO B. M., *Traumatic Politics. The Deputies and the King in the Early French Revolution*, 2009.

TACKETT T., *Par la volonté du peuple*, 1997.

VOVELLE M. (dir.), *Images de la Révolution française*, 1989.

2부 2장 _ 혁명을 주도하기

BIARD M., *Les Lilliputiens de la centralisation*, 2007.

BRUNOT F., *Histoire de la langue française*, 1967.

BURSTIN H., *Une révolution à l'œuvre, le faubourg Saint-Marcel*, 2005.

CASTALDO A., *Les Méthodes de travail de la Constituante*, 1992.

CLARKE J., *Commemorating the Dead in Revolutionary France, Revolution and Remembrance, 1789-1799*, 2007.

Colloque de Dijon, *1791, la première Constitution française*, 1991.

FITZSIMMONS M., *The Night the Old Regime Ended. August 4, 1789, and the French Revolution*, 2003.

GAUCHET M., *La Révolution des droits de l'homme*, 1989.

GUILHAUMOU J., *L'Avènement des porte-parole de la République (1789-1792)*, 1998.

JANES R., 《Beheadings》, *Representations*, 35, 1998.

JARRIGE F., *Au temps des 《tueuses de bras》. Les bris de machines à l'aube de l'ère industrielle (1780-1860)*, 2009.

LEFEBVRE G., *La Grande Peur de 1789*, 1932.

LUCAS C. (dir.), *The Political Culture of the French Revolution*, 1988.

MASSEAU D. (dir.), *Le XVIIIᵉ siècle, Histoire, Mémoire et Rêve*, 2006.

MCPHEE P., *Living the French Revolution, 1789-1799*, 2009.

PERTUÉ M., 《Les projets de municipalités cantonales (1789-an III)》, in J. Bernet *et alii*, 1999.

PIBOUBES J.-Y., *Le Serment politique en France, 1789-1870*, 2003.

SHAPIRO B. M., 《Revolutionary Justice in 1789-1790, The Comite des Recherches, The Chatelet and Fayettist Coalition》, *FHS*, 173, 1992.

TROPER M., 《Sur l'usage des concepts juridiques en histoire》, *AESC*, 6, 1992.

WALTON C., *Policing Public Opinion in the French Revolution*, 2009.

2부 3장 _ 통일성의 추구

ABERDAM S., *L'Élargissement du droit de vote en 1792 et 1795…*, 2001.

BACOT G., *Carré de Malberg et l'origine de la distinction entre souveraineté du peuple et souveraineté nationale*, 1985.

BÉLISSA M., *Fraternité universelle et intérêt national 1713-1795*, 1998.

BOURDIN I., *Les Sociétés populaires à Paris pendant la Révolution*, 1937.

DERASSE N., *La Défense dans le procès criminel sous la Révolution et le Premier Empire (1789-1810): les mutations d'une fonction et d'une procédure*, 1998.

GAUTHIER F., *Triomphe et mort du droit naturel en révolution 1789-1795-1802*, 1992.

GENTY M., 《Les débuts de la garde nationale parisienne, 1789-1791》, in S. Bianchi et Dupuy Roger (dir.), *La Garde nationale entre nation et peuple en* armes. *Mythes et réalités 1789–1871*, 2006.

GODECHOT J., *Les Constitutions de la France depuis 1789*, 1970.

——————, *La Grande Nation*, 1983.

GUEDJ A., *Le Mètre du monde*, 2000.

GUENIFFEY P., *Le Nombre et la Raison*, 1993.

LASCOUMES P., PONCELA P. et LENOËL P., *Au nom de l'ordre. Une histoire politique du code pénal*, 1989.

MARGADANT Ted W., *Urban Rivalries in the French Revolution*, 1992.

MÉTAIRIE G., *Le Monde des juges de paix de Paris, 1790–1838*, 1994.

MICHON G., *Essai sur l'histoire du parti feuillant : Adrien Duport*, 1924.

MILLIOT V. (dir.), *Les Mémoires policiers 1750–1850*, 2006.

MOULINAS R., *Journées révolutionnaires à Avignon*, 1989.

OZOUF M., 《Régénération》, 1988.

OZOUF-MARIGNIER M.-V., *La Formation des départements. La représentation du territoire français à la fin du XVIIIe siècle*, 1989.

RONCAYOLO M., 《Le département》, in P. Nora, *Les Lieux de mémoire*, 1992.

ROSANVALLON P., *La Démocratie inachevée. Histoire de la souveraineté du peuple*, 2000.

SHAPIRO B. M., 《Revolutionary Justice in 1789–1790, The Comite des Recherches, The Chatelet and Fayettist Coalition》, *FHS*, 1992.

SOREL A., *L'Europe et la Révolution française*, 2003.

VERPEAUX M., *La Naissance du pouvoir réglementaire 1789–1799*, 1991.

VIALLA S., *Les Volontaires⋯*, 1913.

VIOLA P., *Deux modèles de fédérations⋯*, 1995.

2부 4장_국민, 국가, 종교

AYOUN R., *Les Juifs de France : de l'émancipation à l'intégration (1787–1812)*, 2000.

BLUMENKRANZ B. et SOBOUL A. (dir.), *Les Juifs et la Révolution française* 1989.

CHOPELIN P., *Ville patriote et ville martyre. Lyon, l'Église et la Révolution, 1788-1805*, 2010.

CLARKE J., *Commemorating the Dead in Revolutionary France, Revolution and Remembrance, 1789-1799*, 2007.

COUSIN B. et alii, *La Pique et la Croix*, 1989.

DUPORT A.-M. (dir.), *Religion, Révolution, contre-révolution dans le Midi*, 1990.

FAUCHOIS Y., *Religion et France révolutionnaire*, 1989.

GASPAR D. B. et GEGGUS D. P., *A Turbulent Time, the French Revolution and the Greater Carribean*, 1997.

GOUJARD P., 《La rumeur de Thiouville》, *Cahiers des Études normandes*, n° 1, 1984.

LAPIED M., *Le Comtat et la Révolution française*, 1996.

LATREILLE A., *L'Église catholique et la Révolution française*, 1950.

LECLERCQ H. dom, *Vers la fédération, janvier-juillet 1790*, 1929.

MARTIN J.-C. (dir.), *Religion et Révolution*, 1994.

MATHIEZ A., *La Révolution et l'Église*, 1910.

MEYER J.-C., *La Vie religieuse en Haute-Garonne sous la Révolution, 1789-1801*, 1982.

MONNIER R., *L'Espace public démocratique. Essai sur l'opinion à Paris de la Révolution au Directoire*, 1994.

MURPHY G., *Les Religieuses dans la Révolution française*, 2005.

NIGEL A., *Religion and Revolution in France, 1780-1804*, 2000.

PELLETIER G., *Rome et la Révolution française. La théologie et la politique du Saint-Siège devant la Révolution française, 1789-1799*, 2004.

PLONGERON B., *Conscience religieuse en Révolution*, 1969.

——————, (dir.), *Pratiques religieuses dans l'Europe révolutionnaire*, 1988.

——————, (dir.), *Histoire du christianisme. Les temps modernes*, 1995.

SAINT-VICTOR J. de, *La Première contre-révolution (1789-1791): La coterie des aristocrates noirs*, 2010.

SOTTOCASA V., *Mémoires affrontées. Protestants et catholiques face à la

Révolution, 2004.

TACKETT T., *L'Église, la Révolution et la France*, 1986.

2부 5장_모순의 정치화

BERCÉ Y.-M., *Croquants et Nu-Pieds*, 1974.

BERNET J., *Le Journal d'un maître d'école d'Île-de-France*, 2000.

BLAUFARD R., *The French Army 1750-1820. Careers, Talent, Merit*, 2002.

BOUTIER J., *Campagnes en émoi. Révoltes et Révolution en bas Limousin, 1789-1800*, 1987.

COCK J. de, *Les Cordeliers dans la Révolution française*, 2001.

COUDART L., *La Gazette de Paris, un journal de Paris pendant la Révolution française, 1789-1792*, 1995.

DELPONT H., *La Victoire des croquants*, 2002.

DUPORT A.-M., *Terreur et Révolution*, 1987.

DUPUY R., *De la Révolution à la Chouannerie*, 1988.

————, (dir.), *Pouvoir local et Révolution, 1780-1850*, 1995.

————, *La Politique du peuple*, 2002.

DURAND Y. (dir.), 《Fidélités, solidarités et clientèles》, *Enquêtes et Documents*, t. XI, 1985.

HALPERN J.-C., 《L'esclavage sur la scène révolutionnaire》, in *La Révolution aux colonies*, 1993.

JONES P., *The Peasantry in the French Revolution*, 1988.

JOUVENEL F. de, 《Les camps de Jalès (1790-1792)》, 2004.

KAPLAN S. L., *La Fin des corporations*, 2001.

LAPIED M., *Le Comtat et la Révolution française*, 1996.

LE GOFF T. J. A., *Vannes and its Region. A Study of Town and Country in Eighteenth Century France*, 1981.

LEBRUN F., *Parole de Dieu et Révolution. Les sermons d'un curé angevin avant et pendant la guerre de Vendée*, 1988.

LEMARCHAND G., *La Fin du féodalisme dans le pays de Caux*, 1989.

MARTIN J.-C., *Violence et Révolution. Essai sur la naissance d'un mythe national*, 2006.

MCPHEE P., *Living the French Revolution, 1789-1799*, 2009.

MORTIER R., *Anarcharsis Cloots ou l'Utopie foudroyée*, 1995.

POPKIN J. D., *Facing Racial Revolution*, 2007.

REINHARD M., *La Chute de la royauté*, 1969.

SERNA P., *Antonelle, aristocrate révolutionnaire, 1747-1817*, 1997.

SOTTOCASA V., *Mémoires affrontées. Protestants et catholiques face à la Révolution*, 2004.

SUTHERLAND D. M. G., *The Chouans: the Social Origins of Popular Counter-Revolution in Upper-Brittany, 1770-1796*, 1982.

TORNARE A.-J., *Vaudois et confédérés au service de la France, 1789-1798*, 1998.

2부 6장_헛된 승리

Andress D., *Massacre at the Champ de Mars. Popular Dissent and Political Culture in the French Revolution*, 2000.

Bertaud J.-P., *Les Amis du roi*, 1984.

Bourdin I., *Les Sociétés populaires à Paris pendant la Révolution*, 1937.

Clarke J., *Commemorating the Dead in Revolutionary France, Revolution and Remembrance*, 2007.

Cock J. de, *Les Cordeliers dans la Révolution française*, 2001.

Colloque de Dijon, *1791, La Première Constitution française*, 1991.

Coudart L., *La Gazette de Paris, un journal de Paris pendant la Révolution française*, 1995.

Duprat A., *Le Roi décapité, essai sur les imaginaires politiques*, 1992.

Girault de Coursac P. et P., *Sur la route de Varennes*, 2007.

Griffiths R. H., *Le Centre perdu. Malouet et les monarchiens dans la Révolution française*, 1988.

Guilhaumou J., *L'Avènement des porte-parole de la République (1789-1792)*,

1998.

Guilhaumou J. et Monnier R., 《Les cordeliers et la république de 1793》, in M. Vovelle, 1994.

Jourdan A., Les Monuments de la Révolution 1770-1804, 1997.

Lenotre G., Le Drame de Varennes, juin 1791, 1951.

Monnier R., 《"Démocratie représentative" ou "république démocratique"》, 2001.

Ozouf M., Varennes: la mort de la royauté, 21 juin 1791, 2005.

Poirier J.-P., De la situation du Trésor public au 1er juin 1791, 1997.

Popkin J. D., Right Wing Press in France, 1792-1800, 1980.

Price M., The Road from Versailles: Louis XVI, Marie-Antoinette, and the Fall of the French Monarchy, 2004.

Reinhard M., La Chute de la royauté, 1969.

Tackett T., Par la volonté du peuple, 1997.

Tackett T., Le Roi s'enfuit : Varennes et l'origine de la Terreur, 2004.

Viola P., Il Truono vuoto, 1989.

Wahnich S., La Longue Patience du peuple, 2008.

2부 7장_분열된 국민

Aberdam S., 《Délibérations en assemblées de citoyens et portions de souveraineté en 1793》, in M. Pertué, 2002.

Ado A., Paysans en révolution. Terre, pouvoir et jacqueries, 1789-1794, 1996.

Burstin H., Une révolution à l'œuvre, le faubourg Saint-Marcel, 2005.

Crook M., Toulon in War and Revolution, 1991.

Dubois L., Les Vengeurs du Nouveau Monde, 2005.

Duport A.-M. (dir.), Religion, Révolution, contre-révolution dans le Midi, 1789-1799, 1990.

Gauthier F., La Voie paysanne dans la Révolution française, l'exemple picard, 1977.

Hesse C., Publishing and Cultural Politics in Revolutionary Paris, 1991.

Hippler T., 《Service militaire et intégration nationale pendant la Révolution française》, 2002.

Hippler T., *Soldats et citoyens. Naissance du service militaire en France et en Prusse*, 2006.

Hunt L. A., *Politics, Culture and Class in the French Revolution*, 1984.

Kaiser T. E., 《La fin du renversement des alliances》, 2008.

Lebrun F. et Dupuy R. (dir.), *Les Résistances à la Révolution*, 1987.

Martin J.-C., *La Révolte brisée. Femmes dans la Révolution et l'Empire*, 2008.

McPhee P., *Living the French Revolution, 1789-1799*, 2009.

Michon G., *Essai sur l'histoire du parti feuillant, Adrien Duport*, 1924.

Moulinas R., *Journées révolutionnaires à Avignon*, 1989.

Nicolas J., *Mouvements populaires et conscience sociale*, 1985.

Piboubes J.-Y., *Le Serment politique en France, 1789-1870*, 2003.

Pomponi F., 《Pascal Paoli ou l'image du traître dans le discours jacobin (1790-1793)》, 2008.

Popkin J. D., *Facing Racial Revolution*, 2007.

Rance K., *Mémoires de nobles émigrés dans les pays germaniques pendant la Révolution française*, 2001.

Régent F., *Esclavage, métissage, liberté. La Révolution française en Guadeloupe, 1789-1802*, 2004.

Roessler S. E., *Out of the Shadows, Women and Politics in the French Revolution, 1789-1795*, 1996-1998.

Sottocasa V., *Mémoires affrontées. Protestants et catholiques face à la Révolution*, 2004.

Vialla S., *Les Volontaires des Bouches-du-Rhône (1791-1792)*, 1913.

Whatemore R. et Livesey J., 《Étienne Clavière, Jacques Pierre Brissot et les fondations intellectuelles de la politique des Girondins》, 2000.

3부 1장 _ 인민과 혁명가들

Abel A.-M., 《Lettres à un ami: témoignage de l'abbé Joseph Saurin rescapé du couvent des Carmes⟩, 1992.

Baecque A. de, *La Gloire et l'Effroi. Sept morts sous la Terreur*, 1997.

Biard M., *Missionnaires de la République*, 2002.

Bluche F., *Septembre 1792. Logiques d'un massacre*, 1986.

Bodinier G., ⟨L'attaque des Tuileries. Le 10 août vu du côté des émeutiers⟩, 1993.

Bourdin I., *Les Sociétés populaires à Paris pendant la Révolution*, 1937.

Caron P., *Les Massacres de septembre*, 1935.

Chaumié J., *Le Réseau d'Antraigues*, 1968.

Chopelin-Blanc C., ⟨Le "baiser Lamourette" (7 juillet 1792)⟩, 2009.

Clarke J., *Commemorating the Dead in Revolutionary France. Revolution and Remembrance, 1789–1799*, 2007.

Clay S., ⟨Les réactions du Midi : conflits, continuités et violences⟩, 2006.

Cock J. de, *Les Cordeliers dans la Révolution française*, 2001.

Combes L., *Épisodes et curiosités révolutionnaires*, 1872.

Conein B., *Langage politique et mode d'affrontement. Le jacobinisme et les massacres de septembre*, 1978.

Coudart L., *La Gazette de Paris, un journal de Paris pendant la Révolution française*, 1995.

Doyon A., *Un agent royaliste pendant la Révolution. Pierre Jacques Le Maître (1790–1795)*, 1969.

Gardie A., *La Commune de Paris, 10 août 1792–9 Thermidor an II*, 1940.

Jouvenel F. de, ⟨Les camps de Jalès (1790–1792)⟩, 2004.

Libermann H., *La Défense nationale à la fin de 1792*, 1927.

Michon G., *Essai sur l'histoire du parti feuillant, Adrien Duport*, 1924.

Plongeron B., *Conscience religieuse en Révolution*, 1969.

Reinhard M., *La Chute de la royauté*, 1969.

Sorel A., *L'Europe et la Révolution française*, t. III, 2003.

Tornare A.-J., *Vaudois et confédérés au service de la France, 1789–1798*, 1998.

Walton C., *Policing Public Opinion in the French Revolution*, 2009.

3부 2장_분열한 국가: 1792년 9월~1793년 7월

Alzas N., *La liberté ou la mort: l'effort de guerre dans l'Hérault pendant la Révolution*, 2006.

Balossier J., *La Commission extraordinaire des Douze (18 mai 1793-31 mai 1793)*, 1986.

Bart J. (dir.), *La Constitution du 24 juin 1793: l'utopie dans le droit public français*, 1997.

Becquet H. et Frederking B. (dir.), *La Dignité de roi*, 2009.

Bertaud J.-P., *La Révolution armée*, 1979.

Biard M., *Missionnaires de la République*, 2002.

Blanning T. C. W., *The French Revolutionary Wars, 1787-1802*, 1996.

Boursier A.-M., 《L'émeute parisienne du 10 mars 1793》, 1972.

Bruguière M., *Gestionnaires et profiteurs de la Révolution*, 1986.

Cousin B. (dir.), *Les Fédéralismes, réalités et représentations, 1789-1794*, 1995.

Crépin A., *Révolution et armée nouvelle en Seine-et-Marne (1791-1797)*, 2008.

Dufraisse R., 《De la Révolution à la patrie. La rive gauche du Rhin à l'époque française (1792-1814)》, 1973.

Dunn S., *The Death of Louis XVI. Regicide and the French Political Imagination*, 1994.

Forrest A., 《The Logistics of Revolutionary War in France》, 2010.

Girault de Coursac P. et P., *Enquête sur le procès du roi Louis XVI*, 1982.

Godechot J., *La Grande Nation*, 1983.

Guiomar J.-Y., *L'Invention de la guerre totale*, 2004.

Hanson P., *The Jacobin Republic under Fire: the Federalist Revolt in the French Revolution*, 2003.

Jordan D. P., *The King's Trial: the French Revolution vs. Louis XVI*, 1979.

Libermann H., *La Défense nationale à la fin de 1792*, 1927.

Lombard P., *Le Procès du roi*, 1993.

Mari E. de, *La Mise hors la loi sous la Révolution française, 19 mars 1793-9 thermidor an II*, 1991.

Martin J.-C., *La Vendée et la Révolution. Accepter la mémoire pour écrire* l'histoire, 2007.

Martin J.-C., *La Révolte brisée. Femmes dans la Révolution et l'Empire*, 2008.

Mathan A. de, *Girondins jusqu'au tombeau*, 2004.

Mathiez A., 《Notes sur les frères Simon, banquiers et négociants》, 1923.

Soboul A. (dir.), *Actes du colloque Girondins et Montagnards*, 1980.

Soboul A., *Le Procès du roi*, 1973.

Sydeham M. J., *The Girondins*, 1961.

Walton C., *Policing Public Opinion in the French Revolution*, 2009.

Walzer M. (dir.), *Régicide et Révolution*, 1989.

3부   3장 _ 전쟁을 지배하다: 1793년 7월~1793년 12월

Aberdam S., *L'Élargissement du droit de vote en 1792 et 1795*, 2001.

Baczko B., 《Le calendrier révolutionnaire》, 1984.

Bertière S., *Marie-Antoinette l'insoumise*, 2002.

Bonnet J.-C. (dir.), *La Mort de Marat*, 1986.

Chickering R. et Förster S. (dir.), *War in an Age of Revolution*, 2010.

Cobb R., *Les Armées révolutionnaires, instrument de la Terreur dans les départements, avril 1793-Floréal an II*, 1961.

David M., *Fraternité et Révolution française 1789-1799*, 1987.

Francesco A. de, *Il governo senza testa, movimento democratico e federalismo nell Francia rivoluzionaria, 1789-1795*, 1992.

Godechot J., *Les Commissaires aux armées sous le Directoire*, 1941.

Godineau D., *Citoyennes tricoteuses*, 1988.

Gross J.-P., *Égalitarisme jacobin et droits de l'homme 1793-1794, la grande famille de la Terreur*, 2000.

Guilhaumou J., *La Mort de Marat*, 1989.

Guiomar J.-Y., *L'Invention de la guerre totale*, 2004.

Hippler T., *Soldats et citoyens. Naissance du service militaire en France et en Prusse*, 2006.

Horn J., 《Mille fusils par jour》, in M. Biard, 2008.

Leroux T., 《Régulation des nuisances et industrialisation à Paris durant la Révolution française》, 2008.

Martin J.-C., *La Vendée et la France*, 1987.

Martin J.-C., *Violence et Révolution. Essai sur la naissance d'un mythe national*, 2006.

Mathiez A., 《L'agitation sectionnaire à Paris en août 1793》, 1922.

Mazeau G., *Le Bain de l'histoire*, 2009.

Plongeron B., *Pratiques religieuses dans l'Europe révolutionnaire*, 1988.

Richard C., *Le Comité de salut public et les fabrications de guerre sous la Terreur*, 1921

Simonin A., *Le Déshonneur dans la République. Une histoire de l'indignité 1791-1958*, 2008.

Soboul A., *Les Sans-Culottes parisiens en l'an II*, 1958.

Sorel A., *L'Europe et la Révolution française*, t. III, 2003.

Viola P., *Il Truono vuoto*, 1989.

3부 4장 _ 혁명 국가: 1793년 12월~1794년 4월

Aulard A., *Actes du Comité de salut public*, 1895.

Bénot Y., *La Révolution française et la fin des colonies*, 1989.

Bénot Y., *Les Lumières, l'esclavage, la colonisation*, 2005.

Biard M., *Missionnaires de la République*, 2002.

Boudon J., *Les Jacobins. Une traduction des principes de Jean-Jacques Rousseau*, 2006.

Brunel F., *1794, Thermidor*, 1989.

Brunel F., *Édition de Billaud-Varenne, Principes régénérateurs du système social*, 1992.

Chopelin P., *Ville patriote et ville martyre. Lyon, l'Église et la Révolution, 1788-1805*, 2010.

Edelstein D., *The Terror of Natural Right. Republicanism, the Cult of Nature and the French Revolution*, 2009.

Eude M., 《La loi de prairial》, 1983.

Godechot J., *Les Institutions de la France sous la Révolution et l'Empire*, 1985.

Gueniffey P., *La Terreur*, 2000.

Guérin D., *La Lutte de classes sous la Première République, bourgeois et bras nus*, 1946.

Hermon-Belot R., *L'Abbé Grégoire: la politique et la vérité*, 2000.

Hussenet J. (dir.), 《Détruisez la Vendée!》, 2007.

Lefebvre G., 《Sur la loi du 22 prairial an II》, 1951.

Lestapis A. de, *La 《Conspiration de Batz》 (1793-1794)*, 1969.

Martin J.-C., *La Vendée et la Révolution. Accepter la mémoire pour écrire l'histoire*, 2007.

Martin J.-C., *Violence et Révolution. Essai sur la naissance d'un mythe national*, 2006.

Martin V., *La Diplomatie en Révolution: agents, pratiques et renseignements diplomatiques. L'exemple des diplomates français en Italie (1789-1795)*, 2011.

Mautouchet P., *Le Gouvernement révolutionnaire (10 août 1792-4 brumaire an IV)*, 1912.

Soboul A., *Les Sans-Culottes parisiens de l'an II*, 1958.

Sorel A., *L'Europe et la Révolution française*, t. IV, 2003.

Verpeaux M., *La Naissance du pouvoir réglementaire, 1789-1799*, 1991.

Wahnich S., *L'Impossible citoyen*, 1997.

3부 5장_테르미도르 또는 혼란

Baczko B., *Comment sortir de la Terreur? Thermidor et la Révolution*, 1989.

Bertaud J.-P., *La Révolution armée*, 1979.

Biard M. (dir.), *Les Politiques de la Terreur, 1793-1794*, 2008.

Brunel F., 《Institutions civiles et Terreur》, article mis en ligne le 21 mai 2006 sur http://revolution-francaise.net/2006/05/21/43.

Burstin H., *Une révolution à l'œuvre, le faubourg Saint-Marcel*, 2005.

Clarke J., *Commemorating the Dead in Revolutionary France, Revolution and Remembrance, 1789–1799*, 2007.

Colloque Bercy, *État, finances et économie pendant la Révolution française*, 1991.

Darnton R., *Le Diable dans un bénitier. L'art de la calomnie en France, 1650–1800*, 2010.

Duprat C., *Le Temps des philanthropes*, 1993.

Eude M., 《Le Comité de sûreté générale en 1793–1794》, 1985.

Guillemin H., *Robespierre, politique et mystique*, 1987.

Hamel E., *Histoire de Robespierre*, 1867.

Jessenne J.-P. et alii, *Robespierre, de la nation artésienne à la République et aux nations*, 1994.

Mari E. de, *La Mise hors la loi sous la Révolution française, 19 mars 1793–9 thermidor an II*, 1991.

Martin J.-C., *Révolution et contre-révolution en France de 1789 à 1995. Les rouages de l'histoire*, 1996.

Martin J.-C., *La Révolte brisée. Femmes dans la Révolution et l'Empire*, 2008.

Ozouf M., *La Fête révolutionnaire, 1789–1799*, 1976.

Ozouf M., *L'École de la France*, 1984.

Soboul A., *Les Sans-Culottes parisiens de l'an II*, 1958.

Sorel A., *L'Europe et la Révolution française*, t. IV, 2003.

Thompson J. M., *Robespierre*, 1935.

4부 1장 _ 혁명과 반동 사이

Baczko B., *Comment sortir de la Terreur? Thermidor et la Révolution*, 1989.

Bernard-Griffiths S. et alii., *Révolution française et 《vandalisme révolution-naire》*, 1992.

Biard M., *Missionnaires de la République*, 2002.

Bourdin P. et Gainot B. (dir.), *La République directoriale*, 1998.

Brégeon J.-J., *Carrier et la Terreur nantaise*, 1987.

Bret P., *L'État, l'armée, la science. L'invention de la recherche publique de la France (1763–1830)*, 2002.

Brunel F., *1794, Thermidor*, 1989.

Carrot G., *Révolution et maintien de l'ordre, 1789–1799*, 1995.

Clay S., 《Vengeance, Justice and the Reactions in the Revolutionary Midi》, 2009.

Cobb R., *La mort est dans Paris*, 1985.

Dupuy R. et Morabito M. (dir.), *1795, Pour une République sans Révolution*, 1996.

Gendron F., *La Jeunesse sous Thermidor*, 1983.

Greer D., *The Incidence of the Terror*, 1935.

Hutt M., *Chouannerie and Counter-Revolution*, 1983.

Leroux T., 《Les nuisances artisanales et industrielles à Paris sous la Révolution et le Consulat (1789–1804)》, in R. Monnier, 2008.

Lewis G. et Lucas C. (dir.), *Beyond the Terror. Essays in French Regional and Social History, 1794–1815*, 1983.

Luzzatto S., *L'Automne de la Révolution*, 2001.

Martin J.-C., *Violence et Révolution. Essai sur la naissance d'un mythe national*, 2006.

Mazauric C., *Babeuf*, 1988.

Monnier R., *L'Espace public démocratique. Essai sur l'opinion à Paris de la Révolution au Directoire*, 1994.

Serna P., *La République des girouettes*, 2005.

Vovelle M. (dir.), *Le Tournant de l'an III*, 1997.

Vovelle M., *Histoires figurales*, 1989.

4부 2장_새로운 체제

Belissa M., *Repenser l'ordre européen (1795–1802)*, 2006.

Bernet J. et alii, *Du Directoire au Consulat, 1. Le lien politique local dans lagrande nation*, 1999.

Brown H., *Ending the French Revolution. Violence, Justice and Repression* from the Terror to Napoleon, 2006.

Brown H. et Miller J. (dir.), *Taking Liberties. Problems of a New Order from the French Revolution to Napoleon*, 2002.

Desan S., *Reclaiming the Sacred: Lay Religion and Popular Politics in Revolutionary France*, 1991.

Dupuy R., *Les Chouans*, 1997.

Gainot B. et Serna P. (dir.), *Secret et République*, 2004.

Hufton O., 《The Reconstruction of a Church 1796-1801》, in G. Lewis et C. Lucas, 1983.

Hunt L. A. (dir.), *The Invention of Pornography. Obscenity and the Origins of Modernity, 1500-1800*, 1993.

Lefebvre G., *La France sous le Directoire, 1795-1799*, 1984.

Martin J.-C., *Contre-Révolution, Révolution et Nation. France 1789-1799*, 1998.

Martin V., *La Diplomatie en Révolution: agents, pratiques et renseignements diplomatiques. L'exemple des diplomates français en Italie (1789-1795)*, 2011.

Mathiez A., *La Révolution et l'Église*, 1910.

Meynier A., *Le Dix-Huit fructidor an V (17 septembre 1797)*, 1927.

Sciout L., *Le Directoire*, 1895.

Sottocasa V. (dir.), *Brigands et brigandage. Criminalité, violence et protestation politique, vers 1750-vers 1850*, 2012.

Woloch I., *The New Regime. Transformation of the French Civic Order*, 1994.

Zylberberg M., *Capitalisme et catholicisme dans la France moderne, la dynastie Le Couteulx*, 2001.

Zysberg A., *L'Affaire d'Orgères*, 1985.

4부 3장_몰수당한 공화국

Bodinier B. et Teyssier E., *L'Événement le plus important de la Révolution, la vente des biens nationaux*, 2000.

Boudon J.-O., *Napoléon et les cultes*, 2002.

Candéla G., *L'Armée d'Italie. Des missionnaires armés à la naissance de la guerre napoléonienne*, 2011.

Dean R. J., *L'Église constitutionnelle, Napoléon et le concordat de 1801*, 2004.

Desan S., *Reclaiming the Sacred: Lay Religion and Popular Politics in Revolutionary France*, 1991.

Dupuy R., *Les Chouans*, 1997.

Godechot J., *La Grande Nation*, 1983.

Guyot R., *Le Directoire et la paix en Europe*, 1911.

Lefebvre G., *La France sous le Directoire, 1795-1799*, 1984.

Lentz T., *Le Grand Consulat, 1799-1804*, 1999.

Leuwers H. (dir.), *Du Directoire au Consulat: 2. L'intégration des citoyens dans la Grande Nation*, 2000.

Lewis G. et Lucas C. (dir.), *Beyond the Terror. Essays in French Regional and Social History, 1794-1815*, 1983.

Margairaz D., *François de Neufchâteau, biographie intellectuelle*, 2005.

Marion M., *Le Brigandage pendant la Révolution*, 1934.

Massie M., *Le Troisième Consul Roger Ducos*, 1992.

McPhee P., *Living the French Revolution 1789-1799*, 2009.

Meynier A., *Le Vingt-Deux Floréal an VI (11 mai 1798) et le trente prairial an VII (18 juin 1799)*, 1928.

Meynier A., *Le Dix-Huit Brumaire an VIII (9 novembre 1799)*, 1928.

Pelletier G., *Rome et la Révolution française. La théologie et la politique du Saint-Siège devant la Révolution française, 1789-1799*, 2004.

Plongeron B. (dir.), *Pratiques religieuses dans l'Europe révolutionnaire*, 1988.

Plongeron B. (dir.), *Histoire du Christianisme. Les Temps modernes*, 1995.

Sparrow E., *Secret Service. British Agents in France, 1792-1795*, 1999.

4부 4장_모습을 갖춘 혁명

Bertaud J.-P., *Les Royalistes et Napoléon*, 2009.

Boudon J.-O., *Napoléon et les cultes*, 2009.

Crépin A. et alii (dir.), *Civils, citoyens-soldats et militaires dans l'État-nation (1789-1815)*, 2006.

Daudet E., *La Police et les chouans sous le Consulat et l'Empire, 1800-1815*, 1895.

Frijhoff W. et alii (dir.), 《Atti del convegno internazionale Repubbliche Sorelle》 (1998), *Mededelingen van het Nederlands Instituut te Rome. Historicals Studies Papers of the Netherlands Institute in Rome*, 57, 2002.

Gainot B., *1799, un nouveau Jacobinisme?*, 2001.

Gueniffey P., *Le Dix-huit Brumaire. L'épilogue de la Révolution française*, 2008.

Guyot R., *Le Directoire et la paix de l'Europe*, 1911.

Laurens H., *L'Expédition d'Égypte*, 1997.

Laurens H., *Orientales I. Autour de l'expédition d'Égypte*, 2004.

Lentz T., *Le Grand Consulat, 1799-1804*, 1999.

Martin V., *La Diplomatie en Révolution : agents, pratiques et renseignements diplomatiques. L'exemple des diplomates français en Italie (1789-1795)*, 2011.

Massie M., *Le Troisième Consul Roger Ducos*, 1992.

Meynier A., *Le Dix-Huit Brumaire an VIII (9 novembre 1799)*, 1928.

Rao A. (dir.), *Folle contro-rivoluzionarie*, 1999.

Rosendaal J., *De Nederlandse Revolutie. Vrijheid, Volk en Vaderland, 1783-1799*, 2005.

Rufer A., *La Suisse et la Révolution française*, 1974.

Serna P., *La République des girouettes*, 2005.

Sorel A., *L'Europe et la Révolution française*, t. VI, 2003.

Sparrow E., *Secret Service. British Agents in France, 1792-1795*, 1999.

Waresquiel E. de, *Talleyrand, le prince immobile*, 2003.

Woloch I., *Jacobin Legacy. The Democratic Movement under the Directory*, 1970.

874

ㅈ

『1793년 1월 21일, 왕의 처형L'Exécution du roi, 21 janvier 1793』, Perrin, 2021.

『공포정의 메아리: 국가의 거짓말에 대한 진실(1794-2001)Les Échos de la Terreur. Vérités d'un mensonge d'État; 1794-2001』, Belin, 2018.

『로베스피에르: 괴물 만들기Robespierre. La fabrication d'un monstre』, Perrin, tempus n° 714, 2018.

『공화국의 근원을 찾아서(1789-1914)Aux origines de la République: 1789-1914』, 자크 올리비에 부동Jacques-Olivier Boudon, 아르노 도미니크 우트Arnaud-Dominique Houte와 공저, La Documentation française, Doc' en poche, Regard d'expert n° 61, 2018.

『방데 전쟁(1793-1800)La Guerre de Vendée: 1793-1800』, Seuil, Points, Histoire n° 489, 2014.

『공포정, 프랑스 혁명의 비난받는 부분La Terreur, part maudite de la Révolution』, Gallimard, Découvertes Histoire, n° 566, 2010.

『프랑스 혁명La Révolution française』, Le cavalier bleu, Idées reçues, Histoire & Civilisations n° 153, 2008.

『방데와 혁명La Vendée et la Révolution』, Perrin, tempus, n° 166, 2007.

『폭력과 혁명: 국가 신화의 탄생에 관한 시론Violence et révolution. Essai sur la naissance d'un mythe national』, Seuil, 2006.

『분열된 방데의 백군과 청군Blancs et Bleus dans la Vendée déchirée』, Gallimard, Découvertes Histoire n° 8, 2001, 2008.

『프랑스의 반혁명, 혁명과 국민(1789-1799)Contre-Révolution, Révolution et Nation en France: 1789-1799』, Seuil, Points. Histoire n° 250, 1998.

『프랑스 혁명: 단계, 성과와 결과La Révolution française: étapes, bilans et conséquences』, Seuil, Mémo n° 12, 1996.

옮긴이 | 주명철

한국교원대학교 역사교육과 명예교수로 한국서양사학회 회장을 지냈으며 18세기 사회와 프랑스 혁명을 연구해왔다. 그동안 지은 책으로는 '프랑스 혁명사 10부작' 시리즈를 비롯해 『서양 금서의 문화사』, 『지옥에 간 작가들』, 『파리의 치마 밑』, 『다이아몬드 목걸이 사건과 마리 앙투아네트 신화』, 『계몽과 쾌락』, 『오늘 만나는 프랑스 혁명』 등이 있고, 『이야기와 인포그래픽으로 보는 프랑스 혁명』, 『프랑스 혁명의 공포정』 등 앙시앵레짐과 프랑스 혁명 관련 책을 여러 권 우리말로 옮겼다.

새로 쓴 프랑스 혁명사
대서양 혁명에서 나폴레옹 집권까지

2023년 12월 15일 초판 1쇄 발행

지은이 | 장 클레망 마르탱
옮긴이 | 주명철
펴낸곳 | 여문책
펴낸이 | 소은주
등록 | 제406-251002014000042호
주소 | (10911) 경기도 파주시 운정역길 116-3, 101동 401호
전화 | (070) 8808-0750
팩스 | (031) 946-0750
전자우편 | yeomoonchaek@gmail.com
페이스북 | www.facebook.com/yeomoonchaek

ISBN 979-11-87700-53-1 (94920)

여문책은 잘 익은 가을벼처럼 속이 알찬 책을 만듭니다.